Reinhold Bernhardt • Inter-Religio

TVZ

Beiträge zu einer Theologie der Religionen 16

Herausgegeben von Reinhold Bernhardt

Eine Liste der bereits in der Reihe BThR erschienenen Titel findet sich am Ende dieses Bandes.

Reinhold Bernhardt

Inter-Religio

Das Christentum in Beziehung zu anderen Religionen

T V Z
Theologischer Verlag Zürich

Der Theologische Verlag Zürich wird vom Bundesamt für Kultur mit einem Strukturbeitrag für die Jahre 2019–2020 unterstützt.

Bibliografische Informationen der Deutschen Nationalbibliothek
Die Deutsche Nationalbibliothek verzeichnet diese Publikation in der Deutschen Nationalbibliografie; detaillierte bibliografische Daten sind im Internet über http://dnb.dnb.de abrufbar.

Umschlaggestaltung
Simone Ackermann, Zürich

Druck
ROSCH-BUCH GmbH, Scheßlitz

ISBN 978-3-290-18212-0

www.tvz-verlag.ch

Inhaltsverzeichnis

Einleitung

Religionen sind keine beziehungsfähigen Subjekte. Von ihren Anhängern und von außenstehenden Betrachtern werden sie aber zueinander in Beziehung gesetzt. Im Rückblick auf die Geschichte und im Blick auf die Gegenwart der Religionsbegegnungen zeigt sich, dass Begegnungen zwischen Anhängern verschiedener Religionen an bestimmten Leitvorstellungen orientiert waren und sind. Die Leitvorstellung der «Disputation» mit dem Ziel, die Wahrheit der eigenen Religion zu erweisen, ist beispielsweise deutlich unterschieden von der Leitvorstellung des «Dialogs», der auf gegenseitiges Verstehen zielt. In den Interreligiositätsdiskussionen der jüngeren Vergangenheit stand das Dialogkonzept im Vordergrund. Oft wurde es dabei ohne ausreichende inhaltliche Klärung propagiert, was wiederum zu kritischen Einwänden dagegen und zur Suche nach Alternativen geführt hat. Viele Vorschläge zur Gestaltung interreligiöser Beziehungen favorisieren derzeit das Modell der interreligiösen Gastfreundschaft.

In diesem Buch geht es um solche Modelle für die theologische Beziehungsbestimmung und für die praktische Beziehungsgestaltung zwischen dem christlichen Glauben bzw. der christlichen Religion und anderen Religionen. Es geht also nicht primär um die Beschreibung des Beziehungs*geschehens*, sondern um die Reflexion über die dabei in Anschlag gebrachten Beziehungs*muster*, also um die *Paradigmen* der Zuordnung, um Leitvorstellungen, an denen sich das konkrete Beziehungsgeschehen orientieren, von dem es aber auch abweichen kann. Es geht um Leitvorstellungen, die regulative Funktion für die theoretische Sicht anderer Religionen und für die praktische Interaktion mit ihren Anhängern haben.

Ich unterscheide also grundlegend zwischen – erstens – den (theologisch-)theoretischen Beziehungs*bestimmungen* zwischen den Religionstraditionen und ihren Anhängern und – zweitens – Zuordnungen auf der Ebene der ethisch-praktischen Beziehungs*gestaltung* zwischen Menschen, die verschiedenen Religionen angehören, und zwischen den Religionsgemeinschaften. Die theoretischen Beziehungsbestimmungen lassen sich unter der Formel «Theologie der Religionen» zusammenfassen, die Konzepte zur praktischen Beziehungsgestaltung unter dem Begriff «Begegnung der Religionen». Das eine ist vom anderen nicht zu trennen, aber doch zu unterscheiden.

Andererseits gibt es natürlich zwischen beiden Dimensionen enge Wechselbeziehungen. Begegnungen zwischen Angehörigen verschiedener Religionen werfen immer auch religionstheologische Fragen auf und die Diskussion dieser Fragen wirkt wiederum zurück auf die Gestaltung der Beziehungen. Wenn beispielsweise die Zuordnung der Religionen auf theologischer Ebene nach dem Muster von wahrer und falscher Religion vorgenommen wird, dann ist kaum zu erwarten, dass die Beziehung auf praktischer Ebene nach dem Dialogmodell gestaltet wird.

Auf beiden Ebenen kann man wiederum zwischen einer deskriptiven und einer normativ-präskriptiven Perspektive unterscheiden: Man kann zum einen fragen, welche Modelle der interreligiösen Beziehungsbestimmung und -gestaltung sich in Vergangenheit und Gegenwart beobachten und beschreiben lassen. Dabei kann man noch einmal unterscheiden zwischen idealen Beziehungsmustern und den Maximen, die dem tatsächlichen Beziehungsverhalten zugrunde lagen; nicht immer sind die Akteure in ihrem Verhalten den Leitideen gefolgt, die sie sich auf die Fahnen geschrieben hatten. Zum anderen kann man angeben, nach welchen Modellen diese Zuordnungen idealerweise erfolgen *sollten*.

Für die praktische *Gestaltung* interreligiöser Beziehungen lassen sich u. a. folgende Beziehungsmuster benennen: Konfrontation, Tolerierung, Koexistenz, Nachbarschaft, Partnerschaft, Freundschaft, Dialog, Mission, Konvivenz, Kooperation, Hospitalität (Gastgeber – Gast) usw. Diese Begriffe bezeichnen nicht nur Akte, sondern Beziehungsformen. Auch die «Beziehungs»muster der Nicht-Beziehung kann man in diesen Katalog mit aufnehmen: zum einen die Indifferenz, die an anderen Religionen und ihren Anhängern nicht interessiert ist und deshalb auch keine Beziehung zu ihnen entwickelt, und zum anderen die «negativen» Beziehungsformen der Abgrenzung bis hin zum Separatismus, des Kampfes und der Feindschaft.

Für die theologische Beziehungs*bestimmung* zu anderen Religionen kann man ebenfalls modellhafte Beziehungsmuster angeben. Besonders das seit den 1980er Jahren intensiv und kontrovers diskutierte Dreierschema von Exklusivismus, Inklusivismus und Pluralismus hatte diese Funktion. Andere Ansätze plädieren dafür, inhaltliche (theologische) Beziehungsbestimmungen ganz zu vermeiden und geben lediglich methodische Anleitungen: Die theologischen Beziehungen sollen nach dem Modell des Übersetzens oder nach der Methode des Religionsvergleichs hergestellt werden.

In der folgenden Darstellung soll zunächst der Leitbegriff dieser Studie – der Begriff «Interreligiosität» – einer genaueren Betrachtung unterzogen werden. Seinen systematischen Kontext bilden die Begriffe «Multireligiosität» und «Transreligiosität». Diese drei Begriffe sind wiederum eng verbunden sind mit ihren Pendants «Interkulturalität», «Multikulturalität» und «Transkulturalität». Die Explikation des mit diesen Begriffen Gemeinten kommt nicht aus ohne eine Reflexion über die darin enthaltenen Begriffe «Religion» und «Kultur».

In einem zweiten kürzeren Teil gehe ich mit großen Schritten durch die Geschichte der Wahrnehmung des Judentums, des Islam und des Buddhismus sowohl in der allgemeinen Geistes- und Kulturgeschichte des Abendlandes als auch in Kirche und Theologie seit der Aufklärung. Dabei zeigen sich markante Paradigmenwechsel in der Wahrnehmung dieser Religionen und im Umgang mit ihnen. Diese Betrachtung soll das Thema dieser Studie in einer historischen Perspektive beleuchten.

Der dritte und längste Teil schließlich ist der Beschreibung zentraler Paradigmen in der Beziehungsbestimmung und -gestaltung des Christentums zu nichtchristlichen Religionen im Allgemeinen gewidmet. Ich konzentriere mich hier auf einige wenige dieser Modelle, die in der aktuellen Diskussion eine wichtige Rolle spielen, und gehe ihnen bis in ihre philosophischen Begründungszusammenhänge nach.

Das Buch soll eine Übersichtsdarstellung bieten, aber auch meine eigene Position anzeigen. Ich hoffe, dass es sich auch als Lehrbuch für Studien zu interreligiösen Beziehungen eignet. Für diese Studien gibt es keine klare Zuordnung im Fächerkanon der akademischen Theologie. Ich lokalisiere sie im Überschneidungsbereich von Systematischer und Interkultureller Theologie. Um die Aktualität und Relevanz des Themas zu zeigen, werde ich immer wieder Bezüge zu Praxisfeldern und zu aktuellen Diskussionen herstellen. Das Buch sollte Impulse geben, um die Praxis in diesen Feldern mit kritischer Reflexion zu begleiten.

Ich gebrauche inklusive Sprache zurückhaltend und nur dort, wo sie mit meinem Stilempfinden im Einklang steht. In dieser Hinsicht nehme ich also Uneinheitlichkeiten in Kauf.

Mein großer Dank gilt Andrea Klose für die Unterstützung bei der Literaturbeschaffung, Katharina Merian für die Mühe des Korrekturlesens, Annina Völlmy für die Erstellung der Druckvorlage und Dr. Christine Forster Wenger für das gründliche Lektorat beim TVZ.

1. Kultur und Interkulturalität

In diesem ersten Kapitel soll es nicht um eine Diskussion von Programmen der interkulturellen Theologie[1] gehen, sondern um eine Klärung der Begriffe «interkulturell» und «Interkulturalität». Diese Klärung ist notwendig, weil es sich bei interreligiösen Beziehungen immer auch um interkulturelle Beziehungen handelt. Das scheint nicht der Fall zu sein, wenn die sich begegnenden Anhänger verschiedener Religionen der *gleichen* Kultur angehören; sei es, dass sie zwar teilweise eine Migrationsbiografie haben, nun aber in der gleichen Kultur leben (wie beim Zusammentreffen einer Schweizer Christin mit einer in der Schweiz lebenden bosnischen Muslima); sei es, dass sie sogar von Geburt und Kindheit an von dieser Kultur geprägt sind (wie beim Zusammentreffen eines deutschen Christen mit einem in Deutschland geborenen und aufgewachsenen, dann aber zum Islam konvertierten Muslim). Weil jede Religion aber nicht nur separierbare kulturelle Komponenten enthält, sondern selbst eine Kulturformation darstellt, ist jede interreligiöse Begegnung immer auch eine interkulturelle Begegnung. Man denke nur an die verschiedenen Esskulturen in Judentum, Christentum und Islam, die zumindest für Judentum und Islam zu den Identitätsmerkmalen der Religionspraxis gehören. Kochen und Essen sind aber immer auch kulturelle Vollzüge.

Insofern sind die Begriffe «interkulturell» und «Interkulturalität» für die Erfassung von interreligiösen Beziehungen von grundlegender Bedeutung. Zur Klärung dieser Begriffe ist es erforderlich, zumindest knapp auf die darin enthaltenen Auffassungen von «Kultur» einzugehen.

---

[1] Siehe dazu etwa: Volker Küster: Einführung in die Interkulturelle Theologie, Göttingen 2011; Klaus Hock: Einführung in die Interkulturelle Theologie, Darmstadt 2011; Henning Wrogemann: Lehrbuch Interkulturelle Theologie / Missionswissenschaft, Bd. 1: Interkulturelle Theologie und Hermeneutik. Grundfragen, aktuelle Beispiele, theoretische Perspektiven, Gütersloh 2012.

1.1. Kultur

Zunächst ist zu unterscheiden zwischen dem Kultur*begriff* und den damit bezeichneten *Phänomenen*. Der Begriff entscheidet darüber, welche Phänomene damit erfasst werden. Die Phänomene wiederum füllen den Begriff inhaltlich.

Kultur soll im Folgenden in einem weiten Sinn verstanden werden als

- das Gesamt der Codes, die das Bedeutungsverstehen, die Kommunikationen und Lebensgestaltungen im Rahmen von Natur und Geschichte in einem bestimmten Kollektiv regulieren. Dazu gehören Wertsetzungen wie Ideale und Normen sowie ästhetische Präferenzen;
- die in diesem Kollektiv intersubjektiv geteilten Vorstellungen, wie etwa Weltanschauungen, Menschenbilder, sinnstiftende Narrative aus dem kollektiven[2] bzw. sozialen[3] bzw. kulturellen[4] Gedächtnis, in die diese Codes eingebettet sind und die ein soziales Zusammengehörigkeitsgefühl (auch durch markierte Differenz) über einen gewissen Zeitraum hinweg erzeugen;
- das Ensemble der symbolischen Formen (Manifestationen, Gestalten, Darstellungen, Vollzüge), in denen diese Codes zum Ausdruck kommen.

Der erste Punkt bezeichnet die (zumeist impliziten) Regulative, der zweite die ideellen Gehalte und der dritte die Erscheinungsformen der Kultur.

Kultur stellt eine sozial erzeugte und geschichtlich gewachsene, emergente und in ständiger Transformation begriffene, aber doch auch relativ beständige inter- und übersubjektive Sphäre dar, die wie ein soziales Kraftfeld die darin befindlichen Subjekte in ihren Lebens- und Handlungsorientierungen, ihren Welt-, Selbst- und Fremdbildern beeinflusst

[2] Maurice Halbwachs: Das kollektive Gedächtnis, Frankfurt a. M. 1991.

[3] Aleida Assmann / Jan Assmann: Das Gestern im Heute. Medien und soziales Gedächtnis, in: Klaus Merten u. a. (Hg.): Die Wirklichkeit der Medien. Eine Einführung in Kommunikationswissenschaften, Opladen 1994, 114–140; Harald Welzer (Hg.): Das soziale Gedächtnis. Geschichte, Erinnerung, Tradierung, Hamburg 2001.

[4] Jan Assmann: Das kulturelle Gedächtnis. Schrift, Erinnerung und politische Identität in frühen Hochkulturen, München ^{7}2013.

und danach strebt, sich in Institutionen, Moralen und Rechtssystemen, philosophischen Strömungen, religiösen Anschauungen und Praktiken, künstlerischen Gestaltungen, kollektiven Geschichtsdeutungen usw. zu manifestieren. Sie fungiert als Orientierungsrahmen für die Verarbeitung der Wahrnehmung zu Erfahrungen, gibt Sinnmuster für die Deutung dieser Erfahrungen und Werte für ihre Beurteilung an die Hand. Sie orientiert das Selbstverständnis und den aktiven wie passiven Weltbezug, die Gestaltung zwischenmenschlicher Beziehungen und die Vergegenwärtigung der individuellen und kollektiven Geschichte. Dieser Orientierungsrahmen steht anderen Kulturen, die von anderen Kollektiven «bewohnt» werden, gegenüber, berührt und überschneidet sich mit ihnen, ist aber von eigenem Gepräge und entfaltet eine soziale Bindekraft. Er ist polymorph, in sich differenziert und in einem dynamischen Prozess ständiger Veränderung begriffen.

Je nachdem, wie weit der Horizont des Blickfeldes gesteckt ist, erscheint Kultur auf der Makroebene als etwas Allgemeinmenschliches, auf der Mesoebene als etwas an bestimmte Sozialverbände oder Regionen, Nationen oder Sprachgemeinschaften Gebundenes und auf der Mikroebene als etwas, das sich in einzelnen Milieus («Subkulturen», «Gruppenkulturen») oder auch Institutionen («Unternehmenskulturen») ausprägt.

Analytisch kann man unterscheiden zwischen vier Ebenen: erstens den (schwer fassbaren, aber offensichtlich wirksamen) Prägekräften der Kultur, mit denen sie individuelle und kollektive Identitäten, Mentalitäten und Handlungsorientierungen formiert, zweitens dem kulturellen Prozess der Formierung sozialer und psychischer Strukturen (Identitäten), drittens den davon geprägten Denk- und Handlungsweisen sowie viertens deren Objektivationen wie etwa Artefakten. Bei den Artefakten kann es sich um Gegenstände (wie in der bildenden Kunst), Inszenierungen (wie im Theater) oder um geistige Produktionen (wie in der Literatur, im Rechtswesen oder in religiösen Traditionen) handeln.

«Kultur» darf aber nicht nur auf die Medien und Hervorbringungen der sogenannten Hochkultur als eines elitären Teilsystems der Gesellschaft eingeschränkt werden. In einem weiteren Sinn fallen *alle* Regulative in der Gestaltung kollektiv geteilter menschlicher Lebenswelten – im Gebrauch technischer Anwendungen, in symbolischen Kommunikationen, in soziale Interaktionen – unter diesen Begriff; nicht als solche, aber doch insofern sie kulturell geprägt und kulturprägend sind. Diese Blickfelderweiterung fand vor allem mit dem sogenannten *cultural turn* in den Kulturwissenschaften seit den 1960er Jahren statt.[5]

Gemäß der oben genannten Unterscheidung zwischen vier Ebenen hat Kultur eine geistige (unsichtbare, aber wirkmächtige) und eine empirisch-manifeste Seite, wobei beide Seiten nur analytisch zu unterscheiden sind, in Wirklichkeit aber ineinander spielen: einerseits «Codes» als Prägekräfte und andererseits das von ihnen Geprägte. Die kulturellen Manifestationen bzw. Objektivationen sind nicht bloß geronnene *Ausdrucksformen* der Kultur, die sich von dieser abheben ließen; sie sind *Teil* der Kultur. Es sind die «leiblichen» Aggregatszustände der Kultur. Damit ist einem vergeistigten Kulturverständnis widersprochen. Kultur «zeigt» sich, transzendiert aber das, worin sie sich zeigt. Das bedeutet nicht, dass es sich dabei um eine ideelle Wirklichkeit hinter den manifesten Kulturleistungen handelt. Kultur bildet und ereignet sich durch soziale Resonanz als Zusammenstimmen der individuellen mit überindividuellen Wertsetzungen, Präferenzen, Erfahrungsdeutungen und Handlungsorientierungen. Kulturelle Codes zeigen sich in Formatierungen, in der Art, *wie* kommuniziert wird, im *Stil* eines bestimmten Sozialverhaltens, im *Modus* des Technikgebrauchs, in der darin zum Ausdruck kommenden kollektiven Geisteshaltung.

«Kultur» bezeichnet sowohl die *Aktivität* wie das *Resultat* der Deutung und Gestaltung menschlicher Lebenswelten. Wird die Aktivität betont, führt dies zu einem prozesshaft-dynamischen Verständnis von Kultur; werden die Resultate der Aktivität betont, erscheint Kultur als Summe der Kulturleistungen.

«Kultur» ist ein Kontrastbegriff, der seine inhaltliche Füllung zum einen im Gegenüber zu dem erhält, was als Nicht-Kultur (etwa «Natur» oder «Barbarei») angesehen wird, und zum anderen im Gegenüber zu anderen Kulturformationen.

In der Geistesgeschichte Europas wechselten die Auffassungen von dem, was «Nicht-Kultur» ist. In der Zeit der Aufklärung stand «Kultur» (als das Gesamt dessen, was aus menschlicher Produktivität hervorgegangen ist) vor allem dem Begriff der «Natur» (als den Vorgegebenheiten des menschlichen Lebens) gegenüber. Zu Beginn des 19. Jahrhunderts trat im deutschen Sprachraum die wertende Opposition von Kultur und Zivilisation in den Vordergrund: «Kultur» war der Würdetitel der eigenen Nation,

---

[5] Siehe dazu: Doris Bachmann-Medick: Cultural Turns. Neuorientierungen in den Kulturwissenschaften, Reinbek bei Hamburg [6]2018.

in dem sich der Stolz auf ihre Leistungen ausdrückte. «Zivilisation» bedeutete demgegenüber «wohl etwas ganz Nützliches, aber doch nur einen Wert zweiten Ranges, nämlich etwas, das nur die Außenseite des Menschen, nur die Oberfläche des menschlichen Daseins umfasst.»[6] In den 1960er Jahren war es dann das Gegenüber zu «Gesellschaft», das den Kulturbegriff formatierte: Kultur wurde einerseits (neomarxistisch) als gesellschaftlicher Überbau verstanden, andererseits (systemtheoretisch) als Subsystem der Gesellschaft. Heute wird «Kultur» einem rein rationalen wissenschaftlich-technischen und ökonomischen Weltverhältnis gegenübergestellt. Sie ist der Entfaltungsraum des Humanums.

Der Kulturbegriff kann als Selbstbeschreibung dessen, was ein bestimmtes Kollektiv charakterisiert, gebraucht werden oder auch als Fremdbeschreibung der Charakteristika eines anderen Kollektivs. In beiden Fällen operiert er mit Zuschreibungen von Merkmalen. Er kann verwendet werden, um die Struktur einer Gesellschaft zu erhalten und zu stabilisieren, aber auch um sie zu kritisieren und zu transformieren.[7]

«Kultur» ist ein operativer Begriff, der das Gegenstandsfeld, das er anzeigt, nicht nur beschreibt, sondern konstituiert und prägt. Das Verständnis von Kultur ist selbst ein kulturbedingtes Konstrukt. Dazu gehören auch die Essenzialisierungen und Relativierungen von Kultur. Ebenso wichtig wie der *Inhalt* des Kulturbegriffs sind sein *Gebrauch* und die damit verbundenen Interessen. Er kann sowohl zur Abgrenzung einer Gruppenidentität als auch zur Propagierung einer «Willkommenskultur» in einer multikulturellen Gesellschaft verwendet werden. Der Begriff «Kultur» kann partikularisiert, mit Ethnizität identifiziert und mit diskriminierenden Zuschreibungen gefüllt werden. Er kann aber auch mit Werten universaler Humanität konnotiert sein.

Das Bewusstsein dafür, dass Kultur nicht einfach vorhanden ist, sondern etwas Menschengemachtes darstellt, führt zur Frage, wer die Macht hat, sie zu «machen» und welche Interessen dabei leitend sind. Kulturdiagnose verbindet sich dabei mit Kulturkritik. Wer übt die Kulturhoheit

---

[6] Norbert Elias: Über den Prozess der Zivilisation, Frankfurt a. M. 1978, 2.

[7] Shmuel N. Eisenstadt: The Order-maintaining and Order-transforming Dimension of Culture, in: ders.: Power, Trust, and Meaning. Essays in Sociological Theory and Analysis, Chicago 1992, 306–327. Siehe dazu: Gerhard Preyer: Zur Aktualität von Shmuel N. Eisenstadt. Einleitung in sein Werk, Wiesbaden 2011, 110–129.

aus? Welche Machtdiskurse sind in der Bestimmung kultureller Identitäten wirksam?

In dieser (diskurstheoretischen) Perspektive erscheint Kultur nicht mehr als ein von einer Gemeinschaft geteiltes relativ einheitliches Bedeutungssystem, sondern umfasst die Prozesse zur Organisation verschiedener Bedeutungssysteme. Das Konzept von Kultur(en) als semiotische Geflechte, die sich über bestimmte Sozialverbände oder Territorien erstreckten, ist demnach aufzulösen in eine Vielfalt überlappender kultureller Orientierungen. Die kulturelle Orientierung der Individuen erfolgt dabei nicht selten in der Teilhabe an verschiedenen Orientierungsmustern, die mit Sprache, Geschlecht, Religion, sozialer, ethnischer und nationaler Zugehörigkeit, Bildung, Beruf usw. verbunden sein können. Personale Identitäten sind oft fragmentiert und ständig auf der Suche nach relativ stabilen Integrationszuständen.[8]

Besonders die postkoloniale Kritik hat ein Verständnis von Kultur als über Generationen hinweg tradierter, in seiner Substanz aber relativ statischer (weil auf essenziellen Wertfundamenten gegründeter) und daher homogener Container von Orientierungen und Objektivierungen des menschlichen Bewusstseins in einem bestimmten Kollektiv problematisiert. Kultur wird nicht mehr als ein Ensemble wesenhafter Merkmale verstanden, sondern als etwas Fluides, das ständigen Transformationen und Aushandlungsprozessen unterliegt. Als etwas nicht einfach Gegebenes, sondern Geschaffenes ist sie im Prozess ständiger Neuschöpfung begriffen. «Kultur ist nicht stabil, homogen und fest gefügt, sondern durch Offenheit, Widersprüche, Aushandlung, Konflikt, Innovation und Widerstand gekennzeichnet.»[9] Die postkoloniale Kritik sensibilisiert dabei für die mangelnde Beteiligung von Minderheiten an den kulturgenerativen und -transformativen Diskursen, d.h. für deren Marginalisierung.[10] Sie

---

8 Einen Überblick über Konzepte von «Identität» gibt: Heinz Abels: Identität. Über die Entstehung des Gedankens, dass der Mensch ein Individuum ist, den nicht leicht zu verwirklichenden Anspruch auf Individualität und Kompetenzen, Identität in einer riskanten Moderne zu finden und zu wahren, Wiesbaden [3]2017.

9 Karl H. Hörning, Rainer Winter (Hg.): Widerspenstige Kulturen. Cultural Studies als Herausforderung, Frankfurt a. M. 1999, 9.

10 Dick Hebdige: Subculture. The Meaning of Style, Abington 1979, 5–19.

blickt auf die Ränder kultureller Verbände, fragt nach Hegemonie und subalterner Identität.[11]

Damit wurde auch die Vorstellung zweifelhaft, dass ein Staat, eine Nation oder eine Gesellschaft ein möglichst einheitliches kulturelles Fundament, kohärente und stabile Symbol- und Wertsysteme braucht, um seinen bzw. ihren Zusammenhalt zu gewährleisten. Das Konzept der multikulturellen Gesellschaft konnte zur Leitvorstellung werden. Sie versprach, relative Einheit mit Vielfalt zu vermitteln.

1.2. Multikulturalität, Interkulturalität, Transkulturalität

Im Folgenden sollen die Begriffe Multikulturalität, Interkulturalität und Transkulturalität im Verhältnis zueinander und im Blick auf dafür relevante kulturtheoretische Ansätze profiliert werden. Alle drei Konzepte gehen davon aus, dass kulturelle Differenzen nicht nur an den Berührungspunkten zu anderen Kulturkreisen oder Gesellschaften bestehen, sondern zunehmend auch innerhalb der Gesellschaften. Es geht darin um verschiedene Modi der Verarbeitung dieser Differenzen.

Jeder der drei Begriffe kann auf einer Mikro-, einer Meso- und einer Makroebene operieren. Auf der Mikroebene geht es um die Beziehung von Individuen und Gemeinschaften verschiedener kultureller Prägung zueinander, auf der Mesoebene um die Verfasstheit von kulturell pluralen Gesellschaften und auf der Makroebene um die Verhältnisbestimmung von globalen «Kulturkreisen».

Im Blick auf jeden der drei Begriffe sind drei Dimensionen zu unterscheiden: die Beschreibung eines Zustandes («…kulturalität»), die Beschreibung eines Prozesses («…kulturalisierung») und die Propagierung eines Programms («…kulturalismus»). Die ersten beiden Dimensionen sind deskriptiv, die dritte ist normativ. Die gleichen Dimensionen werden dann im nächsten Kapitel in Bezug auf Religion bei der Reflexion über «Multireligiosität», «Interreligiosität» und «Transreligiosität» begegnen.

---

11 Homi K. Bhabha: The Location of Culture, London 1994, 1–9; ders.: Die Frage der Identität, in: Elisabeth Bronfen u. a. (Hg.): Hybride Kulturen: Beiträge zur anglo-amerikanischen Multikulturalismusdebatte, Tübingen 1997, 97–122.

1.2.1. Multikulturalität

Auf der Mikro- und der Mesoebene beschreibt «Multikulturalität» zunächst nur die kulturelle Pluralität, d. h. die Koexistenz verschiedener kultureller Gruppen und Milieus in einer Gesellschaft.[12]

Zwischen den in diesem Zusammenhang gebrauchten Begriffen «Pluralität» und «Diversität» gibt es unterschiedliche Bedeutungsnuancen: «Pluralität» meint einfach das Vorhandensein einer Vielheit («manyness»), während «Diversität» («diversity») die Differenz, also die Verschiedenheit betont. «Pluralisierung» bezeichnet die kulturellen, religiösen und weltanschaulichen Diversifizierungs*prozesse* in einer Gesellschaft.[13]

Das Programm des «Multikulturalismus» geht über die *Beschreibung* hinaus und fordert eine Wertschätzung und Kultivierung dieser Vielfalt. Diese Forderung hat ein Gefälle hin zu einem kulturellen Relativismus. Die verschiedenen Kulturen in einer Gesellschaft werden wie ein vielfarbiges Mosaik gesehen, in dem die Teile das Ganze ergeben. Das multikulturelle Beziehungsmuster besteht in der Selbstrepräsentation im Nebeneinander.

Besonders mit dem Abbau des Ost-West-Gegensatzes seit 1989, mit den Erweiterungen und der Umstrukturierung der Europäischen Gemeinschaft (seit 1992: der Europäischen Union) und der Wiedervereinigung Deutschlands wurde die Frage nach zukünftigen Gesellschaftsmodellen virulent. Bei einigen Wortführern in dieser Debatte verbanden sich (liberale) Vorstellungen einer offenen Gesellschaft mit dem Programm des Multikulturalismus. Der damalige Generalsekretär der CDU, Heiner Geißler, sagte in einem Interview: «Für ein Land in der Mitte Europas ist die Vision einer multikulturellen Gesellschaft eine große Chance.»[14] Dagegen erhoben sich allerdings Stimmen wie die von Edmund Stoiber, die im Konzept der multikulturellen Gesellschaft keinen neuen und

---

12 Friedrich Lohmann: Multikulturalität, I. Soziologisch und sozialethisch, in: RGG⁴, 5, 2002, 1574f; ders: Die multikulturelle Gesellschaft. Ethische Reflexionen zwischen «melting-pot» und «laïcité», in: Thomas Bohrmann / Gottfried Künzelen (Hg.): Religion im säkularen Verfassungsstaat, Berlin 2012, 97–118.

13 Siehe dazu: Antonius Liedhegener: Pluralisierung, in: Detlef Pollack u. a. (Hg.): Handbuch Religionssoziologie, Wiesbaden 2018, 347–382.

14 DIE ZEIT vom 28. Oktober 1988, 9.

hoffnungsvollen Lösungsansatz, sondern «ein ausgesprochenes Alarmsignal»[15] sahen: «Das Gerede von der multikulturellen Gesellschaft legt die Axt an die Wurzeln unserer in Jahrhunderten entwickelten nationalen und kulturellen Identität, führt Ausländer in eine inhumane Isolation, importiert die hier nicht lösbaren innenpolitischen Probleme anderer Länder, Völker und Volksgruppen und zerstört schließlich gesellschaftliche Solidarität im Sinne einer gewachsenen Verantwortungsgemeinschaft.»[16]

Der CDU-Abgeordnete Friedrich Merz brachte im Jahr 2000 den Begriff der «deutschen Leitkultur» – als Gegenbegriff zu «Multikulturalismus» – in die politische Diskussion ein. Daran schloss sich eine intensiv geführte Diskussion an, an der sich auch Jürgen Habermas beteiligte: «In einem demokratischen Verfassungsstaat darf auch die Mehrheit den Minderheiten die eigene kulturelle Lebensform – so weit diese von der gemeinsamen politischen Kultur des Landes abweicht – nicht als sogenannte Leitkultur vorschreiben.»[17]

In dieser Debatte ging es um Art und Grad gesellschaftlicher Kohäsion: Wie viel kulturelle Übereinstimmung braucht es für den Zusammenhalt einer Gesellschaft? Wie viel kulturelle Diversität kann sie ertragen, ohne zu zerbrechen? Reicht es aus, von den Mitgliedern einer Gesellschaft politische Loyalität gegenüber den Menschenrechten, der Verfassung, dem Rechtsstaat und der Demokratie zu fordern, ihnen aber zuzugestehen, kulturell und religiös ihren eigenen Wertvorstellungen zu folgen? Gilt die Regel, dass sich die Bewohner des Hauses lediglich an die «Hausordnung» zu halten haben, nicht aber verpflichtet sind, sich in ihrer Lebensweise einen bestimmten «Geist» der Hausgemeinschaft zu eigen zu machen? Führt vielleicht gerade die Vielfalt der Lebensweisen zu einer kulturellen Bereicherung? Was bedeutet «Integration» im Gegenüber zu «Assimilation»? Wie lässt sich die Ausbildung relativ autonomer Kulturgemeinschaften verhindern, die als «Parallelgesellschaften» nur schwach in die Gesamtgesellschaft integriert sind und ihre eigene Binnennormativitäten über universale Normen stellen, wie sie etwa in den allgemeinen Menschenrechten formuliert sind. Kann und darf es in einer Gesellschaft

15 Edmund Stoiber: Liegt Deutschlands Zukunft in einer multikulturellen Gesellschaft?, in: Botschaft und Dienst 40, 1989/2, 20.

16 Ebd.

17 Jürgen Habermas: Die Zukunft der menschlichen Natur. Auf dem Weg zu einer liberalen Eugenik? Frankfurt a. M. 2002, 13.

kulturelle Inseln geben, deren Bewohner aus den Traditionen ihrer Herkunftsreligion und -kultur das Recht ableiten, die Lebensführung ihrer Anhänger zu reglementieren und diese Reglementierung dann ggf. mit repressiven Massnahmen durchzusetzen?

Es ging und geht in diesen Debatten um die Suche nach einem Mittelweg zwischen kulturellem Konformitätszwang und einer zur kulturellen Segmentierung der Gesellschaft führenden Beliebigkeitstoleranz. In vielen Studien dazu wird auf die Notwendigkeit hingewiesen, interkulturelle Vielfalt in der Gesellschaft aktiv zu gestalten, die interkulturelle Kommunikation in der Gesellschaft zu verbessern und das Konzept der Integration hin zu dem einer Inklusion weiterzuentwickeln.[18]

Der Multikulturalitätsdiskurs der vergangenen Jahrzehnte war vor allem auf der Mesoebene angesiedelt, d. h. auf das Zusammenleben in einer kulturell pluralen Gesellschaften bezogen. Multikulturalität begegnet aber auch auf der Makroebene der Religionen und Kulturen.

Zumindest die sogenannten Universal- bzw. Weltreligionen sind multikulturelle Phänomene. Das Christentum hat sich in viele Kulturen eingewurzelt und viele und zum Teil sehr unterschiedliche kulturelle Formationen hervorgebracht. Das gilt auch für die einzelnen Kirchen, Konfessionen und Denominationen im Christentum. Eine Bischofsversammlung im Vatikan ist ein multikulturelles Ereignis, presbyterianische Kirchen, die von der Basler Mission in Afrika oder Asien gegründet wurden, sind von anderer kultureller Prägung als die reformierte Kirche in Basel. Religionen können multikulturell sein und Kulturen multireligiös.

Auf der Makroebene kann der Begriff «Multikulturalität» auch zur Bezeichnung des Nebeneinanders von länderübergreifenden «Kulturkreisen» gebraucht werden. Der Klassiker einer Kulturkreistheorie, der ein eher beziehungsloses Nebeneinander von Kulturen beschreibt, ist Johann Gottfried Herders «Kugelmodell»[19]. Herder sah Kultur an Sprache und Nation

---

[18] Exemplarisch verweise ich auf die von der Bertelsmann Stiftung herausgegebenen aktuellen Studien: Vielfalt leben – Gesellschaft gestalten. Chancen und Herausforderungen kultureller Pluralität in Deutschland (2018); Von der Welt lernen. Gute Praxis im Umgang mit kultureller Vielfalt (2018); Faktor Vielfalt. Die Rolle kultureller Vielfalt für Innovationen in Deutschland (2018).

[19] Zu diesem von Wolfgang Welsch geprägten Begriff siehe Kapitel 1.2.3.

gebunden und nahm dementsprechend eine Vielzahl von Sprach-, National- bzw. Ethnokulturen an, die sich organisch – durch Phasen des Aufkeimens, Wachsens, Blühens, Verfalls und Absterbens – in der Geschichte entwickeln. In seinem Buch «Auch eine Philosophie der Geschichte zur Bildung der Menschheit» schrieb er 1774, jede Nation habe «ihren Mittelpunkt der Glückseligkeit in sich, wie jede Kugel ihren Schwerpunkt!»[20]. Kultur ist damit definiert als das, was eine ethnische Sprachgemeinschaft als ihre soziale Identität im Gegenüber zur Identität von anderen Sprachgemeinschaften bestimmt. Kulturen sind demnach wie Billardkugeln zu verstehen, die sich gegenseitig an- und abstoßen. Die Welt ist multikulturell, wobei diese Multikulturalität in einem *Nebeneinander* von Kulturorganismen besteht. Dieses Nebeneinander kann durchaus im Sinne einer friedlichen Koexistenz in gegenseitiger Toleranz aufgefasst und gestaltet werden. Jede strebt nach Glück, tut dies aber nach ihrer eigenen Façon. Die Dimension des *Inter*kulturellen kommt dabei kaum in den Blick. Die Kugeln sind nur bedingt fähig, miteinander zu kommunizieren. Es gibt auch keine Notwendigkeit für eine Begegnung der Kulturen. Sie streben danach, sich rein zu halten, d. h. Vermischungen zu vermeiden und Abweichungen im Innern möglichst gering zu halten.

1.2.2. Interkulturalität

Auch der Begriff «Interkulturalität» geht von einer Pluralität von Kulturen bzw. Kulturformationen aus, hebt aber stärker auf das Begegnung- und Beziehungsgeschehen an den Schnittstellen, in den Zwischenräumen und in den Kontaktzonen zwischen ihnen ab. Dabei kommt es zu Aneignungs- und Abstoßungsreaktionen, zu Transformationen in den jeweiligen Formationen und zu Veränderungen in den Beziehungen zwischen ihnen. Vorausgesetzt dabei ist aber, dass die kulturellen Differenzen im Begegnungsgeschehen bestehen bleiben. Sonst würde die Rede von *Inter*kulturalität keinen Sinn machen. Das interreligiöse Beziehungsmuster besteht im Austausch miteinander. «Multikulturalität» zeigt also eher eine Beziehung des *Neben*einanders an, während es bei «Interkulturalität» um ein interaktives *Mit*einander geht.

---

[20] Johann Gottfried Herder: Auch eine Philosophie der Geschichte zur Bildung der Menschheit (Sämtliche Werke V), Berlin 1891, 509.

In der *politischen* Rhetorik in Europa haben die beiden Begriffe eine etwas andere Konnotation. Sie sind auf die innere Verfasstheit der europäischen Gesellschaften bezogen, operieren also auf der Mesoebene. Stärker als das Konzept der Multikulturalität zielt die Leitvorstellung der Interkulturalität auf die Integration des Einzelnen bzw. einzelner Gruppen in die Gesellschaft. Im gesellschaftlichen und politischen Kontext geht es also weniger um die Beziehung der Kulturgemeinschaften zueinander als eher um deren Verhältnis zur Gesamtgesellschaft bzw. zu politischen Akteuren und Instanzen. In den letzten Jahren ist es zu einer Favorisierung des Begriffs «interkulturell» gegenüber dem Begriff «multikulturell» gekommen. Der Akzent hat sich vom Lob der Vielfalt hin zur Forderung nach mehr Integration verschoben.

Auf der Makroebene der *globalen Kulturtheorien* bezeichnet der Begriff «Interkulturalität» die Beziehung zwischen Kulturen über die Grenzen von Gesellschaften, Nationen, Sprachgemeinschaften, Subkontinenten und Kontinenten hinweg. Im Folgenden sollen zwei Kulturtheorien vorgestellt werden, die im 20. Jahrhundert sehr einflussreich waren und in den öffentlichen Diskussionen eine breite Rezeption erfahren haben. Wissenschaftlich sind sie dagegen sehr kontrovers diskutiert worden.[21] Inhaltlich bestehen signifikante Ähnlichkeiten zwischen ihnen. Im Gegenüber zu Herders Kugelmodell betonen sie stärker die Dimension des *Inter*kulturellen, also des Beziehungsgeschehens zwischen den Kulturkreisen – allerdings im Sinne von konflikthaften Rivalitätsbeziehungen.

Mit seiner Diagnose vom «Untergang des Abendlandes» knüpfte Oswald Spengler nach dem Ersten Weltkrieg an Herders «Kugelmodell» an, ging aber darüber hinaus, indem er weniger die innere Eigenart der Kulturen als vielmehr deren Außenbeziehungen thematisierte.[22] Er nahm an, dass die großen («Hoch»-)Kulturen der Weltgeschichte die Triebkräfte

---

[21] Zur Rezeption der Thesen Huntingtons siehe etwa: The Clash of Civilizations? The Debate. A Foreign Affairs Reader, New York 1993; Alfred Herrhausen Gesellschaft für interkulturellen Dialog: Kampf der Kulturen oder Weltkultur? Diskussion mit Samuel P. Huntington, Frankfurt a. M. 1997.

[22] Oswald Spengler: Der Untergang des Abendlandes. Umrisse einer Morphologie der Weltgeschichte, München 1998. Der erste Band «Gestalt und Wirklichkeit» war 1918 in Wien erschienen, der zweite Band «Welthistorische Perspektiven» 1922 in München. Siehe dazu: Sebastian Fink / Robert Rollinger (Hg.): Oswald Spenglers Kulturmorphologie: Eine multiperspektivische Annäherung, Wiesbaden 2018.

sind, die deren Verlauf maßgeblich bestimmt haben und bis heute bestimmen. Es sind dies die babylonische, ägyptische, indische, chinesische, griechisch-römische, arabische, südamerikanische und die (europäisch-nordamerikanische) abendländische Kultur. Wie Herder, so verstand auch er die Entwicklung der einzelnen Kulturen im Rahmen eines biologisch-organischen Paradigmas. Und wie Herder stellte auch er die Kulturen wie Monaden einander gegenüber und sah keinen Sinn in einem interkulturellen Austausch. Jede hat ihre eigene Seele und es gibt keine Seelenverwandtschaft zwischen ihnen. Die Verschiedenheiten zwischen ihnen sind in seinen Augen zu groß, als dass es zu einer wirklichen Verständigung kommen könne. Die Kulturkontakte, die es in der Geschichte faktisch gab, haben nicht zu einer wirklichen Befruchtung der Kulturen geführt. Viele Beispiele aus der Geschichte – etwa die Kolonialkriege – belegten den Mangel an interkultureller Empathie und an Bereitschaft, sich wirklich auf eine andere Kultur einzulassen. Andere Kulturen würden immer im Lichte der eigenen gesehen, was deren authentisches Verstehen be- und verhindere.

Die abendländische Kultur hat nach Spenglers Diagnose den Zenit ihrer Entwicklung überschritten und tritt in eine jahrhundertelange Phase des Abstiegs ein. Damit setzt Spengler an die Stelle des vor dem Ersten Weltkrieg herrschenden Kulturoptimismus eine pessimistische Sicht der abendländischen Kulturentwicklung. Während bei Herder die «Kugeln» der Kulturen schiedlich-friedlich nebeneinander bestehen, zieht Spengler aus seiner Kulturmorphologie die Konsequenz, dass sich die abendländische Kultur gegen den beginnenden inneren Verfall und gegen den drohenden Ansturm «farbiger Völker» wappnen müsse. In der Streitschrift «Preußentum und Sozialismus» von 1919[23] plädiert er für die Wiedergeburt Preußens in einem autoritativen, diktatorisch geführten Staat, der sich nicht an den Werten der französischen Revolution und des englischen Liberalismus, sondern an den deutschen Tugenden und Kulturwerten von Pflicht, Ordnung und Gerechtigkeit orientieren solle. So wie er hier Widerstandskraft im Innern der Gesellschaft fordert, so spricht er sich in der Schrift «Jahre der Entscheidung» von 1933 dafür aus, die Bedrohung Europas und Deutschlands von außen abzuwehren. Hinter der «unbeendeten proletarischen Weltrevolution taucht die größte aller Gefahren auf, die farbige, und alles, was in den weißen Völkern noch an ‹Rasse›

23 Oswald Spengler: Preußentum und Sozialismus, Leipzig 2007.

vorhanden ist, wird nötig sein, um ihr zu begegnen.»[24] Klassenkampf und Rassenkampf bedrohen nach Spengler die abendländische Kultur von innen und von außen. Und auch hier setzt er wieder seine Hoffnung auf den Selbstbehauptungswillen besonders der Deutschen, auf die Überwindung der schwachen Demokratie und die Wiederbelebung des starken Staates. «Es bleibt als formgebende Macht nur der kriegerische, ‹preußische› Geist, überall, nicht nur in Deutschland.»[25]

Von einem ähnlichen Kulturverständnis wie Oswald Spengler ging Samuel P. Huntington in dem von ihm nach dem Ende des Ost-West-Gegensatzes als Antizipation zukünftiger Konfliktlinien entworfenen Szenario eines «Kampfes der Kulturen» aus.[26] Seine These lautete: «Die künftige Welt wird hauptsächlich durch die Wechselbeziehung zwischen sieben oder acht großen Kulturkreisen geprägt werden. Dazu zählen die westliche, die konfuzianische, die japanische, die islamische, die hinduistische, die slawisch-orthodoxe, die lateinamerikanische und möglicherweise die afrikanische Kultur. Die wichtigsten Auseinandersetzungen der Zukunft werden an den Frontlinien auftreten, die diese Kulturen voneinander trennen.»[27]

Eine «Kultur» im Sinne Huntingtons bestimmt sich durch gemeinsame objektive Elemente – durch Sprache, Geschichte, Religion, Gebräuche, Institutionen –, aber auch durch das subjektive Selbstverständnis der in ihr lebenden Menschen. Unterschiedliche Anschauungen über das Verhältnis zwischen Gott und Mensch, Individuum und Gruppe, Bürger und Staat, Mann und Frau, Eltern und Kindern sind für kulturelle Identitäten ebenso kennzeichnend wie unterschiedliche Anschauungen über die jeweiligen Rechte und Pflichten der Menschen, über Freiheit und Autorität, Gleichheit und Hierarchie.

Noch tiefer sind die *Religions*identitäten im Selbstverständnis der Menschen verwurzelt. Huntington verdeutlicht das an einem Beispiel: «Jemand

---

[24] Oswald Spengler: Jahre der Entscheidung, München 1933, 146.

[25] A. a. O., 165.

[26] Samuel P. Huntington: The Clash of Civilizations?, in: Foreign Affairs 72/3, 22–49. Gekürzt und auf Deutsch: Kampf der Kulturen, in: DIE ZEIT vom 13.08.1993, 3 (www.zeit.de/1993/33/im-kampf-der-kulturen [28.03.2018]). Ausführlicher, in: ders.: Kampf der Kulturen. Die Neugestaltung der Weltpolitik im 21. Jahrhundert, München/Wien 1996; ders: The Clash of Civilizations and the Remaking of World Order, New York 2011.

[27] Zitiert nach: Kampf der Kulturen, in: DIE ZEIT (siehe Anm. 26).

mag halb Franzose und halb Araber sein und gleichzeitig sogar Bürger zweier Länder. Es ist jedoch schwer, ein halber Katholik und ein halber Muslim zu sein.»[28] Daraus erklärt es sich nach seiner Auffassung, dass die Unterschiede zwischen Kulturen und Religionen im Laufe der Jahrhunderte die längsten und gewalttätigsten Kriege hervorgebracht haben.

«Die Unterschiede zwischen den Kulturen sind nicht nur wirklich, sie sind auch grundlegend.»[29] Deswegen führt der wachsende Kontakt zwischen den Völkern nach Huntington keineswegs von selbst zum besseren Verständnis zwischen ihnen. Im Gegenteil: Oftmals verstärkt er das kulturelle und religiöse Identitätsbewusstsein, d. h. das Bewusstsein der Eigenart und der Unterschiedenheit. Wo dieser Kontakt zudem in einer Situation politischer und ökonomischer Unsicherheit stattfindet, führt er mit einer hohen Wahrscheinlichkeit sogar zur Ausbildung interreligiöser und interkultureller Feindschaft. So gingen die Entsäkularisierung der Welt und das Wiederaufleben der großen Weltreligionen am Ende des 20. Jahrhunderts nicht selten mit einer Tendenz zum Fundamentalismus einher.

Huntingtons Szenario vom «Kampf der Kulturen» ist die Antithese zur Kulturdiagnose des amerikanischen Politologen Francis Fukuyama vom «Ende der Geschichte»[30]. Nach Fukuyama stellt die liberale Weltordnung ein universales Endstadium von Kultur und Politik dar. Sie beendet die Epoche der ideologischen Geschichtsdeutungen mit ihren interideologischen Spannungen und Spaltungen. Demgegenüber sieht Huntington neue Auseinandersetzungen an den alten Kulturkreisgrenzen heraufziehen.

Es kann und soll hier nicht darum gehen, eine vertiefte Auseinandersetzung mit der von Huntington entwickelten Konflikttheorie zu führen.[31] Einzig das Kulturverständnis soll interessieren und das auch nur insoweit,

---

[28] Ebd.

[29] Ebd.

[30] Francis Fukuyama: Das Ende der Geschichte. Wo stehen wir? München 1992.

[31] Zur Kritik siehe u. a.: Harald Müller: Das Zusammenleben der Kulturen. Ein Gegenentwurf zu Huntington, Frankfurt a. M. [5]2001; Martin Riesebrodt: Die Rückkehr der Religionen. Fundamentalismus und der «Kampf der Kulturen», München 2001; Karl Gabriel (Hg.): Technik, Globalisierung und Religion. Gegenmodelle zum Kampf der Kulturen, Freiburg i. Br. 2008; Amartya Sen: Die Identitätsfalle. Warum es keinen Krieg der Kulturen gibt, München 2010.

als es für die Frage der Kulturbeziehungen d. h. der Interkulturalität von Bedeutung ist.

Huntington versteht unter Kultur zwar «die gesamte Lebensweise eines Volkes»[32], richtet den Fokus seiner Betrachtung dann aber doch vor allem auf die geistig-weltanschaulichen, ethischen und religiösen Dimensionen. Andere Aspekte wie das Konsumverhalten, die Unterhaltung, die Nutzung von Technik oder die Gestaltungen der Wirtschaftsprozesse treten in seiner Betrachtung zurück. In *diesen* Bereichen aber hat sich die Kultur tendenziell globalisiert. Mit Huntingtons Fokussierung auf die kollektiven weltanschaulichen und religiösen Bewusstseinsformationen, die deren Trägern Identität und – gegenüber Anderen – ein Zusammengehörigkeitsgefühl geben, treten die Regionalität und Pluralität von Kulturen in den Vordergrund. Huntingtons Schema von Kulturkreisen, die in sich mehr oder weniger homogen sind, sich kaum überlagern, sondern eher nebeneinander und in Spannung zueinander stehen, letztlich inkommensurabel sind und das Potenzial zu interkulturellen Konflikten enthalten, korreliert mit seinem Kulturverständnis.

Für Huntington ergibt sich aus seinen Überlegungen die doppelte Forderung, dass der Westen zum einen «jene wirtschaftliche und militärische Macht bewahrt, die er benötigt, um seine Interessen gegenüber diesen Kulturen zu schützen», dass er zum anderen aber auch «ein tieferes Verständnis für die religiösen und philosophischen Grundlagen anderer Kulturen und dafür entwickel[t], wie die Menschen in diesen Kulturen ihre Interessen definieren»[33]. Es soll nach Gemeinsamkeiten zwischen der westlichen und anderen Kulturen gesucht werden, auch wenn es keine universelle Kultur geben werde. Die Verschiedenheit der Kulturen ist unüberwindbar.

Dass die Kulturen in sich vielfältig sind, dass sie sich in einem ständigen Fluss und in einer gegenseitigen Beeinflussung befinden, dass sich im Begegnungsgeschehen zwischen ihnen Transformationen ergeben, bleibt in diesem Kulturverständnis unterbelichtet, wenn nicht ganz ausgeblendet. Ebenso tritt die kulturhermeneutische Einsicht in den Hintergrund,

---

[32] Samuel P. Huntington: Kampf der Kulturen. Die Neugestaltung der Weltpolitik (siehe Anm. 26), 51.

[33] Samuel P. Huntington: Kampf der Kulturen, in: DIE ZEIT (siehe Anm. 26).

dass jede Kulturdiagnose vom vorausgesetzten Kulturverständnis abhängig ist und sich die jeweiligen Kulturen immer nur im «im Auge ihres Betrachters» konstituieren und im Gegenüber zu anderen Kulturen profilieren. Die Bestimmung der abendländischen Kultur gewinnt ihr Profil erst im Kontrast zu den anderen diagnostizierten Kulturkreisen. Das zeigt sich an Huntingtons Beschreibungen sehr deutlich, wird von ihm aber nicht reflektiert.

1.2.3. Transkulturalität

Während «Interkulturalität» auf die gegenseitigen Beeinflussungen und Austauschprozesse zwischen den sich begegnenden Kulturen abzielt, geht das von Wolfgang Welsch[34] geprägte Konzept der «Transkulturalität»[35] davon aus, dass es nicht relativ homogene und klar unterscheidbare Kulturen als Entitäten bzw. Ganzheiten sind, die sich begegnen, sondern dass kulturelle Globalisierungsprozesse ständig neue Mélanges verschiedener kultureller Ingredienzien hervorbringen. Sie greifen ineinander, überlagern sich und bilden in diesen kreativen Interferenzen neue Formationen. Der Begriff «Transkulturalität» beschreibt diese wechselseitige Verflechtung und Durchdringung der kulturellen Settings, wodurch die Grenzen zwischen dem Eigenen und dem Anderen bzw. Fremden fließend werden. Das Fremde begegnet nicht erst jenseits der eigenen Kulturgemeinschaft, sondern mitten in ihr. Es wird sogar Teil des eigenen Selbstverständnisses. Im transkulturellen Begegnungsgeschehen bilden sich hybride Formatio-

[34] Der Begriff «Transkulturalisierung» findet sich zuerst beim kubanischen Soziologen Fernando Ortiz in dessen 1940 publizierten Studie «Contrapunteo Cubano del Tabaco y el Azúcar».

[35] Wolfgang Welsch: Transkulturalität: Lebensformen nach der Auflösung der Kulturen, in: Information Philosophie 2, 1992, 5–20; ders.: Transkulturalität. Zur veränderten Verfassung heutiger Kulturen, in: Irmela Schneider / Christian W. Thomson (Hg.): Hybridkultur. Medien, Netze, Künste, Köln 1997, 67–90; ders.: Was ist eigentlich Transkulturalität? In: Dorothee Kimmich / Schamma Schahadat (Hg.): Kulturen in Bewegung. Beiträge zur Theorie und Praxis der Transkulturalität, Bielefeld 2012, 25–40. Siehe auch: KuKi 71/3, 2008, Themenheft Transkulturalität? Religion und Migration neu denken, hg. von Wolfgang Welsch u. a.

nen aus. Identitäten werden ständig neu ausgehandelt. «Transkulturalismus» bezeichnet die Forderung, Transkulturalität wahrzunehmen, zuzulassen und zu fördern.

Welsch wendet sich damit gegen das von ihm sogenannte «Kugelmodell der Kultur» Herders. Seine Kulturtheorie bietet ein Gegenmodell dazu. Sie versteht sich aber auch als Kritik an den Konzepten des Multi- und Interkulturalismus, die in seinen Augen noch immer von einer insel- bzw. kugelartigen Verfassung der Kulturen ausgehen. Sein Konzept stammt aus der Zeit eines sich globalisierenden Kulturbewusstseins in den 1990er Jahren und hat teilweise visionären Charakter. Schon 1971 hatte Niklas Luhmann «das Phänomen eines faktisch vereinheitlichten Welthorizontes» beschrieben, das «neu und in einer Phase irreversibler Konsolidierung begriffen» sei[36]. «[D]ie Weltgesellschaft ist dadurch entstanden, dass die Welt durch die Prämissen weltweiten Verkehrs vereinheitlicht worden ist.»[37] Sie ist zu einer kulturübergreifenden globalen Kommunikationsgemeinschaft geworden. An diese Vision knüpft Welsch an. Ein zweiter Ausgangspunkt für sein Konzept bildet die zunehmende innere Differenzierung und Komplexität der Gesellschaften. Von einer Einheitlichkeit der Lebensformen, der Wertvorstellungen, Moralen und Weltanschauungen in ihnen kann nicht mehr die Rede sein. Globalisierung des Horizonts und Pluralisierung der Lebenswelten, die sich in diesem Horizont formieren – so kann man die beiden Ausgangspunkte der Kulturtheorie Welschs zusammenfassen.

Der Begriff «Kulturformationen» erfasst Welschs Kulturverständnis zutreffender als die Rede von «Kulturen». Kulturformationen sind dynamische Gebilde, die sich durch geschichtliche oder interkulturelle Wandlungen in einem stetigen Fluss befinden, ständig Fremdes und Eigenes integrieren und neue Fließgleichgewichte herstellen. Solche Formationen bilden sich weniger in separierten Kulturkreisen oder auf der Ebene von Sprachgemeinschaften, Nationen und Gesellschaften, sondern in verschiedenen Kollektiven wie zum Beispiel religiösen, politischen oder sozialen Gruppierungen in einer Gesellschaft und in den Kommunikationsnetzwerken dieser Gruppierungen über Gesellschafts- und Ländergrenzen hinweg – etwa bei Menschen mit Migrationshintergrund, die mit ihrer

---

36 Niklas Luhmann: Die Weltgesellschaft, in: ARSP 57, 1971, 1–35, abgedruckt in: ders.: Soziologische Aufklärung 2, Opladen 1975, 51–71, Zitat: 54.

37 A. a. O., 55.

Herkunftsgesellschaft verbunden bleiben. Durch Reisemöglichkeiten und Kommunikationsmittel, die eine globale und simultane Kommunikation erlauben, sind Kulturtransfers und -vermischungen zur Normalität geworden. Die Möglichkeiten der digitalen Simultankommunikation erlaubt es Migrantinnen und Migranten aber auch, in ihrer jeweiligen Herkunftsidentität verwurzelt zu bleiben und sich gegenüber der Aufnahmegesellschaft kulturell abzuschotten.

Da ein Individuum (wie im oben genannten Beispiel) zu verschiedenen dieser Gruppierungen gehören kann, setzt sich die individuelle Identität aus verschiedenen kulturellen Komponenten und Zugehörigkeiten zusammen. Identitäten bilden sich in den Überlagerungsfeldern von Kulturformationen. Gerade an den ausgefransten Rändern solcher Formationen entstehen kreative Prozesse, die von dort aus in deren Selbstverständigungsdiskurse hineinwirken. «Kultur» besteht in der dynamischen Vielfalt dieser interdependenten Formationen.

Kulturformationen sind als Strömungen miteinander vernetzt und vermischt. Nicht mehr die Kugel (wie bei Herder) oder der Kreis (wie bei Spengler und Huntington), sondern das Netzwerk oder das Rhizom (Wurzelgeflecht)[38] ist die Leitmetapher für das Verständnis der Kultur und die Zuordnung der Kulturen zueinander.

In seinem Kulturverständnis beschränkt sich Welsch nicht – wie Huntington – auf die kollektiv identitätsstiftenden Dimensionen von Sprache, Weltanschauung, Religion, Moral, Sitten und Gebräuchen, sondern bezieht das Gesamt der Lebensstile mit ein, also auch diejenigen Dimensionen, die Huntington der «Zivilisation» zugerechnet hatte und die von Globalisierungsdynamiken erfasst sind, wie Wissenschaft, Technik, Konsumverhalten, Moden und Kunst. Aber auch globale Herausforderungen wie ökonomische Ungerechtigkeiten, ökologische Probleme, militärische Bedrohungen usw. gehen über frühere Kulturgrenzen hinweg und führen zu deren Verflechtung.

Die Vorstellung einer «Begegnung der Kulturen» wird vom Konzept der Transkulturalität aus obsolet. Abgesehen davon, dass auch Kulturen – wie Religionen – keine interaktionsfähigen Subjekte sind, macht die Rede von «Begegnung» nur unter der Voraussetzung Sinn, dass sich distinkte kollektive Kultur- und Identitätsformationen gegenüberstehen. Nach

---

38 Zur philosophischen Rezeption dieses aus der Botanik stammenden Begriffs siehe: Gilles Deleuze / Félix Guattari: Rhizom, Berlin 1977.

Welschs Modell der Transkulturation werden kulturelle Grenzen und die Vorstellung homogener Kulturgebilde aber (zunehmend) aufgehoben. Wo sich Grenzen verwischen, kann man sie nicht mehr überschreiten. Moderne Gesellschaften sind strukturell heterogen und hybrid.

Philosophisch schließt Welsch sein Kulturverständnis an Ludwig Wittgenstein an, der Kultur dort lokalisiert, wo eine geteilte Lebenspraxis besteht. Lebensformen aber sind aus unterschiedlichen kulturellen Komponenten gespeist, die sie mit anderen Lebensformen vernetzen. Die an Welsch zu stellende Frage ist aber, wie diese Komponenten zu identifizieren sind, ohne dabei doch wieder auf einen konventionellen Kulturbegriff zurückgreifen zu müssen. Ein weiterer Einwand gegen seinen Ansatz besteht im Hinweis darauf, dass individuelle und kollektive Identitäten immer auch durch Abgrenzungen entstehen und gefestigt werden. «Wollen differente Kulturen in ihrer Eigenart wahrgenommen und tradierbar werden, müssen sie Grenzen ziehen zwischen dem Eigenen und dem Fremden.»[39] Gerade darin sind sie aber auf das «Andere» ihrer selbst angewiesen. Grenzziehungen können das Andere bzw. Fremde auch vor Vereinnahmungen schützen.

In der Überwindung eines Kulturverständnisses, das durch innere Homogenität und äußere Abgrenzung definiert ist, liegt für Welsch auch ein Impuls für die Befriedung kultureller und religiöser Spannungen. Die Berufung auf ethnische und kulturelle Identität hat ihm zufolge immer wieder Separatismen und Kriege produziert. Ein globalisiertes, pluralisiertes dynamisiertes Kulturbewusstsein hingegen wirkt solchen Konfrontationen entgegen.

Seit Beginn des 21. Jahrhunderts kam es dann aber wieder zu solchen Konfrontationen. Damit drehte der kulturelle Wind. Gegenüber dem kulturellen Universalitäts- und Globalitätsbewusstsein wurde und wird wieder stärker die Partikularität der je eigenen Religion und Kultur, die Notwendigkeit, sie zu unterscheiden und rein zu halten, betont. Es ging und geht dabei weniger um die spezifischen Inhalte der jeweiligen Religionen als eher um deren identitätsstiftende Prägekraft. Es scheint, als habe sich auf der politischen Bühne und in den gesellschaftlichen Debatten das von

---

39 Alois Wierlacher: Internationalität und Interkulturalität. Der kulturelle Pluralismus als Herausforderung der Literaturwissenschaft. Zur Theorie Interkultureller Germanistik, in: Lutz Danneberg (Hg.): Wie international ist die Literaturwissenschaft? Stuttgart 1996, 567.

Huntington beschriebene Szenario gegenüber der Kulturdiagnose von Welsch bewahrheitet. Man muss allerdings die beiden Ansätze nicht alternativ einander gegenüberstellen. Sie haben Erklärungskraft für Entwicklungen, die auf verschiedenen Ebenen liegen. Huntingtons Ansatz ist eher auf kollektive – politische und gesellschaftliche – Bewusstseinsformationen bezogen, Welschs Diagnose dagegen stärker auf individuelle Selbstverständnisse und Lebensvollzüge.

1.2.4. Wiedererstarken eines identitären Kulturverständnisses

Seit der Jahrtausendwende hat sich die Wahrnehmung der Religion in der Kultur verändert. Religion und Religionen – insbesondere deren radikale Formen und dabei in erster Linie radikalislamische Bewegungen – sind stärker in das Blickfeld der öffentlichen Aufmerksamkeit gerückt. Gegen die säkularisierungstheoretische Annahme eines zunehmenden Bedeutungsverlustes der Religion trat deren Kraft zur Kulturprägung, Identitätsstiftung und Handlungsorientierung neu ins Bewusstsein. Zugleich wurde ihre Ambivalenz unübersehbar: Religion kann ebenso heilsam wie destruktiv wirken. Es waren vor allem die Ausbrüche des islamistischen Terrorismus, die die Wahrnehmung verändert haben.

Diese Wahrnehmungsveränderung ist aber nicht nur eine Folge des religiösen Extremismus, der die westliche Welt heimgesucht hat, und der Ausrufung des weltweiten «Kriegs gegen den Terror» durch George W. Bush. Sie steht vielmehr im Zusammenhang von viel weiter reichenden Trends, die sich in allen sogenannten Weltreligionen beobachten lassen, sich in den kulturellen Selbstverständigungsdebatten spiegeln und zunehmend auch die Programme der Gesellschafts- und Politikgestaltung erfassen. Man kann sie mit dem Titel der Kulturdiagnose von Heinrich Geiselberger als «große Regression»[40] bezeichnen.

Weltweit lassen sich Prozesse der Rückbesinnung auf traditionelle Identitätsmuster erkennen: im politischen Bereich ein verstärktes Regionalitäts- und Nationalitätsbewusstsein, im kulturellen Bereich die Verteidigung identitätsstiftender Traditionsbestände gegen Prozesse der Transkulturalisierung und im religiösen Bereich eine neue Betonung der je eigenen konfessionellen und religiösen Prägung. Mit der Zentrierung auf

---

40 Heinrich Geiselberger (Hg.): Die große Regression. Eine internationale Debatte über die geistige Situation der Zeit, Berlin 2017.

das Eigene wird oft auch eine idealisierte Vergangenheit heraufbeschworen. Neokonservative, antiliberale und teilweise reaktionäre Kräfte in Politik, Kultur und Religion erleben einen Aufschwung. Begriffe wie «Heimat», in denen religiöse und kulturelle Komponenten mit Traditionsbewusstsein und der Rückbesinnung auf Herkunft und Verwurzelung zusammenfließen, wurden wieder populärer und hielten verstärkt Einzug in Programme der Politikgestaltung.

Die Bruchlinie eines Wertekonflikts zwischen liberalen und postliberalen Haltungen geht mitten durch die (westlichen) Gesellschaften. Peer Steinbrück konstatiert, dass ein Teil der Gesellschaft ein eher liberales, tolerantes Verständnis hat, kosmopolitisch eingestellt ist und der Globalisierung, Europäisierung und auch Zu- und Einwanderung positiv gegenübersteht, während ein anderer Teil die Überfremdung der Gesellschaft befürchtet, die eigene Selbstgeltung gefährdet sieht und deshalb eher einer kulturellen Regression folgt.[41]

Der «alte» essentialistische Kulturbegriff, wie er bei Huntington erscheint, ist im öffentlichen Diskurs nach wie vor vorherrschend. Er verstärkt sich im Kontext der Migrationsdebatten und der zunehmend kritischen Islamwahrnehmung eher noch.

Diese Prozesse sind verbunden mit der Gewichtsverlagerung von der «Mitte» an die Ränder: Wie sich im politischen Bereich die Schwerpunkte von den klassischen Parteien im Zentrum des politischen Spektrums hin zu den Parteien an den z. T. radikalen Rändern oder hin zu Anti-Establishment-Parteien verlagern, so vollzieht sich auch im religiösen Bereich eine Identitätssuche durch Radikalisierung. Das lässt sich derzeit in allen sogenannten Weltreligionen beobachten. «Harte» Formen der Religion[42] gewinnen an Gewicht, die sich nicht nur gegenüber Erscheinungsformen *anderer* Religionen in Stellung bringen, sondern vor allem gegen die liberalen (*mainline*-)Flügel ihrer *eigenen* Religion.

Religionsidentitäre Bewegungen bestimmen ihre Kollektividentität oft im Rückgriff auf einen vermeintlich reinen Ursprung (wobei es sich dabei

---

[41] Peer Steinbrück: Kann Europa sich behaupten? In: zur debatte 5/2018, 2. Siehe dazu auch: Sabine Achour: Die «gespaltene Gesellschaft». Herausforderungen und Konsequenzen für die politische Bildung, in: APuZ 13/14, 2018, 40–46.

[42] Friedrich Wilhelm Graf: Die Wiederkehr der Götter. Religion in der modernen Kultur, München 2004, 28. Siehe auch: ders.: Götter global. Wie die Welt zum Supermarkt der Religionen wird, München 2014.

um Neukonstruktionen handelt), der ihnen bedroht oder verlorengegangen zu sein scheint und wiederhergestellt werden muss. Sie profilieren ihre Identität scharfkantig und grenzen sie gegenüber anderen Kollektividentitäten ab. Gerade aus dieser Abgrenzung gewinnen sie die eigenen Identitätsmarker. Nicht selten sind sie verbunden mit der Kritik an wissenschaftlichen Theorien, die in Spannung zu ihren religiösen Überzeugungen stehen (vor allem der Evolutionslehre und der physikalischen Kosmologie), mit einer z. T. scharfen Ablehnung eines historisch-kritischen Umgang mit den Traditionsquellen ihrer Religion, mit der Fokussierung auf konservative *family values* (gegen alternative Lebensformen, Homosexualität und gleichgeschlechtliche Partnerschaften sowie gegen die Neubestimmung der Geschlechterrollen) wie auch mit der Forderung nach einem starken Staat, polizeilich geschützter innerer Sicherheit und militärisch garantierter Stärke nach außen. Auf dieser Weise formieren sich Allianzen von religiösem Neotraditionalismus mit neurechten bzw. rechtspopulistischen Bewegungen.

Die Achsenverschiebungen in den Religionskulturen betreffen nicht nur die gelebte Religion. In moderateren und differenzierteren Formen haben sie ihren Niederschlag auch in den kirchlichen und akademischen Debatten gefunden. Nicht nur im deutschen Sprachraum lässt sich in den letzten Jahrzehnten ein Trend vom Paradigma der Universalität über die stärkere Betonung der Differenz bis hin zur Profilierung der Identität erkennen. In der Ökumenischen Bewegung wie auch in den interreligiösen Beziehungen gibt es untrügliche Anzeichen dafür. Die Phase der Dialogoffenheit ging über in die Phase der Selbstunterscheidung und diese trieb in manchen Ausläufern über sich hinaus zur Schärfung bewusst partikularer Identitätsmuster. Für die Phase der Selbstunterscheidung in der Ökumenischen Bewegungen steht etwas das Leitwort Wolfgang Hubers von der «Ökumene der Profile»[43]. In der Debatte um die interreligiösen Beziehungen sind Ansätze einer Differenzökumene entwickelt worden.[44]

---

[43] Wolfgang Huber: Im Geist der Freiheit. Für eine Ökumene der Profile, Freiburg i. Br. 2007.

[44] Siehe dazu: Reinhold Bernhardt: Die Differenz macht den Unterschied. Differenzhermeneutische Ansätze in der Religionstheologie, in: Christian Wiese / Stefan Alkier / Michael Schneider (Hg.): Diversität – Differenz – Dialogizität. Religion in pluralen Kontexten, Berlin/New York 2017, 29–47.

Auch in der sonstigen intellektuellen Geisteskultur lassen sich analoge «Zeichen der Zeit» ausmachen, wie etwa das von Markus Gabriel und Maurizio Ferraris im Jahr 2011 ausgerufene Ende der Postmoderne und ihr Plädoyer für einen «neuen Realismus»[45]. Ein neues Verlangen nach faktenbasierter Wahrheit hat sich eingestellt. Das erklärt sich auch aus der gezielten Verbreitung von Fake News in den sozialen Medien. Die Zeit des postmodernen Verständnisses von Wahrheit, das diese nicht mehr als *adaequatio intellectus et rei*, sondern als freies Spiel von aufeinander verweisenden Zeichen versteht, scheint vorbei zu sein. Der philosophische Urahn der Postmoderne, Friedrich Nietzsche, hatte «Wahrheit» als ein «bewegliches Heer von Metaphern, Metonymien, Anthropomorphismen, kurz eine Summe von menschlichen Relationen» verstanden.[46] Je stärker aber der Realitätsbezug (und sei es der Bezug auf die transzendente Realität) und damit die Objektivität, Eindeutigkeit bis hin zur Unfehlbarkeit religiöser Aussagen betont werden, umso schärfer treffen konfligierende religiöse Wahrheitsansprüche aufeinander.

Vergleicht man das sich hier aufbauende konfrontative Wahrheitsverständnis mit dem dialogisch-relationalen Verständnis, für das Paul F. Knitter im Jahr 1985 plädiert hatte, so wird der Paradigmenwechsel augenfällig. Knitter hatte geschrieben: «Im neuen Modell wird die Wahrheit nicht mehr mit ihrer Potenz gleichgesetzt, andere Wahrheiten auszuschließen oder zu absorbieren. Vielmehr wird, was wahr ist, sich selber in erster Linie dadurch enthüllen, dass es zu anderen Äußerungen der Wahrheit in Beziehung treten und durch diese Beziehungen wachsen kann. – Wahrheit wird nicht durch Exklusion, sondern durch Relation definiert. Das neue Modell spiegelt wider, was unsere pluralistische Welt entdeckt: Keine Wahrheit kann für sich dastehen; keine Wahrheit kann völlig unveränderlich sein. Wahrheit braucht wesensmäßig andere Wahrheit. Ist sie beziehungsfähig, muss ihre Wahrheitsqualität hinterfragt werden können. [...] Wahrheit ohne andere Wahrheit kann nicht einzigartig sein; sie kann nicht existieren. Wahrheit beweist also sich selbst nicht, indem sie über andere Wahrheit

---

[45] Siehe dazu: Markus Gabriel: Warum es die Welt nicht gibt, Berlin 2013, 10; Maurizio Ferraris: Manifest des Neuen Realismus, Frankfurt a. M. 2014; ders: Was ist der Neue Realismus? In: Markus Gabriel (Hg.): Der Neue Realismus, Berlin 2014, 52–75.

[46] Friedrich Nietzsche: Über Wahrheit und Lüge im außermoralischen Sinne (1873), in: KSA I, Berlin 1980, 880f.

triumphiert, sondern indem sie ihre Fähigkeit ausprobiert, mit anderen Wahrheiten zu interagieren – d. h. sie zu lehren und von ihnen belehrt zu werden, sie einzubeziehen und von ihnen einbezogen zu werden.»[47]

Demgegenüber liegt es im «Megatrend» des gegenwärtigen Kulturbewusstseins, nicht mehr das Allgemeine und Verbindende, sondern das Besondere und Singuläre zu betonen; nicht mehr die Relation, sondern das möglichst authentische Selbstsein.[48] Auch Gemeinschaften stellen heraus, was für sie im Unterschied zu anderen charakteristisch ist. Individualität ist nicht mehr nur eine Sache von Individuen, sondern auch von Institutionen und Sozialgestalten. Gesellschaft und Kultur entwickeln sich zu einem Orchester von Solisten, wobei sie sich kaum noch als Orchester verstehen.

Diese Tendenzen stellen den gesellschaftlichen und kulturellen Kontext der in diesem Band anzustellenden Überlegungen dar. Die Versuche einer konstruktiven Bestimmung und Gestaltung interkultureller und interreligiöser Beziehungen stehen im rauen Gegenwind zunehmend konfrontativer Spannungsverhältnisse. Wollen sie sich nicht der Macht des Faktischen beugen, so müssen sie Gegenkonzepte entwickeln und Motivationen mobilisieren, um diese in die Praxis umzusetzen.

1.2.5. Interkulturalität als Beziehungsgeschehen

Im Durchgang durch die kulturtheoretischen Ansätze und die Wahrnehmung von Kultur im öffentlichen Diskurs zeigt sich: Das Verständnis von «Interkulturalität» entscheidet sich am Kulturverständnis und dieses wiederum hängt vom Betrachtungsinstrumentarium und seinem theoretischen Interpretationsrahmen ab:

- Wird «Kultur» in der Makroperspektive auf globale Kulturkreise als Segmente der Menschheit bezogen, wobei der jeweilige Kulturkreis definiert sein kann als Nation bzw. Sprachgemeinschaft (wie bei Herder), als geschichtliche Formationen (wie die «griechisch-römische

[47] Paul F. Knitter: No Other Name. A Critical Survey of Christian Attitudes Towards the World Religions, London 1985, 219; dt.: Ein Gott – Viele Religionen. Gegen den Absolutheitsanspruch des Christentums, München 1988, 175.

[48] Andreas Reckwitz: Die Gesellschaft der Singularitäten – Zum Strukturwandel der Moderne, Berlin 2017.

Kultur» bei Spengler) oder als übernationale Kollektive, die nach Kontinenten, nach Subkontinenten oder nach Religionen unterschieden sind (wie «die afrikanische», die «hinduistische» und die «islamische» Kultur bei Huntington)? Oder steht die Mesoperspektive mit dem Blick auf Transformationsprozesse in multikulturellen und multireligiösen Gesellschaften im Vordergrund (wie bei Welsch)? Dabei geht es um die Frage, wer oder was sich bei interkulturellen Begegnungen begegnet.

- Wird Kultur eher statisch oder eher dynamisch verstanden? Wird sie nach dem Modell eines (in sich geschlossenen) Kreises oder eines (interagierenden) Netzwerks aufgefasst? Im ersten Fall wird sich das Interesse weniger auf das Begegnungsgeschehen und mehr auf die Bestimmung des Kreisinhalts und der Beziehung der Kreise zueinander richten, im zweiten Fall gilt die Aufmerksamkeit der Entwicklungsdynamik innerhalb und zwischen den Kulturformationen und den sich dabei ereignenden Transformationen.
- Kann man überhaupt sinnvoll von einem «Zwischen» («inter») der Kulturen sprechen? Weder die Annahme eines inkommensurablen Nebeneinanders der Kulturkreise noch die Annahme einer Überlagerung und Vermischung lässt es zu, von einem «Zwischenraum» oder einer «Kontaktzone» auszugehen. Ist die in beiden Begriffen gebrauchte räumliche Metaphorik sachlich überhaupt angemessen?

Vor dem Hintergrund dieser Problematisierungen beziehe ich *Interkulturalität* auf das Begegnungsgeschehen von Menschen mit signifikant verschiedenen, von ihren jeweiligen Herkunfts- und Zugehörigkeitsgemeinschaften geprägten Menschen- und Weltbildern, Lebensorientierungen und -deutungen, Werthaltungen und Kommunikationsformen. Die dabei zugeschriebenen Prägefaktoren können ethnisch, national, sozial und/oder religiös bestimmt sein. Es kann sich also um eine Begegnung von Menschen mit unterschiedlichem ethnischem Hintergrund, nationaler Zugehörigkeit, sozialer Einbettung oder religiöser Affiliation handeln. «Inter» steht dabei zum einen für «verschieden» und zum anderen für «relational». Es geht also um die Begegnung von signifikanter Alterität, soweit diese nicht nur der Selbstbestimmung des Individuums, sondern seiner Bestimmtheit durch ein ethnisches, nationales, soziales und/oder religiöses

Kollektiv zuzuschreiben ist. Das Individuum ist nicht auf diese Bestimmtheit festgelegt und kann sich zu ihr verhalten. In interkulturellen Begegnungen geht es um diese Prägungen und deren individuelle Aneignungen.

Um diese Prägungen zu benennen, kann es durchaus sinnvoll sein, Bezeichnungen zu verwenden, die dem Modell der globalen Kulturkreise entnommen sind, wenn dabei das Bewusstsein mitgeführt wird, dass es sich hier um Zuschreibungen handelt, die Generalisierungen und Wertungen enthalten können und deshalb nicht essenzialisiert werden dürfen. Sie basieren auf Alteritäterfahrungen, die sich nicht mit dem Verweis auf die Konstruiertheit der Zuschreibung relativieren lassen. Zu offensichtlich ist es, wie sich beispielsweise die Kulturen in Nordafrika von den Kulturen südlich der Sahara unterscheiden und diese wiederum in Ost-, West- und Südafrika verschieden sind. Zu offensichtlich ist auch, dass es zu interkulturellen Konflikten führen kann, wenn Migranten mit den in diesen Kulturen geprägten Identitätsformationen in den westlichen Kulturkreis kommen (wobei natürlich auch andere Faktoren, wie soziale Schicht, Bildungshintergrund, Traumatisierungserfahrungen usw. eine wichtige Rolle spielen). Um solche Konflikte zu bearbeiten, hilft es nicht, wenn sie durch Bezeichnungsverbote verdeckt werden. Wenn die Bezeichnung des Konfliktpotenzials nicht zu Diskriminierungen und Stigmatisierungen der Migranten führt, sondern den Konflikt bearbeitbar macht, gibt es keinen Grund, sie nicht zu gebrauchen.

Ich gebe ein Beispiel für einen interkulturellen Konflikt aus einem Krankenhaus in Hamburg. Der Konflikt wurde erst dann bearbeitbar, als er als solcher durchschaut wurde. Christina Kayales berichtet von einem Patienten aus Nordafrika, der den Wunsch hatte, mit seinem Urin zu gurgeln. Das Pflegepersonal reagierte mit Abscheu. Jemand versuchte, dieses Verhalten in den Bezugsrahmen der Tiefenpsychologie einzuordnen und von dort her als eine Regression in die anale Phase zu verstehen. Der Patient wurde dadurch pathologisiert. Erst als die Krankenhausseelsorgerin darauf hinwies, dass es sich dabei um einen in Nordafrika üblichen Teil vertrauter Morgenrituale handelt, wurde ein angemessenes Verstehen möglich. Der Patient versuchte, eine Verhaltensweise aus seiner Herkunftskultur in der Fremde beizubehalten, um auf diese Weise die Fremdheitserfahrung abzufedern.[49] Das Verstehen war nur möglich, weil die

[49] Christina Kayales: Gemeinsam zu einer Balance finden. Interkulturelle Seelsorge im Krankenhaus, in: DtPfrBl 2013/6, 331–334.

Seelsorgerin diesen Brauch aus Nordafrika kannte. Der Konflikt ließ sich nur bearbeiten, indem er als Konflikt zwischen einer Gepflogenheit der nordafrikanischen Kultur und den von westlicher Kultur geprägten Empfindungen verstehbar wurde.

So sehr es sich also einerseits nahelegt, in der kulturtheoretischen Konzeptbildung den relativ einheitlichen Kulturbegriff (mit seiner Neigung zum Essenzialismus) in eine Vielzahl kopräsenter kultureller Orientierungen aufzulösen, so sehr erscheint es andererseits notwendig, den Begriff in dieser Bedeutung beizubehalten; zum einen, weil er in den Religionsdiskursen der Gegenwart so benutzt wird, zum anderen weil er offensichtlich eine unaufhebbare Diagnose- und Bezeichnungsleistung erbringt, indem er Bedeutungen und habituelle Formen der Handlungsorientierung beschreibt, die sich bestimmten Sozialverbänden in bestimmten Herkunftsterritorien zuschreiben lassen und die sie sich selbst zuschreiben. Solange der Kulturbegriff in dieser Bedeutung mit dem ihm gebührenden Problembewusstsein gebraucht wird und nicht zur Festschreibung der Individuen auf eine bestimmte kulturelle Identität führt, hat er nach wie vor seine Berechtigung. Wenn auch jede Kultur aus einer Vielfalt kultureller Orientierungen besteht, so kann sie doch in gewissen Charakteristika als Kultur von anderen Kulturen unterschieden werden.

1.2.6. Interkulturelle Hermeneutik

Es geht im Folgenden nicht um interkulturelle *Theologie*, sondern um die Frage, ob es ein Verstehen über Kultur- und Religionsgrenzen hinweg überhaupt geben kann. Diese grundlegende Frage ist für interreligiöse Beziehungsbestimmung und -gestaltung von hoher Relevanz. Selbst wenn man davon ausgeht, dass Religionen und Kulturen nicht wie Blöcke oder Säulen nebeneinander stehen, dass es sie vielmehr immer nur in den zahllosen Modi ihrer jeweiligen Aneignung und in vielfältigen Überlagerungen und Durchdringungsformen gibt, so zeigt sich doch in vielen Begegnungen mit religiös und kulturell Anderen, dass ein gegenseitiges Verstehen prekär ist. Nicht nur weil die sich Begegnenden oft nicht die gleiche Sprache sprechen, sondern vor allem, weil sie aus unterschiedlichen Erfahrungskontexten mit unterschiedlichen kulturellen Hintergründen stammen, kommt es immer wieder zum Missverstehen oder zum Nichtverstehen, d. h. zu einer Diskrepanz zwischen dem Mitgeteilten und dem Verstandenen.

Die klassische Hermeneutik war damit beschäftigt, das Verstehen *innerhalb* einer Tradition zu erhellen, vor allem das Verstehen historischer Überlieferungen. Im Mittelpunkt stand die Frage, wie die zeitliche Distanz zwischen dem verstehenden Subjekt und dem Gegenstand seines Verstehens überbrückt werden kann. Hans-Georg Gadamer beschrieb den Verstehensvorgang als «Horizontverschmelzung» zwischen den Sinnhorizonten des Verstehensgegenstandes und des verstehenden Subjekts in seiner jeweiligen Gegenwart. Verstehen wird möglich durch «Einrücken in ein Überlieferungsgeschehen»[50], sodass es zu einem Dialog zwischen Subjekt und Objekt des Verstehens kommen kann. Die Horizontverschmelzung führt im verstehenden Bewusstsein zu einer Horizontverschiebung, also zu einer Transformation des Vorverständnisses.

In der interkulturellen Hermeneutik ist zum einen die Auffassung der Verstehensgegenstände weiter gefasst: Es sind nicht mehr nur Texte und sonstige historische Zeugnisse, sondern auch Situationen, Handlungszusammenhänge und Personen. Zum anderen geht es um ein traditions*übergreifendes* Verstehen, also um das Verstehen des kulturell Anderen. Was generell für das Verstehen des Anderen gilt – dass die Begegnung mit ihm kognitive Dissonanzen hervorrufen, Irritationen auslösen und bisherige Verstehensmuster herausfordern kann – gilt in potenzierter Weise für die Begegnung mit dem kulturell und religiös Anderen.

Die Schwierigkeit besteht darin, dass dabei in vielen Fällen kein gemeinsamer Sinnhorizont vorausgesetzt werden kann, sondern unterschiedliche kulturell geprägte Sinnhorizonte aufeinandertreffen. Man kann es sich am Vergleich mit einem Bild deutlich machen, das eine Figur vor einem Hintergrund zeigt: Beim interkulturellen Verstehen geht es nicht nur darum, den Verstehensgegenstand wie eine Figur in den mitgebrachten Rahmen einzuordnen, ihn also im Lichte des eigenen – vom eigenen kulturellen Kontext geprägten – Vorverständnisses zu erschließen. Vielmehr stehen sich verschiedene Figuren in ihren verschiedenen Rahmen gegenüber.

Die Problemkonstellation ist ähnlich wie bei den beiden Formen des Konflikts, die Jean-François Lyotard einander gegenübergestellt hat: dem Rechtsstreit und dem Widerstreit.[51] Im Rechtsstreit bewegen sich die

---

50 Hans-Georg Gadamer: Wahrheit und Methode, Tübingen ^{3}1972, 275.524.

51 Jean-François Lyotard: Der Widerstreit, München 1989.

Konfliktparteien in einem gemeinsamen normativen Rahmen und beziehen sich auf ein Regelwerk, etwa auf ein Gesetz. Die Normen werden von allen Beteiligten prinzipiell akzeptiert, auch wenn sie übertreten werden. Auf dieser Grundlage ist der Konflikt prinzipiell lösbar. In einem Widerstreit gibt es demgegenüber keinen gemeinsamen Nenner. Zwei Totalperspektiven stehen in Konkurrenz zueinander. Die konfligierenden Positionen beziehen sich auf diese verschiedenen normativen Rahmen, etwa auf unterschiedliche Rechtsordnungen (beispielsweise auf familienrechtliche Regelungen einer afrikanischen Stammesgesellschaft einerseits und auf das staatliche Familienrecht der Schweiz andererseits). Es gibt keine übergeordnete Instanz, die von beiden Parteien gleichermaßen anerkannt wäre und den Streitfall auf einer von beiden Parteien akzeptierten Grundlage entscheiden könnte. Jedes der beiden normativen Bezugssysteme sieht eine andere Konfliktlösung vor und diese Konfliktlösungen stehen in unauflösbarer Spannung zueinander. In Ermangelung eines Metasystems kann der Konflikt nur in *einem* der beiden sich gegenüberstehenden Partikularsysteme entschieden werden und dabei erleidet eine der Konfliktparteien unvermeidlich Unrecht.

Das ist der Situation der interkulturellen Kommunikation vergleichbar: Nicht nur die dabei vertretenen Auffassungen sind verschieden, sondern auch die Weltanschauungen, Wertsysteme und Ethiken, in die sie eingebettet sind. Da die (personale) Kommunikation aber immer nur in einem bestimmten kulturellen Bezugsrahmen stattfinden kann, wird es zu einer Asymmetrie zwischen den daran Beteiligten kommen: zwischen denen, die in diesem kulturellen Kontext beheimatet sind, und denen, die aus einem anderen kulturellen Kontext stammen. Schon an der verwendeten Sprache entscheidet sich, welche kulturellen Standards tonangebend sind.

Im Blick auf die Frage, ob und inwiefern interkulturelles Verstehen möglich ist, kann man zwischen zwei Grundpositionen unterscheiden:

(a) Die Behauptung der Inkommensurabilität, die besagt, dass es Verstehen nur *innerhalb* eines kulturellen Referenzrahmens geben kann:

Hier bringt sich ein (postmoderner) Kulturalismus zum Ausdruck, der davon ausgeht, dass Bedeutungen kulturabhängige Konstrukte sind. Jede Kultur ist ihr eigener Bedeutungsgenerator und deshalb können Bedeutungen auch nur kulturimmanent verstanden werden. Kulturübergreifendes Verstehen ist dagegen mit notorischem Missverstehen behaftet, denn dabei werden immer die Vorverständnisse der eigenen Kultur auf Verstehensgegenstände einer anderen Kultur angewandt. Diese werden dabei einem ihnen unangemessenen «framing» unterzogen und auf diese Weise anders verstanden als sie von den Angehörigen ihrer jeweiligen Kultur verstanden werden.

Im nächsten Kapitel wird bei der Erörterung des Religionsbegriffs die Frage eine wichtige Rolle spielen, ob dieser Begriff, der seine heutige Bedeutung in der Aufklärungszeit bekommen hat, auf Religionen anwendbar ist, die in anderen Kulturen geprägt wurden. Das Gleiche gilt für den Kulturbegriff und für die Begriffe und Vorstellungsgehalte innerhalb der Religion und Kultur, etwa für den Begriff «Person». Wer die jeweilige Eigenheit und Andersheit der Kultur und damit die letztlich unüberwindbare Differenz der Kulturen betont, wird diese Frage verneinen und darauf bestehen, dass kulturell und religiös imprägnierte Begriffe nur kulturimmanent gebraucht werden sollten. Nur dort haben sie ihren Sinn. Diese Position läuft also auf einen kulturellen Solipsismus hinaus, wie man ihn tendenziell auch bei Herder findet. Sie steht dem Modell des Multikulturalismus nahe, der von einem Nebeneinander der verschiedenen Kulturen ausgeht.

Bei technischen Begriffen, die auf bestimmte Anwendungsgebiete bezogen sind, ist die Gefahr des Missverstehens demgegenüber allerdings deutlich kleiner. In der (natur-)wissenschaftlich, technisch und ökonomisch globalisierten Welt ist ein kulturübergreifendes Verstehen solcher Begriffe oft problemlos möglich. Selbst wenn eine aus dem Chinesischen übersetzte Gebrauchsanleitung sprachlich mangelhaft sein sollte, kann sie doch dazu geeignet sein, das betreffende Gerät seiner Bestimmung nach zu bedienen. Nicht die kulturelle Imprägniertheit, sondern der Realitätsbezug der Begriffe ist hier entscheidend. Dieser Bezug liegt der zweiten Position zugrunde:

(b) Die Annahme kultureller Universalien:

Während die Vertreter der Inkommensurabilitätsthese davon ausgehen, dass es die Realität immer nur in Modi kultureller Erschließungsformen gibt, diese aber grundlegend verschieden voneinander sind, verweisen die Kritiker dieser Position darauf, dass sich die unterschiedlichen kulturellen Erschließungen auf die gleiche Realität beziehen. Die Realität ist der Kultur vorgeordnet wie ein Text seiner Interpretation. Die Kultur *konstituiert* nicht Realität, sondern bringt sie zur Sprache. Die kulturellen Ausdrucksformen sind wie verschiedene Perspektiven auf den gleichen

Gegenstand, verschiedene Sprachen, die das gleiche bezeichnen, verschiedene Signifikate für den gleichen Signifikanten. Sie bringen nichts anderes, sondern das Gleiche anders zur Sprache. Diese Position kann bis zur Annahme einer letzten essenziellen Identität der Kulturen gesteigert werden. Es gibt verschiedene Begründungsansätze dafür:

Man kann auf anthropologische Konstanten – wie grundlegende Daseinsstrukturen, Existentialen, oder allgemeinmenschliche biografische Phasenwechsel – verweisen, die in verschiedenen Kulturen unterschiedlich gedeutet und begangen werden. Bei aller Verschiedenheit ist auf diese Weise doch ein zumindest weitgehendes Verstehen über Kulturgrenzen hinweg möglich, weil die zugrunde liegenden anthropologischen Gegebenheiten kulturübergreifend erfahren werden.

Der Realitätsbezug, der dieser Position zufolge interkulturelles Verstehen möglich macht, kann auch noch in Richtung eines philosophischen Idealismus ausgezogen werden. Dem zufolge manifestiert sich die eigentliche ideelle Wirklichkeit wesenhaft in den Dingen der empirischen Realität. Die Differenz zwischen Idee und Realität macht es möglich, die gleiche Idee auf verschiedene Weise realisiert zu sehen. Ein kulturübergreifendes Verstehen dieser verschiedenen Erscheinungsformen muss demnach prinzipiell möglich sein.

In theologischer Wendung erlaubt es diese Auffassung auch, Analogien zwischen verschiedenen Erscheinungsformen der Religionen herzustellen. Das kommt etwa in der (dem Neoplatonismus nahestehenden) Hypothese zum Ausdruck, dass die in den Religionen verehrten Götter lediglich verschiedenen Namen bzw. Repräsentationsformen der *einen* göttlichen Wirklichkeit sind.[52] Als solche sind sie zu verstehen.

Die Frage, ob interkulturelles Verstehen überhaupt und bis zu welchem Grad es möglich ist, lässt sich nicht a priori im Sinne einer dieser beiden Positionen beantworten. Verstehen ist (mit Gadamer) ein Prozess, ein unabschließbares dynamisches Geschehen. Es ist ein dialogischer Prozess, der in immer neuen Anläufen versucht, sich den begegnenden fremden Sinnbestand zu erschließen. Die dabei nahezu unvermeidlichen Verzerrungen können durch Rückmeldungen von Angehörigen der anderen Kultur gemildert werden, die über ihr Verständnis des zu verstehenden Gegenstandes Auskunft geben.

---

[52] Siehe dazu Kapitel 6.1.

Doch kann auch dieses Selbstverständnis des Anderen für das eigene Verstehen des Anderen nicht einfach zur Norm erklärt werden, wie man es zuweilen mit der Forderung ausgedrückt hat, es gelte, den Anderen zu verstehen, wie er sich selbst versteht. Es gibt durchaus auch Verblendungen und Horizontverengungen im Selbstverständnis von Personen und Gemeinschaften, die durch Außenperspektiven aufgebrochen werden können, ohne dass diesen dabei gleich ein epistemischer Imperialismus unterstellt werden müsste. Für einen Menschen etwa, der sich von Geistern besessen weiß, kann es befreiend sein, alternative Deutemöglichkeiten für sein Ergehen angeboten zu bekommen, die sein bisheriges Selbstverständnis infrage stellen. Durch Konfrontation mit Außenperspektiven kann das eigene Selbstverstehen erweitert und vertieft werden. Nicht das Einigeln in der eigenen Innenperspektive, sondern das wechselnde Einnehmen von Innen- und Außenperspektiven ermöglicht Selbst- und Fremdverstehen. Es gilt, sich exzentrisch zur eigenen Innenperspektive zu verhalten.

Dabei gibt es nicht die *eine* maßgebliche Erschließung. Der Verstehensprozess vollzieht sich durch eine multiperspektivische Umkreisung des Verstehensgegenstandes. Analytische Außenperspektiven können ebenso Erschließungskraft haben wie die Frage nach dem Selbstverständnis der Betroffenen. Wo emische und etische Betrachtungsweisen zusammenspielen, eröffnet sich ein weiterer Horizont als bei einer monoperspektiven Betrachtung. Es braucht eine «Hermeneutik komplementärer Optik».[53]

Nach Raimondo Panikkar besteht das Grundproblem der interkulturellen Hermeneutik darin, einen Mittelweg zu finden, «zwischen der kolonialistischen Geisteshaltung, die glaubt, dass sie mit den Begriffen einer einzigen Kultur die Totalität der menschlichen Erfahrung ausdrücken kann, und dem entgegengesetzten Extrem, wonach man glaubt, dass es keine mögliche Kommunikation gibt zwischen den verschiedenen Kulturen».[54] Diesen Mittelweg zwischen einer (vom jeweils eigenen Standpunkt aus vorgenommenen) Behauptung der letztlichen Identität der Kulturen

---

[53] Alois Wierlacher: Mit fremden Augen oder: Fremdheit als Ferment. Überlegungen zur Begründung einer interkulturellen Hermeneutik deutscher Literatur, in: ders. (Hg.): Das Fremde und das Eigene. Prolegomena zu einer interkulturellen Germanistik, München 1985, 18f.

[54] Raimondo Panikkar: Religion, Philosophie und Kultur, in: polylog. Zeitschrift für interkulturelles Philosophieren 1, 1998, 17.

und der Unterstellung einer grundlegenden Differenz sieht er darin, Analogien zwischen Erscheinungsformen verschiedener Kulturen aufzuweisen. Doch sucht er dieser Analogien weniger auf der Ebene der Inhalte[55] als vielmehr in funktionalen Äquivalenten. Er fragt also weniger danach, welche Bedeutung bestimmte Begriffe und Vorstellungen oder auch Symbole und Handlungen haben. Es geht ihm vielmehr darum, aufzuweisen, welche Funktion sie im «Sprachspiel» der jeweiligen Kultur haben. Auf dieser Ebene lassen sich interkulturelle Querbezüge herstellen. Es gibt demnach keinen Grund, in einen hermeneutischen Pessimismus zu verfallen. Ein differenzsensibles interkulturelles Verstehen ist möglich.

Der Analogiegedanke erlaubt es, Gleichheit und Verschiedenheit zusammenzudenken. Darin ist er der Suche nach Gemeinsamkeiten oder gar dem Aufweis von vermeintlichen Gleichheiten zwischen Erscheinungsformen verschiedener Kulturen und Religionen überlegen. Vieles, was sich auf den ersten Blick als Gemeinsamkeit darstellt, erweist sich bei näherem Hinsehen doch als sehr verschieden. Die einzelnen Erscheinungsformen sind immer eingebettet in ihren jeweiligen kulturellen Kontext, innerhalb dessen sie ihre Bedeutung und auch ihre Funktionsbestimmung bekommen. Auf diese Schwierigkeit werden wir bei der Darstellung des Vergleichs als Muster interreligiöser Beziehungsbestimmung wieder stoßen.[56]

Der Analogiegedanke ist aber im Rahmen der interkulturellen Hermeneutik – wie auch generell – mit der Schwierigkeit behaftet, dass es keinen archimedischen Punkt bzw. keine Metaperspektive zur Bestimmung einer analogischen Beziehung gibt. Ob eine solche Beziehung zwischen zwei Erscheinungsformen einer Kultur berechtigterweise hergestellt werden kann, wird von der Einschätzung des verstehenden Subjekts abhängig und damit immer strittig sein.

Paul Ricœur geht in seinen Überlegungen zur Hermeneutik nicht vom Analogiegedanken, sondern vom Vorgang des Übersetzens aus. Damit wird das Verstehen des Anderen nicht in die Polarität von Gemeinsamkeit und Verschiedenheit eingespannt. Es wird also nicht primär gefragt, wie

---

55 Ram A. Malls «analogische Hermeneutik» ist demgegenüber eher auf der inhaltlichen Ebene angesiedelt (Ram Adhar Mall: Andersverstehen ist nicht Falschverstehen. Das Erfordernis einer interkulturellen Verständigung, in: Wolfdietrich Schmied-Kowarzik (Hg.): Verstehen und Verständigung. Ethnologie – Xenologie – interkulturelle Philosophie, Würzburg 2002, 273–289).

56 Siehe dazu Kapitel 6.3.3.

eine Erscheinungsform einer anderen Kultur sich (inhaltlich oder funktional) zu Erscheinungsformen der eigenen Kultur verhält. Es geht vielmehr darum, wie das Zur-Sprache-Kommen dieser Erscheinungsform in den je eigenen Verstehenshorizont übersetzt werden kann. Dieser Ansatz wird uns im Kapitel zu «Gastfreundschaft» wieder begegnen und dort eingehender dargestellt werden.[57]

[57] Siehe dazu Kapitel 4.2.2.

2. Religion und Interreligiosität

Wie es bei der Klärung der Begriffe «interkulturell» und «Interkulturalität» nicht um Entwürfe der interkulturellen Theologie gehen sollte, so steht auch bei der jetzt vorzunehmenden Näherbestimmung der für diese Studie zentralen Begriffe «interreligiös» und «Interreligiosität» nicht die Frage nach den Möglichkeiten und Grenzen einer interreligiösen Theologie im Vordergrund. Sie wird uns später noch beschäftigen.[58] Hier geht es zunächst nur um die Schärfung des Handwerkszeugs: Eine Studie, die Modelle der interreligiösen Beziehungsbestimmung und -gestaltung beschreiben, analysieren und einander gegenüberstellen will, kann nicht darauf verzichten, die Leitbegriffe zur Erfassung des Themenfeldes zu klären. Eine Klärung des Begriffs der Interreligiosität kommt aber nicht aus ohne eine Besinnung auf den darin enthaltenen Religionsbegriff, so wie die Klärung des Begriffs der Interkulturalität nicht auskam ohne eine Besinnung auf den Kulturbegriff.

2.1. Religion

Alle religionswissenschaftlichen Versuche, den Religionsbegriff zu definieren, haben in Aporien geführt. Intension und Extension des Begriffs standen in einer unausgleichbaren Spannung zueinander: Je präziser der Begriffsinhalt gefasst wurde, umso enger war der Begriffsumfang, sodass er einen Teil der von einem vorwissenschaftlichen Religionsbegriff als religiös qualifizierten Phänomene nicht mehr abzudecken vermochte. Und umgekehrt: Je weiter der Begriff gefasst wurde, umso unpräziser wurde sein Inhalt, sodass auch Phänomene darunterfielen, die man gemeinhin nicht als religiös bezeichnet.

Die letztliche Undefinierbarkeit des Religionsbegriffs brachte die Religionswissenschaft in die Verlegenheit, dass ihr der Forschungsgegenstand abhandenzukommen drohte.[59] Sie vermochte aber die Notwendigkeit nicht aufzuheben, eine bestimmte Klasse von Phänomenen als «religiös»

---

[58] In Kapitel 6.1.6. werde ich darauf eingehen.

[59] Fritz Stolz: Religionswissenschaft nach dem Verlust ihres Gegenstandes, in: EuS 6, 1995, in: Ernst Feil: Streitfall «Religion» (siehe Anm. 69), 137–140.

zu bezeichnen. Alle akademischen Dekonstruktionen des Religionsbegriffs brachten diese Phänomene und damit auch die Rede von «Religion» in der Alltagskommunikation nicht zum Verschwinden.[60]

So schwierig es auch sein mag, Religion zu definieren: Ohne eine wenigstens umrisshafte Verständigung über den Inhalt dieses Begriffs kann man ihn nicht verwenden. Die Begriffsbestimmung und die Begriffsverwendung befinden sich dabei in einem hermeneutischen Zirkel: Der Begriff gibt vor, was als Religion zu gelten hat, und aus dem, was als Religion gilt, speist sich wiederum der Begriffsinhalt. Der Begriff identifiziert den Gegenstandsbereich, aus dem dann der Begriff geschöpft wird. Theorie (im Sinne von: Konzept) und Empirie spielen ineinander.

Nicht nur in der Religionswissenschaft und in der Theologie, sondern beispielsweise auch in der Rechtswissenschaft kommt man ohne einen Religionsbegriff nicht aus, wenn es etwa um die Verleihung von Körperschaftsrechten an Religions- und Weltanschauungsgemeinschaften geht. Dazu muss geklärt werden, was unter «Religion» und «Weltanschauung» zu verstehen ist. In einem aktuellen Leitfaden der für Angelegenheiten der Kirchen, Religions- und Weltanschauungsgemeinschaften zuständigen Referentinnen und Referenten der Länder der Bundesrepublik Deutschland heißt es: «In der Rechtsprechung wird Religion bzw. Weltanschauung umschrieben als eine mit der Person des Menschen verbundene Gewissheit über bestimmte Aussagen zum Weltganzen sowie zur Herkunft und zum Ziel des menschlichen Lebens. Danach legt die Religion eine den Menschen überschreitende und umgreifende (‹transzendente›) Wirklichkeit zugrunde, während sich die Weltanschauung auf innerweltliche (‹immanente›) Bezüge beschränkt.»[61] Diese Definition benennt ein sehr allgemein gefasstes Kriterium für Religion (Bezug auf eine transzendente

---

[60] Zur Diskussion um den Religionsbegriff in der Religionswissenschaft siehe: Johann Figl: Einleitung. Religionswissenschaft – Historische Aspekte, heutiges Fachverständnis und Religionsbegriff, in: ders. (Hg.): Handbuch Religionswissenschaft: Religionen und ihre zentralen Themen, Innsbruck 2003, 62–80; Hartmut Zinser: Grundfragen der Religionswissenschaft, Paderborn 2010, 35–80; Hans-Joachim Höhn: Zeit und Sinn. Religionsphilosophie postsäkular, Paderborn u. a. 2010, 150–155. Detlef Pollack: Probleme der Definition von Religion, in: ders. u.a (Hg.): Handbuch Religionssoziologie (siehe Anm. 13), 17–50.

[61] Leitfaden für die Verleihung der Körperschaftsrechte an Religions- und Weltanschauungsgemeinschaften: https://recht.nrw.de/lmi/owa/br_vbl_show_pdf?p_id=27321 (24.04.2018).

Wirklichkeit), das für eine juristische Minimaldefinition ausreichend sein mag, für eine religionswissenschaftliche Begriffsbestimmung aber unzureichend bleibt, weil es andere Dimensionen des Religiösen[62] nicht berücksichtigt. Welche Dimensionen sollen aber in welcher Weise in einer Begriffsbestimmung berücksichtigt werden? Um diese Frage kreisen die folgenden Überlegungen.

Ausgehend von der dreifachen Einsicht, dass ein Religionsbegriff erstens notwendig ist, um bestimmte Phänomene als religiös auszuweisen, dass er aber zweitens nicht induktiv aus diesen Phänomenen abgeleitet, und drittens auch nicht deduktiv im Sinne einer möglichst allgemeingültigen idealen Wesensdefinition an sie herangetragen werden kann, legt es sich nahe, den Religionsbegriff in einer hermeneutischen Zirkelbewegung zu bestimmen. Diese Bewegung setzt an bei dem unpräzisen, in einer Kultur verbreiteten (Vor-)Verständnis dessen, was als Religion bzw. als religiös gilt, nimmt von dort aus die damit bezeichneten Phänomene in den Blick, fragt nach deren Charakteristika (wie etwa dem Bezug auf eine transzendente Wirklichkeit) und zieht diese zu einem Religionsbegriff zusammen. Dieser wird dann als neuer Vorbegriff wieder in den hermeneutischen Zirkel eingespeist. Ausgehend von als «religiös» identifizierten und prädizierten Phänomenen wird also nach allgemeinen Kennzeichen von Religion gefragt und versucht, diese in einer Begriffsbestimmung zu verdichten.

Religion ist für Hartmut Zinser das, «was Menschen in ihrer Zeit und Gesellschaft als religiös ansehen und wie sie dies von anderen Bereichen des Lebens unterscheiden»[63]. Was Religion ist, wird demnach in kommunikativen Aushandlungsprozessen bestimmt. Erst durch die Unterscheidung

---

[62] Johann Figl unterscheidet folgende Dimensionen des Religiösen: (a) Vorstellungen des Absoluten, (b) weitere lehr- und vorstellungsmäßige (Glaubens-) Inhalte, (c) Praxis-Dimensionen (insbesondere Kult und Ethik), (d) sozial-institutionelle Dimensionen (Einleitung zu dem von ihm hg. Handbuch Religionswissenschaft [siehe Anm. 60], 77). Siehe auch: Volkhard Krech: Dimensionen des Religiösen, in: Detlef Pollack u. a. (Hg.): Handbuch Religionssoziologie (siehe Anm. 13), 51–94.

[63] Hartmut Zinser: Grundfragen der Religionswissenschaft (siehe Anm. 60), 39. Vgl. Jacques Waardenburgs «New Style Phenomenology», die ihren Ausgang bei der «gelebten Religion», d. h. bei der Frage nimmt, «wie die Menschen ihre jeweilige Religion oder Religion im Allgemeinen deuten, anwenden und gebrauchen»

von dem, was *nicht* als Religion gilt, wird das Phänomen Religion konstituiert. Bei dieser Unterscheidung handelt es sich nach Zinser um eine geistige Leistung, die von den am Religionsdiskurs aktiv Beteiligten vollzogen wird und von ihrem sozialen Umfeld anerkannt sein muss. Damit sie aber überhaupt möglich wird, muss sie als Disposition in den gesellschaftlichen Selbstverständigungsprozessen angelegt sein.[64] Eine Gesellschaft, die also so sehr von Religion durchdrungen ist, dass sie keinen Bereich der Weltanschauung und Lebensdeutung davon ausnimmt, die somit kein Anderes gegenüber der Religion kennt, wird auch keinen Religionsbegriff hervorbringen.

«Religion» ist – wie «Kultur» – ein Kontrastbegriff.[65] Er erhält seine Bestimmtheit nicht zuletzt durch die Begriffe, denen er gegenübergestellt wird. Diese Gegenüberstellungen können als scharfkantige Abgrenzungen oder als relationale Markierungen von Übergängen vorgenommen werden.

Im Blick auf Zinsers diskurstheoretischen Ansatz stellen sich Fragen, die der Klärung bedürfen:

(a) Wie verhält sich der religiöse Diskurs zur Religion? Würde beides gleichgesetzt, so gerieten die nicht-diskursiven Momente der Religion – der gesamte Bereich der religiösen Innerlichkeit im Fühlen, Wollen und Denken, aber auch die rituelle und soziale Praxis – aus dem Blick. Demgegenüber ist daran festzuhalten, dass es im Diskurs um die *Verständigung* über Religion, um die Unterscheidung des Religiösen vom Nichtreligiösen, über die Vergewisserung der Inhalte und Praxisformen der Religion geht. Als «religiös» bzw. als «Religion» gilt, was im Diskurs dazu bestimmt wird. Es ist nicht an sich religiös, sondern wird als religiös prädiziert. In einem anderen Kontext kann diese Prädikation unterbleiben oder anders ausfallen.

(b) Worin besteht der religiöse Diskurs? Er umfasst sowohl die (Binnen-)Kommunikation der religiösen Subjekte und Gemeinschaften wie auch die Kommunikation *über* Religion, also sowohl die Verständigung

(Jacques Waardenburg: Über die Religion der Religionswissenschaft, in: NZsTh 26, 1984, 239).

[64] Hartmut Zinser: Grundfragen der Religionswissenschaft (siehe Anm. 60).

[65] Bas (Bastiaan Cornelis) van Fraassen spricht von «Kontrastklassen» (Bas van Fraassen: The Pragmatics of Explanation, in: APQ 14, 1977, 143–150; ders.: The Scientific Image, Oxford 1980).

innerhalb der «gelebten Religion» als auch die gesellschaftliche und akademische Verständigung über Religion. Die Begriffsbildung ist Teil des Diskurses. Dabei muss der Begriff «Religion» nicht explizit gebraucht werden; er kann sogar abgelehnt (und etwa durch «Spiritualität», «Glaube» oder andere Begriffe ersetzt) werden. Nicht allein der Begriffsgebrauch der religiösen Subjekte ist entscheidend, sondern ebenso die Rezeption durch die Adressaten ihrer Artikulation. In diesem Spannungsfeld kann durchaus umstritten sein, was religiös und was nicht religiös ist. Eine Person, die sich als gläubig, aber nicht als religiös versteht, wird im gesellschaftlichen Religionsdiskurs dennoch als religiös bezeichnet werden.

Michael Bergunder hat zwischen «erklärter» und «unerklärter» Religion unterschieden.[66] Die erste nennt er «Religion 1», die zweite «Religion 2». «Religion 1» meint dabei die expliziten Religionsdefinitionen der Religionswissenschaft, also die jeweiligen Resultate aus der Debatte um den Religionsbegriff, das theoretische Religionsverständnis. «Religion 2» dagegen bezeichnet das unscharfe, theoretisch nicht geklärte, der zeitgenössischen Alltagskommunikation unterlegte Verständnis von Religion. Bergunder zeigt nun, dass die Versuche, «Religion» religionswissenschaftlich zu definieren (also «Religion 1») zu ihrer Plausibilisierung auf «Religion 2» zurückgreifen. «*Religion 1* bleibt, wenn sie plausibel sein will, immer an *Religion 2* rückgebunden».[67] Hintergründig plausibilisiert die allgemeine Übereinkunft über das, was man gemeinhin «Religion» nennt, die religionswissenschaftlichen Definitionskriterien von «Religion». Die unerklärte «Religion 2» ist also der eigentliche, wenn auch hintergründige Gegenstand der Religionswissenschaft. Diese These relativiert die Bedeutung von Religionsdefinitionen und gibt Gelassenheit im Umgang mit deren Aporien.

Damit kann auch die hier vorzunehmende Reflexion über die Bestimmung und Gestaltung interreligiöser Beziehungen von dem ausgehen, was gemeinhin unter Religion verstanden und in der Lebenswelt der Menschen als solche bezeichnet wird. Sie kann nach den Charakteristika dieses Verständnisses und der damit bezeichneten Phänomene fragen und diese dann zu einer Begriffsbestimmung verdichten. Die Annäherung an den Religionsbegriff vollzieht sich also in einer Spiralbewegung zwischen einer

---

66 Michael Bergunder: Was ist Religion? Kulturwissenschaftliche Überlegungen zum Gegenstand der Religionswissenschaft, in: ZfR 19, 2011, 3–55.

67 A. a. O., 16.

diskursiv-heuristischen und einer *religionstheoretischen* Bestimmung von Religion, wobei die religionstheoretische Bestimmung selbst wiederum Teil des Diskurses ist. Sie führt zu einem (wohl bestimmbaren, aber letztlich undefinierbaren) Religionsbegriff mit «offenen Rändern».

Weil der Religionsdiskurs, der den Ausgangspunkt der Bestimmung des Religionsbegriffs bildet, aber unhintergehbar kulturspezifisch ist, muss die kulturelle Einbettung jeweils mitbedacht werden. In unserem Fall ist es der sowohl akademische als auch gesellschaftliche Religionsdiskurs der christlich geprägten westlichen Spätmoderne. Von hier aus können allerdings auch Phänomene in außereuropäischen Religionstraditionen in den Blick genommen werden, die dort nicht mit dem Religionsbegriff bezeichnet werden. Es gilt hier das Gleiche, was auch für den oben genannten Fall der intrakulturellen Ablehnung des Religionsbegriffs gilt: Aus einer dem westlichen Religionsdiskurs verhafteten Perspektive können auch Phänomene als religiös bezeichnet werden, für die in anders geprägten kulturellen Perspektiven diese Bezeichnung abgelehnt wird. Die Spannung zwischen Selbst- und Fremdbezeichnung wird immer wieder neu zu bearbeiten sein.

Aus der Vielzahl der Fragen, die sich im Blick auf die Bestimmung des Begriffs Religion stellen, greife ich fünf heraus, die für das hier zu verhandelnde Thema der interreligiösen Beziehungen von besonderer Bedeutung sind: (a) Ist der Religionsbegriff aufgrund seiner begriffsgeschichtlichen Kontextualität auf andere religiöse Traditionen übertragbar? (b) Soll er zum Zweck seiner Verallgemeinerbarkeit eher funktional statt substanziell verstanden werden? Damit hängt die Frage zusammen, ob der mit «Religion» bezeichnete Phänomenkomplex eher in seinen Auswirkungen beschrieben oder in seinem Wesen definiert werden soll und aus welcher Perspektive dies zu geschehen hat. (c) Bei der dritten Frage geht es demgegenüber um den Bedeutungs*umfang* dieses Begriffs: Wie weit soll er gefasst werden? (d) Weiter ist nach dem Begriffs*inhalt* zu fragen: Wie kann er im Sinne einer Arbeitsdefinition bestimmt werden? (e) Schließlich stellt sich die Frage nach dem Verhältnis von Religion und Kultur.

2.1.1. Zur Übertragbarkeit des Religionsbegriffs auf andere religiöse Traditionen

Wenn man von «interreligiösen Beziehungsbestimmungen und -gestaltungen» spricht, ist dabei der westlich geprägte Religionsbegriff vorausgesetzt, der die religiösen Traditionen auf den gleichen Nenner «Religion» bringt, sie wie Säulen auf diesem Fundament nebeneinanderstellt und dann nach dem Verhältnis zwischen ihnen fragt. «Religion» wird als Oberbegriff für verschiedene religiöse Traditionen gebraucht, die damit als «Religionen» bezeichnet werden. Diese werden als Erscheinungsformen von «Religion» gesehen, d. h. als Arten dieser Gattung. Ihre Verschiedenheit ist keine kategoriale, sondern bestenfalls eine qualitative: Sie gehören der gleichen Kategorie an, stellen aber unterschiedliche Ausprägungen des (schwer bestimmbaren) «Wesens der Religion» dar. Das macht es möglich, sie in Beziehung zueinander zu setzen.

Dieser Gebrauch des Religionsbegriffs als Kollektivsingular zur Bezeichnung von Judentum, Christentum, Islam usw. ist ein Produkt der abendländischen Geistesgeschichte im 18. Jahrhundert. In der Aufklärung und in der Frühromantik hat er sich etabliert.[68] Aus der Einsicht, dass der Religionsbegriff an den Kontext der abendländischen Geistesgeschichte gebunden ist, zieht Ernst Feil die Konsequenz, dass er zumindest für die Zeit von 1700 bis 1950 nur auf Phänomene in diesem Kontext angewendet werden kann. Weil er erst *nach* diesem Zeitraum über diesen Kontext hinaus ausgedehnt worden ist, kann er nach Feil bestenfalls für die Zeit nach 1950 auf religiöse Traditionen anderer Kontexte angewendet werden.[69]

Zu Recht wurde gegen diese Forderung eingewandt, dass Feil hier Begriff und Sache der «Religion» vermische. Aus der Kontextualität der Begriffsgeschichte leitet er ab, dass der eurozentrische Begriff außerhalb dieser Geschichte den von ihm intendierten Gegenstand verfehle bzw. die Sache verzeichne.[70] Feil hält diesem Einwand entgegen, dass man Phänomene mit Begriffen nicht nur bezeichnet, sondern auch interpretiert.

---

68 Ernst Feil: Religion, Bd. 4: Die Geschichte eines neuzeitlichen Grundbegriffs im 18. und frühen 19. Jahrhundert, Göttingen 2007. Siehe auch: ders.: Art. «Religion. I. Zum Begriff» und «II. Religion und Geschichte», in: RGG^4, 7, 2004, 263–274, bes. 270–272.

69 Ernst Feil: Zur Bestimmungs- und Abgrenzungsproblematik von ‹Religion›, in: EuS 6, 1995/4, 441–455. Erweitert und aktualisiert, in: ders: Streitfall «Religion». Diskussion zur Bestimmung und Abgrenzung des Religionsbegriffs, Münster 2000, 3–35.

70 Siehe dazu die Diskussionsbeiträge, in: Ernst Feil: Streitfall «Religion» (siehe Anm. 69), 37–158, bes. 89.108.115.

Deshalb muss es – ihm zufolge – bei der Anwendung von nicht angemessenen Begriffen zu Fehlinterpretationen kommen.[71]

Es ist aber nicht einzusehen, warum und wie der Gebrauch eines Begriffs, der nicht mit der Selbstbezeichnung und dem Selbstverständnis des zu Verstehenden übereinstimmt, per se das Verstehen behindern soll. Verstehen kann nicht nur darin bestehen, das Selbstverständnis des Anderen möglichst authentisch abzubilden. Es gehört auch dazu, eigene (deskriptive, analytische und sogar evaluative) Kategorien an den Gegenstand (bzw. das Gegenüber) des Verstehens heranzutragen und ihn in diesem Bezugsrahmen zu interpretieren. Das kann und sollte mit der Einladung an die betreffenden Religionsangehörigen verbunden sein, solche Verstehensbemühungen zu kommentieren und ggf. zu korrigieren. Solange die Deutung des Anderen im je eigenen Kategoriensystem in einer alteritätssensiblen und dialogischen Weise erfolgt, kann sie sogar ein tieferes Verstehen ermöglichen, als dies beim bloßen Nachvollzug des jeweils anderen Selbstverständnisses möglich wäre.

Dem Religionsbegriff kommt die «Funktion einer vorläufigen, den gegebenen Sprachgebrauch berücksichtigenden Orientierung»[72] zu. Er ist in den gegenwärtigen Religionsdiskursen so etabliert, dass man ihn nicht vermeiden kann, auch wenn sowohl sein Inhalt als auch sein Bedeutungsumfang strittig bleibt. Er ist auch in die Selbstverständigungsdebatten der außereuropäischen «Religionen» aufgenommen worden und hat sich auf diese Weise globalisiert.

Dafür seien zwei Beispiele angeführt: Der frühere Vordenker der zenbuddhistischen Kyoto-Schule, Keiji Nishitani, hat den Religionsbegriff prominent in den Titel seines Buches «Was ist Religion?» aufgenommen.[73] Darin entfaltet er sein Verständnis von «Leerheit» als Zentralbegriff seines Religionsverständnisses. In Qom – dem theologischen Zentrum des schiitischen Islam – gibt es eine «Universität der Religionen und Denominationen». Das aus dem arabisch stammende und ins Persische eingegangene Wort *adyan* (Pluralbildung von *dīn*) wird heute zumeist mit «Religionen»

[71] A. a. O., 163f.

[72] Karsten Schmidt: Religionsdefinitionen im Dialog – definieren und doch nicht definieren, in: Tobias Müller / Karsten Schmidt / Sebastian Schüler (Hg.): Religionen im Dialog. Interdisziplinäre Perspektiven – Probleme – Lösungsansätze, Göttingen 2012, 77–112, Zitat: 105.

[73] Keiji Nishitani: Was ist Religion? Frankfurt a. M. 2001.

übersetzt und zur Bezeichnung der Religionen gebraucht, die auch im westlichen Religionsdiskurs als solche bezeichnet werden.

Der Hinweis darauf, dass der Begriff «Religion» – wie auch andere traditionsübergreifend gebrauchte Bezeichnungen wie «Heiligkeit», «Transzendenz» oder «Mystik» – dem Selbstverständnis anderer religiöser Traditionen gegenüber sperrig bleibt und diese Religionstraditionen (wie auch das Christentum) ihre je eigenen Bezeichnungen haben, um ihr Selbstverständnis zum Ausdruck zu bringen[74], ist berechtigt. Dies muss aber nicht zum Verzicht auf den Gebrauch des Religionsbegriffs in Bezug auf diese Traditionen führen.

Ein weiteres Problem, das mit dem Gebrauch des Religionsbegriffs als Kollektivsingular verbunden ist, besteht darin, dass die darunter gefassten «Religionen» – wobei man zumeist an die sogenannten «Weltreligionen»[75] Judentum, Christentum, Islam, Hinduismus und Buddhismus denkt – homogenisiert werden. Ihre enorme innere Vielfalt tritt zurück. Sie erscheinen als Blöcke oder eben als Säulen. In interreligiösen Beziehungen geht

---

74 Bertram Schmitz: «Religion» und seine Entsprechungen im interkulturellen Bereich, Marburg 1996; Hans-Michael Haußig: Der Religionsbegriff in den Religionen. Studien zum Selbst- und Religionsverständnis in Hinduismus, Buddhismus, Judentum und Islam, Berlin 1999. – Nicht selten sind auch die Zentralbegriffe der Religionen doppeldeutig: So kann der Begriff «Islam» sowohl die mit der Offenbarung des Koran beginnende partikulare Religion der Muslime bezeichnen als auch die in allen Menschen von Anbeginn der Schöpfung angelegte Hingabe an Gott. – Der christliche Zentralbegriff «Glaube» kann den christlichen Glauben neben anderen Glaubensformen meinen und in diesem Sinne nahezu gleichbedeutend sein mit «Religion». Er kann aber auch die in Christus vermittelte Gottesbeziehung, die aller Religion zunächst entgegensteht, meinen, worauf vor allem Karl Barth insistiert hatte. – «Zen» kann einerseits eine Schule des Mahayana-Buddhismus bezeichnen, die sich im 6. und 7. Jahrhundert in China entwickelt hat, andererseits aber auch die Selbstwesenschau der Urvollkommenheit allen Seins, aus der alle Religionen entspringen. «Islam», «Glaube» und «Zen» können sowohl religiöse wie auch überreligiöse Begriffe sein.

75 Der Begriff «Weltreligionen» wurde im letzten Drittel des 19. Jahrhunderts im Kontrast zu «Volksreligion» gebildet: Abraham Kuenen: Volksreligion und Weltreligion, Berlin 1883; Karl Vollers: Die Weltreligionen in ihrem geschichtlichen Zusammenhange, Jena 1907. Schon 1833–1840 hatte Christoph Friedrich von Ammon seinem vierbändigen Werk den Titel «Die Fortbildung des Christentums zur Weltreligion» gegeben.

es aber gerade darum, die innere Vielfalt der begegnenden Religionstraditionen in der Konkretheit ihrer Erscheinungsformen wahr- und ernstzunehmen.

Gleichwohl müssen die mit dem Religionsbegriff verbundenen Probleme – die geistesgeschichtliche Kontextualität seiner Entstehung und Verwendung, die Tendenz, die religiösen Traditionen auf diesem gemeinsamen Nenner gleichnamig zu machen und ihre innere Differenziertheit zurücktreten zu lassen – die Aufgabe der Beziehungsbestimmungen und -gestaltungen zwischen den Religionen nicht erschweren. Sie können vielmehr dazu beitragen, diese Aufgabe mit dem notwendigen Problembewusstsein anzugehen und damit gerade der intendierten Sache zu dienen.

In interreligiösen Begegnungen treffen nicht die wie Säulen nebeneinanderstehenden Religionen aufeinander. Es begegnet nicht der Islam dem Christentum; vielmehr vollzieht sich eine Interaktion und Kommunikation zwischen den Ausprägungen, in denen sich die Anhänger diese Traditionen angeeignet haben, beispielsweise zwischen einem Muslim mit einer bestimmten Islamauffassung und einer Christin mit ihrem jeweiligen (durch ihre Affiliation zu einer Konfession und Denomination geprägten) Verständnis des christlichen Glaubens. Beide sind zudem durch zahlreiche andere identitätsstiftende Faktoren (wie Geschlecht, ethnische und soziale Zugehörigkeit, Beruf, Bildungshorizont usw.) geprägt. Es braucht den Religionsbegriff nicht, um zwischen ihnen zu vermitteln. Insofern ist die Bezeichnung «Dialog der Religionen» missverständlich, wenn man sie wörtlich nimmt.

Auch die *religionstheologischen* Beziehungs*bestimmungen* hängen nicht von einem allgemeinen, den religiösen Traditionen übergeordneten Religionsbegriff ab. Sie werden zwischen den konkreten Religionen bzw. zwischen einzelnen Aspekten der verschiedenen Religionstraditionen vorgenommen. Dabei geht es gerade darum, die anderen Religionen möglichst (wenn auch nicht exklusiv) ihrem Selbstverständnis entsprechend zu würdigen und zum eigenen Glauben in Beziehung zu setzen. Sie sollen dabei nicht im Lichte eines vorgefassten apriorischen Religionsbegriffs gedeutet werden.

Mit Karsten Schmidt kann man zwischen einem objektsprachlichen und einem metasprachlichen Gebrauch des Religionsbegriffs (wie auch des Kulturbegriffs) unterscheiden. Objektsprachlich bezeichnen diese Begriffe bestimmte Phänomene und operieren mit dem Bezeichneten als mit etwas Gegebenem. Metasprachlich sprechen sie «über» Religion und Kultur, versuchen diese Begriffe zu klären und nach der Angemessenheit ihres Gebrauchs zu fragen – dies besonders im Blick auf das prekäre Verhältnis zwischen ihrem westlichen Entstehungskontext und ihrer Anwendung auf nichtwestliche Traditionen und Gesellschaften. Gerade für die wissenschaftliche Beschäftigung mit Religion und Kultur und in der interkulturellen und interreligiösen Hermeneutik ist die metasprachliche Reflexionsebene, die es längst auch in außereuropäischen Religionsdiskursen gibt, unerlässlich. Doch nicht nur dort: Auch im praktischen Begegnungsgeschehen trägt das auf der metasprachlichen Ebene erzeugte Problembewusstsein dazu bei, nicht einfach die eigenen Begriffe unreflektiert auf andere Religion und Kulturformationen zu übertragen. Wenn solche Übertragungen auch unvermeidlich sind, so muss dabei doch das Bewusstsein mitgeführt werden, dass es sich um Übertragungen handelt und dass dabei immer die Gefahr besteht, die Bedeutungsdifferenz zwischen der Herkunftsbedeutung des Begriffs und dem Zielkontext aufzuheben, also das eigene Kultur- und Religionsverständnis anderen Traditionen überzustülpen.

Mit begriffsgeschichtlichem Problembewusstsein ausgestattet, kann und soll der Religionsbegriff im Folgenden also doch auf das Christentum als Religion wie auch auf die nichtchristlichen Religionen angewandt werden, so wie es sich im Sprachgebrauch seit der Aufklärung ergeben hat.

2.1.2. Zum Verständnis von Religion: funktional oder substanziell

Wie kann man den Religionsbegriff inhaltlich so bestimmen, dass er nicht seinem Herkunftskontext in der europäischen Geistesgeschichte verhaftet bleibt und bestimmte Religionstraditionen – wie etwa die christliche Religion oder die Religionen semitischen Ursprungs oder die theistischen Religionen überhaupt – privilegiert? Letzteres wäre der Fall, wenn ein bestimmter Inhalt – etwa der Bezug auf Gott – in den Mittelpunkt der Begriffsbestimmung gestellt würde. So hat man sich im 19. und 20. Jahrhundert dem Phänomen Religion von einer Phänomenologie der religiösen Erfahrung her anzunähern versucht, wobei Schleiermachers Religionstheorie den Anknüpfungspunkt darstellte. Als prominente

Beispiele für diesen Zugang seien William James[76] und Rudolf Otto[77] genannt.

Im Gegenüber zum Leitbegriff des «Heiligen», den Rudolf Otto 1917 in das Zentrum seiner Religionsphänomenologie gestellt hatte, rückten dann in tonangebenden Entwürfen der Religionssoziologie seit den 1970er Jahren des 20. Jahrhunderts die Begriffe der Transzendenz bzw. der Transzendierung in den Mittelpunkt. Nach Niklas Luhmann ist das soziale System der Religion durch den binären Code von Immanenz und Transzendenz bestimmt. Jede Operation des autopoietischen Systems Religion, d. h. jede religiöse Kommunikation, orientiert sich an diesem Code. «Zur Bezeichnung der beiden Werte des religionsspezifischen Codes eignet sich am ehesten die Unterscheidung von Immanenz und Transzendenz. Man kann auch sagen, daß eine Kommunikation immer dann religiös ist, wenn sie Immanentes unter dem Gesichtspunkt der Transzendenz betrachtet.»[78]

Auch Thomas Luckmann hatte «Religion» vom Vorgang der Situations- und Selbst*transzendierung* her gefasst und Transzendenz als das bestimmt, «was die unmittelbare Evidenz lebensweltlicher Erfahrung überschreitet»[79]. Es geht dabei nicht um eine transzendente Wirklichkeit, sondern um Transzendenz*erfahrungen* in der Lebenswelt des Individuums, also um Formen innerer Transzendenz bzw. Transzendierung.

---

[76] William James: The Varieties of Religious Experience. A Study in Human Nature [1901f], Oxford 2012; dt: Die Vielfalt religiöser Erfahrung. Eine Studie über die menschliche Natur, Berlin 2014.

[77] Rudolf Otto: Das Heilige. Über das Irrationale in der Idee des Göttlichen und sein Verhältnis zum Rationalen, München 2014.

[78] Niklas Luhmann: Die Religion der Gesellschaft, Frankfurt a. M. 2000, 77. – Ganz ähnlich hatte Friedrich Schleiermacher geschrieben: «Alles Beschränkte als eine Darstellung des Unendlichen hinnehmen, das ist Religion»: Friedrich Schleiermacher: Über die Religion. Reden an die Gebildeten unter ihren Verächtern, 1799, 1806, 1821 (Studienausgabe), Zürich 2012, 51 (Originalausgabe von 1799: 56). Zu Luckmanns Ansatz siehe: Joachim Renn: Unsichtbare Religion und unbestimmte Religiosität – Thomas Luckmann und die Wissenssoziologie der Religion in der Moderne, in: Detlef Pollack u. a. (Hg.): Handbuch Religionssoziologie (siehe Anm. 13), 123–144.

[79] Hubert Knoblauch: Die Verflüchtigung der Religion ins Religiöse. Thomas Luckmanns unsichtbare Religion, in: Thomas Luckmann: Die unsichtbare Religion, Frankfurt a. M. 1991, 13 (Vorwort).

Damit verbindet sich ein *funktionales* Religionsverständnis, das «Religion» entsubstanzialisiert.[80] Was «Transzendenz» beinhaltet, worin also das Woraufhin der Transzendierung besteht, bleibt offen. Bestenfalls in soziologischer Hinsicht bestimmt Luhmann die für die Religion spezifische Sinnform: im Verweis auf ausgeblendete Möglichkeitshorizonte, die zur Kontingenzverarbeitung durch sinnhafte Komplexitätsreduktion herangezogen werden. In theologischer Perspektive bleibt eine solcherart «substanzielle» Bestimmung der Religion bei Weitem unterbestimmt. Der Transzendenzbegriff wird zum Platzhalter. Es geht nicht um seinen Inhalt, sondern um seine Funktion, nicht um das Was der Transzendenz, sondern um den Vorgang des Transzendierens und darum, was mit diesem Vorgang erreicht werden soll. Charakteristische Erscheinungsformen der religiösen Praxis wie der Bezug auf eine Tradition, auf eine Gemeinschaft, auf rituelle Begehungen und ethische Orientierungen sind für dieses Religionsverständnis nicht bestimmend.

Die Funktion der Religion kann und muss je nach gesellschaftlichem Kontext unterschiedlich bestimmt werden. In traditionalen Gesellschaften besteht sie vor allem in der Begründung von sozialen und politischen Ordnungen, in monarchisch regierten Gesellschaften in der Legitimierung von Macht durch Hinweis auf den unverfügbaren Grund ihrer Legitimität, in den spätmodernen Gesellschaften (mit hohem Grad an Individualisierung der Lebensstile) in der Sinnstiftung und Kontingenzbewältigung im individuellen Leben usw. Angesichts von Fremdheitserfahrungen kann Religion als Fundament zur Bewahrung der Herkunftsidentität fungieren. In Bezug auf Verunsicherungen, die mit den Prozessen der Globalisierung und Liberalisierung verbunden sind, stellt sie ein relativ festes und verbindliches Wertegerüst bereit. Im «stahlharten Gehäuse» der Rationalität[81] liefert sie Ressourcen zum individuellen Streben nach Sinn und Wohlbefinden.

Die Bevorzugung einer funktionalen gegenüber einer inhaltlich substanziellen Religionsdefinition geht einher mit einem Wechsel der Perspektive. Religion soll nicht aus der engagierten Teilnehmendenperspektive,

---

80 Zu funktionalen Religionsdefinitionen siehe: Detlef Pollack: Probleme der Definition von Religion (siehe Anm. 60), 34–36.

81 Max Weber: Die protestantische Ethik und der Geist des Kapitalismus, in: ders: Die protestantische Ethik I, Gütersloh ^{6}1981, 188 f.

sondern aus einer privilegierten «neutralen» Beobachtendenperspektive erfasst werden – in räumlicher Metaphorik ausgedrückt: nicht mehr von innen, sondern von außen. Damit entfremdet sich das Religionsverständnis vom Selbstverständnis der religiösen Subjekte und Gemeinschaften. Nicht die spirituellen Motive, sondern die (empirisch manifesten) sozialen Wirkungen interessieren. Diese werden im empirisch-diagnostischen Bezugsrahmen der Religionssoziologie gedeutet, der dem Bezugsrahmen der religiösen Erfahrung in bewusster und gewollter Abständigkeit gegenübergestellt wird. Die Ergebnisse werden in soziologischer Wissenschaftssprache ausgedrückt, die sich von der Selbstartikulation der religiösen Subjekte möglichst klar distanzieren will.

Dabei stellt sich die Frage, ob man den Begriff «Religion» unter Absehung vom religiösen Verständnis derer, die Religion praktizieren, adäquat erfassen kann. Lässt sich der Gegenstand «Religion» auf eine nichtreligiöse Weise verstehen? Geht es der Religionssoziologie überhaupt um «Verstehen» und nicht vielmehr um wissenschaftliches «Erklären»? Betrachtet man diese Unterscheidung aber selbst wieder funktional, so kann man darin eine Immunisierungsstrategie gegenüber der Theologie erkennen: Erklären erhebt einen höheren Objektivitätsanspruch und ist dabei doch nur ein Modus des Verstehens, denn auch das Erklärte entfaltet seine Erklärungskraft nur als Verstandenes.

Die nach ihrem Selbstanspruch rein wissenschaftliche Betrachtungsweise der Religionssoziologie ist ebenso sehr an den Kontext der westlichen Wissenschaftskultur gebunden, wie jede andere Religionsdeutung an ihren jeweiligen Bezugsrahmen und dessen geisteskulturellen Kontext gebunden ist. Von daher erscheint es problematisch, sie mit dem Anspruch auf Wissenschaftlichkeit und den darin implizierten Anspruch auf Allgemeingültigkeit gegenüber anderen Perspektiven zu privilegieren.

Religion ist ein komplexes und aspektreiches Phänomen, das sich immer im Modus seiner Betrachtung erschließt und das deshalb nur multiperspektivisch in den Blick genommen werden kann. Eine Deutung von Religion hat umso mehr Erschließungskraft, als es ihr gelingt, andere Perspektiven auf ihren Gegenstand mit einzubeziehen und zu verarbeiten, ohne diese dabei zu vereinnahmen und zu neutralisieren. Ein Verstehen der Religion wird nicht gelingen, ohne das Religionsverständnis und die damit verbundene Religionspraxis der religiösen Personen und Gemeinschaften mit in den Blick zu nehmen. Die Religion auf «soziologische Tatbestände» zu reduzieren, die man – gemäß Emile Durkheims positivistischem Ansatz der Religionsforschung – «wie Dinge zu betrachten»[82] habe, präpariert den Betrachtungsgegenstand in einer Weise, in der er seine Eigenheit und Spezifität verliert. Niklas Luhmann hat sich in seinen späteren Arbeiten dieser Erkenntnis geöffnet und gefordert, dass «die Selbstthematisierung der Religion […] in soziologischer Perspektive besondere Beachtung verdient».[83] Wo sie diese Beachtung nicht bekommt, bleibt die religionssoziologische Betrachtung ganz bei sich selbst: ein Monolog über die Religion, die diese besser verstehen will, als sie sich selbst versteht. Sie lässt sich von ihrem Gegenstand nicht über ihn aufklären, sondern legt ihr Interpretationsmuster über ihn und macht ihn damit zur Projektionsfolie.

Die funktionale Religionsbetrachtung opertiert auf einem hohen Abstraktionsniveau: Es geht nicht um einzelne religiöse Phänomene, sondern um Religion allgemein. Es gibt die Religion aber nur in ihren konkreten Erscheinungsformen. Und um diese zu verstehen, kann man nicht auf die Frage verzichten, wie sie von denen, die sie praktizieren, aufgefasst werden. Kein Kunst- oder Musikwissenschaftler käme auf die Idee, die von ihm analysierten Kunstwerke zu interpretieren, ohne nach der sich darin ausdrückenden Darstellungsabsicht zu fragen, kein Literaturwissenschaftler würde seine Deutung nur im Blick auf die Funktionalität der untersuchten Literatur vornehmen.

Funktionale und substanzielle Perspektiven auf Religion, soziologische Betrachtungen der empirischen Erscheinungsformen von Religion, religionspsychologische, -politische, -ökonomische Deuteansätze, mentalitätsgeschichtliche Untersuchungen und theologische Reflexionen über die Lehr- und Praxisformen der Religion gehören deshalb in ein komplementäres Verhältnis zueinander gesetzt. Es braucht einen interdisziplinären Zugang.

---

82 Emile Durkheim: Die Regeln der soziologischen Methode, Frankfurt a. M. 1984, 89.

83 Niklas Luhmann: Die Religion der Gesellschaft, hg. von André Kieserling, Frankfurt a. M. 2000, 321.

2.1.3. Zum Bedeutungsumfang des Religionsbegriffs

Lässt sich der Religionsbegriff dadurch universalisieren, dass sein Bedeutungsumfang ausgedehnt wird? Je weiter man den Begriff fasst, umso mehr Religion «gibt» es. Fasst man ihn beispielsweise so weit, dass er auch Phänomene der von Thomas Luckmann sogenannten «unsichtbaren (bzw. impliziten) Religion» – z. B. beim Fußball[84], in Konzerten oder in politischen Inszenierungen – umfasst, dann gelten solche Bereiche als religiös, die man bei einem enger gefassten Religionsbegriff der Sphäre des Säkularen zurechnen würde. Aus Religion wird dabei «das Religiöse».[85]

In Anlehnung an Alfred Schütz hatte Luckmann mit der Unterscheidung zwischen großen, mittleren und kleinen Transzendenzen gearbeitet. Kleine Transzendenzen beziehen sich auf *mögliche* Erfahrungen, also auf Nicht-Erfahrenes, das aber erfahrbar ist, etwa auf Erfahrungsgegenstände, die räumlich und zeitlich entfernt sind. Mittlere Transzendenzen sind *mittelbare*, also durch Medien gemachte Erfahrungen. So kann etwa die Gedanken- und Gefühlswelt eines anderen Menschen nur vermittelt durch dessen verbale und nonverbale Selbstartikulation in Erfahrung gebracht werden. Während die kleinen und mittleren Transzendenzen sich auf die Alltagswelt beziehen, gehen die großen Transzendenzen darüber hinaus und verweisen auf eine empirisch nicht mehr erfassbare Wirklichkeit. Dazu gehören nicht nur Jenseitswelten, die von göttlichen Wesen bevölkert sind, sondern beispielsweise auch Traumwelten.

Luckmanns Religionsbegriff ist so weit gefasst, dass er alle drei Formen der Transzendierung abdeckt. Letztlich stellt für ihn die symbolische Konstruktion der gesellschaftlichen Realität insgesamt einen religiösen Vorgang dar. Aus dem von ihm konstatierten Schwinden der großen Transzendenzen ist demnach nicht auf einen Rückgang der Religion zu schließen. Diese verlagert sich eher in die kleinen und mittleren Transzendenzen, also auf innerweltliche Transzendierungsvorgänge.

Damit wird der Bedeutungs*inhalt* des Religionsbegriffs reduziert, um seinen Bedeutungs*umfang* enorm auszuweiten. Religion ist nicht mehr durch einen abgrenzbaren Inhalt bestimmt, sondern durch Vollzüge der Transzendierung, wie sie sich im gesamten Selbst- und Weltbezug des

---

[84] Robert Gugutzer / Moritz Böttcher (Hg.): Körper, Sport und Religion: Zur Soziologie religiöser Verkörperungen, Wiesbaden 2012.

[85] Hubert Knoblauch: Die Verflüchtigung der Religion ins Religiöse. (siehe Anm. 79), 7–41 (Vorwort).

Menschen permanent ereignen. Wenn aber *alles* Religion ist, ist am Ende *nichts* mehr Religion. Je weiter der Religionsbegriff gefasst wird, umso mehr verliert er seine Trennschärfe und auch seine Kraft, eine bestimmte Klasse von empirischen Phänomenen, Erfahrungen und Deutungen als «religiös» zu bezeichnen. Um diese Trennschärfe beizubehalten bzw. zurückzugewinnen, soll der Religionsbegriff im Folgenden nur auf die großen Transzendenzen bezogen werden.

2.1.4. Zum Begriffsinhalt des Religionsbegriffs

Ich gehe in der weiteren Darstellung von folgendem (eingestandenermaßen kontextrelativen) Religionsverständnis aus:

Religion stellt ein symbolisches Bedeutungssystem dar, das es ihren Anhängern erlaubt, die eigene Lebenserfahrung in einen kosmischen Sinnzusammenhang zu stellen. Sinnstiftung erfolgt dabei durch die intellektuelle und existenzielle, individuelle und gemeinschaftliche Bezogenheit auf einen Grund allen Seins, der zugleich das (heilshafte) Ziel allen Seins darstellt und der in den Seinszusammenhängen der Welt und des Lebens als Orientierungsinstanz vergegenwärtigt wird. Die Vergegenwärtigung erfolgt in Bezug auf eine Tradition und leitet zu einer rituellen und ethischen Praxis sowie zu spezifischen Gemeinschaftsbildungen an.

Diese operationale (d. h. «werkzeugliche» und im Gebrauch immer wieder zu prüfende und anzupassende) Begriffsbestimmung ist zwar vorwiegend substanziell, aber nicht essenziell. Sie kann auch durch funktionale Beschreibungen von Religion erweitert werden, wobei diese Beschreibungen dann eher auf die Funktion der Religion in und für die *Gesellschaft* zielen kann (etwa: Funktion der gesellschaftlichen Integration) oder auf die Funktion für die einzelnen religiösen *Subjekte* bzw. Akteure (etwa: Funktion der Kontingenzbewältigung und Identitätsstiftung). Funktionsbestimmungen von Religion sind aber zu unterscheiden von Begriffsbestimmungen.

Ich stelle dieser Definition im Folgenden noch eine komplexere Bestimmung des Begriffs «Religion» zur Seite, die meine eigene um einige Aspekte ergänzt, sich aber im Bemühen, generell anwendbar zu sein, m. E. zu weit vom Selbstverständnis der religiösen Subjekte und Religionsgemeinschaften entfernt, wenn sie etwa den Begriff der «Transzendenz» explizit zurückweist und das damit Gemeinte mit hoher religionswissenschaftlicher Abstraktheit zum Ausdruck bringt. Sie stammt von Edgar Wunder und lautet:

«Religion ist ein Kommunikationszusammenhang, der durch ein anthropozentrisch und anthropomorph strukturiertes Symbolsystem vermittelt, durch einen Mythos verbürgt und durch Evidenzerlebnisse persistent gehalten wird, wobei die von den Subjekten perzipierte Kontingenz der lebenspraktisch relevanten Erscheinungswelt das Bezugsproblem bildet, welches durch eine symbolische Doppelung der Wirklichkeit und eine darauf aufbauende Kosmisierung der Welt bearbeitet wird, mit dem Ziel der Identitätsstiftung und des Managements der Lebensführung.»[86]

Diese komprimierte Definition enthält folgende Bestimmungselemente: (1) Das Bezugsproblem der Religion ist die lebenspraktisch erfahrene Kontingenz. Sie bearbeitet dieses Problem (2) im Rahmen eines Symbolsystems, das (3) auf den Menschen zentriert, (4) nach menschlichen Anschauungsformen gestaltet, sowie (5) sozial – durch Kommunikation – konstituiert ist und praktiziert wird. Dabei nimmt sie (6) Bezug auf einen Mythos, in dem diese sinnstiftende Kommunikation grundgelegt ist, der die Grundfragen nach Herkunft und Zukunft narrativ beantwortet und zur Lebensbewältigung in der Gegenwart anleitet. So weit ist diese Deutung noch eher formal und funktional. Um das *religiöse* Symbolsystem von anderen Symbolsystemen zu unterscheiden, braucht es nach Wunder weitergehende und spezifischere Bestimmungen. Die erste (7) besteht darin, dass in der Religion eine Wirklichkeit aufgespannt wird, die über die empirische Wirklichkeit hinausreicht («Doppelung der Wirklichkeit»). Diese transempirische Wirklichkeit ist nicht ohne weiteres zugänglich. Es braucht spezifische Begabungen dazu, die von dieser Wirklichkeit selbst verliehen werden können. (8) In ihrer sinnvollen Geordnetheit wird die transempirische zur empirischen Wirklichkeit in Beziehung gesetzt und stellt eine Sinnressource für diese dar («Kosmisierung der [empirischen] Wirklichkeit»). (9) Ihre Geltungsgrundlagen – besonders der normative Mythos – bedürfen der permanenten Evidenzsicherung, damit sie ihre Glaubwürdigkeit nicht verlieren. Dies geschieht dadurch, dass der Mythos von signifikanten Bezugspersonen in der Religionsgemeinschaft verbürgt,

[86] Edgar Wunder: Religion in der postkonfessionellen Gesellschaft. Ein Beitrag zur sozialwissenschaftlichen Theorieentwicklung in der Religionsgeografie, Stuttgart 2005, 49.

in Riten vergegenwärtigt und durch persönliche Erlebnisse bekräftigt wird. Religion dient allerdings nicht nur der Lebens- und Welt*deutung*, sondern auch der Praxis. Sie ist handlungsrelevant. Auf diese Weise ist sie (10) konstitutiv für die gesamte Lebenspraxis ihrer Anhänger und (11) stiftet Identität.

Diese elf Bestimmungselemente bilden einen sich selbst stabilisierenden Zyklus[87]: Die Evidenzerlebnisse bekräftigen den Mythos. Dieser verbürgt das Symbolsystem. Dieses wiederum ermöglicht die Ausspannung einer transempirischen Wirklichkeit. Die transempirische Wirklichkeit «kosmisiert» die empirische Wirklichkeit. Damit werden die Bewältigung bzw. Reduktion von Kontingenz, die Stiftung von Identität und das Management der Lebensführung möglich. Aus der auf diese Weise mit Sinn angereicherten Lebensdeutung und -führung ergeben sich wieder neue Evidenzerlebnisse.

Für interreligiöse Beziehungsbestimmungen und -gestaltungen sind solche religionswissenschaftlichen Analysen des Religionsbegriffs durchaus hilfreich, geben sie doch ein Schema an die Hand, das es erlaubt, zu fragen, wie sich die verschiedenen Bestimmungsmerkmale in den unterschiedlichen religiösen Traditionen konkret ausprägen. Auf dieser Grundlage lässt sich dann etwa ein Vergleich anstellen oder auch ein Dialog über die unterschiedlichen Ausprägungen führen. Will man aber tiefer in die Glaubens-, Denk- und Lebenswelten der verschiedenen Religionsformationen eindringen, so wird man über den Aufweis von Strukturanalogien hinausgehen und nach den unvergleichlichen Propria dieser Formationen fragen müssen.

---

[87] Mit diesem Aufweis des inneren Zusammenhangs der Bestimmungselemente von Religion geht Wunder über die Ansätze von Franz-Xaver Kaufmann und Günter Thomas hinaus, denen er ansonsten verpflichtet ist: Franz-Xaver Kaufmann: Religion und Modernität, Tübingen 1989; ders.: Wo liegt die Zukunft der Religion?, in: Michael Krüggeler / Karl Gabriel / Winfried Gebhardt (Hg.): Institutionen, Organisation, Bewegung. Sozialformen der Religion im Wandel, Opladen 1999, 71–97; Günter Thomas: Implizite Religion. Theoriegeschichtliche und theoretische Untersuchungen zum Problem ihrer Identifikation, Würzburg 2001.

2.1.5. Zum Verhältnis von Religion und Kultur

Am Ende dieses Abschnitts soll die Frage nach dem Verhältnis von Religion und Kultur aufgeworfen werden. Vieles von dem, was im ersten Kapitel zu «Kultur» gesagt wurde, lässt sich auf «Religion» übertragen.

Die Unterscheidung von Religion und Kultur ist selbst wieder kulturspezifisch. Wie der Religionsbegriff, so ist auch diese (mit dem Religionsbegriff eng verbundene) Unterscheidung ein Produkt der abendländischen Geistes- und Kulturgeschichte seit der Aufklärung. In anderen Kulturen wird sie nicht vollzogen und deshalb oft auch gar nicht verstanden. Nach dem Selbstverständnis der in diesen Kulturen lebenden Menschen ist Religion nicht eine eigene Sphäre und schon gar kein eigenes gesellschaftliches System neben anderen. Sie ist eingebettet in die Kultur und von dieser (zumindest in der emischen Perspektive derer, die in dieser Kultur leben) nicht zu unterscheiden («embedded religion»). Zwar ist die Unterscheidung von «sakral» und «profan» religions- und kulturübergreifend konstatierbar; nach Hartmut Zinser lässt sie sich «bei allen Gesellschaften» aufweisen.[88] Doch ist diese Unterscheidung eben nicht identisch mit der zwischen Religion und Kultur. Kultur ist nicht nur die Sphäre des Profanen; auch das Religiöse gehört dazu. Es ist der Raum, in dem die Grenzziehung zwischen Religiösem und Profanem ausgehandelt wird.

Darin besteht eine enorme Herausforderung für interkulturelle und interreligiöse Begegnungen: nicht nur, dass die Verständnisse von Religion und Kultur in den «Religionen» und «Kulturen» (sofern es diesen Begriff dort überhaupt gibt) verschieden sind; auch das Verhältnis zwischen diesen beiden Größen wird – wenn es überhaupt in den Blick kommt – unterschiedlich bestimmt.

Nach dem Religionsverständnis, wie es sich in der abendländischen Geistesgeschichte entwickelt hat, ist Religion ein Kulturphänomen. Nicht nur in den Kultur- und Religionswissenschaften und der Ethnologie[89], sondern auch in der Theologie (vor allem, aber keineswegs nur in der Praktischen Theologie) hat sich diese Erkenntnis längst durchgesetzt. Das betrifft nicht nur die «Außenseite» der Religion, d. h. ihre sozialen Manifestationen, sondern auch die Ausgestaltungen der «Religiosität», d. h. den

---

[88] Hartmut Zinser: Grundfragen der Religionswissenschaft (siehe Anm. 60), 80.

[89] Clifford Geertz hatte Religion in sein Kulturverständnis eingebettet: Religion als kulturelles System, in: ders.: Dichte Beschreibung, Frankfurt a. M. 2003, 44–95.

Bereich der religiösen Anschauungen, Überzeugungen, Handlungsorientierungen und sogar der religiösen Empfindungen. Wie kulturgebunden Frömmigkeitsformen sind, zeigt sich bei jeder Begegnung mit Christinnen und Christen aus anderen Kulturen. Religion formt Kultur und wird selbst von Kultur geformt. Es gibt Religion nur in Gestalt von «Religionskulturen».[90]

Andererseits kann man Religion nicht einfach mit Kultur gleichsetzen. In der abendländischen Geistesgeschichte hat sich die Unterscheidung von Religion und Kultur eingespielt. So sehr sich die damit bezeichneten Phänomenkomplexe überschneiden und in diesen Überschneidungsbereichen gegenseitig durchdringen, so sehr wird andererseits in den Religions- und Kulturdiskursen auch zwischen spezifisch Religiösem und profan Kulturellem unterschieden.[91]

Peter L. Berger berichtet von einer Begebenheit in der Eremitage in St. Petersburg: Von Zeit zu Zeit kommen Gruppen orthodoxer Christen in das Kunstmuseum und halten vor den dort ausgestellten Ikonen einen Gottesdienst. Zum Erstaunen der anderen Besuchenden und zum Ärger der Museumsverwaltung küssen sie die Ikonen, zünden Kerzen vor ihnen an und knien nieder.[92] An dieser Grenzüberschreitung zwischen Kultur und Religion wird zum einen deutlich, dass es diese Grenze gibt, und zum anderen, dass sie wesentlich durch den Praxiskontext religiöser Symbole bestimmt ist. Eine Ikone in einem Museum sollte kein Gegenstand religiöser Verehrung, sondern ästhetischer Betrachtung sein. In der Perspektive der von Peter Berger erwähnten russisch-orthodoxen Christen repräsentiert sich in den Ikonen jedoch die Wirklichkeit Gottes.

---

[90] Frans Wijsen, der viele Jahre in Tansania gelebt und gelehrt hat und der dann am «Nijmegen Institute for Mission Studies» lehrte, gibt seiner Einführung in die Missionswissenschaft den in dieser Hinsicht bemerkenswerten Titel «Christianity and Other Cultures». Er versteht das Christentum als Kultur (Frans Wijsen: Christianity and Other Cultures. Introduction to Mission Studies, Zürich 2015).

[91] Linda Woodhead unterscheidet das Verständnis von Religion als Kultur in soziologischer Hinsicht von vier weiteren Religionsverständnissen: Religion als Identität, als Beziehung, als Praxis und als Macht (Linda Woodhead: Five Concepts of Religion, in: International Review of Sociology 21, 2011/1, 121–143).

[92] Peter L. Berger: The Many Altars of Modernity. Towards a Paradigm for Religion in a Pluralist Age, Boston/Berlin 2014, 92.

Generell gilt: Die Anwendung der Unterscheidung von Kultur und Religion hängt von der eingenommenen Perspektive ab: In einer kulturwissenschaftlichen Perspektive kann ein Gottesdienst als Teil des kulturellen Lebens erscheinen. In der Perspektive der Gottesdienstteilnehmenden handelt es sich demgegenüber um einen spezifisch religiösen Vollzug, der sich von seinem kulturellen Kontext abhebt. Jeder religiöse Vollzug kann als ein kultureller angesehen werden, aber nicht jeder kulturelle Vollzug als ein religiöser (bestenfalls mit Luckmann als ein implizit religiöser). Wir haben es also mit einer asymmetrischen Extension der Begriffe «Religion» und «Kultur» zu tun.

Religionen sind *spezifische* Symbolsysteme, die sich trotz ihrer kulturellen Prägung mit hinreichender Deutlichkeit von anderen kulturellen Symbolsystemen (wie etwa der Kunst) abheben lassen. Ihr Spezifikum besteht in den oben genannten Bestimmungsmerkmalen des Religiösen. Sie nehmen das menschliche Leben und die Welt aus einer exzentrischen Perspektive in den Blick, d. h. aus einer Perspektive, die ihr Zentrum nicht in diesem Leben und in dieser Welt hat. Sie sind nicht nur mit Sinn-, sondern in der Regel auch mit Heilsversprechen verbunden. Sie stehen allem endlichen Seienden mit einem Differenzbewusstsein gegenüber, von dem aus sie dieses Bedingte im Horizont eines Unbedingten deuten.

Im hermeneutischen Zirkel des Kulturbewusstseins kann man all diese Erscheinungsformen der Religion als Ausdruck von Kultur interpretieren. Man kann dabei sogar die Spezifika des Religiösen in dieser Perspektive herausarbeiten: die transempirische Ganzheitlichkeit des Sinnhorizonts etwa oder die damit verbundene Gewissheit der Letztorientierung. So interpretiert Burkhard Gladigow das Spezifikum des religiösen Symbolsystems im Rahmen seines dezidiert kulturwissenschaftlichen Religionsverständnisses. Es besteht ihm zufolge darin, dass sein «Geltungsgrund von den ‹Benutzern› auf unbezweifelbare, kollektiv verbindliche und autoritativ vorgegebene Prinzipien zurückgeführt wird.»[93] Wenn sich diese kulturalistische Deutung der Religion allerdings auf Kosten des Selbstverständnisses der religiösen Subjekte verabsolutiert und das vermeintliche Spezifikum des Religiösen so beschrieben wird, dass auch «verbindliche und autoritativ vorgegebene Prinzipien» darunterfallen, die gemeinhin

[93] Burkhard Gladigow: Gegenstände und wissenschaftlicher Kontext von Religionswissenschaft, in: Hubert Cancik u. a. (Hg.): Handbuch religionswissenschaftlicher Grundbegriffe, Bd. 1, Stuttgart 1988, 34.

nicht als religiös (sondern als ethisch, rechtlich oder politisch) gelten, wird Religion letztlich auf Kultur reduziert. Zu Recht konstatiert Detlef Pollack, dass der kulturwissenschaftliche Ansatz der Religionswissenschaft lediglich herauszustellen vermag, «was Religion mit anderen kulturellen Phänomenen gemeinsam hat, aber nicht, worin sie sich von ihnen unterscheidet»[94].

Umgekehrt kann sich aber auch das religiöse Selbstbewusstsein gegenüber der Kultur verabsolutieren, indem etwa der christliche Glaube der Kultur antithetisch oder superioritär oder gänzlich beziehungslos gegenübergestellt wird. Das wird in der Regel offenbarungstheologisch damit begründet, dass sich dieser Glaube auf eine zeit- und kulturenthobene Offenbarung stützt, die sich unabhängig von den verschiedenen kulturellen Kontexten in immer gleicher Weise vergegenwärtigt. Diese Auffassung entspräche – je nach Akzentuierung – dem ersten oder dem vierten der fünf Modelle, die H. Richard Niebuhr für die Beziehungsbestimmung zwischen Christus und Kultur aufgestellt hatte[95]: «Christ *against* Culture», und «Christ and culture *in tension or paradox*».

Eine andere Weise, die Dimension der Kulturalität gegenüber der Dimension des Religiösen abzuwerten, besteht darin, nicht «oben» bei der Offenbarung, sondern «unten» bei anthropologischen Konstanten anzusetzen. Existenzphilosophische Ansätze gehen davon aus, dass es in der Existenzverfassung des Menschen basale Strukturen (Existentialien) gibt, die aller Kultur voraus liegen und in allen Kulturen zur Ausbildung religiöser Bewusstseins- und Praxisformen führen. Der lebenspraktische *Umgang* mit diesen Strukturen ist demnach kulturbedingt, nicht aber die Strukturen selbst.

Demgegenüber soll hier an der asymmetrischen Polarität in der Zuordnung von Religion und Kultur festgehalten werden: Alles Religiöse ist auch kulturell, aber nicht alles Kulturelle religiös. Das Proprium des Religiösen transzendiert die Sphäre des Kulturellen, indem es sich auf einen «ultimate point of reference»[96] bezogen weiß. Nach dem Selbstverständnis der religiösen Subjekte – d. h. im hermeneutischen Zirkel des religiösen Bewusstseins – handelt es sich bei religiösen Bewusstseinslagen und Voll-

---

94 Detlef Pollack: Probleme der Definition von Religion (siehe Anm. 60), 33.

95 Helmut Richard Niebuhr: Christ and Culture, New York 1951.

96 Gordon D. Kaufman: Theology for a Nuclear Age, Manchester 1985, 24.

zügen nicht um eine Hervorbringung der Kultur, sondern um eine Resonanz auf ein Angegangensein aus der transempirischen Wirklichkeit.[97] Doch manifestiert sich die transzendente Wirklichkeit immanent und d. h. kulturell. Sie wird mit Schriften, Personen, Orten und Zeiten verbunden, die dadurch «geheiligt» werden. Bestimmte Segmente und Vollzüge der Kultur treten damit aus der Sphäre des Profanen heraus. Religionsverständnisse, die das Moment der Transzendenz bzw. des Transzendierens einseitig betonen und die umgekehrte Bewegungsrichtung der «Immanentisierung» des Transzendenten ausblenden oder unterbestimmt sein lassen, greifen zu kurz. Es geht in der Religion zentral um diese Dialektik zwischen Transzendenz und Immanenz, Anwesenheit und Abwesenheit der transzendenten Wirklichkeit, theologisch gesprochen: Verborgenheit und Offenbarung.

Bei der Zuordnung von Religion und Kultur handelt es sich allerdings nicht nur um eine akademische Angelegenheit, sondern auch um die Frage der Multireligiosität einer Kultur. Wenn man nicht nach der Beziehung der Kultur zu Religion im Allgemeinen, sondern zu den Religion*en* (im Plural) fragt, bekommt diese Zuordnung unmittelbare gesellschaftspolitische Relevanz. Zur Debatte steht dann, ob eine Kultur – etwa die homogenisierend sogenannte «abendländische» Kultur – mit einer bestimmten Religion, etwa dem Christentum, identifiziert werden kann oder ob sie einen Entfaltungsraum für verschiedene religiöse Traditionen bietet.

2.2. Multireligiosität, Interreligiosität, Transreligiosität

Da es sich bei religiösen Phänomenen immer auch um kulturelle Formationen handelt, gibt es weite thematische Überschneidungen mit dem, was oben zu Multikulturalität, Interkulturalität und Transkulturalität gesagt wurde. Sie liegen so sehr auf der Hand, dass sie nicht eigens herausgearbeitet zu werden brauchen. Das Interesse soll vielmehr den Spezifika der *religiösen* Dimensionen gelten. Im Mittelpunkt steht dabei der Begriff der

[97] In «Argumente für einen kritischen Glauben; oder: Was hält der Religionskritik Stand?» (München ^{3}1988) hatte Gerd Theißen Religion als Ausdruck einer Resonanzerfahrung interpretiert: als «Sensibilität für Resonanz und Absurdität der Wirklichkeit» (49). Ders: Polyphones Verstehen. Entwürfe zur Bibelhermeneutik, Berlin 2014, 236–241.

Interreligiosität, der titelgebend für diesen Band ist. Es geht um interreligiöse Beziehungen, also um Kommunikationsprozesse zwischen Menschen, die unterschiedlichen Religionstraditionen angehören. Mit dieser Fokussierung auf das Beziehungsgeschehen unterscheidet sich der Begriff der Interreligiosität von den Begriffen der Multireligiosität und der Transreligiosität, wobei Transreligiosität hier nicht auf etwas religionsübergreifend Allgemeines abzielt, sondern – analog zum Begriff der «Transkulturalität» – auf religiöse Hybridität.

2.2.1. Multireligiosität

Der Begriff «Multireligiosität» ist primär auf die Gesellschaft bezogen. Er bezeichnet zunächst nur das Neben- und gegebenenfalls Miteinander unterschiedlicher Religionsgemeinschaften und Traditionen. Der Fokus liegt auf der religiösen Pluralität. Wenn dieser Begriff herangezogen wird, um religiöse Pluralität als eine gesellschaftliche Gegebenheit (religionssoziologisch[98], -geschichtlich[99], -rechtlich[100], -politisch[101] und -pädagogisch[102])

---

98 Gerd Pickel / Alexander Yendell / Yvonne Jaeckel: Religiöse Pluralisierung und ihre gesellschaftliche Bedeutung. Konzeptionelle Überlegungen und empirische Befunde, in: Heidemarie Winkel / Kornelia Sammet (Hg.): Religion soziologisch denken: Reflexionen auf aktuelle Entwicklungen in Theorie und Empirie, Wiesbaden 2017, 273–300; Detlef Pollack / Ingrid Tucci / Hans-Georg Ziebertz (Hg.): Religiöser Pluralismus im Fokus quantitativer Religionsforschung, Wiesbaden 2012.

99 Hartmut Lehmann: Historische Ursachen der Multireligiosität in Europa am Beginn des 21. Jahrhunderts, in: ders. (Hg.): Multireligiosität im vereinten Europa. Historische und juristische Aspekte (Bausteine zu einer europäischen Religionsgeschichte im Zeitalter der Säkularisierung 1), Göttingen 2003, 9–15.

100 Hans Markus Heimann: Deutschland als multireligiöser Staat – eine Herausforderung, Frankfurt a. M. 2016; Adrian Loretan: Wahrheitsansprüche im Kontext der Freiheitsrechte (Religionsrechtliche Studien 3), Zürich 2017, 155–171.

101 Elke Ariëns / Helmut König / Manfred Sicking (Hg.): Glaubensfragen in Europa: Religion und Politik im Konflikt, Bielefeld 2011.

102 Siehe die von Hans-Georg Zibertz, Friedrich Schweitzer, Rudolf Engert und Ulrich Schwab herausgegebene Reihe «Religionspädagogik in pluraler Gesellschaft» (RPG), Freiburg i. Br./Gütersloh/Paderborn 2002ff; sowie die von Harry Harun Behr, Katja Boehme, Daniel Krochmalnik und Bernd Schröder herausgegebene Buchreihe «Religionspädagogische Gespräche zwischen Juden, Christen

zu beschreiben, hat er einen deskriptiven Sinn. Er kann aber auch normativ gewendet werden, um einen *anzustrebenden* Zustand der religiösen Koexistenz zu bezeichnen. Dieser Zustand kann dann noch näher qualifiziert werden, wobei der gesellschaftliche Friede und Zusammenhalt in der Regel als Qualitäten genannt werden. Anders als beim Programmbegriff «Multikulturalismus» (im Gegenüber zu «Multikulturalität») steht für die normative Verwendung von «Multireligiosität» jedoch kein eigener Begriff zur Verfügung.

Doch gibt es verschiedene Leitvorstellungen für die Gestaltung von multireligiösen Gesellschaften, die meist aus der Debatte um Multikulturalität stammen. Je nach Intensität, mit der sich die Religionsgemeinschaften für einander und für ihre Integration in die Gesellschaft öffnen, kann das Spektrum der Möglichkeiten von schiedlich-friedlicher Nachbarschaft[103] bis hin zu Assimilation und Fusion reichen, wie es mit der Metapher des Schmelztiegels[104] ausgedrückt wird. Andere Metaphern – wie das Mosaik, die Salatschüssel oder das Kaleidoskop – betonen demgegenüber die bleibende Vielfalt von Religionen und Kulturen in einer Gesellschaft.

---

und Muslimen, Berlin 2009ff); Peter Schreiner (Hg.): Handbuch interreligiöses Lernen. Gütersloh 2005; Monika Jakobs u. a. (Hg.): Konfessioneller Religionsunterricht in multireligiöser Gesellschaft. Eine empirische Studie für die deutschsprachige Schweiz, Zürich 2009; Max Bernlocher: Interkulturell-interreligiöse Kompetenz. Positionen und Perspektiven interreligiösen Lernens im Blick auf den Islam, Paderborn 2013; Friedrich Schweitzer: Interreligiöse Bildung. Religiöse Vielfalt als religionspädagogische Herausforderung und Chance, Gütersloh 2014. Georg Langenhorst: Trialogische Religionspädagogik. Interreligiöses Lernen zwischen Judentum, Christentum und Islam, Freiburg i. Br. 2016; Johannes Lähnemann: Dialog der Religionen. Entwicklung, Modelle, religionspädagogische Relevanz: https://www.bibelwissenschaft.de/stichwort/100183/ (17.07.2018).

[103] So wie im Titel der EKD-Handreichung «Klarheit und gute Nachbarschaft. Christen und Muslime in Deutschland», hg. vom Kirchenamt der EKD, Hannover 2006, angezeigt:
https://www.ekd.de/ekd_de/ds_doc/ekd_texte_86.pdf (11.08.2017).

[104] Besonders in der Multikulturalitätsdebatte in den USA war diese Metapher lange Zeit tonangebend. Sie geht von einer zunehmenden Einschmelzung der Herkunftskulturen von Migranten aus, sodass kulturelle und religiöse Heterogenität in Homogenität überführt wird. Siehe etwa: Tamar Jacoby: Reinventing the Melting Pot. The new Immigrants and what it means to be American, New York 2004, ^{2}2012.

Bei all diesen Metaphern handelt es sich um bildhaft ausgedrückte Leitvorstellungen für die Gestaltung religiöser Pluralität.

Mit dem Stichwort «Multireligiosität» verbinden sich derzeit hitzig geführte gesellschaftliche Debatten. Es geht dabei nicht um Glaubensinhalte (diese werden als Privatsache angesehen), sondern um die Frage, welche Spielräume nichtchristlichen Religionspraxen in der Gesellschaft gewährt werden, welche (Sonder-)Rechte man ihnen einräumt und wie viel öffentliche Sichtbarkeit ihren Gebäuden und Symbolen zugestanden wird.

Die Diskussionen entzünden sich an Anliegen wie: Wird es Juden und Muslimen gestattet, ihre Toten auf öffentlichen Friedhöfen nach ihren Traditionen zu bestatten? Darf eine islamische Religionsgemeinschaft eine Moschee (mit Minarett) im Stadtzentrum errichten? Können muslimische Kinder vom Sexualkunde- und vom Sport-, besonders vom Schwimmunterricht in der Schule befreit werden? Darf eine Hindugemeinschaft eine Prozession durchführen? Ist es Juden und Muslimen erlaubt, Tiere zu schächten? Kann die Beschneidung von Jungen (oder gar Mädchen) toleriert werden?

Brisanz erhalten solche Anliegen, weil sie einerseits zur Ausübung der Religion gehören, die durch die grundrechtlich garantierte Religionsfreiheit geschützt ist, weil andererseits aber andere Grundrechte und elementare Rechtsgüter tangiert sind, wie etwa das Recht auf körperliche Unversehrtheit (Beschneidung) oder auf Schulbildung (was den Sportunterricht einschließt), oder der Tierschutz (der beim Schächten verletzt wird) oder die Aufrechterhaltung der öffentlichen Ordnung (die bei bestimmten Formen aufdringlicher missionarischer Tätigkeiten in Gefahr geraten kann).

In all diesen Fällen handelt es sich weniger um *interreligiöse* Konflikte zwischen den Religionsgemeinschaften als um *sozioreligiöse* Konflikte zwischen bestimmten Gemeinschaften und der Gesellschaft bzw. dem Staat. Der Diskurs um Multireligiosität zielt vor allem auf diese sozioreligiöse[105] Ebene und weniger auf die Beziehung zwischen den Religionsgemeinschaften. Es ist ein Toleranzdiskurs, in dem ausgehandelt wird, wie viel Raum religiösen Praxisformen und religiöser Repräsentation in der Öffentlichkeit eingeräumt wird. Das ist nicht immer eine rechtliche Frage. Es kann beispielsweise auch um den Wunsch einer Religionsgemeinschaft gehen, ihre Veranstaltungen in der lokalen Presse bekannt zu machen.

---

105 Zu diesem Begriff siehe Kapitel 2.2.2.1.

Zum Multikulturalitätsdiskurs gehört aber nicht nur der Öffentlichkeitsbezug der Religionsgemeinschaften, sondern auch die Diskussion darüber, wie diese Gemeinschaften ihre inneren Angelegenheiten regeln, wie sie etwa mit Homosexuellen oder mit Abtrünnigen umgehen. In manchen Religionsgemeinschaften herrschen repressive Strukturen, die von der Verhaltens- über die Affekt- bis zur Gesinnungskontrolle ihrer Mitglieder reichen können. Die religiös plurale Gesellschaft, die Religionsfreiheit gewährt und die Religionsausübung schützt, stellt andererseits Anforderungen an die Religionsgemeinschaften. Sie gewährt nicht nur Freiheit *für* die Religion, sondern erwartet auch die Gewährung von Freiheit *in* der Religion. Das schließt unter anderem auch die Freiheit ein, die jeweilige Religionsgemeinschaft verlassen zu können oder die Religion zu wechseln.

2.2.2. Interreligiosität

Oft wird die Diskussion um Interreligiosität unter dem Leitwort des «interreligiösen Dialogs» geführt. Dialog ist aber ein bestimmtes Konzept von Interreligiosität neben anderen und soll deshalb hier von dieser unterschieden werden. Ich wähle daher die offeneren Begriffe «interreligiöse Begegnung» und «interreligiöse Beziehung». «Begegnung» meint dabei das Ereignis einer (verbalen oder nonverbalen) Kommunikation bzw. Interaktion, «Beziehung» dagegen die grundlegendere Dimension der Einstellung und des Sichverhaltens zueinander.

Der Begriff «Interreligiosität» ist klärungsbedürftig. Er wird im Folgenden gebraucht, um Beziehungen, die eine religiöse Komponente enthalten, im Blick auf ihre praktische Gestaltung und ihre reflexive Bestimmung zu bezeichnen. Der Begriff «religiös» bezieht sich dabei auf die oben – in Kapitel 2.1. – vorgenommene Begriffsbestimmung. In der Eigenschaftsangabe, dass die Beziehung eine «religiöse Komponente» enthalten muss, ist eine Abgrenzung nach zwei Seiten hin vorgenommen: Zum einen muss die Beziehung weder insgesamt noch ausschließlich als religiös qualifiziert sein, zum anderen darf die religiöse Dimension aber auch nicht gänzlich unerkennbar im Hintergrund sein, wie beispielsweise in einer Arbeitsbeziehung zwischen Angehörigen verschiedener Religionen, in denen diese Religionszugehörigkeit in keiner Weise thematisch wird. Das Religiöse muss sich in irgendeiner (verbalen oder nonverbalen, d. h. symbolischen oder aktualen) Weise in der Beziehungsgestaltung manifestieren. Es reicht sogar aus, wenn es in einer Außenwahrnehmung der Beziehung und der daran beteiligten Personen zum Thema wird.

Ich konzentriere mich in der folgenden Entfaltung des Begriffs «Interreligiosität» vor allem auf die Ebene der praktischen Beziehungsgestaltung. Die Frage nach «Interreligiosität» im Bezugsrahmen der religionstheologischen Reflexion wird uns später – in den Kapiteln 5 und 6 – beschäftigten.

2.2.2.1. Aspekte interreligiöser Beziehungsgestaltungen – Unterscheidungen

(a) Gestaltung und Haltung

«Interreligiosität» bezeichnet zunächst die konkrete Ausgestaltung der Beziehungen zwischen Individuen und Gemeinschaften, die verschiedenen religiösen Traditionen angehören, in Geschichte und Gegenwart. Wie haben sich etwa Christen zu einer bestimmten Zeit an einem bestimmten Ort auf Muslime und auf den Islam bezogen? Es geht also nicht nur um interpersonale Beziehungen, sondern auch um praktische Bezugnahmen auf eine andere Religion in allen ihren Erscheinungsformen: auf ihre Quellen, Überlieferungen, Autoritäten, Gemeinschaftsbildungen, ihre rituelle, ethische und soziale, ökonomische und politische Praxis usw.

Auf der interpersonalen Ebene geht es bei der Frage nach der Beziehungsgestaltung nicht nur um die konkreten Akte der Begegnung, sondern auch um die der Gestaltung dieser Begegnung zugrunde liegenden Einstellungen und Werthaltungen, also nicht nur um *Handlungen*, sondern um *Haltungen*. Die Handlung besteht im jeweiligen Kommunikationsakt und summiert sich zum Beziehungsverhalten insgesamt. Die Haltung besteht in der Disposition zu diesem Beziehungsverhalten. Sie kann eher pragmatisch an Interessen oder eher axiologisch an Werten orientiert sein. Sie kann verschiedene Reichweiten haben, je nachdem ob sie die Beziehung zu einer bestimmten Person, Gruppe oder Strömung einer bestimmten Religion oder die Anhänger dieser Religion insgesamt oder Andersgläubige generell betrifft.

Theologische Beziehungsbestimmungen und Leitideen für die praktische Beziehungsgestaltung können dabei im Blick auf verschiedene Gruppen und Individuen (von Anhängern einer Religion) und im Blick auf verschiedene Aspekte einer religiösen Tradition und Praxis differieren. Die Beziehungsbestimmung zum salafistischen oder wahabitischen Islam wird in vielen Fällen eine andere sein als die zu einer der mystischen Richtungen im Islam.

(Wert-)Haltungen und das konkrete Beziehungsverhalten beeinflussen sich gegenseitig. Wer beispielsweise den Islam als Gefahr für das friedliche Zusammenleben in einer multireligiösen Gesellschaft bewertet, wird eine dementsprechende Disposition im Umgang mit Muslimen ausbilden, die sich dann in seinem Beziehungsverhalten manifestiert. Aus einem negativen Urteil über eine Religion kann sich aber auch eine umso intensivere Zuwendung zu ihren Anhängern ergeben – und sei es in missionarischem Interesse.

Eine klare Grenzziehung zwischen Kommunikationsformen, die den Charakter von konkreten Handlungen haben, und grundlegenden Beziehungsmustern, die den Charakter von Haltungen haben, ist nicht möglich. Der Begriff «Dialog» beispielsweise kann in beiden Zusammenhängen gebraucht werden: zur Bezeichnung eines konkreten Kommunikationsgeschehens, wie auch zur Charakterisierung einer Beziehungshaltung und -gestaltung.

Interreligiöse Beziehungsmuster und Kommunikationsformen sind zumeist mit (theologischen und ethischen) *Werthaltungen* gegenüber der begegnenden Religionsform und ihren Anhängern verbunden. Diese sind spezifiziert nach dem Grad der Anerkennung, die dieser bzw. ihnen entgegengebracht werden kann. Die Palette möglicher Werthaltungen dabei reicht von der scharfen Verurteilung über indifferente Distanzierung, Tolerierung, Respektierung bis hin zur Wertschätzung.

In der Anwendung dieser Grundhaltungen ist zu unterscheiden zwischen Wertschätzung, die *Religionen* – sei es einzelnen oder den nichtchristlichen Religionen insgesamt – entgegengebracht wird, und den Formen der Kommunikation mit deren *Anhängern*. Eine Religionsform konnte und kann in Geschichte und Gegenwart theologisch oder ethisch als inferior beurteilt oder sogar als antichristlich verurteilt werden, während man mit ihren Anhängern in einer wertschätzenden, dialogischen Weise kommuniziert. Wertschätzung kann ihnen *trotz* ihrer Religion entgegengebracht werden.

Der Grad der Anerkennung kann dabei im Blick auf verschiedene theologische und ethische Aspekte unterschiedlich bestimmt werden, etwa im Blick auf die Überzeugungskraft der Glaubensinhalte, die ethische Orientierung, die Tragfähigkeit der Transzendenzbeziehung und der damit verbundenen Heilsvermittlung, aber auch im Blick auf die

Respektierung der Menschenrechte, die Kompatibilität mit der freiheitlich-demokratischen Rechtsordnung und einer liberalen Gesellschaftsauffassung, die Gleichberechtigung von Mann und Frau usw.

Wird die Validität einer Religionsform unter einem oder mehreren dieser Aspekte bestritten, dann werden ihr gegenüber eher konfrontative, apologetische und polemische Haltungen eingenommen. Wird diese Validität im Prinzip anerkannt, zugleich aber ein Überlegenheitsanspruch für die eigene Religionsform bzw. für die in ihr realisierte Repräsentation des «Heiligen» erhoben, dann werden ihr gegenüber pädagogische Haltungen eingenommen, die den Andersglaubenden zur Fülle der religiösen Wahrheit führen wollen. Wird die Validität der anderen Religionsform hingegen ganz oder auch nur partiell anerkannt und auf diese Weise der Validität der eigenen Religion gleichgestellt, dann wird eine Haltung der Wertschätzung und der theologisch motivierten Neugierde ihr gegenüber eingenommen.

(b) Leitideen und Vollzug

Regulative Leitideen der interreligiösen (wie jeder) Beziehungsgestaltung ergeben sich bei den darin involvierten Personen aus dem Zusammenspiel verschiedener Ebenen: der Disposition (inneren Einstellung), der Erfahrung, des aktiven Beziehungsvollzugs (sowohl im nicht-intentionalen Verhalten als auch im intentionalen Handeln) und der sich daraus ergebenden Reflexion des Beziehungsgeschehens. Mit unterschiedlicher Gewichtung sind diese Dimensionen auf den Ebenen des Mentalen (wozu das Rationale, Voluntative und Affektive gehört), des Experientialen (Erfahrungshaften) und des Aktualen (Handelnden) angesiedelt.

Im Vollzug des Begegnungsgeschehens bildet sich eine Art Theorie-Praxis-Zirkel zwischen diesen Leitideen der Beziehungsgestaltung und dem realen Beziehungsgeschehen, also den Begegnungen. Beides steht in einer Wechselwirkung zueinander. Das Begegnungsgeschehen orientiert sich an den Modellen der Beziehungsgestaltung. Die darin aufgetretenen Wahrnehmungen, Werturteile, realen Beziehungsmuster werden zum Gegenstand der Reflexion und wirken auf die Ausbildung der Leitideen zurück. Die Reflexion betrifft dabei nicht nur das unmittelbare Beziehungsgeschehen, sondern auch die Beziehung selbst.

Das gilt in analoger Weise auch für die Ebene der religionstheologischen Beziehungsbestimmung, auf der es weniger um interpersonale Beziehungen zu Anhängern anderer Religionen als eher um intellektuelle

Bezugnahmen auf diese religiösen Traditionen selbst geht. Auch diese Reflexion ist zu einem nicht geringen Teil erfahrungsbasiert und vollzieht sich nicht nur im Blick auf die Idealgestalt anderer Religionen (wie sie etwa in deren Lehren zum Ausdruck kommt), sondern auch im Blick auf deren real existierende Erscheinungsformen.

Die Leitideen zur interreligiösen Beziehungsgestaltung und die reale Gestaltung der Beziehung können in bestimmten Situationen allerdings auch auseinanderklaffen; Absicht und Wirklichkeit können in Spannung zueinander geraten. Diese mögliche Differenz ist für die Praxis durchaus relevant, denn in manchen interreligiösen Begegnungen werden von den Beteiligten Beziehungsmuster propagiert, die von Respekt und Anerkennung füreinander getragen sind, denen sie dann in ihrem Beziehungsverhalten aber nicht entsprechen. Es bleiben Lippenbekenntnisse. Man kann zwischen einem von den Beteiligten deklarierten Soll- und dem Ist-Zustand unterscheiden. Die interreligiöse Beziehungsbestimmung kann demnach (aposteriorisch) an den «Werken» der Beziehungsgestaltung erkannt oder (apriori) aus der Selbstauskunft der Beziehungspartner ermittelt werden, also aus ihren Absichtserklärungen oder aus dem wirklichen Beziehungsverhalten.

(c) Sozioreligiöse und interreligiöse Beziehungen

Eine weitere Unterscheidung ist die zwischen *sozioreligiösen* und *interreligiösen* Beziehungen. Als «sozioreligiös» bezeichne ich die Beziehungen von religiösen Individuen bzw. Religionsgemeinschaften zu Vertretern und Institutionen der Zivilgesellschaft, zur Rechtsordnung des Staates und zu den politischen Autoritäten. «Interreligiös» steht demgegenüber für die Beziehung der Religionstraditionen bzw. -gemeinschaften sowie der religiösen Individuen unter- bzw. miteinander.

In *interreligiösen* Begegnungen repräsentieren die Teilnehmenden immer auch ihre jeweilige Religionsgemeinschaft und -tradition. Der Austausch muss dabei nicht auf spezifische religiöse Fragen begrenzt sein, sondern kann ebenso auch ethische, soziale, politische oder ganz persönliche Anliegen aufnehmen. Aber die daran Teilnehmenden werden dabei aus ihrer je eigenen religiösen Perspektive sprechen.

In *sozioreligiösen* Begegnungen mit Vertretern der Zivilgesellschaft gehören die religiösen Teilnehmenden zu beiden Seiten: Einerseits vertreten sie ihre Gemeinschaft, andererseits sind sie selbst Teil des (mehr oder weniger säkularen und multireligiösen) Gemeinwesens, mit deren Repräsentanten sie sprechen. Sie sprechen über ihre Rolle im Gemeinwesen, über ihre Beiträge dazu, über die Schwierigkeiten, die sie darin haben – und zuweilen auch über die Schwierigkeiten, die das Gemeinwesen mit ihnen hat. Religionsgemeinschaften, die einen Minderheitenstatus in der Gesellschaft haben, sind in besonderer Weise daran interessiert, auf solchen Plattformen ihre Anliegen zu artikulieren. Und Vertreter der Zivilgesellschaft haben (in der Regel) das Interesse, diese Minderheiten in den gesellschaftlichen Diskurs einzubinden, um ihren Rückzug in Parallelgesellschaften zu verhindern. Konstruktive sozioreligiöse Kommunikationen fördern die gesellschaftliche Kohäsion.

In der Praxis fließen sozioreligiöse und interreligiöse Begegnungen nicht selten zusammen. Sozioreligiöse Kontakte können die Plattform für interreligiöse Gespräche bieten, wenn etwa der Bürgermeister einer Stadt Vertreter der Religionsgemeinschaften zu einem Gedankenaustausch über aktuelle Fragen der Kommunalpolitik einlädt.

Außenkontakte der Religionsgemeinschaften – seien sie interreligiöser oder sozioreligiöser Art – können inhaltlich auf verschiedene Weise profiliert sein: politisch, sozial, rechtlich, kulturell, theologisch usw. Es muss also keineswegs immer um Fragen der Lehre und Praxis der Religionen gehen. Die meisten interreligiösen Kommunikationen und Interaktionen kreisen um praktische Fragen, die das Zusammenleben im Gemeinwesen betreffen. Im Mittelpunkt steht dabei die Frage, inwiefern eine Religionsgemeinschaft nach den Vorgaben ihrer Tradition in einer weitgehend säkular geprägten multireligiösen Gesellschaft leben kann, wie sie im öffentlichen Raum durch ihre Symbole erkennbar werden kann und wie sich Konflikte im Zusammenleben befrieden lassen.

(d) Unabsichtliche Begegnungen und intentionale Beziehungsgestaltung

Bei sozio- und interreligiösen Begegnungen ist weiter zu unterscheiden zwischen unabsichtlichen Begegnungen im Alltag und intentional herbeigeführten Zusammenkünften in eigens dafür bestimmten und präparierten Situationen. Im ersten Fall handelt es sich um das Aufeinandertreffen von Angehörigen verschiedener Religionstraditionen und -gemeinschaften in den gewöhnlichen Lebenswelten und Handlungsfeldern der Beteiligten, um das alltägliche Miteinander am Wohnort, in der Schule, im Beruf oder bei Freizeitaktivitäten. Im zweiten Fall geht es um Veranstaltungen, die geplant, organisiert, finanziert werden, zu denen eingeladen wird und die mit einer bestimmten Agenda und mit einem Ziel stattfinden.

Anders als bei intentional herbeigeführten Zusammenkünften wird bei *unabsichtlichen* Begegnungen im Alltag nicht ein bestimmtes Ziel verfolgt. Wenn es überhaupt eine (ausgesprochene oder unausgesprochene) Maxime der Beziehungsgestaltung gibt, dann besteht sie im *community building*. In diesem Rahmen kann es dann auch zu eigens dafür durchgeführten Begegnungsveranstaltungen (etwa Nachbarschafts- oder Stadtteilfesten) kommen. Anders als bei institutionalisierten Dialogen haben solche Veranstaltungen keinen offiziellen Charakter. Die daran Teilnehmenden sind nicht mandatiert. Sie repräsentieren nicht eine Gemeinschaft oder Institution, die sie dazu beauftragt hätte. Sie müssen auch nicht über eine bestimmte Qualifikation verfügen. Die einzige Voraussetzung zur Beteiligung an solchen Begegnungen besteht in der Bereitschaft, die interreligiösen Beziehungen im Sinne möglichst *dialogischer* Kommunikationsformen zu gestalten.

Eine solche konstruktive, von Offenheit und Respekt füreinander, Interesse aneinander und Solidarität miteinander getragene Beziehungsgestaltung im alltäglichen Zusammenleben von Menschen unterschiedlicher Religionszugehörigkeit wird oft als «Dialog des Lebens» bezeichnet. Dieser Begriff wurde erstmals in der vatikanischen Erklärung «Dialog und Mission»[106] verwendet, dann in «Dialog und Verkündigung»[107] aufgenommen. Er wird dort drei anderen Dialogmodellen gegenübergestellt: dem «Dialog des Handelns», dem «Dialog des theologischen Austauschs» und dem «Dialog der religiösen Erfahrung».[108] In dieser oder in abgewandelter

[106] Sekretariat für Nichtchristen: Die Haltung der Kirche gegenüber den Anhängern anderer Religionen. Gedanken und Weisungen über Dialog und Mission, 10. Mai 1984, §§ 29–34.

[107] Päpstlicher Rat für den Interreligiösen Dialog / Kongregation für die Evangelisierung der Völker: Dialog und Verkündigung. Überlegungen und Orientierungen zum Interreligiösen Dialog und zur Verkündigung des Evangeliums Jesu Christi, 19. Mai 1991 (VApS 102), hg. vom Sekretariat der Deutschen Bischofskonferenz, Bonn 1991, § 42.

[108] In anderen Zusammenstellungen wird noch der «Dialog über den Dialog» und der «innere Dialog», also das Selbstgespräch mit einem fiktiven Gesprächspartner in diesen Katalog mitaufgenommen (Christine Lienemann-Perrin: Mis-

Form findet sich der Begriff und diese Unterscheidung auch in vielen anderen Veröffentlichungen. Es soll damit gesagt sein, dass interreligiöse Beziehungen *alle* Aspekte des Zusammenlebens einschließen können: nicht nur das Gespräch, sondern auch das gemeinsame Essen, Arbeiten, Lernen, Spielen und Sporttreiben etwa. Dabei enthält der Begriff eine normative Komponente: nicht *jede* Form des Zusammenlebens ist ein «*Dialog* des Lebens», sondern nur solche, die die oben genannten Kennzeichen einer konstruktiven Beziehungsgestaltung tragen. Den meisten Alltagsbegegnungen zwischen Anhängern verschiedener Religionen dürfte die Qualität *dialogischer* Kommunikationen nur bedingt eignen.

Davon zu unterscheiden sind die «offiziellen» Begegnungsveranstaltungen von Repräsentanten der Religionsgemeinschaften. Unter ihnen gibt es drei charakteristisch verschiedene Formen, die sich allerdings berühren und partiell überschneiden können:

- Zum Ersten solche, in denen die inhaltliche Arbeit an Fragen der religiösen Lehre und Praxis im Vordergrund steht. Solche Arbeitstreffen theologischer Experten zielen nicht auf Übereinkünfte, sondern auf den theologischen Austausch.
- Zum Zweiten solche, in denen die symbolische Darstellung der Beziehung inszeniert wird; so war etwa der Besuch von Papst Johannes Paul II. am 13. April 1986 in der Synagoge von Rom und die in diesem Rahmen gehaltene Rede[109] eine performative Beziehungshandlung mit enormer Ausstrahlung.
- Zum Dritten solche, bei denen es um die Verständigung über religionspolitische Anliegen geht. In diesem Fall sind die Veranstaltungen ergebnisorientiert; das Ergebnis wird in einem Kommuniqué festgehalten.

Während der «Dialog des Lebens» an der *Basis* des interreligiösen Zusammenlebens stattfindet, bleiben die offiziellen Begegnungsveranstaltungen

---

sion und interreligiöser Dialog [BenshH 93], Göttingen 1999, 96. Auch die in Kapitel 2.2.3. darzustellenden transreligiösen Identitätsformationen lassen sich als einen *inneren* interreligiösen Dialog verstehen.

[109] https://w2.vatican.va/content/john-paul-ii/de/speeches/1986/april/documents/hf_jp-ii_spe_19860413_sinagoga-roma.html (25.03.2018).

zumeist den *Eliten* der Religionsgemeinschaften vorbehalten. Dabei kann man wiederum verschiedene «Systemebenen» unterscheiden:

- die Ebene der *lokalen* Religionsgemeinschaften, auf der es beispielsweise zu einer Begegnung zwischen den Leitungsgremien einer örtlichen Kirchengemeinde und einer islamischen Vereinigung kommen kann;
- die *regionale* Ebene, auf der sich etwa ein kantonaler «Runder Tisch der Religionen» konstituiert oder ein Dekanat oder eine Diözese Beziehungen zu einem islamischen Dachverband aufbaut;
- die *überregionale bzw. nationale* Ebene, auf der sich die Repräsentanten nationaler Kirchenbünde wie der EKD, des SEK oder der nationalen Bischofskonferenzen mit hochrangigen Vertretern des Judentums und des Islams treffen;
- die *internationale* Ebene, auf der etwa der Vatikan, der ÖRK, der Lutherische Weltbund und die Weltgemeinschaft reformierter Kirchen Kontakte zu Repräsentanten oder Institutionen nichtchristlicher Religionen pflegen.

Eine analoge Hierarchie («vertikaler») «Systemebenen» – lokal, regional, national und international – gibt es in Politik und Gesellschaft (Institutionen/Gremien auf der Ebene der Gemeinde, des Landkreises, Kantons, Bundeslandes, des Staates sowie staatenübergreifend), aber auch im Bildungswesen (die einzelne Schule bzw. Hochschule, die Kultur- und Bildungsadministration auf Kreis-, Kantonal- und Landesebene, das nationale Ministerium für Bildung und Wissenschaft, internationale Organisationen wie «Education International», die «Association of International Education Administrators» oder die UNESCO). Nicht selten bestehen Querverbindungen zwischen diesen Ebenen verschiedener gesellschaftlicher Teilbereiche. Das zeigt sich etwa dort, wo eine regionale politische Einheit – wie beispielsweise eine Kantonsverwaltung – einen «Runden Tisch der Religionen» für diesen Kanton einberuft.

Unterschiedliche Systemebenen können miteinander kommunizieren und sich gegenseitig beeinflussen. Von demonstrativen Symbolhandlungen religiöser Führungspersonen kann ein Motivationsschub und auch eine Legitimation für die interreligiöse Beziehungsarbeit an der Basis der Religionsgemeinschaften ausgehen. Theologische Expertengespräche können Material liefern für interreligiöse Gesprächskreise von theologisch interessierten Laien.[110]

Im Blick auf diese «Systemebenen» reicht die Spannbreite der Begegnungsveranstaltungen somit von der Arbeit an der Basis (etwa in Form von informellen interreligiösen Begegnungsveranstaltungen in der örtlichen Moschee, Synagoge oder Kirchengemeinde) bis hin zu offiziellen Gipfeltreffen zwischen den Führungsverantwortlichen der Religionsgemeinschaften, die diplomatisch organisiert und reguliert sind. Je nachdem, auf welcher der Systemebenen die Begegnung stattfindet, wird ihr Grad an Institutionalisierung und Formalisierung unterschiedlich sein. Bei einem interkulturellen und interreligiösen Straßenfest ist er gering, bei einem theologischen Expertengespräch kann er deutlich höher sein und beim Gipfeltreffen der religiösen Führungspersonen oder von eigens dafür nominierten Beauftragten wird er sehr hoch sein.

(e) Gestalt und Intensität

Interreligiöse Beziehungen können – wie alle Beziehungen – hinsichtlich ihrer Intensität und Qualität sehr verschieden sein. Der Begriff «Qualität» ist dabei wertfrei als *Art* bzw. *Gestalt* der Beziehungsbestimmung und -gestaltung verstanden. Intensität und Qualität sind dabei nicht deckungsgleich: Auch eine feindselige Beziehung kann sehr intensiv sein. Ebenso kann das tiefe Sicheinlassen auf die spirituelle Tradition einer anderen Religion höchst intensiv sein. Demgegenüber bleiben viele interreligiöse Kontakte im Alltag des Zusammenlebens in einer multireligiösen Gesellschaft oberflächlich.

2.2.2.2. Ebenen interreligiöser Beziehungsgestaltungen

Mit «Ebenen» sind hier nicht die oben genannten «Systemebenen», also die «vertikalen» Abstufungen in der sozialen Architektur der Gesellschaft und der Religionsgemeinschaften – zwischen deren Basis und ihren Eliten – gemeint, sondern die folgenden vier Ebenen, auf denen interreligiöse Beziehungen in Theorie und Praxis angesiedelt sein können:

---

[110] Peter Antes vertritt ein Dialogverständnis, das ganz auf dieser institutionellen Ebene angesiedelt ist. Er plädiert dafür, «dass der interreligiöse Dialog vor allem eine Begegnung zwischen Institutionen ist und von daher niemals den Charakter eines Gespräches zwischen Personen haben kann» (Peter Antes: Hat der interreligiöse Dialog noch Zukunft?, in: ZMR 100, 2016, 340).

- die (intrareligiöse) Mikro- bzw. Elementenebene einzelner Erscheinungsformen der Religionen;
- die (intrareligiöse) Mesoebene von verschiedenen Religionsgemeinschaften, Konfessionen, Denominationen, Glaubensrichtungen im Rahmen einer bestimmten Religion;
- die (interreligiöse) Makro- oder Systemebene, auf der Beziehungsbestimmungen zu anderen nichtchristlichen Religionen vorgenommen werden;
- die (überreligiöse) Metaebene, auf der die religiöse Pluralität insgesamt in den Blick genommen wird.

Ich nenne zunächst exemplarische Konkretionen für *theoretische Beziehungsbestimmungen* auf diesen vier Ebenen:

- Auf der Mikroebene der Beziehungsbestimmung konkreter religiöser Phänomene können etwa die Verständnisse von «Prophetie» in Christentum und Islam zueinander ins Verhältnis gesetzt werden.[111]
- Auf der Mesoebene von Denominationen ist beispielsweise die Frage nach dem Verhältnis des Protestantismus zur «Gnadenreligion» des Amida-Buddhismus lokalisiert.[112]
- Auf der Makroebene ganzer Religionstraditionen sind etwa die kirchlichen[113] und akademischen[114] Stellungnahmen zum Islam angesiedelt, wobei die kirchlichen Orientierungshilfen zumeist theologische Überlegungen mit praktischen Empfehlungen verbinden.
- Auf der Metaebene der Auseinandersetzung mit dem religiösen Pluralismus insgesamt gab und gibt es immer wieder kirchliche[115] und

[111] Siehe etwa: Anja Middelbeck-Varwick / Mohammad Gharaibeh / Hansjörg Schmid / Aysun Yasar (Hg.): Die Boten Gottes. Prophetie in Christentum und Islam, Regensburg 2013; Klaus von Stosch / Tuba Işik (Hg.): Prophetie in Islam und Christentum, Paderborn 2013.

[112] Karl Barth: KD I/2, 373–377.

[113] Als Beispiel sei die Arbeitshilfe der «Evangelischen Kirche im Rheinland» herausgegriffen, die 2015 unter dem Titel «Weggemeinschaft und Zeugnis im Dialog mit Muslimen» erschien.

[114] Wiederum nur beispielhaft sei genannt: Klaus von Stosch: Herausforderung Islam. Christliche Annäherungen, Paderborn 2016.

[115] Von den aktuellen kirchlichen Veröffentlichungen zum religiösen Pluralismus sei zum einen das Positionspapier der GEKE genannt: Protestantische

akademische[116] Reflexionen über die Beziehung des Christentums zu anderen Religionen im Allgemeinen. Der größte Teil der religionstheologischen Debatte bewegt sich auf dieser Ebene.

In gleicher Weise lassen sich exemplarische Konkretionen für diese vier Ebenen aus dem Bereich der *praktischen Beziehungsgestaltung* benennen:

- Auf der Mikroebene einzelner religiöser Erscheinungsformen oder Vollzüge bewegt sich beispielsweise die Kooperation zwischen christlichen und muslimischen Trägern in der Seelsorge.[117]
- Auf der Mesoebene der Beziehung zwischen Denominationen bzw. Traditionsströmen und Gemeinschaftsbildungen innerhalb der Religionen liegen etwa die Gespräche des «Päpstlichen Rates für den Interreligiösen Dialog» und des Zentrums für den interreligiösen Dialog der «Islamic Culture and Relations Organization» mit Sitz in Teheran, aus denen 2008 die gemeinsame Erklärung zum Thema «Glaube und Vernunft im Christentum und im Islam»[118] hervorging. Auch Projekte der Entwicklungszusammenarbeit von kirchlichen Hilfswerken wie «Brot für die Welt» oder «Misereor» mit nichtchristlichen Partnerorganisationen gehören auf diese Ebene.[119]

Perspektiven zur religiösen Pluralität in Europa, voraussichtlich Leipzig 2019. Und zum anderen: Christlicher Glaube und religiöse Vielfalt in evangelischer Perspektive. Ein Grundlagentext des Rates der Evangelischen Kirche in Deutschland (EKD) im Auftrag des Rates der Evangelischen Kirche in Deutschland hg. vom Kirchenamt der EKD, Gütersloh 2015.

116 Texte aus kirchlichen, ökumenischen und akademisch theologischen Quellen sind zusammengestellt, in: Ulrich Dehn / Ulrike Caspar-Seeger / Freya Bernstorff (Hg.): Handbuch Theologie der Religionen. Texte zur religiösen Vielfalt und zum interreligiösen Dialog, Freiburg i. Br./Basel/Wien 2017.

117 Siehe dazu S. 59.

118 www.theology.de/religionen/oekumene/christlichislamischerdialog/glaubeundvernunftimchristentumundimislam.php (20.05.2018).

119 So arbeitet beispielsweise Misereor im Norden Burkina Fasos mit «Union Fraternelle des Croyants de Dori» zusammen, einer interreligiösen Organisation, die der mehrheitlich muslimischen Bevölkerung Zugang zu sauberem Trinkwasser geben will.

- Auf der Makroebene operiert beispielsweise der «European Council of Religious Leaders» (ECRL)[120] und der «World Council of Religious Leaders» (WCRL)[121], der die Arbeit der UNO unterstützt.
- Die Beziehungsgestaltung zur religiösen Pluralität insgesamt fällt nicht mehr in den Bereich der *inter*religiösen, sondern der *sozio*religiösen Beziehungen. Als Beispiel sei hier die Mitwirkung der Religionsgemeinschaften an der Weiterentwicklung des Kirchen- zum Religionsrecht genannt.

Zum zuletzt genannten Beispiel: In religionspluralen Gesellschaften muss die rechtliche Anerkennung von Religionsgemeinschaften neu verhandelt werden. Die Forderung nach Gleichberechtigung etwa islamischer Verbände mit den Kirchen steht im Raum. Die Zuerkennung des Status als Körperschaft des öffentlichen Rechts hat unmittelbare Auswirkungen auf bestimmte Handlungsfelder wie den schulischen Religionsunterricht oder die Seelsorge. So hat beispielsweise die Stadt Hamburg im November 2012 einen Vertrag mit dem DITIB-Landesverband Hamburg, SCHURA (Rat der Islamischen Gemeinschaften in Hamburg) und dem Verband der Islamischen Kulturzentren geschlossen, in dem die rechtlichen Beziehungen der Vertragspartner miteinander geregelt werden.[122] Die Kirchen, die auch im «Interreligiösen Forum Hamburg» mitarbeiten, haben diese Vereinbarung unterstützt.

2.2.2.3. Medien interreligiöser Beziehungsgestaltungen

Beziehungen werden über Kommunikationsmedien hergestellt und gestaltet. Im Blick auf interreligiöse Beziehungen stand die verbale und literarische Kommunikation lange Zeit im Vordergrund. Die Dialogprojekte und -programme, die von kirchlichen Organisationen auf den verschiedenen Hierarchiestufen – von der einzelnen Kirchengemeinde über Dekanate, Landeskirchen, nationale Kirchenverbände und internationale Kirchenbünde – lanciert wurden, hatten zumeist den Charakter von interreligiösen Gesprächen.

---

[120] http://ecrl.eu/ (20.05.2018).

[121] www.millenniumpeacesummit.org/ (20.05.2018).

[122] www.hamburg.de/contentblob/3551370/data/download-muslim-verbaende.pdf (20.05.2018).

Besonders in der interreligiösen Basisarbeit erwies sich die Fokussierung auf das Gespräch aber als zu eng. Andere Formen der interreligiösen Begegnung und andere Medien der Beziehungspflege gewannen an Bedeutung: die Teilnahme an religiösen und geselligen Veranstaltungen einer anderen Religionsgemeinschaft, gemeinsame Feiern, Besuche heiliger Stätten. Ästhetische Medien – Malerei, bildende Kunst, Musik – schienen geeigneter zu sein, um tiefere Ebenen der Verständigung zu erreichen, als es der verbale Austausch vermochte. Die verschiedenen *turns* in den Kulturwissenschaften wie der *iconic turn*, der *auditive turn* und der *aesthetic turn* lenkten die Aufmerksamkeit von Medium der verbalen Kommunikation ab.

Ein Beispiel für einen Gegenakzent gegen die Wortlastigkeit vieler interkultureller und interreligiöser Begegnungen sind interreligiöse Musikfestivals wie «Musica Sacra International», das seit seiner Gründung im Jahr 1992 alle zwei Jahre über Pfingsten im bayrischen Marktoberdorf stattfindet. Anders als beim «West-Eastern Divan Orchestra» (s. u.) besteht der Primärzweck hier eindeutig in der interreligiösen Verständigung. Die Musik ist das Medium dazu. Während der fünftägigen Veranstaltung, die in geistlichen (Kirchen, Klöster, Moscheen) und weltlichen (Bayerische Musikakademie u. a.) Räumen sowie auf einer Open-Air-Bühne stattfindet, führen Vokalensembles aus verschiedenen Kulturen und Religionen sakrale Musik aus ihrer Tradition auf. In jedem der öffentlichen Konzerte treten zwei verschiedene Gruppen auf. Einige beteiligen sich auch an den Pfingstgottesdiensten in Marktoberdorf und anderen Städten im Allgäu. 2014 hatte der Generalsekretär des ÖRK, Olav Fykse Tveit die Schirmherrschaft des Festivals übernommen, 2016 folgte Norbert Lammert, der damalige Präsident des Deutschen Bundestages, und 2018 Marion Kiechle, die bayrische Ministerin für Wissenschaft und Kunst.[123]

Beim Einsatz ästhetischer Medien und Formen ästhetischer Performanz kann man allerdings fragen, ob und inwieweit sie dem Zweck der interreligiösen Verständigung wirklich dienen oder ob sie – zumindest für die Rezipienten – einen bloßen Kunstgenuss bieten. Für die beteiligten Sängerinnen und Sänger kommt es sicher zu interessanten Begegnungen mit Menschen aus anderen Religionen und Kulturen. Aber diese bleiben

---

[123] Verena Grüter: Klang – Raum – Religion. Ästhetische Dimensionen interreligiöser Begegnung am Beispiel des Festivals Musica Sacra International, Zürich 2017.

zumeist episodisch. Und ob beim Publikum eine Öffnung für andere religiöse Traditionen stattfindet und es zu einem tieferen interreligiösen Verstehen und zu einem Verständnis füreinander kommt, oder ob es bei der folkloristischen Unterhaltung bleibt, lässt sich schwer ausmachen.

Die entscheidende Frage im Hintergrund ist die, ob Musik als solche in sich das Potenzial hat, völkerverständigend und kulturell-brückenbauend zu wirken und auch über alle Sprachgrenzen hinweg interpersonale Gemeinschaft zu erzeugen. Kann sie die kognitive und emotionale Wahrnehmung des kulturell und religiös Anderen beeinflussen? Oder ist die Musik eher ein äußerer Anlass, der verständigungswillige Menschen zusammenbringt? Ist spezifisch *religiöse* Musik eher geeignet, interreligiöse Verständigung zu bewirken als nicht religiöse Musik? Oder ist es im Sinne der Beziehungsförderung eher geboten, auf religiöse Musik zu verzichten, weil sie Ausdruck der verschiedenen religiösen Identitäten ist, und stattdessen das Verbindende in weltlicher Musik zu suchen – zumindest in Aufführungsformen, in denen nicht Orchester und Chöre aus verschiedenen Religionsgemeinschaften auftreten, sondern sich *ein* Chor oder Orchester auf *ein* Programm einigen muss (wie es beim West-Eastern Divan Orchestra der Fall ist)? An solche praktischen Fragen schließen sich Grundsatzfragen an, wie etwa: Wie lässt sich Musik als *religiös* qualifizieren? Was macht Musik zu religiöser Musik und eine Erfahrung zu einer religiösen Erfahrung? Was sind überhaupt ästhetische Erfahrungen? Was bedeutet «Verstehen» und «Verständigung» in diesem Zusammenhang?[124]

Als Ole Baekhoj, der als Intendant des Pierre-Boulez-Saals an der Barenboim-Said-Akademie in Berlin arbeitet, nach dem Zweck der Akademie gefragt wurde, antwortete er: «Wir machen Musik für das denkende Ohr.»[125] In den Konzerten soll auch die geistige Auseinandersetzung angeregt werden. Aber kann das Hören von Musik und das eigene Musizieren wirklich das Denken verändern? Ich habe Zweifel daran.

Wichtig ist in diesem Zusammenhang auch die raumtheoretische Reflexion. Der Raum ist ein wichtiger Teil des Musikerlebens. Eine Aufführung in einem Sakralraum wirkt anders als die gleiche Aufführung in

---

124 Siehe dazu: Reinhold Bernhardt / Verena Grüter (Hg.): Musik in interreligiösen Begegnungen (BThR 14), Zürich 2019.

125 Georg Rudiger: Für das denkende Ohr. Orient und Okzident machen gemeinsam Musik: Zu Besuch bei der Barenboim-Said-Akademie in Berlin, in: Badische Zeitung, 31.08.2017.

einem Konzertsaal oder auf einer offenen Bühne auf dem Marktplatz einer Stadt.

Neben der Musik gehören auch Bilder, Filme und Symbolhandlungen zu den nonverbalen, ästhetischen Medien interreligiöser Beziehungsgestaltung. Diese konnten und können aber nicht nur eingesetzt werden, um interreligiöses Verständnis zu wecken und zu fördern, sondern auch im Sinne einer zuweilen polemischen Kritik und Verhöhnung anderer Religionen. Auch das ist eine Form interreligiöser Beziehungsgestaltung.

Ein Beispiel: Der Dom von Bologna – die Basilika San Petronio – steht unter Polizeischutz. Sicherheitskräfte kontrollieren den Eingang. Grund dafür ist ein Fresko aus dem Jahre 1410 in einer Seitenkapelle, das Mohammed in der Hölle zeigt. Der Maler, Giovanni da Modena, hatte sich von Dantes «Göttlicher Komödie» dazu inspirieren lassen. Im 28. Gesang wird beschrieben, wie Mohammed zusammen mit seinem Schwiegersohn Ali im neunten Graben des achten Höllenkreises für die von ihm verursachte Glaubensspaltung büßen muss. Ein Dämon schlitzt die Leiber der beiden auf. 2001 forderte die Muslimische Union Italiens Papst Johannes Paul II. und Kardinal Giacomo Biffi auf, das Fresko zu entfernen. Vermutlich in der Folge der dadurch auf das Fresko gelenkten Aufmerksamkeit versuchte 2002 eine Terrorzelle von Al-Qaida den Dom zu sprengen. Dieser und ein weiterer Anschlag im Jahre 2006 wurden vereitelt.

Immer wieder werden bildhafte Medien und Inszenierungen in religionskritischen und -verhöhenden Darstellungen eingesetzt, denn sie erzielen beim Rezipienten eine stärkere Wirkung als Texte. Zahlreiche Beispiele aus der jüngeren Vergangenheit ließen sich aufzählen. Viele fallen allerdings nicht in die Kategorie der *interreligiösen* Beziehungen, sondern in die der säkularen Religionskritik, wie etwa die von der dänischen Zeitung «Jyllands-Posten» Ende 2005 publizierten Mohammed-Karikaturen, die unter Muslimen weltweit Proteste auslösten.

Ein Beispiel für eine hochgradig polemische interreligiöse Auseinandersetzung im Medium einer symbolischen Handlung war die Koranverbrennung durch den evangelikalen Pfarrer Terry Jones in Florida. Jones leitete das «Dove World Outreach Center» in Gainesville, eine fundamentalistische freikirchliche Gemeinschaft mit ca. 50 Anhängern. Für den 11. September 2010 hatte er den «International Burn a Koran Day» ausgerufen. In Gainesville und anderen Orten auf der Welt sollten Koranausgaben verbrannt werden. Aufgrund vielfacher Proteste von christlicher, islamischer und zivilgesellschaftlicher Seite und auch aufgrund politischer

Interventionen (aus Sorge um die Sicherheit US-amerikanischer Soldaten in Afghanistan) sagte er die Aktion ab. Ein halbes Jahr später – am 21. März 2011 – wurde die Verbrennung dann allerdings doch durchgeführt. Nach einem Scheinprozess gegen den Koran im Kirchengebäude der Gemeinschaft wurden Exemplare des Koran verbrannt.

Als Medium zur Verbreitung der unterschiedlichen Kommunikationsmedien (Wortbeiträge, Bilder, Musik in Audiodateien, Videoclips von Symbolhandlungen) kommt dem Internet eine hohe Bedeutung zu. Es ist gewissermaßen ein Meta-Medium, das diese anderen Medien transportiert und neue Formen der Kommunikation ermöglicht, etwa die Simultankommunikation über große Distanzen hinweg, wie sie die Messenger-Dienste erlauben. Ein zunehmend größerer Teil der interreligiösen Kommunikation vollzieht sich mittlerweile nicht mehr in persönlichen Begegnungen – sei es im Modus des Gesprächs oder durch Vermittlung über ästhetische Medien –, sondern in einem unpersönlichen digitalen Raum. Vor allem die apologetischen und polemischen Interaktionen spielen sich in der Halbanonymität des Internet ab. Islamkritische Webseiten[126] sind zu wichtigen Quellen für interreligiöse Meinungsbildungen geworden. In Diskussionsforen werden ungefilterte und ungeprüfte «Nachrichten» ausgetauscht und feindselige Kommentare abgegeben.

Diese Entwicklungen haben bisher in der Forschung noch nicht die ihnen gebührende Beachtung gefunden. Es existieren kaum Untersuchungen, die diese Kommunikationsprozesse analysieren.

2.2.2.4. Agenden interreligiöser Beziehungsgestaltungen

Ich differenziere zwischen fünf Agenden, die in der Gestaltung interreligiöser Beziehungen leitend sein können. Es sind dies (a) die auf Gestaltung interreligiöser Koexistenz zielende (politische) Agenda; (b) die auf Kooperation zielende Agenda; (c) die auf Verstehen und Beziehungsverbesserung zielenden Agenda; (d) die auf spirituelle Erfahrung und religiöse Lebensdeutung zielende Agenda; (e) die auf theologische Erkenntnis zielende Agenda.

Dieses Schema ist verwandt mit der Unterscheidung zwischen den vier Formen des interreligiösen Dialogs, die in den vatikanischen Erklärungen

[126] Wie etwa «politically incorrect» (www.pi-news.net/category/islam/ [19.12.2018]).

«Dialog und Mission»[127] und «Dialog und Verkündigung»[128] benannt sind: «Dialog des Lebens», «Dialog des Handelns», «Dialog des theologischen Austauschs» und «Dialog der religiösen Erfahrung». Ich weiche davon ab, weil die Verwendung des Dialogbegriffs in den vier genannten Genitivverbindungen unscharf ist. In Bezug auf den theologischen Austausch wird er in einem wörtlichen Sinn gebraucht, in Bezug auf «Leben», «Handeln» und «religiöse Erfahrung» dagegen in einem metaphorischen Sinn. Beim theologischen Austausch meint er eine verbale Kommunikation, im gemeinsamen Handeln eine Aktion, auf der Ebene der Erfahrung eine Rezeption und beim Dialog des Lebens eine bestimmte Form der aktiven Koexistenz. Im Grunde ist der Begriff in allen vier Genitivverbindungen redundant und könnte ersatzlos gestrichen werden. Man könnte ebenso vom interreligiösen Gespräch, vom gemeinsamen Handeln, von geteilter Spiritualität und vom Zusammenleben in multireligiösen Gesellschaften sprechen. Die vier Genitive weisen zudem in verschiedene Richtungen: Während «Dialog des Lebens» ein Feld (den Lebensraum) und das, was sich darin ereignet (eine Form des interreligiösen Zusammenlebens), bezeichnet, verweist «Dialog des theologischen Austauschs» auf ein sehr spezifisches Kommunikationsereignis. Während «Dialog der Erfahrung» auf Spiritualität zielt, bezieht sich «Dialog des Handelns» auf den tätigen Weltbezug.

Statt von «Dialog» müsste man eher von dialogischer Beziehungsgestaltung sprechen. In diesem adjektivischen Gebrauch verweist der Dialogbegriff auf eine bestimmte Art der Beziehungsgestaltung. Er bringt ein bestimmtes Beziehungsethos bzw. eine normative Beziehungsqualität zum Ausdruck: eine Beziehungsgestaltung in gegenseitiger Offenheit, Wertschätzung und Anerkennung. Der Begriff ist also nicht nur deskriptiv, sondern «Wert-voll». In dieser Bedeutung werde ich ihn in Kapitel 4.1.4. entfalten.

Die Unterscheidung von fünf Agenden, die in interreligiösen Beziehungsgestaltungen leitend sein können, scheint mir demgegenüber konkreter und präziser zu sein. «Agenda» meint dabei nicht primär ein Aktionsprogramm. Der Begriff leitet sich von lat. *agere* ab: «in Bewegung setzen». Eine Agenda umfasst die Motivation, die Fokussierung der Aufmerksamkeit, die Ausrichtung des (kommunikativen) Handelns und die

[127] Siehe Anm. 106.
[128] Siehe Anm. 107.

Erwartung von Zustandsveränderungen als Folge des Handelns und der Reaktion anderer darauf. Eine Agenda ist von einem Interesse geleitet und wird in sozialen Feldern verfolgt, die durch (subtile oder offene) Machtkonstellationen geprägt sind. Das gilt mehr oder weniger auch für die spirituelle Agenda.

Bei der Beschreibung dieser fünf Agenden für eine *konstruktiv-dialogische* Beziehungsgestaltung zwischen den Religionsgemeinschaften und ihren Anhängern darf nicht vergessen werden, dass es auch Agenden für eine apologetische, polemische und aggressive Beziehungsgestaltung gibt. Viele der interreligiösen Kontakte folgen solchen Agenden. Es ist eine wichtige Aufgabe, deren Motivationen und Ausprägungen, ihre geschichtlichen Hintergründe und ihre Einbindungen in politische und ökonomische Zusammenhänge weiter zu erforschen.

In die Beschreibung der fünf Agenden beziehe ich eine Reihe von Beispielen mit ein. Diese Beispiele stammen aus sehr verschiedenen Bereichen und sind auf verschiedenen Ebenen der oben so genannten «vertikalen» Dimension angesiedelt: von alltäglichen Begegnungsinitiativen auf der Grassroots-Ebene bis hin zu religionsdiplomatischen Kontakten zwischen Führungspersonen der Religionsgemeinschaften. Damit soll die ganze Bandbreite dessen abgebildet werden, was Interreligiosität in der Praxis bedeutet.

(a) Die auf Gestaltung interreligiöser Koexistenz zielende (politische) Agenda

Gesprächskreise und Handlungsinitiativen (Programme, Projekte usw.), deren Ziel es ist, das Zusammenleben von Anhängern verschiedener Religionstraditionen und -gemeinschaften in multireligiösen Gesellschaften möglichst konstruktiv zu gestalten, folgen einer (im weiten Sinne des Wortes) politischen Agenda. Die Dimension des Religiösen kommt dabei – um mit dem Konzept der «Themenzentrierten Interaktion» zu sprechen – nicht primär über das «Thema» (d. h. über den *Inhalt* der Interaktion) ins Spiel. Es geht nicht um spezifisch religiöse Themen – im Sinne von Glaubensinhalten und -formen –, sondern um Fragen der Alltagsbewältigung im Gemeinwesen. Dazu gehört insbesondere die Bearbeitung von bestehenden Konflikten sowie die Konfliktprävention. Die Dimension des Religiösen kommt über die Zugehörigkeit der Interaktionspartner zu verschiedenen Religionsgemeinschaften und -traditionen ins Spiel. Angehörige verschiedener Religionen verständigen sich über ihre je eigenen

Interessen, tragen Konflikte aus und suchen nach Strategien, ihre gemeinsamen Ziele in der Gesellschaft und gegenüber den politischen Autoritäten zu verfolgen.

Die auf Gestaltung der Koexistenz zielende Agenda kann – im Sinne der oben genannten vertikalen Stufung – auf unterschiedlichen Ebenen zum Tragen kommen: von der kommunalpolitischen über die regional- und nationalpolitische bis hin zur Ebene der internationalen Politik. Oft geht die Initiative dazu von politischen Verantwortungsträgern aus und zielt auf eine bessere Integration der Religionsgemeinschaften in die Politikgestaltung der Kommune oder Gesellschaft, auf Konfliktlösungen in den inter- oder sozioreligiösen Beziehungen und zuweilen auch auf die Ausschöpfung religiöser Ressourcen bei der Bearbeitung gesellschaftlicher Problemlagen oder bei der Bewältigung von Katastrophenereignissen.

Ich führe zunächst Beispiele an, die auf der kommunal- und regionalpolitischen Ebene angesiedelt sind:

Der «Birmingham Council oft Faiths» ist im November 1974 aus soziopolitischen Aktivitäten entstanden, die zum Ziel hatten, gerechte Lebensverhältnisse besonders in den Quartieren Birminghams zu schaffen, in denen viele Migrantinnen und Migranten lebten. Mittlerweile gehören neun religiöse Gruppierungen dem Rat an: Angehörige des Christentums, des Hinduismus, des Islam, des Judentums, der Sikhs, der Buddhisten, der Bahá'í, der Zoroastrier und des Jainismus. Weitere Religionsgemeinschaften sind affiliiert. Der Rat will das gegenseitige Verständnis unter diesen Gruppen fördern und mit der Stadtverwaltung bei der Lösung sozialer Probleme zusammenarbeiten. Die Stadtverwaltung unterstützt die Aktivitäten des Rates nicht mit finanziellen Zuwendungen, sondern mit flankierenden Maßnahmen, etwa der Einberufung von «Faith Round Tables». Der Bürgermeister der Stadt fungiert als Ehrenpräsident des Rates und wertet ihn damit auf. Auf diese Weise finden die Religionsgemeinschaften mit ihren Anliegen Gehör und partizipieren an den Prozessen der Stadtentwicklung.[129]

Auch in zahlreichen anderen Großstädten in Europa und weltweit gibt es mittlerweile «Räte» bzw. «Runde Tische» der Religionen. In der Schweiz, wo die Religionsangelegenheiten kantonal geregelt sind, wurden in einzelnen Kantonen solche Gremien eingerichtet, wie etwa der 2007 eingesetzte «Runde Tisch der Religionen beider Basel» (d. h. der beiden

129 https://bhamfaiths.org.uk/ (15.04.2018).

Kantone Basel-Stadt und Basel-Landschaft). Die Integrationsfachstellen der beiden Kantonalverwaltungen bilden die Trägerschaft. Es werden dort aktuelle Fragen und Problemstellungen aus Verwaltung und Politik sowie Anliegen der Religionsgemeinschaften und der Bevölkerung diskutiert mit dem Ziel, Lösungen für diese Fragen und Anliegen zu finden. 17 verschiedene religiöse Institutionen und Dachverbände wirken dabei mit. Einer der Schwerpunkte liegt im Themenbereich von Schule und Religion.[130]

Ein weiteres Schweizer Beispiel für politisch initiierte interreligiöse Beziehungsarbeit ist der Prozess, der im Jahr 2005 zur «St. Galler Erklärung für das Zusammenleben der Religionen und den interreligiösen Dialog»[131] geführt hat und der dann von ihr ausging. Die Erklärung wurde von der «Spurgruppe religiöse Identität» erarbeitet und von staatlichen wie religiösen Vertretern unterzeichnet. Darin verpflichten sich die Religionsgemeinschaften zur Anerkennung der religiösen Vielfalt auf der Grundlage der Menschenrechte. Die Erklärung enthält eine Absage an jede Form von religiösem Radikalismus und Fundamentalismus und eine Verpflichtung zum interreligiösen Gespräch und Zusammenleben. Sie war auch an die Politik adressiert. Man wollte damit zeigen, dass sich die Religionsgemeinschaften auf «zentrale Werte der pluralistischen Gesellschaft wie Anerkennung des Anderen, Toleranz, Respekt und Wertschätzung»[132] verpflichten. Um diesen Verständigungsprozess voranzubringen, wurden viele Veranstaltungen organisiert. Die meisten fanden im Rahmen der «Interreligiösen Dialog- und Aktionswoche» (IDA) statt, die jedes Jahr durchgeführt wird.

Im Juli 2013 fand eine große internationale Konferenz in Graz statt, die von der Stadtverwaltung organisiert worden war. Das Ziel war, die Beziehung zwischen den verschiedenen Religionsgemeinschaften in Graz, in

---

[130] www.entwicklung.bs.ch/integration/religion-gesellschaft/runder-tisch-religionen-basel.html (02.05.2018).

[131] http://ida-sg.ch/stgaller-erklaerung/uebersicht-st-galler-erklaerung/ (15.04.2018).

[132] Ralph Hug: Ein Prozess, der Zeit braucht. Wie wird die St. Galler Erklärung umgesetzt?, in: Von den Verpflichtungen des interreligiösen Dialogs. Die St. Galler Erklärung für das Zusammenleben der Religionen und den interreligiösen Dialog, St. Gallen 2008, 100. Siehe dazu: Miriam Schneider: Religious Communities and Interreligious Dialogue. Two Guidelines for Living Together in Multi-Religious Societies, in: Studies of Interreligious Dialogue 27, 2017/2, 122–125.

Österreich und in ganz Europa zu verbessern. Ca. 150 Vertreter verschiedener Religionsgemeinschaften und akademische Experten aus religionsbezogenen Disziplinen trafen sich auf dieser Plattform, um über ihre Beziehung zueinander, zur Zivilgesellschaft und zu staatlichen Institutionen, Strukturen und Prozessen zu sprechen. Die Veranstaltungen fanden nicht in einem abgeschiedenen Tagungshaus statt, sondern mitten in der Stadt: im Rathaus, im Konferenzzentrum und in (Sakral-)Räumen der Religionsgemeinschaften. Aus dieser Veranstaltung ging die Grazer Erklärung «Com Unity Spirit»[133] hervor, die mittlerweile auch von anderen europäischen Städten übernommen worden ist.[134]

Die konstruktive Gestaltung des interreligiösen Zusammenlebens ist besonders dann wichtig, wenn es zu ethnischen, sozialen, ökonomischen, politischen und/oder religiösen Spannungen kommt. In solchen Fällen kann die interreligiöse Beziehungsarbeit zu einer wichtigen Ressource des *peacemaking*, *peacebuilding* und *peacekeeping* werden.[135]

Als eines von vielen Beispielen, die auf der nationalen Ebene angesiedelt sind, lässt sich das «Inter Faith Mediation Committee» (IFMC) in Liberia anführen, das 1989 als eine Arbeitsgemeinschaft zwischen dem «Liberian Christian Council» und dem «National Muslim Council of Liberia» gegründet und 1995 als «Inter-Religious Council of Liberia» (IRCL) weitergeführt wurde. In der Zeit einer jahrelangen politischen Instabilität nach dem Militärputsch im Jahre 1980 lancierte das Bündnis zahlreiche Friedensinitiativen. Einige richteten sich an die politischen Führer, andere führten Christen und Muslime an der gesellschaftlichen «Basis» zusam-

---

[133] http://comunityspirit.com/grazer-erklarung/ (15.04.2018).

[134] So etwa von Leipzig: https://www.leipzig.de/jugend-familie-und-soziales/auslaender-und-migranten/migration-und-integration/interkulturelles-leipzig/interreligioeser-dialog/ (15.04.2018).

[135] Siehe dazu u. a.: Atalia Omer / R. Scott Appleby / David Little (Hg.): The Oxford Handbook of Religion, Conflict, and Peacebuilding, Oxford 2015; Douglas Irvin-Erickson / Peter C. Phan: Violence, Religion, Peacemaking, New York 2016; Pauline Kollontai / Sue Yore / Sebastian Kim (Hg.): The Role of Religion in Peacebuilding. Crossing the Boundaries of Prejudice and Distrust, London/Philadelphia (PA) 2018; Mariano Delgado / Adrian Holderegger / Guido Vergauwen (Hg.): Friedensfähigkeit und Friedensvisionen in Religionen und Kulturen, Stuttgart 2012; Reinhold Bernhardt / Hansjörg Schmid (Hg.): Konflikttransformation als Konzept der Friedensethik (Arbeitstitel), Zürich 2019.

men. Diese Initiativen leisteten einen wichtigen Beitrag zur Konflikttransformation in den 1990er Jahren, bevor dann 1997 Wahlen stattfanden. Das IFMC trat der Deutung entgegen, dass es sich um einen religiösen Konflikt handelte und beharrte darauf, dass diese Auseinandersetzung mit den ethischen Imperativen von Christentum und Islam nicht vereinbar sei.[136]

Zunehmend setzt sich bei politisch Verantwortlichen auf lokaler, regionaler, nationaler und internationaler Ebene die Einsicht durch, dass Konfliktlösungen und Konfliktprävention nicht ohne die Beteiligung der Religionsgemeinschaften erreicht werden können. So hatte das Außenministerium der USA unter Präsident Obama ein «Office of Religion and Global Affairs» eingerichtet. Es verfolgt folgende Ziele: «advising State Department leadership on policy matters as they relate to religion», «supporting Posts and Bureaus in assessing religious dynamics and engaging religious actors», «serving as a first point of entry for those seeking to engage the State Department on matters of religion and global affairs.»[137]

Ebenfalls auf der Ebene der internationalen Politik angesiedelt sind die friedenspolitischen Initiativen und Projekte, die in der Schweiz vom Arbeitsbereich «Religion, Politik, Konflikte» im «Eidgenössischen Departement für auswärtige Angelegenheiten» (EDA) unter Einbezug religiöser Führungspersonen durchgeführt werden. Derzeit laufen solche Projekte in Thailand, Tschad und Marokko.[138]

Um die Friedensverantwortung von Religionen in der deutschen Außenpolitik zu verankern, wurde 2016 im Auswärtigen Amt der Bundesrepublik Deutschland ein Arbeitsstab «Friedensverantwortung der Religionen» eingesetzt. Er soll die Zusammenarbeit mit den Religionsgemeinschaften als strategischen Partnern für die Friedensarbeit intensivieren. Ziel ist der Aufbau eines globalen Netzwerkes von Religionsvertreterinnen und -vertretern, die sich in ihren Ländern und Gemeinschaften für

---

[136] Weitere Informationen: https://www.insightonconflict.org/conflicts/liberia/peacebuilding-organisations/inter-religious-council-of-liberia/(02.05.2018); Mohammed O. Maundi u. a.: Getting in. Mediator's Entry into the Settlement of African Conflicts, Washington D.C. 2006, 103–122.

[137] https://www.state.gov/s/rga/ (02.05.2018).

[138] https://www.eda.admin.ch/eda/de/home/aussenpolitik/menschenrechte-menschliche-sicherheit/frieden/religion-und-konflikte.html (02.05.2018). Siehe auch: Politorbis (Zeitschrift zur Aussenpolitik) 52, 2011/2: Religion in Conflict Transformation.

Frieden einsetzen.[139] Im Mai 2017 lud das Auswärtige Amt zur ersten Konferenz «Friedensverantwortung der Religionen» ein. Mehr als 100 Angehörige verschiedener Glaubensrichtungen aus 50 Ländern nahmen daran teil. Im Juni 2018 fand ein zweites Treffen statt. Während 2017 Religionsvertreter aus Nord- und Westafrika, dem Nahen und Mittleren Osten sowie aus Europa eingeladen waren, richtete sich 2018 der Blick auf Asien.

Das deutsche Bundesministerium für wirtschaftliche Zusammenarbeit und Entwicklung (BMZ) hat 2016 ein Strategiepapier herausgegeben mit dem Titel «Religionen als Partner in der Entwicklungszusammenarbeit». Darin heißt es: «Zu lange wurde der Einfluss von Religion auf die internationale Zusammenarbeit vernachlässigt. Eine wertebasierte Entwicklungspolitik nimmt den Beitrag der Religionen ernst. In Zukunft werden wir daher das positive Potenzial von Religion für nachhaltige Entwicklung und Frieden stärker einbeziehen. Und da, wo Religion Teil des Problems ist, muss sie auch Teil der Lösung werden.»[140]

Im österreichischen «Bundesministerium für Europa, Integration und Äußeres» (BMEIA) wurde 2007 eine Task Force «Dialog der Kulturen und Religionen» eingerichtet. Sie fördert Dialoginitiativen, die dem interkulturellen Verständnis dienen, zur Annäherung zwischen unterschiedlichen Kulturen und Religionen beitragen, interkulturelle Kompetenzen stärken und marginalisierte Gruppen einbinden.[141]

Bereits seit vielen Jahren arbeitet das Außenministerium Finnlands mit Religionsgemeinschaften zusammen, zum Beispiel durch das 2013 gegründete «Network for Religious and Traditional Peacemakers».[142]

Am 27. März 2015 fand eine von der UNO organisierte Konsultation zum Thema «The Relevance of Interreligious and Inter-Civilizational Dialogue to the Post-2015 Sustainable Development Goals» am Sitz der UN in New York City statt. Nassir Abdulaziz Al-Nasser, der die 66. UN-

---

139 https://www.auswaertiges-amt.de/de/aussenpolitik/themen/kulturdialog/-/212814 (02.05.2018).

140 https://www.bmz.de/de/mediathek/publikationen/reihen/infobroschueren_flyer/infobroschueren/Materialie275_religionen_als_partner.pdf (20.05.2018), S. 4. Siehe auch: BMZ: Partner für den Wandel. Religionen und nachhaltige Entwicklung, Bonn 2016.

141 https://www.bmeia.gv.at/europa-aussenpolitik/auslandskultur/dialog-der-kulturen-und-religionen/task-force-dialog-der-kulturen/ (02.05.2018).

142 https://www.peacemakersnetwork.org/about-us/ (30.05.2018).

Generalversammlung präsidierte und seit 2012 als Hochkommissar für die «Alliance of Civilizations» fungiert, sagte in diesem Rahmen: «Both Universal Peace Federation and the UN Alliance of Civilizations share the belief that the promotion of intercultural and interfaith dialogue is the path for people and nations to live in peace and security.»[143]

In den genannten Fällen gehen die friedensfördernden Initiativen von Regierungen aus. Adressaten sind politische Akteure. Da in vielen Konflikten Religionsgemeinschaften bzw. deren Anführer eine wichtige Rolle spielen, sei es als unmittelbar am Konflikt Beteiligte oder als Außenstehende, die Einfluss auf die Konfliktparteien nehmen können, werden sie in die Initiative miteinbezogen. Die Maßnahmen zur Friedensförderung haben Projektcharakter und sind zumeist mit dem Aufbau von Netzwerken verbunden. Durch die Verbesserung der interreligiösen Beziehungen soll der Konflikt entschärft und nach Möglichkeit nachhaltig befriedet werden. Die Maßnahmen können der unmittelbaren Konflikteindämmung dienen, aber auch dem Aufbau friedensfördernder und -bewahrender Strukturen auf verschiedenen gesellschaftlichen Handlungsfeldern: im Bildungswesen, im Gesundheitswesen, in der Gründung ökonomischer Kooperativen, in der Einrichtung von Foren zur Partizipation an der Politikgestaltung, im Angebot von Freizeitaktivitäten, die darauf zielen, Angehörige verschiedener Religionen zusammenzuführen usw.

In ähnlicher Weise können auch Nichtregierungsorganisationen (NGOs) und die Religionsgemeinschaften selbst tätig werden. Besonders effektiv sind die Maßnahmen, wenn staatliche, zivilgesellschaftliche und religiöse Akteure und Institutionen zusammenwirken.

In allen genannten Fällen folgen die Initiativen einer politisch-pragmatischen, auf die Ermöglichung der Koexistenz verschiedener Religionsgemeinschaften zielenden Agenda. Die Agenda ist dabei nicht deckungsgleich mit der Motivation. In die politische Agenda können – aufseiten der Teilnehmenden wie aufseiten der Veranstaltenden auch religiöse und ethische Motivationslagen einfließen. Sie zielt geradezu darauf, solche Motivationen zu aktivieren. Religionsvertreter sollten sich aus politischen, ethischen und religiösen Motiven daran beteiligen. Interkulturelle und interreligiöse Verständigung stellt einen humanitären Wert an sich dar. Religiös motivierte Menschen gehen über eine ethische Verankerung ihrer

---

143 https://www.upf.org/united-nations-relations/6379-interreligious-dialogue-and-sustainable-development (30.05.2018).

Motivation hinaus und gründen diese in Glaubensinhalten und Grundeinstellungen, die sich aus den Quellen und Traditionen der Religionen ergeben.

(b) Die auf Kooperation zielende Agenda
Neben interreligiösen Zusammenkünften, die einer politischen, am Zusammenleben im Gemeinwesen orientierten Agenda folgen, gibt es solche, die ein gemeinsames Handlungsziel erreichen wollen, dazu aber auf religionsübergreifende Kooperationen angewiesen sind. Es geht bei dieser Agenda also weniger um die Gestaltung der miteinander bewohnten Lebenswelt («Dialog des Lebens») als eher um ein zweckorientiertes Miteinander-Handeln («Dialog des Handelns»).

Ich unterscheide zwei Fälle im Blick auf die Zielbestimmung der Kooperation:

(1) Es kann sich dabei um ein Ziel handeln, das sich aus der Sozialethik der Religionen (genauer: aus bestimmten Auslegungen dieser Sozialethik) ergibt, etwa um den Einsatz für Frieden, Gerechtigkeit und Bewahrung der Schöpfung, die Verfechtung der Menschenrechte, insbesondere der Rechte von Frauen und marginalisierten Minderheiten, und die Förderung demokratisch-partizipativer politischer Strukturen.

So hat sich die 1961 ins Leben gerufene «World Conference of Religions for Peace» (WCRP) zum Ziel gesetzt, religionsübergreifende Friedensarbeit zu leisten. Das Netzwerk umfasst einen Rat der Religionsführer aus allen Teilen der Welt, mehr als 70 nationale und vier supranationale Gebietskörperschaften. Auch das «Global Women of Faith Network» und das «Global Youth Network» gehören dazu. Die WCRP stellt sich auf ihrer Homepage als «the world's largest and most representative multi-religious coalition» vor.[144] Sie ist als weltweiter Verband mit regionalen Untergruppen organisiert und veranstaltet im Abstand von ca. fünf Jahren Weltkonferenzen. Die erste dieser Konferenzen fand 1970 – zur Zeit des Vietnamkrieges – in Kyoto statt. Die weiteren in Leuven (1974), Princeton (1979), Nairobi (1984), Melbourne (1989), im Vatikan und in Riva del Garda (1994), Amman (1999), Kyoto (2006) und Wien (2013). Vergleichbar dem Zweig «Life and Work» der Ökumenischen Bewegung geht es dabei nicht um die Inhalte religiöser

---

[144] https://rfp.org/ (10.05.2018).

Lehren, sondern um die Möglichkeit der praktischen Zusammenarbeit in der Friedensförderung.

Ebenso werden aus den einzelnen Religionsgemeinschaften Stimmen laut, die sich für interreligiöse Kooperation einsetzen. Einen stark beachteten Aufruf dazu haben etwa die Verfasser von «Dabru emet», der «jüdischen Stellungnahme zu Christen und Christentum»[145], am Ende dieses Dokuments ergehen lassen. Dort heißt es: «Juden und Christen müssen sich gemeinsam für Gerechtigkeit und Frieden einsetzen. Juden und Christen erkennen, ein jeder auf seine Weise, die Unerlöstheit der Welt, wie sie sich in andauernder Verfolgung, Armut, menschlicher Entwürdigung und Not manifestiert. Obgleich Gerechtigkeit und Frieden letztlich in Gottes Hand liegen, werden unsere gemeinsamen Anstrengungen zusammen mit denen anderer Glaubensgemeinschaften helfen, das Königreich Gottes, auf das wir hoffen und nach dem wir uns sehnen, herbeizuführen. Getrennt und vereint müssen wir daran arbeiten, unserer Welt Gerechtigkeit und Frieden zu bringen.» Zur biblischen Untermauerung dieser Forderung wird auf Jes 2,2–3 verwiesen.

Auf der lokalen Ebene besteht die Notwendigkeit zur religionsübergreifenden Zusammenarbeit etwa in diakonischen bzw. karitativen Aufgabenfeldern wie der Krankenpflege oder der Flüchtlingsarbeit. Auch die interreligiöse Seelsorge wird immer wichtiger.[146]

Ein Beispiel für religionsübergreifende Kooperation im Bereich der Seelsorge ist der Einsatz von muslimischen Seelsorgern im Bundesasylzentrum in der Stadt Zürich, das dem eidgenössischen Staatssekretariat für Migration (SEM) untersteht. Das seit dem 1. Juli 2016 laufende Pilotprojekt wurde in enger Zusammenarbeit mit den reformierten und römisch-katholischen Kirchen und dem Schweizerischen Israelitischen Gemeindebund (SIG) entwickelt. Es wird von der Vereinigung der Islamischen Organisationen in Zürich (VIOZ) umgesetzt. Zur Aus- und Weiterbildung der muslimischen Seelsorgenden soll ein Lehrgang angeboten werden, der christlichen und muslimischen Seelsorgenden offensteht.

[145] «Dabru emet: A Jewish Statement on Christians and Christianity», am 10. September 2000 in der «New York Times», «Baltimore Sun» und gleichzeitig im Internet veröffentlicht:
www.jcrelations.net/Dabru_Emet__-_Redet_Wahrheit.2419.0.html (10.05.2018).

[146] Helmut Weiß / Karl Federschmidt / Klaus Temme (Hg.): Handbuch Interreligiöse Seelsorge, Göttingen 2010.

Von den vielen Praxishilfen, die für die interreligiöse Seelsorge herausgegeben wurden, greife ich die vom «Rat der Religionen» in Frankfurt unter dem Titel «Seelsorge interreligiös» vorgelegten «Empfehlungen für ehren- und hauptamtliche Angebote in Krankenhäusern und anderen sozialen Einrichtungen» heraus. Sie benennt gemeinsame ethische Standards, beschreibt fachliche Rahmenbedingungen und gibt Richtlinien für die Zulassung von ehrenamtlichen oder hauptamtlichen Seelsorgerinnen und Seelsorgern an die Hand.

Als wichtiges Desiderat erweist sich auch hier – in Frankfurt – die Ausbildung muslimischer Seelsorger. Seelsorge ist kein genuines Anliegen in der islamischen Tradition. Es bedarf der Kooperation mit christlichen Partnern, um Ausbildungsstandards zu erreichen, die den Anforderungen in den genannten Praxisfeldern gerecht werden. So hat beispielsweise das «Zentrum Seelsorge und Beratung» der Evangelischen Landeskirche Hessen-Nassau in Zusammenarbeit mit dem Verein für muslimische Seelsorge, Salam e. V., ein Ausbildungsprogramm lanciert.[147]

Es gibt allerdings auch Formen religionsübergreifender Initiativen und Kooperationen, die nicht nur aus der Sicht einer säkular-liberalen Humanitätsethik problematisch, sondern auch in den Religionsgemeinschaften selbst höchst umstritten sind, etwa der Schulterschluss orthodoxer Bewegungen in den Religionen zur Ächtung der Homosexualität, zur Zurückdrängung gleichgeschlechtlicher Lebensformen oder zur Stabilisierung patriarchalen Sozialstrukturen.

(2) Es kann sich aber auch um Formen der Kooperation handeln, die nicht spezifisch religiös motiviert und konnotiert sind. Das Handlungsziel kann primär ökonomischer, sportlicher, künstlerischer oder anderer Art sein. In der Kooperation zur Erreichung dieses Ziel kommt es dabei – als «Nebenwirkung» gewissermaßen – zum interreligiösen Austausch im Aufbau einer religionsverbindenden Gemeinschaft. Ich gebe verschiedene Beispiele für die drei genannten Kooperationsformen in den Bereichen des Ökonomischen, Sportlichen und Künstlerischen.

Im Mbale-Distrikt in Uganda arbeiten 2000 jüdische, christliche und muslimische Kaffeebauern in einer Kooperative zusammen. Die Koope-

[147] Zu Entwicklung der islamischen Seelsorge siehe: Islamische Seelsorge – Eine systematische Bibliografie: https://www.islam-akademie.de/index.php/bibliografie/89-islamische-seelsorge-eine-systematische-bibliografie (20.05.2018).

ration ist zunächst ökonomisch motiviert: Sie erlaubt den Bauern eine effektivere Nutzung der Ressourcen und vor allem eine bessere Vermarktung ihres Produkts, denn die Verhandlungsposition einer Kooperative gegenüber den Händlern ist wesentlich stärker als die eines einzelnen Kaffeebauern. Mit dem Projekt verbindet sich aber auch die Absicht, das in der Regierungszeit Idi Amins entstandene interreligiöse Konfliktpotential nicht (erneut) zum Ausbruch kommen zu lassen. So kann man von einer Primär- und einer Sekundärzielsetzung sprechen, wobei das Ziel der Friedenserhaltung durch die ökonomisch notwendige und sinnvolle Kooperation erreicht wird. Die Kooperative erwirtschaftet mittlerweile die Mittel, um Grundschulen aller drei Religionsgemeinschaften zu unterhalten. Die Lebensqualität der beteiligten Bauern hat sich deutlich verbessert. Der Kaffee heißt «Mirembe Kawomera» (deutsch: «Köstlicher Friede»).[148]

Ein zweites Beispiel kommt aus dem Bereich des Sports: Das Ziel, das eine Mannschaft zusammenschweißt, ist der sportliche Erfolg. Religion hat dabei zwar für manche der einzelnen Spieler eine Bedeutung, auf die Mannschaft insgesamt und die Ausübung des Sports hat sie aber kaum Einfluss (evtl. bei der Zusammenstellung des Speiseplans der Mannschaft). Um das sportliche Ziel zu erreichen, ist es aber erforderlich, die Gemeinschaft möglichst intensiv zu einem Leib mit vielen Gliedern zu integrieren und dabei spielt dann auch die religiöse Identität der «Glieder» eine Rolle.

Der damals für die deutsche Fußballnationalmannschaft spielende Mesut Özil pilgerte im Mai 2016 – vor der Fußball-Europameisterschaft – als gläubiger Muslim nach Mekka und stellte ein Bild ins Internet, das ihn in Pilgerkleidung vor der Kaaba in Mekka zeigt. Da er bei Facebook 30 Millionen Freunde hat, verbreitete sich das Bild schnell weltweit. Innerhalb von 15 Stunden erhielt es 1,5 Millionen «Likes». Es kam zu einer öffentlichen Diskussion über Muslime in der Nationalmannschaft. Auch andere Spieler gehör(t)en dem Islam an. Es wurde über das Verhältnis der religiösen Identität der Spieler zur nationalen Identität Deutschlands und zur Bedeutung solcher Identitätsfragen für den Sport debattiert. Der Rückzug Özils aus der Nationalmannschaft nach dem schlechten Abschneiden des deutschen Teams bei der Fussball-Weltmeisterschaft 2018 heizte diese Diskussion zusätzlich an, weil sich Özil aufgrund seiner Herkunft und seiner Religionszugehörigkeit diskriminiert fühlte.

---

[148] www.deliciouspeacethemovie.com/ (02.05.2018).

Weil die Fußball-Europameisterschaft 2016 in Frankreich in die Zeit des Ramadan fiel, kam die Frage auf, ob sich die muslimischen Spieler an die Fastengebote halten müssen, was ihre Leistungsfähigkeit stark vermindert hätte. Schon 2010 hatte der Deutsche Fußball-Bund ein Gutachten zu dieser Frage bei der Al-Azhar-Universität in Kairo eingeholt. Es erlaubte den Sportlern, während der Wettbewerbe das Fasten auszusetzen und es durch Ersatzleistungen – etwa Essensspenden an Bedürftige – zu kompensieren oder später nachzuholen. Religiöse Fragen wie diese ließen sich also nicht aus der auf Kooperation zielenden Sportart heraushalten.

Die Integrationsfunktion von Mannschaftssportarten erlaubt es aber umgekehrt auch, diese gezielt für die multireligiöse Integrationsarbeit und für die interreligiöse Verständigung einzusetzen. Dabei verschiebt sich die Priorität zwischen dem Primär- und dem Sekundärziel: Der sportliche Erfolg wird zum sekundären Ziel, während die interreligiöse Verständigung das primäre Ziel bildet.

Die nächsten beiden Beispiele entstammen dem Bereich der Kunst: 1999 gründeten Daniel Barenboim und Edward W. Said in Weimar das «West-Eastern Divan Orchestra». Der Name nimmt Bezug auf Goethes «West-Östlichen Divan», in dem dieser seine Bewunderung für Hāfez, den persischen Dichter aus dem 14. Jahrhundert, wie für die islamische Kultur insgesamt zum Ausdruck brachte. In dem Orchester spielen Musikerinnen und Musiker aus dem Nahen Osten – vor allem aus Israel und Palästina – zusammen. Um sie auszubilden, wurde 2012 in Berlin die «Barenboim-Said Academy» (BSA) gegründet. Die Daniel-Barenboim-Stiftung unterstützt auch Musikprojekte in Israel und Palästina, wie das «Barenboim-Said Music Centre» in Ramallah.[149]

Diese Projekte zielen nicht unmittelbar auf interreligiöse Verständigung. Religion spielt keine oder nur eine marginale Rolle darin. Bei den aufgeführten Musikstücken handelt es sich bewusst nicht um religiöse Werke. Doch sind die Beteiligten durch ihre religiösen Traditionen und Gemeinschaften geprägt und so baut das Projekt auf eine indirekte und diskrete Weise doch auch Brücken zwischen den Religionen, Kulturen und Völkern. Das gilt nicht nur für die Beziehungen zwischen den Musikerinnen und Musikern, sondern vollzieht sich auch durch die öffentlichen

[149] Für weitere Informationen siehe: www.daniel-barenboim-stiftung.org/ (01.01.2017).

Konzerte, die über den gebotenen Kunstgenuss hinaus eine Symbolwirkung haben. Musik kann dabei zum Medium der unausgesprochenen Botschaft werden, dass Verständigung über ethnische, politische, kulturelle und religiöse Gegensätze hinweg möglich ist. Es ist schwer zu sagen, was in diesem Fall das Primär- und was das Sekundärziel ist: das Einüben und die Aufführung von Musikstücken auf höchstem Niveau oder die Verständigungsarbeit. Unterschiedliche Motivlagen greifen ineinander.

Wie alle diese Beispiele zeigen, stellt sich bei der kooperativen Agenda generell die Frage, welche Motive dabei bestimmend sind. Sind es primär ökonomische Interessen, das Streben nach sportlichem Erfolg oder die Darbietung musikalischer Werke? Oder ist es die Beziehungspflege über politische, nationale, ethnische, kulturelle und religiöse Grenzen hinweg? Wie viel Raum sieht diese Agenda vor für die Thematisierung religiöser Identitäten und für die Verständigung zwischen ihnen? Wird das Religiöse vielleicht gerade zurückgedrängt, um Verstehen auf der zwischenmenschlichen Ebene zu erleichtern? Oder wird die Kooperation umgekehrt zum Medium, um die Kooperationspartner zu einem interreligiösen Verstehen hinzuführen?

Im Blick auf die oben genannte «vertikale» Dimension lassen sich die Kooperationsformen verschiedenen Stufen der gesellschaftlichen Hierarchie zuweisen: von der religionsübergreifenden (bzw. religionsunabhängigen) Kooperation in einem lokalen Verein bis hin zur Zusammenarbeit religiöser Führer, um nationale Konflikte zu beruhigen. Als Beispiel für den letztgenannten Fall nenne ich die sporadische Zusammenarbeit zwischen dem Großscheich der Al-Azhar-Universität in Kairo und dem Papst der koptischen Christen in Ägypten mit dem Ziel, interreligiöse Spannungen – etwa nach Anschlägen auf christliche Kirchen – einzudämmen.

(c) Die auf Verstehen und Beziehungsverbesserung zielenden Agenda

Im Gegenüber zur Kooperations-Agenda, bei der die interreligiöse Verständigung als (nichtintentionale oder intentionale) Begleiterscheinung einer nicht spezifisch religiösen Absicht erscheint, steht bei der auf Beziehungsverbesserung zielenden Agenda das *Verstehen* des religiös Anderen und seiner Religion ganz im Zentrum. Die gewählten Begegnungsformen dienen ganz diesem Zweck: Sie sollen die Kenntnis andere Religionstraditionen vertiefen, mit der gelebten und gelehrten Religion des Anderen vertraut machen, gegenseitige Vorurteile und Ängste abbauen und auf diese Weise die interreligiösen Beziehungen verbessern.

Der Begriff des «Verstehens» bedarf dabei der Klärung. Grundlegend ist zu unterscheiden zwischen sachbezogenem «Etwas-Verstehen» und personenbezogenem «Sich-Verstehen». «Sich-Verstehen» meint dabei primär nicht das Sich-selbst-Verstehen, sondern das interpersonale Verstehen zwischen Menschen, also das Sich-miteinander-Verstehen. Es muss sich nicht im Dreieck einer themenzentrierten Interaktion vollziehen, also zwischen zwei Partnern, die sich *über etwas* verständigen. Es vollzieht sich vielmehr in erster Linie in der zweiseitigen (bilateralen) unmittelbaren Beziehung der Partner zueinander. Das Sich-Verstehen geht über das Verstehen *von* etwas und über die Verständigung *über* etwas hinaus und drückt eine bestimmte Beziehungsqualität bzw. -intensität aus (im Sinne einer intellektuellen oder emotionalen Nähe).

Beim Etwas-Verstehen handelt es sich um einen kognitiven Verstehensvorgang im Sinne von: eine Bedeutung erfassen, etwas begreifen bis hin zum Durchschauen, wie etwas funktioniert. Gegenstand des Verstehens ist dabei ein Sinnzusammenhang. «Träger» dieses Sinnzusammenhangs kann ein sprachlicher Ausdruck, ein Ereignis, eine Handlung, ein Kunstwerk usw. sein. Im Kontext der Religion kann es sich bei dem zu verstehenden Gegenstand um Glaubensinhalte, um religiöse und kulturelle Vollzüge, um religiös qualifizierte Objekte usw. handeln.

Das Sich-Verstehen vollzieht sich demgegenüber auf der emotionalen Ebene im Sinne von Sich-Einfühlen, Etwas-Miterleben. Empathie ist dabei erforderlich. Im Kontext der Religion kann es sich bei dem zu verstehenden «Gegenstand» um religiöse Erfahrungen und die Bedeutsamkeit von religiösen Erscheinungsformen für ihre Anhänger handeln. Zur Bewertung des Verstehens eignet sich weniger die Unterscheidung von Richtig und Falsch als eher die Unterscheidung von Oberflächlich und Tief.

Die Verständigung über etwas ist in der Regel das Resultat eines aktiven Bemühens. Sie kann sich aus einem Kommunikationsakt (d. h. in einem Gespräch mit anderen) ergeben, sich aber auch im inneren Selbstgespräch des Subjekts (d. h. im Denken) vollziehen. Das Sich-Verstehen und das Sich-Verständigen (im Sinne der Empfindung von «Verständnis füreinander») wird dagegen als ein sich einstellendes Widerfahrnis erlebt. Das damit verbundene Gewahrwerden einer intellektuellen und/oder emotionalen Nähe lässt sich nur begrenzt herbeiführen. Es muss sich von selbst einstellen. Das gilt für interreligiöse und interkulturelle Begegnungen wie für zwischenmenschliche Begegnungen überhaupt.

Interreligiöses Verstehen wird oft als Suche nach *Gemeinsamkeiten* zwischen den religiösen Traditionen aufgefasst und betrieben. «Verstehen» wird dabei mit dem Sich-Einfinden im Gemeinsamen gleichgesetzt. Der Begriff bekommt hier eine Bedeutung, die über das Verstehen hinausgeht. Er meint: «eine Verständigung erzielen über».[150]

Es gibt verschiedene Möglichkeiten, Gemeinsamkeiten zu benennen:

- Durch Hinweis auf relative Übereinstimmungen in den Glaubensinhalten. So wird beispielsweise in «Nostra aetate», der vatikanischen Erklärung «Über das Verhältnis der Kirche zu den nichtchristlichen Religionen» vom 28. Oktober 1965[151], auf folgende vier Gemeinsamkeiten zwischen dem christlichen und dem islamischen Glauben hingewiesen: (a) Christen und Muslime beten den «alleinigen Gott» an, «den lebendigen und in sich seienden, den barmherzigen und allmächtigen, den Schöpfer Himmels und der Erde».[152] (b) Sie bemühen sich darum, Gottes verborgenen Ratschlüssen zu folgen, wie es Abraham getan hat, auf den sich beide Traditionen berufen. (c) Sie verehren Jesus als Propheten und seine «jungfräuliche» Mutter Maria. (d) Sie erwarten den Tag des Jüngsten Gerichts, woraus sich eine sittliche Lebenshaltung ergibt.
- Durch Hinweis auf gemeinsame Herausforderungen, vor die sich die Religionsgemeinschaften in ihrem jeweiligen sozialen, ökonomischen oder politischen Umfeld (lokal, regional, national oder international)

[150] In diesem Sinne ist auch Samuel Huntingtons «Prinzip der Gemeinsamkeiten» zu verstehen: «Menschen in allen Kulturen sollen nach Werten, Institutionen und Praktiken suchen und jene auszuweiten trachten, die sie mit Menschen anderer Kulturen gemeinsam haben.» (Samuel Huntington: Kampf der Kulturen. Die Neugestaltung der Weltpolitik [siehe Anm. 26], 528).

[151] www.vatican.va/archive/hist_councils/ii_vatican_council/documents/vat-ii_decl_19651028_nostra-aetate_ge.html (03.07.2018). Zum Beleg wird dort auf christliche und muslimische Quellen verwiesen. – Auf diese Konzilserklärung werde ich später noch weiter eingehen, so etwa in Kapitel 5.1.3.

[152] A. a. O., § 3.

gestellt sehen. Es kann dies beispielsweise der Einsatz für Frieden, Gerechtigkeit und Bewahrung der Schöpfung sein.
- Durch Hinweis auf gemeinsame Frontstellungen, die eine Auseinandersetzung oder eine Abwehrreaktion erfordern, wie etwa den Säkularismus oder Atheismus. Es können sich auch Koalitionen bestimmter (etwa konservativer und orthodoxer) Strömungen verschiedener Religionen im Blick auf (bio-)ethische Positionen ergeben, beispielsweise in der Abtreibungsfrage.
- Durch Hinweis auf übergeordnete universelle Normen, wie es etwa Inhalt und Ziel des «Projekts Weltethos» war und ist.[153]

Man kann fragen, ob es sich beim Aufweis von Gemeinsamkeiten eher um einen Erkenntnisakt oder einen Kommunikationsakt handelt. Im ersten Fall ginge es um die ergebnisoffene *Suche* nach und die *Aufdeckung* von real existierenden, aber verborgenen Gemeinsamkeiten. Im zweiten Fall um die *Annahme* und *Mitteilung* von postulierten und zugeschriebenen Gemeinsamkeiten. Im Hintergrund der ersten Option steht ein eher ontisches Religionsverständnis, im Hintergrund des zweiten ein eher diskursives.

Schließt man sich dem diskursiven Ansatz an – wie ich es tue –, dann besteht der Aufweis von Gemeinsamkeiten in einem Kommunikationsakt, der dort zu seinem Ziel und Abschluss kommt, wo sich die daran Beteiligten darauf verständigen, das Gemeinsame bestimmt zu haben. Das kann in einer schnellen und oberflächlichen Weise geschehen oder nach einer langen und tiefen Auseinandersetzung. Die Bestimmung der Gemeinsamkeit wird dabei immer strittig sein. Je mehr die Einbettung der als Gemeinsamkeiten bestimmten Merkmale in die Kontexte ihrer jeweiligen Religionstraditionen in Rechnung gestellt wird, umso mehr wird sich das als gemeinsam Erscheinende jedoch als Verschiedenes zeigen.

Darin liegt eine Gefahr interreligiöser Verständigungsbemühungen, dass im Interesse der Verständigung die Verschiedenheiten unterbestimmt werden. Verständigung und Verstehen treten in Spannung zueinander. Das Interesse an der Verständigung führt dazu, dass das Andere nicht in seiner Andersheit verstanden wird, sondern nach dem Gleichen gesucht wird. Interreligiöses Verstehen zielt aber demgegenüber darauf, das Verschiedene soweit wie möglich in seiner jeweiligen Eigenheit zu verstehen. Dabei zeigt sich, dass es sich bei den vermeintlichen Gemeinsamkeiten

[153] Hans Küng: Projekt Weltethos, München [11]2008.

lediglich um Analogien handelt, d. h. nicht um Gleiches, sondern um Ähnliches, in dem immer auch Momente der Unähnlichkeit enthalten sind.

Das gilt auch für den Aufweis übergeordneter universeller Normen. Die aufgewiesenen vermeintlich universalen Normen werden in den jeweiligen Religionstraditionen unterschiedlich aufgefasst und appliziert. Kann man dann sagen, sie seien gleich? Je abstrakter sie formuliert werden, umso leichter ist eine Übereinstimmung darüber zu erzielen. Und je konkreter sie als regulative Prinzipien in ihren jeweiligen Verwendungszusammenhängen betrachtet werden, umso größer wird die Differenz zwischen ihnen sein. Mit dieser Überlegung soll das Streben nach einer Verständigung auf universellen Normen nicht diskreditiert werden. Es handelt sich dabei um einen diskursiven Prozess, der eher auf der Beziehungs- als auf der Sachebene abläuft. Dabei wird im besten Fall ein sittlicher Minimalkonsens erzielt. Ein solcher Konsens ist eher *Ausdruck* des Wunsches nach interreligiöser Verständigung als *Mittel* zur Erreichung dieses Ziels. Darin liegt seine Bedeutung, aber auch seine Grenze.

Mit der Bestimmung von Gemeinsamkeiten geht dann auch die Notwendigkeit einher, interreligiöse Differenzen, Dissonanzen und Konflikte zu entschärfen. Es gibt verschiedene Strategien, die darauf abzielen, diesen Differenzen den trennenden Charakter zu nehmen: Das Trennende kann dem Verbindenden untergeordnet und auf diese Weise relativiert werden. Es kann auf nichtreligiöse, etwa politische oder ökonomische Faktoren zurückgeführt und vom Kern der Religionen unterschieden werden, sodass es als ein von außen in die Religionen hineingetragener Störfaktor erscheint. Oder es kann als verschiedene Erscheinungsform des gleichen Grundes ausgegeben werden.

Nach der Erörterung des Begriffs «Verstehen» und der Frage, welche Bedeutung dem Aufweis von Gemeinsamkleiten dabei zukommt, soll nun ein Blick auf die *Medien* geworfen werden, derer sich die auf Beziehungsverbesserung zielende Agenda bedienen kann. Das wichtigste dieser Medien ist sicher der verbale Austausch: das interreligiöse Gespräch bzw. der interreligiöse Dialog. Seit der «dialogischen Wende» in der Beziehungsbestimmung des Christentums zu anderen Religionen, die sich in den 1960er Jahren ereignet hat, stand dieses Medium im Vordergrund. Weil es aber relativ anspruchsvoll und voraussetzungsreich ist – es setzt eine gute Kenntnis der eigenen religiösen Tradition und religiöse Sprachfähigkeit voraus – und weil es deshalb vor allem für religiös weniger Gebildeten nicht leicht erschwinglich ist, sind besonders in der interreligiösen Basisarbeit die oben beschriebenen ästhetischen Medien herangezogen worden.

Ich gebe im Folgenden nun drei Beispiele für interreligiöse Beziehungsarbeit, die der auf Beziehungsverbesserung zielenden Agenda folgen und sich einer breiten Vielfalt von Medien bedienen. Sie unterscheiden sich weniger in den inhaltlichen Angeboten als in der Organisationsform. Im ersten Fall handelt es sich um ein Begegnungszentrum, im zweiten um ein Netzwerk, im dritten um die Organisation von Programmen.

(1) Das «Haus der Religionen» in Bern ist ein Projekt von großer Ausstrahlungskraft über die Stadt und die Schweiz hinaus. Nach längerer Vorbereitungs- und Planungszeit erfolgte der Spatenstich am 27. Juni 2012. Am 14. Dezember 2014 wurde der Bau eröffnet. Acht Religionsgemeinschaften praktizieren das Zusammenleben unter einem Dach und stellen sich dem Dialog mit der Öffentlichkeit. Hindus, Muslime, Christen, Aleviten und Buddhisten haben Räume im Haus, die sie nach ihren eigenen Vorstellungen gestalten konnten und selbst unterhalten müssen. Dazu gehört auch eine repräsentative Moschee. Juden, Bahá'í und Sikhs, die ihre Räume an anderen Orten der Stadt haben, beteiligen sich am inhaltlichen Programm. In der Mitte des Hauses der Religionen befindet sich ein «Dialogbereich». Darin finden Ausstellungen, Vorträge, Diskussionsrunden und andere kulturelle Veranstaltungen statt. Zum Haus gehört auch das Restaurant Vanakam, in dem es u. a. ein ayurvedisches Mittagessen gibt.

Nach der Selbstauskunft der für die Leitung des Hauses Verantwortlichen geht es nicht nur darum, ein friedliches *Neben*einander der verschiedenen Religionsgemeinschaften zu ermöglichen. Es soll nicht nur Multireligiosität organisiert, sondern Interreligiosität kultiviert werden. Die Religionsgemeinschaften können in ihren Räumen ihr Eigenleben führen. Sie sind aber ebenso gehalten, sich am Gemeinschaftsleben im Haus und an den Angeboten zu beteiligen, die sich an die Öffentlichkeit richten. Alle Interessierten – ob religiös oder nicht – sind eingeladen, an diesem «Labor des Zusammenlebens» teilzunehmen.[154]

Auch in anderen Städten gibt es vergleichbare Projekte, die eigene konzeptionelle Schwerpunkte setzen, so etwa das «Haus der Religionen» in Hannover, das sich als Zentrum für interreligiöse und interkulturelle Bildung versteht[155], oder das in Berlin geplante «House of One», das dem

[154] www.haus-der-religionen.ch/idee/ (07.05.2018).

[155] https://www.haus-der-religionen.de/ (07.05.2018).

«abrahamischen» Dialog zwischen Juden, Christen und Muslimen dienen soll. Es wird darin eine Synagoge, eine Kirche und eine Moschee geben und es soll eine nach außen offene Begegnung zwischen den Religionsgemeinschaften, die diese Räume nutzen, stattfinden.[156] Auch in München ist ein «Haus der Kulturen und Religionen» geplant.[157]

(2) Als zweites Beispiel sei die «Interreligiöse Arbeitsgemeinschaft Schweiz» (IRAS/COTIS) angeführt, die 1992 als Verein gegründet wurde. Sie setzt sich erstens für die in der Schweiz vertretenen Religionsgemeinschaften ein, als deren Interessensgemeinschaft sie sich versteht, berät diese und stärkt sie im Umgang mit politischen und kirchlichen Behörden. Zweitens ist sie bestrebt, die Beziehungen zwischen den Religionsgemeinschaften durch die Förderung von Begegnungen zwischen ihren Mitgliedern zu verbessern. Und drittens rückt sie die Präsenz der Religionen in das Licht der Öffentlichkeit, etwa im Rahmen der (seit 2007) landesweit veranstalteten «Woche der Religionen». Diese findet jeweils Anfang November statt und zeigt in zahlreichen Veranstaltungen die religiöse Vielfalt in der Schweiz auf.[158]

(3) Die auf Beziehungsverbesserung zielende Agenda ist – neben anderen Agenden – auch in der Programmstruktur des Ökumenischen Rats der Kirchen verankert. Der ÖRK hatte auf der Zentralausschusstagung 1971 in Addis Abeba die (Unter-)Abteilung (bzw. Einheit) «Dialog mit Menschen anderer Religionen und Ideologien» ins Leben gerufen. Im Jahre 1992 wurde sie in das «Büro für interreligiöse Beziehungen» (IRR) umgewandelt, dessen Bezeichnung 1999 den Zusatz «und Dialog» erhielt (IRRD). Die interreligiöse Beziehungsarbeitet findet seither im Rahmen des Programms «Interreligiöser Dialog und interreligiöse Zusammenarbeit» statt. Die Wahl der Begriffe «Beziehungen», «Dialog», «Zusammenarbeit» zeigt Schwerpunkte und Schwerpunktverlagerungen in der konzeptionellen Orientierung an. Das Programm «Interreligiöser Dialog und interreligiöse Zusammenarbeit» besteht aus drei Projekten: «Vertrauen und Respekt zwischen Religionen», «Christliches Selbstverständnis» und «Kirchen in Konfliktsituationen». Das erste dieser Projekte folgt der Agenda der interreligiösen Beziehungsverbesserung, das zweite einer theo-

156 https://house-of-one.org/de (07.05.2018).

157 http://haus-der-kulturen-und-religionen-muenchen.de/ (10.07.2018).

158 www.iras-cotis.ch/ (07.05.2018).

logischen und das dritte einer politischen Agenda. Durch den Aufbau interreligiöser Netzwerke zwischen jungen Frauen und Männern an der Basis der Religionsgemeinschaften will es Verstehen und Vertrauen zwischen ihnen fördern. Zu diesem Zweck soll auch eine Internetseite mit Best-Practice-Beispielen zur interreligiösen Beziehungsgestaltung aufgebaut werden.[159]

Besonders Projekte der interreligiösen Basisarbeit ziel(t)en darauf, interreligiöses Verstehen und Verständnis zwischen Christ/-innen und Angehörigen anderer Religionen in deren alltäglichen Lebenswelten zu fördern. Zu diesem Zweck wurde von der Abteilung «Dialog mit Menschen anderer Religionen und Ideologien» des ÖRK ein Studienbuch unter dem Titel «My Neighbour's Faith – and Mine. Theological Discoveries through Interfaith Dialogue» herausgegeben.[160]

Wie es die oben angeführten Beispiele zeigen, ist die auf Beziehungsverbesserung zielende Agenda – im Unterschied zur politischen und zur kooperativen Agenda – weniger auf die Lösung praktischer Probleme als eher auf Verstehen und Verständnis ausgerichtet. Sie ist nicht lösungs-, sondern verständnisorientiert. Ihr primärer Zweck liegt nicht in der Bearbeitung eines außerhalb des Begegnungsgeschehens lokalisierten Problems. Sie hat ihren Zweck vielmehr in sich selbst, d. h. im Vollzug des Begegnungsgeschehens, sofern dieses der interreligiösen Beziehungspflege dient. Interreligiöse Verständigung ist hier also nicht Mittel zum Zweck, sondern Selbstzweck. Sie ist nicht primär von extrinsischen (außerhalb des Begegnungsgeschehens liegenden) Absichten, sondern von intrinsischen (auf die Vertiefung der Beziehung gerichteten) Motivationen geleitet. Damit verbindet sich dann natürlich oft die Zielsetzung, dass die Beziehungsverbesserung auch dem Zusammenleben zugutekommt. Die Agenden können sich überlagern und durchdringen.

Wie die politische und die kooperative Agenda, so ist auch die auf Beziehungsverbesserung zielende Agenda nicht spezifisch auf inter*religiöse* Beziehungen gemünzt. Sie lässt sich in gleicher Weise auf interkulturelle Begegnungen anwenden. Die Initiatoren, die Anlässe, die Begegnungsorte

---

[159] http://archived.oikoumene.org/de/programme/interreligiousdialogue/vertrauen-und-respekt-zwischen-religionen.html (07.05.2018).

[160] Dt.: Keiner glaubt für sich allein. Theologische Entdeckungen im interreligiösen Dialog, hg. von Ulrike Berger und Michael Mildelberger, Frankfurt a. M. 1987.

und -inhalte mögen religiös geprägt sein; die Zielsetzung der Beziehungsverbesserung durch Verstehen und Verständigung reicht aber darüber hinaus und schließt alle Dimensionen der Sozialität und Kulturalität ein.

Akademisch betrachtet fällt diese Agenda in den Bereich der «Xenologie», d. h. der Fremdheitsforschung[161], und der interkulturellen Hermeneutik, die auf das Verstehen des kulturell und religiös Anderen bzw. des Fremden reflektiert.[162] Sie verbindet sich nicht selten mit dem Interesse, «Xenophobie» (Angst vor dem Fremden oder gar Hass auf das Fremde) zurückzudrängen und «Xenophilie» bzw. «Philoxenia» (Fremdenliebe) zu fördern.

In der *interkulturellen und interreligiösen Hermeneutik*, die vor allem in den 1990er Jahren eine Blütezeit erlebte, wurden intensive Überlegungen zu Möglichkeiten und Grenzen, Fremde(s) zu verstehen, angestellt. Dazu konnte man sich auch auf Erfahrungen und Konzepte aus der Ethnologie bzw. Sozialanthropologie sowie aus der Missionswissenschaft bzw. der interkulturellen Theologie, wie auch auf Reflexionen der philosophischen Hermeneutik stützen. Als Grundproblem stand die Frage im Raum, wie es möglich sein kann, Fremdes *in seiner Fremdheit* zu verstehen, wo doch Verstehen immer die Eingliederung des zu Verstehenden in den eigenen Verstehenshorizont bedeutet. Wenn Verstehen mit Aneignung einhergeht, wird dem Fremden die Fremdheit im Verstehensvorgang genommen.

Von Bedeutung ist in diesem Zusammenhang die Unterscheidung zwischen einer relativen und einer radikalen Fremdheit, wie sie von Bernhard

---

[161] Munasu Duala-M'bedy: Xenologie. Die Wissenschaft vom Fremden und die Verdrängung der Humanität in der Anthropologie, Freiburg i. Br./München 1977; Theo Sundermeier (Hg.): Den Fremden wahrnehmen. Bausteine für eine Xenologie, Gütersloh 1992; Bernhard Waldenfels: Topographie des Fremden (Studien zur Phänomenologie des Fremden 1), Frankfurt a. M. 1997; Christian Bremshey u. a. (Hg.): Den Fremden gibt es nicht. Xenologie und Erkenntnis, Münster 2004; Alois Wierlacher / Corinna Albrecht: Kulturwissenschaftliche Xenologie, in: Ansgar Nünning / Vera Nünning (Hg.): Einführung in die Kulturwissenschaften. Theoretische Grundlagen – Ansätze – Perspektiven, Stuttgart 2008, 280–306.

[162] Etwa von: Theo Sundermeier: Den Fremden verstehen. Eine praktische Hermeneutik, Göttingen 1996. Siehe auch: Theo Sundermeier / Werner Ustorf (Hg.): Begegnung mit dem Anderen. Plädoyers für eine interkulturelle Hermeneutik, Gütersloh 1991.

Waldenfels eingeführt wurde.[163] Relativ fremd ist das noch nicht Bekannte, das sich aber im Prinzip bekannt machen lässt. Das radikal Fremde hingegen ist das schlechthin Andere, das sich nicht oder nur um den Verlust seines Selbstseins aneignen lässt. Diese Unterscheidung lässt sich nicht einfach auf Gegenstände oder Personen anwenden, sondern dient der Sensibilisierung für Dimensionen nicht einholbarer Fremdheit.

In der Diskussion um die Frage, wie ein Fremdverstehen wenigstens annäherungsweise möglich sein kann, wurde (etwa von Theo Sundermeier) der aus der philosophischen Phänomenologie Husserls stammende Begriff der *epoché* aufgenommen.[164] Er bezeichnete die möglichst weitgehende Einklammerung mitgebrachter Vorverständnisse und Urteilshaltungen, um so eine von eigenen Einstellungen möglichst unbeeinflusste Wahrnehmung zu ermöglichen. Dieser Haltung korreliert eine Empathie im Blick auf den Gegenstand des Verstehens. Das Verstehen fremder kultureller und religiöser Erscheinungen soll auf dem Wege des Einfühlens erfolgen und mit dem Versuch der Identifikation mit dem Gegenstand des Verstehens einhergehen.[165]

Die damit beschriebene hermeneutische Kenose («Selbstentäusserung») wird zuweilen ausgedrückt im Bild vom «Gehen in den Schuhen eines Anderen»[166] und nicht selten wird dabei Bezug genommen auf das

---

[163] Jüngst in: Bernhard Waldenfels: Orte und Wege des Fremden. Phänomenologische Perspektiven, in: Christian Ströbele u. a. (Hg.): Migration, Flucht, Vertreibung. Orte islamischer und christlicher Theologie, Regensburg 2018, 23.

[164] Theo Sundermeier: Den Fremden verstehen (siehe Anm. 162), 58f.155f. 158f.168f.

[165] In Sundermeiers «Hermeneutik des Fremden» liegt allerdings eine eigentümliche Spannung: Einerseits wehrt er sich gegen ein «egologisches» Verstehen im Sinne einer vereinnahmenden Aneignung des Fremden, andererseits ist sein Verständnis von Verstehen nicht auf Kommunikation mit dem Anderen angewiesen, sondern liegt dieser Kommunikation voraus: «Das Verstehen geht der Kommunikation voran. Die Hermeneutik ebnet den Weg zur interkulturellen Kommunikation und zum Handeln» (A. a. O., 91). Verstehen ist gewissermaßen ein einsamer Akt der Selbsttranszendierung in das/den Andere/n hinein. Demgegenüber gehe ich davon aus, dass gerade interkulturelles und interreligiöses Verstehen auf die Kommunikation mit dem Anderen angewiesen ist.

[166] Werner Haußmann: «[…] In den Schuhen eines anderen gehen?!» – Möglichkeiten und Grenzen der Öffnung für andere Religionen im konfessionellen

Gebet der Sioux-Indianer: «O großer Geist, bewahre mich davor, über einen Menschen zu urteilen, ehe ich nicht eine Meile in seinen Mokassins gegangen bin.»[167] Der ehemalige Missionar, anglikanische Bischof und Islamkenner Kenneth Cragg gebrauchte das Bild vom Ausziehen der Schuhe vor dem Betreten der Moschee. Er beschreibt seine Haltung in der Begegnung mit Muslimen als einen Akt der Selbstentäußerung, durch den er Jesus in dessen Selbstentäußerung nachzufolgen versucht. Seine christlichen Schuhe würden beim Eintreten in die Welt des Islam zurückbleiben und beim Austreten wieder angezogen. Dies führe zu einer Transformation in der Sicht des Islam und im Verständnis des eigenen christlichen Glaubens.[168] John Dunne hatte in diesem Zusammenhang von der doppelten Bewegung eines «passing over» und «coming back» gesprochen.[169]

(d) Die auf spirituelle Erfahrung und religiöse Lebensdeutung zielende Agenda

Bei dieser Agenda geht es nicht um die Lösung praktischer Probleme, das gemeinsame Erreichen von Handlungszielen oder das Bemühen um die Verbesserung von interreligiösen Beziehungen, sondern um das Erleben von spiritueller Gemeinschaft. Die Palette der Formen, in denen dies geschehen kann, reicht von der Teilnahme einer Schülerin an einem multi- bzw. interreligiösen Schulgottesdienst bis hin zu einer gemeinsamen Meditationsübung eines Benediktiners mit einem zenbuddhistischen Mönch. Interreligiöse Gebete, Besinnungen, Kontemplationsübungen, Symbolhandlungen, kultische Feiern, Gottesdienste usw. folgen einer spirituellen Agenda. Dabei kann die Erfahrung von Spiritualität unterschiedliche Grade von Intensität erreichen, je nachdem, wie die Teilnehmenden dazu

---

Religionsunterricht am Beispiel Islam, in: Johannes Lähnemann (Hg.): Das Wiedererwachen der Religionen als pädagogische Herausforderung, Hamburg 1992, 287–302.

[167] Etwa in: Ronald Kurt / Jessica Pahl: Interkulturelles Verstehen in Schulen des Ruhrgebiets. Gemeinsam gleich und anders sein, Wiesbaden 2016, 68.

[168] Kenneth Cragg: Sandals at the Mosque. Christian Presence Amid Islam, New York 1959. Siehe dazu auch: Jan Slomp: Kenneth Cragg (geb. 1913) – The Call from the Minarett, ein Meilenstein im christlichen Denken über den Islam, in: Petrus Bsteh / Brigitte Proksch (Hg.): Wegbereiter des interreligiösen Dialogs, Wien 2012, 210–216.

[169] John Dunne: The Way of All the Earth, Notre Dame 1978, ix: «Passing over and coming back, it seems is the spiritual adventure of our time.»

disponiert und motiviert sind. Die zwischen Mönchen geteilte Spiritualität wird intensiver sein als die bei der (mehr oder weniger pflichtmäßigen) Teilnahme an einem Schulgottesdienst erlebte. Im zweiten Fall geht es eher um das Angebot einer religiösen Lebensbegleitung an den Übergängen von Lebensphasen; Spiritualität wird dabei mittelbar erfahren: vermittelt über die religiöse Deutung der Lebenssituation. Im ersten Fall kommt es zu einer unmittelbaren Spiritualitäts- bzw. Transzendenzerfahrung. Diese führt zu einer Vertiefung der je eigenen Transzendenzbeziehung und zu einem Sichvortasten in die interreligiöse spirituelle Gemeinschaft mit einem Partner, der einer anderen Religion angehört.

Als Beispiel sei auf den intermonastischen Dialog hingewiesen, wie er etwa im «Weltkloster» Radolfzell gepflegt wird.[170] Die interreligiöse Begegnung zwischen Anhängern verschiedener Religionen erfolgt hier in diesem ehemaligen Kapuzinerkloster nicht auf der Ebene des politischen Interessenausgleichs mit dem Ziel des auskömmlichen Zusammenlebens in der multireligiösen Gesellschaft, auch nicht mit dem Ziel, ein gemeinsames Projekt durch Kooperation zu realisieren, sondern auf der Ebene der inneren Erfahrung. Sie soll insbesondere durch die Information über und die Einführung in authentische Formen von Meditation und Kontemplation gefördert werden. Die Kerngruppe der Weltkloster-Gemeinschaft ist für Gäste offen, die zeitweilig an deren Leben teilnehmen. Das von Hans Küngs «Projekt Weltethos» inspirierte Projekt orientiert sich auch an der in Rom ansässigen internationalen Kommission von Benediktiner- und Zisterziensermönchen (DIM-MID).

Auch die Benediktiner pflegen den intermonastischen Austausch mit Zen-Mönchen. 1979 kam zum ersten Mal eine Gruppe buddhistischer Mönche und Nonnen sowie weiterer Begleitpersonen aus Japan nach Europa, um Benediktinerklöster in verschiedenen Ländern zu besuchen und an ihrem geistlichen Leben teilzunehmen. Es fanden auch Tagungen, kulturelle Begegnungen, akademische Vorträge und Vorführungen von Zen-Künsten statt. 1983 erfolgte der Gegenbesuch in Japan. Seither werden diese Beziehungen gepflegt. Viele Formen des klösterlichen Lebens – das Schweigen im Kloster, die Liturgie, die Erfahrung der Gemeinschaft, die Stellung des Abtes bzw. Roshis – erzeugten ein Gefühl von Vertrautheit. Je mehr sich die Kenntnis der jeweils anderen Tradition vertiefte, umso

[170] http://weltkloster.de/ (02.05.2018).

deutlicher traten allerdings auch die tiefen Verschiedenheiten in den geistigen Welten vor Augen. Angestrebt ist nicht eine Vermischung der Spiritualitätsformen, sondern die gastweise Teilhabe an der jeweils anderen mit dem Ziel, die eigene Spiritualität zu bereichern und zu vertiefen.[171]

Die Projekte der intermonastischen Beziehungspflege können sich auf die Unterstützung durch Papst Franziskus I. berufen. In seinem Apostolischen Schreiben zum Jahr des geweihten Lebens vom 21. November 2014 heißt es: «Wir dürfen außerdem nicht vergessen, dass das Phänomen des Mönchtums und anderer Formen religiöser Brüderlichkeit in allen großen Religionen vorhanden ist. Es fehlt nicht an Erfahrungen auch fundierten intermonastischen Dialogs zwischen der katholischen Kirche und einigen der großen religiösen Traditionen. […] Gemeinsam gehen ist immer eine Bereicherung und kann neue Wege öffnen zu Beziehungen zwischen Völkern und Kulturen – Beziehungen, die in dieser Zeit mit Schwierigkeiten überhäuft zu sein scheinen.»[172]

Einer spirituellen Agenda folgen aber auch interreligiöse Gebete, Riten, Feiern und Gottesdienste.

Das wohl bekannteste dieser interreligiösen Gebete ist das «Weltgebetstreffen für den Frieden», zu dem Papst Johannes Paul II. für den 27. Oktober 1986 mit folgenden Worten nach Assisi eingeladen hatte: «Der Hl. Stuhl möchte dazu beitragen, eine Weltgebetsbewegung für den Frieden ins Leben zu rufen, die über die Grenzen der einzelnen Nationen hinweg die Gläubigen aller Religionen einbezieht und die ganze Erde umfassen soll.»[173] Die Ankündigung dieses Gebets erging am 25. Januar 1986 in der Papstbasilika Sankt Paul vor den Mauern (San Paolo fuori le Mura), in der Papst Johannes XXIII. das Zweite Vatikanische Konzil am 25. Januar 1959 angekündigt hatte. Damit war ein Rückbezug zu diesem Konzil hergestellt. 150 Vertreterinnen und Vertreter von 12 verschiedenen Religionsgemeinschaften nahmen am Gebetstreffen in Assisi teil. Obwohl sie

[171] Fabrice Bleé: Die Wüste der Alterität. Spirituelle Erfahrung im intermonastischen Dialog, in: Karl Baier (Hg.): Handbuch Spiritualität, Darmstadt 2006, 249–266.

[172] https://w2.vatican.va/content/francesco/de/apost_letters/documents/papa-francesco_lettera-ap_20141121_lettera-consacrati.html, III/4 (07.05.2018).

[173] Johannes Paul II.: Zum Gebetstag nach Assisi eingeladen. Predigt des Papstes beim Gottesdienst zum Abschluss der Weltgebetswoche für die Einheit der Christen in der Basilika St. Paul vor den Mauern am 25. Januar, in: OR(D) 16, 1986, Nr. 7, S. 8, Art. 7.

keine gemeinsamen Gebete miteinander sprachen, sondern jede und jeder für sich in der Anwesenheit der anderen betete[174], wurde vonseiten konservativer Katholiken der Synkretismusvorwurf gegen dieses Treffen erhoben.[175]

Dennoch berief der Papst im Blick auf jeweils aktuelle Anlässe zwei weitere interreligiöse Gebetstreffen in Assisi ein: Im Januar 1993 kamen angesichts des drohenden Balkankriegs Vertreterinnen und Vertreter des Judentums, des Christentums und des Islam zusammen. Weil es sich dabei um eine eher auf Europa fokussiert Zusammenkunft handelte, zählt sie nicht in der Reihe der Weltgebetstreffen. Diese Reihe wurde dann im Januar 2002 fortgesetzt, wobei das Treffen im Zeichen der Reaktionen auf die Terroranschläge vom 11. September 2001 stand.

Ganz bewusst folgten diese Gebetstreffen nicht (wie etwa die WCRP) einer politischen, sondern einer spirituellen Agenda. Das gemeinsame Gebet, das Schweigen und auch das Pilgern standen im Vordergrund. Sie standen unter dem Motto, das Francis Kardinal Arinze formuliert hatte: «Es reicht nicht, etwas für den Frieden zu tun, man muss für ihn beten.»[176]

Für den 27. Oktober 2011 hatte Papst Benedikt XVI. wiederum zu einem Treffen nach Assisi 2011 eingeladen, das allerdings eher den Charakter einer Gedenkveranstaltung zum 25. Jubiläum des ersten Weltgebets hatte und zu dem auch Nichtreligiöse und Atheisten (wie der frühere Vorsitzende der Kommunistischen Partei Österreichs, Walter Baier) eingeladen waren. Erklärtes Ziel des Papstes war es, jeden Anschein eines Synkretismus und Relativismus zu vermeiden. Der ehemalige Präfekt der

---

[174] Man fand dafür die Formel «Zusammen sein, um zu beten» statt «zusammen beten»: Jorge Mejia: Zusammen sein, um zu beten. Theologische Betrachtung zum bevorstehenden Weltgebetstag für den Frieden in Assisi am 27. Oktober, in: OR(D) 16, 1986, Nr. 41, S. 5, Art. 2; Johannes Paul II.: In Assisi: Zusammensein, um zu beten. Ansprache des Papstes bei der Generalaudienz am 22. Oktober 1986, in: OR(D) 16, 1986, Nr. 44, S. 2.

[175] Hans Waldenfels (Hg.): Die Friedensgebete von Assisi, Freiburg i. Br. 1987. Siehe dazu auch: Gerda Riedl: Modell Assisi. Christliches Gebet und interreligiöser Dialog in heilsgeschichtlichem Kontext, Berlin 1998, 1–20; Ernst Fürlinger (Hg.): Der Dialog muss weitergehen. Ausgewählte vatikanische Dokumente zum interreligiösen Dialog (1964–2008), Freiburg i. Br. 2008, 113–153.

[176] Francis Arinze: Religionen gegen die Gewalt. Eine Allianz für den Frieden, Freiburg i. Br. u. a. 2002, 94.

Glaubenskongregation, der in dieser Funktion für die Erklärung «Dominus Iesus» verantwortlich war, handelte ganz im Sinne dieser Erklärung und betonte die «Einzigkeit und die Heilsuniversalität Jesu Christi und der Kirche» – so der Untertitel von «Dominus Iesus».[177] So gab es kein gemeinsames Gebet. Die Teilnehmenden beteten und meditierten schweigend. Am Vorabend des Treffens von Assisi fand auf dem Petersplatz in Rom (im Rahmen einer Vigilfeier) ein rein christliches Gebet für den Frieden statt.

Angeregt von der Initiative des Papstes, organisierte die Gemeinschaft von Sant' Egidio seit 1987 jährlich Gebetstreffen, die in Assisi und in anderen Städten stattfanden. So kam es auf Veranlassung von Sant' Egidio und den Diözesen Münster und Osnabrück vom 10. bis 12. September 2017 in diesen Städten zu einem internationalen Treffen mit dem Titel «Wege des Friedens».

Nicht «oben» in der Hierarchie der Religionsgemeinschaften, bei den Führungseliten, sondern «unten» bei denen, die diesen Gemeinschaften angehören, gibt es andere Ausprägungen der spirituellen Agenda, etwa interreligiöse Feiern und Gottesdienste, die zu bestimmten Anlässen (wie zum Schuljahresbeginn, anlässlich religionsverschiedener Eheschließungen oder nach Katastrophenereignissen, von denen Anhänger verschiedener Religionen betroffen sind) oder an bestimmten Orten (in Asylzentren, Krankenhäusern, Gefängnissen, auf Flughäfen usw.) veranstaltet werden.

In multireligiösen Gesellschaften kommt es immer wieder vor, dass gemischtreligiöse Ehen geschlossen werden und das Ehepaar eine religionsverbindende Trauung wünscht. Einzelne Landeskirchen, wie die Evangelisch-Lutherische Landeskirche in Bayern, haben Handreichungen für solche Fälle herausgegeben.[178] Dabei konzentrieren sie sich in der Regel auf Eheschließungen zwischen Christen und Muslimen.

---

[177] Kongregation für die Glaubenslehre: Erklärung «Dominus Iesus». Über die Einzigkeit und die Heilsuniversalität Jesu Christi und der Kirche: www.vatican.va/roman_curia/congregations/cfaith/documents/rc_con_cfaith_doc_20000806_dominus-iesus_ge.html (11.05.2018).

[178] Evangelisch-Lutherische Landeskirche in Bayern: Ein überzeugtes «Ja». Praxishilfen für christlich-muslimische Trauungen, München 2012. In diesen Praxishilfen sind Textvorschläge zur Vorbereitung und Durchführung von Gottesdiensten bei christlich-muslimischen Eheschließungen enthalten; auch ein möglicher Gottesdienstablauf mit muslimischer Beteiligung wird skizziert.

Ein weites Feld verschiedener Anwendungsfälle eröffnet sich in der interreligiösen Seelsorge. Sie reichen von der seelsorgerlichen Arbeit im Kindergarten, in der Jugendarbeit, der Schule und der Hochschule bis zur Seelsorge im Krankenhaus, in der Diakonie, beim Militär, im Gefängnis, in Asylzentren und bei Notfällen.[179] Die spirituelle Agenda manifestiert sich dabei nicht in der Organisation dieser Arbeit – diese folgt einer kooperativen Agenda –, sondern im Anliegen, Seelsorge über Religionsgrenzen hinweg zu praktizieren. Wenn etwa eine christliche Seelsorgerin in ein Krankenzimmer kommt, in dem sie von einer Muslima darum gebeten wird, für diese zu beten, dann begegnen sich beide auf einer spirituellen Ebene.

Ein Feld, in dem sich interreligiöse Seelsorge in liturgischen und rituellen Formen ereignet, ist die religionsübergreifenden Krisenbewältigung und Trauerarbeit. Als bekanntes Beispiel dafür sei die nationale Trauerfeier genannt, die nach den Anschlägen am 11. September 2001 als «Prayer for America» am 23. September im Yankee Stadium in New York abgehalten wurde. Sie wurde landesweit in den USA und in viele weitere Länder übertragen. In vielen Städten der USA gab es ähnliche Feiern. Schon am 14. September hatte Präsident Bush zu einem interreligiösen Gottesdienst in der (National-)Kathedrale «Saint Peter and Saint Paul» in Washington, D.C. eingeladen, in dessen Rahmen der islamische Geistliche Muzammil H. Siddiqi eine Ansprache hielt. Am 20. September bat Bush die Vertreter der großen Religionsgemeinschaften zu einer Aussprache ins Weiße Haus, in deren Rahmen auch ein gemeinsames Gebet gesprochen wurde.

Am Tag nach dem Attentat auf den Berliner Weihnachtsmarkt am 19. Dezember 2016 fand in der Gedächtniskirche ein Trauergottesdienst statt, der zwar christlich (ökumenisch) geprägt war, an dem aber ein Rabbiner und zwei Imame aktiv beteiligt waren. Er folgte damit eher dem Modell der spirituellen Gastfreundschaft[180] als dem «Modell Assisi»[181].

Wie im Blick auf das «Modell Assisi», so ist gegen Formen interreligiös geteilter Spiritualität generell der Einwand erhoben worden, dass es dabei zu einer Vermischung der Religionstraditionen komme. Schon in den

---

179 Helmut Weiß / Karl Federschmidt / Klaus Temme (Hg.): Handbuch Interreligiöse Seelsorge, Göttingen 2010.

180 Siehe Kapitel 4.2.

181 Nach dem Titel des Buches von Gerad Riedl, siehe Anm. 175.

1990er Jahren hatte man unterschieden zwischen zwei Grundformen religionsübergreifend gemeinsamer Gebete: dem interreligiösen Miteinanderbeten und dem multireligiösen Nebeneinanderbeten.[182] *Inter*religiöse Gebete werden von Anhängern verschiedener Religionen gemeinsam formuliert und gesprochen. Es können dies frei formulierte Gebete sein, aber auch Zusammenstellungen von Texten aus den beiden Religionstraditionen. *Multi*religiöse Gebete hingegen werden jeweils von einer der beiden Seiten gesprochen, wobei die andere Seite in schweigender Andacht zugegen ist. Es wird also nicht gleichzeitig das Gleiche, sondern nacheinander Verschiedenes gebetet. Kirchliche Stellungnahmen sprechen sich oft entschieden für diese zweite Form aus und kritisieren die erste. Besonders apodiktisch wurde das in der EKD Handreichung «Klarheit und gute Nachbarschaft» zum Ausdruck gebracht: «Das interreligiöse Beten kommt aus theologischen Gründen nicht in Betracht. Auch jegliches Missverständnis, es finde ein gemeinsames Gebet statt, ist zuverlässig zu vermeiden.»[183]

Als Begründung dafür wird in der Regel angeführt, dass beim multireligiösen Gebet die je eigene Tradition authentisch zur Sprache komme und man sich nicht auf den kleinsten gemeinsamen Nenner eines abstrakten Gottesglaubens einigen müsse.

Wie die in diesem Abschnitt angeführten Beispiele zeigen, gibt es aber immer wieder Situationen, in denen es sich den Beteiligten nahelegt, doch ein gemeinsames Gebet zu formulieren und so ihre Verbundenheit vor dem einen Gott noch tiefer zum Ausdruck zu bringen. Besonders bei der Bewältigung von Katastrophen, aber auch bei Eheschließungen kann diese Form des Gebets angebracht sein, wenn sie die Sensibilitäten der daran Beteiligten nicht verletzt[184], sondern umgekehrt gerade die Sensibilität für

---

182 Siehe dazu: Multireligiöses Beten, hg. im Auftrag des Landeskirchenrates der Evangelisch-Lutherischen Kirche in Bayern, München 1992, sowie die Handreichung der deutschen Bischöfe: Leitlinien für das Gebet bei Treffen von Christen, Juden und Muslimen, hg. vom Sekretariat der Deutschen Bischofskonferenz (Arbeitshilfen 170), Bonn 2003, ^{2}2008; Ökumenische Centrale (Hg.): Multireligiöses Feiern und Beten. Was Kirchen dazu sagen. Ein Überblick über ökumenische und kirchliche Texte und Arbeitshilfen, Frankfurt a. M. 2005.

183 Siehe Anm. 103, 117.

184 Siehe dazu auch: Martin Rötting: Interreligiöse Spiritualität. Verantwortungsbewusster Umgang der Religionen, St. Ottilien 2008; Martin Tamke: Zu dem

die Gegenwart Gottes in der gemeinsam erlebten Situation doxologisch zur Sprache bringt.

Es gibt allerdings auch problematische Verzweckungen spiritueller Praxisformen. Wenn etwa ein interreligiöses Gebet zum Instrument wird, mit dem die Beziehung zwischen den daran Beteiligten vertieft werden soll, dann ist damit das Gebet, das in den Intimbereich der Gottesbeziehung gehört, funktionalisiert. Ein Gebet dient in den theistischen Religionen der Kommunikation mit Gott; es hat wohl einen *Sinn*, aber keinen *Zweck*. Wenn es dem Zweck der «horizontalen» Kommunikation mit den Mitbetenden dienstbar gemacht wird, tritt sein eigentlicher Sinn dahinter zurück.

(e) Die auf theologische Erkenntnis zielende Agenda

Intellektuelle Auseinandersetzung mit den Lehren und Praxisformen, den Wahrheitsansprüchen und Handlungsorientierungen anderer Religionen gab und gibt es zu allen Zeiten der Christentumsgeschichte. Zumeist hatten sie apologetischen oder gar polemischen Charakter und strebten danach, die Geltung der eigenen Religion gegenüber anderen zu behaupten. Es waren literarische Widerlegungen und gelehrte Streitgespräche. Es gab allerdings auch Theologen, die um Verständnis anderer Religionstraditionen bemüht waren, wie etwa der anonym publizierte und (vermutlich fälschlicherweise) Wilhelm von Champeaux (Guglielmus de Campellis) zugeschriebene «Dialogus inter Christianum et Judaeum de fide catholica».[185] Schon der Begriff «Dialog» im Titel dieser Schrift zeigt eine gewisse Verständnisbereitschaft an.[186]

---

einen Gott beten trotz unterschiedlicher Gottesbilder, in: Matthias Arnold / Philipp Thull (Hg.): Theologie und Spiritualität des Betens. Handbuch Gebet, Freiburg i. Br. 2016, 255–261; Werner Thiede: Evangelische Spiritualität und interreligiöser Dialog, in: Peter Zimmerling (Hg.): Handbuch Evangelische Spiritualität, Bd. 2: Theologie, Göttingen 2018, 608–626.

[185] Patrologia Latina 163, 1045–1072.

[186] Siehe dazu: Anna Sapir Abulafia: Jewish-Christian Disputations and the Twelfth-Century Renaissance, in: JMedHist 15/2, 1989, 105–125. Zu den Religionsgesprächen mit Juden im 12. Jahrhundert insgesamt siehe: Hans-Werner Goetz: Die Wahrnehmung anderer Religionen und christlich-abendländisches Selbstverständnis im frühen und hohen Mittelalter (5.–12. Jahrhundert), Bd. 1, Berlin 2013, 506–519. Dieses zweibändige Werk ist insgesamt für die geschichtli-

Besonders im 12. und 13. Jahrhundert kam es zu intensiven akademischen Religionsgesprächen zwischen Juden, Christen und Muslimen. Sie fanden zumeist auf der Grundlage eines Vernunftoptimismus statt: Durch den Rückgriff auf rein rationale Argumente sollte eine Überzeugungskraft entfaltet werden, die von den einzelnen Religionstraditionen unabhängig war. Selbst in theologischen Traktaten, die nicht unmittelbar im Kontext interreligiöser Auseinandersetzungen standen, fand diese Methode Anwendung, so etwa in Anselm von Canterburys «Cur Deus homo», in dem dieser die Notwendigkeit der Menschwerdung Gottes allgemeingültig nachweisen wollte.[187]

Der Gedanke, dass der intellektuelle Austausch mit Gelehrten anderer Religionen nicht nur der Verteidigung feststehender Wahrheiten dienen, sondern einen kreativen Auslegungskontext für die christlichen Glaubenslehren darstellen und in diesem Rahmen einen Erkenntnisgewinn für die Theologie erbringen könnte, wurde erst seit den 1960er Jahren zu einem programmatischen Bestandteil der interreligiösen Beziehungen auf theologischer Ebene.

Es geht bei interreligiösen Begegnungen, die einer theologischen Agenda folgen, nicht darum, Konsense zu erzielen, die Verstehenshorizonte zu fusionieren oder Einigungen in Fragen der Lehre oder der Praxis zu erreichen. Es geht auch nicht darum, Kompromisse zu finden, wie es bei Begegnungen der Fall ist, die der politischen Agenda folgen. Wenn auch manche theologischen Dialoge – geleitet von einem Interesse an interreligiöser Verständigung – vorrangig darauf ausgerichtet waren, interreligiöse Gemeinsamkeiten aufzusuchen und herauszustellen, so zielten vor allem die Konsultationen auf akademischer Ebene doch oft darauf, die verschiedenen Religionstraditionen (bzw. einzelne Aspekte von ihnen) in ihrer unverkürzten Verschiedenheit zueinander in Beziehung zu setzen und dabei auch die Differenzen und die Kollisionspunkte zu thematisieren. Es ging um Verständigung bei bestehenbleibender Differenz. Dazu ist wohl der Verzicht auf gegenseitige Exklusionen, nicht aber die Suche nach Übereinstimmung erforderlich.

---

che Dimension interreligiöser Beziehungen relevant. Siehe dazu auch die historischen Teile, in: Martin Repp: Der eine Gott und die anderen Götter. Eine historische und systematische Einführung in Religionstheologien der Ökumene, Leipzig 2018.

[187] Anselm von Canterbury: Cur Deus homo = Warum Gott Mensch geworden, Darmstadt ²1993.

Abzugrenzen sind Begegnungen, die einer theologischen Agenda folgen, von solchen, die von einem religionswissenschaftlichen (bzw. islamwissenschaftlichen, judaistischen, indologischen oder buddhologischen) Interesse geleitet sind. Die daran Beteiligten sind nicht mit ihrer persönlichen religiösen Identität involviert. Diese soll gerade ausgeklammert werden. Wer dagegen im Rahmen einer theologischen Agenda operiert, geht nicht als Unbeteiligter, sondern vom Standpunkt des christlichen Glaubens aus in die Begegnung – in welcher Form dieser Standpunkt auch immer eingenommen wird. Er ist mit seinem Selbstverständnis in das Begegnungsprojekt involviert und darin persönlich engagiert. Der eigene Glaubensstandpunkt wird zu den Inhalten anderer Traditionen in Beziehung gesetzt, wobei es zu Transformationen dieses Standpunktes kommen kann.

Begegnungen im Rahmen einer theologischen Agenda können auf unterschiedlichen Ebenen stattfinden (wobei ein Theologiebegriff vorausgesetzt ist, der über die akademische Theologie hinausgeht): von einer Diskussion in einer religionspluralen Schulklasse bis zum Expertengespräch. Bei den Gesprächen von religiösen Führern und theologischen Experten ging/geht es zumeist um Fragen der Lehre und Praxis der durch die Gesprächspartner repräsentierten Religionen. Alle Formen, in denen es zu einem «interreligiösen Lernen» auf kognitiver Ebene kommt, gehören in diesen Rahmen.

Als Beispiel für eine interreligiösen Begegnung, die einer dezidiert theologischen Agenda folgt, sei das «Theologische Forum Christentum und Islam» angeführt, das im Jahre 2003 an der Katholischen Akademie der Diözese Rottenburg-Stuttgart ins Leben gerufen wurde und seither – gefördert vom Deutschen Bundesinnenministerium – jährlich eine internationale Fachtagung zu einem theologischen oder ethischen Thema veranstaltet.[188] Es geht in diesem Diskussionsforum um den akademischen Austausch zwischen Expert/-innen der christlichen und islamischen Theologie und angrenzender Wissenschaften. Auch der Vorbereitungskreis ist aus Vertreter/-innen beider Religionen zusammengesetzt. Der Blick auf die Themen dieser Tagungen zeigt einen Katalog von Fragestellungen, die im theologischen Dialog zwischen Christen und Muslimen virulent waren

188 www.akademie-rs.de/themen/themenuebersicht/aktuell/theologisches-forum-christentum-islam-bisherige-aktivitaet/ (02.05.2018).

und sind.[189] Die Tagungsbeiträge werden jeweils in einem Sammelband dokumentiert. Seit Sommer 2007 veranstaltet die Akademie zudem eine jährlich stattfindende christlich-islamische Studienwoche, bei der sich Nachwuchswissenschaftler/-innen fortbilden und vernetzen können.

Viele der Themen, die in theologischen Diskussionen zwischen Christen und Muslimen behandelt werden, ergeben sich aus Aktivitäten, die einer der anderen Agenden folgen. So führt beispielsweise die Praxis gemeinsamer Gebete zu Debatten um die Legitimität einer solchen Praxis. Dabei kommt das Gebetsverständnis auf christlicher wie muslimischer Seite zur Sprache. Dieses ist wiederum eingebettet in die Bestimmung der Beziehung zwischen Mensch und Gott. Auf diese Weise können bestimmte Praxisformen zu theologischen Grundsatzdiskussionen führen.[190]

Eine interessante Frucht interreligiöser Begegnungen auf theologischer Ebene ist deren Rückwirkung auf die Bestimmung des je eigenen theologischen Selbstverständnisses. Die Auseinandersetzung mit nichtchristlichen Glaubens- und Lebensformen ist nötig zur Klärung der christlichen. Wie schon angesprochen, hat sich eine der Programmlinien in der Arbeit des ÖRK dieser Aufgabe gestellt.[191] Daraus ist das Papier «Who Do We Say That We Are. Christian identity in a multireligious world» hervorgegangen.[192] Nach einem langen Studien- und Konsultationsprozess ist dieses Dokument in seiner letzten Fassung 2016 veröffentlicht worden. Die Verfasser und Verfasserinnen gehen die wichtigsten Themen der christlichen Glaubenslehre (Trinität, Schöpfung, Jesus Christus, Hl. Geist, Hl. Schrift, Kirche und Eschatologie) durch, benennt in jedem Artikel zunächst das christliche Selbstverständnis und zeigen dann Möglichkeiten auf, diese Topoi dialogisch zu anderen Religionen in Beziehung zu setzen. Der rote Faden, der sich durch das ganze Dokument zieht, ist das Konzept

---

189 Ebd.

190 Reinhold Bernhardt: Theologische Grundlagen für das Beten von Christen und Muslimen in der Schule. Eine evangelische Sicht, in: Harmjan Dam / Selçuk Doğruer / Susanna Faust-Kallenberg (Hg.): Begegnung von Christen und Muslimen in der Schule. Eine Arbeitshilfe für gemeinsames Feiern, Göttingen 2016, 15–26.

191 Siehe S. 45.

192 Veröffentlicht, in: ER 66/4, 2014, 458–501. Mittlerweile auch als Buch erschienen (www.oikoumene.org/en/resources/publications/who-do-we-say-that-we-are-christian-identity-in-a-multi-religious-world-interreligious-dialogue-and-cooperation-programme-world-council-of-churches [18.05.2018]).

einer Theologie des Lebens. Alle der genannten Topoi werden darauf bezogen. Gottes aktive Gegenwart zielt auf die Erschaffung, Heilung, Inspiration, Förderung, Erfüllung und Vollendung des Lebens. Als Modell der interreligiösen Beziehungsgestaltung wird das Konzept der Gastfreundschaft favorisiert.

An diesem Beispiel zeigt sich, wie interreligiöse Begegnungen auf theologischer Ebene nicht – wie manche Kritiker argwöhnen – zu Verwässerung oder gar zum Ausverkauf christlicher Glaubensinhalte führen. Vielmehr können sich daraus Denkanstöße und Transformationsimpulse ergeben, die das eigene christliche Selbstverständnis weiterführen, klären und vertiefen helfen.

(f) Überlagerungen der Agenden

Diese genannten Beispiele zeigen, wie vielfältig und verschieden Initiativen und Projekte der interreligiösen Begegnung sein können. Sie unterscheiden sich in ihrer Trägerschaft (politische Autoritäten, Nichtregierungsorganisationen, Religionsgemeinschaften u. a.)[193], in ihren Konzepten und Zielsetzungen (problemlösungsorientiert, verständigungsorientiert, an spiritueller Erfahrung orientiert, an theologischem Austausch orientiert usw.), in den damit verbundenen Methoden und Kommunikationsformen (Verhandlung, Kooperation, gemeinsames Leben, ästhetisches Erleben, Freizeitaktivitäten, theologische Diskussion usw.). Die Kommunikationsformen hängen von den verfolgten Agenden ab und sind eng mit den Medien der Kommunikation verbunden. Man kann unterscheiden zwischen den auf verbalen Austausch fokussierten intellektuellen Formen der Verständigung (Streitgespräch, Debatte, Dialog, missionarische Verkündigung, apologetische Rechtfertigung), den durch ästhetische Medien (Kunst, Musik, Literatur) vermittelten Wahrnehmung des religiösen und kulturell Anderen, den auf ein gemeinsames Handeln abzielenden Interaktionen und solchen, die interreligiöse Kommunikation über Formen miteinander geteilter (*communio*) Spiritualität herstellen.

---

[193] Die Zahl der interreligiös operierenden Organisationen ist kaum überschaubar. Für einen ersten Überblick: https://de.wikipedia.org/wiki/Liste_interreligi%C3 %B6ser_Organisationen; https://en.wikipedia.org/wiki/List_of_interreligious_organizations; https://en.wikipedia.org/wiki/Category:Interfaith_organizations; https://www.unicef.org/about/partnerships/index_60231.html; http://interfaith.directory/organizations; http://pluralism.org/selected-links/interfaith/ (02.05.2018).

Manche der intentionalen interkulturellen und interreligiösen Begegnungen lassen sich relativ klar einer der fünf genannten Agenden zuweisen. Die dabei vollzogenen Kommunikationshandlungen sind entweder auf Problemlösungen oder auf das Erreichen von Kooperationszielen oder auf gegenseitiges Verstehen und die Verbesserung der Beziehungen oder auf traditionsübergreifende spirituelle Erfahrungen oder auf den intellektuellen Austausch und auf die Vertiefung der eigenen Glaubenserkenntnis ausgerichtet. Im interreligiösen Rat einer Stadt wird eher die pragmatische soziopolitische Ebene im Vordergrund stehen. In einer christlichen NGO wird es primär um Operationen und Kooperationen mit anderen Akteuren gehen. Die Einladung einer Moscheegemeinde durch eine christliche Kirchengemeinde soll der Vertiefung des gegenseitigen Verständnisses dienen. Beim intermonastischen Zusammenleben von Benediktinern und Zen-Mönchen hat die spirituelle Dimension Priorität. Ein interreligiöses Gesprächsforum über Inhalte und Praxisformen der religiösen Traditionen bewegt sich vorwiegend auf der theologischen Ebene.

In vielen Fällen überlagern sich allerdings die Agenden, sodass sich die Frage stellt, in welchem Verhältnis sie zueinanderstehen. Vor allem die auf Verbesserung der Beziehung zielende Agenda kann sich mit anderen Agenden verbinden und als eine Art Meta-Agenda fungieren. So kann eine bestimmte Form der interreligiösen Kooperation *auch* dem gegenseitigen Verstehen dienen. Manche Veranstaltungen nehmen diese Agenda gewissermaßen als Dach, dem dann unterschiedliche Kommunikationsformen und Zielsetzungen ein- und untergeordnet werden können.

Das gilt etwa für das Weltparlament der Religionen, das erstmals vom 11. bis 27. September 1893 in Chicago tagte[194] und dann 100 Jahre später (vom 18. August bis 4. September 1993) am gleichen Ort erneut zusammenkam. Seither finden die Treffen in kürzeren Abständen statt.[195] Wäh-

---

194 Dorothea Lüddeckens: Das Weltparlament der Religionen von 1893. Strukturen interreligiöser Begegnung im 19. Jahrhundert, Berlin 2002.

195 1.–8. Dezember 1999 in Kapstadt; 7.–13. Juli 2004 in Barcelona; 3.–9. Dezember 2009 in Melbourne. Ein für 2014 in Brüssel geplantes Treffen wurde aus finanziellen Gründen abgesagt und dann vom 15.–19. Oktober 2015 in Salt Lake City nachgeholt. Vom 1.–7. November 2018 fand die Versammlung in Toronto statt. Es wurden dort drei Themenbereiche behandelt: «The Promise of

rend 1893 Visionen einer weltumspannenden Religionssynthese auf spiritueller Ebene im Raum standen, lag der Fokus 1993 auf dem Aufweis eines Weltethos der Religionen und der Verpflichtung darauf. Man kann also von einer Akzentverlagerung von der spirituellen Agenda auf die ethische Reflexion und das gemeinsame Handeln sprechen. Auch die späteren Konferenzen bewegten sich eher auf dieser pragmatischen Ebene. Alle Zusammenkünfte des Weltparlaments hatten aber immer auch zum Ziel, die interreligiösen Beziehungen zu fördern: durch gegenseitiges Kennenlernen, den Abbau von Vorurteilen und durch die Einübung in eine Beziehungsgestaltung, die von gegenseitiger Wertschätzung getragen ist.

(g) Voraussetzungen und Kommunikationsanforderungen der Agenden
Die fünf Agenden sind in unterschiedlichem Maße voraussetzungsreich und stellen verschiedene Anforderungen an diejenigen, die ihnen in interreligiösen Begegnungen folgen:

Die Suche nach spiritueller Gemeinschaft ist kommunikativ komplexer und erfordert mehr Sensibilität als etwa die Verhandlung zur Lösung eines Problems im multireligiösen Zusammenleben. Sie vollzieht sich nicht nur im Medium des gesprochenen Wortes bzw. des Gesprächs, sondern bezieht auch nonverbale Kommunikationsformen und -medien mit ein: rituelle Handlungen, Klänge, Musik, Gesang, bis hin zum gemeinsamen meditativen Schweigen. Bei den aktiv daran Beteiligten setzt dies eine tiefe Verwurzelung in der jeweiligen Religionstradition voraus, wie sie im Grunde nur bei Menschen vorliegt, in deren Leben die Religionspraxis eine zentrale Rolle spielt – bis dahin, dass sie das ganze Leben dieser Praxis gewidmet haben. Es sind dies die von Friedrich Schleiermacher sogenannten «Virtuosen in der Religion»[196].

Inclusion», «The Power of Love: Pursuing Global Understanding» und «Reconciliation and Change» (siehe dazu: https://www.parliamentofreligions.org/parliament/2018-toronto/press-2018-parliament [21.11.2018]). Am 25. Juli 2016 kam im slowakischen Nitra das «Central European Interfaith Forum» (CEIF) zusammen.

[196] Friedrich Schleiermacher: Über die Religion (siehe Anm. 78), Studienausgabe: 171f, siehe auch 159f (Originalausgabe von 1799: 203f, siehe auch 182–184). Max Weber hatte im Blick auf Schleiermacher von der «Virtuosen-Religiosität» gesprochen (Die Wirtschaftsethik der Weltreligionen. Vergleichende religionssoziologische Versuche. Einleitung, in: ders.: Schriften 1894–1922, hg. von Dirk

Bei Teilnehmenden an interreligiösen Feiern (die ja in der Regel den Charakter von Kasualgottesdiensten haben) kann der Grad der spirituellen Erfahrungsintensität natürlich geringer sein. Ihnen geht es in der Regel nicht um die Suche nach spiritueller Erfahrung, sondern mehr um die religiöse Bewältigung der Lebenssituation, die den Anlass des Gottesdienstes bildet.

Der theologische Austausch setzt eine eingehende Kenntnis nicht nur der eigenen Tradition, sondern auch der Tradition des Gesprächspartners und zudem intellektuelle Kompetenzen voraus, über die die Mehrzahl der Anhänger der Religionsgemeinschaften nur in begrenztem Umfang verfügen.

Die auf Verstehen ausgerichtete Begegnung setzt interkulturelle Sozialkompetenz und vor allem die Bereitschaft voraus, sich für einen solchen Verstehensprozess zu öffnen. Der in diesem Zusammenhang oft geforderte Perspektivenwechsel, das Sehen mit den Augen des Anderen, das Hineinschlüpfen in seine Erfahrungswelt ist eine hermeneutisch höchst anspruchsvolle Übung, die bestenfalls annäherungsweise gelingen kann. Gerade auf dieser verstehensorientierten Begegnungsebene werden interreligiöse Begegnungen oft mit (zu) hohen Erwartungen und Idealanforderungen überfrachtet. Es wird ein empathisches Sicheinfühlen in den Anderen und ein Vertrautwerden mit seinem religiösen Selbstverständnis erwartet.

Am wenigsten voraussetzungsreich scheint demgegenüber das Ringen um die Lösung eines lebensweltlichen Problems zu sein. Doch auch hier ist nicht einfach Sachwissen und Verhandlungsgeschick, sondern auch Bedeutungs- bzw. Orientierungswissen und Verstehenskompetenz gefragt. Ohne beispielsweise die muslimische Beerdigungspraxis zu kennen und deren Bedeutung für die Muslime zu verstehen, wird sich eine Lösung der damit zusammenhängenden kommunalpolitischen Sachfragen nur schwer finden lassen. Die Suche nach der Lösung gemeinsamer Probleme kann nur dann in einer nachhaltigen Weise gelingen, wenn sie auf zumindest rudimentärem Verstehen des Anderen basiert.

Kaesler, Stuttgart 2002, 599–608). Zum Gebrauch des Begriffs «religiöser Virtuose» im 19. Jahrhundert siehe: Bernhard Lang: Prophet, Priester, Virtuose, in: Hans Gerhard Kippenberg / Martin Riesebrodt (Hg.): Max Webers «Religionssystematik», Tübingen 2001, 178–183.

Diese Überlegungen zu den Voraussetzungen und Kommunikationsanforderungen der Agenden führen vor die Frage, inwieweit von den an interreligiösen Begegnungen Beteiligten erwartet werden kann, dass sie diese Anforderungen erfüllen. Im Kapitel zum Verständnis des interreligiösen Dialogs wird sich diese Frage zugespitzt stellen. Daher soll sie hier nur als Problemanzeige notiert werden.

2.2.3. Transreligiosität

«Transreligiosität» bzw. «religiöse Hybridität» bezeichnet Prozesse und die daraus resultierenden Phänomene der Durchdringung, Überlagerung, Vermischung und Transformation religiöser Traditionen, sei es in der Religiosität einer Person oder in einer bestimmten religionskulturellen Formation. Anders als bei Interreligiosität geht es bei Transreligiosität nicht um die Begegnung von Anhängern verschiedener Religionen, auch nicht um die theologische Zuordnung verschiedener Religionstraditionen. Es stehen sich nicht zwei Identitätszentren gegenüber, die durch ein «Inter» in Beziehung zueinander gesetzt werden. «Transreligiosität» ist kein Beziehungsbegriff. Gleichwohl ist auch hier noch die differenztheoretische Vorstellung vorhanden, dass es unterscheidbare Religionstraditionen sind, die sich durchdringen. Es wird also nicht die Polyfonie der Traditionen infrage gestellt, sondern nur eine andere Relationierung zwischen ihnen vorgenommen: die Relationierung nach dem Modell der Durchdringung statt nach dem Modell der Begegnung.

Das Präfix «trans» hat zwei Bedeutungen. Zum einen bezeichnet es ein Darüberhinaus im Sinne des Überschreitens (von lat. *transcendere* «übersteigen»). Es zeigt also – bildhaft gesprochen – eine vertikale Bewegungsrichtung an. Theologisch kann damit die Ausrichtung auf Gott bzw. auf eine Ur- und Zielwirklichkeit gemeint sein, religionstheoretisch der Hinweis auf religionsübergreifende Konstanten, etwa die religiöse Begehung von Lebensübergängen. Es gibt solche Begehungen in allen Religionen, wenn auch in verschiedener Ausprägung. In diesem Sinne sind sie transreligiös.

Zum anderen bezeichnet das Präfix «trans» eine transversale Bewegung (von lat. transversus «quer»), also eine Durchdringung. In diesem Sinne zeigt es eine horizontale Bewegungsrichtung an, bei der sich zwei Formationen der gleichen Gattung durchdringen, sich in diesem Prozess verändern und Neues, Hybridartiges schaffen. In diesem zweiten Sinne wird das Präfix «trans» im Begriff «Transreligiosität» im Folgenden gebraucht.

Besonders im Kontext der Soziolinguistik sind kulturelle Hybridbildungen immer wieder beschrieben worden: im Blick auf die Überlagerung zweier Sprachen, bei der ein charakteristisches neues Idiom entsteht, etwa der Slang von Afroamerikanern in den USA oder das Türkischdeutsch.[197] Besonders bei Menschen mit Migrationshintergrund kommt es zu solchen Mischungen aus der Herkunftssprache und der Sprache der Aufnahmegesellschaft. Diese «Soziolekte» haben für diejenigen, die sie sprechen, eine identitätsstiftende Funktion. Sie definieren soziale Zugehörigkeiten sowie Abgrenzung und dienen dem Zusammenhalt einer «Szene» oder eines Sozialverbandes.

Der Begriff der Hybridität ist von Homi K. Bhabha in die kultur- und sozialwissenschaftlichen Diskurse um Postkolonialismus und Interkulturalität eingeführt worden.[198] In der Betrachtung der Religionsgeschichte und gegenwärtiger Religionskulturen fand er ein breites Rezeptionsfeld. Die Begriffe «Transreligiosität» und religiöse «Hybridität» sind allerdings nicht ganz deckungsgleich. Der Hybriditätsbegriff Bhabhas ist mit dem Konzept des Zwischen, des «dritten Raumes» («third space») verbunden, sodass man ihn auch der *Inter*religiosität zuordnen könnte. Doch beschreibt er schon bei Bhabba und dann vor allem in der Rezeption Prozesse und Phänomene, die weitgehend dem entsprechen, was mit «Transreligiosität» gemeint ist.

Religiöse Hybridbildungen gab es schon immer in der Religions- und Christentumsgeschichte.[199] Überlagerungen von christlichen und paganen

[197] Siehe auch: Jürgen Erfurt (Hg.): Transkulturalität und Hybridität in der Frankophonie. L'espace francophone als Grenzerfahrung des Sprechens und Schreibens, Frankfurt a. M. 2005.

[198] Homi K. Bhabha: The Location of Culture, London 1994, dt.: Die Verortung der Kultur, Tübingen 2000. Siehe dazu: Monika Fludernik / Miriam Nandi: Hybridität. Theorie und Praxis, in: Polylog 8, 2001, 7–24.

[199] Helmut Zander verweist in diesem Zusammenhang auf Paulus, dem er eine «bemerkenswerte Akzeptanz von Hybridisierungen» unterstellt und dazu auf 1Kor 15,29 verweist. Dort ist die Rede von stellvertretenden Taufen für Tote. Dabei handelt es sich allerdings nur um eine Andeutung, die weder erkennen lässt, ob solche Taufen in der christlichen Gemeinde in Korinth praktiziert wurden, noch ob sie in deren paganem Umfeld üblich waren. Vor allem aber bezieht Paulus keine Stellung dazu (Helmut Zander: «Europäische» Religionsgeschichte. Religiöse Zugehörigkeit durch Entscheidung – Konsequenzen im interkulturellen Vergleich, Berlin 2016, 134).

Religionsformen lassen sich in der Glaubenspraxis von Individuen und Gemeinschaften finden, in der Entwicklung der Feste bzw. heiligen Zeiten, in der Kodierung von heiligen Orten, in Narrativen, in der Ikonografie, in Riten usw. Vorchristliche Religionstraditionen wurden einer *interpretatio Christiana* unterzogen und lebten in diesem Gewand weiter.

In den folgenden Überlegungen geht es weniger um solche historischen Entwicklungen als vielmehr um Phänomene der Gegenwart. Und es geht weniger um Überlagerungen von «paganen» und christlichen Religionsformen als vielmehr um Durchdringungen zwischen christlicher Glaubenspraxis und Erscheinungsformen der anderen sogenannten Weltreligionen, aber auch der neuen religiösen Spiritualitätsbewegungen, wie man sie zum Teil unter dem Begriff «Esoterik» zusammenfasst. Im Fokus stehen dabei transreligiöse Identitätsformationen, also individuelle und kollektive religiöse Selbstverständnisse, die aus den Traditionen verschiedener Religionen gespeist sind.

Gegenwärtig wird in der Religionswissenschaft diesen Hybridisierungsprozessen und -phänomenen, aber auch ihren Gegenbewegungen große Aufmerksamkeit zuteil.[200] Diese Gegenbewegungen bestehen in den Versuchen (vor allem der religiösen Autoritäten), die Traditionen, Gemeinschaften und individuellen Religiositäten «rein» zu halten, Identitäten zu schärfen, multiple Zugehörigkeiten und Teilidentifikationen zu verurteilen. Diese Bestrebungen führen zur Schärfung der *boundary markers*, zu Abgrenzungen der Traditionen voneinander bis hin zum Separatismus.

Je klarer die Grenzen zwischen Religionsformationen und -traditionen gezogen sind, umso weniger werden sie sich miteinander verbinden, sich durchdringen und Hybride bilden. Die Überwindung der Grenze zwischen ihnen ist dann nur durch eine Konversion von der einen zur anderen möglich, d. h. durch einen radikalen Ab- und Umbruch der bisherigen Identitätsdefinition.[201] Konversion ist das Gegenmodell zu Transreligiosität.

---

200 Siehe etwa: Peter A. Berger / Klaus Hock / Thomas Klie (Hg.): Religionshybride. Religion in posttraditionalen Kontexten, Wiesbaden 2013.

201 Christine Lienemann / Wolfgang Lienemann (Hg.): Religiöse Grenzüberschreitungen. Studien zu Bekehrung, Konfessions- und Religionswechsel / Crossing Religious Borders. Studies on Conversion and Religious Belonging, Wiesbaden 2012; Christian Henning / Erich Nestler (Hg.): Konversion. Zur Aktualität eines Jahrhundertthemas, Frankfurt a. M. 2003.

Ich konzentriere mich im Folgenden auf die Beschreibung und Analyse von Identitätsformationen, die aus unterschiedlichen Traditionsquellen gespeist sind. Es geht also weniger um Religion als eher um Gestalten individueller und kollektiver Religiosität und den damit verbundenen Praxisformen. Ich beschreibe zunächst Erscheinungsformen transreligiöser Identitäten und stelle dann Überlegungen zu deren Konstruktion und Konstitution an.[202]

2.2.3.1. Formen transreligiöser Identität

(a) Die Religionskulturen der gegenwärtigen westlichen Welt sind charakterisiert durch eine Tendenz zur Individualisierung und Pluralisierung. Auch zahlreiche Menschen, die zu einer der traditionellen christlichen Kirchen und Konfessionen gehören, nehmen Elemente anderer religiöser Traditionen in ihr eigenes Glaubensverständnis und in ihre Glaubenspraxis auf.

Die Bertelsmann-Stiftung hat in bisher zwei (2007 und 2012) groß angelegten empirischen Erhebungen jeweils ca. 14 000 Personen in 13 Ländern zu ihren religiösen Einstellungen befragt. Die für das hier behandelte Thema relevanten Ergebnisse der dritten Studie liegen noch nicht vor. Der Aussage «Ich greife für mich selbst auf Lehren verschiedener religiöser Traditionen zurück» stimmten 2012 in Westdeutschland 29 % der katholischen und evangelischen Christen zu.[203] Besonders ausgeprägt war die Zustimmung unter jungen Erwachsenen. Wie schon die Umfrage aus dem

---

[202] Für die folgende Darstellung greife ich auf bereits publizierte und im Publikationsprozess befindliche Vorarbeiten zurück: Reinhold Bernhardt, «Synkretismus» als Deutekategorie multireligiöser Identitätsbildungen, in: Reinhold Bernhardt / Perry Schmidt-Leukel (Hg.): Multiple religiöse Identität. Aus verschiedenen religiösen Traditionen schöpfen (BThR 5), Zürich 2008, 267–290; ders.: Die Ausbildung religiöser Mehrfachzugehörigkeit als eine Form von Konversion?, in: Christine Lienemann / Wolfgang Lienemann (Hg.): Religiöse Grenzüberschreitungen (siehe Anm. 201), 166–192; ders.: Religiöse «Multi-Identität», in: ThZ 70, 1/2014, 52–72; ders.: Multireligiöse Identität *als* oder *statt* Konversion?, in: Franz Gmainer-Pranzl u. a. (Hg.): Interreligiöser Dialog in Österreich. Dokumentation der Tagungen zur Förderung des interreligiösen Dialogs 2016–2018, erscheint voraussichtlich 2019.

[203] Detlef Pollack / Olaf Müller, im Auftrag der Bertelsmann Stiftung: Religionsmonitor – verstehen was verbindet. Religiosität und Zusammenhalt in Deutschland, Gütersloh 2013, 13.

Jahr 2008 gezeigt hatte, war die Zustimmung zu diesem Satz auch in anderen Ländern hoch. 74 % der Italiener, 73 % der Südkoreaner, 61 % der US-Amerikaner, 60 % der Schweizer und 57 % der Österreicher stimmten ihm «voll und ganz» oder «eher» zu.[204]

Die transreligiöse Identitätsform westlicher Christinnen und Christen besteht dabei oft aus einer Integration von Glaubens- und Praxisformen asiatischer Religionen oder neuer Formen der Spiritualität (etwa aus dem Bereich der Esoterik, der psychotechnisch angeleiteten Selbsterfahrung, von Entspannungsübungen und Wellnessprogrammen) in eine dafür geöffnete christliche Glaubenshaltung und -praxis, wobei auch diese durch Selektion aus dem Angebot der christlichen Tradition geformt ist.

Eine transreligiöse Identität kann sich auch dort bilden, wo ein Mensch im Überschneidungsbereich zweier oder mehrerer religiöser Traditionen lebt, etwa bei Kindern von Eltern, die unterschiedlichen Religionen angehören und die von ihnen in beiden Traditionen erzogen werden. Oder bei Menschen, die durch Migration in eine fremde religiöse Umgebung kommen, sich auch religiös für diese Umgebung öffnen, dabei aber in ihrer religiösen Herkunftsidentität verwurzelt bleiben wollen. In seinem Buch «Bi-Identität» spricht Ulrich Schoen von «Brückenmenschen»[205], die zwei oder mehreren Sprachen, Kulturen und Religionen angehören und diese im Alltag ihres Lebens miteinander verbinden.

(b) Von anderer Art sind die bewusst gewählten und hoch reflektierten Verbindungen von Religionstraditionen bei Personen, die man «religiöse Virtuosen»[206] nennen kann. Ich gebe einige Beispiele:

Henri Le Saux (1910–1973) war ein Katholik, der sich für hinduistische Spiritualität geöffnet hatte und dann in Indien unter dem Namen Swami Abhishiktananda lebte. Einer seiner Schüler, Anand Nayak, sagte über ihn: «Er versicherte und überzeugte mich, dass man ein guter Katholik sein und bleiben konnte, aber gleichzeitig auch die große Spiritualität des Hinduismus leben konnte.»[207]

---

[204] Bertelsmann Stiftung: Woran glaubt die Welt? Analysen und Kommentare zum Religionsmonitor 2008, Gütersloh 2009, 646f.

[205] Ulrich Schoen: Mensch sein in zwei Welten. Bi-Identität in Sprache, Religion und Recht (ÖkSt 11), Münster 2000, 47ff., 170ff., 211ff.

[206] Zu diesem Begriff siehe Anm. 196.

[207] Anand Nayak: Die Geschichte meiner Konversion, in: Christine Lienemann / Wolfgang Lienemann (Hg.): Religiöse Grenzüberschreitungen (siehe Anm. 201) 144.

Nayak ist ihm darin gefolgt. Als indischer Jesuit entdeckte er die spirituelle Kraft des Hinduismus. Er beschrieb diese Entdeckung sogar als Konversion, wobei er diesen Begriff nicht im üblichen Sinn des Religionswechsels gebraucht. Nach seinem Verständnis war er zum Hinduismus konvertiert, ohne dabei seine katholische Identität und seine Zugehörigkeit zur römisch-katholischen Kirche aufzugeben. «Meine Konversion hat mich nicht von meinen christlichen Wurzeln oder Traditionen entfernt. Vor allem bin ich ein wirklicher Katholik geworden, ‹katholisch› heisst für mich ‹universell›, sich überall bei Gott und bei den Menschen zu Hause fühlen.»[208] Diese Universalität bestand für ihn in der Entdeckung, dass Gott auch im Hinduismus «sehr präsent ist und dass Tausende Menschen dieser Religion in einer Agape und einer Spiritualität lebten, die grösser war als bei uns Katholiken»[209].

Raimondo Panikkars Transreligiosität ist in der immer wieder zitierten Selbstauskunft zusammengefasst: «Ich bin als Christ ‹gegangen›, ich habe mich als Hindu ‹gefunden› und ich ‹kehre› als Buddhist ‹zurück›, ohne doch aufgehört zu haben, ein Christ ‹zu sein›.»[210]

Auch Paul F. Knitter – ursprünglich Mitglied der «Societas Verbi Divini» – gehört zu diesen «religiösen Virtuosen». Im Jahre 2010 veröffentlichte er ein Buch unter dem Titel «Without Buddha I could not be a Christian». Es wurde ein Bestseller in den USA. Knitter versteht sich als buddhistischer Christ und christlicher Buddhist. Buddha biete ihm die Lehre, die es ihm ermögliche, Friede *zu sein*; Jesus biete ihm die personifizierte Anleitung dafür, Frieden *zu machen*. «Den einen ohne den anderen zu haben heißt, keinen von beiden zu haben.»[211]

Die koreanische Theologin Hyun Kyung Chung fasst ihre religiöse Identität folgendermaßen zusammen: «My bowel is Shamanist. My heart is Buddhist. My right brain, which defines my mood, is Confucian and

[208] A. a. O., 147.

[209] A. a. O., 144.

[210] Hier zitiert nach: Raimondo Panikkar: Der neue religiöse Weg. Im Dialog der Religionen leben, München 1990, 51.

[211] Paul F. Knitter: A «Hypostatic Union» of two Practices but One Person?, in: BudCS 32, 2012, 26 (Übersetzung R. B.).

Taoist. My left brain, which defines my public language, is Protestant Christian, and, overall, my aura is eco-feminist.»[212]

Transreligiöse Identitäten sind nicht selten das Resultat einer interreligiösen Pilgerschaft. Ein besonders eindrückliches Beispiel einer solchen Pilgerschaft bietet Frithjof Schuon. Er wurde am 18. Juni 1907 in Basel in einer christlichen Familie geboren. Zunächst praktizierte er das angestammte Christentum, schloss sich dann aber einem Sufiorden an, hatte bei der Lektüre der Bhagavad-Gita eine Bekehrungserfahrung, die ihn tiefer in den mystischen Islam führte, ohne dass er auf diesem ganzen spirituellen Weg seine christlichen Wurzeln abschnitt.[213]

Bei all diesen Beispielen ist die «religiöse Polygamie» ein bewusst und reflektiert vollzogener Vorgang, auch wenn er von der Person, die eine solche transreligiöse Identität ausbildet, als Widerfahrnis erlebt wird. Er ist mit tiefgreifenden religiösen Transformationen verbunden, die in einzelnen Fällen – wie gesehen – sogar als Konversion erfahren werden können. Es ist eine Art Bekehrung ohne Religionswechsel, denn die bisherige Identität und Zugehörigkeit bleiben erhalten, werden aber ausgedehnt.

(c) In asiatischen Religionskulturen ist die Ausbildung einer transreligiösen Identität bzw. eines *double belonging* demgegenüber in der Regel weniger das Ergebnis einer bewussten Entscheidung, sondern eher die Verwirklichung einer in der jeweiligen Kultur angelegten Option. In Japan ist es nicht ungewöhnlich, dass jemand in besonderen Lebensabschnitten oder zu besonderen Zeiten einen Shinto-Schrein aufsucht, in einer christlichen Kirche heiratet, sich in Krankheit oder Krisen an verschiedene japanische Neu-Religionen wendet und seine Beerdigungsriten von einem buddhistischen Tempel durchführen lässt.[214] Manchmal fällt die Nutzung unterschiedlicher Religionen sogar in *einer* Kasualie zusammen: Japaner ziehen sich nicht selten bei ihrer Hochzeit bis zu dreimal um. Neben der

212 Hyun Kyung Chung: Seeking the Religious Roots of Pluralism, in: Paul Hedges / Alan Race (Hg.): Christian Approaches to Other Faiths. A Reader, London 2009, 73f.

213 Siehe dazu: André Gerth: Frithjof Schuon, in: Reinhold Bernhardt / Perry Schmidt-Leukel (Hg.): Multiple religiöse Identität (siehe Anm. 202), 79–112.

214 Jan van Bragt: Multiple Religious Belonging of the Japanese People, in: Catherine Cornille (Hg.): Many Mansions? Multiple Religious Belonging and Christian Identity, Maryknoll (NY) 2002, 17.

christlichen Trauung im weißen Kleid, die bei jungen Japanern und Japanerinnen heute sehr beliebt ist, finden auch buddhistische und shintoistische Hochzeitsrituale in den entsprechenden Gewändern statt.[215]

Als der Religionswissenschaftler Jacques Kamstra 1984 eine Umfrage zur Religionszugehörigkeit der Japaner durchführte, war er vom Ergebnis einigermaßen überrascht: 112 Millionen Japaner bekannten sich zum Shintoismus, 89 Millionen zum Buddhismus und 16 Millionen zu anderen Religionen. Das ergibt zusammen 217 Millionen. Japan hatte zu dieser Zeit aber nur 120 Millionen Einwohner. Die überwiegende Mehrheit der Japaner hatte also mindestens zwei Religionszugehörigkeiten angegeben[216] – in der Regel Shintoismus und Buddhismus.

Die Verbindung zwischen den Religionen wird in diesem Fall funktional hergestellt, d. h. sie werden für bestimmte Funktionen im Leben in Anspruch genommen. Während der Shintoismus sich auf das Leben der Menschen im Hier und Jetzt richtet, ist der Buddhismus vor allem dann gefragt, wenn es um Tod und Jenseits geht, speziell bei Beerdigungsritualen.

Ähnliche Mehrfachzugehörigkeiten sind aus China bekannt, wo das religiöse Leben traditionell von einer Kombination aus Taoismus, Konfuzianismus und Buddhismus geprägt ist. Der Sinologe Rudolf Wagner zeigt auf, wie die Zugehörigkeit zum Konfuzianismus mit einer bestimmten Berufsrolle und dem daran geknüpften Status im öffentlichen Leben verbunden ist. In dem Moment, in dem der Mensch die Berufsrolle verlässt, verlässt er auch die Codes der damit verknüpften Tradition.[217]

Religiöse Hybridität ist in diesem Kulturkreis eine selbstverständliche Gegebenheit, für die sich ein Mensch nicht entscheiden muss, die er nicht für sich entwickeln muss, sondern die er einfach in Anspruch nehmen kann. Das bedeutet nicht, dass etwa die Schulen des Buddhismus eine sol-

---

[215] Joachim Gentz: Multiple religiöse Identität in Ostasien, in: Reinhold Bernhardt / Perry Schmidt-Leukel (Hg.): Multiple religiöse Identität (siehe Anm. 202), 115.

[216] Manuela Kalsky: Religiöse Flexibilität. Eine Antwort auf kulturelle und religiöse Vielfalt, in: Reinhold Bernhardt / Perry Schmidt-Leukel (Hg.): Multiple religiöse Identität (siehe Anm. 202), 223.

[217] Rudolf G. Wagner: Säkularisierung. Konfuzianismus und Buddhismus, in: Hans Joas / Klaus Wiegandt (Hg.): Säkularisierung und die Weltreligionen, Frankfurt a. M. 2007, 246.

che Zergliederung und Utilisierung des Buddhismus, d. h. seine Beschränkung auf einen situationsspezifischen Gebrauch, gutheißen würden. Der Dalai Lama beispielsweise hat sich klar gegen religiöse Mehrfachzugehörigkeiten ausgesprochen.[218] Man kann für den Buddhismus die Regel formulieren, dass die Mehrfachzugehörigkeit für die Volksreligiosität toleriert wird, nicht aber für diejenigen, die sich in besonderer Weise dem Achtfachen Pfad verpflichtet haben, wie etwa die Mönche. Für sie gilt dieser Pfad und *nur* dieser.

Im Fall der gelebten Religion in Ostasien ist der Grad der Bewusstheit und Reflektiertheit transreligöser Identitätsformationen meist niedriger als bei «religiösen Virtuosen», die aus den Fäden unterschiedlicher religiöser Traditionen Geflechte für sich weben. Denn wenn die gleichzeitige Ausübung von Praxisformen verschiedener Religionen in der Religionskultur angelegt ist, braucht es dafür keine besondere Syntheseleistung des religiösen Subjekts.

2.2.3.2. Strukturen transreligiöser Identitätsformationen

Bei transreligiösen Identitätsformationen handelt es sich nicht um gespaltene Persönlichkeiten im Sinne von «multiplen Identitäten». Deshalb ist der zuweilen in diesem Zusammenhang gebrauchte Begriff der «multiplen religiösen Identität» problematisch. Auch der Begriff «multireligiöse Identitäten», der in der Diskussion verbreitet gebraucht wird und den ich selbst auch zur Bezeichnung dieses Phänomens benutzt habe, betont noch zu stark die Heterogenität dieser Identitätsformationen und die Unterschiedenheit der Quellen, die in ihnen zusammengeflossen sind. Deshalb scheint mir der Begriff «transreligiöse Identitätsformationen» besser geeignet zu sein.

Dabei handelt es sich ja nicht um eine Multiplizierung und damit um eine Dezentrierung des religiösen Selbstbewusstseins, das nun gewissermaßen mehrere religiöse Identitätszentren hätte. Transreligiöse Identitätsformationen sind ebenso zentriert und kohärent wie Formen des religiösen Selbstbewusstseins, die sich aus nur einer Tradition speisen. Es

[218] Alexander Löffler, SJ: Sind Christen fit für das Nirvana? Wie der Dalai Lama die Austauschbarkeit von Buddhismus und Christentum sieht, in: Johannes Arnold (Hg.): Sind Religionen austauschbar? Philosophisch-theologische Positionen aus christlicher Sicht, Münster 2012, 81–108.

handelt sich in der Regel um homogene, in sich kohärente Identitätsformen, die aus heterogenen Quellen gespeist sind. Das religiöse Subjekt stellt ein immer neues Fließgleichgewicht in der Auseinandersetzung zwischen religiöser Identität und Alterität her, wobei diese Grenze aufgehoben und Alterität in Identität überführt wird. Der Eindruck der Dezentriertheit kann nur im Blick auf die Verschiedenheit der zusammengeführten Religionstraditionen entstehen. Das Resultat dieser Zusammenführung ist aber *ein* Gewebe, das aus unterschiedlichen Fäden gewoben ist.

Transreligiöse Identitätsformationen können gebildet sein durch:

(1) eine *asymmetrische* Integration von Elementen einer anderen Religion in eine bestehende Religionsidentität: Das kann bedeuten, dass Überzeugungen aus nichtchristlichen Traditionen (wie Reinkarnation) oder nichtchristliche Praxisformen (wie die Zen-Meditation) in den Rahmen einer christlichen Grundorientierung gestellt werden, aber auch umgekehrt, dass christliche Inhalte (etwa das Jesusbild oder die Marienverehrung) in einen anderen religiösen Bezugsrahmen aufgenommen werden. So zieht etwa das Heiligtum «Unserer Lieben Frau im Stein» in Mariastein bei Basel zahlreiche tamilische Hindus an. Die in einer Grotte stehende Madonna wird von ihnen als Große Göttin verehrt.

(2) eine möglichst *symmetrische* Verbindung zweier Religionstraditionen, denen sich ein Mensch gleichzeitig zugehörig fühlt und die er in möglichst vollem Umfang und mit möglichst gleicher Intensität gleichzeitig praktiziert. Dies war bei den oben vorgestellten «religiösen Virtuosen» der Fall.

Es muss dabei nicht zu einer Vermischung kommen. Vielmehr kann auch die Eigenheit und Unterschiedenheit der Traditionen erhalten bleiben.[219] Dann handelt es sich eher um multi- als um transreligiöse Identitätsformationen. In solchen Fällen kann man von einer «religiösen Mehrsprachigkeit» sprechen.

Nicht alle religiösen Traditionen scheinen aber in gleicher Weise für die Integration von Elementen aus anderen Traditionen oder für die vollumfängliche Verbindung mit diesen Traditionen geeignet zu sein. Die Kombination von fernöstlichen Religionen (Hinduismus, Buddhismus, Taoismus, Konfuzianismus, Shintoismus) scheint leichter möglich zu sein als die Verbindung der nahöstlichen Traditionen (Judentum, Christentum

---

[219] Siehe dazu insgesamt: Rose Drew: Buddhist and Christian? An Exploration of Dual Belonging, New York 2011.

und Islam). Die meisten Beispiele für selbstgewählte Transreligiosität finden sich im Überschneidungsbereich dieser beiden Gruppen: vor allem zwischen Christentum und Hinduismus bzw. Buddhismus. Es gibt auch Juden, die sich zugleich als Buddhisten verstehen. In den USA nennt man sie «JuBus».[220]

Geht man von der Unterscheidung zwischen religiösem *belonging* und *believing* aus, so kann man sagen, dass sich Transreligiosität eher auf der Ebene des *believing* als des *belonging* herstellen lässt. Die Zugehörigkeit zu mehreren Religionsgemeinschaften ist in der Regel schwerer zu realisieren als die Verbindung von Glaubensinhalten. Wenn die Kombination von spezifisch religiösen Vollzügen (etwa Riten) auf die individuelle Religionspraxis beschränkt bleibt und das religiöse Subjekt keine Rechenschaft darüber gegenüber einer Religionsgemeinschaft ablegen muss, so stellt auch sie kein Problem dar. Wenn sich das Subjekt aber zu zwei Religionsgemeinschaften hingezogen fühlt und diese Gemeinschaften Loyalitätsforderungen an ihre Mitglieder stellen, kann es zu Loyalitätskonflikten kommen.

Zieht man die Unterscheidung zwischen einem prophetischen und einem mystischen Typus von Religion heran – wie sie die Religionsphänomenologen Friedrich Heiler nach der Ersten Weltkrieg und Gustav Mensching nach dem Zweiten Weltkrieg entwickelt haben[221] – so kann man sagen: Transreligiöse Identitätsformationen kommen eher zustande, wenn Elemente des mystischen Typus in den des prophetischen Typus integriert werden, während die Kombination zweier prophetischer Religionstraditionen demgegenüber sehr viel schwieriger zu realisieren ist. Denn sofern prophetische Traditionen die Orthodoxie in der Lehre betonen, tendieren sie dazu, eine exklusive Haltung gegenüber anderen Traditionen einzunehmen. In vielen Fällen dürfte es einfacher sein, *Praxisformen* aus unterschiedlichen Religionen in eine bestehende Religiosität aufzunehmen, als heterogene *Lehrinhalte* miteinander zu verbinden.

---

[220] Siehe etwa: Rodger Kamenetz: The Jew in the Lotus: A Poet's Rediscovery of Jewish Identity in Buddhist India, San Fransisco 1994; Zum Kontext: Harold Kasimow: Überlegungen zu jüdischen und christlichen Begegnungen mit dem Buddhismus, in: SaThZ 19, 2015, 52–61, hier 53–56.

[221] Friedrich Heiler: Das Gebet. Eine religionsgeschichtliche und religionspsychologische Untersuchung, München ^{4}1921, 248ff; Gustav Mensching: Die Religion. Erscheinungsformen, Strukturtypen und Lebensgesetze, Stuttgart 1959, 115–120.

2.2.3.3. Widerstände gegen transreligiöse Identitätsformationen

Für autoritative Repräsentanten und Interpreten einer Religionstradition (also etwa kirchliche und theologische Autoritäten) stellt die Integration solch «fremder» Elemente in das eigene Glaubensgebäude eine religiöse Konfusion dar. Was die religiösen Subjekte als ihre «Identität» empfinden, gilt denjenigen, die über die Reinheit einer Tradition wachen, als Identitätsdiffusion, d. h. als Abweichung von der normativen Gestalt der Religion.

Die Ausbildung einer transreligiösen Identitätsformation lässt sich verstehen als ein Prozess der Integration von Alterität in Identität, wobei sich die Identität immer weiter fortentwickelt. Religiöse Autoritäten versuchen demgegenüber, eine solche Integration von Alterität zurückzudrängen, um damit ihre Tradition möglichst «rein» zu halten. Als normativ für die reine Tradition kann dabei deren Ursprung, aber auch deren jeweils (etwa durch das kirchliche Lehramt) für verbindlich erklärte Gestalt angesehen werden.

In solchen Konflikten zwischen den real existierenden religiösen Identitätsformationen, die oft heterogen sind, und den normativen Identitätsvorgaben, die möglichst homogen sein wollen, stehen sich zwei Verständnisse von religiöser Identität gegenüber: ein eher empirisch-deskriptiv soziopsychologisches und ein normativ-präskriptiv theologisches. Im einen Fall geht es um die religiöse Identität, wie sie wirklich ist, im anderen Fall um die religiöse Identität, wie sie aus Sicht der religiösen Autoritäten sein sollte. Beide Auffassungen von religiösem Selbstverständnis und religiöser Selbstverwirklichung bestimmen das Verhältnis von Identität und Alterität anders. Während die normativ-präskriptive Auffassung darum bemüht ist, das Alteritätsmoment möglichst auszuschalten, also die Aufnahme fremder Glaubensüberzeugungen und Vollzüge für problematisch oder unzulässig zu erklären, findet in der gelebten Religion ein ständiger Prozess der Inklusion von Alteritätsmomenten statt.

Im Folgenden will ich einige Stimmen von religiösen Autoritäten zu Gehör bringen, die sich kritisch mit dem Konzept von transreligiösen Identitätsformationen auseinandersetzen. Vonseiten der christlichen Kirchen wird diese Kritik unter dem Schlagwort des «Synkretismus» und «Relativismus» vorgetragen, also der Vorwurf der illegitimen Vermischung und Vergleichgültigung bzw. Relativierung der Religionen erhoben. Ich gebe zwei Beispiele dafür:

(1) Einerseits hatte das Zweite Vatikanische Konzil geboten, dass «die religiösen Genossenschaften […] sorgfältig überlegen (sollen), wie die Tradition des asketischen und beschaulichen Lebens, deren Keime manchmal alten Kulturen schon vor der Verkündigung des Evangeliums von Gott eingesenkt wurden, in ein christliches Ordensleben aufgenommen werden können.»[222] Andererseits hat die Glaubenskongregation 1989 in einem «Schreiben an die Bischöfe der katholischen Kirche über einige Aspekte der christlichen Meditation» gegen die Vermischung der katholischen Glaubenslehre und Frömmigkeitspraxis mit östlichen Meditationsmethoden wie «Zen», «Transzendentale Meditation» oder «Yoga» gewarnt.[223] In § 12 heißt es: «Diese oder andere analoge Vorschläge, die christliche Meditation mit östlichen Techniken zu harmonisieren, müssen ständig genau nach Gehalt und Methode überprüft werden, will man nicht in einen verderblichen Synkretismus verfallen.»

Kritisiert wird auch die Übernahme nichtchristlicher Überzeugungen in das christliche Glaubenssystem. So etwa, wenn das buddhistische Konzept des «Absolute(n) ohne Bilder und Begriffe […] mit der Majestät Gottes, die in Christus geoffenbart wurde und die über die endliche Wirklichkeit erhaben ist, auf eine Stufe» gestellt wird.[224] Die ebenfalls von der Glaubenskongregation veröffentlichte Erklärung «Dominus Iesus» (2000) hat sich dann sehr dezidiert gegen relativistische Haltungen in Bezug auf die Wahrheit Gottes ausgesprochen.[225]

(2) Die Evangelische Kirche in Deutschland (EKD) hat 2006 diagnostiziert, dass wir in einer Zeit leben, in der alle Wahrheit relativiert wird. Wenn man aber bereit sei, «den Glauben an die absolute Wahrheit Gottes aufzugeben», könne die Wahrheit nur als subjektiv beliebige Überzeugung verstanden werden.[226]

---

[222] Ad gentes (www.vatican.va/archive/hist_councils/ii_vatican_council/documents/vat-ii_decree_19651207_ad-gentes_ge.html), § 18 (25.05.2018).

[223] www.vatican.va/roman_curia/congregations/cfaith/documents/rc_con_cfaith_doc_19891015_meditazione-cristiana_ge.html, § 2 inkl. Anm. 1 (25.05.2018).

[224] A. a. O., § 12.

[225] Siehe Anm. 177, § 4 (25.05.2018).

[226] EKD: Klarheit und gute Nachbarschaft (siehe Anm. 103), 16.

Im «Grundlagentext» der EKD «Christlicher Glaube und religiöse Vielfalt in evangelischer Perspektive» (2015) wird «Synkretismus als Programm» abgelehnt.[227] Das gilt für die Formierung religiöser Identitäten wie für die Konzipierung der Religionstheologie: «Eine Theologie der Religionen darf daran gemessen werden, inwieweit es ihr gelingt, die Vereinnahmung anderer Glaubensüberzeugungen oder Weltanschauungen in das eigene Selbstverständnis zu vermeiden.»[228]

Aber nicht nur Vertreter der Religionsgemeinschaften nehmen eine kritische Haltung gegenüber transreligiösen Identitätsformationen ein, sondern auch Religionswissenschaftler und Religionsphilosophen. Einer von ihnen ist – erstaunlicherweise – John Hick, der für eine Pluralistische Religionstheologie eintritt.[229] In seinem Hauptwerk «An Interpretation of Religion», deutsch: «Religion», fragt er, ob die grundlegenden Überzeugungen der Religionstraditionen im Widerspruch zueinander stehen, und beantwortet diese Frage folgendermaßen: «Sie sind insofern miteinander unverträglich, als sie unterschiedlich sind und man sein religiöses Leben aus ganzem Herzen und eindeutig nur auf eine von ihnen ausrichten kann – auf die vedische Offenbarung, die Erleuchtung des Buddha, die Thora, die Person Jesu Christi oder die Worte des Koran. Damit ist aber nicht gesagt, dass die Erfahrungen, die sie ausdrücken, nicht unterschiedliche Möglichkeiten sein könnten, wie sich dieselbe höchste Wirklichkeit dem menschlichen Leben eingeprägt hat.»[230]

Ein anderer Vorwurf gegen transreligiöse Synthesen lautet, sie betrieben religiösen Imperialismus. Bei Anhängern fernöstlicher Religionen stößt es nicht immer auf Gegenliebe, wenn Elemente ihrer Religionen (wie etwa die Zen-Meditation) «enteignet», also aus ihren jeweiligen Herkunftskontexten herauspräpariert, in westliche Religionsformen eingefügt und dabei verfremdet werden. Auch im Verhältnis zum Judentum kam es zuweilen zu Integrationen von Elementen der jüdischen Kultuspraxis (wie etwa der Passafeier) in christliche Kontexte (etwa auf Kirchentagen), die von Juden kritisiert wurden. Gerade das Bemühen also, Religionsgrenzen

[227] EKD: Christlicher Glaube und religiöse Vielfalt in evangelischer Perspektive (siehe Anm. 115), 37.

[228] A. a. O., 23.

[229] Siehe dazu Kapitel 6.1.5.

[230] John Hick: Religion. Die menschlichen Antworten auf die Frage nach Leben und Tod, München 1996, 401.

zu überschreiten und Elemente einer anderen Religion in die eigene Religiosität aufzunehmen, kann von deren Anhängern als religiöse Vereinnahmung aufgefasst werden.

2.2.3.4. Synkretismus ist nicht gleich Relativismus

Transreligiöse Identitätsformationen sind zweifellos synkretistisch, doch bedeutet das nicht, dass sie auch relativistisch wären. Synkretistische Religionsformen können sich ebenso klar gegenüber anderen Religionsformen abgrenzen wie nichtsynkretistische. Nur laufen die Demarkationslinien dann nicht an den normativen Selbstverständnissen der klassischen Religionstraditionen entlang, sondern suchen sich ihre eigenen Wege quer durch die Religionstraditionen. Die Bestimmung dessen, was normativ ist, orientiert sich dann nicht mehr nur an den autoritativen Vorgaben *einer* Religionstradition. Sie speist sich vielmehr aus mehreren Quellen: aus den Nervenzentren der Religionstraditionen, die in der hybriden Religionsformation miteinander verwoben sind. Vorgenommen wird diese Bestimmung vom Individuum, das seine religiöse Identität im Überschneidungsbereich der Religionstraditionen formiert. Es kann dabei den Akzent stärker auf bestimmte Grundüberzeugungen, spirituelle Praxisformen oder ethischen Haltungen legen.

Für Paul Knitter steht beispielsweise «Befreiung» im Zentrum seiner religiösen Grundhaltung. Er findet dieses Zentrum im Gehen des Achtfachen Pfades des Buddhismus, der zur Befreiung von aller Anhaftung führt, ebenso wie in der Verkündigung der Propheten des Alten Testaments und in Jesu Lehre und Praxis. Beide «Fundorte» sind voneinander verschiedenen, aber für ihn doch kompatibel miteinander. Befreiung ist der zentrale Wert seiner synkretistischen Religiosität. Doch für diesen Wert erhebt er einen unbedingten Geltungsanspruch. Er ist nicht bereit, ihn zu relativieren und Werte, die dem entgegenstehen – etwa die Unterordnung unter eine religiöse Institution oder Autorität – als in gleicher Weise gültig zu akzeptieren. Was der Befreiung im weitesten Sinn des Wortes widerspricht, zieht eine religiös motivierte Religionskritik auf sich. Das gilt auch für synkretistische Formen der Religionen.

Dieses Beispiel zeigt, dass die Integration von Elementen anderer religiöser Traditionen oder die Kombination ganzer Traditionen in einer personalen religiösen Identität nicht bedeuten muss, dass *jede* Alterität in einer unkritischen Weise integriert wird. Integration ist verbunden mit einer kritischen Kompatibilitätsprüfung. Nur spezifische Formen von religiöser

Alterität können in einem mehr oder weniger reflektierten Selektionsprozess angeeignet werden. Die miteinander verbundenen religiösen Traditionen werden nicht in eine undifferenzierte Synthese aufgelöst, sondern in eine spannungsreiche Beziehung zueinander gesetzt. Bei solchen Identitätsformen handelt es sich deshalb nicht um einen Beliebigkeitspluralismus ohne Verbindlichkeit. Sie können ebenso bekenntnishaft sein wie religiöse Identitäten, die in nur einer Tradition verwurzelt sind.

Transreligiösen Identitätsformationen sind oft weniger an den Erscheinungsformen der Religionstraditionen orientiert als eher an deren transzendentem Bezugspunkt, also weniger an den religiösen Wegen als eher am göttlichen Grund und Ziel dieser Wege. Es geht ihnen zumeist nicht um religiöse Observanz, sondern um religionstranszendente Spiritualität. Sie wollen sich dem geistlichen Zentrum der Religion öffnen, das auf unterschiedlichen Wegen und eben auch in einer Kombination dieser Wege erreicht werden kann, ohne es je fassen zu können. Dass sie weniger auf die Symbol*träger* als eher auf die Symbol*inhalte* ausgerichtet sind, führt zuweilen zum Konflikt mit den an religiöser Orthodoxie oder Orthopraxie interessierten religiösen Autoritäten.

Transreligiöse Identitätsformationen bedeuten sicherlich eine Herausforderung für die Religionstraditionen und ihre Autoritäten, denn sie stellen deren Selbstverständnis infrage und provozieren eine Auseinandersetzung darüber, was mit diesem Selbstverständnis vereinbar ist und was nicht. Andererseits können sie aber auch neue Impulse für die Religionstraditionen freisetzen. Personen mit transreligiösen Identitätsformationen können eine Avantgarde bilden, die im «Labor» der Religionen experimentieren und austesten, inwieweit die Aufnahme religiöser Alterität in eine bestehende Religionstradition neue Entfaltungsmöglichkeiten öffnen, aber auch zur Selbstvergewisserung über deren unaufgebbaren Kern führen können. Dieser Impuls kann auch in der Erinnerung daran bestehen, dass religiöse Traditionen ihr Identitätszentrum nicht in sich selbst tragen, sondern auf eine transzendente Realität verweisen.

3. Paradigmenwechsel

In der jüngeren Geschichte der christlichen Religion seit der Aufklärung haben sich im Blick auf die Leitvorstellungen der interreligiösen Beziehungsbestimmung und -gestaltung gravierende Paradigmenwechsel ergeben. So kam es etwa in den 1960er Jahren in weiten Teilen des (vor allem westlichen) Christentums zu einer «dialogischen Wende», die von Vertretern anderer Religionen zunächst oft misstrauisch aufgenommen wurde, dann aber auch dort zu entgegenkommenden Reaktionen führte. In diesem Kapitel soll es darum gehen, solche Paradigmenwechsel in den Beziehungsbestimmungen des Christentums zum Judentum, zum Islam und zum Buddhismus in der Neuzeit nachzuzeichnen.

Nicht nur in Theologie und Philosophie, sondern auch in kulturellen «Moden» manifestieren sich derartige Veränderungen. In der Geistes- und Kulturgeschichte des Abendlandes gab und gibt es immer wieder Phasen der stärkeren Abgrenzung und dann wieder Phasen der Zuwendung zu bestimmten anderen Kulturen und Religionen: neben einem ausgeprägten Antisemitismus auch einen Philosemitismus[231], neben antiislamischer Polemik auch romantisierende (orientalistische) Idealisierungen des Islam[232], neben Abwertungen des Buddhismus auch (zuweilen enthusiastische) Verherrlichungen. Diese «Moden» bilden sich vor dem Hintergrund und im Rahmen von Debatten um das «eigene» kulturelle und religiöse Selbstverständnis.

3.1. Beziehung zum Judentum

Am klarsten ist der Paradigmenwechsel in der Beziehungsbestimmung und -gestaltung des Christentums zum Judentum vollzogen worden.

---

[231] Irene A. Diekmann / Elke-Vera Kotowski: Geliebter Feind – gehasster Freund. Antisemitismus und Philosemitismus in Geschichte und Gegenwart, Berlin 2009.

[232] Mohammed Sharafuddin: Islam and Romantic Orientalism. Literary Encounters with the Orient, London 1994; Ian Almond: Der Islam in der deutschen Geistesgeschichte, Berlin 2017.

«Neunzehn Jahrhunderte sind Juden und Christen nebeneinander durch die Welt gegangen. An Seitenblicken hat es wahrlich nicht gefehlt, aber zu *dialogischen* Gesprächen ist es nicht gekommen – und hat es freilich auch nicht kommen können», schrieb der jüdische Religionsphilosoph Hans-Joachim Schoeps im Jahre 1937.[233] Statt zur dialogischen Begegnung war es von Beginn der Christentumsgeschichte an zur «Vergegnung» (Martin Buber[234]) gekommen, zu einem christlichen Antijudaismus wie auch umgekehrt zu einer jüdischen Polemik gegen Jesus und das Christentum.[235] Wo sich der religiöse Antijudaismus mit nationalistischen, sozialdarwinistischen oder rassistischen Motiven verband, steigerte er sich zum Antisemitismus, dessen verheerende Auswüchse sich in der Zeit zeigten, in der Schoeps diesen Satz schrieb.

Schon in der Zeit des Nationalsozialismus erhoben einzelne Theologen ihre Stimmen gegen den Antisemitismus. So schrieb Karl Barth 1938 – adressiert vor allem an die Bekennende Kirche –, die physische Ausrottung des Volkes Israel und die Verbrennung der Synagogen und Thorarollen sei ein Angriff auf die Wurzeln der christlichen Kirche: «Was wären, was sind wir denn ohne Israel? Wer den Juden verwirft und verfolgt, der verwirft und verfolgt doch den, der für die Sünden der Juden und dann und *damit* erst auch für unsere Sünden gestorben ist. Wer ein prinzipieller Judenfeind ist, der gibt sich als solcher als prinzipieller Feind Jesu Christi zu erkennen. Antisemitismus ist Sünde gegen den Heiligen Geist.»[236]

In den Ethikfragmenten Dietrich Bonhoeffers findet sich der gleiche Gedanke. Im Frühherbst 1940 schreibt er: «Eine Verstoßung der Juden aus dem Abendland muss die Verstoßung Christi nach sich ziehen; denn Jesus Christus war Jude.»[237] Und wenig später formulierte er ein Schuldbekenntnis für die Kirche: «Die Kirche bekennt, die willkürliche Anwendung brutaler Gewalt, das leibliche und seelische Leiden unzähliger Unschuldiger, Unterdrückung, Haß, Mord, gesehen zu haben, ohne ihre

[233] Hans-Joachim Schoeps: Jüdisch-christliches Religionsgespräch in neunzehn Jahrhunderten, Berlin 1937, Nachdruck 1984.

[234] Martin Buber: Begegnung. Autobiografische Fragmente, Stuttgart [2]1961, 6. Buber gebrauchte diesen Begriff zunächst im Blick auf seine Familiengeschichte.

[235] Siehe dazu etwa: Peter Schäfer: Jesus im Talmud, Tübingen [2]2010.

[236] Karl Barth: Die Kirche und die politische Frage von heute, in: ders.: Eine Schweizer Stimme 1938–1945, [3]1985, 90 (Hervorhebung K. B.).

[237] Dietrich Bonhoeffer: Ethik, in: DBW 6, Gütersloh 1992, 95.

Stimme für sie zu erheben, ohne Wege gefunden zu haben, ihnen zu Hilfe zu eilen. Sie ist schuldig geworden am Leben der schwächsten und wehrlosesten Brüder Jesu Christi.»[238] Der Bonhoeffer zugeschriebene Satz «Nur wer für die Juden schreit, darf auch gregorianisch singen»[239] ist zwar nicht im Original von ihm überliefert, stimmt aber mit solchen Aussagen zusammen.

Die Revision der Beziehungsbestimmung des Christentums gegenüber dem Judentum begann nach dem Zweiten Weltkrieg mit dem Ringen um ein Schuldbekenntnis der Kirche und artikulierte sich in der theologischen Ablehnung des Antisemitismus. Doch drängte die Entwicklung darüber hinaus. Denn je mehr zu Bewusstsein kam, dass die Judenverfolgungen und -vernichtungen in der Zeit des Nationalsozialismus an den Antijudaismus anknüpfen konnten, der von Anfang an in der Geschichte der Kirche zutage getreten war; je mehr deutlich wurde, dass dieser Antijudaismus auch theologische Wurzeln hatte, etwa in der heilsgeschichtliche Substitutionstheorie, die wiederum auf einer bestimmten Interpretation der neutestamentlichen Bundestheologie basiert, umso stärker wurde das Bedürfnis, nicht nur die praktische Beziehungsgestaltung, sondern auch die theologische Beziehungsbestimmung zum Judentum paradigmatisch umzustellen. Es ging nicht mehr nur um ethisches Fehlverhalten, sondern um eine theologische Sünde! Daraus musste sich die Konsequenz ergeben, nicht nur die frühere Feindseligkeit gegenüber den Juden[240] zugunsten partnerschaftlicher und dialogischer Beziehungen zu überwinden, sondern auch die theologische Sicht des Judentums einer grundlegenden Revision zu unterziehen.

Zunächst stand in den Kirchen in Deutschland die Frage der Mitschuld an der Verfolgung und Vernichtung von Juden im Vordergrund. Nur zögerlich wurde diese anerkannt. Während im «Stuttgarter Schuldbekenntnis» von 1945 und im «Darmstädter Wort» von 1947 die Mitschuld noch

---

[238] A. a. O., 130.

[239] Nach Eberhard Bethge (Das Erbe des Getöteten, in: Christian Gremmels / Ilse Tödt [Hg.]: Die Präsenz des verdrängten Gottes, München 1987, 195) hat Bonhoeffer diesen Satz Ende 1935 gesagt. Siehe auch: Eberhard Bethge: Dietrich Bonhoeffer. Eine Biografie, München ^{7}1986, 506.685.

[240] Siehe dazu etwa die von Rolf Rendtorff (Arbeitsbuch Christen und Juden. Zur Studie des Rates der Evangelischen Kirche in Deutschland, Gütersloh 1979, 224–232) zusammengestellten Zitate.

nicht eigens erwähnt wurde, finden sich im 1948 vom «(Reichs-)Bruderrat»[241] veröffentlichten «Wort zur Judenfrage» Andeutungen eines Schuldbekenntnisses gegenüber den Juden. Bedeutsam ist dieser Text für die theologische Verhältnisbestimmung zum Judentum, weil hier zwar noch nicht von der Substitutionstheorie Abstand genommen wird, aber doch theologische Revisionen vorgenommen werden, die zum Grundgestein aller späteren Erklärungen zum Judentum gehören: die Betonung des Judeseins Jesu, die Zurückweisung des Schuldvorwurfs an die Juden, für Jesu Tod verantwortlich zu sein, und die Hervorhebung der Treue Gottes, der am Erwählungsratschluss gegenüber seinem Volk festhält.

Die Erklärung der EKD-Synode in Berlin-Weißensee zur «Schuld an Israel» aus dem Jahr 1950 ging einen Schritt darüber hinaus, wendete sich dezidiert gegen jeden Antisemitismus, bekannte, dass die Kirche durch Unterlassen und Schweigen an den Judenverfolgungen mitschuldig geworden war, und rief dazu auf, Juden in brüderlichem Geist zu begegnen. Zudem erklärte die Synode, «dass Gottes Verheißung über dem von ihm erwählten Volk Israel auch nach der Kreuzigung Jesu Christi in Kraft geblieben ist.»[242]

Für die vor allem in den 1960er Jahren beginnenden jüdisch-christlichen Dialoge sind die 1947 verabschiedeten «Seelisberger Thesen»[243] bedeutsam. Eine international besetzte Gruppe von (evangelischen und katholischen) Christen und Juden hatte sich ins Seelisberg in der Schweiz getroffen und in 10 Punkten eine Erneuerung des Verhältnisses von Juden und Christen gefordert. Die Selbigkeit des Gottesglaubens der Juden und Christen wurde darin ebenso betont wie die historische und theologische Verwurzelung des christlichen Glaubens im Judentum. Das biblische und nachbiblische Judentum solle nicht herabgesetzt werden, um dadurch das Christentum zu erhöhen. Die Schuld am Tod Jesu dürfe nicht den Juden gegeben werden. Diese sollen nicht verworfen, verflucht und als für ein ständiges Leiden bestimmt dargestellt werden.

---

[241] Der «Reichsbruderrat», dann «Bruderrat» war das Leitungsgremium der Bekennenden Kirche, das nach dem Zweiten Weltkrieg die «Deutsche Evangelische Kirche» leitete und diese Leitungsverantwortung 1948 an den Rat der EKD abgab.

[242] Kirchliches Jahrbuch für die Evangelische Kirche in Deutschland 1950, Gütersloh 1951, 5f.

[243] www.kirchenbund.ch/sites/default/files/publikationen/pdf/Seelisberger-Thesen.pdf (09.09.2017).

Auf der Gründungsvollversammlung des Ökumenischen Rates der Kirchen 1948 in Amsterdam wurde in der IV. Sektion «Das christliche Verhalten gegenüber den Juden» behandelt. Auch hier wurde die besondere Bedeutung des Judentums für den christlichen Glauben betont und jeglichem Antisemitismus eine klare Absage erteilt.[244]

Dieser Aufbruch zu einer grundlegenden Revision der Beziehungsbestimmung leitete eine Phase intensiver jüdisch-christlicher Dialoge und der Ausarbeitung neuer Ansätze der Israeltheologie ein. 1961 wurde die AG «Juden und Christen» beim Deutschen Evangelischen Kirchentag gegründet. 1967 berief der Rat der EKD die Studienkommission «Kirche und Judentum», die 1973 vorschlug, eine Studie zum «Verhältnis der Kirche zu den Juden» zu erstellen. Diese erschien 1975 unter dem Titel «Christen und Juden». Eine zweite Studie folgte 1991 und eine dritte im Jahre 2000. Bei der Ausarbeitung von «Christen und Juden II» waren Vertreter des Judentums miteinbezogen worden. Hier wurde eine erste Bilanz der Entwicklung seit 1945 gezogen und praktische Impulse für jüdisch-christliche Begegnungen sowie für Predigt und Unterricht gegeben. Die Studie «Christen und Juden III» ging einen Schritt weiter und thematisierte auch Schwierigkeiten im Verhältnis zwischen Christen und Juden. Auf diese Weise unternahm sie «Schritte der Erneuerung im Verhältnis zum Judentum», so der Untertitel.[245]

Seit den 1960er Jahren plädierten namhafte evangelische und katholische Theologen, die sich für eine neue theologische Sicht des Judentums und für die Erneuerung der jüdisch-christlichen Beziehungen einsetzten, für eine Erweiterung des Verständnisses von Ökumene. Sie vertraten die Auffassung, dass es sich bei der Trennung von Judentum und Christentum um das erste Schisma in der Geschichte des Gottesvolkes handele, aus dem dann die weiteren Schismen hervorgegangen seien. Schon Erich Przywara hatte diese Trennung als «Ur-Riss» bezeichnet, der die Ganzheit

---

[244] Vollversammlung des Ökumenischen Rates der Kirchen: Erklärung über Das christliche Verhalten gegenüber den Juden vom August/September 1948, in: Rolf Rendtorff / Hans Hermann Henrix (Hg.): Die Kirchen und das Judentum. Dokumente von 1945 bis 1985, Paderborn/München 1988, E. III.29, 593–596.

[245] Kirchenamt der EKD: Christen und Juden I–III. Die Studien der Evangelischen Kirche in Deutschland 1975–2000, Gütersloh 2002.

der Catholica zerrissen habe.[246] Karl Barth hatte 1966 vor den Mitgliedern des Vatikanischen «Sekretariats zur Förderung der Einheit der Christen» gemahnt: «[W]ir sollen nicht vergessen, dass es schließlich nur *eine* tatsächliche große ökumenische Frage gibt: unsere Beziehung zum Judentum».[247] Dieser Sicht haben sich viele evangelische Theologen angeschlossen. So bezeichnete Dietrich Ritschl die Trennung zwischen Judentum und Christentum als das «eigentlich ökumenische Problem» und postulierte: «Zur Ökumene gehören Israel und die christliche Kirche».[248]

Das vielleicht markanteste Indiz für den grundlegenden Paradigmenwechsel in der Beziehungsbestimmung zum Judentum auf evangelischer Seite war der «Synodalbeschluß zur Erneuerung des Verhältnisses von Christen und Juden», den die Landessynode der Rheinischen Kirche am 11. Januar 1980 fasste.[249] Heftig umstrittener Teil dieses Beschlusses war die Abkehr von der Judenmission. Auch andere Landeskirchen – wie die Evangelische Kirche in Hessen und Nassau (EKHN) – nahmen das Bekenntnis zur bleibenden Erwähnung der Juden in die Präambel ihrer Verfassungen auf.

Auch auf europäischer Ebene unternahmen es die evangelischen Kirchen, ihr Verhältnis zum Judentum in einem umfassenden Positionspapier darzustellen. 2001 veröffentlichte die Leuenberger Kirchengemeinschaft die Studie «Kirche und Israel». Diese war von 1996 bis 1999 von einer Lehrgesprächsgruppe erarbeitet und im Jahre 2000 den Signatarkirchen der Leuenberger Konkordie zur Stellungnahme vorgelegt worden.[250] Auch darin wird die bleibende theologische Bedeutung Israels für

---

[246] Erich Przywara: Römische Katholizität – All-christliche Ökumenizität, in: Johann B. Metz u. a. (Hg.): Gott in Welt (FS Karl Rahner), Freiburg i. Br. 1964, 524–528, Zitat: 526.

[247] Zitiert nach Hans Hermann Henrix: Schweigen im Angesicht Israels? Zum Ort des Jüdischen in der ökumenischen Theologie, in: Gerhard Langer / Gregor Maria Hoff (Hg.): Der Ort des Jüdischen in der katholischen Theologie, Göttingen 2009, 264–298, Zitat: 273 (Hervorhebung R. B.).

[248] Dietrich Ritschl: Zur Logik der Theologie. Kurze Darstellung der Zusammenhänge theologischer Grundgedanken, München 1984., 73, vgl. 151.

[249] Siehe dazu: www.ekir.de/www/downloads/ekir2005sonderdruck_christen_juden.pdf (09.09.2017).

[250] Leuenberger Kirchengemeinschaft: Kirche und Israel. Ein Beitrag der reformatorischen Kirchen Europas zum Verhältnis von Christen und Juden (LT 6), Frankfurt a. M. 2001.

die Kirche zum einen im Judesein Jesu und seiner Anhänger und zum anderen in der Teilhabe der Kirche an den Überlieferungen und Verheißungen Israels gesehen. Die Beziehungsbestimmung zwischen altem und neuem Bund wird mit den Begriffen «Vertiefung», «Erweiterung» und «Erneuerung» hergestellt. Der bildhafte Bezugspunkt dafür ist die Rede des Paulus vom Ölbaum, in den der Christuszweig eingepfropft ist (Röm 11,17-24). Durchweg spürbar ist das Bestreben nach einer präzisen Bestimmung christlicher Identität, die das Verhältnis zu Israel in einer für die Kirche konstitutiven Weise zur Darstellung bringt. Die Spezifika des christlichen Gottesglaubens werden klar benannt, aber nicht in Abgrenzung zum Judentum, sondern im Bezug darauf zur Darstellung gebracht.

Das bevorstehende Reformationsjubiläum 2017 veranlasste die EKD und die evangelischen Landeskirchen dazu, sich mit den antijudaistischen Aussagen des späten Luther (und anderer Reformatoren) auseinanderzusetzen. Die 2015 in Bremen tagende EKD-Synode distanzierte sich deutlich von diesen Aussagen. Sie seien widersprüchlich, hätten die Juden geschmäht und ihre Entrechtung gefordert.[251] Die Synode bezog sich dabei unter anderem auf die im Jahr zuvor herausgegebene Orientierung «Die Reformation und die Juden».[252] Auf der Synode in Magdeburg, die vom 6. bis 9. November 2016 stattfand, erklärte die EKD ihre Absage an die Judenmission.[253]

Parallel dazu und oft um einige Schritte voraus vollzog die römisch-katholische Kirche im und seit dem Zweiten Vatikanischen Konzil ihre

---

[251] Kundgebung: «Martin Luther und die Juden – Notwendige Erinnerung zum Reformationsjubiläum». Beschluss der 2. Tagung der 12. Synode der EKD, 8. bis 11. November 2015 Bremen: www.jcrelations.net/Martin_Luther_und_die_Juden_____Notwendige_Erinnerung_zum_Reformationsjubil__um.5293.0.html?L=2 (16.05.2018).

[252] Die Reformation und die Juden. Eine Orientierung, erstellt im Auftrag des wissenschaftlichen Beirates für das Reformationsjubiläums 2017: https://www.luther2017.de/fileadmin/luther2017/material/Grundlagen/lutherdekade_reformation_und_die_juden.pdf (16.05.2018).

[253] «… der Treue hält ewiglich.» (Psalm 146,6). Eine Erklärung zu Christen und Juden als Zeugen der Treue Gottes, Evangelische Kirche in Deutschland (EKD): www.jcrelations.net/der_Treue_h__lt_ewiglich____Psalm_146_6.5507.0.html?L=3 (16.05.2018).

Neubestimmung des Verhältnisses zum Judentum. In «Lumen gentium» 9[254] und «Nostra aetate» 4[255] hatte das Konzil einen Paradigmenwechsel in dieser Beziehungsbestimmung vollzogen. Die Kirche bekennt sich zu ihrer bleibenden Verbindung mit dem «Stamme Abrahams».[256] Als «Söhne Abrahams dem Glauben nach»[257] seien die Christen in die Berufung Abrahams eingeschlossen. Obwohl die Juden zum großen Teil das Evangelium nicht angenommen hätten, seien sie «immer noch von Gott geliebt [...]; sind doch seine Gnadengaben und seine Berufung unwiderruflich».[258] Alle Formen der Judenfeindschaft werden nachdrücklich zurückgewiesen. Die Beziehungsgestaltung soll im Geiste eines brüderlichen Gesprächs erfolgen. Der damalige Konzilsberater Joseph Ratzinger urteilte über diese Erklärung, im Verhältnis zwischen Kirche und Israel sei «eine neue Seite im Buch der beiderseitigen Beziehungen» aufgeschlagen worden.[259]

Die Internationale Theologenkommission des Vatikans erklärte, im Judentum dauere die wahre göttliche Offenbarung des Alten Testaments an. Es heißt dort allerdings auch: «Nur im Neuen Testament erhalten die Bücher des Alten Testaments ihre volle Bedeutung.»[260]

Besonders die 40. und 50. Jubiläen der Promulgation von «Nostra aetate» boten Gelegenheiten zu Stellungnahmen.[261] So gab die vatikanische «Kommission für die religiösen Beziehungen zum Judentum» am

---

[254] www.vatican.va/archive/hist_councils/ii_vatican_council/documents/vat-ii_const_19641121_lumen-gentium_ge.html (16.05.2018).

[255] Siehe Anm. 151.

[256] A. a. O., § 4.

[257] Ebd.

[258] Ebd.

[259] Josef Ratzinger: Die letzte Sitzungsperiode des Konzils, Köln 1966, 68.

[260] Internationale Theologenkommission: Das Christentum und die Religionen, 1996, hg. vom Sekretariat der Deutschen Bischofskonferenz, Bonn (Arbeitshilfen 136), § 89.

[261] Thomas Roddey: Das Verhältnis der Kirche zu den nichtchristlichen Religionen. Die Erklärung Nostra aetate des Zweiten Vatikanischen Konzils und ihre Rezeption durch das kirchliche Lehramt, Paderborn 2005; Gerald O'Collins: The Second Vatican Council on Other Religions, Oxford 2013; Andreas Renz: Die katholische Kirche und der interreligiöse Dialog. 50 Jahre Nostra aetate. Vorgeschichte, Kommentar, Rezeption, Stuttgart 2014; Gavin D'Costa: Vatican II. Catholic Doctrines on Jews and Muslims, in: JThS 66/2, 2015/10, 885–888; Pim

10. Dezember 2015 «Reflexionen zu theologischen Fragestellungen in den katholisch-jüdischen Beziehungen aus Anlass des 50-jährigen Jubiläums von *Nostra aetate* (Nr. 4)» heraus. Sie tragen den Titel: «Denn unwiderruflich sind Gnade und Berufung, die Gott gewährt» (Röm 11,29).[262] Das Dokument, das nicht den Status einer lehramtlichen Verlautbarung hat, will «Ausgangspunkt für eine weitere theologische Reflexion sein, so dass die theologische Dimension des jüdisch-katholischen Dialogs bereichert und intensiviert wird.»[263] Es wird darin bekräftigt, dass die Juden in Gottes Heil eingeschlossen sind. «Doch wie dies ohne explizites Christusbekenntnis möglich sein kann, ist und bleibt ein abgrundtiefes Geheimnis Gottes.»[264]

Joseph Ratzinger / Benedikt XVI. nahm diese Erklärung zum Anlass, um erneut auf die theologische Bedeutung des Dialogs zwischen Juden und Christen hinweisen, dabei aber auch kritische Überlegungen zur Formel vom «nie gekündigten Bund» anzustellen. Zur Bundesgeschichte gehöre auch der Bruch des Bundes und dessen Folgen. In seine Überlegungen bezog Ratzinger auch die Landverheißung mit ein. Rabbiner David Rosen vom «American Jewish Commitee» hatte bei der Vorstellung der Erklärung «Denn unwiderruflich sind Gnade und Berufung, die Gott gewährt» darauf hingewiesen, dass darin ein Hinweis auf die zentrale Rolle, die das «Land Israel» für die Juden spiele, fehle. Ratzinger gibt die Position des Vatikans dazu wieder: Das Volk der Juden besitze – wie jedes Volk – einen *naturrechtlichen* Anspruch auf ein eigenes Land. In diesem Sinne sehe der Vatikan den Staat Israel als rechtmäßige Heimat des jüdischen Volkes an. Doch könne die Staatsgründung nicht als Erfüllung der biblischen Verheißungen gedeutet und theologisch begründet werden. Auch die Diaspora der Juden sei eine Sendung.[265]

Mindestens ebenso wichtig wie solche Dokumente waren die *Symbolhandlungen* der Päpste im Rahmen ihrer Besuche in Israel, in Synagogen in

---

Valkenberg / Anthony Cirelli: Nostra Aetate. Celebrating 50 Years of the Catholic Church's Dialogue with Jews and Muslims, Washington D. C. 2016.

262 https://www.dbk.de/fileadmin/redaktion/diverse_downloads/presse_2015/Vatikandokument-50-Jahre-Nostra-aetate.pdf (16.05.2018).

263 A. a. O., Vorwort.

264 A. a. O., § 36.

265 Joseph Ratzinger / Benedikt XVI.: Gnade und Berufung ohne Reue. Anmerkungen zum Traktat «De Iudaeis», in: IKaZ 47, 2018, 316–335.

europäischen Städten und in Auschwitz: Am 4. Januar 1964 – also während des Zweiten Vatikanischen Konzils und noch vor der Promulgation von «Nostra aetate» – besuchte Paul VI. als erster Papst das Heilige Land. Die Westbank, Ost-Jerusalem und die Altstadt waren damals noch jordanisch, der Gaza-Streifen ägyptisch. Der Papst betonte, dass er keine politischen Ziele verfolge. Er komme als Pilger und es gehe ihm um den Frieden in der Welt.

Besonders Johannes Paul II. war in dieser Hinsicht ein wahrhafter Brückenbauer (*pontifex*). In einer Rede vor dem Zentralrat der Juden in Deutschland und der Rabbinerkonferenz am 17. November 1980 in Mainz sprach er davon, dass Gott seinen Bund mit Israel nie gekündigt habe. Mit dieser über «Nostra aetate» 4 (und auch über sein Redemanuskript) hinausgehenden Erklärung war die bleibende Erwähltheit des Judentums anerkannt. Bei seinem Besuch der Großen Synagoge in Rom am 13. April 1986 sprach er von den Juden als den älteren Brüdern der Christen. Den Höhepunkt des Pontifikats im Blick auf die Beziehungsbestimmung zu den Juden bildete der Besuch des Papstes in Israel vom 21. bis zum 26. März 2000, der auch ein Gedenken in Yad Vashem und ein Gebet an der Klagemauer einschloss.

Auch die Päpste Benedikt XVI. und Franziskus I. setzten markante Zeichen für ein erneuertes Verhältnis zum Judentum. Am 28. Mai 2006 besuchte Benedikt XVI. das Konzentrationslager Auschwitz-Birkenau. Vom 11. bis 15. Mai 2009 reiste er nach Israel und ins Westjordanland. Auch dieser Besuch schloss ein Gebet an der Klagemauer ein. Franziskus unternahm vom 24. bis 26. Mai 2014 eine Pilgerreise ins Heilige Land. Dabei – aber auch bei anderen Begegnungen mit Juden – sprach er sich klar gegen den Antisemitismus aus: Wer Christ ist, könne kein Antisemit sein. Als er am 17. Januar 2016 die Synagoge in Rom besuchte, sagte er in seiner Rede: «Wir gehören alle einer einzigen Familie an, der Familie Gottes.»[266]

Nachdem das Judentum diesem von christlicher Seite vorgenommenen Paradigmenwechsel lange Zeit skeptisch und nicht selten auch ablehnend gegenüberstand, gibt es mittlerweile drei bedeutende Antworten von jüdischen Gelehrten und Rabbinern darauf. Die erste ist die Stellungnahme «Dabru emet» («Redet Wahrheit», nach Sach 8,16) aus dem Jahre

---

[266] www.dw.com/de/papst-franziskus-wir-sind-eine-familie/a-18985798 (16.05.2018).

2000.[267] Darin wird erstmals anerkannt, dass «sich ein dramatischer und beispielloser Wandel in den christlich-jüdischen Beziehungen vollzogen» hat. Es wird auf Gemeinsamkeiten im Glauben an den einen Gott und auf die Verankerung dieses Glaubens in der Hebräischen Bibel verwiesen; den Christen wird bescheinigt, den jüdischen Anspruchs auf das Land Israel zu respektieren, die moralischen Prinzipien der Thora zu achten und den Antijudaismus zurückzuweisen. Der Unterschied zwischen Juden und Christen werde durch den Aufweis von Gemeinsamkeiten nicht ausgeräumt und die jüdische Praxis durch die Anerkennung des Christentums nicht geschwächt. Stattdessen erlaube die neue Beziehungsbestimmung eine Zusammenarbeit im Einsatz für Gerechtigkeit und Frieden.

Auf christlicher Seite wurde diese Erklärung als ein Meilenstein in den jüdisch-christlichen Beziehungen gefeiert. Der Gemeinsame Ausschuss «Kirche und Judentum» der EKD, UEK und VELKD arbeitete 2005 eine Antwort aus.[268] Zahlreiche im jüdisch-christlichen Dialog Engagierte äußerten sich in Buch- und Zeitschriftbeiträgen.[269]

Noch mehr als die von eher liberalen jüdischen Gelehrten verfasste Stellungnahme «Dabru emet» versetzte ein Votum, das am 3. Dezember 2015 unter dem Titel «Den Willen unseres Vaters im Himmel tun: Hin zu einer Partnerschaft zwischen Juden und Christen» erschienen war, die an der Beziehung zum Judentum interessierten Christen in Erstaunen.[270] Denn es stammte von *orthodoxen* Rabbinern, Gemeindeleitern, Institutionen und Seminaren in Israel, den Vereinigten Staaten und Europa. Darin

---

[267] National Jewish Scholars Project: DABRU EMET. Eine jüdische Stellungnahme zu Christen und Christentum: www.jcrelations.net/%22Dabru+Emet%22+-+Redet+Wahrheit.2419.0.html?L=2 (16.05.2018).

[268] https://www.ekd.de/juedische_stellungnahme_christen_und_christentum.html (16.05.2018).

[269] Rainer Kampling u. a. (Hg.): Dabru emet – redet Wahrheit. Eine jüdische Herausforderung zum Dialog mit den Christen, Gütersloh 2003; Erwin Dirscherl u. a. (Hg.): Redet Wahrheit – Dabru Emet. Jüdisch-christliches Gespräch über Gott, Messias und Dekalog, Münster 2004; Hubert Frankemölle (Hg.): Juden und Christen im Gespräch über «Dabru emet – Redet Wahrheit», Paderborn 2005; James K. Aitken (Hg.): Challenges in Jewish-Christian relations, New York 2006; Eva Schönemann: Bund und Tora: Kategorien einer im christlich-jüdischen Dialog verantworteten Christologie, Göttingen 2006, 41–55.

[270] www.jcrelations.net/Den_Willen_unseres_Vaters_im_Himmel_tun__Hin_zu_einer_Partnerschaft_zwischen_Jud.5227.0.html?L=2 (16.05.2018).

wurde die Anerkennung ausgesprochen, «dass das Christentum weder ein Zufall noch ein Irrtum ist, sondern göttlich gewollt und ein Geschenk an die Völker» sei.[271]

Dieses Zugeständnis ging manchen – nicht nur orthodoxen – Juden zu weit und so erschien gut ein Jahr später (am 1. Februar 2017) eine zweite, zurückhaltender formulierte Erklärung der europäischen Rabbinerkonferenz und des Rabbinischen Rates von Amerika unter dem Titel: «Zwischen Jerusalem und Rom: Die gemeinsame Welt und die respektierten Besonderheiten. Reflexionen über 50 Jahre von Nostra Aetate.»[272] Wie der Titel zu erkennen gibt, richtet sie sich primär an die römisch-katholische Kirche und würdigt die fruchtbaren Beziehungen zwischen dem Oberrabbinat Israels und der Vatikanischen Kommission für die religiösen Beziehungen mit dem Juden seit 2002. Anlass ist – wie aus dem Untertitel hervorgeht – das 50. Jubiläum der Konzilserklärung «Nostra aetate». Es geht darin weniger um theologische Fragen als um die Bereitschaft, diese Beziehungspflege fortzusetzen und in praktischen Angelegenheiten zusammenzuarbeiten. Nach dem Schema der im vorigen Kapitel dieses Buchs unterschiedenen fünf Agenden folgt «Zwischen Jerusalem und Rom» der auf Kooperation zielenden Agenda und nicht einer theologischen Agenda. Eine theologische Anerkennung des Christentums bzw. des christlichen Glaubens wird vermieden.

Der Paradigmenwechsel in der Beziehungsbestimmung und -gestaltung zwischen der/den Kirche/n und dem Judentum seit dem Zweiten Weltkrieg war radikal – im ursprünglichen Sinn des Wortes: Er reichte bis zu den theologischen Wurzeln dieser Beziehung und brachte tiefgreifende Revisionen in den Kernbeständen der christlichen Theologie mit sich. So sehr dabei die Sonderstellung der jüdisch-christlichen Beziehung gegenüber den Beziehungen des Christentums zu anderen Religionen betont wurde, so wenig konnte doch dieser Paradigmenwechsel ohne Auswirkungen auch auf die anderen interreligiösen Beziehungen bleiben.

Das zeigt sich schon in der Entstehungsgeschichte von «Nostra aetate»: Aus der ursprünglich geplanten «Erklärung über die Juden» wurde eine Neuformatierung der interreligiösen Beziehungen der katholischen Kirche

---

[271] A. a. O., Art. 3.

[272] www.jcrelations.net/Zwischen_Jerusalem_und_Rom__Die_gemeinsame_Welt_und_die_respektierten_Besonderhe.5647.0.html?L=2 (17.05.2018).

insgesamt.[273] Auch auf evangelischer Seite und in der Ökumenischen Bewegung wurde die Israeltheologie zur Wegbereiterin der Religionstheologie und der christlich-jüdische Dialog zur Mutter der interreligiösen Dialoge.[274] Der Blick in die Vergangenheit der christlich-islamischen Beziehungen zeigte, dass auch in dieser Hinsicht eine Revision erforderlich war, um die frühere Feindschaft beizulegen. Auch die zunehmende Präsenz von Muslimen in Europa und Nordamerika stellte vor die Herausforderung, die Beziehung zu ihnen und ihrer Religion auch theologisch neu zu reflektieren.

Die christlich-islamische Beziehungsgeschichte nahm einen anderen Verlauf als die Beziehungen zum Judentum. Doch auch darin lassen sich markante Paradigmenwechsel beobachten.

3.2. Beziehung zum Islam

Die Wahrnehmung des Islam war in der Neuzeit tiefgreifenden Veränderungen unterworfen.[275] Nach dem Ende der «Türkengefahr» – der zweiten

[273] Zur Entstehungsgeschichte, zum Inhalt und zur Rezeption der Erklärung von «Nostra aetate» siehe: Johannes Oesterreicher: Kommentierende Einleitung zur Erklärung über das Verhältnis der Kirche zu den nichtchristlichen Religionen, in: LThK2. Erg-Bd 2, Freiburg i. Br. 1967, 406–478; Roman A. Siebenrock: Theologischer Kommentar zur Erklärung über die Haltung der Kirche zu den nichtchristlichen Religionen. Nostra Aetate, in: Peter Hünermann / Bernd Jochen Hilberath (Hg.): Herders Theologischer Kommentar zum Zweiten Vatikanischen Konzil, Bd. 3, Freiburg i. Br./Basel/Wien 2009, 591–693.

[274] Siehe dazu: Reinhold Bernhardt: Die Israeltheologie als Wegbereiterin einer Theologie der Religionen, in: Markus Luber / Roman Beck / Simon Neubert (Hg.): Christus und die Religionen. Standortbestimmung der Missionstheologie (Weltkirche und Mission 5), Regensburg 2015, 123–147.

[275] Zur Islamwahrnehmung in der europäischen Geisteskultur, in Theologie, Kirche und Mission siehe: Klaus Hock: Der Islam im Spiegel westlicher Theologie, Köln u. a. 1986; Albert Hourani: Islam in European Thought, Cambridge 1991; Jacques Waardenburg: Islam and Christianity. Mutual Perceptions since the Mid-20th Century, Leuven 1998; Frieder Ludwig: Islamwahrnehmungen in Kirche und Mission, in: Hans. J. Münk, Michael Durst (Hg.): Christliche Theologie und Weltreligionen. Grundlagen, Chancen und Schwierigkeiten des Dialogs heute, Fribourg 2003, 55–90; Arnulf von Scheliha: Der Islam im Kontext der christlichen Religion, Münster 2004; Werner Löser: Bausteine für eine Theologie der

Belagerung Wiens durch die Türken 1683 – traten die konfrontativen Beziehungsbestimmungen zurück.[276] Unter den Vordenkern der Aufklärung – vor allem bei Gotthold Ephraim Lessing – kam es zu einer Aufwertung des Islam. Klarer als das Christentum und als andere Religionen schien diese Religion der «natürlichen», d. h. allen Menschen angeborenen und somit allgemeinmenschlichen Vernunftreligion zu entsprechen, welche die Denker der Aufklärung den «positiven», d. h. in der Religionsgeschichte «gegebenen» Religionen vor- und überordneten. Anders als der vermeintlich spekulative christliche Glaube mit seinen Lehren von den zwei Naturen in Jesus Christus oder den drei Personen in Gott beanspruchte der Islam, einen einfachen und vernünftigen Gottesglauben zu verkünden und diesen in ebenso einfachen und vernünftigen Regeln der Lebensorientierung praktisch fruchtbar zu machen. In seiner Schrift «Rettung des Hier. Cardanus» (verfasst 1752, publiziert 1754)[277] lässt Lessing einen Muslim über Mohammed und den Islam sagen «Wirf einen Blick auf sein Gesetz! Was findest Du darinne, das nicht mit der allerstrengsten Vernunft übereinkomme? Wir glauben einen einigen Gott; wir glauben eine zukünftige Strafe und Belohnung, deren eine uns, nach Maßgabe unserer Taten, gewiss treffen wird. Dieses glauben wir, oder vielmehr, damit ich auch eure entheiligen Worte nicht brauche, davon sind wir überzeugt, und sonst von nichts».[278]

Religionen. Blicke und Schritte über die Grenzen, Würzburg 2016, 27–113; Douglas Pratt: Christian Engagement with Islam. Ecumenical Journeys since 1910, Leiden 2017; David Thomas: Routledge Handbook on Christian-Muslim Relations, New York 2018.

[276] Daniel Cyranka: Mahomet: Repräsentationen des Propheten in deutschsprachigen Texten des 18. Jahrhunderts, Göttingen 2018.

[277] Gotthold Ephraim Lessing: Werke, Bd. 7, München 1976, 9–32. Siehe dazu: Monika Fick: Lessing-Handbuch: Leben – Werk – Wirkung, Stuttgart [4]2016, 139–147 («Rettungen»); Ernst Feil: Religio, Bd. 4: Die Geschichte eines neuzeitlichen Grundbegriffs im 18. und frühen 19. Jahrhundert, Göttingen 2012, 525–550; Michael Multhammer: Lessings «Rettungen»: Geschichte und Genese eines Denkstils, Berlin 2013, 170–200.

[278] A. a. O., 24. Der Begriff «Gesetz» («lex») steht in dieser Aussage für Religion. Lessing setzt sich mit dem 11. Buch der Schrift «De Subtilitate» (1751) von Hieronymus Cardanus (Arzt, Philosoph und Mathematiker, 1501–1576) auseinander, in dem dieser einen Vergleich der vier «leges» - des götzendienerischen

Lessing distanzierte sich mit dieser Haltung von apologetischen und polemischen Sichtweisen des Islam, wie sie in Theologie und Kirche, aber auch in der allgemeinen Geisteskultur verbreitet waren – etwa bei Voltaire, der 1740 die Tragödie «Der Fanatismus oder Mohammed» vollendete.[279]

Karl-Josef Kuschel, der diesen «Paradigmenwechsel» in der Wahrnehmung und Bewertung des Islam aufgearbeitet und facettenreich dargestellt hat[280], sieht ihn in engem Zusammenhang mit der zeitgenössischen Orientalistik stehen, die im Begriff war, sich als Wissenschaft zu etablieren.[281]

Der Utrechter Orientalist Hadrian Reland hatte 1705 eine sachliche und um die Vermeidung von polemischen Urteilen bemühte Darstellung des Islam unter dem Titel «De religione Mohammedica» verfasst, die in mehrere Sprachen übersetzt wurde. In der 1730 posthum veröffentlichten Biografie Mohammeds von Henri Comte de Boulainvilliers kam das Bild des Islam als einer rationalen Religion deutlich zum Ausdruck. Georg Sale brachte 1734 eine englische Koranübersetzung heraus, die den Islam in ein positives Licht rückte und auf Übereinstimmungen mit dem Christentum hinwies.

Zur veränderten Sicht des Islam trug auch die Wertschätzung bei, die Johann Wolfgang von Goethe dieser Religion, der persischen Dichtkunst und Kultur sowie der arabisch-orientalischen Welt entgegenbrachte. Schon seit 1771/1772 hatte er intensive Koran-Studien betrieben. 1814 vertiefte er sich in Reiseberichte und in die altpersische Dichtung. Wie Herder und Schlegel sah auch Goethe im Orient die Urheimat der Menschheit, in der

---

Heidentums («cultores idolorum»), der Juden, Christen und Muslime («Mahumetani») anstellt. Cardanus war vorgeworfen worden, er habe den Ausgang des Streitgesprächs offengelassen. Gegen den damit verbundenen Vorwurf des Atheismus erhebt Lessing seine Stimme. Nach seiner Auffassung hat das Christentum in diesem Wettstreit den Sieg davongetragen. Das führt Lessing nun zum entgegengesetzten Vorwurf: Cardanus habe eine voreingenommene Darstellung der Religionen gegeben. Die nichtchristlichen Religionen seien mit den «allerschlechtesten Gründen unterstützt, und mit noch schlechteren widerlegt» worden (A. a. O., 22).

[279] Voltaire: Der Fanatismus oder Mohammed, inklusive der Essays Predigt der Fünfzig und Von dem Korane und dem Mahomed, Berlin 2017.

[280] Karl-Josef Kuschel: Vom Streit zum Wettstreit der Religionen. Lessing und die Herausforderung des Islam, Düsseldorf 1998.

[281] Karl-Josef Kuschel: Vom Streit zum Wettstreit der Religionen, A. a. O., 48–53.88–90.105–124.

die Einheit von Natur und Geist und eine ursprüngliche Religiosität zu finden ist. Er bezeichnete seine Hinwendung zum Orient als «Hegire» (arab. *higra*: «Migration»).[282] Diese Orientsehnsucht war bei ihm verbunden mit dem Bestreben, über die Nationalliteratur hinaus zur Weltliteratur vorzudringen.

Besonders tief beeindruckte ihn das Hauptwerk von Hāfez, der «Diwan» aus dem 14. Jahrhundert. Dieses Werk rezipierend verfasste er 1814/1815 den «West-östlichen Divan»[283] (in dessen Lyrik auch chiffrierte Liebeserklärungen an Marianne Willemer einflossen). Das lyrische Ich, das im Text spricht, ist ein muslimisches. Jesus wird nach dem Verständnis des Koran als Prophet des *einen* Gottes beschrieben.[284] Im Kreuzestod Jesu kann Goethe nichts Heilvolles erkennen: «Mir willst du zum Gotte machen / Solch ein Jammerbild am Holze.»[285] Dem Koran wird andeutungsweise göttliche Herkunft beschieden: In den «Noten und Abhandlungen zum West-östlichen Divan» fragt sich der Dichter, warum er nicht «ehrfurchtsvoll jene heilige Nacht feiern [sollte], wo der Koran vollständig dem Propheten von obenher gebracht ward»[286].

Doch eignet sich Goethe nicht für Vereinnahmungsversuche von muslimischer Seite.[287] Islamischer Orthodoxie stand er ebenso kritisch gegenüber wie christlicher. In dem von Hāfez poetisch vertretenen mystischen Islam sah er seinen überreligiösen, in der Tendenz pantheistischen Glauben an das spinozistische All-Eine zum Ausdruck gebracht. Doch ist die Ausdrucksgestalt nicht auf eine bestimmte religiöse Tradition festgelegt. Sie kann sich auch anderer (vor allem mystischer) religiöser Traditionen bedienen. Wenn Goethe vom «Islam» spricht und seine eigene religiöse Haltung damit identifiziert, dann meint er nicht primär die historisch auf Mohammed zurückgehende Religion, sondern die religionsübergreifende

---

[282] WA I/6, S. 5f.

[283] WA I/6.

[284] «Jesus fühlte rein und dachte – Nur den Einen Gott im Stillen;
Wer ihn selbst zum Gotte machte – kränkte seinen heil'gen Willen.
Und so muß das Rechte scheinen – Was auch Mahomet gelungen;
Nur durch den Begriff des Einen – Hat er alle Welt bezwungen.»
(WA I/6, S. 288f [Z. 21–28].

[285] WA I/6, S. 289 (Z. 39f).

[286] WA I/7, S. 153.

[287] Wie man es etwa auf Internetseiten wie www.tauhid.net/goethe.html findet. Dort wird das lyrische Ich mit Goethes eigener Auffassung identifiziert.

Grundhaltung der vernunftgemäßen Gottergebenheit. So ist auch seine Bemerkung über einen «zu jeder religiös-vernünftigen Ansicht» stimmenden «Islam, zu dem wir uns früher oder später alle bekennen müssen»[288] aufzufassen. Gerne wird in diesem Zusammenhang auch die Aussage Goethes zitiert, er lehne den Verdacht nicht ab, dass er selbst ein Muselmann sei.[289] Diese Aussage findet sich in der Ankündigung des «West-östlichen Divans» im «Morgenblatt für gebildete Stände» vom 24. Februar 1816 und ist in der dritten Person über den Dichter formuliert. Der knappe Kontext gibt auch keine Auskunft über ihre Bedeutung.[290]

Wenn es auch seit dem 17. Jahrhundert zu einer deutlichen Wahrnehmungsverschiebung im Blick auf den Islam kam, die von romantischer Verklärung des Orients als exotischer Traumwelt über literarische Annäherungen, die sich nicht selten als Projektion eigener Sehnsüchte deuten lassen, bis hin zu solider wissenschaftlicher Orientforschung reichte, so ist doch die Rede von einem Paradigmen*wechsel* insofern irreführend, als das «alte» apologetische und polemische Paradigma daneben fortbestand.[291] Die stereotypisierenden Konnotierungen des Islam erstens mit Fanatismus und Gewalt, zweitens mit Fatalismus und Ergebenheit in das von Gott verordnete Schicksal («Kismet») und drittens mit Lüsternheit und zügellosem Genuss prägten auch weiterhin das Bild des Islam in der breiten Öffentlichkeit.

1883 kam es zu einer intensiv geführten Islamdebatte, deren Ausläufer bis in die Gegenwart reichen. Ausgelöst wurde sie durch einen Vortrag, den der Schriftsteller, Historiker, Archäologe, Religionswissenschaftler und Orientalist Ernest Renan am 29. März jenes Jahres an der Sorbonne in Paris zum Thema «Der Islam und die Wissenschaft» hielt. Ausgangspunkt war seine Wahrnehmung des Islam als einer die Geistestätigkeit des

---

288 WA IV/34, S. 50 (in einem Brief vom 22.12.1820, in dem sich Goethe für das Geschenk eines Aphorismen-Buches bei Johann Jakob von Willemer bedankt; die zitierte Aussage bezieht sich auf dieses Buch).

289 WA I/41, S. 86. Siehe dazu: Hendrik Birus: Goethe – «ein Muselmann»?, in: Goethe-Jahrbuch 130, Göttingen 2013, 51–58.

290 Zum Goethes Verhältnis zum Islam insgesamt siehe: Katharina Mommsen: Goethe und die arabische Welt, Frankfurt a. M. 1988; dies.: Goethe und der Islam, Frankfurt a. M. ²2001.

291 So war auf dem Titelbild der ersten Übersetzung des Koran aus dem Arabischen ins Deutsche durch David Friedrich Megerlin 1771 noch Mohammed als falscher Prophet abgebildet.

Menschen behindernden und der Wissenschaft feindlich gegenüberstehenden inferioren Weltanschauung: «Jede Person, die nur einigermaßen an dem Geistesleben unserer Zeit theilnimmt, erkennt deutlich die gegenwärtige Inferiorität der mahomedanischen Länder, den Niedergang der vom Islam beherrschten Staaten, die geistige Nichtigkeit der Rassen, die einzig und allein ihre Kultur und ihre Erziehung jener Religion verdanken. Wer immer im Orient oder in Afrika gereist ist, dem musste die Wahrnehmung sich aufdrängen von der thatsächlichen Geistes-Beschränktheit eines wahrhaft Gläubigen, von jener Art eisernen Reifens, der um sein Haupt geschlagen ist und dasselbe der Wissenschaft geradezu verschließt, es unfähig macht, irgend etwas zu lernen, irgend eine neue Idee in sich aufzunehmen.»[292] Die Kernaussage des Vortrags lautet: «der Muselmann» habe «die tiefste Verachtung vor der Bildung, der Wissenschaft, vor Allem, was wir das europäische Geistesleben nennen».[293] Dabei handele es sich nicht nur um einen zeitweiligen Niedergang. Die Wissenschaftsfeindlichkeit sei in den Wurzeln des Islam angelegt. Der demgegenüber ins Feld geführte Hinweis auf die Blüte der islamischen Wissenschaft im Mittelalter verfange nicht, weil diese Wissenschaft nicht vom Islam, sondern von «Parsen, Christen, Juden, Harraniern, von Ismaeliten und Mahomedanern, die innerlich gegen ihre eigene Religion empört waren»[294] hervorgebracht worden sei. Der Islam habe die exakte Wissenschaft und die Philosophie sogar bekämpft und erstickt.

Der Vortrag löste eine international geführte Debatte aus. Muslimische Intellektuelle – unter ihnen der Philosoph Jamal al-Din al-Afghani – beteiligten sich daran und versuchten, Renans Thesen zu widerlegen.[295]

Zur gleichen Zeit konnten enge Kontakte auf politischer und kultureller Ebene gepflegt werden. In der Zeit zwischen 1880 und 1945 wurde muslimischen Intellektuellen im Westen hohes Ansehen entgegengebracht und in Deutschland wurden die Beziehungen zu den Staaten der muslimischen Welt, die mit dem Deutschen Reich befreundet waren, gepflegt. Ge-

---

[292] Der Islam und die Wissenschaft. Der Disput zwischen Ernest Renan und Jamal al-Din al-Afghani 1883, in: Themenportal Europäische Geschichte, 2007, www.europa.clio-online.de/quelle/id/artikel-3383 (24.04.2018).

[293] Ebd.

[294] Ebd.

[295] Siehe dazu: Birgit Schäbler: Moderne Muslime. Ernest Renan und die Geschichte der ersten Islamdebatte 1883, Paderborn 2016.

bildete Muslime kamen vor allem in die Universitätsstädte, um hier zu lehren und zu studieren – auch im Blick auf die absehbare Unabhängigkeit ihrer Länder nach der Kolonialzeit, die dann gut ausgebildete Eliten brauchen würden. Sie waren an einer Modernisierung des Islam interessiert und repräsentierten den Islam in diesem Licht.

Der Islam galt bei vielen in den westlichen Gesellschaften als rationale und moderne Religion aus einer etwas geheimnisvollen orientalischen Welt. Von einer Wissenschaftsfeindlichkeit oder gar einer Gewaltneigung des Islam war keine Rede. Muslimische Intellektuelle waren zu Gast in den gesellschaftlichen Eliten der westlichen Länder. Es gab Konversionen von Angehörigen dieser Eliten zum Islam. Künstler und Literaten begaben sich auf Entdeckungsreisen. So wurde etwa Rainer-Maria Rilke auf zwei Reisen nach Nordafrika und Ägypten im Winter 1910/11 und nach Spanien im Winter 1912/13 ergriffen von der Gottunmittelbarkeit und der vitalen Spiritualität des Islam. In einem am 4. Dezember 1912 verfassten Brief an die Fürstin Marie von Thurn und Taxis zeigte er sich fasziniert von der Einheit Allahs: «Das Christentum, dachte man unwillkürlich, schneidet Gott beständig an wie eine schöne Torte, Allah aber ist ganz, Allah ist heil.»[296]

Der Erste Weltkrieg erschütterte das Selbstbewusstsein Europas, besonders in den deutschsprachigen Ländern, tief. Der vormalige Fortschrittsoptimismus, der mit der Erwartung einhergegangen war, die ganze Welt durch die Ausbreitung der europäischen Kultur und Religion auf ein höheres Zivilisationsniveau heben zu können, zerbrach.[297] Den geistigen

---

[296] Eva Söllner (Hg.): Rilke in Spanien. Briefe, Gedichte Tagebücher, Frankfurt a. M./Leipzig 1993, 53. Siehe dazu auch: Karl-Josef Kuschel: «Gott von Mohammed her fühlen». Rilkes Islam-Erfahrung und ihre Bedeutung für den religionstheologischen Diskurs der Zukunft, in: «Die Welt ist in die Hände der Menschen gefallen». Rilke und das moderne Selbstverständnis. Blätter der Rilke-Gesellschaft 24, 2002, 67–94; Barbara Surowska: Rilkes Ringen mit Christus, in: Ulrich Wergin / Karol Sauerland (Hg.): Literatur und Theologie: Schreibprozesse zwischen biblischer Überlieferung und geschichtlicher Erfahrung, Würzburg 2005, 127–139.

[297] Siehe dazu: Frieder Ludwig: Der Erste Weltkrieg als Einschnitt in der Kirchen- und Missionsgeschichte, Berlin 2003.

und spirituellen Ressourcen anderer Kulturen wurde nun größeres Interesse entgegengebracht. Auf der Weltmissionskonferenz in Jerusalem 1928 wurden «die geistigen Werte des Islam» anerkannt.[298]

Berlin entwickelte sich in jener Zeit zu einem Zentrum des islamischen Lebens in Deutschland. Die islamische Gemeinschaft war anerkannt und es erhob sich kein Widerstand, als ein geplantes Großprojekt realisiert werden sollte. Am 7. August 1923 wurde am Kaiserdamm der Grundstein für eine 50 auf 70 Meter große und fünf Stockwerke hohe Moschee gelegt, die von zwei 65 Meter hohen Minarette flankiert sein sollte. Ein Studentenheim, ein orientalisches Restaurant, ein islamisches Hotel und Räume und Wohnungen für die Angestellten der Gemeinde sollten ebenfalls auf dem Komplex gebaut werden. Das Projekt scheiterte aus finanziellen Gründen.[299] Mit der Wilmersdorfer Moschee am Fehrbelliner Platz wurde dann ein Projekt mit kleineren Dimensionen realisiert. Am 26. April 1925 wurde diese Moschee in Anwesenheit des türkischen Botschafters, kaiserlicher Gesandten aus Persien und Afghanistan, von Vertretern sämtlicher islamischer Nationen, die in Deutschland Gemeinden hatten, sowie von zahlreichen Repräsentanten deutscher Behörden eingeweiht. Wie selbstverständlich islamisches Leben in Berlin war, zeigt sich auch daran, dass die Berliner Sender die 1931 von der Deutsch-muslimischen Gesellschaft veranstaltete Feier zum Ramadan übertrugen.[300] Auch in vielen anderen Hauptstädten Europas war die Errichtung von Zentralmoscheen geplant. In Paris wurde dieser Plan noch vor dem Zweiten Weltkrieg umgesetzt, in Den Haag und London erst danach.[301]

Noch bis in die 1970er Jahre, als sich die Zuwanderung von Arbeitsmigranten aus muslimischen Ländern verstärkte, herrschte die Faszination

---

[298] International Missionary Council (Hg.): Report of the Jerusalem Meeting of the IMC, London 1928, Bd. 1, 398f.

[299] Chalid-Albert Seiler-Chan: Der Islam in Berlin und anderwärts im Deutschen Reich, in: Moslemische Revue 10, Oktober 1934, 115.

[300] Moslemische Revue 10, Oktober 1934, 92.

[301] Siehe dazu auch: Thomas Schmitt: Moscheebau und Moscheebaukonflikte in Deutschland, in: Reinhold Bernhardt /Ernst Fürlinger (Hg.): Öffentliches Ärgernis? Moscheebaukonflikte in Deutschland, Österreich und der Schweiz, Zürich 2015, 41–58; Gerdien Jonker: Die Erfassung der Anderen. Europäische Wahrnehmungen von Muslimen zwischen Überlieferung und Erfahrung, a. a. O., 136–139.

für den Orient vor. Mit dieser Zuwanderung drängten sich dann aber zunehmend kulturelle Fremdheitserfahrungen in der eigenen Lebenswelt auf. Zunächst wurden diese nicht mit dem Islam konnotiert, sondern mit sozialen («Fremdarbeiter», dann «Gastarbeiter»), politischen («Ausländer»), geografischen («Südländer») und ethnischen bzw. nationalen («Türken») Zuschreibungen belegt. Seit Anfang der 1980er Jahre wurde die Identitäts- und Differenzmarkierung dann stärker über das Merkmal von Religion und Kultur vorgenommen. Die im Migrationsdiskurs der Bundesrepublik Deutschland in den 1960er Jahren zusammengefasst als «Südländer» bezeichneten Italiener, Spanier und Griechen galten nun als kulturnah, Zuwanderer aus muslimisch geprägten Ländern dagegen als kulturfern. Sie wurden jetzt nicht mehr als «Ausländer» oder nach ihrer nationalen Herkunft, sondern summarisch als «Muslime» bezeichnet.[302] In der Einwanderungs- und Integrationsdebatte hat sich ein *religious turn* ereignet. Dabei stehen vor allem Muslime im Vordergrund. Die Debatte ist «islamisiert» worden. Man könnte sogar von einem *Islamic turn* sprechen.

Damit einher ging eine Umcodierung der Islamwahrnehmung. Als politisierte Formen des Islam dessen Wahrnehmung im Westen zu prägen begannen – wozu besonders die iranische Revolution 1979 beitrug, aber auch der Krieg zwischen Irak und Iran – veränderte sich das Bild des Islam von einer eher passiv fatalistischen zu einer aggressiven Religion.

Durch die im Namen des Islam verübte Gewalt, aber auch durch Lebensformen einer traditionalen Kultur unter Muslimen in Westeuropa hat sich in weiten Teilen der Öffentlichkeit das Bild des Islam als archaische und patriarchale Religion verfestigt, einer Religion, die Gewalt fördert, das Gewaltmonopol des Staates sowie die Trennung von Religion und Politik nicht anerkennt, mit den Grundsätzen des Rechtsstaats nicht kompatibel ist, die Gleichberechtigung von Frauen und Männern missachtet, die Bildungschancen von Mädchen beschneidet, repressive Sozialstrukturen, Zwangsehen und sogenannte Ehrenmorde unterstützt.

Dieses Bild – für dessen Facetten sich sicher auch einzelne empirische Belege finden lassen – belastet und erschwert eine dialogisch wertschätzende Beziehungsgestaltung zu den in Westeuropa lebenden Muslimen in

---

[302] Siehe dazu: Yasemin Shooman: Angst vor dem Islam oder Rassismus gegen Muslime? Zur Einordnung antimuslimischer Diskurse aus rassismustheoretischer Perspektive, in: Reinhold Bernhardt / Ernst Fürlinger (Hg.): Öffentliches Ärgernis? (siehe Anm. 301), 149–151.

der Gegenwart. Demgegenüber zeigen neuere empirische Erhebungen, dass diese Muslime in hohem Maße die freiheitlich-demokratische Grundordnung westlicher Staaten und die Wertfundamente liberaler Gesellschaften akzeptieren.[303] Das im Westen verbreitete Bild vom «Islam» ist also weniger durch die Erscheinungsformen des hiesigen Islam als durch die medial vermittelte (und selegierte) Wahrnehmung dieser Religion in ihren radikalen Ausprägungen – vor allem in der islamischen Welt selbst – bestimmt.

In der *theologischen* Rezeption des Islam wurde und wird oft mit typologischen Kontrastierungen gearbeitet. So hob Friedrich Schleiermacher die vermeintliche Schicksalsfrömmigkeit in seiner Charakterisierung des Islam hervor und stellte diesen Fatalismus den Impuls zur aktiven Weltgestaltung im Judentum und Christentum gegenüber. Der Islam wird dem «ästhetischen» (im Unterschied zum «teleologischen», d. h. auf ein Handlungsziel ausgerichteten, in diesem Fall: auf die Förderung des Reiches Gottes abzielenden) Frömmigkeitstypus zugeordnet.[304] Er komme «in dem Bewußtsein unabänderlicher göttlicher Schikkungen gänzlich zur Ruhe»[305].

Zur kontrastierenden Charakterisierung des Islam wurde – besonders auf evangelischer Seite – auch die in der reformatorischen Rechtfertigungslehre begründete Unterscheidung von Gesetz und Evangelium herangezogen. Der Islam erschien demnach als eine Religion der Gesetzesobservanz und wurde mit Werkgerechtigkeit assoziiert. So unterschied Ernst

---

[303] So etwa die Auftaktstudie des «Bertelsmann Religionsmonitors» 2017. Siehe dazu: https://www.bertelsmann-stiftung.de/de/mediathek/medien/mid/auftaktstudie-des-religionsmonitor-2017-yasemin-el-menouar-zu-den-ergebnissen/ (10.09.2017). Siehe auch: Dirk Halm, Martina Sauer: Muslime in Europa. Integriert, aber nicht akzeptiert? (www.bertelsmann-stiftung.de/fileadmin/files/BSt/Publikationen/GrauePublikationen/Studie_LW_Religionsmonitor-2017_Muslime-in-Europa.pdf [18.05.2018]).

[304] Friedrich Schleiermacher: Der christliche Glaube nach den Grundsätzen der evangelischen Kirche im Zusammenhange dargestellt, 2. Aufl. 1830/31, hg. von Rolf Schäfer, § 9.1, S. 77.

[305] A. a. O., § 9.2, S. 79f. – Siehe dazu auch: Bertold Klappert: Schleiermachers Verständnis von Islam, Judentum und Christentum und der Dialog zwischen Judentum, Christentum und Islam heute, in: Reden über die Religion – 200 Jahre nach Schleiermacher. Eine interdisziplinäre Auseinandersetzung mit Schleiermachers Religionskritik, Neukirchen-Vluyn 2000, 117–163.

Troeltsch religionstypologisch zwischen Gesetzes- und Erlösungsreligionen. Die Gesetzesreligionen Judentum und Islam seien den Erlösungsreligionen unterlegen, weil sie zwar (anders als die Naturreligionen) die sinnliche von der geistigen Sphäre trennten, vom Menschen selbst aber durch (heteronomen) Gehorsam gegenüber den Gesetzen den Aufstieg in die höhere Welt erwarteten. Die Erlösungsreligionen sind nach Troeltsch demgegenüber gekennzeichnet durch ihre Überwindung aller Bindungen des Göttlichen und des Seelischen an das Welthafte und durch die Leugnung der Möglichkeit, mit den natürlichen Seelenkräften aus der natürlichen Welt emporzusteigen. Die Seele ist hier befreit von ihrer eigenen Natur, sie füllt sich allein mit den Kräften des Göttlichen und stellt sich der vorgefundenen Welt gestaltend, d. h. absolute Werte verwirklichend gegenüber.[306]

Die urevangelische Unterscheidung zwischen Evangelium und Gesetz, die bis zur Mitte des 20. Jahrhunderts mit Vorliebe auf das Judentum angewandt worden ist, findet sich andeutungsweise bis in die Gegenwart hinein in kirchlichen Stellungnahmen zum Islam. So wurden in der EKD-Handreichung «Klarheit und gute Nachbarschaft. Christen und Muslime in Deutschland» aus dem Jahr 2006[307] die theologischen Unterschiede zwischen dem christlichen und dem islamischen Gottesverständnis in zuweilen polemischer Zuspitzung herausgestrichen. In der Gesellschaft verbreitete Ressentiments gegenüber dem Islam wurden aufgenommen. Man argumentierte in der Haltung einer Hermeneutik des Verdachts. Pointierter als in früheren Stellungnahmen der EKD zum Islam, die vor dem 11. September 2001 erschienen sind – etwa «Zusammenleben mit Muslimen in Deutschland» (2000)[308] – stellte man nun die Schattenseiten des Islam heraus. In kritischen Rückfragen an den Islam wurde ihm eine Neigung zur Legitimierung von Gewalt bescheinigt, auf die problematische Beziehung zwischen Religion und Politik hingewiesen, ein gespanntes Verhältnis zu den Grundwerten des liberalen Rechtsstaates unterstellt, die Demokratiefähigkeit angezweifelt, die Anerkennung der Menschenrechte und die Gleichstellung der Geschlechter gefordert, Gewalt in den Familien

---

306 Ernst Troeltsch: Die Absolutheit des Christentums und die Religionsgeschichte nach KGA, Bd. 5, Berlin/New York, 1998, ca. 193–198.

307 https://www.ekd.de/ekd_de/ds_doc/ekd_texte_86.pdf (11.08.2017). Siehe Anm. 103.

308 https://www.ekd.de/zusammenleben_mit_muslimen_in_deutschland_2000.pdf (11.08.2017).

(etwa durch Zwangsheiraten) angeprangert usw. Dabei kam der Vorwurf der Gesetzlichkeit wieder zum Vorschein. Er wurde auf das islamische Gottesverständnis zugespitzt: Der fordernde, gebietende und richtende Gott, wie er aus dem Koran spreche, dürfe nicht mit dem gütigen Gott Jesu Christi, dem Gott der geschenkten Gnade, identifiziert werden. Das gipfelte in dem Satz: «Ihr Herz werden Christen […] schwerlich an einen Gott hängen können, wie ihn der Koran beschreibt und wie ihn Muslime verehren.»[309]

In seiner Anlage und seinen Zielsetzungen, vor allem aber im Ton, der darin angeschlagen wird, unterscheidet sich der 2015 von der EKD und dem Koordinationsrat der Muslime herausgegebene «Dialogratgeber zur Förderung der Begegnung zwischen Christen und Muslimen in Deutschland»[310] deutlich von der Handreichung «Klarheit und gute Nachbarschaft». Es handelt sich dabei nicht um eine theologische Stellungnahme *zum* Islam, sondern um Hinweise für die Gestaltung konstruktiver Beziehungen *mit* Muslimen und islamischen Gemeinschaften. Der Ratgeber ist auf die Praxis des Zusammenlebens ausgerichtet. Darin werden auf 20 Seiten zunächst die Grundlagen des christlich-muslimischen Dialogs erörtert, dann Herausforderungen aufgewiesen und schließlich praktische Hinweise für verschiedene Begegnungssituationen gegeben.

Im Vorwort zu diesem Ratgeber schreibt der Vorsitzende des Rates der EKD, Heinrich Bedford-Strohm: «Der Dialog zwischen Christen und Muslimen ist dabei nicht nur Ausdruck eines bestimmten Zeitgeistes oder ein Gebot der Stunde, sondern er hat im Christentum wie auch im Islam seine theologischen Begründungen. Christlicherseits gründet der Kontakt zu Menschen anderer religiöser Überzeugungen in der Erkenntnis, dass mir im Nächsten, Anderen und Fremden Christus bzw. Gott begegnen kann (z. B. Mt 25,31–46). Muslimischerseits besteht eine grundsätzliche Überzeugung, dass die Menschen unterschiedlich erschaffen wurden und sich in ihrer Unterschiedlichkeit kennenlernen sollen (z. B. Q 49,13). Zudem gehört es zur christlichen wie auch zur muslimischen Verantwortung

---

[309] A. a. O., 19. – Kritische Stellungnahmen zu dieser Handreichung sind zusammengestellt, in: Jürgen Micksch (Hg.): Evangelisch aus fundamentalem Grund. Wie sich die EKD gegen den Islam profiliert, Frankfurt a. M. 2007.

[310] EKD/KRM: Dialogratgeber zur Förderung der Begegnung zwischen Christen und Muslimen in Deutschland, Hannover 2015 (https://www.ekd.de/ekd_de/ds_doc/2015_dialogratgeber_christen_muslime.pdf [11.08.2017]).

in der Welt dazu, sich für das gemeinschaftliche Wohl und den Frieden einzusetzen.»[311]

Auch der im gleichen Jahr von der «Kammer für Theologie» erarbeitete «Grundlagentext» «Christlicher Glaube und religiöse Vielfalt in evangelischer Perspektive» enthält einen Abschnitt zur «Begegnung mit dem Islam».[312] Im Blick auf die theologische Beziehungsbestimmung werden darin einerseits Inhalte benannt, in denen der christliche Glaube und der Islam einander verwandt sind. Andererseits wird auch auch darauf hingewiesen, dass der Gottesglaube beider Religionen von «zwei heterogenen Zentren»[313] her erschlossen wird: vom Koran und von der Person Jesu Christi. Auch das dem christlichen Glauben Verwandte und Gemeinsame werde christlicherseits im Lichte der in Christus vollbrachten Erlösung und der bereits realisierten Versöhnung der Welt gesehen.

Der zweite Teil dieses Abschnittes ist Fragen der Beziehungsgestaltung gewidmet, wobei der Grundlagentext sein Augenmerk nicht nur auf die bilateralen Beziehungen, sondern immer auch auf den Gesellschaftsbezug der Religionen legt. Die Probleme, die im Blick auf das Zusammenleben von Christen und Muslimen benannt werden, sind die Probleme, die man in gleicher Weise auch im gesellschaftlichen Islamdiskurs angezeigt findet: «das Verhältnis von Religion und Recht, von Islam und Islamismus, aber auch die Konflikte zwischen Toleranz und Gewalt, traditioneller und moderner Lebensführung, Emanzipation und Unterdrückung, Frömmigkeit und Theokratie. Häufig wird angesichts dieser Probleme der Islam als Bedrohung der kulturellen Identität Europas erlebt.»[314]

Wenn sich diese Aufzählung auch als bloße Beschreibung gesellschaftlicher Konflikterfahrungen ausgibt, so lokalisiert sie die Quelle dieser Konflikte unausgesprochen doch in der islamischen Religionskultur. Demgegenüber beansprucht die evangelische Kirche, Verantwortung für das

---

[311] A. a. O., 2.

[312] EKD: Christlicher Glaube und religiöse Vielfalt in evangelischer Perspektive (siehe Anm. 115), 65–68. – Zur Auseinandersetzung mit dieser Positionsbestimmung: Reinhold Bernhardt: Die EKD und die Religionen. Der Grundlagentext «Christlicher Glaube und religiöse Vielfalt in evangelischer Perspektive» als Paradigmenwechsel, in: Dt. Pf.bl. 117, 12/2017, 684–689. Siehe dazu auch: Birgit Rommelspacher: Wie christlich ist unsere Gesellschaft? Das Christentum im Zeitalter von Säkularität und Multireligiosität, Bielefeld 2017, 365–378.

[313] A. a. O., 66.

[314] A. a. O., 67.

Gemeinwesen wahrzunehmen. In dieser Rolle fordert sie dazu auf, die hier lebenden Muslime nicht für Erscheinungsformen des weltweiten Islam verantwortlich zu machen und begrüßt die Ausbildung eines europäischen Islam. Darauf folgt im Text eine Anspielung auf die Debatte um den Zusammenhang von Monotheismus und Intoleranz. Man kann diese Anspielung interpretieren als indirekten Hinweis darauf, dass es im islamischen Monotheismus eine größere Neigung zu einer gewaltsamen Bekämpfung abweichender theologischer Auffassungen gibt, als dies im Christentum der Fall ist, für das gilt: «Versöhnung bleibt für uns das oberste Wort unserer Religion.»[315]

So verbindet der Grundlagentext kritische Anmerkungen gegenüber dem Islam mit einer insgesamt dialogischen Grundhaltung gegenüber außerchristlichen Religionen generell. Im Geleitwort zu diesem Text schreibt Heinrich Bedford-Strohm: «Die Gewissheit im Glauben an Christus schließt auch das Bewusstsein dafür ein, dass Gottes Möglichkeiten, sich den Menschen bekannt zu machen, keine Grenzen haben. Damit ist der Weg gewiesen von einer bloßen Duldung anderer Glaubensüberzeugungen zu einer von Wertschätzung geprägten Toleranz.»[316]

Im Vorfeld des Reformationsjubiläums von 2017 hat die «Konferenz für Islamfragen der EKD» im Jahr 2016 ein Impulspapier zum Thema «Reformation und Islam» herausgegeben.[317] Sie setzt sich darin mit den Stellungnahmen der Reformatoren zum Islam (bei Luther, in den lutherischen Bekenntnisschriften sowie in der reformierten Tradition) auseinander und schlägt von da aus die Brücke zu einer heute vorzunehmenden Positionsbestimmung. Eine unmittelbare Anknüpfung an Aussagen der Reformatoren zum Islam würde deren historische Kontextualität nicht ausreichend in Rechnung stellen. Die Islamwahrnehmung zu dieser Zeit war geprägt durch die militärische Bedrohung durch das osmanische Reich. Sie hat sich allerdings in den «elementare[n] Tiefenstrukturen des kollektiven Gedächtnisses Europas»[318] abgelagert. Deshalb ist heute zu

---

[315] A. a. O., 68.

[316] A. a. O., 9f. Als Anwendung des Grundlagentextes auf die Beziehung zum Islam kann das «Positionspapier der EKD zum christlich-islamischen Dialog» vom 24. September 2018 betrachtet werden: (https://www.ekd.de/umfrage-positionspapier-islam-zusammenfassung-37824.htm (28.12.2018).

[317] Reformation und Islam. Ein Impulspapier der Konferenz für Islamfragen der Evangelischen Kirche in Deutschland (EKD), Hannover 2016.

[318] A. a. O., 7.

fragen, welche Bedeutung diesen Aussagen in der Gegenwart beizumessen ist. Eine neue theologische Verhältnisbestimmung zum Islam ist gefordert.

In der Bestimmung der Kerninhalte der reformatorischen Theologie lehnt sich das Impulspapier an den Grundlagentext des Rates der EKD «Rechtfertigung und Freiheit» an.[319] Dieser Inhalt könne in den Sola-Formeln zusammengefasst werden: *solus Christus*, *sola gratia*, *solo verbo*, *sola scriptura* und *sola fide*. Bei ihrem Verständnis müsse man aber die damals vorgenommenen Abgrenzungen berücksichtigen, die sich nicht einfach auf die Gegenwart übertragen ließen.[320] Im Blick auf andere Religionen gilt das besonders für das *solus Christus*. Die Herausforderung bestehe darin – so zitiert das Impulspapier den Grundlagentext «Rechtfertigung und Freiheit», so von Christus zu sprechen «dass dabei nicht der Glaube des anderen abgewertet oder für unwahr erklärt wird. So wie für den Christen das Gehören zu Christus der einzige Trost im Leben und im Sterben ist, so ja auch für den Anhänger der anderen Religion sein spezifischer Glaube. Dies darf auf beiden Seiten des Gespräches anerkannt werden.»[321]

Der Ansatzpunkt für eine theologische Begründung dieser Haltung sieht das Impulspapier zum einen in der Grundeinsicht, die mit dem *sola gratia* und dem ihm korrelierenden *sola fide* ausgedrückt ist: Wenn der Glaube nach evangelischem Verständnis ein unverfügbares Gnadengeschenk Gottes ist, dann müsse sich daraus der Respekt vor den Glaubensgewissheiten und Glaubensweisen Anderer ergeben. Von da aus eröffne sich die Möglichkeit zu einem vertieften Gespräch mit Muslimen «über

---

[319] Rechtfertigung und Freiheit. 500 Jahre Reformation 2017. Ein Grundlagentext des Rates der Evangelischen Kirche in Deutschland (EKD), Gütersloh ²2014, 44ff.

[320] «So wendeten sich […] das *solus Christus* gegen die spätmittelalterliche Heiligenverehrung und Marienfrömmigkeit, das *sola gratia* gegen die ‹wahrgenommene Werkgerechtigkeit› und die damalige Ablasspraxis. Im *sola scriptura* drückte sich die Ablehnung ‹kirchlicher Sonderlehren› und eines ‹mit der Schrift in Konkurrenz stehenden Autoritätsanspruch[es] der Kirche› aus. Das *sola fide* widersprach der Vorstellung, der Mensch könne selbst etwas zu seiner Rechtfertigung beitragen.» (Reformation und Islam [siehe Anm. 317], 24, mit Verweis auf: Rechtfertigung und Freiheit, A. a. O., 44ff).

[321] Reformation und Islam, A. a. O., 25, Zitat aus: Rechtfertigung und Freiheit, A. a. O., 58.

den inneren Zusammenhang von Glauben, göttlicher Gnade und menschlichem Handeln.»[322] Ein zweites Gesprächsangebot liege im *solo verbo* und *sola scriptura* begründet. Es hätte die «zentrale Bedeutung, die dem Wort bzw. der Schrift in beiden Religionen zukommt»[323] zum Inhalt.

Es kann und soll hier nicht auf die zahlreichen Stellungnahmen einzelner deutscher evangelischer Landeskirchen, evangelischer Kirchen außerhalb Deutschlands[324], der römisch-katholischen Kirche[325] und der Lausanner Bewegung[326] zum Islam eingegangen werden. Wie intensiv das Bemühen um eine Reflexion über die theologische Beziehungsbestimmung und die praktische Beziehungsgestaltung ist, zeigt allein schon die

---

322 Reformation und Islam, A. a. O., 26.

323 A. a. O., 27.

324 Ich nenne bei der folgenden Auswahl nur den Namen der Kirche, den Titel des Dokuments und das Erscheinungsjahr: Ev-Luth. Kirche in Bayern: Erste Schritte wagen. Eine Handreichung für die Begegnung von Kirchengemeinden mit ihren muslimischen Nachbarn (2000, [3]2009); Ev. Kirche von Kurhessen-Waldeck: Ermutigung und Befähigung zur Begegnung von Christen und Muslimen (2005); Ev. Landeskirche in Baden: Einander mit Wertschätzung begegnen. Zum Zusammenleben von Christen und Muslimen in Baden (2005); Ev. Landeskirche Württemberg: Miteinander leben lernen. Evangelische Christen und Muslime in Württemberg (2006); Ev.-ref. Landeskirche des Kantons Zürich: Nach der Minarettabstimmung 2009. Kirche und Islam. Zum zukünftigen interreligiösen Handeln (2009); Evangelische Kirche A. und H. B. in Österreich (Hg.): Respektvoll miteinander: Evangelische Christen und Muslime in Österreich. Eine Orientierungshilfe (2011); Protestantse Kerk (NL): Integrity and Respect. Islam Memorandum (2011); Ev.-Luth. Kirche in Norddeutschland: Gute Nachbarschaft leben. Informationen und Beispiele zur Förderung des christlich-islamischen Dialogs in der Nordkirche (2013); Ev. Landeskirche in Baden: Von Nachbarschaft zu Partnerschaft (2014); Ev. Kirche im Rheinland: Weggemeinschaft und Zeugnis im Dialog mit Muslimen (2015).

325 Karl Josef Becker / Ilaria Morali / Maurice Borrmans / Gavin D'Costa (Hg.): Catholic Engagement with World Religions: A Comprehensive Study, Maryknoll (NY) 2010; CIBEDO e. V. (Hg.): Dokumente der katholischen Kirche zum Dialog mit dem Islam, zusammengestellt von Timo Güzelmansur, Regensburg 2009.

326 Christlicher Glaube und Islam. Erklärung der Lausanner Bewegung Deutschland, Stuttgart 2002 (www.lausannerbewegung.de/data/files/content.publikationen/89.pdf [29.04.2018]); siehe auch die Texte und Materialien auf: https://islam.ead.de/ (29.04.2018).

Zahl dieser Stellungnahmen. Erwähnenswert wären auch umgekehrt die muslimischen Stellungnahmen zum Christentum, aus denen vor allem das «Common Word» von 2007 herausragt, das in der christlichen Welt eine enorme Resonanz hervorgerufen hat.[327] Der gesamte Diskussionsprozess ist ein Indiz für den Paradigmenwechsel, der sich im vergangenen halben Jahrhundert in der Verhältnisbestimmung des Christentums zum Islam vollzogen hat. Er zielt darauf, die früheren konfrontativen Beziehungen durch dialogische zu ersetzen.

3.3. Beziehung zum Buddhismus

Auch in der Haltung der christlichen Theologie und Kirchen gegenüber dem Buddhismus haben sich in der Neuzeit paradigmatische Wechsel vollzogen. Sie stehen in unmittelbarer Beziehung zum Kontext der Buddhismusrezeption in den westlichen Gesellschaften im Allgemeinen und in der westlichen Philosophie und Geisteskultur im Besonderen.

Nachdem jesuitische Missionare im Zuge der portugiesischen Kolonialherrschaft im 16. und 17. Jahrhundert erste Kenntnisse über den Buddhismus aus Japan und China nach Europa vermittelt hatten, begann eine philosophische Rezeption, die im Buddhismus eine Neigung zum Pessimismus, Nihilismus, Quietismus und Atheismus sah. Nach dieser ersten Rezeptionsphase, wie sie sich etwa in Bemerkungen Gottfried Wilhelm Leibniz' spiegelt, kam es um 1800 mit zunehmender (im Rahmen des britischen Kolonialismus und durch Entdeckungsreisen gewonnener) Kenntnis des Buddhismus zu einer zweiten, positiveren Wahrnehmung. Dies führte zu sprachwissenschaftlichen und geschichtlichen Erforschungen des Buddhismus, aber auch zu philosophischen Rezeptionen. Vor allem Arthur Schopenhauer kann als «Wegbereiter des Buddhismus im Abendland» gelten.[328] Von ihm ist bekannt, dass er sich 1856 eine Buddha-Statue in seiner Wohnung als Schutzgottheit aufstellte. Maßgeblich

---

327 «A Common Word between Us and You» (www.acommonword.com/the-acw-document/ [29.04.2018]). Auf der Internetseite www.acommonword.com/ (29.04.2018) finden sich (unter «Responses») auch zahlreiche Antworten auf diese Initiative und (unter «ACW Document» → «Publications») ein Buch zum fünfjährigen Jubiläum.

328 Klaus-Josef Notz: Der Buddhismus in Deutschland in seinen Selbstdarstellungen, Frankfurt a. M./Bern/New York 1984, 33. Siehe dazu auch: Heinrich

von Schopenhauer inspiriert ist auch die Aufnahme des Buddhismus bei Richard Wagner, der sich vor allem auf die Ideen der «Entsagung» und der «Verneinung des Willens» bezieht. Wagner verbindet dabei buddhistische und christliche Vorstellungen.[329]

Im religions- und christentumskritischen Zeitgeist des 19. Jahrhunderts konnte der Buddhismus als Kritik am Gottesglauben und als Alternative dazu gegen das Christentum in Stellung gebracht werden. Das auf diese Weise unter kritischen Intellektuellen geweckte Interesse führte dazu, dass es auch zu persönlichen Begegnungen zwischen Christen und Buddhisten in Europa, Amerika und den Stammländern des Buddhismus kam.

Ein starker Impuls dazu ging vom Weltparlament der Religionen in Chicago 1893 aus, bei dem zahlreiche Buddhisten vertreten waren. Westliche Teilnehmer waren fasziniert von der Erkenntnis, dass es eine tiefe Spiritualität auch ohne den Glauben an einen personalen Gott und eine unsterbliche Seele geben konnte. Dabei wurde der Buddhismus weniger als Erlösungsreligion, und eher als philosophische Weisheitslehre und ethische Weltanschauung gedeutet.

Unter christlichen Theologen und Kirchenvertretern löste das im Gegenzug apologetische Reaktionen gegen den Buddhismus aus. Der Buddhismus wurde als eine nihilistische und pessimistische Weltanschauung gebrandmarkt. Sogar der deutsche Kaiser Wilhelm II. rief die Völker Europas dazu auf, ihre heiligsten Güter gegen diese Bedrohung aus dem Osten zu verteidigen.[330] Zur gleichen Zeit wurde die freundschaftliche Verbundenheit mit der islamischen Welt betont.

Dumolin: Das Buddhismusbild deutscher Philosophen des 19. Jahrhunderts, in: ZkTh 101, 1979, 386–401.

[329] Der religiöse Sinngehalt, insbesondere in Wagners letztem Musikdrama «Parsifal» ist umstritten. Siehe dazu etwa: Wagner und der Buddhismus, in: Wagnerspectrum 3, 2007/2; Matthias Gockel: Sehnsucht nach Erlösung. Religiöser Symbolismus und ästhetische Transformation im Parsifal, in: Wagnerspectrum 12, 2016/1: Schwerpunkt Parsifal, 95–120.

[330] Diesen Hinweis verdanke ich Martin Baumann: Zivilgesellschaftliche Akteure für Integration? Zur Rolle von Religion und religiösen Gemeinschaften bei Flucht, Zuwanderung und gesellschaftlicher Integration, in: Christian Ströbele u. a. (Hg.): Migration, Flucht, Vertreibung [siehe Anm. 163], 46. Als Beleg nennt Baumann eine Federlithografie von Hermann Knackfuß aus dem Jahr 1895, die

Während die Buddhismusrezeption im 19. Jahrhundert noch vorwiegend eine Sache von Gelehrten, Literaten und Künstlern war, kam es nach dem Ersten Weltkrieg zu einer Popularisierung der Wahrnehmung. Die verbesserte Quellenlage trug dazu ebenso bei wie populärwissenschaftliche Darstellungen. Weitere Faktoren waren die in dieser Zeit verbreitete Zivilisations- und Kirchenkritik am Abendland und nicht zuletzt auch die sich ständig verbessernden Reisemöglichkeiten. Der Buddhismus schien eine interessante Quelle für die moralische Erneuerung Europas zu sein. In den sich nun bildenden buddhistischen Vereinigungen – etwa der von Karl Seidensticker 1921 gegründeten «Buddhistischen Gemeinde für Deutschland» – wurden über die theoretische Beschäftigung hinaus die spirituellen Dimensionen der buddhistischen Lehre zur Anwendung gebracht. Seit Ende der 1960er Jahre trat der Zen-Buddhismus in den Vordergrund der Buddhismusrezeption im deutschsprachigen Raum. Der deutsche Jesuiten-Pater Hugo Makibi Enomiya-Lassalle, der in Japan tätig war, veranstaltete seit 1968 Zen-Kurse in deutschen Benediktinerabteien.[331] Auch japanische Zen-Lehrer, wie Tetsuo Nagaya Kiichi Roshi und Taisen Deshimaru Roshi, kamen nach Deutschland und in andere europäische Länder, um Vorträge zu halten und spirituelle Übungen anzuleiten.

Seit den 1990er Jahren prägte zunehmend der tibetische Buddhismus – verkörpert in der Person des XIV. Dalai Lama – das Bild des Buddhismus im Westen und trug dazu bei, dass der Buddhismus insgesamt zur Modereligion wurde, die man dem als zu rational empfundenen Protestantismus und dem als zu autoritär empfundenen Katholizismus entgegenstellte. In der öffentlichen Wahrnehmung verfestigte sich in diesem Rezeptionsprozess das Bild des Buddhismus als Religion der inneren Ruhe, der erfahrungsbasierten Spiritualität, der Meditation und des Pazifismus; ein Bild, das dem Bedürfnis vieler Menschen nach den politisch aufgeheizten Auseinandersetzungen der Studentenbewegungen entgegenkam. Dieses Wahrnehmungsmuster bestimmt bis heute weitgehend die Auffassung des Buddhismus im Westen.

---

online abrufbar ist unter www.payer.de/neobuddhismus/neobud0302.htm (19.12.2018).

[331] Ursula Baatz: Hugo Makibi Enomiya-Lassalle: Mittler zwischen Buddhismus und Christentum, Kevelaer 2017.

Dass der Buddhismus eine Gewaltgeschichte hat wie andere Religionen auch – besonders dort, wo er sich mit politischer Macht verband[332] – wird dabei ebenso ausgeblendet wie die Tatsache, dass die Meditation in der Praxis des Gehens auf dem Achtfachen Pfad keineswegs im Vordergrund steht. Sowohl im Theravāda-Buddhismus als auch in Formen des Mahāyāna-Buddhismus wie dem Zen oder der Sōtō-Schule spielt der Vollzug von Riten eine weitaus größere Rolle als die Meditation.[333]

Diese Beobachtungen zeigen, wie stark westliche Wahrnehmungsmuster die Sicht des Buddhismus prägen und diesen dabei oft verzerrt und einseitig darstellen. Er wird als eine undogmatische, spirituelle Religion angesehen, die dem Bedürfnis nach innerer Ruhe vieler Menschen im Westen entgegenkommt. Dabei ist es umgekehrt dieses Bedürfnis, das die Sicht des Buddhismus prägt.[334]

Die *theologische* Rezeption des Buddhismus setzte vor allem in den 1960er Jahren ein. Theologen wie Paul Tillich, der damals als University Professor mit fakultätsübergreifendem Lehrrecht an der Harvard University tätig war, suchten die literarische, aber auch persönliche Kontaktaufnahme mit dieser so anderen Denkwelt, um daraus Anregungen für Horizonterweiterungen ihrer eigenen Theologie zu gewinnen. 1961 unternahm

---

[332] Siehe dazu etwa: Michael K. Jerryson / Mark Juergensmeyer (Hg.): Buddhist Warfare, New York 2010; Michael Zimmerman (Hg.): Buddhism and Violence, Kathmandu 2006 (Nachdruck Lumbini 2014); Vladimir Tikhonov u. a. (Hg.): Buddhism and Violence. Militarism and Buddhism in Modern Asia, New York 2013.

[333] Siehe dazu: Robert H. Sharf: Buddhist Modernism and the Rhetoric of Meditative Experience, in: Numen 42, 228–283 (http://buddhiststudies.berkeley.edu/people/faculty/sharf/documents/Sharf1995,%20Buddhist%20Modernism.pdf [07.09.2017]).

[334] Zur Buddhismusrezeption im deutschsprachigen Raum und in Europa: Manfred Hutter (Hg.): Buddhisten und Hindus im deutschsprachigen Raum. Akten des Zweiten Grazer Religionswissenschaftlichen Symposiums, 2.–3. März 2000, Frankfurt a. M. 2001; Manfred Hutter: Buddhismus und Hinduismus als Ideenwelt und gelebte Religionen im Pluralismus mitteleuropäischer Kultur, in: Urs Altermatt / Mariano Delgado / Guido Vergauwen (Hg.): Europa: ein christliches Projekt? Beiträge zum Verhältnis von Religion und europäischer Identität, Stuttgart 2008, 235–250. – Zur Wahrnehmung des Buddhismus und des Islam in der Gesellschaft siehe: Kirsten George u. a.: Das Bild des Islam und des Buddhismus. Eine empirische Untersuchung, in: ZfR 4, 1996, 55–82.

Tillich eine zehnwöchige Reise nach Japan, wo er Gespräche mit Vertretern des Zen- und des Shin-Buddhismus führte.[335] Andere Theologen, wie Fritz Buri in Basel, folgten diesem Beispiel. Buri pflegte intensive Kontakte zur fernöstlichen Geisteswelt und veröffentlichte ein Buch unter dem Titel: «Der Buddha-Christus als der Herr des wahren Selbst», in dem er die Religionsphilosophie der Kyoto-Schule zum christlichen Glauben in Beziehung setzte.[336] Aus der katholischen Theologie ist vor allem Hans Waldenfels zu nennen, der sich in zahlreichen Publikationen mit dem Buddhismus auseinandergesetzt hat.

Noch weiter gehen Theologen und Religionswissenschaftler der Gegenwart, wie Perry Schmidt-Leukel, Michael von Brück oder Paul F. Knitter, die im Christentum wie im Buddhismus beheimatet sind und zwischen beiden Traditionen vermitteln. Charakteristisch ist der Titel des Buches von Paul F. Knitter, das in den USA und auch im deutschsprachigen Raum viel Beachtung fand: «Without Buddha I Could Not Be a Christian»[337].

Kirchliche Stellungnahmen zum Buddhismus und zu den christlich-buddhistischen Beziehungen gibt es demgegenüber kaum. Anders als bei den christlich-jüdischen und bei den christlich-muslimischen Beziehungen gibt es auch keine kirchlichen Beauftragten für die Beziehungen zum Buddhismus. Die Pflege dieser Beziehungen fällt in den Verantwortungsbereich der kirchlichen Weltanschauungsbeauftragten und geschieht nur

---

335 Siehe dazu: Reinhold Bernhardt: Paul Tillichs Rede von «Gott über Gott» im Blick auf seine Begegnung mit dem Buddhismus, in: Christoph Schwöbel (Hg.): Gott – Götter – Götzen. XIV. Europäischer Kongress für Theologie, 11.–15. September 2011 in Zürich (Veröffentlichungen der WGTh 38), Leipzig 2013, 585–605; ders.: «One can distinguish two ways of approaching God: the way of overcoming estrangement and the way of meeting a stranger». Paul Tillich's Engagement with Buddhism, in: Russell Re Manning / Samuel A. Shearn (Hg.): Returning to Tillich. Theology and Legacy in Transition (Tillich Research 13), Berlin/Boston 2018, 125–140.

336 Fritz Buri: Der Buddha-Christus als der Herr des wahren Selbst. Die Religionsphilosophie der Kyoto-Schule und das Christentum, Bern u. a. 1982. – Zu Buris Leben und Werk siehe: Peter Schulz / Andreas Urs Sommer: Fritz Buri. Sein Weg: Leben – Denken – Glauben, Göttingen 2007.

337 Paul F. Knitter: Without Buddha I Could Not Be a Christian, Oxford 2010.

insoweit, als diese Interesse am Buddhismus haben und im Kontakt zu buddhistischen Vereinigungen stehen.[338]

Eine wichtige Plattform des christlich-buddhistischen Dialogs auf intellektueller Ebene ist das «European Network of Buddhist-Christian Studies».[339] Es wurde 1996 als «European Network for Christian Studies of Buddhism» an der Missionsakademie in Hamburg gegründet und erhielt ein Jahr später seinen heutigen Namen. Damit ist die Dimension des «inter» angezeigt: Es geht nicht mehr nur um das Studium des Buddhismus, sondern um Themen, die für buddhistisches Selbstverständnis und für christliche Theologie gleichermaßen relevant sind. Das in der Erzabtei St. Ottilien bei München verankerte Netzwerk veranstaltet alle zwei Jahre eine internationale Konferenz zu einem solchen Thema. Die Beiträge werden in den «Buddhist-Christian Studies» oder in Sammelbänden publiziert.[340]

Insgesamt lässt sich sagen, dass die Beziehungen des Christentums zum Buddhismus ein doch deutlich anderes Gepräge haben als die Beziehungen zum Judentum und zum Islam. Der Grund dafür liegt zum einen darin, dass der Buddhismus einer anderen Religionsfamilie angehört als das Christentum. Während das Christentum zu den Religionen semitischen Ursprungs zählt, ist der Buddhismus auf indischem Wurzelboden gewachsen. Die Unterschiede über die Religionsfamilien hinweg sind bei Weitem tiefer als die Unterschiede innerhalb dieser Familien. Positiv formuliert: der Grad des Exotischen ist wesentlich höher. Zum anderen liegt der Grund darin, dass die beiden Religionen nicht auf eine Konfliktgeschichte zurückblicken, die der Geschichte zwischen den abrahamitischen

[338] Paul O. Ingram / Frederick J. Streng (Hg.): Buddhist-Christian Dialogue. Mutual Renewal and Transformation, Honolulu 1986; Michael von Brück / Whalen Lai: Buddhismus und Christentum. Geschichte, Konfrontation, Dialog, München 1997; Paul Ingram / Sallie B. King (Hg.): The Sound of Liberating Truth: Buddhist-Christian Dialogues in Honor of Frederick J. Streng, London/New York 1999; Perry Schmidt-Leukel (Hg.): Buddhism and Christianity in Dialogue. The Gerald Weisfeld Lectures 2004, London 2005; Paul O. Ingram: The Process of Buddhist-Christian Dialogue, Cambridge 2009; Oliver Freiberger / Christoph Kleine: Buddhismus. Handbuch und kritische Einführung, Göttingen 2010, 457–459; Werner Höbsch: Hereingekommen auf den Markt. Katholische Kirche und Buddhismus in Deutschland, Paderborn 2013.

[339] www.buddhist-christian-studies-europe.net/ (17.05.2018).

[340] www.buddhist-christian-studies-europe.net/?page_id=74 (17.05.2018).

Religionen vergleichbar wäre. Es sind keine Ängste voreinander und keine Schuldgefühle gegeneinander im Spiel. Hinzu kommt, dass der Buddhismus aufgrund der räumlichen Entfernung seiner Stammländer und der Weise, wie er sich im Westen formierte und darstellte, zur Projektionsfläche westlicher Idealvorstellungen von innerer Ruhe und Gelassenheit werden konnte.

Die Begegnungen mit dem Buddhismus vollzogen sich vorwiegend auf der akademischen und der spirituellen Ebene, nicht aber in gesellschaftlichen und kirchlichen Debatten. So gab es weniger Anlass zu grundsätzlichen Bestimmungen und Klärungen der Beziehung zwischen Christentum und Buddhismus. Auf akademischer Ebene standen die Verstehensversuche im Vordergrund[341], auf spiritueller Ebene die Rezeption buddhistischer Lebensweisheit und Meditationsformen.

[341] Exemplarisch: Horst Georg Pöhlmann: Begegnungen mit dem Buddhismus. Dialoge, Erfahrungen und Grundsatzüberlegungen. Ein Beitrag zum interreligiösen Gespräch, Frankfurt a. M. 1998; Andreas Bsteh (Hg.): Der Buddhismus als Anfrage an christliche Theologie und Philosophie, Mödling 2000; ders. (Hg.): Christlicher Glaube in der Begegnung mit dem Buddhismus, Mödling 2001; Ulrich Dehn: Den Buddhismus verstehen. Versuche eines Christen, Frankfurt a. M. 2004.

4. Paradigmen der interreligiösen Beziehungsgestaltung

So wie es im Blick auf einzelne Religionen – auf der Makroebene – zu Paradigmenwechseln kam, so auch im Blick auf die Wahrnehmung der religiösen Pluralität insgesamt, auf der oben so genannten Metaebene also. Der wichtigste dieser Wechsel in der jüngeren Vergangenheit ist die Hinwendung zum Modell des «*Dialogs* der Religionen». In der kritischen Auseinandersetzung mit diesem Paradigma wurde das Modell der «interreligiösen *Gastfreundschaft*» vorgeschlagen. Diese beiden Modelle will ich im Folgenden im Blick auf die von ihnen propagierten grundlegenden Beziehungsstrukturen hin betrachten. Ich frage nach ihrer Herkunft und Prägung, nach den Diskurszusammenhängen, in denen sie entwickelt, diskutiert und kritisiert wurden. Dabei gehe ich auch den theologischen und philosophischen Begründungszusammenhängen nach und werfe einen Blick auf Anwendungen dieser Modelle.

Die Darstellung zielt nicht darauf, das faktische interreligiöse Beziehungsgeschehen zu beschreiben, sondern ist an den dabei in Anspruch genommenen normativen Leitkonzepten für die Gestaltung dieser Beziehungen interessiert. Diese Konzepte fungieren als Orientierungen im interreligiösen Beziehungsgeschehen bzw. wollen als solche fungieren. Sie wollen dieses in ihrem Sinne beeinflussen, haben also performativen Charakter. Sie benennen nicht den faktischen Ist-Zustand dieser Beziehungen, sondern den erstrebenswerten Soll-Zustand.

4.1. «Dialog» als Leitbegriff der Beziehungsgestaltung

«Eines der wichtigsten Ereignisse der christlichen Theologie in der zweiten Hälfte des 20. Jh. war die Einrichtung des interreligiösen Dialoges und die Entwicklung einer damit einhergehenden Theologie des Dialoges.»[342] In den 1960er Jahren hat in der Beziehungsbestimmung des Christentums zu den nichtchristlichen Religionen ein gewichtiger Paradigmenwechsel stattgefunden, den man als «dialogische Wende» bezeichnen kann,

---

[342] Peter Antes: Art. «Religion. III. Religion und Religionen», in: RGG^4, 7, 2004, 275.

weil das Konzept des «Dialogs» in den Kirchen, in der Theologie und in der Ökumenischen Bewegung – mit unterschiedlicher Geschwindigkeit und Intensität – zur Leitvorstellung erhoben wurde. Parallel dazu wurde der Begriff «Dialog» auch im politischen Kontext für die Verhandlungen zwischen Ost und West im Kalten Krieg gebraucht.[343] Im Blick auf die Beziehungsbestimmung zwischen den Religionen erhielt er aber demgegenüber eine qualitativ andere Füllung und Zielbestimmung. Hier ging es nicht um Verhandlungen über Forderungen, Interessen und Absichten, sondern um Verstehen und Verständigung.

«Dialog der Religionen» bezeichnet(e) eine auf Verständigung ausgerichtete Aktivität von Angehörigen verschiedener Religionen. Diese Formel wurde anderen – konfrontativen, apologetischen oder polemischen – Mustern der Beziehungsbestimmung entweder entgegengesetzt, um sie zu ersetzen, oder ihnen übergeordnet, etwa in dem Sinne, dass sich auch die Apologetik dialogisch zu entfalten habe.

Karl Esselborn konstatiert, dass die Bedeutung des Dialogbegriffs so selbstverständlich zu sein schien und scheint, dass zumindest in der Soziologie und Politologie bisher kaum eine Anstrengung zur Klärung dieses Begriffs unternommen worden ist. «Am Ende des 20. Jahrhunderts ist der ‹Dialog› vielfach zum öffentlichen Leitbegriff für vernünftigen Konsens, häufig aber auch zur inflationären Lehrformel für einen offenen Austausch von Meinungen und Positionen in Politik und Gesellschaft geworden.»[344]

In Philosophie und Theologie gibt es demgegenüber durchaus Klärungsversuche, doch haben viele der Turbulenzen in den religionstheologischen Diskussionen ihren Grund in der Unschärfe des Dialogbegriffs und seiner Verwendung. In seiner Anwendung auf die Begegnung zwischen Angehörigen verschiedener Religionen ist er mit Konnotationen belegt, die ihn in diesem Zusammenhang problematisch erscheinen lassen können – etwa mit der Vorstellung, im Dialog müssten Wahrheitsansprüche aufgegeben werden. So war das Beziehungsmuster des «Dialogs» auch immer umstritten.

---

[343] Anna Wierzbicka: The Concept of ‹Dialogue› in cross-linguistic and cross-cultural Perspective, in: Discourse Studies 8, 2006/5, 680.

[344] Karl Esselborn: Art. «Dialog», in: Alois Wierlacher / Andrea Bogner (Hg.): Handbuch interkulturelle Germanistik, Stuttgart 2003, 215.

Es geht im Folgenden um Dialog als Beziehungsmuster realer interpersonaler Begegnungen. Ausgeblendet bleibt dabei eine Begriffsverwendung, die in der Geschichte der interreligiösen Beziehungen durchaus auch von Bedeutung war: der Dialog als literarische Kunstform, bei der die Darstellung (im Gegensatz zum Monolog oder zum Traktat) in unterschiedlichen Redeperspektiven erfolgt.[345]

Bekannte Beispiele für solche literarisch-fiktiven Dialoge sind Abaelards «Gespräch eines Philosophen, eines Juden und eines Christen» (1140–1142)[346], Ramon Lulls «Buch vom Heiden und den drei Weisen» (ca. 1275)[347], Sebastian Münsters «Messias-Dialog» (1539)[348] oder auch Lessings «Nathan, der Weise» (1779).[349] Es handelt sich dabei nicht um wirklich geführte, sondern um fiktive Dialoge. Bei diesem Genre kann es sich allerdings auch um Lehr- oder Streitgespräche handeln, die nicht auf der Grundlage wechselseitiger Anerkennung, sondern mit dem Ziel geführt werden, die eigene Position als die überlegene zu erweisen. Sie sind dann nicht von einem dialogischen Geist getragen, wie er im Folgenden skizziert wird.

In Lulls «Buch vom Heiden» besteht zwischen den Vertretern von Christentum, Judentum und Islam relative Übereinstimmung in der Frage nach der Existenz Gottes und der Auferstehung. Doch darf dabei nicht übersehen werden, dass sie erstens zu einem Heiden als gemeinsamen Adressaten sprechen und dass sie diesen zweitens mit reinen Vernunftgründen überzeugen wollen. Es ist also schon in der Konzeption dieses Dialogs angelegt, dass die drei Religionstraditionen nicht gegeneinander profiliert werden, sondern dass ihre Grundgedanken in ein komplementäres Verhältnis zueinandergesetzt werden. Mehr noch: Letztlich ist es die

345 Siehe dazu den Klassiker: Rudolf Hirzel: Der Dialog. Ein literarhistorischer Versuch, Hildesheim 1963.

346 Abaelard: Gespräch eines Philosophen, eines Juden und eines Christen, lat./dt., übersetzt und hg. von Hans-Wolfgang Krautz, Frankfurt a. M./Leipzig 1995.

347 Raimundus Lullus: Das Buch vom Heiden und den drei Weisen, Stuttgart 1998. Siehe dazu: Roger Friedlein: Der Dialog bei Ramon Lull. Literarische Gestaltung als apologetische Strategie, Tübingen 2004.

348 Sebastian Münster: Der Messias-Dialog. Der hebräische Text von 1539 in deutscher Übersetzung, hg. von Alfred Bodenheimer, Basel 2017.

349 Gotthold Ephraim Lessing: Nathan der Weise. Ein dramatisches Gedicht in fünf Aufzügen, Köln 2005.

Trinitätslehre, die das einende Band dieser drei Religionen darstellt; Judentum und Islam repräsentieren Aspekte der Dreifaltigkeit Gottes. Insofern wird für die christliche Gotteserkenntnis ein privilegierter Erkenntnisstandpunkt in Anspruch genommen. Es handelt sich nicht um einen Dialog von Partnern, die auf der gleichen Erkenntnisstufe stehen. Von daher muss es nicht als Bruch in Lulls Haltung zum Islam gedeutet werden, dass er die Christenheit nach dem Fall Akkons 1291 zum Kreuzzug aufrief.

Im Folgenden sollen wichtige Stränge, Stationen und Debatten in der Entwicklung des Dialogkonzepts im Blick auf die interreligiösen Beziehungen herausgearbeitet werden.

4.1.1. Der Dialogbegriff bei Hendrik Kraemer

Zum ersten Mal taucht der Dialogbegriff im Blick auf die Begegnung des Christentums mit anderen Religionen prominent im Titel des 1960 erschienenen Buchs «World Cultures and World Religions. The Coming Dialogue»[350] auf, dessen Verfasser der von Karl Barths Theologie stark beeinflusste niederländische Missionstheologe Hendrik Kraemer war. Kraemer beschreibt darin den im Blick auf die Wahrnehmung außerchristlicher Religionen und außereuropäischer Kulturen veränderten Geist seiner Zeit. Das Christentum sieht sich nicht nur starken Säkularisierungstendenzen ausgesetzt, sondern auch einem religiösen und kulturellen Globalitätsbewusstsein, das danach strebt, die früher zwischen Religionen und Kulturen bestehenden räumlichen, aber auch geistigen Distanzen zu überwinden. Zu diesen Veränderungen haben verschiedene Faktoren beigetragen: Das nach dem Ende des Kolonialismus erstarkte Selbstbewusstsein außerchristlicher Religionen, das Schuldbewusstsein des Christentums im Blick auf sein Verhältnis zum Judentum, aber auch im Blick auf die problematischen Erscheinungsformen der Kolonialmission und nicht zuletzt die stark intensivierten Möglichkeiten der Kulturbegegnung – erstens durch die Popularisierung des Flugverkehrs, der Menschen aus vormals weit entfernten Kulturen nach Europa und Europäer in diese Kulturen brachte,

[350] Hendrik Kraemer: World Cultures and World Religions. The Coming Dialogue, London 1960. Schon, in: «Religions and the Christian Faith» (London 1956) hatte er den früher von ihm gebrauchten Ausdruck «biblical realism» durch den Dialogbegriff ersetzt, diesen aber noch nicht in den Titel des Buches aufgenommen.

zweitens durch die Verbreitung neuer Kommunikationsmittel wie dem Fernsehen und drittens durch eine Verbreiterung des literarischen Angebots. Die Forderung nach neuen Formen der interkulturellen und interreligiösen Kommunikation kristallisierte sich um den Dialogbegriff.

In der englischsprachigen Welt war zu dieser Zeit die Vision des Kulturtheoretikers und Geschichtsphilosophen Arnold Joseph Toynbee einflussreich, der in seinem Hauptwerk «A Study of History» (1934–1961) einen universalgeschichtlichen Blick auf die Kulturen der Menschheit, auf deren Entstehung, Entwicklung und Verfall warf.[351] Als Ziel der Menschheitsgeschichte schwebte ihm eine große Menschheitsfamilie vor, die von einer Globalregierung geleitet wird und in der die Religionsgemeinschaften in konstruktiven dialogischen Beziehungen zueinander stehen. Am Ende seines Buches «Christianity among the Religions of the World»[352] bekannte er sich zu dem Satz, den Symmachus, der Stadtpräfekt von Rom, in einer Eingabe («relatio») an Kaiser Valentinian II im Jahre 384 formulierte: «Man kann nicht nur auf einem einzigen Weg zu einem so erhabenen Geheimnis finden.»[353]

Toynbee kritisiert religiöse Exklusivansprüche als eine «menschliche Verirrung»[354], die die Beziehungen zwischen Anhängern verschiedener Religionen vergiftet. Vorstellungen wie die, einem von Gott auserwählten Volk anzugehören, weist er ebenso zurück wie den auf den einzelnen Glaubenden bezogenen Prädestinationsgedanken, die Verabsolutierung von Glaubensüberzeugungen durch Rekurs auf göttliche Offenbarung oder die christliche Überzeugung, der Logos Gottes habe in einem partikularen Menschen Gestalt angenommen. Die partikularen Wahrheitsansprüche der Religionen müssen nach Toynbee auf einen universalen Glauben an einen göttlichen Grund allen Seins hin überschritten werden.

---

[351] Siehe dazu: Horst Althaus: «Heiden», «Juden», «Christen». Positionen und Kontroversen von Hobbes bis Carl Schmitt, Würzburg 2007, 419–436.

[352] Dt.: Das Christentum und die Religionen der Welt, Gütersloh 1959, 121f.

[353] «Uno itinere non potest perveniri ad tam grande secretum.» (Symmachus: rel. 3,10; Richard Klein: Der Streit um den Victoriaaltar. Die dritte Relatio des Symmachus und die Briefe 17, 18 und 57 des Mailänder Bischofs Ambrosius, Darmstadt 1972, 106f). Siehe dazu: Christian Gnilka: Prudentiana II, Exegetica, München/Leipzig 2001, 474–521. – Siehe dazu auch Kapitel 6.1.1. des vorliegenden Buchs.

[354] Arnold J. Toynbee: A Study of History, Bd. 12, Oxford 1961, 623.

Gegen diesen Ansatz, wie überhaupt gegen die im Geist der damaligen Zeit liegende Forderung, das religiöse Bewusstsein zu universalisieren, wendet sich Hendrik Kraemer und stellt ihm sein Plädoyer für einen apologetischen Dialog des Christentums mit den Religionen gegenüber. Er ist nicht bereit, an den mit dem christlichen Glauben verbundenen Exklusivansprüchen Abstriche zu machen, besteht aber darauf, dass diese nicht notwendigerweise zu interreligiöser Abschottung oder Feindseligkeit gegenüber Anhängern anderer Religionen führen müssten. Kraemer sieht also eine Epoche in der Christentumsgeschichte heraufziehen, in der Begegnungen mit anderen Religionen unausweichlich sein werden. Diese Epoche hat in seinen Augen bereits begonnen. Die von ihm gestellte Frage betrifft nicht das «ob», sondern das «wie» der Gestaltung dieser Begegnungen. Der Begriff «Dialog» ist bei ihm noch nicht mit kommunikationsethischen Zuschreibungen (wie etwa der Forderung gegenseitiger Wertschätzung) aufgeladen, sondern steht zunächst nur für die Unausweichlichkeit der Auseinandersetzung.

Eine weitergehende Profilierung des Dialogbegriffs im Sinne eines genuin theologischen Interesses an außerchristlichen Glaubens- und Lebensformen konnte Kraemer aufgrund seines missiontheologischen Ansatzes nicht vornehmen. Er verstand Mission als «Kommunikation des Evangeliums», also eher als einseitige Mitteilung denn als gegenseitigen Austausch. Zudem unterschied er *diese* Form der Kommunikation als vom Geist Gottes inspirierte Selbstmitteilung des Gotteswortes, die auf die Bekehrung des Menschen ziele, von Formen rein zwischenmenschlicher Kommunikation. Es handele sich bei der Kommunikation des Evangeliums um eine «Kategorie sui generis».[355] Ein solches, an einem Sender-Empfänger-Modell orientiertes Kommunikationsverständnis lässt einen interreligiösen Dialog bestenfalls im Rahmen der Missionspraxis zu. Religionsdialog war für ihn nicht «ein sich gegenseitiges Öffnen, aus dem Verlangen heraus, vom anderen zu lernen und sich von ihm bereichern zu lassen»[356].

---

[355] Hendrik Kraemer: The Communication of Christian Faith, London 1956; dt.: Die Kommunikation des christlichen Glaubens, Zürich 1958, 21.

[356] So Ulrich Schön (ohne Bezug auf Kraemer) im Artikel «Dialog», in: Karl Müller / Theo Sundermeier (Hg.): Lexikon missionstheologischer Grundbegriffe, Berlin 1987, 65.

In diesem Zusammenhang spricht Kraemer auch von der Notwendigkeit einer «Theologie der Religion und der Religionen».[357] Nicht nur aus intellektuellen, sondern auch aus pastoralen Gründen sei sie unausweichlich, denn die andrängende Religionsvielfalt stelle eine Herausforderung für den gelebten christlichen Glauben dar und verlange nach theologischer Orientierung. Die bloße Kenntnis der Religionen und ihrer Geschichte reiche dazu nicht mehr aus. Es brauche eine neue Apologetik des christlichen Glaubens.[358] Diese hat er dann in seinem Buch «Why Christianity of all Religions?» ausgearbeitet.[359]

Im Zuge der «dialogischen Wende» kam es jedoch schon bald zu einer Weiterentwicklung und philosophischen Vertiefung des Dialogbegriffs. Dabei konnte man weniger an klassische Vorbilder – wie den sokratischen Dialog – anknüpfen. Denn das Ziel des sokratischen Dialogs war es nicht, gemeinsam nach Sinn und Wahrheit zu suchen oder die je eigene Wahrheitsgewissheit gegenseitig zu bezeugen, sondern den Gesprächspartner der schon gefundenen Wahrheit zu überführen. Das Denken, das zu dieser Wahrheit führt, konnte zwar als Gespräch verstanden und literarisch als solches stilistiert werden werden, aber es war ein Selbstgespräch. Im Dialog «Theaitetos» lässt Platon Sokrates sagen, Denken sei die Rede der Seele mit sich selbst.[360]

Eine viel wichtigere Rolle für die Entwicklung des Dialogverständnisses in Bezug auf interreligiöse Beziehungen spielte die von jüdischen Gelehrten in den 1920er Jahren entwickelte Dialogphilosophie. Dieser Spur will ich im Folgenden nachgehen.

4.1.2. Dialogphilosophie im 20. Jahrhundert

Die «Mutter» der interreligiösen Dialogbewegung, wie sie seit den 1960er Jahren stattfand, war der jüdisch-christliche Dialog, der nicht zuletzt durch das Schuldbewusstsein des Christentums gegenüber den Juden motiviert war. Davon soll im nächsten Abschnitt die Rede sein. Dass in diesem Zusammenhang das Konzept des Dialogs als Leitvorstellungen ins Spiel

---

[357] Hendrik Kraemer: World Cultures and World Religions (siehe Anm. 350), 365.

[358] Ebd.

[359] Hendrik Kraemer: Why Christianity of all Religions? Philadelphia 1962 (auf Niederländisch 1960).

[360] Platon: Theaitetos 189d, e.

gebracht wurde, ist nicht zuletzt darin begründet, dass dieses Konzept vonseiten jüdische Religionsphilosophen schon in den 1920er Jahren als Modell der Beziehungsbestimmung zum Christentum vorgeschlagen worden war, insbesondere im «dialogischen Personalismus», wie er in unterschiedlichen Ausprägungen von Franz Rosenzweig, Ferdinand Ebner und vor allem Martin Buber vertreten worden war.

Die Grundlage dieses Ansatzes hatte Hermann Cohen in seinem Spätwerk[361] gelegt, in dem er zwischen der Beziehung zwischen «Ich und Du» sowie «Ich und Es» unterschied und die Ich-Du-Beziehung der Ich-Es-Beziehung vorordnete. Damit verband sich eine Kritik an der abendländischen Philosophietradition, die spätestens seit Descartes ganz auf das individuelle Subjekt ausgerichtet war. Der Selbstbezug des cartesischen «ego cogito» ließ es nicht zu, Andersheit im Sinne eines anderen denkenden Ichs zu denken. Auch die Transzendentalphilosophie Kants war ganz auf das denkende (transzendentale) Subjekt bezogen. Die Vorstellung eines dialogischen Gegenübers in der Beziehung individueller Subjekte – der Intersubjektivität also – war für diese Philosophie nicht konstitutiv. Demgegenüber hatte schon Friedrich Heinrich Jacobi die Gleichursprünglichkeit des Seins von Ich und Du betont, die beide von Gott ins Sein gerufen sind. Ludwig Feuerbach formulierte kritisch gegen Hegels geistphilosophische Annahme einer Identität von Denken und Sein, die zu einer Vermittlung des Denkens mit sich selbst führe: «Dialektik ist kein Monolog des einsamen Denkers mit sich selbst, sie ist ein Dialog zwischen ich und du.»[362] Auch die Existenzphilosophie Kierkegaards und die Lebensphilosophie von Bergson, Dilthey u. a. brachen die Vernunft- und Subjektzentrierung der idealistischen Philosophie auf und setzten ihr die Reflexion über die Grundbefindlichkeiten des menschlichen Daseins gegenüber, die nicht nur durch individuelle Subjektivität, sondern auch durch Sozialität gekennzeichnet sind.

Auf dieser Linie konnte der Dialogbegriff von einem kommunikationstheoretischen (Dialog als Gespräch) und ethischen (Dialog als ethisch

361 Hermann Cohen: Religion der Vernunft aus den Quellen des Judentums. Eine jüdische Religionsphilosophie [1919], Neuausgabe Wiesbaden 2008.

362 Ludwig Feuerbach: Grundsätze der Philosophie der Zukunft, in: ders.: Gesammelte Werke, hg. von Werner Schuffenhauer, Berlin 1970, Bd. 9, § 61, 339.

qualifiziertes Gespräch) zu einem anthropologischen Grundbegriff (Dialog als Prinzip des menschlichen Selbstseins und der Sinnfindung) aufsteigen.

Der von jüdischen Religionsphilosophen entwickelte Personalismus entfaltete diese Auffassung und unterlegte sie theologisch. So betonte etwa Rosenzweig die Konstitution des menschlichen Ich durch das göttliche Du. Der Mensch ist durch die Anrede Gottes ins Sein gerufen, verdankt sich also einem Beziehungsgeschehen. Diese Beziehungshaftigkeit setzt ihn in den Stand, Beziehungen zu anderen Menschen aufzunehmen, die wiederum sein Selbstsein prägen.

Nach intensiven Gesprächen mit Eugen Rosenstock-Huessy, der zum Christentum übergetreten war, hatte Franz Rosenzweig 1913 ebenfalls erwogen und sich auch schon entschieden, Christ zu werden. Auch Rudolf Ehrenberg, sein Vetter zweiten Grades, war konvertiert und hatte Rosenzweig angeboten, die Taufpatenschaft zu übernehmen. In diesem Prozess entdeckte Rosenzweig aber sein Interesse am Judentum neu und entschied sich schließlich gegen den Wechsel zum Christentum. Zur Begründung schreibt er: «Was Christus und seine Kirche in der Welt bedeuten, darüber sind wir einig: es kommt niemand zum Vater denn durch ihn (Joh 14,6). Es *kommt* niemand zum Vater – anders aber, wenn einer nicht mehr zum Vater zu kommen braucht, weil er schon bei ihm *ist*. Und dies ist nun der Fall des Volkes Israel (nicht des einzelnen Juden).»[363] Dieser schon bei Paulus angelegte Gedanke, dass die Christen bzw. die Völker die zum Bund Gottes mit Israel Hinzugekommenen sind, ohne dass dieser Bund dadurch seine Gültigkeit verloren hätte, wird ein Grundstein des späteren jüdisch-christlichen Dialogs sein.

In seinem 1921 erschienenen Hauptwerk legte Rosenzweig die Grundlagen für eine Philosophie des Dialogs. Er versteht hier die Wirklichkeit nicht substanz-, sondern prozesshaft. Sie hat Ereignischarakter und ereignet sich in der Geschichte von Beziehungen. Damit bekommt der Andere

---

[363] Franz Rosenzweig: Der Mensch und sein Werk. Gesammelte Schriften I, Den Haag/Dordrecht 1979, 132f und 134f. – Stéphane Mosès würdigt die Neuheit dieses Gedankens: «Mit Rosenzweig tritt zum ersten Mal in der Geschichte der westlichen Theologie ein Denker auf, der behauptete, dass die letzte Erfahrung der Wahrheit nicht eine einzige, sondern eine doppelte ist.» (Stéphane Mosès: Judentum und Christentum bei Franz Rosenzweig, in: Wolfdietrich Schmied-Kowarzik [Hg.]: Franz Rosenzweigs «neues Denken». Internationaler Kongress, Kassel 2004, Bd. 2, Freiburg i. Br./München 2006, 676).

für die Konstitution der eigenen Person und Lebenswelt grundlegende Bedeutung. Anders als in den subjektzentrierten Entwürfen der neuzeitlichen Philosophie ist das Selbst hier angewiesen auf den Anderen. Es kann nicht mehr absolutistisch, sondern muss relational konzipiert werden. Zwischenmenschliche Beziehungen sind aber sprachlich vermittelt, das Denken selbst ist Sprachdenken: dialogisches Denken.

Rosenzweigs eigenes Denken vollzog sich an den Berührungspunkten von Judentum und Christentum. Beide Wege der Vergegenwärtigung Gottes sind ernstzunehmen, ohne sie gegeneinander auszuspielen. Gott liegt diesen Wegen voraus. Als der *eine* Gott aller Menschen, der die Erlösung aller will, ist er «alles in allem».[364]

Auf Anregung von Franz Rosenzweig übernahm *Martin Buber* von Ferdinand Ebner die Formulierung «Ich und Du» und setzte sie an die Stelle des Begriffs «Begegnung». In diesem Zusammenhang führte er auch den Dialogbegriff in seine Philosophie ein und wendete ihn sowohl auf die Beziehung des Menschen zu Gott als auch auf die zwischenmenschlichen Beziehungen an.[365]

Buber verstand die Thora nicht als einen göttlichen Gesetzeskodex, sondern als göttliches Wort, das den Menschen anredet, ihn in Anspruch nimmt und ihn in eine lebendige, dialogische Beziehung zu Gott als dem ewigen Du setzt. Die Thora ist Gottes Wort, das nach Antwort und Verantwortung verlangt. Von hier aus konnte Buber eine positive Sicht Jesu als gesetzeskritischen jüdischen Lehrer und Propheten entwickeln. Nach Buber ist die gesamte Geschichte ein Dialog zwischen Gottheit und Menschheit. Ihres Sinnes könne man «jeweils nur da innewerden, wo *uns*

[364] Franz Rosenzweig: Der Mensch und sein Werk. Gesammelte Schriften II, Den Haag/Dordrecht 1976, 446. – Zur Bedeutung von Rosenzweig für die philosophische Begründung des Religionsdialogs siehe: Silvia Richter: Franz Rosenzweigs «neues Denken». Perspektiven für ein neues interreligiöses Verhältnis, in: Carla Danani / Ugo Perone / Silvia Richter (Hg.): Die Irritation der Religion. Zum Spannungsverhältnis von Philosophie und Theologie, Göttingen 2017, 88–99.

[365] Martin Buber: Ich und Du, Gütersloh [14]2005; ders: Das dialogische Prinzip: Ich und Du / Zwiesprache / Die Frage an den Einzelnen / Elemente des Zwischenmenschlichen / Zur Geschichte des dialogischen Prinzips, Gütersloh [13]2014.

die Anrede trifft, und nur insofern, als wir uns von ihr treffen lassen»[366]. «Der Sinn der Geschichte ist nicht eine Idee, die ich unabhängig von meinem persönlichen Leben formulieren kann, mit meinem persönlichen Leben allein vermag ich ihn aufzufangen, denn es ist ein dialogischer Sinn.»[367]

Was für die Gott-Mensch Beziehung gilt, gilt ebenso für die Beziehung zwischen Menschen. Menschsein heißt Einander-gegenüber-Sein. Leben ist Begegnung zwischen Ich und Du. So sehr es auch unvermeidlich sein mag, sachhafte Erkenntnisse «über» einen anderen Menschen zu gewinnen, sich ein Bild von ihm zu machen und ihn damit zu einem «Es» zu vergegenständlichen, so wichtig ist es für die Entfaltung des Menschseins, sich immer wieder der unmittelbaren personalen Präsenz des Anderen auszusetzen, was auch einschließt, sich mit seiner Widerständigkeit auseinanderzusetzen. Dabei geht es nicht nur um das Beim-anderen-Sein, sondern um ein Sich-selbst-am-anderen-Gewinnen. Gerhard Wehr bringt den Grundgedanken Bubers im Gegenüber zum cartesischen «cogito ergo sum» auf den Punkt: «respondeo ergo sum».[368]

«Dialog» meint für Buber sehr viel mehr als ein bloßes Gespräch, als eine Debatte oder Diskussion. «Das weitaus meiste von allem, was sich heute unter Menschen Gespräch nennt, wäre richtiger, in einem genauen Sinne als Gerede zu bezeichnen.»[369] Von solchem Gerede unterscheidet er das *echte* Gespräch und gibt diesem damit eine normative Aufladung. Am Ende einer 1952 in New York gehaltenen Vorlesungsreihe sagte Buber, dass ihm schon während des Ersten Weltkriegs die «zunehmende Erschwerung des echten Gesprächs, und besonders des echten Gesprächs zwischen Menschen verschiedener Art und Gesinnung [offenbar geworden sei]. Der unmittelbare, rückhaltlose Dialog […] ist die eigentliche Schicksalsfrage der Menschheit. Seither habe ich unablässig darauf

---

366 Martin Buber: Geschehen der Geschichte, in: Werke Bd. 2, München/Heidelberg 1964, 1036 (Hervorhebung M. B.).

367 Ebd.

368 Gerhard Wehr: Martin Buber: Leben – Werk – Wirkung, Gütersloh 2010, 134. Diese Formel ist von Fritz H. Heinemann geprägt worden (Existentialism and the Modern Predicament, London 1953, 190–204).

369 Martin Buber: Das dialogische Prinzip (siehe Anm. 365), 282.

hingewiesen, dass die Zukunft des Menschen als Menschen von einer Wiedergeburt des Dialogs abhängt.»[370]

Im *echten* Gespräch zeigt sich die Wahrheit des Zwischenmenschlichen. Menschen teilen sich einander mit in ihrem wahren Selbstsein, in unmittelbarer Hinwendung zum Anderen in dessen personhafter Existenz. Jeder bringt in Offenheit seine Auffassung des Gesprächsgegenstandes und damit sich selbst ein. Dabei geht es um diese Sache, nicht darum, sich selbst zur Geltung bringen und erst recht nicht darum, den Partner zu etwas bewegen zu wollen. Jede strategische und taktische Absicht würde das echte Gespräch ebenso zerstören wie von außen auferlegte Einschränkungen, etwa eine bestimmte Sozialkontrolle. Authentizität, Spontaneität, Unmittelbarkeit und Offenheit machen ein *echtes* Gespräch aus.[371]

So sehr auch Buber den Dialoggedanken ins Zentrum seiner Ich-Du-Philosophie stellt, so sehr er den Juden Jesus wertschätzen konnte und so sehr er als einer der ersten Juden nach dem Zweiten Weltkrieg in Deutschland öffentlich auftrat und sich dafür einsetzte, das Judentum in Deutschland wieder heimisch zu machen, so kritisch ist andererseits seine Haltung zum Christentum als Religion. In seinem Buch «Zwei Glaubensweisen» (1950)[372] stellt er das jüdische Verständnis des Glaubens (*amunah*) als personales Vertrauen, dem griechisch geprägten christlichen Verständnis des Glaubens (*pistis*) als Für-wahr-halten einer Glaubenslehre schematisch gegenüber. Damit verbindet sich ein Überlegenheitsanspruch für die im Judentum eröffnete Gottesbeziehung gegenüber dem christlichen Glauben.[373] Dieser Überlegenheitsanspruch bezieht sich aber nicht auf das Judentum als Religion. Aller religiösen Institutionalisierung und traditionalen Verfestigung in allen Religionen, auch der jüdischen, stand er kritisch gegenüber. Von der Synagogengemeinde hielt er sich fern.

---

[370] Martin Buber: Hoffnung für diese Stunde, in: Hinweise. Gesammelte Essays, Zürich 1953, 315f.

[371] Siehe dazu: Martin Buber: Elemente des Zwischenmenschlichen, in: ders: Das dialogische Prinzip (siehe Anm. 365), 269–298.

[372] Martin Buber: Zwei Glaubensweisen, in: Werkausgabe, Bd. 9: Schriften zum Christentum, hg. von Karl-Josef Kuschel, Gütersloh 2011, 202–312. Zu Bubers Bedeutung für den jüdisch-christlichen Dialog siehe: Karl-Josef Kuschel: Martin Buber. Seine Herausforderung an das Christentum, Gütersloh 2015.

[373] Siehe dazu auch seine Vorlesungen über Judentum und Christentum, in: Werkausgabe, Bd. 5, hg. von Orr Scharf, Gütersloh 2017.

Religiosität – als Ausgerichtetsein auf das Geheimnis des göttlichen Du – war ihm wichtiger als Religion.

Für die Begegnung des Juden mit einem Christen gilt für Buber folglich, was er in einem Brief an Karl Thieme am 12. Juni 1949 schrieb: «Judentum und Christentum stehen miteinander im Geheimnis unseres Vaters und Richters: so darf der Jude vom Christen nicht anders als in Furcht und Zittern vor dem Geheimnis Gottes reden. Auf dieser Grundlage allein kann es zwischen Juden und Christ eine echte Verständigung geben.»[374] Die Grundlage der Verständigung ist also weniger die Religionszugehörigkeit als vielmehr die Gottesbeziehung: «Das Juden und Christen Verbindende bei alledem ist ihr gemeinsames Wissen um eine Einzigkeit, und von da aus können wir auch diesem im Tiefsten Trennenden gegenübertreten; jedes echte Heiligtum kann das Geheimnis eines anderen echten Heiligtums anerkennen. Das Geheimnis des anderen ist innen in ihm und kann nicht von außen her wahrgenommen werden. Kein Mensch außerhalb von Israel weiß um das Geheimnis Israels. Und kein Mensch außerhalb der Christenheit weiß um das Geheimnis der Christenheit. Aber nichtwissend können sie einander im Geheimnis anerkennen. Wie es möglich ist, dass es eine Welt gibt als Haus, in dem diese Geheimnisse wohnen, ist Gottes Sache, denn die Welt ist ein Haus Gottes.»[375]

In einem am 14. Januar 1933 geführten Gespräch mit dem damals in Bonn lehrenden Theologen Karl-Ludwig Schmidt sagte Buber: «Der Christ braucht nicht durchs Judentum, der Jude nicht durchs Christentum zu gehen, um zu Gott zu kommen.»[376] Diese Aussage, die an das oben[377] zitierte Diktum Rosenzweigs anklingt, versteht sich als Zurückweisung christlicher Exklusiv- und Inklusivansprüche, denen zufolge allein der Christusweg zu Gott führt und auch die Juden diesen Weg beschreiten müssen. Demgegenüber beharrten Rosenzweig, Buber und beharren andere jüdische Gelehrte bis in die Gegenwart auf der Eigenständigkeit der durch die Thora vermittelten Gottesbeziehung. Allen christlichen Vereinnahmungsversuchen erteilten sie eine deutliche Abfuhr. Auf dieser Linie

[374] Martin Buber: Echo und Aussprache, in: Werkausgabe, Bd. 9 (siehe Anm. 372), 192.

[375] Martin Buber: Werkausgabe, Bd. 9, Schriften zum Christentum, 159.

[376] Martin Buber: Kirche, Staat, Volk, Judentum. Aus dem Zwiegespräch mit Karl-Ludwig Schmidt, in: ders.: Der Jude und sein Judentum. Gesammelte Aufsätze und Reden, Gerlingen ^{2}1993, 554.

[377] Siehe S. 117.

liegen auch die oben referierten jüdischen Stellungnahmen zum Christentum.

Bubers Religionsphilosophie enthält also eine ausdrückliche Religionskritik, wie sie auch im nachfolgenden Zitat zum Ausdruck kommt: «Die geschichtlichen Religionen haben die Tendenz, Selbstzweck zu werden und sich gleichsam an Gottes Stelle zu setzen, und in der Tat ist nichts so geeignet, dem Menschen das Angesicht Gottes zu verdecken, wie eine Religion. Die Religionen müssen zu Gott und zu seinem Willen demütig werden; jeder muss erkennen, dass sie nur eine der Gestalten ist, in denen sich die menschliche Verarbeitung der göttlichen Botschaft darstellt, – dass sie kein Monopol auf Gott hat; jeder muss darauf verzichten, das Haus Gottes auf Erden zu sein, und sich damit begnügen, ein Haus der Menschen zu sein, die in der gleichen Absicht Gott zugewandt sind, ein Haus mit Fenstern; jede muss ihre falsche, exklusive Haltung aufgeben und die rechte annehmen. Und noch etwas ist not: die Religionen müssen mit aller Kraft darauf horchen, was Gottes Wille für diese Stunde ist, sie müssen von der Offenbarung aus die aktuellen Probleme zu bewältigen suchen, die der Widerspruch zwischen dem Willen Gottes und der gegenwärtigen Wirklichkeit der Welt ihnen stellt. Dann werden sie, wie in der gemeinsamen Erwartung der Erlösung, so in der Sorge um die noch unerlöste Welt von heute verbunden sein.»[378]

«Dialog» ist für Buber ein Ausloten des «Zwischen» im Austausch der Gesprächspartner auf der Suche nach einem gemeinsamen Sinn. Die Differenz zwischen Ich und Du muss dabei aber gewahrt bleiben, sonst würde die Bewegung des Hin- und Hergehens vom Ich zum Du und wieder zurück zum Ich stillgestellt werden. Es kommt darauf an, dieses «Zwischen» offen zu halten. Es geht nicht um die Erzielung einer Übereinkunft, in der die Differenzen aufgehoben sind, sondern um eine Verständigung über die «Sache», die auch unterschiedliche Sichtweisen einschließen kann.

Für den jüdisch-christlichen Dialog bildeten diese Ansätze eine wichtige philosophische Grundlage, auch wenn sie, wie die personalistische Ich-Du Philosophie insgesamt, auf das individuelle Ich und das individuelle Du und nicht auf eine Begegnung von Gemeinschaften ausgerichtet sind. Auch geht es in ihnen nicht primär um die Begegnung mit Andersglaubenden, sondern um zwischenmenschliche Begegnungen überhaupt.

---

[378] Martin Buber: Nachlese, Heidelberg 1965, 111f.

Doch ließ sich der Gedanke, dass sich die eigene Identität in der Beziehung zum Anderen konstituiert, für die Bestimmung der christlichen Identität im Gegenüber zum Judentum fruchtbar machen. Vertreter des jüdisch-christlichen Dialogs haben mit Nachdruck darauf hingewiesen, dass das Bewusstsein der historischen und theologischen Verwurzelung des christlichen Glaubens im biblischen Israel und das Bekenntnis zur Treue Gottes, der seinen Bund auch mit dem späteren Judentum nicht aufgekündigt hat, zur christlichen Identität gehört.

Der dialogische Personalismus hat nicht nur den jüdisch-christlichen Dialog und den interreligiösen Dialog insgesamt philosophisch befruchtet und untermauert, sondern auch theologische Rezeption hervorgerufen. Vor allem in der Zeit nach 1968, in der Sozialität und Kommunikation auch in der Theologie zu Leitvorstellungen wurden, konnte man in diesem Ansatz eine interessante Alternative zur idealistischen Philosophie des einsamen, auf sich selbst bzw. seine Vernunft bezogenen Ich sehen. Er war durchaus anschlussfähig an die Wort-Gottes-Theologie. Gegenüber der vor allem beim frühen Barth so stark betonten unumkehrbaren Einseitigkeit des Wortgeschehens von Gott zum Menschen hin betonte dieser Ansatz aber die Korrelation von Wort und Antwort. Die Gottesbeziehung konnte im Sinne eines Wortwechsels verstanden werden. Die Person wird durch die Anrede Gottes konstituiert und antwortet mit explizitem Glauben oder implizit mit ihrer Existenzausrichtung darauf. Das Selbstsein prägt sich in der Begegnung mit dem Anderssein des – göttlichen und menschlichen – Anderen aus.

Von hier aus konnten Theologen wie Heinrich Ott noch weitergehen und die Forderung erheben, Theologie müsse insgesamt dialogisch betrieben werden. Ott beschließt seinen Artikel «Dialog» im «Evangelischen Kirchenlexikon» mit dem Satz: «In jedem Fall erfordert der D.[Dialog] heute einen *neuen Stil der Theologie*: eine *‹dialogische›* im Unterschied zu einer ‹positionellen› *Theologie*».[379] Damit ist Dialog zur Methode der Theologie erklärt. Es geht bei dieser Methode nicht um die Entfaltung eines propositionalen Lehrgehalts in doktrinaler Form, sondern um den Prozess kommunikativer Sinnentdeckung. Theologie wird damit zu einer hermeneutisch kommunikativen Wissenschaft.

Vergleicht man die Aussage Otts mit dem Artikel «Dialog» in RGG³ (1958), wo Dialog noch als «geistlich musikalische Gattung» beschrieben

[379] Heinrich Ott: Art. «Dialog», in: EKL³, I, 1986, 874.

worden ist[380], so wird deutlich, wie steil die Karriere des Dialogbegriffs in der Theologie seit den 1960er Jahren war.

Anregungen der philosophischen Hermeneutik (Hans-Georg Gadamer[381] u. a.) wurden aufgenommen und zur interkulturellen Hermeneutik weiterentwickelt: Die Theorie des kommunikativen Handelns mit ihrer Leitvorstellung der herrschaftsfreien Kommunikation (Jürgen Habermas[382]), Karl-Otto Apels Diskursethik und Transzendentalpragmatik und die Phänomenologie des Fremden (Bernhard Waldenfels[383]) waren Impulsgeber für die Profilierung des Dialoggedankens im Sinne eines Beziehungsethos. Die in diesen Entwürfen angestellten tiefgründigen anthropologischen, ethischen und kommunikationstheoretischen Reflexionen inspirierten das Dialogverständnis der Ökumenischen Bewegung, der jüdisch-christlichen Beziehungen und eben des interreligiösen Dialogs überhaupt. Der Dialogbegriff wurde zu einer regulativen Idee erhoben, die den realen Kommunikationsvollzügen kritisch entgegengestellt werden konnte.[384]

---

[380] Wolfgang Osthoff: Art. «Dialog», in: RGG^3, 2, 1958, 174.

[381] Hans-Georg Gadamer: Wahrheit und Methode. Grundzüge einer philosophischen Hermeneutik, Tübingen ^{4}1975. Siehe dazu: Internationales Jahrbuch für Hermeneutik 10, Schwerpunkt: 50 Jahre Wahrheit und Methode, hg. von Günter Figal, Tübingen 2011.

[382] Jürgen Habermas: Vorbereitende Bemerkungen zu einer Theorie der kommunikativen Kompetenz, in: ders. / Niklas Luhmann: Theorie der Gesellschaft oder Sozialtechnologie, Frankfurt a. M. 1971, 101–141.

[383] Bernhard Waldenfels: Das Zwischenreich des Dialogs. Sozialphilosophische Untersuchungen in Anschluss an Edmund Husserl, Den Haag 1971; ders.: Der Stachel des Fremden, Frankfurt a. M. 1990; ders.: Studien zur Phänomenologie des Fremden, Frankfurt a. M. 1997ff (Bd. 1: Topografie des Fremden, Frankfurt a. M. 1997); ders. u. a. (Hg.): Der Anspruch des Anderen. Perspektiven phänomenologischer Ethik, München 1998; ders.: Grundmotive einer Phänomenologie des Fremden, Frankfurt a. M. 2006.

[384] Siehe dazu auch die Studie von Simon Meier: Gesprächsideale. Normative Gesprächsreflexion im 20. Jahrhundert, Berlin/Boston, 2013; Erwin Hasselberg / Ludwig Martienssen / Frank Radke (Hg.): Der Dialogbegriff am Ende des 20. Jahrhunderts. Internationale wissenschaftliche Konferenz anlässlich des 225. Geburtstags von Georg Wilhelm Friedrich Hegel, Berlin 1996.

4.1.3. Ökumenischer, interkultureller und interreligiöser «Dialog»

Der – wenn auch nicht ausschließlich, aber doch maßgeblich – aus den Quellen der jüdischen Religionsphilosophie gespeiste Dialoggedanke wurde seit Beginn der 1960er Jahre zum Leitbegriff der Beziehungsbestimmung – nicht nur im Verhältnis zum Judentum, sondern auch innerchristlich in der Ökumenischen Theologie sowie in den Außenbeziehungen der Kirche(n) zur «Welt» und zu den anderen Religionen. Erstmals taucht er in der Erklärung der Vollversammlung des Ökumenischen Rats der Kirchen in Neu-Delhi 1961 auf, ist hier aber noch ganz in einen missionspraktischen Kontext eingebunden.[385] Auf der Weltmissionskonferenz in Mexico City 1963[386] und ein Jahr später auf der Tagung der «East Asia Christian Conference»[387] in Bangkok wurde er aufgenommen und weitergeführt. Die eigentliche interreligiöse Dialogaktivität im Rahmen der Ökumenischen Bewegung begann dann 1967 mit der ÖRK-Konferenz «Christians in Dialogue with Men of Other Faiths»[388] in Kandy, Sri Lanka.[389]

Dabei befruchteten sich die Dialogkonzepte und die praktischen Dialogerfahrungen in diesen Anwendungsgebieten gegenseitig. Gegen die «dialogische Wende» in der Beziehungsbestimmung zum Judentum und mehr noch in der Beziehungsbestimmung zu anderen Religionen gab es aber auch massive Widerstände, die sich zumeist unter Verweis auf den

---

[385] «Der Dialog ist eine Form der missionarischen Verkündigung, die sich heute oft als wirksam erweist» (Willem A. Visser't Hooft [Hg.]: Neu-Delhi 1961, Dokumentarbericht, Stuttgart 1962, 92, § 23).

[386] Theodor Müller-Krüger (Hg.): In sechs Kontinenten. Dokumente der Weltmissionskonferenz von Mexico-City 1963, Stuttgart 1964, 149–152, siehe auch: 79f.155.

[387] The Christian Community within the Human Community. Containing Statements from the Bangkok Assembly of the EACC, Feb–March, 1964, Bangalore 1964.

[388] Christians in Dialogue with Men of Other Faiths. The Statement, in: IRM 223, 1967, 338–343.

[389] Siehe dazu auch: S. Wesley Ariarajah / Peter Neuner: Art. «Dialogue, interfaith», in: Nicholas Lossky u. a. (Hg.): Dictionary of the Ecumenical Movement, Genf ^{2}2002, 311–321; Mariasusai Dhavamony: Ecumenical Theology of World Religions, Rom 2003; Douglas Pratt: The Church and Other Faiths. The World Council of Churches, the Vatican, and Interreligious Dialogue, Bern 2010.

Missionsauftrag der Kirche erhoben. Dies geschah vor allem auf der V. Vollversammlung des ÖRK, die 1975 in Nairobi stattfand. Vor allem Vertreter evangelikaler Theologien aus Skandinavien, England und Deutschland betonten, Christus sei nur im Wort und in den Sakramenten gegenwärtig; und das heisst: nur in der Glaubensgemeinschaft der christlichen Kirche. Dialog mit Nichtchristen könne nur deren Evangelisierung zum Inhalt haben. Eine zu weit gehende Dialogoffenheit gefährde das Bekenntnis zur Einzigartigkeit und Endgültigkeit der Gottesoffenbarung in Jesus Christus, führe in einen Synkretismus und schwäche den Missionseifer.[390]

Auf diese Kritik antwortete der im christlich-buddhistischen Dialog engagierte methodistische Theologe Lynn A. de Silva aus Sri Lanka mit einer Klärung des Verständnisses von interreligiösem Dialog: Dialog mindere in keiner Weise die Verpflichtung gegenüber dem eigenen Glauben, sondern bereichere und stärke ihn. Er sei deshalb keineswegs eine Versuchung zum Synkretismus, sondern im Gegenteil ein Schutz dagegen. Die Teilhabe an der Spiritualität Anderer erhebe den Glaubenden zur geistlichen Freiheit und gebe ihm eine Vorstellung von weiteren Dimensionen des geistlichen Lebens. In dialogischen Beziehungsformen manifestiere sich zudem die dem Evangelium entsprechende Haltung gegenüber Andersgläubigen. Die Gestaltung der Beziehung zu ihnen in diesem Geist sei damit ein Glaubwürdigkeitszeugnis.[391]

Während das Bemühen um dialogische Beziehungsgestaltung in Bezug auf die Außenbeziehungen der Kirche zu anderen Religionen und Weltanschauungen (wobei in jener Zeit besonders der Marxismus eine Rolle spielte) der Kritik ausgesetzt war, das Missionsanliegen zu vernachlässigen, musste es sich in Bezug auf die ökumenischen Innenbeziehungen zu anderen christlichen Konfessionen und Denomination mit dem Vorwurf auseinandersetzen, die jeweilige konfessionelle Identität zur Disposition zu stellen. Anders als in den interreligiösen Beziehungen standen Dialog und Mission in den ökumenischen Beziehungen nicht in Spannung zueinander, sondern waren einander zugeordnet. Das zeigt sich schon daran, dass die Ökumenische Bewegung aus der Praxis der Missionstätigkeit im

390 Hanfried Krüger / Walter Müller-Römheld (Hg.): Bericht aus Nairobi 1975. Ergebnisse – Erlebnisse – Ereignisse. Offizieller Bericht der Fünften Vollversammlung des Ökumenischen Rates der Kirchen, 23. November –10. Dezember 1975 in Nairobi/Kenia, Frankfurt a. M. 1976 (Sektion III).

391 A. a. O., 40f.

ausgehenden 19. Jahrhundert hervorgegangen ist. Eine der wesentlichen Antriebskräfte dieser Bewegung war das Motiv, in der Mission zusammenzuarbeiten, um die Adressaten der Botschaft nicht durch Konkurrenzkämpfe zu irritieren. Dies wiederum machte die Klärung der interkonfessionellen Beziehungen im Inneren der Kirche notwendig und trug dazu bei, dialogische Beziehungsbestimmungen und -gestaltungen zwischen den Konfessionen des Christentums vorzunehmen. Im Verhältnis zu anderen Religionen stand der Missionsauftrag dagegen in Spannung zum Dialoganliegen.

Begegnungen zwischen Angehörigen verschiedener Religionen und christlicher Konfessionen gibt es, seit es Religionen und Konfessionen gibt. Doch wurden sie nicht im Rahmen des Konzepts «Dialog» aufgefasst und praktiziert. Es konnten «Streitgespräche» sein, «Disputationen», «Konversationen» oder einfach nur «Gespräche» und «Begegnungen».[392] So fanden etwa von 1921–1926 die (inoffiziellen) «Mechelner *Gespräche*» zwischen römischen Katholiken und Anglikanern statt. Erst mit der Reform der römisch-katholischen Kirche in der ersten Hälfte der 1960er Jahre begann der Dialoggedanke eine zentrale Rolle zu spielen. «Für den Katholizismus hat der Dialog eine fast revolutionäre Bedeutung gewonnen, weil seine monolithische Uniformität sowohl nach außen zur Welt und zu anderen Konfessionen, aber auch nach innen infolge des autoritären Prinzips monologisch befestigt war.»[393]

Mit der Gründung des «Sekretariats zur Förderung der Einheit der Christen» durch Papst Johannes XXIII. im Jahr 1960 und mit dem Ökumenismusdekret des Zweiten Vatikanischen Konzils hatte sich die römisch-katholische Kirche für den ökumenischen Verständigungsprozess geöffnet. Im Ökumenismusdekret «Unitatis Redintegratio» wurde in der Definition der Ökumenischen Bewegung der «Dialog» als eine der Tätigkeiten und Unternehmungen genannt, die «zur Förderung der Einheit der Christen ins Leben gerufen und auf dieses Ziel ausgerichtet sind»[394]. Im

---

392 Carl F. Hallencreutz: Der Dialog in der Geschichte der ökumenischen Bewegung. 1910–1971, in: Hans-Jochen Margull / Stanley J. Samartha (Hg.): Dialog mit anderen Religionen. Material aus der ökumenischen Bewegung, Frankfurt a. M. 1972, 53–65.

393 Wilhelm Dantine / Eric Hultsch: Art. «Dialog», in: TRT^4, I, 1983, 278.

394 www.vatican.va/archive/hist_councils/ii_vatican_council/documents/vat-ii_decree_19641121_unitatis-redintegratio_ge.html (16.09.2017), § 4.

Anschluss an das Konzil fand eine rege interkonfessionelle Dialogtätigkeit statt.

Seit diesem Aufbruch in der Ökumenischen Theologie ist der Begriff «Dialog» in einem engeren Sinn «ein Fachbegriff, welcher eine institutionalisierte Form der Kommunikation beschreibt»[395]. Diese Form des Dialogs «kann sich zwischen zwei oder mehreren beteiligten Kirchen (bilateraler bzw. multilateraler Dialog) sowie auf internationaler oder nationaler Ebene vollziehen. Er wird getragen von Kommissionen, welche von den beteiligten Kirchen eigens zu diesem Zweck eingesetzt werden, und deren Ergebnisse anschließend einer Rezeption durch die beteiligten Kirchen bedürfen»[396]. In einem weiteren Sinn konnte und kann der Dialogbegriff darüber hinaus zur Bezeichnung *aller* Formen der Ökumenischen Begegnung gebraucht werden, auch solchen, die über das Gespräch hinausgehen und die Begegnung auf der Ebene des gemeinsamen Handelns und gottesdienstlichen Feierns vollziehen.

Dieses weite Dialogverständnis hat sich auch der Ökumenische Rat der Kirchen zu eigen gemacht. In dem 2016 erschienenen Papier «Called to Dialogue. Interreligious and Intra-Christian Dialogue in Ecumenical Conversation» heißt es: «But dialogue properly understood encompasses the whole range of relationships with other Christians, not exclusively in formal ways but including prayer, missionary cooperation, solidarity and common witness in the world. In its broadest and deepest sense, dialogue in the intra-Christian context means moving beyond division toward full visible communion and common witness and service in charity and with humility.»[397] Dialog ist also hier als Weg zur Verständigung, zur Gemeinschaft, zum gemeinsamen Zeugnis und Dienst verstanden.

Generell lässt sich konstatieren, dass es zwischen der Diskussion um die innerchristlich-ökumenischen Beziehungen und der Diskussion um die interreligiösen Beziehungen formale Analogien gibt. Das Konzept des Dialogs als Modell der Beziehungsgestaltung spielte in beiden Diskursen

[395] Jutta Koslowski: Die Einheit der Kirche in der ökumenischen Diskussion. Zielvorstellungen kirchlicher Einheit im katholisch-evangelischen Dialog, Berlin/Münster 2008, 32.

[396] Ebd.

[397] https://www.oikoumene.org/en/resources/documents/wcc-programmes/interreligious-dialogue-and-cooperation/called-to-dialogue/@@download/file/BrochureInterreligIntraChristianDialogue.pdf (16.09.2017), 7.

eine wichtige Rolle und ist zum Teil aus dem ökumenischen in den interreligiösen Diskurs übertragen worden. Die damit verbundenen Zielvorstellungen sind allerdings verschieden.

Das Ziel *ökumenischer* Dialoge besteht in der möglichst weitgehenden Übereinstimmung im Glauben an Christus, denn von ihrem Ursprungsbezug auf Christus her gehören die christlichen Kirchen zusammen. Wenn sich die Erreichung dieses Ziels in der Praxis auch als sehr schwierig erweist, weil keine Einigkeit über die Konkretisierung der Zielvorstellungen (Gemeinschaft der Kirchen in versöhnter Verschiedenheit oder Streben nach voller Kircheneinheit) besteht, so stimmen doch alle am ökumenischen Dialog Beteiligten im Grundsatz darin überein, dass es gelte, die in Christus schon bestehende Einheit auch kirchlich zu realisieren und konfessionelle Spaltungen möglichst weitgehend zu überwinden. Der Impuls dazu ist im christlichen Glauben selbst angelegt und wird auf einen Auftrag Jesu zurückgeführt (Joh 17,21).

Der *interreligiöse* Dialog kann sich demgegenüber nicht auf ein gemeinsames Glaubensfundament, auf eine gemeinsame Überlieferung und eine gemeinsame Verheißung gründen. Er wird denn auch eher ethisch legitimiert: als dem Ethos der christlichen Nächstenliebe entsprechende Haltung der Zuwendung zum Anderen, unabhängig von dessen ethnischer, sozialer, kultureller und religiöser Zugehörigkeit. Das Ziel interreligiöser Dialoge besteht also nicht im Streben nach Einheit oder Gemeinschaft im Glauben, sondern im Streben nach Verstehen und Verständigung und im Bemühen, konstruktive Beziehungen zu Angehörigen anderer Glaubensrichtungen aufzubauen.

«Dialogue means positive and constructive inter-religious relations with individuals and communities of other faiths, directed to mutual understanding and enrichment, in obedience to truth, with respect for freedom. Dialogue is understood as shared communication for mutual understanding, to address divisions or conflicts, or to nurture solidarity for peace and justice or mutual empowerment.»[398]

Es lassen sich sowohl im ökumenischen als auch in interreligiösen Diskurs Konjunkturverläufe feststellen: Phasen, in denen Interesse an diesen Beziehungen zunimmt, gehen in Hochphasen über, auf die dann wieder

---

[398] Ebd. (mit Verweis auf die «Ecumenical Considerations for Dialogue», dt.: «Ökumenische Erwägungen zum Dialog und zu den Beziehungen mit Menschen anderer Religionen», Genf 2003, §§ 18f).

Phasen der Frustration und des Rückzugs folgen. Diese Konjunkturen verlaufen nicht parallel. Mit dem seit den 1990er Jahren erlahmenden Interesse an der christlichen Ökumene verstärkte sich bei vielen Ökumenikern das Interesse an interreligiösen Beziehungen. Während es sich bei den ökumenischen Beziehungen vor allem um eine zwischenkirchliche Angelegenheit handelte, waren die interreligiösen Beziehungen von zunehmender gesellschaftlicher Relevanz. Die am 31. Oktober 1999 unterzeichnete «Gemeinsame Erklärung zur Rechtfertigungslehre» bildete noch einmal einen Höhepunkt in der Bestimmung der Beziehungen zwischen den lutherischen Kirchen und der römisch-katholischen Kirche. Doch die sich daran anschließende Auseinandersetzung um die Auslegung dieser Erklärung und vor allem deren kirchenpolitische Folgenlosigkeit waren nicht geeignet, das Interesse an Ökumenischer Theologie und an der Förderung ökumenischer Beziehungen zu verstärken. An der Basis der Kirchengemeinden wurden die ökumenischen Beziehungen oft unkompliziert praktiziert, während auf der Ebene der Kirchenleitung vor allem vonseiten der römisch-katholischen Kirche kaum Schritte der Annäherung erfolgten. In der Folge fand seit den 1990er Jahren eine Interessens- und Ressourcenverlagerung von der ökumenischen zur interreligiösen Beziehungsarbeit statt.

Im Gegenüber zum ökumenischen und interreligiösen Dialog bezieht sich der *interkulturelle* Dialog auf die Begegnung von Angehörigen verschiedener Kulturen. Da die Unterscheidung von Religion und Kultur in außerwestlichen Kulturen oft nicht vollzogen wird, vermischt sich die Dimension des Interkulturellen mit der des Interreligiösen. Interessant ist in dieser Hinsicht der Vorschlag des Missionswissenschaftlers Frans Wijsen, der lange Zeit in Tansania gelebt und gelehrt hat. Er plädiert dafür, von «intercultural religious dialogue» zu sprechen.[399]

Bei interreligiösen Begegnungen handelt es sich in der Regel um interkulturelle Kommunikationen, die prekärer sind als innerkulturelle. Es kann nicht erwartet werden, dass der Gesprächspartner das Dialogkonzept kennt und als Matrix der Kommunikation anerkennt. Dieses Konzept ist aus bestimmten geistesgeschichtlichen und kulturellen Entwicklungen erwachsen und gehört nicht mit Selbstverständlichkeit zum Kommunika-

---

399 Frans Wijsen: Christianity and Other Cultures (siehe Anm. 90), 189.

tionsrepertoire anderer Kulturformationen. In interkulturellen Begegnungen treffen unterschiedliche Kommunikationsstile aufeinander. Auch in dieser Hinsicht besteht Verständigungsbedarf.

Wie bei den Begriffen Kultur und Religion, stellt sich auch beim Dialogbegriff die Frage der Übertragbarkeit. Wie verhält sich seine Kontextualität zur geforderten Universalität? Inwieweit kann dieser Begriff, der in einer bestimmten geistes- und kulturgeschichtlichen Tradition geprägt worden ist, auf andere Traditionen übertragen werden? Die Formel «Dialog der Religionen» hat ihre Wurzeln im liberalen Christentum Europas und Nordamerikas. Auf positive Resonanz stieß sie unter asiatischen Theologen und unter Christen in Ländern, in denen diese eine religiöse Minderheit bildeten. Die orthodoxen Kirchen konnten sich diesen Begriff dagegen nicht leicht zu eigen machen und Angehörige anderer Religionen begegneten ihm nicht selten mit Reserven, Unverständnis und Ablehnung. Vom Aufbruch in den 1960er Jahren bis hin zur Jahrtausendwende wurde das Dialoganliegen vorwiegend einseitig von jenen Bewegungen im Christentum getragen, die an einer Neugestaltung ihrer Beziehungen zu anderen Konfessionen und Denominationen sowie zu anderen Religionen und zur säkularen Welt interessiert waren.

4.1.4. «Dialog» als interreligiöses Beziehungsethos

Der Begriff «interreligiöser Dialog» hat ein weites Bedeutungsspektrum. Zum einen konnte und kann er einen konkreten Kommunikationsvollzug (wie etwa ein Gespräch) zwischen Angehörigen unterschiedlicher Religionen bezeichnen, aber auch die «Religionsbegegnung» oder den «Religionskontakt» im Allgemeinen; in dieser Bedeutung bezieht er sich auf ein Ereignis bzw. auf Ereignisse. Zum anderen wurde und wird er verwendet, um Kommunikationsformen zu bezeichnen, die bestimmten ethischen Anforderungen entsprechen. Er meint dann ein Beziehungsethos, d. h. eine bestimmte – respektvolle, wertschätzende, verstehensorientierte – Weise des Umgangs mit Andersglaubenden.

Dieses Ethos ist dann aber nicht mehr an bestimmte – vor allem verbale – Kommunikationsakte gebunden. Es kann sich in der *gesamten* Beziehungsgestaltung – im Reden, Handeln, Schweigen usw. – manifestieren. So gesehen wäre es eine Engführung, Dialog mit «Gespräch» gleichzusetzen. Die dialogische Kommunikationsform kann auch in Interaktionen auftreten, die über das Verbale hinausgehen. Umgekehrt gibt es aber auch

Gespräche, die diese kommikationsethische Qualität vermissen lassen, also nichtdialogisch sind: Gespräche etwa, die ein strategisches oder taktisches Ziel verfolgen und den Gesprächspartner zur Erreichung dieses Ziels manipulieren wollen.

Schon früh in der interreligiösen Dialogbewegung ist die Engführung von «Dialog» auf «Gespräch» und die damit verbundene Wortzentriertheit aufgebrochen und ausgeweitet worden. In den «Leitlinien zum Dialog mit Menschen verschiedener Religionen und Ideologien», die 1977 auf einer Konsultation des ÖRK in Chiang Mai, Thailand, ausgearbeitet wurden, heißt es, nicht nur intellektuelle Begegnungen seien anzustreben, sondern eine Öffnung «mit Herz und Sinnen»[400].

Der Begriff «Dialog» kann somit eine konkrete kommunikative *Handlung* bezeichnen, aber auch in einem grundlegenderen Sinn auf eine bestimmte Kommunikations*haltung* hinweisen, die von gegenseitiger Achtung getragen ist. Dann beschreibt er nicht nur einen bestimmten Beziehungs*vollzug*, sondern ein Beziehungs*muster*.

Sofern der Dialogbegriff ein Geschehen der interreligiösen Kommunikation bezeichnet, wird er in einem *deskriptiven* Sinn gebraucht. Wenn er eine ethisch qualifizierte Haltung bezeichnet bekommt er eine *normative* Füllung. Im ersten Fall beschreibt er die tatsächliche interreligiöse Dialogpraxis, im zweiten Fall gibt er ein Kommunikationsideal vor, an dem sich diese Begegnungen orientieren sollen und an dem sie sich messen lassen müssen. Im ersten Fall verweist er auf das Beziehungs*geschehen*, im zweiten Fall postuliert er eine Beziehungs*qualität*. Um den ethischen Gehalt des Dialogbegriffs zum Ausdruck zu bringen, ist es sinnvoller, von «dialogischen Begegnungen» als von «Dialog» zu sprechen.

Worin besteht diese Beziehungsqualität? Dialogische Begegnungen gehen über ein bloßes Sichtreffen und Zusammensein hinaus. Sie sind geleitet von echtem Interesse am Anderen, suchen den verstehenwollenden Austausch mit ihm, sind bereit, sich mit der eigenen Identität in diese Auseinandersetzung einzubringen und sich darin transformieren zu lassen. Dialog in diesem Sinne der gegenseitigen Erhellung und Transformation vollzieht sich nicht durch eine bloße Kenntnisnahme des Anderen, die ihn passiv respektiert, sondern als aktives Sicheinlassen auf ihn: indem sich der Dialogpartner von seinem Gegenüber in Anspruch genommen weiß

[400] ÖRK (Hg.): Leitlinien zum Dialog mit Menschen verschiedener Religionen und Ideologien, Stuttgart 1979, 22.

und auf diesen Anspruch eingeht. Bernhard Waldenfels bezeichnete diese Responsivität mit dem Begriff der «Antwortlichkeit».[401] Sie führt im Idealfall zu einer Verantwortlichkeit füreinander und zur Wahrnehmung von Verantwortung miteinander.

Dialog in diesem Sinne ist also nicht nur ein Medium der Verständigung, sondern eine ethisch qualifizierte Kommunikationsform, Beziehungsgestaltung und Beziehungshaltung, die getragen ist von Wechselseitigkeit (Reziprozität) in der kommunikativen Interaktion und von Wertschätzung des Partners. Die Bereitschaft, sich auf solche Kommunikationsformen einzulassen, ist eine Sache von Einstellungen und Handlungsdispositionen.

Die dialogische Kommunikationsform lässt sich nach mehreren Seiten hin abgrenzen, zunächst (a) gegenüber einer informationellen Kommunikation: Kommunikation kann es auch im nichtpersonalen Bereich geben – zwischen einem Sender und einem Empfänger. Dialog ist demgegenüber ein inter*personales* Geschehen. Von dieser Einsicht gehen die dialogphilosophischen Ansätze aus, die den Dialogbegriff in einen fundamentalanthropologischen und -ethischen Bezugsrahmen stellen und herausarbeiten, wie die dialogische Kommunikation dem Menschen dazu verhilft, im Angesicht des Anderen allererst zu sich selbst zu finden.

(b) Die dialogische Kommunikationsform ist auch von anderer Art als eine Kommunikation, die danach strebt, Erkenntnisse «über» den Anderen zu gewinnen und Wissen zu erlangen. Diese Erkenntnisgewinnung kann als Selbstzweck erfolgen, aber auch im Interesse, den Anderen beherrschen zu wollen. In jedem Fall wird er dabei – mit Buber gesprochen – zu einem «Es» im Rahmen einer «Ich-Es»-Beziehung. Demgegenüber geht es im Dialog um ein Kennenlernen des Anderen in dem, was seine Person ausmacht. Dazu gehört auch seine Religiosität. Es geht dabei nicht um die Gewinnung sachlichen Wissens, sondern um personales Verstehen.

(c) Weiter kann die dialogische Kommunikationsform von konfrontativen Formen wie «Diskussion» und «Debatte» abgegrenzt werden: Während es in der «Debatte» um die Selbstbehauptung der eigenen Position gegen Andere geht, ist die Kommunikationsform des Dialogs von der Bereitschaft geprägt, empathisch zuzuhören und den Anderen verstehen zu

401 Bernhard Waldenfels: Antwortregister, Frankfurt a. M. 1994, 129ff.

wollen. «Debatte» geht auf das französische *débattre* zurück, dessen Grundbedeutung vom (Vulgär-)Lateinischen *battuere* «schlagen» hergeleitet ist. Es geht darum, den Gegnern mit Worten bzw. Argumenten zu schlagen. So begegnet als Synonym für «Debatte» auch das Wort «Wortschlacht». Debatte meint eine heftige Diskussion.

Auch das Wort «Diskussion» bezeichnet – wenn auch nicht ganz so ausgeprägt – eine konfrontative Form der Kommunikation. Es geht zurück auf lateinisch *discutere*: «zerschlagen», «zerteilen», «zerlegen». Die zu erörternde Sache soll argumentativ zerlegt werden, um ihre Bestandteile zu prüfen. Das Grundverb *quatere* meint «erschüttern», «stoßen», «beschädigen». Auch in verwandten Wörtern wie «Perkussion» (von *percutere:* schlagen, erschüttern) oder im englischen *concussion* (von *concutere:* erschüttern, bis hin zum Erdbeben) ist das Bedeutungsmoment des Schlagens leitend.

Diesen Leitbegriffen mit ihren kämpferischen Implikationen setzen die Verfechter des Dialoggedankens eine Kommunikationshaltung entgegen, die dem Anderen gerecht werden will, indem sie sich auf sein Selbstverständnis einlässt. Das Bei-sich-selbst-Sein, um sich gegenüber dem Anderen zur Geltung zu bringen, ist ausbalanciert mit einem Beim-Anderen-Sein, die «Auseinander-Setzung» mit ihm/ihr mit einer «Zusammen-Setzung», das überzeugenwollende Reden mit dem verstehenwollenden Hören. Der Alterität wird damit ein sehr viel höherer Wert eingeräumt als in den konfrontativen Kommunikationsformen, die darauf abzielen, sich über diese Alterität hinwegzusetzen. Es geht darum, sich von ihr herausfordern zu lassen, von ihr zu lernen, und so eine Bereicherung durch sie zu erfahren.

«Dialog» steht für eine Beziehungsgestaltung auf der Grundlage voller Gleichberechtigung der Partner (*par cum pari loquitur*: «ein Gleicher redet mit einem Gleichen»), bei der sich diese ohne strategische und taktische Absicht in uneingeschränkter Authentizität sowie gegenseitiger Verstehensbereitschaft und Empathie in einem möglichst herrschaftsfreien Raum über einen Gesprächsgegenstand austauschen. Die Beziehung soll nach dem ethischen Grundgesetz der Gegenseitigkeit von Interesse aneinander, von Respekt und Wertschätzung füreinander sowie von Solidarität miteinander getragen sein.

Gegenüber allen Versuchen, den Anderen zu vereinnahmen, gilt es, dessen Selbstverständnis zu respektieren und das eigene Selbstverständnis unverkürzt einzubringen. Christoph Schwöbel weist in einem Gespräch zu Recht darauf hin: «Der Respekt vor der Differenz des anderen ist die Anerkennung seiner Identität. Das Spiel von Alterität und Identität halte ich für ein ganz wichtiges Element im Dialog.»[402]

Dieses Dialogverständnis begegnet(e) in vielen Grundlagenreflexionen zum Wesen des interreligiösen Dialogs. Als Beispiel für die Beschreibung der dialogischen Kommunikationsform im Kontext der Religionsbegegnung sei der «Dialog-Dekalog» Leonard Swidlers aus dem Jahr 1983 angeführt, in dem viele der genannten Charakterisierungen zusammengefasst sind.[403] Ich gebe die zehn Grundregeln gekürzt und komprimiert wieder:

(1) Ziel des Dialogs ist zu lernen, also sich zu verändern durch tiefere Wahrnehmung und besseres Verstehen.
(2) Im Unterschied zum Monolog gilt das Prinzip der Gegenseitigkeit, d. h. des wechselseitigen Austauschs.
(3) Dieser kann nur gelingen, wenn sich beide Partner in Ehrlichkeit und Aufrichtigkeit begegnen.
(4) Dabei ist darauf zu achten, dass man den realen Vollzug der Religion des Anderen nicht an den eigenen Idealen misst, sondern Ideale mit Idealen und Praxis mit Praxis vergleicht.
(5) Jeder Partner hat das Recht auf Selbstdefinition und behält die Deutungshoheit über seine Darstellung. Werden Interpretationen seiner Position von außen an ihn herangetragen, so muss er sich darin wiederfinden können. Dies hatte schon Raimondo Panikkar als die Goldene Regel der interreligiösen Hermeneutik bezeichnet.[404]
(6) Im Dialog können sich unüberwindbare Differenzen herausstellen, sie sollten aber nicht schon vor dem Dialog ins Feld geführt werden.

---

[402] Verschiedenheit: Kein Betriebsunfall der Heilsgeschichte. Gespräch zwischen Karl-Josef Kuschel und Christoph Schwöbel, in: Bernhard König / Tuba Isik / Cordula Heupts (Hg.): Singen als interreligiöse Begegnung. Musik für Juden, Christen und Muslime, Paderborn 2016, 67.

[403] The Dialogue Decalogue. Ground Rules for Interreligious Dialogue, in: Journal of Ecumenical Studies 20/1, 1983, 1–4, dt.: Leonard Swidler: Der Dialog-Dekalog. 10 Grundregeln für den interreligiösen und interideologischen Dialog, ÖR 33/4, 1984, 571–574, abgedruckt, in: Ulrich Dehn u. a. (Hg.): Handbuch Theologie der Religionen (siehe Anm. 116), 172–177. Siehe dazu auch: http://dialogueinstitute.org/dialogue-principles/ (17.09.2017).

[404] Raimondo Panikkar: The Intrareligious Dialogue, New York 1978, 30.

Ohne die eigene Identität preiszugeben, sollte im Dialog nach möglichst weitgehenden Übereinstimmungen gesucht werden.
(7) Echter Dialog kann nur zwischen gleichberechtigten Partnern gelingen (*par cum pari*) und nur wenn sich diese
(8) gegenseitig Vertrauen entgegenbringen sowie
(9) offen für Selbstkritik und Kritik an der eigenen Tradition sind. Das Beharren auf dem vollen Wahrheitsbesitz in der eigenen Tradition ließe kaum Raum für Offenheit gegenüber anderen Traditionen.
(10) Die Dialogteilnehmer sollten versuchen, ein *passing over* in die religiöse Erfahrung des Anderen zu vollziehen, um diese «von innen heraus» verstehen zu lernen.[405]

Gegenüber diesem Ideal sind die *kirchlichen Verlautbarungen* zum Verständnis von Dialog im Kontext interreligiöser Begegnungen zurückhaltender formuliert. Sie plädieren für eine Haltung der Dialogoffenheit bei gleichzeitigem Festhalten am Wahrheitsanspruch des eigenen Glaubens. Ich frage im Folgenden nach dem darin enthaltenen Verständnis von Dialog.

In der 1991 vom «Päpstlichen Rat für den interreligiösen Dialog» und der «Kongregation für die Evangelisierung der Völker» gemeinsam herausgegebenen Verlautbarung «Dialog und Verkündigung» wird Dialog zunächst allgemein als eine «reziproke Kommunikation [beschrieben], die zu einem gemeinsamen Ziel oder, noch tiefer verstanden, zu zwischenmenschlicher Gemeinschaft führt»[406]. Zum Zweiten könne Dialog als eine Haltung des Respekts und der Freundschaft aufgefasst werden. Bezogen auf die Gestaltung interreligiöser Beziehungen meine Dialog schließlich eine Form der Begegnung, die dazu führt, sich gegenseitig zu verstehen und einander zu bereichern. Das beinhalte sowohl die gegenseitige Zeugnisgabe wie auch die Entdeckung der jeweils anderen religiösen Überzeugungen.[407]

---

[405] Vgl. auch die praxisbewährten 16 «Leitlinien für das Gelingen interreligiöser Dialoge», in: Interreligiöser Think-Tank. Leitfaden für den interreligiösen Dialog, Basel 2013, 24–64.

[406] Verlautbarungen des Apostolischen Stuhls 102, hg. vom Sekretariat der Deutschen Bischofskonferenz, Bonn 1991, 9. Siehe Anm. 128, § 9.

[407] Ebd; mit Verweis auf § 3 der 1984 vom «Päpstlichen Sekretariat für die Nichtchristen» herausgegebenen Weisung «Dialog und Mission» (siehe Anm. 106).

In den 2003 vom Ökumenischen Rat der Kirchen (ÖRK) veröffentlichten «Ökumenischen Erwägungen zum Dialog und zu den Beziehungen mit Menschen anderer Religionen» wird Dialog verstanden als Prozess gegenseitiger Befähigung, sich gemeinsam für Gerechtigkeit und Frieden einzusetzen, nicht als Verhandlung zwischen Parteien.[408] Dialog führe zu einem Wachstum im Glauben und zu einer Bekräftigung der christlichen Hoffnung.

Im «Dialogratgeber zur Förderung der Begegnung zwischen Christen und Muslimen in Deutschland», den die Evangelische Kirche in Deutschland (EKD) 2015 zusammen mit dem «Koordinationsrat der Muslime» herausgegeben hat, wird Dialog als eine Begegnungsform bestimmt, die getragen ist «von einer Haltung, die ein Zusammenleben in gegenseitigem Respekt und auf Augenhöhe anstrebt».[409] In der Beschreibung der *Form* der Begegnung wird der «Dialog des Lebens» in den Vordergrund gestellt, d. h. die «Begegnungen und Schritte des gemeinsamen Handelns in der Nachbarschaft, im Stadtteil oder am Arbeitsplatz».[410] Darüber hinaus seien aber auch theologische Gespräche für das gegenseitige Kennenlernen und Verstehen wichtig. Dann wird die dialogische Kommunikation näher bestimmt. Sie besteht aus drei Aspekten: erstens aus der Bereitschaft «zuzuhören und sich auf Fragen anderer einzulassen», zweitens aus der Möglichkeit, «das Eigene einbringen und vertreten zu können» und drittens aus der Offenheit dafür, «das im Gespräch Gesagte und Gehörte zu reflektieren».[411] Als Antwort auf die Frage nach der Motivation für den Dialog wird sowohl die intrinsische («der Wunsch nach religiösem Verstehen») als auch die extrinsische («die Bewältigung lebenspraktischer Fragen») angegeben. Unter den Überschriften «Vertrauen wachsen lassen», «Andere wertschätzen», «Augenhöhe wahren», «Sprachen achten und übersetzen», «Friedliches Miteinander fördern» werden dann Näherbestimmungen der dialogischen Grundhaltung vorgenommen.

In all diesen Bestimmungen bezeichnet der Begriff «Dialog» eine ethisch anspruchsvolle Kommunikationsform, die durch Eigenschaften bzw. Tugenden wie Offenheit, Selbstzurücknahme, Empathie, Akzeptanz usw. charakterisiert ist. Als Zielvorstellung wird oft angegeben, es gehe

---

[408] Genf 2003, 10.

[409] EKD/KRM: Dialogratgeber (siehe Anm. 310), 5.

[410] Ebd.

[411] Ebd.

darum, den Anderen in seinem eigenen Selbstverständnis, d. h. in seiner Andersheit zu verstehen.

Die dialogische Haltung, die sich zunächst als Dialogoffenheit manifestiert und danach strebt, dialogische Kommunikationsformen zu kultivieren, kann dabei allerdings auch an ihre Grenzen stoßen und außer Kraft gesetzt werden, etwa dann, wenn sie vom Dialogpartner nicht erwidert oder missbraucht wird. Das muss aber nicht bedeuten, sie als *Grund*haltung aufzugeben. Als solche wird sie darum bemüht sein, auch über Phasen der Frustration hinweg dialogische Kommunikationsformen wiederherzustellen.

4.1.5. David Bohms Dialogkonzept

Einer der Vorzüge des Dialogmodells bestand und besteht darin, dass es unmittelbar anschlussfähig ist an außerreligiöse Kommunikationskonzepte. In der Sozialpsychologie, der klientenzentrierten Gesprächsführung, der Politologie, der Pädagogik und nicht zuletzt auch in der Unternehmensführung spielt dieses Modell eine ebenso große Rolle wie in praxisbezogenen Anleitungen zu Diskussionsprozessen in der Erwachsenenbildung. Viele solcher Anleitungen beziehen sich auf den in den 1980er Jahren entstandenen Entwurf des US-amerikanischen Quantenphysikers David Bohm (1917–1992), der von Bubers Dialogverständnis beeinflusst war. In Bohms Denken flossen darüber hinaus Einsichten aus dem Wirklichkeitsverständnis der Physik mit östlicher Mystik und mit der Philosophie des Inders Jiddu Krishnamurti zusammen. Die Welt erschien ihm als ein Netzwerk fließend miteinander verwobene Prozesse, aus dem immer neue Bedeutungen hervorgehen. Materie und Geist bilden letztlich eine geordnete Seinseinheit, aus der heraus sich die Formen, die raumzeitlichen Strukturen, die mechanischen Kräfte und die Gegenstände der empirischen Wirklichkeit bilden. Das bedeutet auch, dass es keine Trennung zwischen Ich und Nicht-Ich geben kann. Beide sind im Grunde ihres Seins miteinander verbunden. Relationalität ist ein Grundmerkmal von Personalität.

Bohms Verständnis von Dialog ist eingebettet in dieses Ganzheitsdenken. Wesentlich für den Dialog sei der «Geist des Dialogs». Diesen Geist beschreibt Bohm im Bild «eines freien Sinnflusses, der unter uns, durch uns hindurch und zwischen uns fließt»[412]. Die Dialogteilnehmenden setzen sich dem Sinnstrom dieser Bedeutungen aus und lassen sich vorurteilsfrei darauf ein. Dabei transzendierenden sie sich und partizipieren an diesem Strom, der durch die Dialoggruppe hindurchfließt und neues Verstehen hervorbringt. Sie sollen sich vom Geist bzw. vom «Flow» des Dialogs erfassen und inspirieren lassen. Es geht dabei nicht um Welterkenntnis und auch nicht um die Erkenntnis der Dialogpartner, sondern um die Erweiterung des eigenen Denkens durch dialogische Erkenntnis. Selbsterfahrung und Dialogerfahrung stehen in Wechselbeziehung zueinander, sodass es zum kollektiven bzw. partizipativen Denken kommt. Es geht um transformative Bewusstseinsbildung der Dialogteilnehmenden im Gruppenprozess, um «die Kunst, gemeinsam zu denken»[413].

Durch beständiges Hinterfragen der eigenen Denkgewohnheiten werden diese gewissermaßen verflüssigt, wodurch Raum für neue Erkenntnisse entsteht. Besonderes Interesse richtet sich dabei auf die Differenz zwischen der Bedeutung des vom Gesprächspartner Gesagten und des vom Empfänger Verstandenen. Es geht in diesem Prozess nicht um die Mitteilung mitgebrachter Bedeutungen, sondern um die Generierung neuer Bedeutungen in einem endlosen Prozess, also um eine offene Wahrheitssuche, wobei die Wahrheit weder am Anfang noch am Ende des Prozesses liegt, sondern sich in ihm immer wieder neu erschließt – oder eher: ergibt. Im Gegenüber zum strategisch-lösungsorientierten Dialog ist der generativ-verständnisorientierte Dialog sinnproduktiv, ein Generator und Transformator von Bedeutung. Die daran Teilnehmenden sind in einem permanenten Entdeckungs- und Lernprozess begriffen. An die Stelle der Zentrierung auf die am Dialog beteiligen Individuen tritt die Zentrierung auf den Gruppenprozess.

Die Methode des «Bohmschen Dialogs» ist vor allem in der Organisationsentwicklung (im Rahmen des Konzepts der «lernenden Organisation») breit rezipiert worden. Für interreligiöse Dialoge ist sie interessant,

[412] David Bohm: Der Dialog. Das offene Gespräch am Ende der Diskussionen, hg. von Lee Nichol, Stuttgart 1998, 33. Siehe dazu auch: Johannes F. Hartkemeyer / L. Freeman Dhority / Martina Hartkemeyer: Miteinander Denken. Das Geheimnis des Dialogs, Stuttgart 1998; William Isaacs: Dialog als Kunst, gemeinsam zu denken, Köln 2002.

[413] In Anlehnung an den Titel des Buches von William Isaacs: Dialogue and the Art of Thinking Together, New York 1999.

aber auch provozierend, weil sie Dialog nicht als Austausch über bestehende Wahrheitsgewissheiten versteht, sondern als permanenten Prozess der Generierung und Verflüssigung von Sinnstrukturen. Es gibt keine festen Haltepunkte im Strom der immer neuen Sinnfindung. Die Methode setzt gewissermaßen auf den Effekt der Schwarmintelligenz: Der dialogische Gruppenprozess bringt ein höheres Maß an Erkenntnis hervor, als es in der Summe individueller Erkenntnisanstrengungen möglich wäre. Und sie bringt eine andere Art von Erkenntnis hervor: diskursive Erkenntnis. Ähnlich hat Klaus Berger festgestellt: «Weisheit ist Produkt von Gesprächsrunden, nicht von einsamen Denkern.»[414]

Dieses Konzept entwirft nicht nur eine ideale Kommunikationssituation – wie Swidlers «Dialog-Dekalog» und wie viele theoretische Reflexionen über das Wesen von Dialogen. Es stellt eine praxiserprobte Methode vor. Doch besteht auch hier die Gefahr der Idealisierung, die sich von der Wirklichkeit zwischenmenschlicher Kommunikationen (bewusst) entfernt. Die Interessengeleitetheit und auch die Machthaltigkeit kommunikativer Beziehungen soll im Bohmschen Dialog ausgeblendet werden. Hierarchien sollen keine Rolle spielen. Diese sind aber vorhanden und entfalten ihre Wirkung. Sie nicht in Rechnung zu stellen, führt in ein kommunikatives Biotop. Das entwertet den Gehalt der von Bohm entwickelten Konzeption nicht, erfordert aber, diese nicht ohne Problembewusstsein auf interreligiöse Dialoge zu übertragen.

Eine besondere Schwierigkeit für die Anwendung des Bohmschen Konzepts auf interreligiöse Dialoge besteht in der darin erhobenen Forderung, alle mitgebrachten Glaubensüberzeugungen (wie auch andere «Vorurteile») zu suspendieren, um auf diese Weise offen für neue Sinnkreationen zu werden. Für interreligiöse Dialoge ist diese Forderung nur dann sachgemäß, wenn sie nicht auf den *Inhalt* der Überzeugungen an sich bezogen wird, sondern auf die *je eigene Auffassung* der Glaubensinhalte, also auf das Verständnis der eigenen Glaubensüberzeugungen. Eine Suspendierung der *Inhalte* würde den Dialog seines Gegenstandes berauben und den Kritikern in die Hände spielen, die den Vorwurf erheben, interreligiöse Dialoge setzten die Preisgabe von Glaubensüberzeugungen voraus. Die «Suspendierung» kann sich nur auf Geltungsansprüche beziehen, die

[414] Klaus Berger: Liebe bleibt. Die Weisheit des Neuen Testaments, Frankfurt a. M. 2008, 11.

mit diesen Inhalten verbunden werden und diese für nicht diskutierbar erklären.

4.1.6. Ideal und Realität

In der interreligiösen Dialogeuphorie, die Mitte der 1980er Jahre einsetzte, sich mit dem Abbau und der Überwindung des Ost-West-Gegensatzes in den 1990er Jahren verstärkte und mit der veränderten Islamwahrnehmung seit dem 11. September 2001 wieder abklang, wurden Idealvorstellungen im Blick auf die Möglichkeiten, Bedingungen und Notwendigkeiten dialogischer Kommunikation weiter ausgebaut und in Handlungsprogramme umgesetzt.

Das Dialogkonzept wurde mit Idealvorstellungen einer Kommunikation gefüllt, in der sich die Gesprächspartner (wie von Swidler und anderen vielfach beschrieben) auf der Basis von Gegenseitigkeit und Gleichberechtigung füreinander öffnen und sich möglichst absichtslos über ihre Glaubensinhalte und -formen austauschen. Dieses Kommunikationsmodell ließ sich in (zumeist von kirchlichen Institutionen) eigens dafür geschaffenen, geschützten Begegnungsräumen gut praktizieren. Es kam aber angesichts der harten Auseinandersetzungen, die realiter innerhalb der und zwischen den Religionsgemeinschaften geführt wurden, schnell an seine Grenzen. Je höher das Ideal, umso weiter entfernte es sich von den real existierenden interreligiösen Beziehungsgestaltungen.

Besonders mit der sich eintrübenden Wahrnehmung des Islam seit 2001, mit der damit einhergehenden kritischeren Sicht auf Religion insgesamt und mit der Betonung der Ambivalenz der Religion, die zu Frieden und Versöhnung, aber auch zu Gewalt und Unterdrückung beitragen kann, geriet das Programm eines Religionsdialogs zunehmend unter Kritik und in Konkurrenz zu anderen Leitvorstellungen. Es schien zu wenig realitätstauglich zu sein, zu blauäugig, eine Sache von wohlmeinenden «Gutmenschen», die von der Machthaltigkeit und Interessengeleitetheit interreligiöser Beziehungen absehen und sich auf einem realitätsfernen kommunikativen Spielplatz bewegen.

Zu Recht moniert Henning Wrogemann, dass die Vorstellung und die Herstellung von solchen religionsdialogischen Biotopen den tatsächlichen Auseinandersetzungen zwischen den Religionsgemeinschaften nicht gerecht werde. Die Anforderungen an die Dialogteilnehmenden seien unrealistisch hoch. Wer verfüge schon über das detaillierte Wissen über die eigene religiöse Tradition und diejenige der Gesprächspartner, um in einen wirklich informierten Dialog eintreten zu können? Dialogtheorien gingen von einer Situation gesellschaftlicher Freiheit, d. h. der freien Meinungsäußerung ohne politische Rücksichtnahmen aus, die aber in Wirklichkeit nur selten gegeben sei. Viele huldigten einem westlichen Individualismus, der die Bedeutung von Gruppenloyalitäten nicht ausreichend in Rechnung stelle. Zudem spiele in der Dialogpraxis immer auch die Beziehungs*geschichte* zwischen den Religionsgemeinschaften eine Rolle, besonders die darin geschehenen Verfeindungen. Unterschiedliche Narrative im Blick auf die gemeiname Vergangenheit träfen aufeinander.[415]

Manche Ansätze der Dialogphilosophie und der Konzepte des interreligiösen Dialogs waren und sind in der Tat getragen von einem Pathos der «reinen», nicht durch Machtverhältnisse und Interessenkollisionen eingefärbten, quasi zeit- und raumlosen, leibvergessenen Begegnung zwischen Menschen, deren einziges Interesse im Verstehen des Anderen besteht. Demgegenüber ist Wrogemanns Hinweis berechtigt, dass sich «das Dialogische» «in Konstellationen [manifestiert], in denen die Akteure agieren, es zeigt sich an Orten und an Gesten oder an dem, was gesagt und was nicht gesagt wird»[416].

Wrogemann bezieht diese Kritik aber nicht nur auf bestimmte Ansätze und Erscheinungsformen des interreligiösen Dialogs, sondern auf weite

[415] Henning Wrogemann: Theologie interreligiöser Beziehungen. Religionstheologische Denkwege, kulturwissenschaftliche Anfragen und ein methodischer Neuansatz (Lehrbuch Interkulturelle Theologie / Missionswissenschaft. Bd. 3), Gütersloh 2015, 297f.

[416] A. a. O., 304. Siehe auch: Henning Wrogemann: Missionstheologien der Gegenwart. Globale Entwicklungen, kontextuelle Profile und ökumenische Herausforderungen (Lehrbuch Interkulturelle Theologie / Missionswissenschaft 2), Gütersloh 2013, 330f. Wrogemann kritisiert dort das (westliche) Verständnis von Mission und Dialog als rational verengte Handlungsmuster und stellt diesem Intellektualismus Erscheinungsformen von Religion gegenüber, die durch außerwestliche kulturelle Kontexte imprägniert sind und der Kraft von Machtworten, Träumen, Geistern usw. große Bedeutung beimessen. Bei dieser Gegenüberstellung handelt es sich allerdings um einen Kategorienfehler, bei dem ein Muster der interkulturellen und interreligiösen Kommunikation religiösen Phänomenen gegenübergestellt wird, die auf einer anderen Ebene liegen. Diese könnten durchaus Gegenstand dialogischer Kommunikationen und missionstheologischer Reflexion sein oder werden.

Teile der theologischen Debatte um interreligiösen Dialog insgesamt. Durch diese Generalisierung verliert sie ihre Berechtigung. In der Theorie zur Praxis interreligiöser Beziehungsgestaltungen sind schon seit Beginn der 1980er Jahre Überlegungen zum «Dialog des Lebens» angestellt worden[417], die diese Anliegen berücksichtigen oder zumindest offen dafür sind, auch wenn sie sich nicht auf die semiotischen und diskursanalytischen Ansätze beziehen, auf die Wrogemann rekurriert. In diesem Rekurs unterscheidet sich Wrogemann auch von seinem Lehrer Theo Sundermeier.

Wrogemann will ein idealisiertes Dialogverständnis aufbrechen, indem er zum einen in semiotischer Perspektive nach den in realen interreligiösen Kommunikationsvollzügen stattfindenden Bedeutungszuschreibungen fragt und indem er zum anderen diskurstheoretisch die Einbettung konkreter Begegnungssituationen in die Makrokontexte interkultureller Beziehungen aufzudecken versucht. Damit soll den Konzepten des interreligiösen Dialogs mehr Bodenhaftung, d. h. eine größere Realitätsnähe gegeben werden. Aber in vielen Fällen war die Praxis (der Religionsbegegnung) den theoretischen Ansätzen der interreligiösen Beziehungsbestimmung schon voraus und auch in religionstheologischen Ansätzen (die ja oft in dieser Praxis gründen) sind diese religionswissenschaftlichen Einsichten aufgenommen worden. Wie sehr die sozialen, kulturellen und religiösen Kontexte das Begegnungsgeschehen prägen, weiß jeder, der aus eigener Erfahrung interreligiöse Begegnungen im deutschsprachigen Raum mit solchen in der islamischen Welt vergleicht.[418]

Sicher hat es in der Praxis interreligiöser Dialoge Erscheinungsformen des abgehobenen, kontextvergessenen Expertengesprächs oder der nach

---

[417] Die Arbeit an der Erklärung «Dialog und Mission» (siehe Anm. 106), in der dieser Begriff erstmals erwähnt wird, begann im März 1981.

[418] Was Michel Foucault über Gesellschaften schreibt, gilt ebenso sehr für Kultur- und Religionsformationen: «Each society has its régime of truth, its ‹general politics› of truth: that is, the types of discourse which it accepts and makes function as true; the mechanisms and instances which enable one to distinguish true and false statements, the means by which each is sanctioned; the techniques and procedures accorded value in the acquisition of truth; the status of those who are charged with saying what counts as true.» (Michel Foucault: Truth and Power, in: Collin Gordon [Hg.]: Power/Knowledge. Selected Interviews and Other Writings 1972–1977, New York 1980, 131).

interreligiöser Harmonie strebenden Begegnungsveranstaltungen gegeben. Seit aber die Doppelgesichtigkeit der Religion – ihr Potenzial, sowohl Gewalt zu legitimieren wie auch Frieden zu stiften – stärker ins Bewusstsein gerückt ist, wurde der Bezug der Religion zur Gesellschaft und zur Politik deutlicher wahrgenommen. Religionsformen sind eingebettet in ein «soziales Skript» und schreiben selbst daran mit. Auch in der Gestaltung interreligiöser Beziehungen hat man die komplizierten Gemengelagen, in denen sich diese Beziehungen ereignen, durchaus berücksichtigt und thematisiert, besonders in solchen Begegnungen, die der auf Gestaltung interreligiöser Koexistenz zielende Agenda folgen.

Es gibt eben nicht nur den «weichen», «hermeneutischen», auf gegenseitiges Verstehen zielenden Dialog, sondern auch den «harten», «sachlichen» Dialog, der um Verständigung in Konflikten bemüht ist. Dieser gehört zu einer Kultur der Konfliktbearbeitung. Dabei ist von den Dialogpartnern weniger Empathie als eher Respekt gefordert. Auch eine «harte», aber respektvolle Auseinandersetzung kann die Beziehungsqualität des Dialogischen haben.

Zweifellos können Idealforderungen zu einer Belastung für Dialoge werden und das Kommunikationsgeschehen behindern. Wenn einer der Partner in den Augen des anderen diese Anforderungen nicht erfüllt, kann dies zum Vorwurf der Dialogunfähigkeit oder -unwilligkeit führen und im Dialogabbruch enden. Um solche Schiffbrüche zu vermeiden, empfiehlt es sich, interreligiöse Begegnungen nicht mit zu hohen Erwartungen zu überfrachten.

Andererseits ist es durchaus wichtig, interreligiöse Begegnungen an einem Leitideal zu orientieren, das immer auch als kritisches Korrektiv und weiterführender Impulsgeber für real existierende Begegnungen dienen kann. Der Verzicht auf solche normativen Vorgaben würde die «Normalität», d. h. die faktische Gestalt der Begegnungen zur Norm erheben. Angesichts vieler interreligiöser Begegnungen, die nicht in einem dialogischen Geist erfolgen, ist demgegenüber das Festhalten am Ideal einer dialogischen Kommunikation von hoher Bedeutung.

Dass die Wirklichkeit interreligiöser Begegnungen dem Beziehungsideal der dialogischen Kommunikation oft nicht entspricht, entwertet das Ideal nicht, sondern müsste zu einer Kritik an der real existierenden Beziehungsgestaltung führen.

4.1.7. Dialog und Wahrheit

Eine der zentralen Fragen, die in der Diskussion über das Konzept des interreligiösen Dialogs immer wieder aufgeworfen wurde, ist die nach dem Verhältnis zwischen Wahrheitsanspruch und Dialog. Wie verhält sich die Glaubenswahrheit bzw. die Wahrheitsgewissheit der Glaubenden zu der vom Dialogprinzip geforderten Notwendigkeit, sich für andere Glaubenswahrheiten zu öffnen? Setzt Dialogoffenheit den Verzicht auf die Wahrheitsansprüche voraus, die von den am Dialog Beteiligten für ihren Glauben erhoben werden? Soll im Dialog eine gemeinsame Wahrheitssuche stattfinden? Oder wird interreligiöser Dialog verstanden als Ort, an dem konfligierende Wahrheitsansprüche ausgetragen werden? Geht es um Wahrheits*findung* oder um Wahrheits*mitteilung*? Ist der Dialog auf die Erzielung einer Übereinstimmung in der Wahrheitserkenntnis ausgerichtet oder auf das möglichst weitgehende gegenseitige Verstehen der verschiedenen Wahrheitsgewissheiten, also auf ein Verstehen der Differenz? Geht es primär um die Suche nach Gemeinsamkeiten oder um die verstehenwollende Durchdringung der Unterschiede? Zielt die Begegnung auf Nivellierung der Andersheiten oder will sie die Spannung zwischen ihnen bestehen lassen, aushalten und austragen? Es geht bei diesen Fragen nicht nur um das Verständnis von Dialog, sondern letztlich um das Verständnis von Wahrheit im Kontext des religiösen Glaubens.

Der ehemalige deutsche Bundespräsident Johannes Rau hatte 2002 in einer Rede gesagt: «Wer sich auf einen Dialog einlässt – und das gilt nicht nur für den Dialog der Kulturen –, der hat bereits eine fundamentale Grundentscheidung getroffen, darüber muss man sich klar sein. Er hat allein durch die Tatsache, einen Dialog zu führen, anerkannt, dass er allein nicht im Vollbesitz der ganzen Wahrheit ist. Wer im Besitz der ganzen Wahrheit ist, der betreibt Mission – und führt keinen Dialog, wenn das Wort noch sinnvoll sein soll.»[419]

Das Beziehungsmuster des Dialogs setzt ein bestimmtes, pluralismusfähiges Verständnis von Wahrheit voraus. Wenn die je eigene religiöse

---

[419] Rede von Bundespräsident Johannes Rau anlässlich der Eröffnung des Rundgesprächs zum Thema «Religion, Kultur, Nation und Verfassung: Multiple Identitäten in modernen Gesellschaften» am 11.04.2002 im Schloss Bellevue: www.bundespraesident.de/SharedDocs/Reden/DE/Johannes-Rau/Reden/2002/04/20020411_Rede.html (17.05.2018).

Wahrheitsgewissheit zu einem metaphysisch «objektiven» Wahrheitsanspruch verfestigt und dieser mit «absoluten» Geltungsbehauptungen (d. h. mit Ansprüchen auf superlativische Allgemeingültigkeit, Letztgültigkeit und Alleingültigkeit) verbunden wird, kann es wohl ein Gespräch als Mitteilung dieser Wahrheit geben, nicht aber einen Dialog im Sinne des hier beschriebenen ethisch-qualitativen Beziehungsmusters. Besonders der Anspruch auf Alleingeltung verhindert die Anerkennung anderer Wahrheitsansprüche, solange nicht ein Verständnis von Wahrheit und eine dem korrelierende Kommunikationsform gefunden werden, die es erlauben, unterschiedliche Ansprüche auf Alleingeltung nebeneinander stehen zu lassen.

Solange es um Interessens- oder Rechtskonflikte geht, lässt sich immerhin noch ein Aushandlungsdialog auf der Ebene praktischer Konfliktlösungen führen. Wenn aber absolute Wertsetzungen und universale, finale und exklusive Wahrheitsbehauptungen aufeinandertreffen, kann es keinen Dialog mehr darüber geben. Es kann dann nur noch um die Durchsetzung dieser Geltungsansprüche gehen. Verbinden sich diese mit sozialen, ökonomischen und politischen Zielsetzungen, ist die Konfrontation nahezu unvermeidlich. Gibt es dabei keine parteienübergreifenden Regelungsmechanismen, so wird das «Recht (eher: die Macht) des Stärkeren» den Konflikt entscheiden.

Die Kritiker, aber auch manche Befürworter des interreligiösen Dialogs operieren nicht selten mit einem statischen und kognitiven Verständnis von Wahrheit, das Wahrheit als Für-wahr-Halten von bestimmten Inhalten versteht. Die Befürworter gehen davon aus, dass ein starres Festhalten an mitgebrachten Wahrheitsansprüchen einen Dialog verunmöglichen würde und betonen die Offenheit des Dialoggeschehens. Die Kritiker fürchten, im Dialog würden Wahrheitsansprüche relativiert. Dieser Verdacht begleitet den Dialoggedanken durch seine Geschichte hindurch. Schon in der Antike wurde Dialog in Beziehung zur Skepsis gesetzt und dem Dogmatismus entgegengestellt.

Wird Wahrheit hingegen dynamisch (als Ereignung) und kommunikativ (als Beziehungsgeschehen) verstanden, kann Wahrheit und Dialog in eine Wechselbeziehung zueinander gesetzt werden: Die mitgebrachte Wahrheitsgewissheit kann im Dialog verfestigt oder erschüttert, aber auch erweitert, bereichert oder vertieft werden. In jedem Fall wird sie verändert. Ein solches Verständnis von Wahrheit werde ich in Kapitel 7.2. entfalten.

Dialog erfordert keineswegs den Verzicht auf Verbindlichkeitsansprüche der Glaubensinhalte. Es geht gerade um den Austausch über solche Ansprüche. Werden diese Ansprüche allerdings zu Exklusivansprüchen gesteigert, die auch für den Dialogpartner verbindlich gemacht werden, wird der Dialog an seine Grenzen stoßen. Werden sie hingegen preisgegeben, verliert der Dialog seine Ernsthaftigkeit und seine Relevanz. (Interreligiöser) Dialog kann nur auf einem Mittelweg zwischen einem Relativismus und einem Absolutismus der Wahrheitsansprüche praktiziert werden.

Das *par cum pari loquitur* («ein Gleicher redet mit einem Gleichen») bedeutet dabei nicht notwendigerweise die vordialogische Anerkennung der Wahrheitsansprüche des Anderen. Die Anerkennung des Anderen als Dialogpartner muss nicht einhergehen mit der Anerkennung der von ihm vertretenen religiösen Überzeugungen.

4.1.8. Dialog und Mission

Eng verbunden mit der Frage nach Wahrheit, Wahrheitsgewissheit und Wahrheitsanspruch im Dialog ist die Frage, ob den daran Beteiligten das Recht zugestanden wird, ihre Dialogpartner beeinflussen und überzeugen zu wollen, oder ob ihnen nur die absichtslose Darstellung der je eigenen Position erlaubt ist. Es geht dabei um die «missionarische» Dimension des Dialogs bzw. um das Verhältnis von Dialog und Mission. Ist Mission als Muster der interreligiösen Beziehungsbestimmung und -gestaltung inkompatibel mit dem Beziehungsmuster Dialog? Stehen diese Muster in einem konträren oder in einem komplementären Verhältnis zueinander?

So wie es bei der die Frage nach der Beziehung von Dialog und Wahrheit auf das Wahrheitsverständnis ankommt, so hängt die Beziehung von Dialog und Mission vom Missionsverständnis ab. Entscheidend ist die damit verbundene Absicht: Geht es um die *Bezeugung* der eigenen Wahrheitsgewissheit, die auch auf Gegenseitigkeit gestellt sein kann, sodass der Dialogpartner in gleicher Weise die Wahrheitsgewissheit seines Glaubens bezeugt? Oder geht es um eine kommunikative Einbahnstraße mit dem Ziel, den Gesprächspartner zum eigenen Glauben zu *bekehren*? Sofern Dialog die bezeugende Mitteilung des eigenen Selbst-, Welt- und Gottesverständnisses einschließt, hat er auch eine missionarische Dimension; das trifft für jede Kommunikation zu, in der Wahrheitsgewissheiten mitgeteilt werden. Entscheidend ist die damit verbundene *Absicht* und die daraus resultierenden Sprechhandlung: Besteht sie darin, die Inhalte des eigenen

Glaubens mitzuteilen, zu erläutern, zu plausibilisieren und damit verstehbar zu machen oder soll darauf hingewirkt werden, dass sich der Gesprächspartner diese Inhalte zu eigen macht? Sich mitteilen zu wollen ist etwas anderes als überzeugen zu wollen und dies wiederum ist etwas anderes als bekehren zu wollen. Solange die Absicht, überzeugen oder sogar bekehren zu wollen, dem Dialogpartner die uneingeschränkte Freiheit lässt, sich diesem Ansinnen zu entziehen oder zu widersetzen, und solange sie ihm die Freiheit gewährt, auch seinerseits in diesem Sinn zu kommunizieren, sind solche Absichten mit dem Beziehungsmuster des Dialogs durchaus vereinbar. Wo allerdings manipulative Absichten mit dem interreligiösen Dialog verfolgt werden, wird dieser verzweckt und instrumentalisiert und entspricht damit nicht mehr den Definitionsmerkmalen dieses Beziehungsmusters. Ein «Dialog», der als Instrument im Sinne des Machterhalts und der Negation des Anderen eingesetzt werden, ist kein Dialog.

Man muss dabei unterscheiden zwischen (bewusst verfolgtem) *Ziel* und (sich einstellendem) *Ergebnis*. Es kann im Resultat durchaus zu Bekehrungen kommen, auch wenn diese nicht intendiert waren. Und selbst wenn eine Bekehrungsabsicht vorliegt, kann diese mehr oder weniger offensiv verfolgt werden: vom heimlichen Wunsch, der Gesprächspartner möge sich auf einen für ihn guten bzw. besseren Weg begeben, bis zur strategisch geplanten und taktisch betriebenen Aktion.

Die Möglichkeit, Dialog als gegenseitige absichtslose Bezeugung der je eigenen Wahrheitsgewissheit zu verstehen und zu praktizieren, setzt aufseiten der Beteiligten allerdings voraus, dass sie den Glaubensinhalten, die von den Dialogpartnern vertreten werden, nicht jeglichen Wahrheitswert, jeglichen ethischen Wert, jegliche Lebensdienlichkeit und jegliche soteriologische Bedeutung absprechen. Wenn dies doch so sein sollte, wenn also die vermeintliche Wahrheit des Dialogpartners als ideologische Verblendung angesehen wird, als Ergebnis einer repressiven Indoktrination oder einer Fanatisierung, kann es nicht zu einem gleichberechtigten Dialog kommen. Es wird dann ein therapeutisches Gespräch sein mit dem Ziel, den «Verblendungszusammenhang» zu durchbrechen und Aufklärung zu schaffen.

Dass in der Diagnose solcher «Verstockungen» und dem Versuch, sie zu beheben, ein enormes Missbrauchspotenzial liegt, liegt auf der Hand. Trotzdem ist diese Möglichkeit, dass Menschen in einem ideologisierten, fanatisierten oder gar psychotischen Bewusstseinszustand leben, gerade im Bereich der Religion und Weltanschauung durchaus gegeben. Die lange und unheilvolle Geschichte des religiösen Radikalismus bietet viele Beispiele dafür. In solchen Fällen tut Aufklärung in der Tat dringend not.

Dialogoffenheit kann nicht den prinzipiellen Verzicht auf Religionskritik bedeuten. Mission, die nicht am Eigeninteresse der eigenen Religion orientiert ist, sondern an existentiellen Erfordernissen von Menschen (was nicht identisch mit deren realen Bedürfnissen sein muss), kann für diese Menschen einen Humanitätsgewinn bedeuten. Deshalb sollte man nicht die Forderung erheben, auf Mission ganz zu verzichten, sondern Mission auf eine Weise betreiben, die für ihre Adressaten einen solchen Humanitätsgewinn erbringt.

4.2. Gastfreundschaft

Das Programm, die Beziehungsgestaltung zwischen den Religionen nach dem Modell des Dialogs vorzunehmen, war von Beginn an, d. h. seit Mitte der 1960er Jahre von Kritik begleitet. Diese Kritik kam von verschiedenen Seiten und führte verschiedene Argumente ins Feld:

- Die Warnung vor Synkretismus: Dabei wird auf die Gefahr hingewiesen, dass bei einer zu weitgehenden Öffnung der Wahrheitsanspruch des christlichen Glaubens zur Disposition gestellt werde. Ein Dialog macht aber nur Sinn, wenn unterstellt wird, dass der Partner wahrheitsfähig und seine Position zumindest potenziell wahrheitshaltig ist. Sind beim Dialogmodell – so fragen dessen Kritiker – apriorische Prämissen im Spiel, die zum Selbstverständnis der sich begegnenden Glaubensauffassungen in Spannung stehen?
- Der Hinweis auf die Künstlichkeit: Dialogische Begegnungen mit Andersglaubenden auf der Grundlage gegenseitiger Anerkennung und Wertschätzung sind in der Christentumsgeschichte ein relativ neues Phänomen, das seine Wurzeln eher in einer humanistischen Ethik und seine Begründung in der philosophischen Anthropologie zu haben scheint. Sie sind dem christlichen Ethos der Nächstenliebe zwar nicht wesensfremd, ergeben sich aber auch nicht mit Notwendigkeit daraus. Sie sind also nicht eine genuine Lebensäußerung des christlichen Glaubens, sondern von außen an diesen herangetragen und stellen eine ihm auferlegte Kunstform dar, die sich in eigens dafür kreierten Begegnungsformaten realisiert.

- Die Klage über Intellektualismus und Individualismus: Sie besagt, dass dieses Modell zu einem einseitig intellektuellen Austausch über Glaubensinhalte in Form von Gesprächen führt. Formen sinnlicher und leiblicher Gemeinschaft treten hinter Formen rationaler Kommunikation zurück. Mit der Vernunftgeleitetheit geht ein Individualismus einher, wie er besonders für die westliche Kultur charakteristisch ist. Nicht Gemeinschaften kommen zusammen, sondern einzelne Religionsvertreter begegnen sich.
- Die Kritik an einem Elitarismus: Interreligiöse Dialoge waren und sind oft Sache von Führern der Religionsgemeinschaften und theologischen Expert/-innen. Jedenfalls setzen sie einen hohen Bildungsstand voraus und oft auch die Autorität, im Namen der Religionsgemeinschaft sprechen zu können.

Es waren vor allem diese Gründe, die zur Suche nach einem anderen Modell der konstruktiven interreligiösen Beziehungsgestaltung geführt haben. Als Alternative zum «Dialog» ist das Modell der «Gastfreundschaft» in philosophischen und theologischen Entwürfen der jüngeren Vergangenheit eingehend reflektiert worden. Dieses ist zwar mit dem Dialogmodell vereinbar, denn auch in der Praxis der Hospitalität werden Dialoge geführt. Aber die Grundkonstellation beider Beziehungsmuster ist doch eine andere: Die Beziehung der Gastfreundschaft besteht nicht in der symmetrischen, am ethischen Grundgesetz der Gegenseitigkeit orientierten Interaktion zweier Kommunikationspartner, sondern basiert auf der asymmetrischen Rollenverteilung zwischen Besuchenden und Besuchten. Die Symmetrie stellt sich erst bei der Gegeneinladung her. Dann erst, wenn der Gegenbesuch erfolgt und damit die Rollen von Gästen und Gastgebenden wechseln, kommt Gegenseitigkeit ins Spiel. Anders als beim Modell des Dialogs ist diese Gegenseitigkeit aber nicht unabdingbar. Gastfreundschaft kann auch ganz einseitig gewährt werden, etwa bei der zeitweisen Aufnahme eines Flüchtlings.

Die lateinischen Wörter *hostis* und *hospes* stammen – wie auch das griechische *xenos*, das französische *hôte*, das italienische *ospite* und das deutsche Wort «Gast» vom indogermanischen **ghasti* ab. Die Grundbedeutung ist «Fremder». Daraus hat sich dann die Bedeutung in zwei Richtungen entwickelt: Einerseits hin zum Fremden, dem man freundlich begegnet, dem «Gast» (*hospes*), und andererseits hin zum Fremden, der als feindlich empfunden wird (*hostis*). *Hospes* kann sowohl «Gast» als auch «Gastgeber» (genauer: «Gastbeschützer») meinen. Hostilität und Hospitalität liegen also nicht weit auseinander. Die Begriffe haben eine fluide und relationale Bedeutung. Daran kann sich eine Interpretation anschließen, die ein Beziehungsgeschehen anzeigt: Wenn der Fremde, der ein potenzieller Feind ist, zum Gast wird und damit in die Lebenswelt des Gastgebers eintritt, der sich mit ihm vertraut macht, wird die Fremdheit zwar nicht überwunden, sie verliert aber ihren trennenden und feindlichen Charakter.

Zu den Regeln der Gastfreundschaft gehört es, dass sich der Gastgeber auf den Gast einstellt – etwa im Blick auf dessen Essensgewohnheiten – und ihm den Aufenthalt so angenehm wie möglich macht. Es gehört aber nicht dazu, dass er die Identitätsmerkmale seines Hauses und seiner Lebensführung verhüllt. Die Begegnung findet nicht im möglichst symbolfreien, neutralen Raum statt, sondern in der symbolischen Lebenswelt des Gastgebers. Dazu gehört auch die religiöse Symbolik. Wer das Hausrecht innehat, darf vom Gast erwarten, dass sich dieser an die Regeln hält, die in diesem Haus gelten, wobei ein guter Gastgeber die Anwendung dieser Regeln in solchen Fällen flexibel handhaben wird. Vom Gast ist also eine graduelle Selbstentäußerung verlangt, mit der er sich auf die ihm fremde Welt des Gastgebers einlässt. Doch wird auch von ihm nicht erwartet, seine Identität in dieser Situation zurückzunehmen. Es geht gerade um die Begegnung möglichst unverkürzt repräsentierter Identitäten.

Gegenüber der Fokussierung auf den intellektuellen Austausch ist die «Ganzheitlichkeit» der Begegnung ein wichtiges Charakteristikum dieses Beziehungsmodells. Leibliche Vollzüge – wie etwa das Ausziehen der Schuhe, die Übergabe eines Gastgeschenks, die Führung durch das Haus, vor allem aber das gemeinsame Essen – spielen eine zentrale Rolle. Nonverbale Formen der Kommunikation wie Mimik und Gestik sind ebenso wichtig wie die verbalen, und bei den verbalen Formen kommt es nicht nur auf die sachlichen Gehalte an, sondern auf den Stil der Rede, auf die Art der Artikulation und auf den Takt, mit dem sich Gast und Gastgeber begegnen. Kommunikation ist eingebettet in *communio*. Anders als beim (interreligiösen) Dialog geht es also nicht primär um den intellektuellen Austausch über Glaubensinhalte, sondern um die Praxis von Gemeinschaft. Dabei kann die Wahrheitsfrage zurücktreten. Bei der Gastgemeinschaft handelt es sich nicht um die Gemeinschaft von Familienmitgliedern oder Freunden, Vertrauten oder Gleichgesinnten, sondern um die Gemeinschaft mit Fremden.

Das Beziehungsmodell der Gastfreundschaft stellt in Rechnung, dass es zwischen Gast und Gastgeber erhebliche Unterschiede geben kann im Blick auf das Bildungsniveau und die intellektuelle Artikulationsfähigkeit sowie hinsichtlich der Lebensverhältnisse, der sozialen Sicherheit und des Wohlstandes. Es betont nicht die Differenzen, legt aber Wert auf die Respektierung von Alterität und auf die Anerkennung der Verschiedenheit. Mit der Ausübung von Assimilationsdruck ist es nicht vereinbar. Würde die Einladung etwa für missionarische Zwecke instrumentalisiert, um dem Gast die Konversion nahezulegen, wäre das Vertrauensverhältnis zwischen Gast und Gastgeber ge- bzw. zerstört. Generell gilt, dass es zum Wesen der Gastfreundschaft gehört, alles zu vermeiden, was vom Gast als übergriffig empfunden werden könnte und ihm stattdessen im Rahmen der Hausordnung größtmögliche Freiheit zu gewähren, zu der auch die Möglichkeit gehört, das Haus jederzeit wieder zu verlassen.

Dass die graduelle Selbstentäußerung des Gastes nicht die Preisgabe seiner eigenen religiösen Identität bedeutet, sondern mit den Grundüberzeugungen des christlichen Glaubens durchaus in Einklang steht, betont der Grundlagentext der EKD «Christlicher Glaube und religiöse Vielfalt in evangelischer Perspektive». Darin heißt es: «Die Freiheit eines Christenmenschen zeigt sich deshalb auch darin, dass er ihm unvertraute religiöse Vorschriften, die sich auf das äußere Verhalten beziehen, bei solchen Anlässen beachten kann, auch wenn sie für seinen eigenen Glauben keine Geltung haben.»[420]

Zur Begründung dieser Position kann man auf Paulus verweisen, der den Christen in Korinth erlaubte, an Feiern teilzunehmen, bei denen Götzenopferfleisch gegessen wurde (1Kor 8,1–13). Da es für sie keine Götzen gebe, sei es normales Fleisch, argumentiert er. Vor Gott zähle nicht das Einhalten von Speisevorschriften, sondern allein die Liebe zu Gott: «Wenn jemand Gott liebt, der ist von ihm erkannt» (1Kor 8,3). Einzig aus Rücksicht auf die in ihrer Identität nicht gefestigten Geschwister im *eigenen* Glauben soll man gegebenenfalls auf den Verzehr verzichten, um *ihnen* keinen Anstoß zu bereiten.[421] Diese theologische Positionsbestimmung gibt dem christlichen Gast in der Tat eine große Freiheit, sich auf Gege-

420 EKD: Christlicher Glaube und religiöse Vielfalt in evangelischer Perspektive (siehe Anm. 115), 51.

421 Vgl. auch Röm 14,1–15.

benheiten bei nichtchristlichen Veranstaltungen und in «Häusern» nichtchristlicher Gastgeber einzulassen. «Haus» ist dabei in einem weiteren Sinn verstanden, der auch sakrale Räume einschließt.

Vorausgesetzt ist dabei, dass der Gastgeber dem Gast zugesteht, die im «Haus» des Gastgebers gepflegten religiösen (rituellen) Handlungen (etwa eine Zeremonie in einem buddhistischen Tempel) nicht oder nur äußerlich – in teilnehmender Beobachtung gewissermaßen – mitzuvollziehen, ohne sich innerlich mit ihnen zu identifizieren. Der Gast kann sie in der Haltung einer innerlichen Distanznahme von ihnen praktizieren, mit respektvollem Interesse und mit der Achtung vor der Bedeutung, die sie für den Gastgeber haben. Es steht ihm frei, den Grad seines Involviertseins selbst zu bestimmen. Zwischen der Haltung einer Wertschätzung für das religiös Fremde und dessen Aneignung ist also klar zu unterscheiden. Zugespitzt gesagt: Was für den Gastgeber «Religion» ist, stellt für den Gast «Kultur» dar. Der Unterschied besteht in der Einstellung, die der Teilnahme zugrunde liegt. Dabei hat der Gast immer auch die Möglichkeit, nicht teilzunehmen und nur zu beobachten und auch die Möglichkeit, sich zu entfernen.

Das Beziehungsmodell der interreligiösen Gastfreundschaft findet nicht nur auf Zusammenkünfte im kleinen Kreis in privater Sphäre Anwendung. Als Modell kann es auch die Beziehungsgestaltungen zwischen Gemeinschaften orientieren und regulieren. Im Alltag des Zusammenlebens in multireligiösen Gesellschaften kommt es etwa dann zum Tragen, wenn eine muslimische Gemeinde Christinnen und Christen zum Fastenbrechen einlädt. Auch auf den höheren Hierarchieebenen der Religionen spielt es eine wichtige Rolle bei der Konzipierung von interreligiösen Veranstaltungen, wie z. B. beim oben erwähnten Treffen der Religionsführer in Assisi unter der Leitung Papst Benedikts XVI. im Jahre 2011.

«Gastfreundschaft» ist anschlussfähig an Inhalte und Praxisformen anderer Religionstraditionen[422], aber auch des christlichen Glaubens. Dieses Beziehungsmodell legt sich also aus ihnen selbst heraus nahe und muss

---

422 Siehe etwa: Mona Siddiqui: Hospitality and Islam. Welcoming in God's name, New Haven/London 2015; Samuel M. Behloul: Gastfreundschaft im Christentum und im Islam. Zwei Religionen mit «Migrationshintergrund» in ihrem Umgang mit Fremdheit, in: Hans-Peter von Däniken / Martina Kamm (Hg.): Gastfreundschaft und Gastrecht. Eine universelle kulturelle Tradition in der aktuellen Migrationsdebatte, Zürich 2018, 39–59.

nicht von außen an sie herangetragen werden. Ansatzpunkte im christlichen Glauben sind: die Praxis der Mahlgemeinschaft Jesu mit seinen Jüngern, aber auch mit sozial Marginalisierten, die Abendmahlsgemeinschaft, zu der Christus einlädt, die eschatologische Vision eines großen Gastmahls, die Agapemähler im Urchristentum. Gastfreundschaft ist dabei immer auch Gottesgemeinschaft. Neben diesen motivischen Anknüpfungspunkten gibt es auch explizite Aufforderungen zur Gastfreundschaft, wie etwa in Hebr 13,2; Röm 12,13 und 1Petr 4,9.[423]

In der Ökumenischen Bewegung und Theologie wurde das Konzept der «Eucharistischen Gastfreundschaft» im letzten Viertel des 20. Jahrhunderts diskutiert. Es war vom Straßburger Bischof Léon Arthur Elchinger 1972 in diese Diskussion eingebracht worden und wurde von Heinrich Fries und Karl Rahner aufgegriffen.[424] Auf dem Ökumenischen Kirchentag 2003 in Berlin wurde versucht, es zu praktizieren. «Eucharistische Gastfreundschaft» meint die Zulassung von Konfessionsfremden zum Abendmahl bzw. zur Eucharistie. Sie ist nicht – wie die Interkommunion – verbunden mit einer offiziellen gegenseitigen Einladung der Kirchen und setzt nicht – wie die volle Abendmahlsgemeinschaft der Kirchen – die vollständige Übereinstimmung im Abendmahls- sowie im

[423] Zu Fremden und dem Umgang mit Fremden in der Bibel, im frühen Christentum und in der griechischen Antike siehe: Ruth Ebach: Art. «Gast/Gastfreundschaft (AT)»: https://www.bibelwissenschaft.de/stichwort/18906/ (10.06.2018); Art. «Gastfreundschaft», in: RGG⁴, 3, 2000, 473–478; Josef Schreiner, Gastfreundschaft im Zeugnis der Bibel, in: TThZ 89, 1980, 50–60; Christoph Bultmann: Der Fremde im antiken Juda. Eine Untersuchung zum sozialen Typenbegriff «ger» und seinem Bedeutungswandel in der alttestamentlichen Gesetzgebung, Göttingen 1992; Otto Kaiser: Die Ausländer und die Fremden im Alten Testament, in: JRP 14, 1997, 65–83; Otto Hiltbrunner: Gastfreundschaft in der Antike und im frühen Christentum, Darmstadt 2005; Christoph Auffarth: Der Fremde genießt Gastrecht. Ein Menschenrecht in der frühen griechischen Welt, in: Gerlinde Baumann u. a. (Hg.): Zugänge zum Fremden. Methodisch-hermeneutische Perspektiven zu einem biblischen Thema, Frankfurt a. M./Bern 2012, 187–210; Rolf Gärtner: «Seid jederzeit gastfreundlich!» Ein Leitbild für heutige Gemeindepastoral, Ostfildern 20142, Kap. 3.

[424] Heinrich Fries / Karl Rahner: Einigung der Kirchen – reale Möglichkeit, Freiburg i. Br./Basel/Wien 1983, 139–156.

Amts- und Kirchenverständnis voraus.[425] Es ist lediglich eine Gemeinschaft, die bestimmten Personen und Gruppen (etwa Ehegatten, die einer anderen Kirche angehören) auf Einladung hin gewährt wird.

Ich blicke im Folgenden auf wichtige philosophische Grundlegungen dieses Modells, wende mich dann theologischen Ansätzen zu, die es für die interreligiöse Beziehungsgestaltung empfehlen, vergleiche es mit dem Dialogmodell und stelle abschließend einige kritische Überlegungen dazu an.

4.2.1. Philosophische Grundlegungen

Auf philosophischer Seite wurde das Beziehungsmuster der «Gastfreundschaft» vor allem von Emmanuel Lévinas, Jacques Derrida und Paul Ricœur entfaltet. Lévinas' Denken ist von der Hebräischen Bibel, dem Tanach, und von jüdischen Traditionen geprägt. Derrida knüpft an Lévinas' Alteritätsphilosophie an, setzt sich mit ihr auseinander und führt sie eigenständig weiter. Ricœur, der sich zum evangelischen Glauben bekennt, bezieht sich auf die christliche Tradition und ihre biblischen Quellen. So bieten alle drei philosophischen Entwürfe vielfache Anknüpfungspunkte für eine Theologie der Gastfreundschaft.

Charakteristisch für diese Entwürfe ist, dass sie «Gastfreundschaft» in einem weiteren, grundlegenderen, *metaphorischen* Sinn – zum einen als Ideal, zum anderen in einer Vielfalt von Formen bis hin zur geistigen Begegnung mit dem Anderen – verstehen und damit über den konkreteren *literalen* Sinn als Einladung zu einem Hausbesuch hinausgehen. Das «Haus» muss nicht ein Privathaus sein; es kann auch einen Gemeinschafts- oder Sakralraum darstellen. Die Bedeutung kann sogar über einen räumlichen Sinn hinausreichen und den eigenen Sozialverband meinen. Gastfreundschaft bezieht sich in den philosophischen Entwürfen aber nicht nur auf eine

[425] Siehe dazu auch: Centre d'Études Œcuméniques (Straßburg) / Institut für Ökumenische Forschung (Tübingen) / Konfessionskundliches Institut (Bensheim): Abendmahl ist möglich. Thesen zur eucharistischen Gastfreundschaft, Frankfurt a. M. 2003; Johannes Brosseder u. a. (Hg.): Eucharistische Gastfreundschaft. Ein Plädoyer evangelischer und katholischer Theologen, Neukirchen-Vluyn 2003; Karl Lehmann: Einheit der Kirche und Gemeinschaft im Herrenmahl. Zur neueren ökumenischen Diskussion um Eucharistie- und Kirchengemeinschaft (Sekretariat der Deutschen Bischofskonferenz), Bonn 2005; Gotthold Hasenhüttl: Ökumenische Gastfreundschaft. Ein Tabu wird gebrochen, Stuttgart 2006.

Handlung, sondern grundlegender auf eine Haltung. Die gleiche Unterscheidung zwischen Handlung und Haltung hatten wir beim Verständnis von «Dialog» schon aufgewiesen.

Dem philosophischen Verständnis zufolge beschreibt «Gastfreundschaft» primär eine Geisteshaltung, die dem Anderen (im metaphorischen Sinn) «Raum» gewährt. Daraus kann und soll dann allerdings auch die Raumgewährung in einem ganz realen Sinn erwachsen. So verstanden stellt das Modell der Gastfreundschaft nicht eine *Alternative* zum Dialogmodell dar, sondern dessen Rahmung, Erweiterung und Vertiefung. Denn der/die/das Andere bleibt nicht (wie beim Dialogmodell) mir gegenüber, sondern wird (als Gast) Teil von mir, indem er/sie/es in mir repräsentiert wird.

Das führt dann allerdings in die Inklusivismusproblematik, d. h. vor die Frage, wie die Alterität des Anderen gewahrt und vor Vereinnahmung geschützt werden kann. Die Antwort besteht darin, zwischen dem Anderen *a se* (in seinem uneinholbaren Selbstsein) und dem Anderen *in me* (im Modus seiner Übersetztheit in mein Verstehen) zu unterscheiden und diese Unterscheidung stets bewusst zu halten: Der/die/das Andere *a se* transzendiert den/die/das Andere(n) *in me*.

4.2.1.1. Emmanuel Lévinas

Lévinas hat das Thema des Gastseins bzw. der Gastfreundschaft zum Thema seiner fundamentalethischen Philosophie gemacht, die dem Anderen eine prinzipielle Bedeutung für die Konstitution des Subjekts zuerkennt. Es geht dabei nicht primär um materialethische Überlegungen zur Praxis der Gastfreundschaft, sondern um die fundamentalethische Reflexion über das absolute Anderssein des Anderen als Ausgangspunkt einer ethischen Philosophie. «Ethik» ist dabei in einem anthropologischen Sinne verstanden, der über die Handlungsorientierung weit hinausreicht. In diesem Sinne ist Ethik für Lévinas die erste Philosophie.[426] Nach Derrida geht es Lévinas um eine «Ethik der Gastlichkeit», mehr noch: um eine

[426] «Die Moral ist nicht ein Zweig der Philosophie, sondern die erste Philosophie.» (Emmanuel Lévinas: Totalität und Unendlichkeit. Versuch über die Exteriorität, Freiburg i. Br./München, ^{4}2008, 442). Jacques Derrida hatte dieses Buch als «unermessliche Abhandlung über *die Gastlichkeit*» bezeichnet (Jacques Derrida: Adieu. Nachruf auf Emmanuel Lévinas, München 2013, 40 [Hervorhebung J. D.]).

«Ethik *als* Gastlichkeit».[427] Gastfreundschaft sei für ihn nicht ein Thema der Ethik unter anderen Themen, sondern die «Ethizität selber, das Ganze und das Prinzip der Ethik».[428] In der Gewährung von Gastfreundschaft konkretisiert sich für Lévinas die Konstitution des Personseins. Mehr noch: «In der Gastlichkeit erfüllt sich die Idee des Unendlichen.»[429] Der Begriff hat messianische Konnotationen.[430]

Am Anspruch des Anderen und im Einstehen für ihn konstituiert sich nach Lévinas das eigene Selbstsein. Die Grundlage des Selbstbewusstseins ist nicht die Spiegelung des Ich am Du, sondern die jeweils vorgegebene Beziehungserfahrung, die im Anderen ihren Ursprung hat. Damit ist die Selbstbezüglichkeit des Selbstseins und aller Erkenntnis, wie sie seit Descartes programmatisch für die neuzeitliche Subjektphilosophie war, prinzipiell bestritten. Subjektivität gibt es nur als Intersubjektivität oder eher: Interpersonalität. Identität formiert sich im Antwortgeben. Ver-Antwort-lichkeit ist demnach die Grundkategorie des Personseins, die grundlegende Struktur der Subjektivität. Von der leiblichen Gegenwart des Anderen – verdichtet in seinem Antlitz – geht eine vorreflexive Botschaft aus, der man sich nicht entziehen kann. Sie enthält den axiomatischen Appell, mich zu ihm in Beziehung zu setzen; sie stellt mich infrage und fordert mich heraus. Als Gegenüber ist der Andere kein Gegenstand einer objektivierenden Erkenntnis. Er entzieht sich der Thematisierung. Das Erkennen des Anderen vollzieht sich vom Erkannten her – als Öffnung für ihn, in einem Akt des Empfangens – und ist immer mit Selbsterkenntnis verbunden. Erkennen ist ein rezeptiver Vorgang.

Der Andere ist damit nicht ein Alter Ego, sondern ein absolut Anderer.[431] Er ist eine mir begegnende Exteriorität, die ich nicht in mein Denken einholen kann, ein bleibendes Rätsel, eine ständige Herausforderung, die mich heimsucht, ein Störenfried in meiner Welt, der mich beunruhigt. «Einem Menschen begegnen heißt, von einem Rätsel wach gehalten zu werden.»[432] Es gibt keinen Gemeinsamkeitsgrund, über den ich

---

[427] Jacques Derrida: Adieu (siehe Anm. 426), 37.

[428] A. a. O., 72.

[429] Emmanuel Lévinas: Totalität und Unendlichkeit (siehe Anm. 426), 28.

[430] Emmanuel Lévinas: Die Stunde der Nation. Talmudlektüren, München 1994, 148.

[431] «Der absolut Andere ist der Andere» (A. a. O., 44).

[432] Emmanuel Lévinas: Die Spur des Anderen. Untersuchungen zur Phänomenologie und Sozialphilosophie, Freiburg i. Br. u. a. ^{5}2007, 120.

erkennend und denkend verfügen könnte, keine Analogie zu ihm, keinen Bezugsrahmen, den ich als gegeben voraussetzen könnte. Seine Andersheit ist irreduzibel. Weder positiv noch negativ kann ich ihn erfassen und bestimmen. Er ist der unendlich Transzendente.[433] Er offenbart sich mir, indem mich sein Antlitz anspricht, doch ist dies eine Epiphanie seiner Andersheit.

Die Kommunikation besteht zunächst in diesem vom Anderen her Angesprochenwerden, in seinem Anspruch an mich. Dem Angesprochenwerden geht kein Verstehen voraus und es zielt nicht wie bei einem Dialog auf ein Einverständnis. Im Unterschied zu einem dialogischen Verhältnis ist die Beziehung zum Anderen nach Lévinas nicht reziprok, sondern einseitig und asymmetrisch. Die als Anrede und Antwort aufgefasste Beziehung geht vom Anderen aus und zielt auf ihn hin. Der Andere (besonders der marginalisierte Andere) hat Priorität. Das Für-den-Anderen-Dasein bildet den Grund der Sozialität.[434]

Lévinas bleibt aber nicht wie Buber bei der Zweiheit des Ich und Du stehen. Es gibt den Anderen immer nur in der (wenigstens potenziellen) Gegenwart des «Dritten». «Der Dritte ist anders als der Nächste, aber auch ein anderer Nächster und doch auch ein Nächster des Anderen und nicht bloß ihm ähnlich.»[435] Das heißt, es gibt viele Andere. Und jeder ist irreduzibel anders als der Andere. Das «Wir», die Dreiheit, wird zur Gestalt von Interpersonalität. Damit stellt sich dann aber die Frage, wie ich neben dem Anderen auch dem Dritten gerecht werden kann. Es kommt zu einem Gerechtigkeitskonflikt, der im Sinne der Verantwortungsethik bearbeitet werden muss, aber nie ganz gelöst werden kann.

In «Totalität und Unendlichkeit» beschreibt Lévinas sein Verständnis der Subjektivität, die sich vom Anderen her empfängt, mit dem Begriff der

---

[433] Emmanuel Lévinas: Totalität und Unendlichkeit (siehe Anm. 426), 278.

[434] Vgl. den von Bernhard Waldenfels konstatierten «Überschuss, der aller Fremdbetrachtung und Fremdbehandlung vorausgeht und über sie hinausgeht. Nicht nur die Reduktion von Fremdem auf Eigenes, auch der Versuch einer Synthese zwischen beiden gehört zu den Gewaltakten, die den Anspruch des Fremden zum Verstummen bringen.» (Bernhard Waldenfels: Der Anspruch des Fremden, in: Hamid Reza Yousefi [Hg.]: Interkulturelle Orientierung. Grundlegung des Toleranz-Dialogs, Teil 1: Methoden und Konzeptionen, Nordhausen 2004, 322).

[435] Emmanuel Lévinas: Jenseits des Seins oder anders als Sein geschieht, Freiburg 1992, 342.

«Gastlichkeit».[436] Den Begriff der «Gastlichkeit», assoziiert er – zusammen mit Eros und Fruchtbarkeit – mit Weiblichkeit. Die Frau steht für das Andere, «dessen Anwesenheit auf diskrete Weise eine Abwesenheit ist, von der aus sich der gastfreundliche Empfang schlechthin, der das Feld der Intimität beschreibt, vollzieht».[437] Gastlichkeit gehört für Lévinas zur Alterität des Weiblichen, die durch Empfänglichkeit, Selbstzurücknahme, Anerkennung des Anderen und Gewährung von Lebensraum charakterisiert ist. Die Frau (genauer: die Figur, der Topos «Frau») ist das Paradigma der Gastfreundschaft.

In diesem Sinne soll dem Anderen – besonders dem bedürftigen Anderen – dann auch realiter Lebensraum (und Schutzraum) gewährt werden. Darin ist u. a. die Aufforderung zur Praxis der Gastfreundschaft begründet.

4.2.1.2. Jacques Derrida

Lévinas Rede von Gastlichkeit bewegt sich – wie gesehen – auf zwei verschiedenen Ebenen: primär auf einer fundamentalethischen Ebene, die schon im Vorfeld sittlich relevanter Handlungen mit dem Anspruch des Anderen an das eigene Personsein gegeben ist, und sekundär auf einer materialethischen Ebene, die den konkreten Umgang mit dem Anderen bestimmt.[438] Um die Frage, wie diese beiden Ebenen zueinander in Beziehung stehen, kreisen die Überlegungen von Jacques Derrida zur Gastfreundschaft (*hospitalité*). Dabei betrachtet er Gastfreundschaft vor allem unter einem rechtlichen und politischen Aspekt. Seine zentrale Frage lautet, wie sich die *unbedingte* Gastlichkeit, auf die ein Mensch aufgrund seines Menschseins Anspruch hat, zur *bedingten* Gastlichkeit verhält, wie sie das staatliche Recht und die Politik gegenüber Zuwanderern gewährt.

---

[436] «Dieses Buch stellt die Subjektivität als etwas dar, das den anderen empfängt, es stellt sie als Gastlichkeit dar.» (Emmanuel Lévinas: Totalität und Unendlichkeit [siehe Anm. 426], 28.)

[437] Emmanuel Lévinas: Totalität und Unendlichkeit (siehe Anm. 426), 222.

[438] Burkhard Liebsch spricht von einer primären und einer sekundären Gastlichkeit (Burkhard Liebsch: Gastlichkeit versus Souveränität. Sprache, Erzählung und Politik im Kontext einer Kultur der Gastlichkeit, in: Evi Fountoulakis / Boris Previšić [Hg.]: Der Gast als Fremder: Narrative Alterität in der Literatur, Bielefeld 2011, 165). Siehe auch: Burkhart Liebsch: Für eine Kultur der Gastlichkeit, Freiburg i. Br. 2005; Peter Friedrich / Rolf Parr (Hg.): Gastlichkeit. Erkundungen einer Schwellensituation, Heidelberg 2009.

Nationalstaaten, die Souveränität beanspruchen, sind in der Regel nicht dazu bereit, eine unbedingte Gastfreundschaft zu gewähren, wie sie dem Wesen der Gastfreundschaft entspricht. Sie werden den Zugang von Fremden zum eigenen Staatswesen immer regulieren und kontrollieren, also auch beschränken. Es geht Derrida um das «Staatlichwerden der Gastlichkeit»[439] im Spannungsverhältnis von Ethik (verstanden als Erst- bzw. Fundamentalphilosophie), Recht und Politik. Darin verbindet er die Überlegungen von Kant und Lévinas zur Gastfreundschaft.

Im Rahmen seiner Erwägungen zu einem Weltbürgerrecht für den Aufenthalt in fremden Ländern wollte Kant lediglich ein Besuchsrecht, nicht aber ein dauerhaftes Gastrecht zugestehen.[440] Aber immerhin: Das Besuchsrecht ist ein *Recht* und es besteht aufseiten der Staaten die *Pflicht*, es zu gewähren. Derrida würdigt ausdrücklich diese rechtliche Verankerung der politischen Gastfreundschaft, die über ein ethisches Gebot hinausgeht.[441] Doch er will noch einen Schritt weitergehen und die Gastfreundschaft – ähnlich wie Lévinas – in einer unendlichen (um nicht zu sagen: göttlichen) Idee verankern, die über das Materialethische und

[439] Burkhard Liebsch: Kultur im Zeichen des Anderen oder: Die Gastlichkeit menschlicher Lebensformen, in: Friedrich Jaeger / Burkhard Liebsch (Hg.): Handbuch der Kulturwissenschaften, Bd. 1: Grundlagen und Schlüsselbegriffe, Stuttgart/Weimar 2011, 17.

[440] «Hospitalität (Wirthbarkeit) [bedeutet] das Recht eines Fremdlings, seiner Ankunft auf dem Boden eines anderen wegen von diesem nicht feindselig behandelt zu werden. […] Es ist kein Gastrecht, worauf dieser Anspruch machen kann (wozu ein besonderer wohlthätiger Vertrag erfordert werden würde, ihn auf eine gewisse Zeit zum Hausgenossen zu machen), sondern ein Besuchsrecht, welches allen Menschen zusteht, sich zur Gesellschaft anzubieten, vermöge des Rechts des gemeinschaftlichen Besitzes der Oberfläche der Erde […].» (Immanuel Kant: Zum ewigen Frieden. Ein philosophischer Entwurf [1795], in: ders.: Werke, Akademieausgabe VIII, 357). Darin kommt auch eine Kritik an der Kolonialpolitik westlicher Länder zum Ausdruck. Kant spricht vom «inhospitablen Betragen der gesitteten, vornehmlich handeltreibenden Staaten unseres Weltteils» (ebd.).

[441] «Ein Weltbürgerrecht, das regeln würde, was Kant die allgemeine Hospitalität nennt, würde heute schon einen immensen Fortschritt darstellen.» (Jacques Derrida: Ich misstraue der Utopie, ich will das Un-mögliche. Ein Gespräch mit dem Philosophen Jacques Derrida über die Intellektuellen, den Kapitalismus und die Gesetze der Gastfreundschaft, in: DIE ZEIT vom 5. März 1998, Nr. 11, 49: https://www.zeit.de/1998/11/titel.txt.19980305.xml/komplettansicht [10.06.2018]).

Rechtliche hinausgeht und diesem auch kritisch gegenüberstehen kann.[442] Mit der Verrechtlichung ist immer auch die staatliche Kontrolle gegeben, die aber mit dem Wesen der Gastfreundschaft als einem uneingeschränkten Menschenrecht nicht vereinbar ist und dem Staat auch die Möglichkeit einräumt, privat gewährte Gastfreundschaft in bestimmten Fällen zu observieren.

Der eigentliche Einwand Derridas gegen Kant richtet sich aber gegen die von diesem vorgenommene Limitierung der Gastfreundschaft. Er reduziere das Gastrecht auf ein bloßes Besuchsrecht. Der dauerhafte Aufenthalt im Sinne einer Wohnsitznahme sei demnach ausgeschlossen. Gegen Kant besteht Derrida darauf, dass Gastfreundschaft – insbesondere dann, wenn sie einem Schutzbedürftigen gewährt wird, der über keinen rechtlichen Fremdenstatus verfügt – nicht an Bedingungen geknüpft sein kann. Es gilt das «Gesetz der absoluten, unbedingten, hyperbolischen Gastfreundschaft»[443], das «dem Ankömmling bedingungslos Aufnahme»[444] gewährt, «ohne ihn nach seinem Namen zu fragen, ohne eine Gegenleistung oder die Erfüllung auch nur der geringsten Bedingung zu verlangen»[445]. Gastfreundschaft ist nicht durch ein staatliches Recht bedingt, sie ist ein unbedingtes Menschenrecht. Sie ist auch keine Tauschbeziehung, bei der wechselseitige Leistungen erbracht werden. Es gibt ein Recht auf Aufnahme ohne jede Gegenleistung.

Die unendliche Idee der Gastfreundschaft steht allerdings in einem paradoxalen Verhältnis zu den (handlungsethischen, rechtlichen und politischen) Regeln ihrer Realisierung. Im Zuge ihrer Konkretisierung muss ihre Idealgestalt ein Stück weit verraten werden. Als faktisch gewährte ist sie immer an bestimmte Bedingungen gebunden, die das Gesetz «einer unbedingten, jedem anderen, jedem Ankömmling, was auch immer er sei, apriori angebotenen Gastfreundschaft»[446] korrumpieren. Die Praxis der Gastfreundschaft gewinnt ihre Motivation und Inspiration aus diesem Grundgesetz, kann aber nicht anders, als immer wieder dagegen zu verstoßen. Das beginnt schon damit, dass derjenige, der Aufnahme begehrt,

---

[442] Jacques Derrida: Von der Gastfreundschaft, Wien [4]2016, 55f.

[443] A. a. O., 60. Siehe auch: ders.: Schurken. Zwei Essays über die Vernunft, Frankfurt a. M. 2003.

[444] Ebd.

[445] Ebd.

[446] Jacques Derrida: Cosmopolites (siehe Anm. 452), 57, nach der Übersetzung von: Sascha Bischof: Gerechtigkeit (siehe Anm. 452), 446.

an den potenziellen Gastgeber herantreten muss. Um sein Anliegen zu artikulieren, muss er der Zugang zu der ihm fremden Sprache haben, in der die Hospitalitätspflicht (bzw. das Asylrecht) formuliert ist. Auch über die sprachliche Artikulation hinaus muss er partiell aus seiner Fremdheit heraustreten, sich dem Gastgeber im Blick auf dessen soziales Handeln und seine kulturellen Muster annähern und sich ihm damit in gewisser Weise angleichen. Damit ist die Gastfreundschaft also doch an Bedingungen und an eine (wenn auch asymmetrische) Wechselseitigkeit gebunden. Ihrem Wesen nach müsste von ihr die Forderung ausgehen, den Anderen in seiner unreduzierten Andersheit anzunehmen, im faktischen Vollzug aber ist dies nicht möglich. Diese Antinomie lässt sich nicht ausschalten, sondern nur aushalten. Dieses Aushalten besteht darin, die praktisch gewährte Gastfreundschaft immer wieder neu an der unendlichen Idee der Gastfreundschaft auszurichten. Perversion und Perfektionierung befinden sich in einem fortwährenden Prozess.[447]

Auch Derrida plädiert nicht für eine unbegrenzte Gastfreundschaft, die jedem Immigranten gewährt werden soll. In der Praxis braucht es gesetzliche Reglementierungen und auch Beschränkungen. Diese sollen sich aber an der unendlichen Idee der Gastfreundschaft und weniger an politischem Kalkül und ökonomischen Erfordernissen orientieren. Ziel muss es sein, denen, die auf Aufnahme angewiesen sind, soweit wie möglich Gerechtigkeit widerfahren zu lassen. «Es ist nun eine politische Aufgabe, den besten legislativen Kompromiss zu finden, die besten juridischen Bedingungen, damit in einer bestimmten Situation die Ethik der Gastfreundschaft nicht in ihrem Prinzip verletzt und so gut wie möglich respektiert wird.»[448] Es ist also alles zu tun, «damit die Gesetze der Gastfreundschaft sich gleichsam in das positive Recht einschreiben. Sollte dies unmöglich sein, dann muß jeder vor seinem Gewissen, manchmal im Privaten, urteilen, was ohne die Gesetze oder gegen sie zu tun ist.»[449] Diese Priorisierung der Gewissensentscheidung gegenüber der gesetzlichen Vorgabe korreliert mit Derridas Kritik an Kant, für den ein solcher ziviler Ungehorsam nicht infrage gekommen wäre.

Die Gewährung von «hospitalité» vollzieht sich nicht nur im Spannungsfeld des Privaten und des Politischen. Sie ist auch auf die

[447] Sascha Bischof: Gerechtigkeit (siehe Anm. 452), 443.

[448] Jacques Derrida: Ich misstraue der Utopie (siehe Anm. 441), 49.

[449] Ebd.

Gesellschaft bezogen. Es geht nicht nur um die Aufnahme von Fremden, sondern in einem weiteren Sinn um die Gewährung von öffentlichem «Raum»: Wie viel Aufmerksamkeit und Repräsentanz im öffentlichen Raum wird dem Anderen gewährt? Welche Partizipationsmöglichkeiten werden ihm eingeräumt?

Im Blick sowohl auf den privaten wie auch auf den öffentlichen Raum ist die Gewährung von Gastfreundschaft ambivalent: Der Gastgeber macht sich verletzlich, geht das Risiko ein, jemanden in sein Haus zu lassen, der ihm oder diesem Haus Schaden zufügen könnte oder der die Gastfreundschaft ausnutzt und damit pervertiert.[450] Andererseits besteht die Chance darin, das eigene Haus und damit auch sich selbst durch den Gast neu und anders zu entdecken. Die Leitidee einer unbedingten Gastfreundschaft führt in letzter Konsequenz dazu, die Unterscheidung von Gast und Gastgeber zu dekonstruieren.[451] Die Gewährung von Gastfreundschaft eröffnet für den Gastgeber die Möglichkeit, sich selbst in der Gegenwart des Gastes neu zu entdecken. Am Anderen gewinnt das Eigene Kontur.

Besonders hier zeigt sich, wie das Denken von Derrida von Lévinas geprägt ist. Auch für Derrida bündelt sich im Begriff «Gastfreundschaft» der Umgang mit dem Anderen schlechthin, sodass er Gastfreundschaft und Ethik gleichsetzt.[452] Ebenso kann er sie als den «vor-ethischen

---

450 Hans-Jochen Margull hatte den Begriff der «Verwundbarkeit» als Kennzeichen dialogischer Beziehungen in die Missionstheologie eingeführt. Man kann darin eine Anspielung an die Kreuzestheologie sehen (Hans Jochen Margull: Verwundbarkeit. Bemerkungen zum Dialog, EvTh 34, 1974, 410–420).

451 «Der […] einladende Gastgeber wird also zur Geisel […]. Und der Gast, die eingeladene Geisel wird zum Einladenden des Einladenden, zum Herrn des Gastgebers. Der Gast wird zum Gastgeber des Gastgebers. […] Der Hausherr ist bei sich zu Hause, doch tritt er nichtsdestoweniger dank des Gastes – der von draußen kommt – bei sich ein. Der Herr tritt also von drinnen ein, als ob er von draußen käme. Er tritt dank des Besuches bei sich ein, durch die Gnade seines Gastes.» (Jacques Derrida: Von der Gastfreundschaft [siehe Anm. 442], 91.

452 «Die Ethik ist […] die Gastfreundschaft, sie ist durch und durch der Erfahrung der Gastfreundschaft ko-extensiv» (Jacques Derrida: Cosmopolites de tous les pays, encore un effort! Paris 1997, 57, nach der Übersetzung von: Sascha Bischof: Gerechtigkeit Verantwortung – Gastfreundschaft. Ethik-Ansätze nach Jacques Derrida, Fribourg 2004, 431f).

Ursprung der Ethik»[453] bezeichnen. «Ethik» ist dabei nicht in dem engeren Sinn einer auf dem Prinzip der Gegenseitigkeit beruhenden Handlunglehre verstanden, sondern in dem weiteren und tieferen Lévinas'schen Sinn einer an der absoluten Gabe und am unbedingten Respekt gegenüber dem Anderen sich orientierenden Verantwortung. Das Ethische reicht damit ins Religiöse hinein.

Als unendliche Idee hat Gastfreundschaft eine religiöse Dimension. Dass mir mein Sein vom Anderen her gegeben und somit eine unverfügbare Gabe ist, rührt an den Gedanken der Geschöpflichkeit des Menschen. Absolute Andersheit ist ein Attribut des göttlichen Schöpfers allen Seins. Die Idee der absoluten und universalen Gastfreundschaft hat aber nicht nur eine protologische, sondern auch eine eschatologische Konnotation. In ihr artikuliert sich ein messianisches Versprechen: die Verheissung der allumfassenden Realisierung der Menschenwürde, wie sie im Bild des Reiches Gottes vorgestellt ist.[454]

Der von Derrida thematisierte Konflikt zwischen der Idee der unbedingten Gastfreundschaft und der durch die Rechtsordnung bedingten Gewährung von Gastfreundschaft betrifft weniger die interreligiösen als die sozioreligiösen Beziehungen, etwa bei der Gewährung von Kirchenasyl. Das Ideal der unbedingten Gastfreundschaft stellt allerdings eine wichtige Leitidee zur Gestaltung dieser Beziehungen im Blick auf alle der genannten Agenden dar.

4.2.1.3. Paul Ricœur

Als dritter philosophischer Ansatz, der sich in jüngerer Vergangenheit mit dem Thema der Gastfreundschaft auseinandergesetzt hat und der in theologischen Debatten zu diesem Thema rezipiert wurde, sei Paul Ricœur angeführt. Während die bisher dargestellten beiden Entwürfe von Lévinas und Derrida nicht spezifisch auf den *religiös* Anderen ausgerichtet waren, tritt diese Ausrichtung bei Ricœur in den Vordergrund. Es geht ihm um das Verhältnis zu Anhängern anderer christlicher Konfessionen und nichtchristlicher Religionen. Dafür prägt er die Formel von der

---

[453] Jacques Derrida: Adieu (siehe Anm. 426), 64.

[454] Siehe dazu auch: Andrew Shepherd: The Gift of the Other. Lévinas, Derrida, and a Theology of Hospitality (PTMS 207), Eugene (OR) 2014.

«interreligiösen, interkonfessionellen Gastfreundschaft»[455]. Nicht im Blick auf die *Inhalte* des Beziehungsgeschehens, sondern im Blick auf das Beziehungs*muster* kann er dabei die ökumenische und die interreligiöse Dimension in einem Atemzug nennen.

Die Rede von der «interreligiösen, interkonfessionellen Gastfreundschaft» versteht sich von Paul Ricœurs Religionsverständnis her, das Religion und Sprache in einem engen Zusammenhang sieht. Sie ist eine Konkretion des Begriffs «linguistische Gastfreundschaft». Der Vorgang des Übersetzens wird zur zentralen Beziehungsbestimmung zwischen den Beziehungspartnern. Der Bezugsrahmen der Beziehungsbestimmung ist die Hermeneutik mit dem Zentralbegriff des Verstehens. Ricœur geht von der Texthermeneutik aus und überträgt die dort gewonnenen Einsichen auf das Verstehen des (religiös) Anderen.

Übersetzen ist bei Ricœur also nicht nur eine linguistische Tätigkeit, sondern ein ethisch-relationales Geschehen. «Den Leser zum Autor führen, den Autor zum Leser, das bedeutet (auf die Gefahr hin, zwei Herren zu dienen und beide zu verraten), das zu praktizieren, was ich gern die sprachliche Gastfreundschaft nenne. Sie ist modellbildend für andere Formen der Gastfreundschaft, die ich als ihr verwandt betrachte: Stehen die Konfessionen, die Religionen nicht wie Fremdsprachen zueinander, mit ihrer Lexik, ihrer Grammatik, ihrer Rhetorik, ihrer Stilistik, die man erlernen muss, um sie zu durchdringen?»[456]

Es gibt Sprache und Religion nur im Plural konkreter Sprachen und Religionen (das Gleiche gilt für Weltanschauungen und Handlungsorientierungen im Allgemeinen). Damit ist die Frage gestellt, wie sich die Sprachen und die Religionen zueinander verhalten und wie sie zueinander in Beziehung gesetzt werden können. So wie ein Verstehen anderer Sprachen nur möglich ist aufgrund von Übersetzungen der einen in die andere, so

[455] Paul Ricœur: Expérience et langage dans le discours religieux, in: Jean Greisch / Hendrik J. Adriaanse (Hg.): Paul Ricœur. L'herméneutique à l'école de la phénoménologie, Paris 1995, 164; in deutscher Übersetzung zitiert nach: Beate Bengard: Rezeption und Anerkennung. Die ökumenische Hermeneutik von Paul Ricœur im Spiegel aktueller Dialogprozesse in Frankreich, Göttingen 2015, 113.

[456] Paul Ricœur: Vom Übersetzen, Berlin 2016, 41. – Siede dazu auch: Andris Breitling: Weltgestaltung und sprachliche Gastfreundschaft. Sprachphilosophie und Ethik der Kommunikation nach Paul Ricœur, in: AZP 38, 2013/3: Paul Ricœur (1913–2005), 241–262.

ist auch das Eintauchen in eine andere Religionswelt als Akt des Übersetzens – im Bild der Fähre: des Hinübersetzens von einem Ufer zum anderen – aufzufassen. «In diesem Sinne kann man von einem Ethos der Übersetzung sprechen, dessen Ziel es ist, die […] Geste der sprachlichen Gastfreundschaft auf kultureller und geistiger Ebene nachzuvollziehen.»[457]

Angekommen an diesem anderen Ufer setzt die Verstehensbemühung mit einem Akt der Analogiebildung ein, die mit einer formalen (nicht inhaltlichen) Anerkennung der Religiosität des religiös Anderen verbunden ist: «Diese besteht darin, dass dem Mitglied einer anderen Glaubensgemeinschaft dieselbe rezeptive und imaginative Fähigkeit gegenüber dem Angeredetsein durch Gott zugetraut wird wie sich selbst.»[458] Es bleibt dies ein Akt des Zutrauens; für eine gesicherte Erkenntnis gibt es keine Grundlage. Die dazu notwendige Erkenntnisposition müsste über den sich begegnenden Glaubenden angesiedelt sein. Diese privilegierte Metaperspektive ist aber nicht erschwinglich.

Gastfreundschaft ereignet sich damit nicht erst auf der Ebene sozialer Kontakte, sondern schon in der Begegnungs*einstellung* dem Anderen gegenüber: in dem Zutrauen, das ich ihm entgegenbringe, in dem «Raum», den ich ihm und seiner Religiosität (in meiner Haltung ihm gegenüber) gewähre. Es ist zunächst eine innere, mentale Gastfreundschaft: die Repräsentanz des anderen in mir.

In diesem gewährten Raum kann dann der Verstehensvorgang einsetzen. Wie beim sprachlichen Übersetzen wird er immer nur annäherungsweise gelingen können. Es wird immer Bedeutungsverzerrungen und Bedeutungsverluste geben. Keine Übersetzung vermag, dem Original in vollem Umfang gerecht zu werden. Es gibt nicht einmal die Möglichkeit, die Adäquatheit der Übersetzung festzustellen, denn dafür brauchte es wieder die privilegierte Metaperspektive. Die linguistische Gastfreundschaft bleibt dahinter zurück; sie stößt nicht zum absoluten Sinn vor. Und doch ermöglicht sie bei aller Trauer über den Bedeutungsverlust ein hinreichend angemessenes Verstehen. Dem Sinnverlust steht immer eine Sinnschöpfung gegenüber. Übersetzen und Interpretieren sind nicht zu

---

[457] Paul Ricœur: Welches neue Ethos für Europa? In: Peter Koslowski (Hg.): Europa imaginieren. Der europäische Binnenmarkt als kulturelle und wirtschaftliche Aufgabe, Berlin/Heidelberg 1992, 111.

[458] Beate Bengard: Rezeption und Anerkennung (siehe Anm. 455), 112.

trennen. Es handelt sich dabei um einen unabschließbaren Vorgang. Die «einzig mögliche Kritik an einer Übersetzung besteht darin, ihr eine neue, anderslautende gegenüberzustellen»[459].

Gastfreundschaft bedeutet, Alterität um ihrer selbst willen zuzulassen, ohne dabei nach dem eigenen Gewinn Ausschau zu halten. Sie zielt auch nicht auf die Überwindung der Differenzen, um zu einem Konsens zu gelangen. Das Selbstzeugnis des Anderen soll in seiner unverkürzten Andersheit gewürdigt werden. Wie bei Lévinas und Derrida ist auch bei Ricœur das Moment des Empfangens, der Rezeptivität und des Sichaussetzens zentral. Auch er geht davon aus, dass sich die Selbstkonstitution am Anderen vollzieht. Identität wird durch Narration erzeugt, vergewissert und transformiert. Die Begegnung mit dem Anderen hat Einfluss auf diese narrative Identität. Es geht in dieser Begegnung nicht nur darum, die Glaubensüberzeugungen des Anderen zu verstehen, sondern auch den Weg, der ihn zu diesen Überzeugungen geführt hat, nachzuvollziehen. Und es geht auch nicht nur um ein einseitiges Verstehen, sondern um den Austausch narrativer Identitäten, also um eine Art Identitätskommunikation.

Anders als bei Lévinas ist der Andere nicht als absolut Anderer dem eigenen Selbst vorgegeben. Er steht ihm gegenüber und kann von ihm – wenn auch immer nur gebrochen und annäherungsweise – verstanden werden. Es gibt die Möglichkeit, den Anderen analogisch im eigenen Selbst zu repräsentieren. Sein Selbstsein steht dem eigenen Selbst letztlich nicht unvermittelt entgegen, sondern kann in das eigene Selbstsein aufgenommen werden, ohne es diesem zu assimilieren. Dafür braucht es «eine Dialogik, die die vorgebliche ab-solute Distanz zwischen dem getrennten Ich und dem belehrenden Anderen durch eine Beziehung überlagert»[460].

Ricœur schlägt also einen Mittelweg ein zwischen der absoluten Distanz, die Lévinas postuliert hatte, und einer Aufhebung der Andersheit durch Aneignung. Er vermittelt Selbstheit und Andersheit in einer «Hermeneutik des Selbst».[461] Das Selbst ist nicht nur Empfangender, sondern auch Gebender. Der analogische Brückenschlag zum Anderen hin geht

---

[459] A. a. O., 115.

[460] Paul Ricœur: Das Selbst als ein Anderer, München 1996, 408.

[461] A. a. O., 26. – Siehe dazu: Kathrin Messner: Paul Ricœurs biblische und philosophische Hermeneutik des Selbst. Eine Untersuchung aus theologischer Perspektive, Tübingen 2014.

vom Selbst aus. Die Beziehung zwischen dem Selbst und dem Anderen ist nicht einseitig und asymmetrisch, sondern «dialektisch komplementär».[462] Ricœur plädiert für eine «überkreuzte Auffassung der Andersheit […], die wechselseitig dem Primat der Selbstschätzung und dem des vom Anderen ausgehenden Aufrufs zur Gerechtigkeit gerecht wird»[463]. Aktivität und Rezeptivität, Reden und Hören, sich Mitteilen und Verstehen des Anderen stehen in einem ständigen Wechselspiel zueinander.

Diesem Verständnis einer auf Gegenseitigkeit beruhenden Beziehung zwischen dem Selbst und dem Anderen entsprechend, ist für Ricœur auch die Gewährung von Gastfreundschaft idealerweise ein wechselseitiges Geschehen. Sie ist dialogisch konzipiert.

Ricœurs Hermeneutik, die vom Verstehen eines Textes her das Verstehen des Anderen und Fremden in den Blick nimmt, ist für das interkonfessionelle und interreligiöse Verstehen und damit für die Verständigung zwischen den Konfessionen und den Religionen von erheblicher Bedeutung. So wie eine Textvorlage gegenüber jeder Übersetzung und Interpretation immer einen Sinnüberschuss enthält, so enthält auch der Glaubensgrund einen Sinnüberschuss gegenüber jedem Glaubensausdruck. Der Glaubensgrund ist eine unausgeschöpfte und unausschöpfbare Sinnressource. Andere schöpfen anders und anderes aus dieser Ressource. Das muss zu einem Interesse an ihrem Glauben und zu einem Hören auf ihr Bekenntnis führen. Diesen Grundgedanken wendet Ricœur sowohl auf die ökumenischen als auch auf die interreligiösen Beziehungen an.

In den ökumenischen Beziehungen sind die unterschiedlichen Konfessionen als Interpretationsgemeinschaften auf die gleiche Offenbarung bezogen, die sie – geleitet vom gleichen Geist – allerdings verschieden auslegen. Es gibt eine «Polyphonie von Glaubensausdrücken»[464]. Das gilt nicht in gleicher, aber doch in ähnlicher Weise auch für die verschiedenen Glaubensweisen der Religionen. Auch sie weisen über sich hinaus auf etwas ihnen Zugrundeliegendes, an dem auch Anhänger anderer Religionen partizipieren und das in interreligiösen Begegnungen zwischen den Teilnehmenden gewissermaßen zirkuliert, sodass sich Analogien dazu auch in den anderen Glaubenstraditionen finden lassen. Ricœur spricht von zwei Ebenen: der Ebene der spezifischen religiösen Überzeugungen und dem

[462] A. a. O., 409.

[463] A. a. O., 398.

[464] Beate Bengard: Rezeption und Anerkennung (siehe Anm. 455), 136.

«Fundamentaleren», das sich in ihnen zum Ausdruck bringt.[465] So kann die Begegnung mit dem religiös Anderen zum Entdeckungszusammenhang von Glaubens- bzw. Gotteserkenntnis werden. Gott ist der ganz Andere, die «Quelle der unbekannten Möglichkeiten»[466].

4.2.2. Theologien der interreligiösen Gastfreundschaft

Ricœurs philosophische Hermeneutik im Allgemeinen und sein Konzept der Gastfreundschaft im Besonderen sind von theologischer Seite zunächst in die Diskussionen der ökumenischen Beziehungen zwischen den Kirchen und Konfessionen innerhalb des Christentums eingebracht worden. Er selbst hatte diese Anwendung seiner Hermeneutik ja schon vorgenommen. Dann aber wurden sie darüber hinaus zum Modell der interkulturellen und interreligiösen Beziehungsgestaltung weiterentwickelt. Im Folgenden stelle ich zwei Entwürfe von katholischen Theologinnen vor, die von Ricœurs Denken maßgeblich beeinflusst sind: Marianne Moyaerts Theologie der interreligiösen Gastfreundschaft und Margit Eckholts Ansatz einer interkulturellen Dogmatik.[467] Weil sich Moyaerts Entwurf inhaltlich eng mit den Konzepten der «Konvivenz» und der «Hermeneutik des Fremden» berührt, die von Theo Sundermeier u.a. seit Mitte der 1980er Jahre entwickelt worden sind und die in der interkulturellen Theologie der Folgezeit stark rezipiert wurden, soll diesen Konzepten zunächst Beachtung geschenkt werden.

4.2.2.1. Theo Sundermeier

Theo Sundermeier hatte das Modell der Konvivenz im Bezugsrahmen der interkulturellen Theologie vor dem Erfahrungshintergrund seiner missionarischen Praxiserfahrungen in afrikanischen Stammesgesellschaften entwickelt. Anregungen von Lévinas und Ricœur sind ebenso eingeflossen

---

[465] In einem Gespräch mit Hans Küng, zitiert bei Beate Bengard: Rezeption und Anerkennung (siehe Anm. 455), 141.

[466] Paul Ricœur: Liebe und Gerechtigkeit. Amour et Justice, hg. von Oswald Bayer, Tübingen 1990, 47.

[467] Auch Catherine Cornille plädiert für «Gastfreundschaft» als Muster interreligiöser Beziehungsgestaltung: Catherine Cornille: The Im-Possibility of Interreligious Dialogue, New York, 2008. Kap. 5; dies.: Interreligious Hospitality and its Limits, in: Richard Kearney / James Taylor (Hg.): Hosting the Stranger. Between Religions, New York 2011, 35–42.

wie Ansätze der Ritual- und Festforschung und befreiungstheologisch inspirierte ekklesiologische Überlegungen, die in südamerikanischen Basisgemeinden Gestalt angenommen haben. Das Konzept der Konvivenz ist seit den 1990er Jahren als Modell der interreligiösen Beziehungsgestaltung vielfach rezipiert worden.[468]

Die Grundeinsicht besteht darin, dass die konkrete Begegnung mit dem Anderen dem Verstehen vorausgeht. Das (Er-)Leben hat Vorrang vor dem Denken und kann nie ganz ins Denken eingeholt werden. Im Unterschied zu Lévinas ist Sundermeiers Konzept aber nicht auf die Begegnung mit dem individuellen Anderen ausgerichtet und er fragt auch nicht primär nach der Rückwirkung dieser Begegnung auf das eigene Existenzverständnis. Es geht ihm vielmehr um die Erfahrung von Gemeinschaft bzw. um die Erfahrung gemeinsamen Lebens.

Dabei betont er besonders die Gegenseitigkeit in den Interaktionen – nicht nur innerhalb der konvivial lebenden Gemeinschaften, sondern für die missionarische Praxis und letztlich für die Ekklesiologie insgesamt. Mit deutlichen Worten wendet er sich gegen ein «Hilfssyndrom christlicher Pro-Existenz», das mit seinem impliziten Paternalismus echte Gemeinschaft verhindert. Das Beziehungsmuster der «Hilfe» ist mit einem Machtgefälle verbunden. Aufseiten des Helfers erzeugt es das Gefühl der Überlegenheit, aufseiten des Empfängers verstärkt es die Erfahrung der Angewiesenheit «Die Kirche *für* andere lindert nicht, sondern verursacht die Probleme; die Kirche *mit* anderen wäre vonnöten.»[469] Sundermeier schlägt deshalb vor, «den Begriff der Pro-Existenz in der Ekklesiologie durch den der Konvivenz zu ersetzen»[470].

---

[468] Volker Küster (Hg.): Konvivenz und Differenz. Studien zu einer verstehenden Missionswissenschaft (FS Theo Sundermeier), Erlangen 1995; Dieter Becker u. a. (Hg.): Mit dem Fremden leben. Perspektiven einer Theologie der Konvivenz (FS Theo Sundermeier), 2 Bde., Erlangen 2000; Benjamin Simon / Henning Wrogemann (Hg.): Konviviale Theologie (FS Theo Sundermeier), Frankfurt a. M. 2005; Young-Sik Park: Konvivenz der Religionen, Frankfurt a. M. 2005.

[469] A. a. O., 65.

[470] Ebd.

Der Begriff «Konvivenz» hat einen dreifachen Ursprung und damit verbunden drei inhaltliche Schwerpunkte[471]: Zum einen bezeichnet er den Aspekt gegenseitiger Hilfe, wie sie in lateinamerikanischen Stammesgemeinschaften schon vor der Eroberung durch die Spanier üblich war und wie sie in Nachbarschaftsgruppen bis heute praktiziert wird. Der zweite Schwerpunkt besteht im wechselseitigen Lernen, wie es etwa in Paulo Freires «Pädagogik der Unterdrückten» beschrieben ist. Die Rollen der Lehrenden und Lernenden wechseln dabei. Es ist kein hierarchisch organisiertes, sondern ein wechselseitiges Lernen, das eng mit Erfahrung verbunden ist und auf Befreiung und Solidarität zielt. «Konvivenz ist die Lerngemeinschaft derer, die miteinander und voneinander lernen.»[472] Der dritte Aspekt besteht im gemeinsamen Feiern. «Die Religionen der traditionalen Kleingesellschaft haben im Fest ihr Zentrum, sind feiernde Religionen.»[473] «Konvivenz» bezeichnet also eine Hilfs-, eine Lern- und eine Festgemeinschaft, in der Ressourcen geteilt werden, Bildung erworben wird und man sich beim Feiern von Festen der Zusammengehörigkeit versichert.

Im Modell der Konvivenz verbinden sich verschiedene der in Kapitel 2.2.2.4 genannten Agenden; diese bekommen aber auch – mit der Betonung der Gegenseitigkeit, der Gemeinschaftlichkeit und des Praxisbezuges – eine bestimmte Akzentuierung: Im Aspekt der gegenseitigen Hilfe kommt die auf Kooperation zielende Agenda zum Tragen. Das wechselseitige Lernen steht der auf intellektuellem Austausch zielenden Agenda nahe, will aber gerade einen Intellektualismus vermeiden und betont die starke Korrelation zwischen Theorie und Praxis. Im Fest, das vor allem in traditionalen Gesellschaften religiöse Wurzeln hat und dessen Riten der Vergegenwärtigung dieser Ursprünge dienen, scheint die spirituelle Agenda auf.

---

[471] Theo Sundermeier: Konvivenz als Grundstruktur ökumenischer Existenz heute, in: Wolfgang Huber / Dietrich Ritschl / Theo Sundermeier: ÖEH 1, München 1986, 52–59. Siehe auch die von der Geschäftsstelle der Arnoldshainer Konferenz (AKf) und dem Lutherischen Kirchenamt der VELKD hg. Studie «Religionen, Religiosität und christlicher Glaube», an der Theo Sundermeier maßgeblich mitgearbeitet hat (siehe Anm. 535), bes. 125–129.

[472] Theo Sundermeier: Konvivenz als Grundstruktur ökumenischer Existenz heute, A. a. O., 57.

[473] Ebd.

Sundermeier hat das Konvivenzmodell dann zu einer theologischen «Hermeneutik des Fremden»[474] ausgebaut, die auf das Verstehen des Fremden zielt. Dabei soll die Differenz zwischen dem verstehenden Subjekt und dem Anderen gewahrt bleiben. Vereinnahmungen und Verschmelzungen sollen vermieden werden. Er plädiert – u. a. gegen Gadamer – für eine Differenzhermeneutik.

Im Rahmen dieses Modells wird die Gastfreundschaft als Beziehungsmuster profiliert. Zur Begründung bezieht sich auch Sundermeier auf die biblischen Überlieferungen vom Umgang mit den Fremden und auf die Offenbarung Gottes im Fremden und als Fremder.[475] In der Begegnung mit dem Fremden kann sich ein *adventus* Gottes ereignen, der theologische Erkenntnis und schöpferische Kraft freisetzt. Im unverfügbaren Anderen scheint die unverfügbare Heiligkeit Gottes auf. Als Schöpfer, der allem, was ist, sein Sein gibt, ist Gott einerseits Gastgeber; als der, der sich in der Schöpfung offenbart und sich präsent macht, ist er andererseits (zugleich) Gast, der um Aufnahme bei den Menschen bittet. Diese Offenbarung vollzieht sich in Verborgenheit. In analoger Weise geht das Wort Gottes in die Fremde der menschlichen Worte ein, nimmt Menschengestalt an (Joh 1,14), entäußert sich seiner Herrlichkeit und erniedrigt sich in die Knechtsgestalt bis hin zum schmachvollen Tod am Kreuz (Phil 2,5–8). Gottes Offenbarung in Christus vollzieht sich im Modus der Kenosis.

Im frühen Christentum wurde die Praxis der unbedingt gewährten Gastfreundschaft zum Ausdruck des christlichen Ethos. Sie machte das Evangelium von der bedingungslosen Annahme der Menschen durch Gott konkret erfahrbar. Die nach innen verbindliche und unter Absehung von sozialen Unterschieden praktizierte Gemeinschaft der Gemeinde sollte nach außen hin offen sein. Nach Tit 1,8 ist gastfreundliche Offenheit eine Eigenschaft, die von einem Bischof zu fordern ist. Diese Haltung ergibt sich für Sundermeier unmittelbar aus der Nachahmung der Liebe Gottes.[476]

[474] Theo Sundermeier: Den Fremden verstehen. Eine praktische Hermeneutik, Göttingen 1996. Siehe auch: ders. / Werner Ustorf (Hg.): Begegnung mit dem Anderen. Plädoyers für eine interkulturelle Hermeneutik, Gütersloh 1991; ders. (Hg.): Den Fremden wahrnehmen (siehe Anm. 161).

[475] Theo Sundermeier: Den Fremden verstehen (siehe Anm. 474), 208–213.

[476] A. a. O., 221f.

Besonders das Fest ist ein Anlass für die Gewährung von Gastfreundschaft.[477] Dabei wird es zum «Raum des Verstehens»[478], zu einem außeralltägliche Ort, «der durch die Begegnung mit dem Fremden Verstehen eröffnet»[479]. Zur kulturwissenschaftlichen und ritualtheoretischen Deutung des Festes griff Sundermeier auf die Ritualtheorie Victor Turners[480] zurück. In Zusammenarbeit mit Jan Assmann gab er einen Band heraus, der u. a. phänomenologische Beschreibungen des Festes enthält.[481]

Das Fest ist ein Beziehungsgeschehen, das wohl in einem Rahmen von elementaren Regeln stattfindet, innerhalb dieses Rahmens aber viel Freiraum für Spontaneität, Ausgelassenheit, Überschwang und Enthusiasmus bietet. Der Anlass des Festes verweist auf einen ihm vorausliegenden Ursprung, der in ihm zelebriert wird. Zudem hat es einen proleptischen Charakter, indem es einen endzeitlichen Zustand der Fülle und Vollendung vorwegnimmt. Das Hier und Jetzt des Beziehungsgeschehens ist also eingebettet in einen Sinnhorizont, der es transzendiert. Das Fest ist eine Unterbrechung der Alltagsrealität und erlaubt die Imagination einer Gegenrealität im Sinne einer «Utopie».

Im Vollzug des Festes herrscht weder starre Gesetzlichkeit noch Beliebigkeit. Es gibt rituelle Vollzüge und liturgieähnliche Ordnungen, die mehr oder weniger genau eingehalten werden müssen, und symbolische Handlungen, die den Sinn des Festes inszenieren. Feste werden im Jahreszyklus, bei Lebensübergängen, bei Gründungsjubiläen usw. gefeiert und deshalb auch wiederholt. Selbst wenn sie im Leben eines Menschen nur einmal vorkommen, wie etwa eine Hochzeit, so gibt es dafür doch eine Art Formatvorlage, die instruiert, wie das Fest «recht» zu feiern ist. Diese «Regieanweisung» kann Angaben zum Ort, zu Beginn und Ende wie zur Dauer des Festes enthalten. Auch eine bestimmte Bekleidung der Teilnehmenden kann darin vorgesehen sein.

---

[477] Siehe dazu auch: Benjamin Simon: Gastfreundschaft – ein Weg christlicher Integration, in: Benjamin Simon / Henning Wrogemann (Hg.): Konviviale Theologie (siehe Anm. 468), 198–201.

[478] Theo Sundermeier: Den Fremden verstehen (siehe Anm. 474), 144ff.

[479] Theo Sundermeier: Den Fremden verstehen (siehe Anm. 474), 149.

[480] Victor Turner: The Ritual Process, Chicago 1969; ders.: Frame, Flow and Reflection. Ritual and Drama as Public Liminality, in: JJRS 6, 1979, 465–499.

[481] Jan Assmann / Theo Sundermeier (Hg.): Das Fest und das Heilige. Religiöse Kontrapunkte zur Alltagswelt, Gütersloh 1991.

Anders als im Alltag soll beim Fest kein Mangel herrschen. Die Knappheit von Gütern, die das Leben schwer macht bis hin zum Überlebenskampf, ist in dieser Situation aufgehoben. Es herrscht Freigiebigkeit und Großzügigkeit, an der alle Festteilnehmenden in gleicher Weise teilhaben sollen. Die Arbeit ruht. Arbeiten, die für das Fest erforderlich sind, werden in die Vor- und Nachbereitung ausgelagert. An die Stelle ökonomischer Handlungsorientierungen tritt der ästhetische (etwa in Form von Musik, Tanz, Spielen) und kulinarische Genuss. Es herrscht Zweckfreiheit. Das Beziehungsgeschehen ist nicht durch Leistungs- und Tauschgerechtigkeit bestimmt, sondern durch Einladung, Ehrerbietung, einseitige, freiwillige Beiträge zur Gestaltung des Festes, Gaben und Geschenke. Es kommt eine Art *iustitia aliena* zum Vorschein.

Gastfreundschaft reicht aber über das Fest hinaus und in den Alltag hinein. Befreiungstheologische Impulse im Denken Sundermeiers und seine Vertrautheit mit dem Gastrecht von Stammesgesellschaften werden sichtbar, wenn er die (migrations-)politische Dimension der Gewährung von Gastfreundschaft im Blick behält: «Der Fremde […] der in eine unbekannte Gesellschaft kommt, braucht jemanden, der ihn empfängt, begleitet, einführt und schützt. Der Fremde ist rechtlos. […] Wird er in einem Haus aufgenommen, wird aus dem Fremden der Gast, der nun das Gastrecht genießt. Jetzt stehen ihm Rechte zu, die er zwar nicht einfordern kann, die ihm aber gewährt werden. Ihm stehen Nachtlager, Essen und Trinken zu, aber vor allem wird ihm Schutz gewährt. Sein Leben und seine Ehre sind heilig.»[482] Es geht hier nicht mehr um Gast*freundschaft*, sondern um Gast*recht*. Dabei muss dann allerdings auch das Prinzip der Gegenseitigkeit zurücktreten. Bei der Gewährung des Gastrechtes handelt es sich um ein asymmetrisches Beziehungsgeschehen.

An diesem Punkt lässt sich die kritische Rückfrage an Sundermeiers Entwurf stellen, ob und wie sich das Konzept der Konvivenz mit dem der Gastlichkeit vereinbaren lässt. Die in den beiden Modellen vorausgesetzte Beziehungsstruktur ist nicht deckungsgleich. Konvivenz erfordert nach Sundermeiers Verständnis Gegenseitigkeit. Die Gewährung von Gastlichkeit kann auch einseitig erfolgen. Zumindest müsste zwischen verschiedenen Formen der Gastlichkeit unterschieden werden: solchen, in denen Gastfreundschaft ohne Not gewährt wird und vom Gast zu gegebener

[482] Theo Sundermeier: Den Fremden verstehen (siehe Anm. 474), 144.

Zeit erwidert werden kann, und solchen, bei denen die Rahmenbedingungen nur eine asymmetrische Beziehung zwischen Gast und Gastgeber zulassen, wie im Falle der Gewährung eines Schutzraums. Ob es sinnvoll ist, den Begriff «Gast» in dieser Situation anzuwenden, sei dahingestellt. Es kann sich dabei um einen Euphemismus handeln, der leicht einen zynischen Beigeschmack bekommen kann.

Ein weiterer Einwand bezieht sich auf das Verständnis und den Gebrauch der Begriffe des «Anderen» und des «Fremden» in Sundermeiers «Hermeneutik des Fremden». Er gebraucht diese Begriffe weitgehend gleichbedeutend. Es wäre aber eine stärkere Unterscheidung geboten. Jeder mir Fremde ist auch ein Anderer, aber nicht jeder Andere auch ein mir Fremder. Zudem wäre zu präzisieren, ob es sich bei «Andersheit» und «Fremdheit» um abstrakte Kategorien der Erfahrung handelt («ich erfahre etwas als fremd») oder ob diese Begriffe eine als «objektiv» aufgefasste, also etwa ethnische, soziokulturelle oder religiöse Andersheit des Anderen bezeichnen. Offensichtlich fließt beides bei Sundermeier ineinander.

Hilfreich ist in dieser Hinsicht Heinz Streibs[483] Unterscheidung von fünf Arten der Fremdheitserfahrung: Fremdheit als (a) «xenophobische Angst», die entweder zu Aggression gegen das Fremde oder zu Flucht vor ihm führt; (b) «xenopolemische Furcht», die mit polemischer Disqualifizierung, Abwertung oder Verurteilung des Fremden beantwortet wird; (c) «Dissonanz», die vorreflexiv-gefühlsmäßig als Störung empfunden wird, auf die das Subjekt, das der Fremdheitserfahrung ausgesetzt ist, entweder mit Assoziierung oder mit Distanzierung reagiert; (d) «Andersheit», die sich in eine reflexive Beziehung zum Fremden setzt, wobei diese Beziehung wiederum assimilativ oder abgrenzend sein kann; (e) «Widerstand und Herausforderung», die Fremdheit als Bereicherung der eigenen Identität versteht.

In all diesen Fällen bleibt die Fremdheit bestehen. Es handelt sich bei diesem Ansatz also auch um Differenzhermeneutik. Der Unterschied zwischen Fremdheit und Andersheit besteht nach Streib darin, dass Andersheit einen *reflektierten* Umgang mit dem Fremden bezeichnet.

---

483 Heinz Streib: Wie finden interreligiöse Lernprozesse bei Kindern und Jugendlichen statt? Skizze einer xenosophischen Religionsdidaktik, in: Volker Elsenbast / Peter Schreiner / Ursula Sieg (Hg.): Handbuch interreligiöses Lernen, Gütersloh 2005, 230–243.

Differenzhermeneutischen Konzepte, die weniger auf den Aufweis von interreligiösen Gemeinsamkeiten ausgerichtet sind und mehr die Unterschiede betonen, zielen in der Regel darauf, den Anderen bzw. das Andere *in seiner Andersheit* wahrzunehmen. Es stellt sich dabei die (schon früher angezeigte) Frage, ob und inwieweit dieses Ziel erreicht werden kann. Dazu müsste das wahrnehmende Subjekt seinen eigenen Erkenntnisstandpunkt, sein Vorverständnis und seine Perspektive verlassen (im Sinne der von Sundermeier geforderten *epochê*) und sich ganz dem Anderen anverwandeln. Es gibt durchaus die Möglichkeit, sich emphatisch in den Anderen hineinzudenken und gewissermaßen mit *seinen* Augen zu sehen. Doch bleibt auch diese Kunst der Perspektivenübernahme[484] immer an die eigene Prägung gebunden. Insofern kann das von Sundermeier anvisierte Ziel bestenfalls annäherungsweise erreicht werden – womit nicht bestritten werden soll, dass es sich um ein erstrebenswertes Ziel handelt. Doch gilt: Auch eine xenologische Hermeneutik hat ihre Grenze am Anderen. Auch sie kommt ohne Vereinnahmungen nicht aus. Die Selbstreferenzialität der Wahrnehmung ist letztlich nicht aufhebbar.

Die Zielbestimmung, das Andere bzw. den Anderen / die Andere in seiner/ihrer Andersheit zu verstehen, enthält eine unaufhebbare Spannung: Der eine Spannungspol besteht in der Assimilierung des Anderen durch verstehende Aneignung der Andersheit auf dem Wege der Einordnung in das eigene Vorverständnis. Die Andersheit wird dabei reduziert und tendenziell aufgehoben. Der andere Spannungspol besteht in der Exotisierung des Anderen, d. h. in der Betonung der (unverstehbaren) Andersheit. Die Verstehensbemühungen wird sich zwischen diesen beiden Polen immer wieder neu verorten müssen.

Das widerständige Potenzial in der Begegnung mit dem Fremden und die dabei immer bestehende Möglichkeit, dass Verstehen misslingt, bleibt bei Sundermeier unterbelichtet. Er geht von gelingendem Verstehen aus. Angesichts der vor allem nach 2001 verstärkt zutage tretenden Einsicht,

---

[484] Das Konzept der Perspektivenübernahme geht zurück auf den Symbolischen Interaktionismus George H. Meads. Mead sprach allerdings noch von der Rollenübernahme («role taking») (George H. Mead: Geist, Identität und Gesellschaft [1934], Frankfurt a. M. [8]1991. Siehe dazu auch: Eva-Maria Kenngott: Perspektivenübernahme. Zwischen Moralphilosophie und Moralpädagogik, Wiesbaden 2012).

dass es Strömungen in den Religionen gibt, die nicht an interreligiöser Verständigung, sondern an Selbstdurchsetzung interessiert sind, die Konflikte befeuern und Gewalt legitimieren, erscheint dieser Ansatz einer interreligiösen Hermeneutik recht optimistisch.[485]

Grundsätzlich ist zudem zu fragen, ob die Dichotomie von «Eigenem» und «Anderem» bzw. «Fremden» religionshermeneutisch und -theologisch überhaupt sinnvoll ist. Sie geht von relativ stabilen Markierungen der religiösen und kulturellen Identität aus und stellt damit zu wenig in Rechnung, dass sich Identität prozesshaft in sozialen Interkationen (durch Identifikationen und Differenzbestimmungen) bildet und sich ständig transformiert sowie dass sie auch durch Faktoren bestimmt wird, die zwar ihrerseits religiös und kulturell geprägt sein mögen, aber nicht im engeren Sinn als religiös und kulturell bezeichnet werden können (wie etwa die geschlechtliche Identität, ethnische und nationale Zugehörigkeiten, soziales Standesbewusstsein und die Übernahme von Berufsrollen). Der/die/das «Andere» ist Teil der eigenen Identität, sei es als Über-Ich oder als Nicht-Ich oder in anderen Repräsentationsformen. Das Andere ist nicht einfach ein reales Gegenüber, sondern immer auch Selbstdifferenz im Rahmen der je eigenen (individuellen und kollektiven) Identitätsbildung. Die Relationalität, Interaktivität, Interdependenz, Fluidität und Kontextualität der Identitätsbildung sprengt die Vorstellung einer Begegnung je für sich bestehender Identitätsformationen des «Eigenen» und des «Anderen». Identität bildet sich – zusammen mit Alterität – im Beziehungsraum des «inter».

Eine weitere grundsätzliche Frage betrifft die in den Interkulturalitätsdiskursen verbreitete Rede vom «Anderen». Gegenüber dem urchristlichen Begriff des «Nächsten» betont sie eher die Differenz, eben das Anderssein des Gegenübers. Dabei besteht die Gefahr, dass Affizierungsempfindungen, die personale Nähe herstellen, in den Hintergrund treten. Anderssein müsste also zumindest dynamisch als Geschehen und graduell als Gestuftheit bestimmt sein.

---

[485] Siede dazu die Kritik von Andreas Grünschloss an Sundermeiers Ansatz: Andreas Grünschloss: Der eigene und der fremde Glaube. Studien zur interreligiösen Fremdwahrnehmung in Islam, Hinduismus, Buddhismus und Christentum, Tübingen 1999, 307f.

4.2.2.2. Marianne Moyaert

In ihren Überlegungen zur interreligiösen Gastfreundschaft, bezieht sich Marianne Moyaert erstens auf Ricœur, zweitens auf Sundermeiers «Hermeneutik des Fremden» und drittens auf den Postliberalismus George Lindbecks und dessen kulturell-linguistisches Religionsverständnis.

Lindbeck hatte – im Kontext seiner Erwägungen zur Ökumenischen Theologie – drei unterschiedliche Auffassungen von Religion einander gegenübergestellt. Er unterschied ein *propositional-kognitives* Religionsverständnis, das Religion als System von Wahrheitsbehauptungen versteht, eine *experiential-expressive* Auffassung von Religion, die Religion als Ausdruck unmittelbarer Transzendenzerfahrung deutet, und eine *kulturell-linguistische* Sicht, der zufolge Religionen wie verschiedene Sprachen in kulturelle Kontexten eingebettet sind; es gibt aber keine Metasprache und kein vorsprachliches reines Bewusstsein (wie nach der zweiten Auffassung). Lindbeck schließt sich dieser dritten Auffassung an. Alles Bewusstsein ist demnach sprachlich verfasst und das heißt: Es ist an eine der Sprachen und deren kulturellen Kontext gebunden. Alles *religiöse* Bewusstsein ist *religiös* verfasst und das heißt: Es ist an eine der *Religionen* gebunden. Es gibt nicht *eine* Grunderfahrung, die sich in verschiedenen Religionen in unterschiedlichen Transzendenz- und Erlösungsvorstellungen ausformt, sondern umgekehrt: Verschiedene Religionstraditionen formen unterschiedliche Erfahrungen.[486]

Diese Traditionen folgen ihrer je eigenen «Grammatik», d. h. ihren impliziten Regeln. Das macht es schwierig, sie mittels des Übersetzungsparadigmas zueinander in Beziehung zu setzen. Worte lassen sich übersetzen, aber nicht Grammatiken. Man kann fremde Traditionsgrammatiken wohl erlernen und gebrauchen, sie werden aber immer fremd bleiben. Letztlich stehen sich also die Religionstraditionen einander unvermittelbar – inkommensurabel – gegenüber. So wie Texte nur im Bezugsrahmen der Sprache, in der der Text verfasst ist, verstanden werden können, so können religiöse Manifestationen nur im Bezugsrahmens ihrer jeweiligen Religionskultur verstanden werden. Auch der Blick in eine an-

---

[486] George. A. Lindbeck: The Nature of Doctrine. Religion und Theology in a Postliberal Age, Philadelphia 1984; dt.: Christliche Lehre als Grammatik des Glaubens. Religion und Theologie im postliberalen Zeitalter (ThB 90), Gütersloh 1994.

dere Religion wird immer vom Standpunkt der eigenen Religion aus vorgenommen. Die christliche Soteriologie beispielweise wird sich nicht in den Verstehensrahmen anderer Religionstraditionen übersetzen lassen. Sie bleibt dort bedeutungslos.

Dieser Annahme einer Inkommensurabilität der Religionen tritt Moyaert entgegen, denn eine solche Auffassung würde ein interreligiöses Verstehen unmöglich machen. Sie beharrt darauf, dass sich in interreligiösen Begegnungen Glaubensüberzeugungen begegnen, die in ihrer Partikularität hermeneutisch zueinander in Beziehung gesetzt werden können. Das von Ricœur rezipierte hermeneutische Modell des Übersetzens und sein Konzept der Gastfreundschaft scheinen ihr geeignet zu sein, die Differenz der verschiedenen Glaubensstandpunkte zu wahren, ohne diese aber beziehungslos einander entgegenzustellen. Ihre These lautet: «Unlike the cultural-linguistic theory of religion, which holds that religions are untranslatable, we will argue that ‹translation› is a good model for understanding the possibilities and difficulties of hermeneutics in general and of interreligious hermeneutics in particular.»[487]

Die unterschiedlichen kulturellen und religiösen Identitäten werden einander nach dem Schema einer beziehungsreichen Vielfalt zugeordnet. Sie sollen nicht in eine höhere Einheit aufgelöst werden, aber auch nicht als isolierte Monaden nebeneinanderstehen. Sie sind eingebunden in ein Netzwerk miteinander verknüpfter, interagierender Zentren. Auf diese Weise stehen sie in einem fortwährenden Kommunikationszusammenhang und gewähren sich gegenseitig interreligiöse Gastfreundschaft. Dabei kommt es zu Rückkopplungen: im Vollzug der Kommunikation transformieren sich die partikularen Identitätszentren. Sie sind in einem positiven Sinn «zerbrechlich». Diese Veränderungsoffenheit ist die Bedingung ihrer Weiterentwicklung als narrativer Identitäten. «To translate

[487] Marianne Moyaert: Fragile Identities. Towards a Theology of Interreligious Hospitality, Amsterdam 2011, 197. Siehe auch: dies.: From Religious Violence to Interreligious Hospitality, in: Roger Savage (Hg.): Paul Ricœur in the Age of Hermeneutical Reason. Poetics, Praxis and Critique, Lanham 2015, 159–178; dies.: Lindbeck and Ricœur on Meaning, Truth and the Translation of Religions, in: Frederiek Depoortere / Magdalen Lambkin (Hg.): The Question of Theological Truth. Philosophical and Interreligious Perspectives, Amsterdam/New York 2012, 157–179; dies.: In Response to the Religious Other. Ricœur and the Fragility of Interreligious Encounter, Lanham (MD)/London 2014.

means to nourish the familiar with the unknown, and hence to keep the familiar alive.»[488]

Moyaert sieht im Alten Testament vor allem zwei Begründungen für Gastfreundschaft: Israel ist dazu aufgefordert, Fremde aufzunehmen, zum einen, weil die Juden selbst Fremde waren (Lev 19,33f), zum anderen, weil Gott sich in Gestalt von Fremden geoffenbart hat (Gen 18[489]). Beide Linien findet sie auch im Neuen Testament: etwa in der Emmauserzählung (Lk 24,13–35) oder im Wort Jesu in Mt 25,35: «Ich war fremd, und ihr habt mich aufgenommen.» Dass Gott sich inkognito offenbart – in einer ihm fremden Gestalt – ist ein in der biblischen Überlieferung immer wieder begegnendes Motiv. Wenn es aber Gott selbst ist, der im Fremden begegnen kann, dann ist dem Fremden gegenüber Gastfreundschaft geboten: «Hospitality is a religious virtue […].»[490]

Während Gastfreundschaft in der biblischen Überlieferung vor allem aber gegenüber Bedürftigen – seien sie schutzbedürftig oder in materieller Not – gewährt wird, bezieht sich die von Moyaert vertretene hermeneutische Offenheit gegenüber Anderen auf *alle* religiös Anderen, auch wenn sie nicht in Not sind. «The religious other […] is not looking for help.»[491]

Ein Charakteristikum von Moyaerts Theologie der interreligiösen Gastfreundschaft ist ihre Betonung der Leiblichkeit des Handelns und besonders der rituellen Vollzüge. Über die verbale Kommunikation hinaus will sie die Möglichkeiten *liturgischer* Gastfreundschaft erkunden, bei der Anhänger einer Religion an den liturgischen und rituellen Praktiken einer anderen Religionsgemeinschaft partizipieren. «Liturgie» ist dabei in einem weiten Sinne verstanden. Der Begriff «umfasst das Symbolsystem, wie auch Riten, Rituale, Gesten, Strukturen, Gestalt und Formen der Andacht […].»[492] Bei solchen Partizipationen wird die Spannung zwischen eigener

488 Marianne Moyaert: Fragile Identities (siehe Anm. 487), 231.

489 Die Erzählung von der Bewirtung der drei Engel durch Abraham und Sara in Gen 18 wird immer wieder als Archetyp für Gastfreundschaft angesehen. In den Koransuren 11 und 51 ist sie aufgenommen.

490 Marianne Moyaert: Fragile Identities (siehe Anm. 487), 300.

491 A. a. O., 265.

492 Marianne Moyaert: Unangemessenes Verhalten? Über den rituellen Kern von Religion und die Grenzen interreligiöser Gastfreundschaft, in: Reinhold Bernhardt / Perry Schmidt-Leukel (Hg.): Interreligiöse Theologie. Chancen und Probleme (BThR 11), Zürich 2013, 120, Anm. 4.

religiöser Identität und Offenheit für den religiös Anderen häufig besonders stark erlebt. Zum einen eröffnet die rituelle Partizipation einen Zugang zur affektiven Dimension der fremden Religion, zum anderen ist das Sinnverstehen gerade hier – in diesem religiösen Intimbereich – besonders prekär.

Moyaert ist sich bewusst, wie anspruchsvoll und voraussetzungsreich interreligiöse Offenheit und die Gewährung von Gastfreundschaft sind. Ein enormes Vertrauen in den religiös Anderen und in die Möglichkeiten des interreligiösen Verstehens ist dazu erforderlich. Sie rekurriert hierbei auf den Geist Gottes[493], der einerseits Verstehen und Gemeinschaft auch über Religionsgrenzen hinweg ermöglicht; die verschiedenen religiösen Artikulationen sind wie verschiedene Sprachen, die der pfingstliche Geist kommunizierbar werden lässt. Dem Geist Gottes eignet aber andererseits auch das kritische Potenzial, Dominanzansprüche aufzudecken. Gerade angesichts ihrer Verletzlichkeit tendieren religiöse Identitäten nicht selten dazu, sich zu schützen, sich gegen andere zu behaupten und abzugrenzen. Es braucht eine Art Gegenkraft, um sie zu öffnen. Diese Kraft besteht für Moyaert im Geist Gottes.

Im Fest sieht Moyaert eine Form der gesteigerten Gastfreundschaft. Feste zu feiern ist ein leibliches Geschehen, das über den intellektuellen Austausch hinausgeht. In der phänomenologischen Beschreibung des Festes stützt sich Moyaert vor allem auf die Arbeiten von Jan Assmann und Theo Sundermeier zu diesem Thema. Mit den dort beschriebenen Erscheinungsformen ist das Fest für Moyaert «the space *par excellence* for otherness».[494] Damit ist zum einen das gegenüber der Alltagsrealität Andere gemeint – die Heterotopie, das Nichtalltägliche, das Feierliche; zum anderen bezieht sich «otherness» auf die Anderen, die im Getriebe der Alltagsbewältigung oft aus dem Blickfeld geraten oder nur im Lichte der dort

---

[493] Marianne Moyaert: Fragile Identities (siehe Anm. 487), 267. – Vgl. den charismatisch geprägten Ansatz von Amos Yong: Hospitality and the Other. Pentecost, Christian Practices, and the Neighbor, Maryknoll (NY) 2008. Diesem Ansatz zufolge ist die Gastfreundschaft Gottes in Jesus Christus verkörpert und wird durch die Gaben des Geistes Gottes über die Kirche hinaus auf die Welt ausgedehnt. Das schließt auch die Anhänger anderer Religionen ein. Umgekehrt erfahren Christen im Vollzug dieser Gastfreundschaft etwas vom erlösenden Wirken Gottes in Antizipation des kommenden Gottesreiches (99).

[494] A. a. O., 302.

üblichen Beziehungsmuster gesehen werden. Als Teil der Festgemeinschaft können sie in ihrem Selbstsein gewürdigt werden. Soziale Unterschiede sind dabei zugunsten einer gerechten Partizipation aufgehoben. Die auf diese Weise gefestigten und vertieften Beziehungen wirken dann wieder zurück auf den alltäglichen Umgang miteinander.

Moyaert ist sich bewusst, dass damit das Fest in einer einseitigen und idealtypischen Weise beschrieben ist.[495] Feste können jedoch mit Ausschließungsmechanismen verbunden sein und Trennungen erzeugen oder vertiefen. An Festen, zu denen persönlich eingeladen wird, nehmen in aller Regel keine unbekannten Fremden teil. Es kann bei Festen zu einer Vergewisserung der Gruppenidentität auf Kosten anderer kommen. Feste können auch Spannungen innerhalb der Festgemeinde, die im Alltag latent bleiben, zum Ausbruch bringen. Und sie können Konflikte allererst erzeugen: wenn es etwa um die Frage geht, wer am Fest teilnehmen und wie es gefeiert werden soll. Feste sind also durchaus ambivalent.

All diese Warnhinweise vermögen nach Moyaert aber nicht, die prinzipielle Funktion und Dignität des Festes als Vollzug von Gastfreundschaft in Zweifel zu ziehen. Es hat die Potenz dazu, auch wenn diese Potenz nicht immer aktualisiert wird.

Gleichwohl stellt sich die Frage, ob diese Fokussierung auf das Fest nicht zu einer Verengung der Gastfreundschaft auf eine bestimmte Ausnahmesituation führt. Andere Dimensionen der Gastfreundschaft, wie die vor allem von Derrida betonte Schutzgewährung für politisch Verfolgte, geraten dabei aus dem Blickfeld.

4.2.2.3. «Who Do We Say That We Are»

Auf der ökumenischen Bühne ist das Modell der Gastfreundschaft in einem Positionspapier des Ökumenischen Rates der Kirchen in Erscheinung getreten, an dem Marianne Moyaert mitgearbeitet hat und das 2016 – nach zwölfjähriger Arbeit und kontroversen Konsultationen[496] – unter dem Titel «Who Do We Say That We Are? Christian Identity in a Multireligious World» erschienen ist.[497] Der Titel bezieht sich auf die in Mk 8,29 parr überlieferte Frage Jesu an die Jünger, für wen sie ihn hielten.

---

[495] A. a. O., 306f.

[496] Siehe dazu den Appendix zu diesem Papier unter dem Titel «Background to the Document».

[497] ÖRK: Who Do We Say That We Are. Christian Identity in a Multireligious World, Genf 2016.

In einer Situation der Infragestellung werden die Jünger nach ihrem Christusbekenntnis gefragt. Diese Situation nimmt das Papier auf und fragt angesichts der Herausforderungen religiöser Pluralität, wie sich christlicher Glaube im Angesicht anderer Religionen darstellt. Es geht also nicht um ein interreligiöses Dialogprogramm aus der Vogelperspektive. Die Redeposition, die das Papier einnimmt, ist vielmehr die der Glaubenden, die sich herausgefordert sehen, Rechenschaft über ihren Glauben abzulegen. Es wird also aus einer intrachristlichen Glaubensperspektive heraus gesprochen. Die Andersglaubenden bekommen dabei Gastrecht im Haus des eigenen Glaubens und werden zu Adressaten der eigenen Selbstexplikation. Dabei wird der eigene Glaube so dargestellt, dass die Adressaten Bezüge zu ihrem religiösen «Haus» herstellen können.

Das Modell der Gastfreundschaft ist also schon implizit in der Konzeption dieses Papiers realisiert. Es kommt dann aber auch explizit zur Sprache und zwar nicht nur im Blick auf die Beziehungsgestaltung zu Andersglaubenden (in «horizontaler» Streberichtung), sondern auch im Blick auf die Gottesbeziehung der Christinnen und Christen (in «vertikaler» Orientierung also). So wird das erlösende Wirken Gottes als Gewährung der (ewigen) Gastfreundschaft Gottes verstanden. Gott ist «the ‹host› of salvation».[498] Die Kirche soll diese Hospitalität, von der sie selbst lebt, zur Grundhaltung ihres Umgangs mit religiös Anderen machen – bis hin zur Gewährung von Schutzräumen für Menschen in Gefahr.[499]

Die Praxis der Gastfreundschaft kann – diesem Positionspapier zufolge – ein Bereich sein, in dem die Kirche von anderen religiösen Traditionen lernen und sich dadurch an die in ihrer eigenen Tradition angelegten Impulse zu Gastfreundschaft erinnern lassen kann, sodass es zu einer «Re-evangelisierung» durch Andersglaubende kommt. Dazu wird auf die besondere Bedeutung der Gastfreundschaft bei den Sikhs hingewiesen:

---

[498] A. a. O., § 42. Es ist dies ein Zitat aus: ÖRK: Religious Plurality and Christian Self-Understanding, Genf 2005, dt.: Religiöse Pluralität und christliches Selbstverständnis (https://www.oikoumene.org/de/resources/documents/assembly/2006-porto-alegre/3–preparatory-and-background-documents/religious-plurality-and-christian-self-understanding?set_language=de [22.06.2018]), § 45, siehe auch § 47. Zu diesem Papier siehe auch: Miriam Schneider: Hermeneutik der interreligiösen Gastfreundschaft. Zur Begegnung mit Gästen aus anderen Religionen im eigenen theologischen Nachdenken, in: Hans-Peter von Däniken / Martina Kamm (Hg.): Gastfreundschaft und Gastrecht (siehe Anm. 422), 84–86.

[499] ÖRK: Who Do We Say That We Are (siehe Anm. 497), § 79.

Der *gurudwara* ist nicht nur Gebets- und Schulstätte, sondern auch ein Treffpunkt, der allen Menschen offensteht und an dem sie Nahrung bekommen. Damit soll die überfließende Großzügigkeit Gottes symbolisiert und weitergegeben werden. So könne auch christlicherseits die Praxis der (interreligiösen) Gastfreundschaft als Teilnahme an der *missio Dei* verstanden werden.[500]

Die Autoren und Autorinnen des Papiers deuten aber auch an, dass es für die Praxis von Gastfreundschaft soziale und politische Voraussetzungen gibt, dass sie also in einem Kontext stattfindet, der über das Private hinausgeht.[501] In Ländern etwa, in denen die Mehrheitsgesellschaft und/oder die politischen Autoritäten christlichen Aktivitäten (besonders wenn sie über die Pflege der eigenen Gemeinschaft hinausgehen und als missionarisch aufgefasst werden können) misstrauisch gegenüberstehen, wird sich die Kontaktpflege der Kirche eher nach innen – auf die eigene Gemeinschaft – richten und nach außen hin mit großer Vorsicht agieren. In Ländern, in denen Fremde als potenzielle Gefährder betrachtet werden und in denen der Geheimdienst deshalb private Kontakte zu überwachen versucht, kann die Praxis der Gastfreundschaft für den Gastgeber ein Risiko bedeuten.

4.2.2.4. Margit Eckholt

Margit Eckholt hat vom Motiv der Gastfreundschaft aus eine interkulturelle Dogmatik entwickelt.[502] Es geht ihr dabei weniger um das konkret praktizierte Beziehungsgeschehen zwischen Anhängern verschiedener Kulturen und Religionen als vielmehr um der Einbezug des kulturell und religiös Anderen in die christliche Dogmatik, also um *theologische* Gastfreundschaft.

«Bezieht Theologie sich auf Kultur als theologischen Ort, bedeutet dies einen Neuaufbruch noch unerahnbaren Ausmaßes, eine neue Interpretation des christlichen Glaubens im Gespräch mit anderen kulturellen (und

500 Ebd.

501 A. a. O., §§ 81.83.

502 Margit Eckholt: Poetik der Kultur. Bausteine einer interkulturellen dogmatischen Methodenlehre, Freiburg i. Br./Basel/Wien 2002; dies.: Dogmatik interkulturell. Globalisierung – Rückkehr der Religion – Übersetzung – Gastfreundschaft. Vier Stationen auf dem Weg zu einer interkulturellen Dogmatik, Nordhausen 2007; dies.: Heimat, Grenzen, Gastfreundschaft:, in: zur debatte 7/2016, 19–21.

religiösen) Traditionen, in dem aber gerade auch die kreativen Ressourcen der eigenen Tradition reaktiviert und reorientiert werden. Für Sprache und Kultur in ihrer Vielfalt hat Ricœur ‹Gastfreundschaft› gefordert; auch Theologie muss sich durch diese ‹hospitalité› auszeichnen, Fremdem mit der der Gastfreundschaft eigenen Achtung begegnen.»[503]

Eckholts Entwurf folgt dabei auch einem missions- bzw. inkulturationstheologischen Interesse. Es geht ihr um die Inkulturation des christlichen Glaubens, der sich durch die aus der Kultur aufgenommenen Impulse allerdings immer auch transformiert. Sie zieht dazu auch christologische Motive heran wie den Gedanken der Stellvertretung oder die Vorstellung der ungetrennten und unvermischten Naturen Jesu Christi.

Einen wichtigen Anknüpfungspunkt dieser interkulturellen Theologie bietet Melchior Cano (1509–1560), der spanischen Dominikaner, der als Begründer der katholischen Fundamentaltheologie gilt. Cano entwickelte den Gedanken, dass es fremde Erkenntnisorte der Theologie (*loci theologici alieni*) gibt. Im Blick auf die Erkenntnisgrundlagen der Theologie unterschied Cano zwischen *loci proprii* (wie Hl. Schrift, Tradition und kirchliches Lehramt) und *loci alieni* (wie Philosophie und Geschichte).[504] Peter Hünermann führte diesen Gedanken in die katholische Theologie der Gegenwart ein und betrachtete auch die Begegnungen mit den nichtchristlichen Religionen als solche fremden Erkenntnisorte der Theologie.[505]

4.2.3. Gastfreundschaft und Dialog

Wie das Modell des Dialogs, so geht auch das der Gastfreundschaft über ein beziehungsloses Nebeneinander hinaus. Es will dem Anderen einen Raum gewähren und leitet dazu an, ihm in diesem Raum mit Wertschätzung und Empathie zu begegnen, sich seiner Andersheit verstehenwollend

---

503 Margit Eckholt: Poetik der Kultur (siehe Anm. 502), 169.

504 Bernhard Körner: Melchior Cano. De locis theologicis. Ein Beitrag zur Theologischen Erkenntnislehre, Graz 1994.

505 Peter Hünermann: Dogmatische Prinzipienlehre. Glaube – Überlieferung – Theologie als Sprach- und Wahrheitsgeschehen. Münster 2003, 224f. – Bertram Stubenrauch überzieht diesen Gedanken, um ihn dann zu kritisieren: Er warnt davor, im interreligiösen Dialog «eine, wenn nicht gar die maßgebende Form der göttlichen Offenbarung zu sehen» (Bertram Stubenrauch: Pluralismus statt Katholizität? Gott, das Christentum und die Religionen. Regensburg 2017, 8).

auszusetzen und eine Form von aufgeschlossener Gemeinschaft mit ihm zu haben.

Vergleicht man die beiden Modelle der interreligiösen Beziehungsgestaltung – Dialog und Gastfreundschaft – miteinander, so lassen sich allerdings durchaus markante Unterschiede benennen. Die beiden Beziehungsmuster stehen nicht im Gegensatz zueinander, lassen sich aber auch nicht aufeinander abbilden oder ineinander überführen. Zu verschieden sind die Anknüpfungspunkte, Leitideen und Interessen, die in ihre Ausarbeitung eingeflossen sind. Ich fasse die charakteristischen Unterschiede zusammen:

Das Dialogmodell ist verwurzelt in der Ich-Du-Philosophie, wie sie vor allem Martin Buber entfaltet hat. Das Modell der Gastfreundschaft geht philosophisch betrachtet demgegenüber auf die Vorordnung des Du vor dem Ich zurück, wie sie Emmanuel Lévinas vorgenommen hat. Im ersten Fall ist die Beziehung symmetrisch, im zweiten Fall asymmetrisch konzipiert. Die Gewährung von Gastfreundschaft erfolgt einseitig, auch wenn nach Derrida dabei der Gastgeber selbst zum Gast des Gastes wird. Für eine dialogische Beziehungsgestaltung ist hingegen das Prinzip der Gegenseitigkeit unverzichtbar.

Für das Modell der Gastfreundschaft lassen sich in der biblischen Überlieferung und in der Geschichte der christlichen Kirche zahlreiche Anknüpfungspunkte ausmachen: von den Anweisungen zum Umgang mit Fremden im Allgemeinen bis hin zu spezifischen Imperativen, Verfolgten Schutz und Gastrecht zu gewähren, Reisende zu beherbergen und sowohl im Inneren der christlichen Gemeinschaft als auch nach außen hin gastfrei zu sein. Mehr noch: Der Fremde, der als Gast beherbergt wird, kann die Gegenwart Gottes repräsentieren. «Der Gast bringt Gott herein» hatte Romano Guardini geschrieben.[506]

Auch für die Gestaltung dialogischer Beziehungen bieten die biblische Überlieferung und die christliche Tradition Anhaltspunkte, die aber nicht so unmittelbar an diese Überlieferung anschließen, wie es das Modell der Gastfreundschaft vermag. Der interpretatorische Weg ist gewissermaßen länger und führt zu weniger eindeutigen Ableitungen. Aus dem Ethos der

506 Romano Guardini: Briefe über Selbstbildung, Mainz [3]1978, Dritter Brief: «Vom Geben und Nehmen, vom Heim und von der Gastfreundschaft» (1930), 27–43, Zitat: 37.

christlichen Nächsten-, Fremden- und Feindesliebe ergibt sich nicht zwingend, dass die Beziehung zu Andersglaubenden dialogisch zu gestalten ist. Es kann sich dabei auch um eine diakonische oder missionarische Zuwendung handeln. Und wenn es nicht um ethische, sondern um Glaubensfragen geht, so finden sich eher Ansatzpunkte für eine apologetische oder gar polemische Beziehungsgestaltung zu Angehörigen anderer Religionen.

Während das Modell des Dialogs vor allem auf die *inter*religiösen Beziehungen anwendbar ist und leicht zu einer Insiderkommunikation zwischen Experten in Sachen Religion wird, ist das Modell der religiösen Gastfreundschaft auch *sozio*religiös applikabel und auch an außerreligiöse Diskurse anschlussfähig. Die gilt vor allem für die gegenwärtige Migrationsdebatte, aber auch für die Reflexion über Phänomene wie den Tourismus; Gastfreundschaft kann auch generell als Tugend in einer globalisierten Welt propagiert werden.[507] Im Modell der Gastfreundschaft treten die Dimensionen der ethischen Praxis sowie der Leiblichkeit und Sinnlichkeit in den Begegnungen hervor, wohingegen das Dialogmodell in der Praxis immer eine gewisse intellektualistische Schlagseite hatte und hat.

Nicht zufällig wird das Modell der Gastfreundschaft dort favorisiert, wo interreligiöse Begegnungen nach der spirituellen Agenda vollzogen werden: in interreligiösen Feiern. Besser als das auf Gegenseitigkeit beruhende Dialogmodell, das allen Beteiligten die möglichst gleiche Partizipation am gemeinsamen Vollzug ermöglichen will, geht dieses Modell von einer unterschiedlichen Rollenverteilung zwischen Gast und Gastgeber aus. Vom Gast ist kein aktiver Mitvollzug bestimmter Riten oder Gebete gefordert und der Gastgeber muss nicht bemüht sein, seine religiösen Identitätsmerkmale soweit zurückzunehmen, dass dem Gast die volle Partizipation möglich wird. Die Asymmetrie in der Teilhabe dient der Wahrung der eigenen Identität. Dabei muss diese Asymmetrie nicht für die

---

[507] Siehe dazu etwa: Guido Perathoner: Gastfreundschaft im Tourismus. Eine Tugendethik aus der Sicht des Gastgebers (Studien der Moraltheologie 16), Münster 2000, bes. die Kap. I, II.5 und III; Leonardo Boff versteht Gastfreundschaft neben Toleranz und Frieden als notwendige Tugend in einer globalisierten Welt (Leonardo Boff: Tugenden für eine bessere Welt, Kevelaer 2009, 15–151); Burkhard Liebsch / Michael Staudigl / Philipp Stoellger (Hg.): Perspektiven europäischer Gastlichkeit. Geschichte – kulturelle Praktiken – Kritik, Weilerswist 2016; Hans-Joachim Sander / Kaspar Villadsen / Trygve Wyller (Hg.): The Spaces of Others – Heterotopic Spaces. Practicing and Theorizing Hospitality and Counter-Conduct beyond the Religion/Secular Border, Göttingen 2016.

gesamte Veranstaltung gelten. Vielmehr kann innerhalb der Veranstaltung ein Rollenwechsel stattfinden, bei dem der Gast den *lead* übernimmt und der Gastgeber in respektvoller Andacht schweigend am Geschehen teilnimmt. Besonders bei Festen ist dies der Fall.

Es scheint also vieles, wenn nicht alles für das Modell der Gastfreundschaft zu sprechen. In der asymmetrischen Konstellation der Beziehung, wie sie dieses Modell propagiert, liegen allerdings auch Gefahren, die sich im praktischen Vollzug ergeben können. Der Gast hat gegenüber dem Gastgeber eine strukturell schwächere Position, was dazu führen kann, dass der Gastgeber den Gast dominiert, dessen Partizipationsmöglichkeiten beschränkt und ihn damit marginalisiert. Die philosophischen Konzepte, die in Kapitel 4.2.1. vorgestellt wurden, würden eine solche Praxis der Gastfreundschaft mit Nachdruck als deren Missbrauch zurückweisen. Sie weisen dem Gast eine starke Position zu. In der Beschneidung seiner Entfaltungsmöglichkeiten käme demzufolge nicht das Wesen, sondern das Unwesen der Gastfreundschaft zum Ausdruck, so wie in einem manipulativen Dialog nicht das Wesen, sondern das Unwesen des Dialogs zum Ausdruck kommt.

Gleichwohl fragt es sich, ob das asymmetrische Beziehungsmuster einen solchen Missbrauch de facto – gegen die Intention der ihr zugrunde liegenden Idealvorstellung – nicht doch erleichtert. Hier bietet das Dialogmodell mit seinem Prinzip der Gleichberechtigung zwischen den Dialogpartnern ein wichtiges Korrektiv. Selbst wenn es sich auch dabei um ein in der Praxis nicht leicht erreichbares Ideal handelt, so ist es als regulatives Prinzip für eine gerechte Beziehungsgestaltung doch von großer Bedeutung. Es kann eine herrschafts- und dominanzkritische Funktion übernehmen. Besonders auf der Ebene der sprachlichen Kommunikation, aber auch der Kooperation fordert es Gleichberechtigung zwischen den Partnern ein. Die Erfüllung dieser Forderung wird allerdings auch darurch erleichtert, dass zwischen den an einer dialogischen Kommunikation Teilnehmenden eine größere Gleichheit (etwa im Blick auf Bildung, intellektuelle Fähigkeiten, sprachliche Ausdrucksmöglichkeiten, sozialen Status usw.) herrscht.

Das ethische Prinzip der Gleichberechtigung darf allerdings nicht einfach auf die im Dialog aufeinandertreffenden Wahrheitsansprüche übertragen werden. Diesen muss nicht von vornherein gleiche Geltung zugestanden werden. Es muss aber das gleiche Recht für die am Dialog

Teilnehmenden bestehen, ihre jeweiligen Wahrheitsansprüche in den Dialog einzubringen und zu verteidigen.

4.2.4. Kritische Würdigung des Konzepts der interreligiösen Gastfreundschaft

Auch im Blick auf die im Folgenden zu benennenden Probleme muss man zwischen den philosophischen Entwürfen, der lebensweltlichen (auch religiösen) Auffassung und den realen Erscheiungsformen von Gastfreundschaft unterscheiden. Diese Probleme ergeben sich aus der im allgemeinen Sprachgebrauch anzutreffenden Auffassung und den realen Erscheiungsformen von Gastfreundschaft. Diese sind missbrauchsanfällig. Die philosophischen Konzepte stellen Gegenentwürfe dazu dar.

Bei dem von Derrida beschriebenen Konflikt zwischen der Idealvorstellung der unbedingten Gewährung von Gastfreundschaft und den durch die Rechtsordnung definierten Beschränkungen dieser Gewährung handelt es sich im Grunde um den Konflikt zwischen der Idealvorstellung und der Praxis von Gastfreundschaft. Die Schwierigkeiten, die sich in der Umsetzung dieses Konzepts ergeben, sind in diesem Spannungsfeld angesiedelt.

Im Blick auf die *sozio*religiösen Beziehungen der Religionsgemeinschaften zur religiös pluralen Gesellschaft kann das Modell der Gastfreundschaft ge- bzw. missbraucht werden, um den nichtchristlichen Religionsgemeinschaften das Heimatrecht abzusprechen und ihnen lediglich einen Gaststatus zuzugestehen. Damit verbindet sich dann in der Regel die Forderung nach mehr Integrationsbereitschaft oder sogar die Erwartung, das Haus des Gastgebers nach dem Besuch auch wieder zu verlassen. Der Gast, der sich dauerhaft in diesem Haus einrichtet, verletzt damit die üblichen Regeln der Gastfreundschaft. Ein Gast, der zu lange bleibt, wird zur Last.[508] «Den Status des Gastes kann man nicht aufrechterhalten, er

[508] Siehe dazu die Sprichwörter zum Thema «Gast», in: Karl Friedrich Wilhelm Wander (Hg.): Deutsches Sprichwörter-Lexikon, Bd. 3, Leipzig 1873, online unter: www.zeno.org/Wander-1867/A/Gast (diesen Hinweis verdanke ich: Walter Leimgruber: Gast-Recht. Ein komplexes Gefüge, in: Hans-Peter von Däniken / Martina Kamm [Hg.]: Gastfreundschaft und Gastrecht [siehe Anm. 422], 33, Anm. 4).

steht für eine Übergangs-, eine Schwellensituation.»[509] Besonders die Beherbergung von Schutzlosen hat die Konnotion der Prekarität bzw. des Provisorischen.

Die Gewährung von Gastfreundschaft ist zudem ein nichteinforderbarer Akt der Menschenfreundlichkeit, nicht aber ein Rechtsanspruch, der einem Menschen zustehen würde. Sie kann ohne Angabe von Gründen erfolgen oder verweigert werden. Das macht es auch schwierig, dieses Modell der Beziehungsbestimmung im aktuellen Migrationsdiskurs ins Feld zu führen, wie es zuweilen geschieht. Schon in der früher gebräuchlichen Bezeichnung «Gastarbeiter» für Arbeitsmigranten war diese Ambivalenz angelegt: Zum einen sollten diese Zuwanderer wohlwollend – wie Gäste eben – aufgenommen werden, zum anderen war ihr Aufenthalt aber nur als ein temporärer gedacht. Die Vorstellung einer dauerhaften Ansiedlung im Gastland geht über den Gaststatus hinaus. Das betrifft auch die dauerhafte Aufnahme Schutzbedürftiger. Das Beziehungsmuster von Gastgeber und Gast ist nur sehr bedingt geeignet, deren Status zu bestimmen. Es stimmt auch nicht mit dem Selbstverständnis der meisten Migrantinnen und Migranten zusammen, die nicht nur Gäste in der Fremde sein wollen, sondern eine neue Heimat suchen. «Ein Effekt eines so gearteten Ansatzes besteht in der Aufrechterhaltung des Bildes vom Migranten oder Fremden als einem Bedürftigen: Er bietet ihm weder Perspektiven der Reterritorialisierung, noch würdigt er seine Fähigkeiten und Beiträge für die neue Gesellschaft.»[510]

Auch in der Anwendung auf die *inter*religiösen Beziehungen ist es nicht unproblematisch, die Beziehungsbestimmung nach dem Muster des Fremden, der zum Gast wird, vorzunehmen. Es besteht die Gefahr, dass damit Fremdheit als Wahrnehmungsform allererst erzeugt und verstärkt wird, dass der Andere also gerade dort zum Fremden gemacht wird, wo man ihn als Gast einlädt.[511] Behält er die Deutehoheit über seinen Status? Kann

[509] Walter Leimgruber: Gast-Recht (siehe Anm. 508), 33.

[510] Jorge E. Castillo Guerra: Theologie der Migration. Menschliche Mobilität und theologische Transformationen, in: Tobias Keßler (Hg.): Migration als Ort der Theologie, Regensburg 2014, 127.

[511] In ihrem mittlerweile in 10. Auflage erschienenen Buch «Fremde sind wir uns selbst» vergegenwärtigt die Psychoanalytikerin Julia Kristeva «Momente der abendländischen Geschichte, in denen der Fremde [des Fremden? R. B.] gedacht,

er sich gegen Fremdheitszuschreibungen wehren und aus den damit verbundenen Erwartungen heraustreten?

Dem Beziehungsmuster der Gastfreundschaft zufolge – wie es in den alltagssprachlichen und oft auch in den religionstheologischen Diskursen gebraucht wird – wird der Fremde in die eigene Lebenswelt eingelassen und ihr damit zeitweise und bedingt zugehörig, ohne dass er sich dieser Lebenswelt anverwandelt und ihr bleibend angehört. Zugehörigkeit und Nichtzugehörigkeit, Fremdheit und Vertrautheit bilden eine Dialektik. Der Gaststatus bedeutet eine zeitweilige Existenz auf der Schwelle von Drinnen und Draußen, der Sphäre des Eigenem (auch ganz konkret mit dem Eigentum verbunden) und des Sphäre des Fremden, dem Heimischen und dem Unheimlichen. Er stellt sowohl für den Gast als auch für den Gastgeber eine Ausnahmesituation dar.

Das Modell der Gastfreundschaft (so wie es gemeinhin verstanden und praktiziert wird) eignet sich somit nicht, um auf Dauer gestellte interreligiöse Beziehungen zu gestalten. Sein Anwendungsbereich besteht vor allem in der Konzeption einzelner Begegnungsveranstaltungen und in der Einladung zur Teilnahme an religiösen Feiern.

Das philosophische Verständnis von Gastfreundschaft hingegen ist anders konzipiert. Gastfreundschaft bedeutet hier primär eine grundlegende und damit dauerhafte Haltung gegenüber dem Anderen. Auch die Auffassung der Asymmetrie, die für die Beziehung zwischen Gast und Gastgeber charakteristisch ist, wird von Lévinas und Ricœur nicht mit Stärke (des Gastgebers) und Schwäche (des Gastes) konnotiert. Sie wertet den Anderen (bzw. grundlegender: Alterität insgesamt) auf, nicht ab. Hermeneutische Beziehungen zwischen Verstehenssubjekt und Gegenstand des Verstehens sind wesenhaft asymmetrisch. Der Verstehensgegenstand liegt dem Verstehen letzlich uneinholbar voraus, so wie ein Text der Übersetzung vorausliegt. Ein völliges Verstehen des Anderen kann es nicht geben.

Dieses philosophische Verständnis von Gastfreundschaft verdient es, in die Debatten um die Gestaltung interkultureller und interreligiöser Beziehungen eingespeist zu werden, auch wenn zu erwarten ist, dass es dort

---

in denen er aufgenommen oder zurückgewiesen worden ist, aber in denen innerhalb des Horizonts einer Religion oder Moral auch die Möglichkeit einer Gesellschaft ohne Fremde erträumt werden konnte» (Klappentext).

nur begrenztes Gehör findet. Die Assoziationen, die man dort mit Gastfreundschaft verbindet, sind andere und diese lassen es ratsam erscheinen, den Begriff mit Vorsicht zu gebrauchen.

An diesen Überlegungen zeigt sich, dass bei allen Modellen nicht nur nach deren philosophisch und theologisch rekonstruierter innerer Struktur, sondern auch nach ihrem tatsächlichen Gebrauch zu fragen ist. Dieser Gebrauch wird immer auch von Intentionen abhängen, die dem Modell als solchem nicht eingeschrieben sind, sondern ihm vorausliegen. Solche Voreinstellungen bestimmen die Wahl des Beziehungsmusters und kommen darin zum Ausdruck. Das zeigte sich auch im Blick auf die in Kapitel 3 beschriebenen Paradigmenwechsel in der Beziehung zum Judentum, zum Islam und zum Buddhismus. Diese resultieren aus sehr verschiedenen historischen Entwicklungen und den dazu in Resonanz stehenden Veränderung in der Wahrnehmung und Bewertung dieser Religionen. Diese Veränderungen schlagen sich in der Wahl und in der Anwendung der Beziehungsmuster nieder.

5. Grundfragen der religionstheologischen Beziehungsbestimmung

Nach dem Blick auf zwei der wichtigsten Muster interreligiöser Beziehungsgestaltung soll es im folgenden Kapitel um Konzepte der theologischen Beziehungsbestimmung zwischen den Religionen gehen. Wir bewegen uns damit im Bereich der «Religionstheologie» im engeren Sinn. Zunächst soll eine kurze Bestimmung dieses Begriffs gegeben werden und dann auf aktuelle Diskussionen dazu Bezug genommen werden. Nicht nur die Konzepte einer Theologie der Religionen selbst sind Gegenstand intensiver Debatten, sondern auch die Grundfrage, ob es überhaupt solche Konzepte braucht und ob sie sinnvoll sind. Das gesamte Projekt der «Religionstheologie», in dessen Rahmen diese Konzepte entwickelt wurden, ist in letzter Zeit infrage gestellt worden. Deshalb muss die folgende Darstellung mit Prolegomena zur Religionstheologie beginnen. Dabei ist zum einen die genannte Frage nach der Sinnhaftigkeit dieses Projekts zu erörtern und zum anderen ist nach dessen Ansatz zu fragen. Im Anschluss daran werde ich die drei theologischen Beziehungsbestimmungen zwischen dem christlichen Glauben und anderen Religionen vorstellen, die gegenwärtig die Diskussionslandschaft wesentlich prägen: das Postulat einer letzten, transzendenten Einheit der Religionen, das Modell der abrahamischen Religionsfamilie und die Methode des theologischen Religionsvergleichs.

5.1. Kann und soll es überhaupt «Religionstheologie» geben?

5.1.1. Zwei Auffassungen von «Religionstheologie»

Seit der Aufklärung ist die Religionsthematik in der Theologie auf zwei sehr verschiedene Weisen bearbeitet worden: zum einen im Kontext der Anthropologie als Frage nach Religion (bzw. Religiosität) als (allgemein-)menschlichem Vermögen, zum anderen im Blick auf die Religionsgeschichte als Frage nach der Beziehung des christlichen Glaubens bzw. der christlichen Religion zu anderen Religionen als Geschichtswirklichkeiten.

Der anthropologische Diskussionsstrang kreist um Themen wie: Ist der Mensch von Natur aus religiös, hat er also eine Anlage zur Religiosität?

Ist ihm ein «religiöses Apriori» (Ernst Troeltsch)[512] eigen, also eine angeborene Befähigung zur religiösen Selbsttranszendenz und ein Bedürfnis danach? «Religion» ist dabei im Sinne eines seelischen Vermögens des Menschen zur Religiosität aufgefasst. Und weiter: Wie verhält sich dieses «Seelenvermögen» zu anderen? Ist Religion eine «eigene Provinz im Gemüt» des Menschen, wie es Schleiermacher annahm[513], oder lässt sie sich ableiten aus den Betätigungsfeldern der Vernunft: der Rationalität (Erkenntnis), der Moralität (Willen), der Ästhetik (Empfindung)? Kant hatte sie bekanntlich der Moralität zugeordnet.

Die Diskussion dieser Fragen hat vor allem im 19. Jahrhundert die Religionstheologie – als Theologie der Religion (im Singular) – beschäftigt. Die gesamte, maßgeblich von Schleiermacher ausgehende, sich durch das ganze 19. Jahrhundert hinziehende theologische Debatte um «Religion» war von diesem anthropologischen Grundverständnis bestimmt. Die geschichtlichen Religionen erschienen demnach als kulturbedingt unterschiedliche Realisierungsformen dieses Seelenvermögens. Als eines der Hauptargumente für diese Position galt stets die allgemeine Verbreitung der Religion in allen Kulturen seit den frühesten Anfängen der Menschheit. Diese Debatte ist hier nicht aufzunehmen und weiterzuführen.

Auch in den offenbarungstheologischen Ansätzen der Wort-Gottes-Theologie war dieses Verständnis noch vorherrschend. Barths Religionsbegriff ist ganz und gar anthropologisch und nicht religionsgeschichtlich und religionsphänomenologisch geprägt. Es ging ihm nicht um die Religion*en* (im Plural) als Geschichtswirklichkeiten, es ging ihm nicht um die Beziehung des christlichen Glaubens zum Islam, zum Hinduismus und Buddhismus, sondern um menschliche Religiosität als «stille[n] religiöse[n] Besitz»[514], als im Menschen liegendes potenzielles Sensorium für die Wirklichkeit Gottes. «Aber wenn ich von Religion rede, dann denke ich vor allem an Schleiermacher […] Vom Hinduismus und Buddhismus weiß ich doch gar nichts oder nur wenig», gab er noch im Jahre 1964 zu Protokoll.[515] «Religion» war für Barth das selbstherrliche Bemühen des

---

[512] Ernst Troeltsch: Zur Frage des religiösen Apriori, in: GS II, 754–768.

[513] Friedrich Schleiermacher: Über die Religion (siehe Anm. 78), Studienausgabe: 30 (Originalausgabe von 1799: 37).

[514] Karl Barth: KD IV/2, 354.

[515] Interview von Hans A. Fischer-Barnikol mit Barth, in: Karl Barth: Gespräche 1964–1968 (Gesamtausgabe 28), Zürich 1997, 145.

Menschen, von sich aus – aus eigener Potenz und Anstrengung – eine Beziehung zu Gott zu etablieren und zu kultivieren. Wolf Krötke konstatiert zu Recht: Die (geschichtlichen) Religionen treten bei Barth primär «als Ausdruck jener *menschlichen Fähigkeit* in den Blick, für Gott oder das Göttliche empfänglich zu sein und in der Verehrung Gottes oder des Göttlichen zu leben.»[516]

«Mit der dialektischen Theologie […] setzte sich für eine Generation eine antihistorische Revolution in der Theologie durch.»[517] Sowohl die Wort-Gottes-Theologie Barths als auch die kerygmatische Theologie Bultmanns hatten sich von einer theologischen Betrachtung der Geschichte distanziert. Die Wort-Gottes-Theologie war auf die *Quelle* der Offenbarung fokussiert, die kerygmatische Theologie auf deren *Empfang* als Anrede an den Menschen, die diesen existenziell in Anspruch nehmen will. Auf beiden Denkwegen, die zwei Seiten einer Medaille darstellten, legte sich eine Auseinandersetzung mit den Religionen (einschließlich des Christentums) als Geschichtswirklichkeiten nicht nahe. Sie blieb den im Fächerkanon der Theologie damals randständigen Disziplinen der Missions- und Religionswissenschaft vorbehalten.

Mit der empirischen Wende der Geisteskultur in den 1960er Jahren vollzog sich dann eine neue Hinwendung zur Geschichte im Allgemeinen und zur Religionsgeschichte im Besonderen. Damit traten die Religionen – vor allem die sogenannten Weltreligionen Judentum, Christentum, Islam, Hinduismus und Buddhismus – als Phänomene der Kultur- und Sozialgeschichte stärker in den Blick und es stellte sich in neuer Weise und mit neuer Dringlichkeit die Frage, wie deren Wirklichkeit und Wahrheitsanspruch sich zur Wahrheitsgewissheit des christlichen Glaubens verhält.

Das hatte natürlich auch Gründe, die in der Veränderung der Religionslandschaften und deren Wahrnehmung lagen. Nichtchristliche Religionen traten mit der Zuwanderung von Arbeitsmigranten, aber auch mit der Zunahme des Massentourismus und den massenmedialen Erweiterungen des Blickfeldes zunehmend in die Erfahrungswelt der westlichen

---

[516] Wolf Krötke: Impulse für eine Theologie der Religionen im Denken Barths, in: ZThK 104, 2007, 320–335, hier 320f.

[517] Wolfhart Pannenberg: Problemgeschichte der neueren evangelischen Theologie in Deutschland. Von Schleiermacher bis zu Barth und Tillich, Göttingen 1997, 354.

Gesellschaften. In den deutschsprachigen Ländern nahm die kulturelle und religiöse Vielfalt zu und es vollzog sich damit ein Prozess, der in anderen westeuropäischen Ländern wie den Niederlanden, England und Frankreich – wenn auch aus anderen Gründen – schon weiter fortgeschritten war. In diesen Ländern wirkte die koloniale Vergangenheit nach: In England leb(t)en Bevölkerungsgruppen, die aus dem Commonwealth stammten, vor allem aus Indien und Pakistan, in Frankreich Muslime aus dem Maghrebstaaten, in den Niederlanden Menschen, die aus Südostasien und anderen ehemaligen Kolonialgebieten zugewandert waren. Die Pluralisierung der Religionslandschaften und die damit einhergehende stärkere Präsenz der Religionen in den westeuropäischen Gesellschaften führte dazu, die konkreten Erscheinungsformen der Religion stärker zu thematisieren und nicht mehr nur in einem eher abstrakten Sinne nach der anthropologischen Verankerung von Religion zu fragen. Das blieb nicht ohne Auswirkung auf die religionstheologischen Reflexionen. Es ging jetzt nicht mehr primär um Religion im Singular, sondern um die Religionen im Plural.

5.1.2. Pannenbergs «Theologie der Religionsgeschichte»

Religionstheologische Überlegungen gibt es, seit es das Christentum gibt. Aber nun wurden sie zu systematischen Entwürfen und Programmen ausgearbeitet.[518] Exemplarisch sei die «Theologie der Religionsgeschichte» Wolfhart Pannenbergs genannt,[519] die er in Fortführung der Ansätze von Ernst Troeltsch und Paul Althaus entwickelt hat.

[518] Zur Entstehungsgeschichte der Formel «Theologie der Religionen» siehe: Reinhold Bernhardt: Ende des Dialogs? Die Begegnung der Religionen und ihre theologische Reflexion, Zürich 2006, 171–174. Siehe dazu auch: Alf Christophersen: Probleme der Religionstheologie – Probleme mit der Religionstheologie, in: Friedrich Wilhelm Graf / Friedemann Voigt (Hg.): Religion(en) deuten. Transformationen der Religionsforschung, Berlin/New York 2010, 303–329, 305ff.

[519] Wolfhart Pannenberg: Erwägungen zu einer Theologie der Religionsgeschichte, in: ders.: Grundfragen systematischer Theologie, Bd. 1, Göttingen 1967, 252–295; ders.: Die Religionen in der Perspektive der christlichen Theologie und die Selbstdarstellung des Christentums im Verhältnis zu den nicht-christlichen Religionen, in: ThBeitr 22, 1992, 305–316, abgedruckt, in: Karl-Josef Kuschel (Hg.): Christentum und nichtchristliche Religionen. Theologische Modelle im 20. Jahrhundert, Darmstadt 1994, 119–134; ders.: Die Religionen als Thema der

Auch für Pannenberg ist die Anthropologie die Basis der Religionstheologie.[520] Doch deren eigentliches Thema besteht in einer theologischen(!) Reflexion der Religionsgeschichte, die Pannenberg als Erscheinungsgeschichte Gottes versteht. In der Einheit des erscheinenden Gottes gründet die Einheit der Religionsgeschichte. Die Erscheinung Gottes in der Geschichte wird aber von den verschiedenen religiösen Traditionen sehr unterschiedlich erfahren und gedeutet. Darin gründet der Konflikt der religiösen Wahrheitsansprüche. In diesem Spannungsfeld bewegt sich nach Pannenberg die Theologie der Religionen. Ihre Aufgabe ist es, zum einen die Wahrheitsansprüche anderer Religionen als potenzielle Artikulationen der von ihnen erfahrenen Präsenz Gottes in der Geschichte ernst zu nehmen, zum anderen aber im Streit der Wahrheitsansprüche zu zeigen, wie der christliche Gottesglaube Gott als Ganzheitshorizont der Wirklichkeit erfasst, der sich in der Geschichte, vor allem in Christus als der Vorwegereignung der Geschichtsvollendung offenbart.

Dementsprechend nennt Pannenberg als Aufgabe der Religionstheologie die theologische Auseinandersetzung mit der in den Religionen «erfasste[n] Bekundung göttlicher Wirklichkeit»[521]. Im Rahmen eines «unbefangenen Verständnisses des Gesamtprozesses der allgemeinen Religionsgeschichte»[522] soll das Erscheinen der göttlichen Wirklichkeit in diesem Prozess aufgewiesen und die Endgültigkeit der christlichen Offenbarung herausgearbeitet werden. Diese «eigentliche Thematik der

---

Theologie. Die Relevanz der Religionen für das Selbstverständnis der Theologie, in: ThQ 169, 1989, 99–110; ders.: Religion und Religionen. Theologische Erwägungen zu den Prinzipien eines Dialogs mit den Weltreligionen, in: Andreas Bsteh (Hg.): Dialog aus der Mitte christlicher Theologie, Mödling 1987, 179–196.

520 Wolfhart Pannenberg: Systematische Theologie I, Göttingen 1988, 173, Anm. 120.

521 Wolfhart Pannenberg: Wissenschaftstheorie und Theologie, Frankfurt a. M. 1973, 368. Pannenberg bezeichnet die Theologie der Religionen als die «eigentliche[ ] Religionswissenschaft [ ], die die religiösen Traditionen auf die von ihnen überlieferten Bekundungen der alles bestimmenden Wirklichkeit, der von der betreffenden Religion verehrten ‹heiligen Macht›, befragt, inwiefern sie sich tatsächlich als solche bewähren an den Erfahrungen der in solcher religiösen Überlieferung stehenden Menschen» (ebd., Hervorhebung W. P.).

522 Wolfhart Pannenberg: Erwägungen zu einer Theologie der Religionsgeschichte (siehe Anm. 519), 255.

Religionen [könne] nur in einer *Theologie* der Religionen Gegenstand wissenschaftlicher Untersuchungen werden, nicht aber in einer bloßen Religionspsychologie, Religionssoziologie oder Religionsphänomenologie.»[523] Sein Vorschlag zielt darauf, die gesamte Fundamentaltheologie zu einer «Theologie der Religion und der Religionen» auszubauen.

Religionstheologie hat also nach «der Wahrheit der von den Religionen behaupteten göttlichen Wirklichkeit»[524] und nach der Bewährung dieser Wahrheit in der Welt- und Daseinserfahrung der Menschen zu fragen, Kriterien zur Beurteilung dieser Wahrheitsansprüche zu entwickeln und diese anzuwenden. Als Kriterium benennt Pannenberg dabei die Kraft des Gottesgedankens, diese Welt-, Geschichts- und Daseinserfahrung als eine Einheit zu verstehen, die in der Einheit der Wirklichkeit gründet. «Im Wettstreit zwischen den Religionen im Namen der von ihnen verehrten Götter geht es um die Fähigkeit zur besseren, überzeugenderen Interpretation der Wirklichkeit, wie sie von den Menschen in ihrer Welt erfahren wird.»[525]

Pannenberg rekurriert hier auf die universale Geschichtsmächtigkeit Gottes. Diese Grundeinsicht wirkt zurück auf sein Verständnis des christlichen Glaubens, etwa auf die Soteriologie. Die Auffassung, dass das Heil Gottes jenen reserviert ist, die einer bestimmten Religion angehören, ist für ihn eine «abscheuliche und abstoßend selbstgerechte Vorstellung»[526].

Es soll im Folgenden nicht das religionstheologische Konzept Pannenbergs mit seinen spezifischen geschichtstheologischen Voraussetzungen dargelegt und diskutiert werden, auch nicht andere Konzepte und Programme der Religionstheologie. Ich habe diesen exemplarischen Blick auf den religionstheologischen Ansatz Pannenberg geworfen, um zu zeigen, wie seit den 1960er Jahren die Religionsgeschichte und damit die geschichtlichen Religionen zum zentralen Thema der Religionstheologie wurden.

Die Geschichte der jüngeren Religionstheologie, die seither sowohl auf katholischer als auch auf evangelischer Seite, aber auch in anderen Konfessionen, Denominationen und Strömungen des Christentums eine

---

[523] Ebd.

[524] Wolfhart Pannenberg: Die Religionen als Thema der Theologie (siehe Anm. 521), 129.

[525] A. a. O., 105.

[526] Wolfhart Pannenberg: Religion und Religionen (siehe Anm. 519), 187.

rasante Entwicklung nahm, soll hier nicht nachgezeichnet werden.[527] Sie kommt zum Teil in den drei Beziehungsmustern zum Ausdruck, die ich vorstellen werde. Gegen das Projekt der Religionstheologie sind seither spezifische, aber auch grundsätzliche Einwände erhoben worden. Diesen soll zunächst unser Interesse gelten. Es geht dabei um die Frage, ob es überhaupt eine Theologie der Religionen braucht und wie sie ansetzen sollte.

5.1.3. Kritik am Projekt der Religionstheologie

Ich stelle im Folgenden die Kritik dar, die von evangelischen Missions- und Religionswissenschaftlern gegen das Projekt der Religionstheologie erhoben wurde. Eine im Ansatz verschiedene, in der Stoßrichtung aber gleiche Kritik wurde und wird von den Vertretern der Komparativen Theologie vorgetragen. Ich werde im Kapitel 6.3.4. darauf zurückkommen. In beiden Fällen spielt die Auseinandersetzung mit und die Absetzung von der Pluralistischen Religionstheologie eine wichtige Rolle.

Die Kritik von evangelischen Missions- und Religionswissenschaftlern läßt sich auf der Linie von Carl Heinz Ratschow über Theo Sundermeier bis hin zu Henning Wrogemann verfolgen, findet sich aber auch bei anderen evangelischen Theologen. Theologie der Religionen wird hier als ein katholisch-theologisches Programm verstanden, das sich vor allem mit dem Zweiten Vatikanischen Konzil und dabei wiederum vor allem mit der Konzilserklärung «Nostra aetate»[528] verbindet.

Von evangelischen Kommentatoren wurde diese Erklärung als eine «veritable révolution»[529] empfunden. Von ihr ging ein starker Impuls auf die israel- und religionstheologischen Selbstverständigungsdebatten aus, die auf evangelischer Seite geführt wurden.[530] Bei vielen an diesen Debatten Teilnehmenden kam das Bedürfnis auf, dem atemberaubenden Schritt,

---

[527] Siehe dazu u. a.: Reinhold Bernhardt: Ende des Dialogs? (siehe Anm. 518), 167ff.

[528] Siehe Anm. 151.

[529] Fadiey Lovsky: La déclaration sur les relations de l'église avec les religions non chrétiennes, in: US 64, 1967, 168.

[530] Siehe dazu die Einleitung des Beitrages von André Birmelé: Die Rezeption des Zweiten Vatikanischen Konzils in der Oekumene. Ein evangelischer Beitrag, in: Peter Hünermann (Hg.): Das Zweite Vatikanische Konzil und die Zeichen der Zeit heute, Freiburg/Basel/Wien 2006, 405–416.

den die römisch-katholische Kirche getan hatte, nun auch eine evangelische Positionsbestimmung von ähnlichem Gewicht, aber eigenem Gepräge folgen zu lassen. «Nostra aetate» «served as an inspiration for the Protestant churches to craft their own statements of a similar nature»[531].

Die (nicht nur) von evangelischer Seite gegen die Konzilserklärung erhobene Kritik lässt sich in folgenden Punkten zusammenfassen:

Der Haupteinwand richtete sich gegen den hier zu Tage tretenden *Inklusivismus*, der die Religionen nach dem Modell konzentrischer Kreise der (römisch-katholischen) Kirche als dem Zentrum der voll verwirklichten Heiligkeit zuordnet. Er geht also vom eigenen Kirchenverständnis sowie von den Inhalten des christlichen Glaubens (nach römisch-katholischem Verständnis) und den damit verbundenen theologischen Geltungsansprüchen aus und befragt die anderen Religionen daraufhin, inwieweit sie damit korrespondieren. Die Übereinstimmung mit der Kirchenlehre wird dabei zum Maßstab für die Festlegung von Nähe und Distanz genommen. Größere Distanz bedeutet dabei weniger Wahrheit und weniger Teilhabe am Heil Gottes. Dabei wird nicht der Versuch unternommen, dem Selbstverständnis der anderen Religionen gerecht zu werden. Diesem Zugriff eignet eine Aneignungshermeneutik, die das «Andere» in das eigene theologische Kategoriensystem einordnet. Von der für den interreligiösen Dialog erhobenen hermeneutischen Forderung, den Anderen wenigstens versuchsweise so zu verstehen, wie er sich selbst versteht, scheint eine solche Hermeneutik jedenfalls weit entfernt zu sein.

Zweitens wurde beklagt, dass die ursprünglich angestrebte Erhellung der *Beziehungen* der Kirche zu den Religionen in «Nostra aetate» gar nicht oder nur unzureichend vorgenommen worden sei.[532] Stattdessen habe man sich Spekulationen über deren Heilsvermittlungsqualität hingegeben. Die Konzilserklärung suchte nach Strahlen göttlicher Wahrheit in den Religionen. Wie dann in § 3 an der Würdigung des Islam deutlich wird (wobei

---

531 Franklin Sherman: Nostra Aetate at Forty. A Protestant Perspective, in: Midstream. A Bi-Monthly Jewish Review, September/Oktober 2005 (www.jcrelations.net/I_Nostra_Aetate__I__at_40__A_Protestant_Perspective.2951.0.html?L=3 [10.07.2018]). Siehe auch: Reinhold Bernhardt: Dialog und Theologie der Religionen. Zur evangelischen Rezeption der Religionstheologie von Nostra Aetate, in: BThZ 31, 2/2014: Das Zweite Vatikanische Konzil in der evangelischen Theologie, hg. von Heinrich Assel / Heinrich Holze, 323–341.

532 Fadiey Lovsky: La déclaration (siehe Anm. 529), 155.

nicht vom «Islam», sondern von den «Muslimen» die Rede ist!), führte diese Betrachtungsweise dazu, *solche* Lehrformen als Strahlen der Wahrheit zu bezeichnen, die mit der römisch-katholischen Theologie kompatibel sind.[533] Erst durch den Aufweis solcher gemeinsamen Bezüge wird eine relative Anerkennung des Islam durch die römisch-katholische Kirche möglich.

Drittens stellte sich die Frage, von welcher Erkenntnisposition aus diese theologische Beziehungsbestimmung vorgenommen worden ist. Auf biblische Grundlagen rekurriert die Erklärung kaum. Verglichen mit anderen Konzilsdokumenten enthält «Nostra aetate» nur wenige biblische Bezüge. Die Kirchenlehre bildet den normativen Bezugspunkt. Ein solch spekulatives und ekklesiozentrisches Verständnis von Theologie der Religionen, das den theologischen Wahrheitsgehalt und den soteriologischen Wert nichtchristlicher Religionen zu bestimmen unternimmt, konnte von evangelischer Seite nicht ungebrochen rezipiert werden.

Eine vierte Schwierigkeit lag darin, dass in «Nostra aetate» die Religionssystematik vorausgesetzt wurde, wie sie sich seit der Aufklärung in der westlichen Geisteskultur entwickelt hat: Die sogenannten Weltreligionen – Hinduismus, Buddhismus, Islam und Judentum – werden darin genannt und in verschiedener Intensität besprochen. Deren innere Vielfalt wird dabei nicht in Rechnung gestellt. Andere traditionsreiche Religionsformen (wie etwa der Shintoismus oder afrikanische Stammesreligionen) sind nicht im Blick, geschweige denn neue religiöse Bewegungen.

Ein gewichtiges – fünftes – Problem stellte die Frage dar, ob das Judentum in den Kreis der Religionen eingeordnet und damit im Kontext der Religionstheologie behandelt werden kann – wie es in «Nostra aetate» der Fall ist – oder ob die besondere Verwiesenheit des Christentums auf das Judentum danach verlangt, die Israeltheologie von der Religionstheologie abzutrennen. Die schärfste Kritik von Karl Barth an «Nostra aetate» war, dass in diesem Konzilsdokument das Judentum in den Kreis der nichtchristlichen Religionen eingeordnet worden sei. «Wie kommt die Deklaration dazu, im Blick auf *Israels* Geschichte und Gegenwart – in einem Atemzug mit Hinduismus, Buddhismus, Moslemismus – von einer ‹nichtchristlichen Religion› zu reden, wo es sich doch a) im Alten Testament keineswegs um eine ‹Religion›, sondern um die Urgestalt der einen *Gottesoffenbarung* b) in der Existenz des späteren und heutigen (gläubigen oder

---

[533] S. o. S. 63.

ungläubigen) Judentums um den einen einzigen natürlichen (weltgeschichtlichen) *Gottesbeweis* handelt?»[534]

5.1.4. Religionstheologische Aufbrüche evangelischer Missions- und Religionswissenschaftler

Die evangelische Theologie und die Kirchen taten sich zunächst schwer mit der Beziehungsbestimmung des christlichen Glaubens zu den Religionen. Zum einen war das Bedürfnis danach vorhanden und wurde immer drängender, zum anderen musste ein Weg dafür gefunden werden, der den Einwänden gegen «Nostra aetate» Rechnung trug. Einen Markstein in dieser Debatte bildete die Studie «Religionen, Religiosität und christlicher Glaube».[535] 1984 hatte der Vorstand der Arnoldshainer Konferenz (AKf) und die Kirchenleitung der VELKD eine Arbeitsgruppe eingesetzt, die das Verhältnis des christlichen Glaubens zu den außerchristlichen Religionen theologisch bedenken sollte.

Die Studie trägt die theologische Handschrift von Carl Heinz Ratschow, dessen Wirksamkeit in die Konzilszeit zurückreicht und den man als Pionier der neueren evangelischen Religionstheologie bezeichnen kann[536], und von Theo Sundermeier, der über seine missionstheologischen Arbeiten in das Gebiet der interreligiösen Hermeneutik hinein fortgeschritten war.[537]

Die zu erarbeitende Positionsbestimmung sollte kritisch auf «Nostra aetate» bezogen sein.[538] Gegenüber der autoritativen Ex-cathedra-Sprache

---

[534] Karl Barth: Ad Limina Apostolorum, Zürich 1967, 39f.

[535] AKf/VELKD (Hg.): Religionen, Religiosität und christlicher Glaube, Gütersloh 1991.

[536] Siehe u. a.: Carl Heinz Ratschow: Die Religionen (HAST 16), Gütersloh 1979; ders.: Art. «Theologie der Religionen», in: Karl Müller / Theo Sundermeier (Hg.): Lexikon missionstheologischer Grundbegriffe, Berlin 1987, 495–505. – Zu Ratschows Religionstheologie siehe auch: Werner Steube: Das Christentum und die anderen Religionen bei Carl Heinz Ratschow. Eine systematisch-theologische Standortbestimmung im interreligiösen Umfeld der Gegenwart, Löwen 1998; Ekkehard Wohlleben: Die Kirche und die Religionen. Perspektiven einer ökumenischen Religionstheologie, Göttingen 2004, 222–232.

[537] Siehe dazu Kapitel 4.2.2.1.

[538] AKf/VELKD (Hg.): Religionen (siehe Anm. 535), 13.

dieser «Erklärung» wollten die Initiatoren und Autoren ihr Ziel aber «argumentierend zu erreichen suchen»[539]. Anders als «Nostra aetate» geht es der Studie «Religionen, Religiosität und christlicher Glaube» weniger um die Suche nach theologischen Gemeinsamkeiten als eher um die Begründung einer dialogischen Gestaltung der Beziehung zu anderen Religionen. Darin bestand ja eigentlich auch das Ziel von «Nostra aetate»: «Wege für gemeinsames Gespräch, Zusammenarbeit und zumal für Achtung füreinander zu weisen»[540]. Diesem Ziel fühlen sich auch die Verfasser der AKf/VELKD-Studie verpflichtet. Sie suchen es aber anders zu erreichen: nicht durch die Benennung von Strahlen der Wahrheit, sondern durch eine aus dem christlich-trinitarischen Gottesverständnis gewonnene dreifache *Handlungs*begründung für die Begegnung der christlichen Kirchen mit den außerchristlichen Religionen.[541]

Ausgangspunkt ist das dreifaltige Handeln Gottes: sein Welt-Handeln als Schöpfer und Regierer der Welt, sein Heils-Handeln in der Person Jesu Christi und sein Austeilungs-Handeln im Heiligen Geist, der die Inhalte des Welt- und Heils-Handelns vergegenwärtigt. Im Blick auf die Religionen ergibt sich daraus:

- Auch die Religionen gehören zum Welt-Handeln Gottes – wie alle Ereignisse der Natur und der Geschichte. Gott steht am Ursprung und Zielpunkt aller Religionen. Zwischen ihnen soll eine Beziehung der «Konvivenz» (Theo Sundermeier)[542] herrschen.
- Die Worthaftigkeit des göttlichen Heils-Handelns in der Person Jesu Christi erfordert unmittelbar den Dialog, denn das Wort will nicht bei sich bleiben; es gilt allen Menschen und setzt sich daher anderen Worten aus.
- An dieser vom Heiligen Geist ausgerichteten universalen Mission Gottes hat die Kirche als Leib Christi in ihrer Zeugenschaft teilzunehmen.

---

[539] Ebd.

[540] AKf/VELKD: Religionen, Religiosität und christlicher Glaube (siehe Anm. 535), 14.

[541] A. a. O., 117–132.

[542] Siehe S. 147.

Die Religionen gehören zum Welt-Handeln Gottes. Damit sind sie positiv gewürdigt. Die Frage aber, ob Gott auch heilsstiftend in ihnen wirkt, bleibt offen. Sie soll nach Meinung der Verfasser auch offenbleiben, um nicht in Spekulationen zu verfallen.

Ich will mich hier nicht mit der Positionsbestimmung auseinandersetzen, die in der Studie vorgenommen worden ist. Diese müsste u. a. die grundlegende Unterscheidung zwischen Welt- und Heils-Handeln Gottes problematisieren. Es geht mir in diesem Zusammenhang lediglich darum, die Zurückhaltung bzw. Ablehnung des Programmbegriffs «Theologie der Religionen» in Teilen der evangelischen Seite anzuzeigen und verständlich zu machen.

5.1.5. Henning Wrogemann

Henning Wrogemann folgt dieser Linie, wenn er im dritten Band seines Lehrbuchs «Interkulturelle Theologie / Missionswissenschaft» den Weg «von einer Theologie der Religionen zur Theologie interreligiöser Beziehungen» – so der Titel – einschlägt.[543] Der Titel signalisiert eine Abwendung nicht nur von bestimmten religionstheologischen Konzepten, sondern vom Projekt der Religionstheologie überhaupt und beansprucht, mit der Zuwendung zu den konkreten Beziehungen zwischen den Religionsgemeinschaften einen methodischen Neuansatz vorzulegen.

Seine Kritik betrifft zunächst die Methodik der Religionstheologie und lässt sich in folgenden Punkten zusammenfassen:

Erstens sei es problematisch, theologische Generalurteile über den Wahrheitswert «des Christentums» und «der Religionen» im Allgemeinen bzw. über einzelne nichtchristlichen Religionen im Besonderen abzugeben. Damit werde eine Makroperspektive eingenommen, die der real existierenden Auffächerung der Religionstraditionen und -gemeinschaften in eine Vielzahl einzelner kontextueller Ausprägungen nicht gerecht werde.

Gleiches gelte – zweitens – auch für die Bestimmung der *Beziehungen* zwischen den Religionen. Auch diese werde «von oben» postuliert, sei es

[543] Henning Wrogemann: Theologie interreligiöser Beziehungen (siehe Anm. 415). Auch im Positionspapier «Missionswissenschaft als Interkulturelle Theologie und ihr Verhältnis zur Religionswissenschaft» (2005) ist von «Theologie und Hermeneutik interreligiöser Beziehungen» (als dem ersten von drei Gegenstandsbereichen) die Rede: dgmw.org/wp-content/uploads/2015/12/Text_07_16.10.12_DGMW-Papier.pdf (22.07.2018).

durch das religionstheologische Dreierschema von Exklusivismus, Inklusivismus und Pluralismus, sei es durch generalisierte ideale Leitvorstellungen wie dem Konzept des «Dialogs». Demgegenüber fordert Wrogemann, in einer Blickrichtung «von unten» die konkreten, kulturellen, sozialen und politischen Umstände des Beziehungsgeschehens in den Blick zu nehmen.

Überhaupt sei es – drittens – fragwürdig, die Religionstheologie zur Basistheorie des interreligiösen Beziehungsgeschehens zu erheben. Das führe in apriorische Setzungen und verstelle den Blick auf die empirisch gegebenen Religionslandschaften, die es in einer «Theorie der interreligiösen Beziehungen» unverstellt wahrzunehmen gelte.

Viertens gerate eine zu starke Fokussierung auf das Dreierschema in einen wirklichkeitsfernen religionstheologischen Rationalismus und das idealistische Programm des «Dialogs der Religionen» grenze bestimmte Missionsverständnisse und auch die nichtdialogischen Gestaltungen interreligiöser Beziehungen aus dem Blickfeld aus. Neben «Dialog» als einer nach Wrogemann primär rationalen und verbalen Kommunikation gebe es andere Dimensionen des Beziehungsgeschehens, die in vielen Fällen bedeutsamer seien.

Den Entwürfen einer Religionstheologie – so lautet der zusammengefasste Vorwurf Wrogemanns – eigne ein weltfremder und «ausgesprochen rationalistischer und hegemonialer Charakter»[544]. Aufgabe einer «*Theorie* interreligiöser Beziehungen» sei es demgegenüber, eine durch rationale Setzungen eingeschränkte Wahrnehmung der vielgestaltigen Religionsformen und ihrer Beziehungen zu durchschauen und durch eine kulturwissenschaftliche Analyse der konkreten Erscheinungsformen zu überwinden. Aufgabe der daran anknüpfenden «*Theologie* interreligiöser Beziehungen» soll es sein, «diejenigen theologischen Motive der eigenen (hier: christlichen) Tradition stark zu machen, die einer adäquateren Beschreibung interreligiöser Beziehungen dienen»[545]. Die Fokussierung auf interreligiöse *Beziehungen* statt auf die *Religionen* selbst knüpft an die Studie «Religionen, Religiosität und christlicher Glaube» an.

Wrogemanns Grundthese lautet, dass religiöse Letztbegründungsansprüche eine dialogische Beziehungsgestaltung zwischen Angehörigen

544 A. a. O., 30.
545 A. a. O., 39.

verschiedener Religionen nicht verunmöglichen. Im Gegenteil: Interreligiöse Offenheit könne es für Christen nur aus der Letztbegründung ihres Glaubens geben. Wo die Verankerung in den Grundüberzeugungen des christlichen Glaubens zur Disposition gestellt werde, sei das kompromisslose Bekenntnis dieses Glaubens gefordert.

Seine Hauptkritik an den Ansätzen einer Theologie der Religionen besteht dementsprechend darin, dass in ihnen «generell die Tendenz verbreitet [sei], Letztbegründungsansprüche der eigenen Tradition zu relativieren»[546]. Dieses Projekt leide an sechs Fehlwahrnehmungen, die zu einer verzerrten Wahrnehmung interreligiöser Beziehungen führten:

- der Annahme, dass die interreligiösen Beziehungsgestaltungen durch rationale Einsicht gesteuert seien;
- einer Fokussierung auf das Individuum;
- einer grundsätzlichen Anerkennungsforderung des religiös Anderen;
- einer Ausblendung der religiösen Graswurzelebene zugunsten von theologischen Elitediskursen;
- einer Leibvergessenheit und
- einer Überbewertung der spezifisch religiösen Faktoren in der Gestaltung interreligiöser Beziehungen.

Als Ziele interreligiöser Dialoge kommen nach Wrogemann weder Nähe noch Synthese noch Distanz infrage. All dies lasse sich nicht herstellen, sondern müsse sich im Beziehungsgeschehen ergeben. In diesem Geschehen gehe es vielmehr um «multiple Relationierungen, um Ambivalenzen und Kontingenzen, um Räume, Körperlichkeit und in alledem um Machtsphären»[547]. Dabei identifiziert Wrogemann Ziele mit Themen.

Wrogemann will der Vereinnahmungstendenz, die er in der Theologie der Religionen sieht, mit einer echten Differenzhermeneutik begegnen. Interreligiöse Beziehungen sollen in einer distanzierten religionswissenschaftlichen Betrachtung untersucht werden, um auf diese Weise die in ihnen auftretenden Spannungen und Konkurrenzen nicht theologisch zu harmonisieren. Die Konkurrenzen, die aus dem christlichen Gottesverständnis herrühren – besonders aus dem Alleinverehrungsanspruch Gottes, sowie aus den Motiven der Eifersucht und des Zornes Gottes – sollen

[546] A. a. O., 212.
[547] A. a. O., 333.

dann theologisch klar herausgearbeitet, aber auf ihre lebensfördernden und friedensstiftenden Potenziale hin durchschaubar gemachen werden. Jesu Handeln – einschließlich der aggressiven Anteile – soll als Vorbild für die «leibliche Kommunikation» in der Gestaltung interreligiöser Beziehungen dienen. Das bedeutet, dass auch «Streitgespräche, Schelte und Protest»[548] bis hin zur physischen Bedrängnis[549] zum dort anzuwendenden kommunikativen Verhaltensrepertoire gehören dürfen.

So wichtig es ist, auf die Notwendigkeit hinzuweisen, real existierende Beziehungsgeschehen zwischen religiösen Individuen und Gemeinschaften multiperspektivisch zu analysieren, so sehr stellt sich doch die Frage, warum dieses berechtigte Anliegen mit einer scharfen Polemik gegen religionstheologische Ansätze verbunden sein muss. Diese Ansätze operieren auf einer ganz anderen – nämlich einer systematisch-theologischen – Ebene und können als solche in eine sinnvolle Komplementarität mit den von Wrogemann favorisierten praxisbezogenen sozial-, kultur- und religionswissenschaftlichen Ansätzen gebracht werden; so wie auch die Ekklesiologie in eine sinnvolle Komplementarität mit kirchensoziologischen Studien und wie eine theologische Anthropologie in eine sinnvolle Komplementarität mit sozialwissenschaftlichen Anthropologieansätzen gebracht werden kann.

Wrogemann stellt die religions*wissenschaftliche* Betrachtung der religions*theologischen* Konstruktion nahezu kontradiktorisch gegenüber. Nur eine theologisch unvoreingenommene Betrachtung erfasse das «wirkliche Leben»[550] in all seinen Erscheinungsformen und nehme die Andersartigkeit des religiös Anderen in ihrer Sperrigkeit authentisch in den Blick.[551] Warum aber sollte eine recht verstandene Religions*theologie* dazu nicht in der Lage sein? In den allermeisten religionstheologischen Entwürfen kommt der Forderung, den religiös Anderen in seiner Andersheit wahrzunehmen und zu würdigen, hohe Bedeutung zu. Mit einer pauschalen und noch dazu polemischen Kritik an den vermeintlichen Generalisierungs- und Harmonisierungstendenzen in *der* Religionstheologie wird Wrogemann der Differenziertheit der religionstheologischen Debatten nicht gerecht und dem Selbstverständnis und

---

548 A. a. O., 363.
549 A. a. O., 369.
550 A. a. O., 38.
551 A. a. O., 33.

Problembewusstsein der darin entwickelten Entwürfe noch weniger. Religionstheologie ist nicht einfach identisch mit bestimmten (pluralistischen) Konzepten. Auch Karl Barth hatte eine Religionstheologie entfaltet, der man gewiss nicht nachsagen kann, pluralistisch zu sein. Wrogemann selbst betreibt Religionstheologie – auf der Basis einer biblischen und konfessorischen Theologie mit charismatischem Einschlag. Er führt einen Kampf gegen bestimmte Konzepte der Religionstheologie und stilisiert diesen als Kampf gegen die Religionstheologie insgesamt. Die gleiche Strategie werden wir auch bei Vertretern der Komparativen Theologie finden.[552]

Das systematische Grundproblem der Religionstheologie besteht in der Spannung zwischen der Universalität des göttlichen Heilswillens und der Partikularität des in Christus konstituierten Heilsweges. Wrogmann betont diese Partikularität, ohne anzugeben, was sie für eine theologische Beziehungsbestimmung zu anderen Religionen und deren Anhängern bedeutet. Er will diese Frage offenhalten. Das ist insofern sachgemäß, als alle theologischen Fragen letztlich offengehalten werden müssen. Es ist aber unbefriedigend, weil diese Frage nun eben im Raum steht. Es ist dies nicht nur die Frage, wie sich das gelebte Christentum faktisch zu anderen Religionsformationen verhält, sondern auch die Frage, wie sich der Inhalt des christlichen Glaubens theologisch zu den Wahrheitsansprüchen anderer Religionen verhält! *Das* ist das Thema der Religionstheologie! Es liegt auf einer theologisch-normativen Ebene. Wer sich scheut, diese Ebene zu betreten, sollte nicht von einer «*Theologie* interreligiöser Beziehungen» sprechen. Worin denn diese Theologie bei Wrogemann besteht, bleibt im Dunkeln.

5.2. Was ist «Theologie der Religionen»?

Zu Recht stellt Alf Christophersen fest: «Die gegenwärtigen Debatten zur Religionstheologie sind in einem erheblichen Maße ideologisch aufgeladen.»[553] Um die Diskussion zu versachlichen, ist zunächst «Arbeit am Begriff» (Georg Wilhelm Friedrich Hegel) notwendig. Was ist mit «Theologie der Religionen» gemeint?

---

[552] Siehe dazu Kapitel 6.3.4.

[553] Alf Christophersen: Probleme der Religionstheologie (siehe Anm. 518), 304.

Eine «Definition» bestimmt einen Begriff durch Abgrenzung, indem sie auf die Grenzen (*finis*) seiner Bedeutung verweist. Die im letzten Abschnitt diskutierte Argumentationslinie gewinnt ihr Profil durch eine scharfe, bis an die Polemik reichende Abgrenzung von der Formel «Theologie der Religionen». Eine ähnliche Strategie begegnet bei einigen Vertretern der sogenannten Komparativen Theologie, wie wir später sehen werden.

Sicher erlangt ein Begriff seine Bestimmtheit immer auch durch die Kontrastbegriffe[554], denen er gegenübergestellt wird. Die Frage ist nur, wie diese Gegenüberstellungen vorgenommen werden: ob als scharfkantige Abgrenzungen oder als relationale Markierungen von Übergängen. Die zweite dieser Vorgehensweisen führt zu Begriffen mit «offenen Rändern». In diesem Sinne möchte ich die folgende Begriffsbestimmung verstanden wissen, die von einem weitgefassten Verständnis von Theologie der Religionen ausgeht, das die Anliegen einer Theologie interreligiöser Beziehungen ebenso aufnehmen kann wie die der Komparativen Theologie. Die Engführungen, in die diese beiden Konzepte geraten, sind nicht zuletzt durch ihre unnötig scharfe Abgrenzung von der Religionstheologie bedingt und können in dem hier vorgeschlagenen weiten Verständnis dieses Begriffs überwunden werden.

Theologie der Religionen ist nicht ein bestimmtes Konzept und propagiert nicht ein bestimmtes Programm. Sie ist weder von einem bestimmten Religionsverständnis noch von einem bestimmten Theologieverständnis abhängig. Der Begriff gibt ein *Thema* an und umreißt ein *Diskussionsfeld.* Auf diesem Feld werden die Fragen verhandelt, die mit der theologischen Beziehungsbestimmung des christlichen Glaubens und der christlichen Religion zu anderen, nicht auf Christus zentrierten Religionsformen zu tun haben.

Theologie der Religionen kann sich als eine Theologie der Religionsgeschichte, als Theologie des interreligiösen Dialogs, als Theologie interreligiöser Beziehungen, als Komparative Theologie oder als Interreligiöse Theologie usw. realisieren, wobei sich die Akzentsetzungen dieser Programme in Teilen durchaus miteinander verbinden lassen. Sie kann

---

554 Bas (Bastiaan Cornelis) van Fraassen spricht von «Kontrastklassen», Bas van Fraassen: The Pragmatics of Explanation, in: APQ 14, 1977, 143–150; ders.: The Scientific Image, Oxford 1980.

sich auch im Rahmen anderer Theologieprogramme – wie einer charismatischen, evangelikalen, politischen, feministischen usw. Theologie – realisieren, ohne sich einen eigenen Titel zu geben. Sie ist auf keines dieser Programme festgelegt.

Um ihr Arbeitsfeld ohne Einschränkungen und problematische Polarisierung zu beschreiben, eignet sich die schlichte, weitgefasste Formel von Heinz Robert Schlette immer noch am besten, die er seinem Buches als Titel gegeben hat: «Die Religionen als Thema der Theologie»[555]. Etwas spezifischer, mit stark normativem Einschlag ist Carl Heinz Ratschows Begriffsbestimmung: «Unter einer Theologie der Religionen verstehen wir die Urteilsbildung des christlichen Glaubens über die bedrängende Pluralität der Religionen.»[556] Michael Hüttenhoff bestimmt «Theologie der Religionen» als «die Teildisziplin der Systematischen Theologie, die angesichts des religiösen Pluralismus die Geltungsansprüche der Religionen in ihrem Verhältnis zueinander thematisiert und theologisch zu beurteilen versucht».[557]

5.3. Die Aufgabe der Religionstheologie

Das Projekt einer Theologie der Religionen schließt die Wahrnehmung und das Verstehen der Inhalte und Erscheinungsformen nichtchristlicher Religionen (also die interkulturelle und interreligiöse Hermeneutik) ein, geht aber darüber hinaus. Es geht ihr nicht nur um die Reflexion oder gar die Förderung von praktischen interreligiösen Verstehens- und Verständigungsprozessen. Die Aufgabe der Theologie der Religionen besteht vielmehr in der theologischen Reflexion der Lehrinhalte und Praxisformen nichtchristlicher Religionen und der damit verbundenen Wahrheitsansprüche. Damit stehen ebenso die Lehrinhalte und Praxisformen der christlichen Religion selbst – in Bezug auf andere Religionen – zur Debatte.

---

[555] Heinz Robert Schlette: Die Religionen als Thema der Theologie. Überlegungen zu einer «Theologie der Religionen» (QD 22), Freiburg/Basel/Wien 1964.

[556] Carl Heinz Ratschow: Die Religionen (siehe Anm. 536) 120.

[557] Michael Hüttenhoff: Der religiöse Pluralismus als Orientierungsproblem. Religionstheologischen Studien, Leipzig 2001, 26.

Wie es in der Schöpfungstheologie um den Grund allen Seins, in der theologischen Anthropologie um den Menschen *coram Deo*, in der Eschatologie um die Beziehung Gottes zur Zeit und zur Geschichte geht, so geht es in der Religionstheologie um die Frage, wie (a) Religion (im Singular) als anthropologisches und kulturgeschichtliches Phänomen, wie (b) die Vielfalt der Religionen (im Plural), wie (c) bestimmte einzelne Religionen und wie (d) bestimmte Phänomene innerhalb der Religionsgemeinschaften und -traditionen in theologischer Perspektive zu verstehen sind. Damit hängt die Frage zusammen, wie der christliche Glaube bzw. die christliche Religion sich zu diesen jeweiligen Bezugsgrößen verhält. Die skizzierte Aufgabe lässt sich in zwei Teile aufgliedern, die methodisch unterschiedlich verfahren.

Jede Theologie im Kontext religiöser Pluralität sucht das Verhältnis von Identität und Alterität in der Theologie auszumitteln. Identität meint hier: höchstmögliche Konsonanz mit der biblischen Überlieferung und der Vergewisserungsgeschichte des christlichen Glaubens. Alterität bedeutet das Sich-aus-ein-ander-Setzen mit anderen, nichtchristlichen Glaubensformen. Dazu bedarf es eines Aus-sich-Herausgehens, das sich aber wieder identitätsvergewissernd und im besten Fall auch -vertiefend auswirken kann. Eine solche Theologie bezieht sich einerseits auf die eigene, christliche Tradition und sie setzt sich andererseits mit anderen Religionsformen auseinander, also mit religiöser Alterität. In der Begegnung mit dem Anderen kann die Verwurzelung in der eigenen Tradition bewusst und dabei intensiviert werden; sie kann dabei auch transformiert werden.

5.3.1. Sichtung religionstheologischer Denkwege im Blick auf «Absolutheitsansprüche»

Den Einstiegspunkt in das Geschäft der Religionstheologie bildet eine *deskriptive* Betrachtung. Alle Formen der theologischen Auseinandersetzung mit den Erscheinungsformen und Lehrinhalten nichtchristlicher Religionen in Geschichte und Gegenwart gehören zur Materialgrundlage der Religionstheologie, seien sie auf die Vielfalt der Religionen insgesamt als Gegenüber des Christentums, auf einzelne Religionen oder auf einzelne Phänomene innerhalb der Religionen bezogen.

Von besonderer Bedeutung ist dabei die Aufarbeitung von Wahrheits- bzw. Absolutheitsansprüchen im Christentum und in den außerchristlichen Religionen. Diese sind zum einen nach innen, auf das Identitätszentrum der jeweiligen Religion, zum anderen nach außen auf die interreligiösen Beziehungen gerichtet. Die Religionstheologie fragt zum einen nach den Inhalten und Erscheinungsgestalten solcher Wahrheitsansprüche des christlichen Glaubens in Beziehung zu anderen Religionen, zum anderen nach den christlich-theologischen Auseinandersetzungen mit den Wahrheitsansprüchen anderer Religionen in Geschichte und Gegenwart. Es geht dabei also um die theologische Aufarbeitung der ideellen und realen Beziehungsgeschichte zwischen dem christlichen Glauben und anderen Glaubensformen.

Einen wichtigen Teil dieser Aufgabe bildet die Erhebung der «Absolutheitsansprüche»[558], mit denen der christliche Glaube verbunden war und ist und die in Spannung stehen zu den Wahrheitsansprüchen anderer Religionen. Drei Grundformen lassen sich unterscheiden: Ansprüche auf Alleingeltung (Exklusivität), auf Allgemeingeltung (Universalität) und auf definitive Geltung (Finalität). Ich beschreibe die drei Formen im Folgenden vor allem im Blick auf das Christentum bzw. den christlichen Glauben, unternehme aber auch Seitenblicke auf das Judentum und den Islam, um das darin liegende theologische Konfliktpotenzial zu verdeutlichen.

5.3.1.1. Exklusivansprüche

Exklusivansprüche können für die Göttlichkeit Gottes (Monotheismus nach dem Ersten Gebot), für die Offenbarung Gottes (Thora, Christus, Koran), für die Überlieferung und Auslegung der Offenbarung (Tradition: mündliche Thora, Talmud, Glaubensbekenntnisse, Kirchenlehre, Hadithe, Sunna usw.), für die Befolgung dieser Offenbarung im Glauben und Leben (Halacha, Anerkennung von Glaubenslehren, Observanz ethischer Gebote, Scharia usw.), für die Auslegungsautoritäten (Rabbinen und Schriftgelehrte, das kirchliche Lehramt, den Großscheich der Al-Azhar-Universität, Imame, Ayatollahs usw.) und/oder für religiöse Institutionen (Kirche nach katholischem Verständnis) in Anspruch genommen werden.

---

[558] Siehe dazu: Reinhold Bernhardt: Der Absolutheitsanspruch des Christentums. Von der Aufklärung bis zur Pluralistischen Religionstheologie, Gütersloher Verlagshaus, Gütersloh 1990, ²1993.

Sie verpflichten die Anhänger der jeweiligen Religion auf die ausschließliche Loyalität gegenüber der Instanz, für die der Exklusivanspruch erhoben wird. Sie bringen sich mit Präpositionen wie «allein», «nur», «einzig», «ausschließlich» zum Ausdruck.

Ich blicke zunächst ins *Judentum*: Nach Hans-Joachim Schoeps, dem jüdischen Religions- und Geistesgeschichtler, gibt «die Thora *ausschließlich* und *allein* [...] den Juden das Heil und seine Bewährung für diese Welt und ist die Verheißung für die zukünftige Welt. Sie ist nach dem Glauben der Juden im Zeitalter Jesu der *einzige* Weg zu Gott; an ihrer Bewährung hängt Gottes Schicksal in dieser Welt und des Menschen Erlösung für die zukünftige Welt.»[559] Im Midrasch «Wajikra rabba», einer Auslegung des Buches Leviticus, Nr. 29 heißt es: «Die Thora ist der einzige Weg zum Leben.»

Die Attribute, die der Thora beigelegt wurden – Weg, Wahrheit und Leben – wurden in Joh 14,6 auf Christus übertragen und auch dort mit einem Exklusivanspruch verbunden. Neben diesem *locus classicus* werden besonders Mk 16,16, Apg 4,11f und Joh 3,18 als biblische Begründungen für die Behauptung, Christus sei der wahre und damit der einzig zielführende Weg zu Gott als der Quelle des Lebens, angeführt.

Der auf die *Kirche* bezogene Exklusivanspruch artikulierte sich vom 3. bis zum 20. Jahrhundert in der Formulierung «extra ecclesiam salus non est» («Es gibt kein Heil außerhalb der Kirche»). Sie geht zurück auf Cyprian von Karthago (um 250 n. Chr.)[560], war ursprünglich nicht gegen Nichtchristen, sondern in einem innerchristlichen Streit gegen die Anhänger des Gegenbischofs gerichtet und bezog sich auch nicht auf das ewige Heil, sondern auf die sakramentale Heilsvermittlung der Kirche durch einen legitimen Bischof. Auf dem weiteren Rezeptionsweg durch die Kirchengeschichte wurde daraus jedoch die Behauptung der Heilsnotwendigkeit der Kirche im Allgemeinen, wie sie im Konzil von Florenz (1438–1445) dogmatisiert wurde.[561] In seiner Ansprache «Singulari Quadam»

---

[559] Hans-Joachim Schoeps: Gesammelte Schriften 1/1, Hildesheim 1990 (Nachdruck der Ausgaben Berlin 1932, Berlin 1935, Frankfurt a. M. 1949), 58 (Hervorhebung R. B.).

[560] ep. 73,21.

[561] Das Konzil verkündet, dass «niemand außerhalb der katholischen Kirche – weder Heide noch Jude noch Ungläubiger oder ein von der Kirche Getrennter – des ewigen Lebens teilhaftig wird, vielmehr dem ewigen Feuer verfällt, das dem Teufel und seinen Engeln bereitet ist, wenn er sich nicht vor

bekräftigte Papst Pius IX. (1854) den Anspruch, «dass außerhalb der apostolische, römischen Kirche niemand gerettet werden kann; sie ist die einzige Arche des Heils und jeder, der nicht in sie eintritt, muss in der Flut untergehen»[562]. Auch die Kirchenkonstitution des Zweiten Vatikanischen Konzils (1964) hält daran fest[563] und «Dominus Iesus» (2000) konstatiert, dass «Jesus Christus für das Menschengeschlecht und seine Geschichte eine herausragende und einmalige, nur ihm eigene, ausschließliche, universale und absolute Bedeutung und Wichtigkeit hat»[564]. Zudem hebt das Dokument die innigste Verbundenheit der Kirche mit Christus hervor[565] und folgert daraus, dass die Zugehörigkeit zur Kirche heilsnotwendig sei.[566] Nichtchristen befänden sich demgegenüber «*objektiv* in einer schwer defizitären Situation»[567].

Auf evangelischer Seite wurde demgegenüber weniger die Exklusivität der sakramentalen Heilsvermittlung durch die *Kirche* als vielmehr die in *Christus* erschlossene heilshafte Gottesbeziehung betont. So wendete Luther die Aussage Cyprians auf Christus an: «Extra Christum nulla est sanitas, nulla iustitia, nulla salus.»[568] Für Calvin hingegen, der stärker als Luther die Sozialgestaltigkeit des Glaubens und der Glaubensgemeinschaft akzentuiert, gilt wieder, dass «außerhalb des Schoßes der Kirche keine Vergebung der Sünden zu erhoffen und kein Heil ist.»[569]

Die in der reformatorischen Rechtfertigungslehre entfaltete Einsicht, dass Gottes Heil nicht durch menschliche Werke erworben werden kann,

---

dem Tod ihr (der Kirche) anschließt» (Josef Neuner / Heinrich Roos: Der Glaube der Kirche in den Urkunden der Lehrverkündigung, Regensburg [11]1983, Nr. 381 [S. 256]).

562 A. a. O., Nr. 367 (S. 234).

563 Dogmatische Konstitution «Lumen gentium», «Über die Kirche», § 14 (www.vatican.va/archive/hist_councils/ii_vatican_council/documents/vat-ii_const_19641121_lumen-gentium_ge.html [10.07.2018]).

564 Siehe Anm. 177, § 15.

565 «Denn Jesus Christus setzt seine Gegenwart und sein Heilswerk in der Kirche und durch die Kirche fort» (A. a. O., § 16). Die Kirche und Christus «bilden zusammen den einzigen ‹ganzen Christus›» (ebd.; mit Verweis auf Augustin, Gregor den Großen, Thomas von Aquin).

566 A. a. O., § 20.

567 A. a. O., § 22 (Hervorhebung im Original).

568 In der Auslegung zu Mt 9,1–8 aus dem Jahre 1528 (WA 27, 376c).

569 Inst. IV/1,4.

sondern ein unverfügbares Geschenk Gottes ist, das allein im Glauben ergriffen wird, ließ sich mit den Exklusivpartikeln *solus Christus*, *sola gratia*, *solo verbo*, *sola scriptura* und *sola fide* verdichtet zum Ausdruck bringen, wobei diese Zusammenstellung erst in der Theologie des 20. Jahrhunderts vorgenommen wurde. Aus ihnen lässt sich aber nicht einfachhin eine Positionsbestimmung des christlichen Glaubens im Gegenüber zu nichtchristlichen Religionen ableiten, denn es handelt sich dabei um «Kampfbegriffe»[570], die aus den Frontstellungen der Reformationsbewegung zu verstehen sind. Sie sind allesamt auf die damalige römisch-katholische Kirchenlehre bezogen.[571]

Dennoch wurden die damit vollzogenen Abgrenzungen immer wieder religionstheologisch angewandt. So vergleicht etwa Paul Althaus die sogenannten Gnadenreligionen des Bhakti-Hinduismus und des Amida-Buddhismus mit dem evangelischen Verständnis der Gnade Gottes und besteht darauf, dass Gnade nach diesem Verständnis nicht vom *solus Christus* abgelöst werden könne. Erst durch das *solus Christus* erhalte sie ihre inhaltliche Bestimmtheit, «die das Evangelium allen Gnadenreligionen gegenüberstellt»[572]. Für die Beziehungsbestimmung zwischen den Religion generell gilt für Althaus: «Der Geisteskampf der Religionen miteinander ist ihr echtes, sachgemäßes Verhältnis zueinander; nicht die Toleranz, die Anerkennung, der Ausgleich, die der moderne Relativismus empfiehlt. Dieser religiöse Pazifismus geht an dem echten Leben der Religionen vorbei. Die lebendigen Religionen stehen, wo sie nicht erweicht sind, im Kampf auf Leben und Tod miteinander.»[573]

Im *Koran* lassen sich u. a. die Verse Q 3,85 und Q 9,29.33[574] angeben. In Q 9,5 findet sich der sogenannte Schwertvers: «Und wenn nun die heiligen Monate abgelaufen sind, dann tötet die Heiden, wo (immer) ihr sie findet, greift sie, umzingelt sie und lauert ihnen überall auf (wa-q`uduu

---

570 Christina Aus der Au / Thomas Schlag: Frei glauben. Reformatorische Anstöße zu einer protestantischen Lebenskultur, Göttingen 2017, 25.

571 S. o. S. 100.

572 Paul Althaus: Die christliche Wahrheit. Lehrbuch der Dogmatik, Gütersloh ^{5}1959, 143. Siehe dazu: Paul Knitter: Towards a Protestant Theology of Religions. A Case Study of Paul Althaus and Contemporary Attitudes, Marburg 1974.

573 Paul Althaus: Das Evangelium und die Religionen, in: Um die Wahrheit des Evangeliums. Aufsätze und Vorträge, Stuttgart 1962, 17.

574 Siehe auch: Q 48.28; Q 61.9.

lahum kulla marsadin)!»[575] Schon in der frühen Koranexegese (bei Qatāda ibn Di'āma, gest. ca. 735) wurde die Auffassung vertreten, dass dieser Vers die ihm zeitlich vorausgehenden Aussagen über den Umgang mit Nichtmuslimen abrogiert. Diese Auffassung – wie überhaupt die Auslegung dieses Verses – war allerdings immer umstritten. Dabei ging es vor allem um die Frage, wer mit den «Heiden» gemeint sei.

5.3.1.2. Universalansprüche

Universalansprüche werden vom *Judentum* wohl für die Herrschaft Gottes über den ganzen Kosmos, nicht aber für die durch die Thora vermittelte Gottesbeziehung erhoben. Diese ist für Juden an die Zugehörigkeit zum Volk Israel gebunden und auf das Land Israel bezogen. In diesem Sinne ist das Judentum eine ethnische Religion. Das mit dem jüdischen Gottesglauben verbundene Selbstverständnis des Judentums basiert nicht nur auf dem Monotheismus, sondern auch auf der Erwählung des Volkes und auf der Verheißung des Landes. Dies kann zu einem Partikularismus und Separatismus gegenüber anderen Ethnien, Kulturen und Religionsgemeinschaften führen (wofür man sich auf Überlieferungen wie Esr 9f u. a. berufen kann). Es kann aber auch dazu führen, Israel als Licht für die Völker und den Zion als Ziel einer Völkerwallfahrt darzustellen.

Mit der christlich und der islamischen Auffassung der Gottesbeziehung ist dagegen der Universalanspruch verbunden, dass sich die Geltungsreichweite des Evangeliums bzw. der koranischen Offenbarung auf die gesamte Menschheit erstreckt. Darin besteht der Grund für missionarische Aktivitäten, die darauf zielen, der universal gültigen Botschaft universale Geltung zu verschaffen. Wenn aber verschiedene religiöse Systeme aufeinandertreffen, die je für sich einen universalen Anspruch erheben, kommt es zu einem *clash of universalisms*.[576]

Der *Islam* versteht sich nicht nur als partikulare Religion, sondern als die mit der Schöpfung ergangene Uroffenbarung an die ganze Menschheit (Q 7,172) und als die Forderung an alle Menschen, darauf mit Hingabe an Gott zu antworten. Über die Wortoffenbarung im Koran hinaus repräsen-

---

[575] Nach der Übersetzung von Rudi Paret: Der Koran. Kommentar und Konkordanz, Stuttgart 1980, 193f.

[576] Ulrich Beck: Der eigene Gott. Von der Friedensfähigkeit und dem Gewaltpotential der Religionen, Frankfurt a. M. 2008, 207ff.

tiert sich Gott nach islamischem Verständnis zeichenhaft in der Schöpfung (Q 2,164; 6,95ff), sodass die Gotteserkenntnis jedem Menschen zugänglich ist. Nach Q 13,7 und 35,24 hat Gott zudem seine Boten zu jedem Volk gesandt, um dessen Angehörige in die Wahrheit Gottes einzuweisen. Jeder Muslim ist aufgefordert, die «Einladung zum Islam» (*da'wa*) in der Welt bekanntzumachen[577] und das «Haus des Islam» (*dar al-Islam*) auszubreiten.

Schon in seiner Formationsphase definierte sich das *Christentum* nicht als ethnische Religion, sondern als Religion der Völker. Seit dem sogenannten Apostelkonzil (Gal 2,1-10; Apg 15) war es für Christen nicht nötig, beschnitten zu sein und die jüdischen Speise- oder Reinheitsgebote einzuhalten. Im Neuen Testament kommt der mit dem christlichen Glauben verbundene Universalanspruch am deutlichsten im sogenannten Taufbefehl (Mt 28,18–20) zum Ausdruck. Das gesamte, auf Paulus zurückgehende Projekt der christlichen Mission gründet in diesem Auftrag. Seine theologischen Wurzeln liegen in der Überzeugung, dass die Heilsbedeutung des Todes Jesu allen Menschen zugutekommt – unabhängig von ihrer Zugehörigkeit zum erwählten Volk, unabhängig von der Beschneidung und von der Einhaltung der 613 Mizwot, der Ge- und Verbote der Thora.

Die heilshafte Selbstkommunikation Gottes bezieht sich nicht nur auf eine bestimmte Menschheitsgruppe, auf eine bestimmte Epoche und auf eine bestimmte Weltgegend, sondern auf die ganze Schöpfung. Diese Überzeugung durchzieht den gesamten christlichen Glauben und seine theologische Reflexion und gibt den Impuls zur missionarischen Weitergabe dieses Glaubens.

Dass die Praxis der *Mission* zuweilen problematische Auswüchse zeitigte, ist hinlänglich bekannt. Im Universalanspruch des christlichen Glaubens liegt eine potenzielle Quelle interreligiöser Konflikte. Es geht dabei weniger um Mission an sich als um die Art, wie sie aufgefasst und betrieben wird. Es gibt Missionspraktiken, die als «religiöser Hausfriedensbruch» (Smail Balic) und als «Beihilfe zum Kolonialismus» (Christoph Dieckmann) empfunden wurden und werden – und zwar nicht nur von

---

577 Siehe dazu: Henning Wrogemann: Missionarischer Islam und gesellschaftlicher Dialog. Eine Studie zu Begründung und Praxis des Aufrufes zum Islam (da'wa) im internationalen sunnitischen Diskurs, Frankfurt a. M. 2006.

Anhängern anderer Religionen, politischen Autoritäten und gesellschaftlichen Instanzen in den Missionsgebieten, sondern auch von den dort alteingesessenen *christlichen* Gemeinden.

«Religiöse Bekehrung ist immer ein Akt der Gewalt», sagte der südindische Vedanta-Gelehrte und Mönch Swami Dayananda Sarasvati in einer Rede auf dem Friedensgipfel der Vereinigten Nationen im Jahre 2000: «Es ist die schlimmste Form von Gewalt, schlimmer noch als physische Gewalt, da sie am tiefsten verletzt, nicht nur die Familienmitglieder und Konvertiten, sondern auch die ganze Kulturgemeinschaft. Konversion ist einseitige Aggression. Bekehrung ist Gewalt und generiert Gewalt.»[578]

Solche Urteile mögen vor dem Hintergrund von negativen Erfahrungen, die mit Mission und Missionaren gemacht wurden, verständlich sein. Sie sollten aber nicht das Humanisierungspotential verdecken, das auch mit Mission verbunden war und ist. Vor allem in der Bildungs- und Entwicklungsarbeit ist vieles geleistet worden, was in den Missionsgebieten bis heute mit hoher Wertschätzung bedacht wird.

5.3.1.3. Finalitätsansprüche

Finalitätsansprüche behaupten Letztgültigkeit und damit Unüberbietbarkeit. Sie entnehmen religiöse Wahrheiten der Geschichtlichkeit und behaupten deren ewige Geltung. Daraus leiten sich dann oft Ansprüche auf die Irrtumslosigkeit heiliger Schriften und die Unfehlbarkeit religiöser Lehren ab.

Das Offenbarungsereignis, für das Letztgültigkeit beansprucht wird, gilt als normative Mitte der Geschichte. Die Beziehungsgeschichte zwischen Christentum und Islam ist in theologischer Hinsicht vom Konflikt der Finalitätsansprüche beider Religionen bestimmt. Nach Mk 1,15 bestand Jesu Verkündigung darin, dass die Zeit erfüllt und das Reich Gottes im Anbruch befindlich sei. Die Teilhabe daran entscheidet sich an der Nachfolge Jesu. Nach Joh 5,36 and 17,4 hat Christus das Werk vollendet, das Gott ihm übertragen hat.

---

[578] Annette Wilke: «Conversion is Violence». Christentumskritik und kulturell-religiöse Selbstbehauptung im zeitgenössischen Südindien, in: Ulrich Berner / Christoph Bochinger / Klaus Hock (Hg.): Das Christentum aus der Sicht der Anderen. Religionswissenschaftliche und missionswissenschaftliche Beiträge (ZMiss. B 3), Frankfurt a. M. 2005, 191.

Es war ein Stich ins Nervenzentrum des Christentums, als der Islam als nachchristliche Religion mit dem Anspruch auftrat, *Mohammed* sei das Siegel der Propheten, habe also die authentische, voll- und letztgültige Wahrheit Gottes verkündet (Q 33,40).[579] Hinzu kam der weltgeschichtliche Erfolg des Islam in Gestalt seiner schnellen Ausbreitung auch in weiten Teilen des ostkirchlichen Christentums. Darin lag nicht nur eine religionspolitische, sondern auch eine gravierende *theologische* Herausforderung, die etwa bei Johannes von Damaskus, aber auch bei vielen anderen Theologen seiner Zeit, zu enormer religionstheologischer Reflexionsarbeit führte.

Mit einer gewissen inneren Notwendigkeit treibt die Infragestellung von Letztgültigkeitsansprüchen apologetische Deutungsmuster hervor, die apokalyptische Traditionen und Vorstellungen aufnehmen. Bei Johannes von Damaskus (ca. 650–754), der den Islam noch als christliche Irrlehre auffasste, finden sich erste Ansatzpunkte für eine dämonologische Deutung, die im Mittelalter aufgenommen und ausgebaut werden konnte. In seinem Buch über die Häresien nennt er «Mamed» (= Mohammed) einen falschen Propheten, der eine eigene Irrlehre ins Leben gerufen habe. Diese gründet nach Johannes in einer mangelhaften Kenntnis der biblischen Überlieferung und besteht im Kern in der Leugnung der Gottessohnschaft Jesu, ist also dem altkirchlichen Arianismus verwandt. Der «Glaube der Ismaeliten» (Johannes kennt die Bezeichnung «Islam» noch nicht) leite das Volk in die Irre und sei als Vorläufer des Antichristen anzusehen.[580]

Diese Andeutungen konnte man (besonders in der Kreuzzugszeit) mit den biblischen Überlieferungen verbinden, die vor falschen Propheten

---

[579] Dieser Anspruch ist aus der christlichen Tradition übernommen worden, wo er auf Jesus bezogen war (Tertullian, Adv. Iud. 8,12, mit Bezug auf Dan 9,24). Siehe dazu: Carsten Colpe: Das Siegel der Propheten. Historische Beziehungen zwischen Judentum, Judenchristentum, Heidentum und frühem Islam (ANTZ 3), Berlin 1989.

[580] Johannes von Damaskus: De haeresibus, cap. 100, in: Johannes Damaskenos und Theodor Abū Qurra. Schriften zum Islam, kommentierte griechisch-deutsche Textausgabe, hg. von Adel Theodor Khoury / Reinhold Glei, Würzburg/Altenberge 1995, 67–83.185–199; ders.: Disputatio Christiani et Saracenia, A. a. O., 59–63.167–183 (wobei strittig ist, ob dieser Dialog wirklich Johannes zuzuschreiben ist). Siehe Pim Valkenberg: John of Damascus and the Theological Construction of Christian Identity vis-à-vis early Islam, in: JTI 20, 2001, 8–30; Hartmut Bobzin: Mohammed, München ^{3}2006, 9f.

warnten (etwa 1Kor 12,28), einen endzeitlichen Propheten ankündigten (Apk 19,20) und vor der Verführung durch den Antichrist warnten (1Joh 2,18). Nach 1Joh 2,22 gibt sich dieser dadurch zu erkennen, dass er die Göttlichkeit Jesu Christi leugne. Auf diese Weise konnte sich das Deutemuster des Islam als von Gott gesandter endzeitlicher Verführungsmacht entwickeln, der gegenüber sich die wahrhaft Glaubenden zu bewähren haben. Es besteht aus einer zirkulären Denkfigur: Die apokalyptischen Aussagen wurden auf Mohammed bezogen und aus dessen (so gedeutetem) Auftreten wurde auf die Erfüllung der biblischen Weissagungen geschlossen: am Auftreten des Antichrist «erkennen wir, dass die letzte Stunde da ist» (1Joh 2,18). In evangelikalen Stellungnahmen zum Islam findet sich die Deutung des Islam als «endzeitlicher Verführungsmacht» bis in die Gegenwart.[581]

5.3.2. Religionstheologische Urteilsbildung

Die Theologie der Religionen kann aber nicht bei dieser *deskriptiven* Betrachtung stehenbleiben. Sie wird darüber hinaus auch *normativ-konstruktive* Überlegungen anstellen müssen, weil sie der Wahrheitsgewissheit ihres eigenen Glaubens nicht betrachtend gegenübersteht, sondern für diese einsteht. Daraus muss sich keineswegs notwendigerweise die Bestreitung entgegenstehender Wahrheitsansprüche ergeben, noch nicht einmal deren Bewertung, aber doch die Auseinandersetzung mit ihnen. Konfligierende Wahrheitsansprüche stellen immer eine Herausforderung für den eigenen Glauben und für dessen Reflexionsgestalt – die Theologie – dar.

In normativer Hinsicht steht die Religionstheologie vor der Aufgabe, Christus, den christlichen Glauben und die christliche Religion im Blick auf die Zentralinhalte, Glaubensformen und religiösen Manifestationen anderer Religionen zur Sprache zu bringen und diese Beziehungsbestimmung zu reflektieren. Das haben auch Schleiermacher, Barth, Tillich und Pannenberg u. a. getan, ohne dabei den Begriff «Theologie der Religionen» zu gebrauchen. Es geht darum, den christlichen Glauben im Angesicht der Religionen zu verantworten, also um ein Stück «Apologetik» im besten Sinn des Wortes als «antwortende Theologie» (Paul Tillich).

---

[581] Christliches Bekenntnis und biblischer Auftrag angesichts des Islam. Ein Wort der Konferenz Bekennender Gemeinschaften in evangelischen Kirchen Deutschlands und der AG evangelikaler Missionen (1984), § 5.

Es stellen sich in der religionstheologischen Reflexion beispielsweise folgende Fragen: Wie ist damit umzugehen, dass nach der Mehrheitsmeinung islamischer Gelehrter die Kreuzigung Jesu in Q 4,157f bestritten wird? Kann man sich auf eine Traditionshermeneutik zurückziehen, der zufolge religiöse Wahrheiten ihren Wahrheitsgehalt nur innerhalb des jeweiligen Religionssystems haben? Innerhalb des islamischen Glaubensdenkens gilt demnach anderes als innerhalb des christlichen Glaubensdenkens. Es gibt keine Erkenntnisposition jenseits der Glaubensperspektiven, sodass es bei den konfligierenden Wahrheitsansprüchen bleiben muss und der Streit um die Wahrheit bestenfalls durch eschatologische Verifikation entschieden werden kann. Diese Position steht dem «cultural-linguistic approach» George Lindbecks nahe.[582]

Das wirft dann aber die Frage auf, ob sich eine Theologie, der es letztlich nicht um Religion, sondern um die in Christus konstituierte heilshafte Gottesbeziehung geht, damit zufriedengeben kann, dass im Bezugsrahmen anderer Religionen zentrale Aspekte dessen, was sie für soteriologisch konstitutiv hält, explizit bestritten werden? Wenn sie nicht am religiösen Gewand, sondern am sachlichen Kern ihrer Botschaft orientiert ist, wird sie sich zumindest herausgefordert fühlen, die Bedeutung der Kreuzigung als historisches Ereignis mit soteriologischer Relevanz im Angesicht dieser Herausforderung darzulegen. Das kann auch verbunden sein mit dem Versuch, das islamische Verständnis der Person und der theologischen Bedeutung Jesu zu verstehen.

Es gibt zwei in meinen Augen problematische Strategien, solchen Herausforderungen aus dem Weg zu gehen: zum einen die Strategie der Selbstverabsolutierung des christlichen Glaubens, bei der die Validität von Überzeugungen, die dem christlichen Glauben entgegenstehen, bestritten wird und in starrer Orthodoxie tradierte Lehren wiederholt werden; zum anderen die Strategie der relativierenden Zurücknahme der Glaubensüberzeugungen auf den Geltungsbereich der christlichen Religion, bei der die Validität außerchristlicher Glaubensformen in deren je eigenem Geltungsbereich anerkannt wird. Die unterschiedlichen Geltungsbereiche werden nebeneinander stehen gelassen. Das bedeutet die Preisgabe des Universalitätsanspruches. Die Überzeugung, dass Jesu Tod eine Heilsbedeutung hat, gilt demnach nur im hermeneutischen Zirkel des christlichen Glaubens, der neben den hermeneutischen Zirkeln anderer Religionen steht.

---

[582] S. o. S. 144.

Der vom mir favorisierte dritte Weg besteht in einem «Inklusivismus auf Gegenseitigkeit»[583], der auf drei Prämissen beruht: Die *erste* besteht im Hinweis auf die Standortgebundenheit: Theologie (bzw. allgemeiner: religiöse Reflexion) ist immer ein partikulares, an eine bestimmte Religionstradition gebundenes Unterfangen, das auf das jeweilige Zentrum der Tradition bezogen bleibt und dieses im Licht der Überlieferungsgeschichte in der Gegenwart neu zur Sprache bring. *Zweitens:* Die hermeneutische Partikularität darf aber nicht als inhaltliche Partikularität interpretiert werden (wie das bei der zweiten der eben genannten Strategien der Fall ist). Vielmehr ist das, was in dieser partikularen Perspektive zur Sprache kommt, von universaler Bedeutung. Die Glaubensgestalt und der Glaubensausdruck sind historisch partikular, der darin zum Ausdruck kommende Glaubensinhalt aber ist universal. Das gilt auch für die Glaubensperspektiven anderer Religionsformen. Deshalb müssen diese Perspektiven ihr Blickfeld auch auf die Anhänger anderer Religionen ausdehnen und einen hermeneutischen Inklusivismus praktizieren. Darin liegt allerdings eine Tendenz zur Vereinnahmung anderer Religionsformen. Der Inklusivmus muss deshalb mit der Forderung verbunden werden, die Eigen- und Andersheit des Anderen zu wahren und die Differenz zwischen diesem und der eigenen Religionsauffassung nicht einzuebnen. Die *dritte* Prämisse besteht im Zugeständnis, dass nichtchristliche Sichtweisen von deren Anhängern mit gleichem Recht auf den christlichen Glauben angewandt werden können wie der christliche Glaube auf diese ausgreift und sie in seine Totalperspektive einbezieht.[584]

Auch wenn Christinnen und Christen es beispielsweise inhaltlich für ungenügend ansehen, Jesus nur als Propheten gelten zu lassen, wie es im

583 Siehe dazu u. a.: Reinhold Bernhardt: Ende des Dialogs? (siehe Anm. 518), 206–274. Vgl. auch Thomas Schärtl, der eine ähnliche Positionsbestimmung vornimmt, indem er sich als Mittelweg zwischen den Polen einer imperialistischen und einer relativistischen Religionstheologie für einen «perspektivischen» Ansatz ausspricht, der es ermöglicht, «andere Überzeugungen aus der Perspektive der eigenen Überzeugungen in den Blick zu nehmen und sie nach Parallelen und Analogien zu befragen» (Thomas Schärtl: Glaubens-Überzeugung. Philosophische Bemerkungen zu einer Erkenntnistheorie des christlichen Glaubens, Münster 2007, 198). Ich würde diese Position erweitern: Es sollte nicht nur nach Parallelen und Analogien, sondern auch nach Differenzen gefragt werden.

584 Siehe dazu auch: Karl Eberlein: Christsein im Pluralismus. Ein Orientierungsversuch in der religiösen Gegenwart, Berlin 2006, 197ff.

Koran der Fall ist, können sie doch dieser islamischen Sichtweise ihr relatives Recht zugestehen, ohne dabei an der eigenen Lehre vom dreifachen «Amt» Jesu Christ als Prophet, Priester und König Abstriche zu machen. Im schiitischen Islam spielt die Wiederkunft Christi eine wichtige Rolle, aber in anderer Weise als im christlichen Glauben: Jesus kehrt nach der Erscheinung des Iman Mahdi auf die Erde zurück, unterstützt diesen im Kampf gegen *Dajjal*, den Antichrist, und bei der anschließenden Ausbreitung des Islam.[585] Im Neo-Hinduismus gilt Jesus Christus als eine Inkarnation der Gottheit Vishnu und steht in einer Reihe mit Mohammed, Buddha oder Rama. Im Sinne des «Inklusivimus auf Gegenseitigkeit» kann die christliche Theologie solche alternativen Sichtweisen als in anderen Religionstraditionen gültig anerkennen, sich mit ihnen auseinandersetzen und dabei das eigene Christusverständnis profilieren, ohne den Anspruch auf universale Geltung des Evangeliums aufzugeben.

Anders als in der oben angedeuteten zweiten Strategie bleiben die hermeneutischen Zirkel der Religionen nicht nebeneinander stehen. Jeder von ihnen dehnt sich vielmehr über das gesamte Blickfeld aus und schließt die anderen in sich ein. Dieser Ansatz führt dazu, sich theologisch auf die Inhalte anderer Religionstraditionen einzulassen, statt ihnen in Indifferenz gegenüberzustehen. Wie etwa ist auf den Offenbarungsanspruch zu «antworten», der im Islam für den Koran erhoben wird? Immerhin geht der Koran und die islamische «Jesulogie» in der Anerkennung Jesu weit über das hinaus, was der Talmud über Jesus sagt. Jesus wird dort nicht nur als Prophet, Gottesknecht und Gesandter Gottes bezeichnet, sondern auch als Messias und Heiler, ja als Wort und Geist Gottes. Er ist das «Wort der Wahrheit» (Q 19:34) und «Zeichen Gottes» (Q 19:21 u. ö.). Kann der koranische Offenbarungsanspruch und Mohammed als Prophet anerkannt werden, wie es etwa Hans Küng tut?[586] Oder soll im Sinne eines religionstheologischen Pluralismus gelten, dass der Koran das Wort Gottes *für die*

[585] Reinhold Bernhardt: The Second Coming of Jesus Christ in Christian Theology, in: The Bright Future. Doctrine of Mahdaviat Special Edition 12, Mai 2017, 59–80.

[586] So schon, in: Hans Küng u. a.: Christentum und Weltreligionen. Islam, Hinduismus, Buddhismus, München/Zürich 1984, 65; dann, in: ders.: Der Islam. Geschichte, Gegenwart, Zukunft, München/Zürich 2004, 169, wo Mohammed als «Prophet nach Christus» bezeichnet wird. Diese Sicht können sich nach Küng

Muslime ist? Oder soll er als Manifestation einer Offenbarungs*erfahrung* angesehen werden, wobei die Frage nach seinem theologischen Status offenbleibt? Oder gilt, was in der Konstitution «Dei Verbum» des Zweiten Vatikanischen Konzils im Einklang mit der Tradition der Kirche dekretiert ist: dass «der neue und endgültige Bund unüberholbar» ist, sodass «keine neue öffentliche Offenbarung mehr zu erwarten [...] ist vor der Erscheinung unseres Herrn Jesus Christus in Herrlichkeit»[587]?

Diesen Ansätzen einer in verschiedenem Grad positiven Würdigung stehen die in der Christentumsgeschichte vertretenen Verwerfungen des Koran gegenüber, die dessen Unwahrheit auf ein absichtsvolles Handeln Gottes, auf satanische Verführung oder auf menschliche Verirrung zurückführen. Kann man sich einer theologischen Stellungnahme zu dieser Frage entziehen mit dem Hinweis darauf, dass sie unbeantwortbar (oder nur durch eine dezisionistische Setzung beantwortbar) sei, weil eine Erkenntnisgrundlage zu ihrer Beantwortung fehlt, oder dass sie theologisch irrelevant sei, weil Theologie in der Entfaltung des *christlichen* Gottesglaubens bestehe?

Eine theologische Stellungnahme ist aber unabdingbar, denn es handelt sich dabei um eine Frage, die auch für das christliche Gottesdenken von eminenter Bedeutung ist. Im Zentrum dieses Gottesdenkens steht die Überzeugung von Gottes universalem Selbstmitteilungs- und Heilswillen und es stellt sich damit die Frage, wie diese Selbstmitteilung und dieser Heilswille außerhalb der christlichen Glaubensgemeinschaft und Tradition zur Geltung kommt. Es ist dies eine eminent theologische Frage, letztlich die Theodizeefrage nach der Gerechtigkeit Gottes. Dabei wird diese Frage hier nicht durch die Erfahrung von unschuldigem Leiden aufgeworfen, sondern durch die Annahme, dass Gott einem Großteil der Menschheit die heilshafte Zuwendung und deren Kundgabe vorenthalten haben könnte. Dies widerspricht aber dem Universalitätsanspruch des *christlichen* Glaubens. Daher ist theologisch zumindest die *Möglichkeit* in Rechnung zu stellen, dass auch der Koran ein Medium zur Konstitution einer echten Gottesbeziehung darstellt.

---

auch Christen zu eigen machen. Das bedeutet jedoch nicht die unkritische Übernahme seiner Prophetie. Was der Botschaft Jesu und zentralen Inhalten des christlichen Glaubens entgegensteht, kann nicht positiv rezipiert werden.

[587] www.vatican.va/archive/hist_councils/ii_vatican_council/documents/vat-ii_const_19651118_dei-verbum_ge.html (16.07.2018), § 4.

Es geht also in der Theologie der Religionen um die Selbstexplikation des christlichen Glaubens im Angesicht der Religionen, nicht um die Einnahme einer überreligiösen Vogelperspektive. Man kann die sich in diesem Zusammenhang stellenden Fragen aus verschiedenen Gründen als illegitim zurückweisen; sie stellen sich aber doch. Und die Theologie der Religionen tut gut daran, zumindest die verschiedenen Denkwege zu skizzieren, auf denen diese Fragen beantwortet wurden und werden können. Die Arbeit an diesen Fragen ist übrigens auch für die interreligiöse Begegnungs*praxis* von Relevanz. Wer den Koran als satanische Verführung ansieht, wird sich kaum auf einen offenen theologischen Dialog mit Muslimen einlassen, sich an einer multireligiösen Feier beteiligen, in deren Rahmen aus dem Koran zitiert wird, oder gar einen Imam einladen, in einem christlichen Gottesdienst eine «Kanzelrede» zu halten.[588]

5.4. Ebenen der Religionstheologie

Der normativ-konstruktive Teil der Religionstheologie bewegt sich auf verschiedenen Ebenen und den damit verbundenen Arbeitsfeldern:

(1) Auf der ersten Ebene geht es um (Meta-)Reflexionen über das Projekt der Religionstheologie, wie ich sie in diesem Kapitel anstelle. Zur Diskussion stehen dabei die Konstitution und Konzeption, der Ansatzpunkt, die Gestalt und die Begründung dieses Projekts. Methodische und hermeneutische Fragen werden erörtert, so etwa die Frage, ob es eine «interreligiöse Theologie» geben kann[589], wie sich interreligiöse zur interkulturellen Theologie[590] und Religionstheologie zum Religionsdialog

---

[588] Am 10. März 2013 hielt der Imam Benjamin Idriz (aus Penzberg/Oberbayern) in der Münchner St. Lukas-Kirche in einem evangelischen Gottesdienst statt der Predigt eine «Kanzelrede». Zu Beginn des Gottesdienstes wurde eine Sure aus dem Koran als «Gebet des Tages» verlesen. Während der Rede zitierte Idriz mehrmals Koran-Suren in arabischer Sprache. Die Aufregung danach war sowohl innerhalb wie außerhalb der Lutherischen Landeskirche Bayerns enorm.

[589] Reinhold Bernhardt / Perry Schmidt-Leukel (Hg.): Interreligiöse Theologie (siehe Anm. 492).

[590] Perry Schmidt-Leukel: Interkulturelle Theologie als interreligiöse Theologie, in: EvTh 71, 2011, 4–16.

verhält. Auf dieser Ebene ist auch die Diskussion um Modelle interreligiöser Beziehungsbestimmung (etwa des Dreierschemas von Exklusivismus, Inklusivismus und Pluralismus) angesiedelt. Auch die Frage nach Modellen(!) interreligiöser Beziehungs*gestaltungen* kann hier verhandelt werden.

(2) Auf einer zweiten Ebene vollzieht sich die Erörterung von (fundamental-)theologischen *Grund*fragen, die sich in der Begegnung mit nichtchristlichen Religionen insgesamt stellen: Fragen etwa nach dem Verständnis von Theologie und Religion, von Wahrheit in der Religion, von Mission usw.; Fragen nach der Funktion religiöser Praxisformen, nach den Geltungsansprüchen, die mit religiösen Aussagen verbunden sind, nach dem Verständnis religiöser Sprache (etwa: ist die Sprache der Mystiker eine interreligiös kommunikable Sprache?), nach der (überlieferungs-)geschichtlichen Kontextualität und Perspektivität religiöser Wirklichkeitsdeutungen. Der Übergang zur Religionsphilosophie ist fließend. Es geht dabei noch gar nicht um theologische Bezugnahmen auf andere Religionstraditionen, sondern um die Beziehungs*fähigkeit* und Pluralismus*fähigkeit* des christlichen Glaubens, um theologische Ressourcen zur Begründung dialogischer interreligiöser Beziehungen. Dazu gehört auch die Auseinandersetzung mit den oben genannten «Absolutheitsansprüchen». Diese Fragen stellen sich nicht nur in der Auseinandersetzung mit anderen Religionen, sondern in vergleichbarer Weise auch in der Auseinandersetzung mit nichtreligiösen Weltanschauungen und teilweise auch innerchristlich in der Beziehungsbestimmung der christlichen Konfessionen zueinander.

(3) Auf der dritten Ebene operieren die theologischen Positionsbestimmungen, die den christlichen Glauben bzw. die Kirche bzw. die christliche Religion in Beziehung zur religiösen Pluralität insgesamt setzen; so etwa die kirchlichen Stellungnahmen und Arbeiten der akademischen Theologie, die explizit unter dem Titel «Der christliche Glaube und die Religionen» firmieren[591] oder zu dem damit umrissenen Themenfeld beitragen. Es sind dies die meisten Entwürfe einer Theologie der Religionen.

---

[591] Kirchliche Stellungnahmen, wie etwa: EKD (Hg.): Christlicher Glaube und nichtchristliche Religionen, Hannover 2003; SEK (Hg.): Wahrheit in Offenheit. Der christliche Glaube und die Religionen, Bern 2007. Wichtige Beiträge zur Debatte um die «Theologie der Religionen» sind zusammengestellt, in: Ulrich Dehn u. a. (Hg.): Handbuch Theologie der Religionen (siehe: Anm. 116).

Auf dieser Ebene ist zu unterscheiden zwischen religionstheologischen Reflexionen, die sich auf die *Nichtchristen* als Personen beziehen, und solchen, die sich auf die *Religionen* als Geschichtswirklichkeiten beziehen. In der Theologiegeschichte wurde oft von der Möglichkeit dieser Unterscheidung Gebrauch gemacht. Nichtchristen konnten theologisch positiver beurteilt werden als ihre Religionen. Man konnte sie einbezogen denken in Gottes Schöpfungs-, Offenbarungs- und sogar Heilshandeln, standen sie doch als Geschöpfe Gottes in einer «natürlichen», d. h. angeborenen Beziehung zu Gott. Unter ihnen gab es offensichtlich auch «heilige Heiden». Man konnte ihnen unterstellen, dass Gott auch in *ihre* Seelen Samenkörner seiner Wahrheit ausgestreut habe (*logos spermatikos*), dass sie einen unausdrücklichen Glauben (*fides implicita*) oder ein unausgesprochenes Bedürfnis nach der Taufe (*desiderium/votum baptismi*)[592] und damit nach der Kirche (*votum ecclesiae*) haben, dass sie «anonyme Christen» seien. Sie konnten von Gott *trotz* ihrer Religionszugehörigkeit angenommen worden sein. Heinrich Bullinger formuliert im «Zweiten Helvetischen Bekenntnis»: «Denn wir wissen, dass Gott außerhalb des Volkes Israel manche Freunde in der Welt gehabt hat.»[593] Die Religionen hingegen wurden oft sehr viel kritischer beurteilt.

(4) Auf einer spezifischeren Reflexionsebene angesiedelt sind die Auseinandersetzungen mit Fragen, die sich im theologischen Blick auf *bestimmte* Religionen stellen. Die Voraussetzungen und Themen der Israeltheologie sind beispielsweise deutlich unterschieden von denen der Islamtheologie, wenn sich an vielen Stellen auch Berührungspunkte ergeben. Wie kann gewährleistet werden, dass einerseits die Verschiedenheit der Beziehungen angemessen in Rechnung gestellt wird, ohne dass andererseits mit zwei Zungen geredet wird, indem etwa in der Auseinandersetzung mit dem Islam christozentrisch (zuweilen im weiteren Rahmen der Trinitätstheologie) argumentiert und dabei die *Differenz* der Gottesauffassungen betont wird, während in der Würdigung des Judentums eher theozentrische Argumentationsfiguren in den Vordergrund gestellt werden, um die Gemeinsamkeit des Gottesglaubens zu betonen?

---

592 S. o. S. 169.

593 Confessio Helvetica Posterior, 1566, Kap. XVII (Über die Kirche), zitiert nach: https://www.evangelischer-glaube.de/stimmen-der-v%C3 %A4ter/bullinger-kirche/ (22.07.2018).

(5) Schließlich befasst sich die Religionstheologie mit einzelnen Erscheinungsformen und Inhalten des christlichen Glaubens im Gegenüber zu vergleichbaren Elementen anderer Religionstraditionen, etwa mit der Frage nach der Prophetie Mohammeds oder nach der theologischen Bedeutung des Koran. Auf dieser Ebene bewegt sich etwa die Komparative Theologie.

Es geht bei solchen Bezugnahmen nicht darum, die Unterschiede zu verringern, Übereinstimmunen herauszustellen oder gar die letztliche Gleichheit der in Beziehung gesetzten Phänomene zu behaupten. Es geht darum, vom bestmöglichen Verständnis dieser Phänomene aus die christlichen Glaubensinhalte und -formen in dieser Perspektive zu explizieren, zu reflektieren und zuweilen auch zu transformieren.

Der Wert der Religionstheologie für die Theologie insgesamt liegt nicht nur im besseren Verständnis der jeweils anderen Tradition, sondern auch – und vor allem – in der Möglichkeit, den Inhalt und auch die Praxisformen des eigenen Glauben im Licht dieses Auslegungshorizonts darzustellen, seine interreligiösen Bezüge, aber auch sein spezifisches Profil herauszuarbeiten und dabei Auslegungsspielräume auszuloten und ggf. zu erweitern und zu vertiefen. Dieser Rückkopplungseffekt der Auseinandersetzung mit Inhalten und Erscheinungsformen anderer Religionstraditionen auf das Selbstverständnis und die Selbstentfaltung der christlichen Theologie kann zum Projekt einer «Dogmatik im Kontext der Religionen» führen.[594] Dabei geht es um die Entfaltung der systematisch-theologischen Themen im Lichte der Lehr- und Praxisformen anderer Religionen. Vergleichbare Früchte hat die Ökumenische Theologie ausgetragen. Auch dort kam es zur Ausarbeitung von «Ökumenischen Dogmatiken».[595]

Theologie der Religionen ist ein Teilgebiet der Systematischen Theologie. Sie hat ihren Ort zunächst in den Prolegomena der Dogmatik. Von den dabei angestellten Überlegungen gehen dann Impulse (im Sinne von Fragestellungen und Weichenstellungen) aus, die einzelne Themengebiete

[594] Mit seiner «Dogmatik im Kontext der Weltreligionen» hat Hans-Martin Barth als erster Systematiker in der deutschsprachigen evangelischen Theologie einen Versuch in dieser Richtung unternommenen: Hans-Martin Barth: Dogmatik. Evangelischer Glaube im Kontext der Weltreligionen. Ein Lehrbuch, Gütersloh 2001. Siehe dazu meine Rezension, in: ZMiss 4, 2003, 372–375.

[595] Edmund Schlink: Ökumenische Dogmatik. Grundzüge, Göttingen ^{2}1993; Wolfgang Beinert / Ulrich Kühn: Ökumenische Dogmatik, Leipzig 2013.

(*loci*) der Materialdogmatik betreffen, vor allem die Christologie und Soteriologie. Es kann sich aber auch nahelegen, die gesamte Dogmatik in religionstheologischer Perspektive zu entfalten. So wie man in der Ökumenischen und in der Interkulturellen Theologie vorgeschlagen hat, diese nicht nur als eine distinkte Disziplin neben anderen Disziplinen der Theologie zu betreiben, sondern sie als Dimension *allen* Theologietreibens aufzufassen und zu praktizieren, so kann auch der Blick in die Welt der außerchristlichen Religionen ein fruchtbarer Bezugsrahmen für die Bearbeitung des gesamten Spekturms dogmatischer und ethischer Themen sein.

Dass aus der Auseinandersetzung mit den Lehrinhalten und Praxisformen nichtchristlicher Religionen ein Erkenntnisgewinn für die christliche Theologie erwachsen könnte – und sei es auch nur durch die dadurch provozierte Wiederentdeckung von Traditionsbeständen, die aus dem Blickfeld geraten sind –, setzt allerdings voraus, dass die nichtchristlichen Traditionen als potenzielle Erkenntnisorte für die Theologie angesehen werden. Das ist aber eine keineswegs selbstverständliche Unterstellung. Versteht und betreibt man Theologie der Religionen im Sinne eines *genitivus objectivus*, wie es in weiten Teilen der Christentumsgeschichte der Fall war, dann versteht man die Religionen nur als *Gegenstände* einer apriorischen theologischen Deutung. Sie werden dann in das Lehrsystem der Theologie eingeordnet und darin nach dessen Maßgabe interpretiert, ohne dass ihnen irgendein Einfluss auf die Konfiguration dieses Systems zugestanden wird. So konnte man sie beispielsweise im Rahmen der Schöpfungs- und Offenbarungslehre als Manifestation einer allgemeinen Schöpfungsoffenbarung, im Rahmen der Sündenlehre als Ausdruck menschlicher Verblendung und Verstockung oder im Rahmen der Eschatologie als endzeitliche Verfügungsmacht deuten.

Versteht und betreibt man Theologie der Religionen dagegen im Sinne eines *genitivus subjectivus*, werden die Traditionen anderer Religionen dabei gewissermaßen zum Auslegungshorizont der christlichen Theologie, von dem transformative Wirkungen auf deren Lehrbildung ausgehen kann. Es wird dabei versucht, nach dem Selbstverständnis der Religionen zu fragen und dieses durch religionswissenschaftliches Studium und durch die Begegnung mit ihren Anhängern in Erfahrung zu bringen. Gegenüber dem

Apriorismus der *Genitivus-objectivus*-Konzeption[596] ist dieser Ansatz der Religionstheologie also aposteriorisch angelegt. Er geht von der Auseinandersetzung mit anderen Religionen aus und setzt die christliche Theologie in eine dialogisch-kritische Beziehung dazu.

5.5. Der Praxisbezug der Religionstheologie

«Theologie der Religionen» ist mehr als eine «Theologie des interreligiösen Dialogs», so sehr sie diese auch einschließen kann. Es werden darin Fragen erörtert, die nicht unmittelbar das Begegnungsgeschehen zwischen Anhängern verschiedener Religionen betreffen, sondern die theologische Reflexion des christlichen Glaubens in Bezug auf nichtchristliche Glaubensformen und -inhalte. Solche Debatten werden in der Regel nicht im interreligiösen Dialog selbst geführt, sondern in theologischen Rückzugsräumen, in denen intellektuell am Selbstverständnis des christlichen Glaubens gearbeitet wird. Es geht dabei nicht primär um den Brückenschlag, sondern um die Arbeit am «christlichen Brückenkopf». Es geht um das Selbstverständnis des christlichen Glaubens im Angesicht anderer Religionen, deren Wahrheitsansprüche, Heilsangebote, Offenbarungen usw.

Das heißt aber nicht, dass sie eine reine Kopfgeburt wäre, die zum interreligiösen Begegnungsgeschehen in keiner Beziehung steht. Sie muss nicht im direkten Dialog mit Vertreterinnen und Vertreter anderer Religionen betrieben werden, kann von interreligiösen Begegnungen aber enorm profitieren, etwa indem sie sich von den Anhängern dieser Traditionen helfen lässt, die Bedeutung nichtchristlicher Glaubensformen und -inhalte zu erschließen. Das gleiche galt und gilt ja auch für die Ökumenische Theologie: Sie stand und steht in enger Beziehung zum ökumenischen Dialog. Weil Denominationen und Religionen aber nicht primär Theoriegebäude, sondern Lebensformen sind, ist der Dialog mit ihren Anhängern für das Verständnis ihrer Glaubens-, Denk- und Lebensformen

---

[596] Ein Beispiel für einen solchen Apriorismus bietet die Erinnerung des tamilischen Theologen Daniel Thambyrajah Niles an ein Gespräch mit Karl Barth im Jahre 1935. Niles hatte ihn gefragt, woher er – Barth – denn wisse, dass andere Religionen Unglaube seien. Wie vielen Hindus er schon begegnet sei? Barth soll geantwortet haben, dass er noch keinem Hindu begegnet sei und dass er es a priori wisse (Daniel Th. Niles: Karl Barth – A Personal Memory, in: SEAJT, Herbst 1969, 10f).

umso wichtiger. Ohne die Praxis zu kennen, in die die jeweiligen religiösen Lehren eingebettet sind, wird man diese nicht verstehen können. Um sie zu verstehen, braucht es aber theologische «Fremdenführer».

Theologie der Religionen kann sich auf verschiedene Weise auf die Praxis interreligiöser Begegnungen beziehen:

- diese vorbereitend, indem sie die Bedingungen der Möglichkeit des Religionsdialogs aus Sicht der christlichen Theologie klärt;
- begleitend, indem sie die Grundfragen, die sich dabei stellen (etwa die nach dem Verhältnis von Wahrheitsgewissheit und Dialogfähigkeit) bearbeitet;
- auswertend, indem sie den im interreligiösen Dialog erzielten Erkenntnisgewinn theologisch verarbeitet.[597]

Unabhängig davon, ob die Theologie der Religionen im Selbststudium oder im Kontext des interreligiösen Dialogs vollzogen wird, geht sie in zwei Bewegungsrichtungen zu Werke: einerseits in einer zentrifugalen, nach außen gehenden, sich mit außerchristlichen Religionstraditionen auseinandersetzenden Bewegung und andererseits in einer zentripetalen, nach innen gewandten, in die Selbstreflexion zurückkehrenden. Man sollte beide Bewegungsrichtungen nicht gegeneinander ausspielen, etwa indem man die religionstheologische Selbstreflexion als aprioristisch diskreditiert und ihr eine aposteriorisch verfahrende «Theologie interreligiöser Beziehungen» entgegenstellt. Beide methodischen Bewegungsrichtungen – die religionserkundende und die selbstreflexive – bilden eine Dialektik. Sie lassen sich miteinander verbinden und mit Gewinn aufeinander beziehen. Beide methodischen Verfahren haben ihr Recht im Rahmen der Religionstheologie: die Auseinandersetzung mit den Überzeugungen und Praxisformen anderer Religionen und die interne Klärung des Selbstverständnisses des christlichen Glaubens im Blick auf diese Religionen.

---

[597] Maurice Wiles hatte zwischen einer «theology of dialogue» und einer «theology for dialogue» unterschieden (Maurice Wiles: Christian Theology and Interreligious Dialogue, London 1992, 3f). Douglas Pratt baute diese Unterscheidung weiter aus und sprach von «theology for, in and after dialogue» (Douglas Pratt: The Church and Other Faiths. The World Council of Churches, the Vatican and Interreligious Dialogue, Bern 2010, 297–350). Alle diese Ansätze fließen bei ihm zusammen in der «theology of dialogue». Der heuristische und systematische Wert dieser präpositionalen Zuordnungen scheint mir allerdings fraglich zu sein.

Aus-sich-heraus-Gehen und In-sich-Sein, Fremdbezug und Selbstbezug gehören zusammen.

Die gleiche doppelte Bewegungsrichtung war und ist innerchristlich auch für die Ökumenische Theologie charakteristisch, wie sie überhaupt alle «Außenbeziehungen» des christlichen Glaubens bestimmt, nicht nur die zu anderen Religionen, sondern auch die zu nichtreligiösen Weltanschauungen oder etwa zu den Naturwissenschaften.

5.6. Religionsphilosophie oder Theologie als Grundlage?

Können die Religionen überhaupt Thema der (Systematischen) *Theologie* sein oder gehört dieses Thema in die *Religionsphilosophie* oder in die *Religionswissenschaft*? Wie sind Theologie und Religionsphilosophie im Blick auf dieses Themenfeld einander zuzuordnen? Zwei Denkrichtungen stehen sich in der gegenwärtigen religionstheologischen Diskussion gegenüber:

(1) Die eine geht davon aus, dass dieses Projekt nur *religionsphilosophisch* betrieben werden kann, nicht aber theologisch. Jeder theologische Ausgriff auf andere religiöse Traditionen würde zu deren Vereinnahmung, d. h. zur Inklusion in den hermeneutischen Zirkel der Theologie führen. Es braucht dieser Position zufolge eine philosophische Religionstheorie, die zu einer Theorie des religiösen Pluralismus ausgebaut werden kann. Auf dieser, dem hermeneutischen Zirkel der Theologie vorgelagerten Reflexion muss die interreligiöse Beziehungsbestimmung vorgenommen werden.

Diese Position knüpft an Schleiermacher an, der in seiner Glaubenslehre die Beziehungsbestimmung des christlichen Glaubens zu den Religionen in zwei Schritten vornimmt. Zunächst zieht er die Religionsphilosophie heran, die er allerdings in einem Sinne versteht, den man heute als «Vergleichende Religionswissenschaft» oder als «Religionsphänomenologie» bezeichnen würde.[598] Es geht darin um die typologisierende Abgrenzung und Zuordnung der Religionen zueinander. In einem zweiten Schritt bestimmt er dann das Wesen des Christentums, also dessen Besonderheit im Unterschied zu anderen (monotheistischen) Religionen.[599] Auch diese

---

598 Friedrich Schleiermacher: Der christliche Glaube (siehe Anm. 304), §§ 7–10.

599 A. a. O., §§ 11–14.

Bestimmung ist noch *vor* der Entfaltung der Glaubensinhalte, im vordogmatischen Feld der Apologetik angesiedelt.

Schleiermacher markiert also deutlich die Unterschiedenheit zwischen der dogmatischen Darstellung des christlichen Glaubens und den religionsphilosophischen – d. h. von Glaubensannahmen freien, allein den Rationalitätsstandards der Geisteswissenschaften verpflichteten – Prolegomena zur Dogmatik. Bei der Wesensbestimmung des Christentums sei ein Wechsel des Standpunktes vorzunehmen. So schreibt er in der ersten Auflage seiner Glaubenslehre (1821–1822): «Um auszumitteln, worin das Wesen der christlichen Frömmigkeit bestehe, müssen wir über das Christentum hinausgehen, und unseren Standpunkt über demselben nehmen, um es mit anderen Glaubensarten zu vergleichen.»[600] Der Standpunktwechsel geht für Schleiermacher mit einer zeitweiligen Dispensierung von der christlichen Frömmigkeit einher: «Sollen wir also andere Glaubensweisen in ihrer Wahrheit betrachten, so müssen wir auch um deswillen unser tätiges Verhältnis im Christentum für diese Zeit ruhen lassen.»[601] Dogmatik sei nur für die Christen.[602] Sie lege dem gläubigen Leser seinen Glauben auseinander.[603]

Schon der erste Blick auf das Aufbauschema der «Glaubenslehre» scheint also die Bezeichnung Religions*theologie* als unpassend für Schleiermachers Herangehensweise an diesen Fragenkomplex zu erweisen. Wenn man unter «Theologie» die Entfaltung der christlichen Glaubenslehre versteht und diese von den religionsphilosophischen und religionswissenschaftlichen Prolegomena zur Dogmatik unterscheidet, dann ist das Geschäft der Religionstheologie kein theologisches.

(2) Demgegenüber gehe ich davon aus, dass die Aufgabe der Religionstheologie eine systematisch-*theologische* ist. Sie besteht darin, die Perspektive des christlichen Glaubens zu den Perspektiven anderer religiöser Traditionen in Beziehung zu setzen und die reflexive Entfaltung der Inhalte des christlichen Glaubens zu verschränken mit der möglichst unvoreingenommenen Betrachtung anderer Religionstraditionen. Dabei können

---

600 Friedrich Schleiermacher: Der christliche Glaube (1821–1822), Studienausgabe hg. von Hermann Peiter, Bd. 1, § 6 LS (I/20).

601 A. a. O., § 6.4 (I/22f.).

602 A. a. O., § 18.5 (I/68).

603 A. a. O., § 1.3 (I/11).

und sollen religionswissenschaftliche und -philosophische Perspektiven in die multiperspektivische Betrachtung durchaus einbezogen werden.

Im Sinne des skizzierten «Inklusivismus auf Gegenseitigkeit» öffnen sich die hermeneutischen Zirkel der religiösen Selbstverständnisse füreinander und treten in einen engagierten Dialog, ohne sich auf eine den Zirkeln übergeordnete Metaposition zu erheben. Die religionswissenschaftlichen und -philosophischen Betrachtungen kommen *innerhalb* des theologischen Zirkels zum Tragen.

Konkret bedeutet das, dass sich die theologische Auseinandersetzung mit nichtchristlichen Religionstraditionen im Zusammenspiel dreier Blickrichtungen vollzieht. Dabei ist die folgende Beschreibung der drei Perspektiven nicht als Aufeinanderfolge von drei Schritten zu verstehen. Sie stellt vielmehr ein Wechselspiel dar. Der Impuls zur Auseinandersetzung kann von jedem der drei Ecken dieses Dreiecks ausgehen:

- Zunächst wendet sich der Blick dem Selbstverständnis der Tradition zu, mit der die Auseinandersetzung geführt wird. Sie soll möglichst authentisch «von innen heraus» verstanden werden. Doch so sehr dieser Blick bemüht sein wird, diese Traditionen ihrem Selbstverständnis entsprechend zu verstehen, so bleibt er sich doch immer auch seiner hermeneutischen Begrenztheit bewusst. Es bleibt letztlich doch ein Blick von «außen». Als Erkenntnisquelle dafür dienen nicht nur – wie bei jedem wissenschaftlichen Studium – die Primär- und Sekundärliteratur, sondern auch die teilnehmende Beobachtung der gelebten Religion und das Gespräch mit den Anhängern dieser Tradition. Die begegnenden Erscheinungsformen der anderen Religion sollen aus allen zur Verfügung stehenden Quellen erkundet werden.
- Diese Erkundung einer anderen religiösen Welt wird Assoziationen im Blick auf die eigene religiöse Welt auslösen: Inhalte und Erscheinungsformen des christlichen Glaubens und der christlichen Religion werden zunächst spontan und unreflektiert ins Bewusstsein gerufen, Resonanzen und Dissonanzen scheinen auf, Similiaritäten und Differenzen zeichnen sich ab. Darin kann der Anstoß für eine vertiefte Auseinandersetzung liegen, in der die sich begegnenden Erscheinungsformen im Licht der christlichen Überlieferung und diese umgekehrt im Licht der anderen Traditionen gesehen werden. In diesem Spannungsfeld kommt es zu kreativen, aber auch zu

kritischen Verstehensprozessen und Urteilsbildungen. Die Propria der eigenen Religion treten deutlicher heraus.

- Als dritte Perspektive kommt der verinnerlichte Blick von außen hinzu: Kulturwissenschaftliche Zugänge, Methoden und Erkenntnisse der Ethnologie, der vergleichenden Religionswissenschaft und der *religious studies* kommen zur Anwendung und geben wertvolle Verstehenshilfen im Blick auf die andere wie auf die eigene Religion, indem sie diese in ihren geistes-, religions- und soziokulturellen Kontexten empirisch betrachten.

Dabei kommen natürlich auch religionsphilosophische und religionstheoretische Reflexionen ins Spiel. Es stellt sich die Frage, was Religion überhaupt ist, welche Phänomene als religiös zu qualifizieren sind, welche Erkenntnisquellen und Kategorien es dafür gibt und welche Probleme in der Anwendung des Religionsbegriffs aufbrechen. Die Erörterung dieser Fragen habe ich in diesem Band an den Anfang gestellt. Es sind aber ständige Begleiter der Beschäftigung mit Religion, die sich immer wieder zu Wort melden.

Religionsphilosophische Überlegungen stehen nicht wie ein Überbau unverbunden über der Reflexion und Artikulation der partikularen Religionsperspektiven, sondern verhalten sich wie die Prolegomena zur Materialdogmatik – als immer mitgeführte Grundlagenreflexionen. Sie stehen in enger Wechselbeziehung mit der inhaltlichen Entfaltung dessen, was die Binnenperspektiven der Religionen zeigen. Dabei beziehen sie sich nicht auf die Inhalte, sondern auf deren Erkenntnis, auf den Vollzug ihrer Entfaltung und auf die dabei in Anspruch genommenen philosophischen Voraussetzungen.

Wo eine solche reflexive Kontextualisierung der je eigenen Religionstradition stattfindet, wo diese also im Kontext anderer Traditionen und kulturwissenschaftlicher Betrachtungsweisen betrachtet wird, wirkt das zurück auf deren inhaltliches Selbstverständnis. Wird sie sich ihrer eigenen Perspektivität bewusst, stellt sie also in Rechnung, dass sie nicht einfach die Wahrheit Gottes zu Sprache bringt, sondern immer in historisch gewachsene religionskulturelle Kontexte eingebunden ist, dann wird sie zwischen (göttlichem) Glaubensgrund und (religiösem) Glaubensausdruck unterscheiden müssen. Damit hat sie sich bereits für andere Religionsformen geöffnet. Denn auch bei diesen handelt es sich um religiöse Glaubensausdrücke, die ihren jeweiligen Glaubensgrund zur Sprache bringen.

Das alles geschieht *im* hermeneutischen Zirkel der Theologie. Es kann dort geschehen, wo dieser Zirkel nicht im Sinne eines selbstreferenziellen Biblizismus, Traditionalismus, Konfessionalismus oder einer Orthodoxie aufgefasst wird, die bestenfalls abgrenzend Bezug nimmt auf andere Religionen. Stattdessen ist sich der Theologe und die Theologin – nach dem hier präferierten Theologieverständnis – bewusst, dass sich der Gegenstand der theologischen Reflexion – der christliche Glaube – als Religion manifestiert, damit anderen Religionen zur Seite steht und auch in religionswissenschaftlichen Perspektiven betrachtet werden kann.

Die theologischen, religionswissenschaftlichen und religionsphilosophischen Perspektiven stehen weder unverbunden nebeneinander, noch gehen sie ineinander auf. Die theologische Reflexion kann religionswissenschaftliche und -philosophische Perspektiven einbeziehen und sie tut gut daran, es zu tun. Der christliche Glaube ist bezogen auf die in Christus vermittelte Gottesbeziehung, wie sie von der christlichen Überlieferung bezeugt wird. Wo sich die Gottesbeziehung aber in Überlieferungen, Lebensformen und Sozialgestalten manifestiert, wird sie zur Religion und kann als solche in ihren empirischen Erscheinungsgestalten betrachtet und religionstheoretisch gedeutet werden. In dieser Hinsicht ist die christliche Religion eine religiöse Formation, der andere Formationen gegenüberstehen. Die theologische Reflexion vollzieht sich in den beiden Relationen *coram Deo* und *coram hominibus* bzw. *mundo* bzw. *religione*, wobei letzteres den gesamten Bereich der Religionsgeschichte einschließt. Keine dieser beiden Relationen darf ausgeblendet oder verkürzt werden. Zwischen ihnen vollzieht sich eine spannungsreiche Interaktion.

Aufgabe der Theologie ist es, diese Interaktion zwischen einer am Grund und Inhalt des christlichen Glaubens orientierten Betrachtungsweise und einer auf dessen empirische Erscheinungsgestalt als Religion in der Religionsgeschichte gerichteten Perspektive zu bedenken und darzustellen. In diesem «Sehen mit zwei Augen» führt sie das Anliegen der Wort-Gottes-Theologien und der religionstheoretisch ansetzenden Ansätze zusammen, ohne sie zu verschmelzen. Glaube und Religion werden dabei nicht in eine antithetische Beziehung zueinander gesetzt wie bei Karl Barth, sondern in eine komplementäre. Sie verweisen auf zwei Aspekte und Blickrichtungen in der Bestimmung dessen, was christlicher Glauben und Christentum als Religion ist, auf zwei Sprachspiele der Artikulation dessen, worin Christsein besteht. «Glaube» bringt sich in der Sprachgestalt des *Bekenntnisses* und *Zeugnisses* zum Ausdruck; «Religion» in der *Beschreibung* von Bewusstseinsinhalten, Praxisformen und sozialen Bezügen und Gebilden. Beides gehört zusammen – auf verschiedenen Ebenen. Und Theologie stellt die Reflexionsform dieser Polarität dar.

Dieses Verständnis einer in sich spannungsreichen multiperspektivischen Theologie erlaubt es auch, sich für die Innenansichten anderer Religionen zu öffnen und diese zu den Inhalten und Erscheinungsformen des christlichen Glaubens in Beziehung zu setzen. Dabei kommt es zu noetischen Interferenzen. So werden beispielsweise Erscheinungsformen des Islam zum einen in einer verstehenwollenden Haltung versuchsweise mit muslimischen Augen betrachtet, zum anderen im Licht der christlichen Tradition «gesehen» (ohne sie dabei gleich zu bewerten). Muslime können den gleichen Perspektivenwechsel von *ihrer* Warte aus vollziehen. So kann es zu einer Kommunikation zwischen den Perspektiven kommen, die sich in diesem Prozess erweitern und neu konfigurieren.

5.6.1. Christian Danz' philosophischer Religionstheologie

Ich entfalte die skizzierte Position weiter in Auseinandersetzung mit der Kritik, die Christian Danz daran geübt hat.[604] Seine Kritik an der Religionstheologie richtet sich gegen die Lokalisierung dieser Debatte in der *Theologie*. Seiner Meinung nach gehört sie in die *Religionsphilosophie*, die der Theologie vorgeschaltet ist. Man kann demnach nicht unmittelbar in eine *Theologie* der Religionen einsteigen, sondern muss zunächst eine philosophische *Theorie* der Religion als Grundlage erarbeiten, auf der dann – klar unterschieden davon – auch theologische Überlegungen zu Religion und Religionen entwickelt werden können (was Danz selbst aber kaum tut).

---

[604] Christian Danz: Dogmatik als Differenzhermeneutik. Überlegungen zur Funktion moderner Systematischer Theologie im Anschluß an Ernst Troeltsch, in: KuD 47, 2001, 210–226; ders.: Moderne Dogmatik und religiöse Vielfalt. Überlegungen zu einer Theologie der Religionen, in: ThZ 58, 2002, 140–159; ders.: Theologie der Religionen als Differenzhermeneutik. Ihre religionstheoretischen und systematischen Voraussetzungen, in: ders. /Ulrich H. J. Körtner (Hg.): Theologie der Religionen. Positionen und Perspektiven evangelischer Theologie, Neukirchen-Vluyn 2005, 77–103; ders.: Einführung in die Theologie der Religionen, Wien 2005, 221ff; ders.: Die Deutung der Religion in der Kultur. Aufgaben und Probleme der Theologie im Zeitalter des religiösen Pluralismus, Neukirchen-Vluyn 2008, 123ff.

Sein Einwand lautet: Wenn andere religiöse Traditionen aus der Innenperspektive der Theologie betrachtet werden, kann man deren Eigen- und Andersheit nicht gerecht werden.

Danz bestimmt zunächst die Anforderungen, die an eine gegenwärtige Theologie des religiösen und kulturellen Pluralismus zu stellen sind. Diese müsse mindestens vier verschiedene Faktoren in möglichst stimmiger Verzahnung zur Geltung bringen: die Standortgebundenheit jeder Religionstheologie, die Wahrung der Eigenständigkeit anderer Religionen, die Vergleichbarkeit der Religionen und die Gewinnung von Beurteilungsmaßstäben.[605] Keiner der von ihm diskutierten religionstheologischen Entwürfe scheint ihm in der Lage zu sein, diese Anforderungen zu erfüllen.

Von diesem Ansatz aus erhebt Danz drei kritische Einwände gegen den von mir vertretenen «Inklusivismus auf Gegenseitigkeit»:

Der erste lautet, hier werde ein jenseitiger göttlicher Grund vorausgesetzt, der eine substanzielle Kontinuität der Religionen verbürge. Der Unterschied zu John Hicks Position[606] bestehe lediglich darin, dass der Erkenntnisweg zu diesem Grund nur über die je eigene Religionstradition führe.

Dem halte ich entgegen: Man kann natürlich von einem Religionsverständnis ausgehen, das Religion ganz immanent, als Kulturformation versteht, in der sich religiöses Bewusstsein manifestiert. Der Gottesbezug erscheint dann als Phänomen des menschlichen Bewusstseins. Dass dem so ist, soll gar nicht bestritten werden. Doch die Theologie hat *mehr* zu sagen, wie auch Schleiermachers Bewusstseinstheologie *mehr* zu sagen hatte. Nach dem Selbstverständnis des christlichen Glaubens – wie der theistischen Religionen insgesamt – handelt es sich bei der Beziehung zu Gott nicht nur um eine Erscheinungsform des religiösen Bewusstseins, sondern um das existentielle Ergreifen des von Gott Ergriffenseins. Diese Beziehung ist von Gott als dem allerrealsten Grund des Seienden her konstituiert. *Das* ist das Kernthema der Theologie, nicht nur im Christentum, sondern auch in Judentum und Islam.

Wenn es sich bei diesem Seinsgrund aber um den Grund *alles* Seienden handelt, dann lässt sich der Gedanke nicht vermeiden, dass auch die Traditionsquellen und -ströme der Religionen in einem – wie auch immer

---

605 Christian Danz: Die Deutung der Religion in der Kultur, A. a. O., 70.103.

606 Siehe dazu Kapitel 6.1.5.

gearteten – Bezug dazu stehen. Dieser Bezug ist jedoch keineswegs *substanziell* zu denken, wie Danz es nahelegt, sondern *relational*. Es folgt daraus also nicht, dass die Religionen die gleiche Essenz haben, sondern lediglich, dass sie (bzw. ihre Anhänger) sich zu einem ultimativen Bezugspunkt hin ausstrecken.

Der zweite Vorwurf, den Danz gegen den «mutualen Inklusivismus» erhebt, lautet: Durch die Selbstbindung der Religionstheologie an die christliche Glaubenslehre sei es nicht möglich, die Religionen miteinander zu vergleichen und es ließen sich auch keine universalisierbaren Normen für die interreligiöse Urteilsbildung gewinnen.[607]

Beides ist nicht einzusehen. Danz setzt offensichtlich die Bindung (*religio*) der christlichen Theologie an die Quellen und an die Tradition des christlichen Glaubens mit Voreingenommenheit und Parteilichkeit gleich. Sicher wird sich ein interreligiöser Vergleich im hermeneutischen Zirkel der *Theologie* unterscheiden von einem *religionswissenschaftlich* verstandenen und betriebenen Vergleich. Im ersten Fall wird das «Eigene» zum «Anderen» in Beziehung gesetzt, im zweiten Fall sind es gewissermaßen zwei «Andere», die verglichen werden.[608] Doch sind auch theologische Vergleiche keineswegs notwendigerweise mit Wertungen verbunden und schon gar nicht mit der Abwertung des «Anderen». Theologen und Theologinnen können durchaus ein sehr kritisches Verhältnis zu Erscheinungsformen der christlichen Tradition haben und anderen Traditionen mit Empathie und Wertschätzung begegnen.

Es lassen sich auch aus der eigenen Tradition universalisierbare Normen für die interreligiöse Urteilsbildung gewinnen, ohne dass diese Urteilsbildung damit zugunsten der eigenen Tradition vorentschieden wäre, solange die kritische Unterscheidungskraft dieser Normen auch auf die eigene Tradition angewandt wird.[609] Es kann dann sogar der Fall sein, dass die eigene Tradition mit besonderer Schärfe daran gemessen wird.[610]

---

607 Christian Danz: Die Deutung der Religion in der Kultur (siehe Anm. 604), 53–62.

608 Siehe dazu Kapitel 6.3.3.

609 Siehe dazu: Reinhold Bernhardt: Die Polarität von Freiheit und Liebe. Überlegungen zur interreligiösen Urteilsbildung aus dogmatischer Perspektive, in: ders. / Perry Schmidt-Leukel (Hg.): Kriterien interreligiöser Urteilsbildung, Zürich 2005, 71–101.

610 Siehe etwa die in Anm. 885 belegte Aussage Karl Barths.

Die Vorstellung, Normen ausweisen zu können, die nicht an bestimmte Traditionen gebunden sind oder ihnen zumindest nahestehen, ist eine Selbsttäuschung. Diese lässt sich vermeiden, indem die Kontextualität der eigenen Normen erkannt und in Rechnung gestellt wird. Zudem werden interkulturelle und interreligiöse Dialoge immer auch die Normativitäten thematisieren, die sich aus den Traditionen ergeben, die sich dabei begegnen.

Der dritte Vorwurf ist mit dem zweiten eng verbunden, hat aber doch ein eigenes Gewicht. Er lautet: Der «Inklusivismus auf Gegenseitigkeit» bringe zwar die Standpunktgebundenheit der Religionstheologie einschließlich ihrer Bemühung um eine interreligiöse Urteilsbildung zur Geltung, sei aber nicht in der Lage, die Besonderheit anderer Religionen zu würdigen. Denn wo versucht werde, aus der christlichen Binnenperspektive heraus zu einer Wertschätzung anderer Religionen zu kommen, indem man etwa die Universalitätspotenziale der Trinitätslehre religionstheologisch fruchtbar macht, führe das unweigerlich zur theologischen Okkupation anderer Religionstraditionen.

Darin mag eine Gefahr liegen. Diese ist aber mit etwas hermeneutischem Problembewusstsein vermeidbar. Dann nämlich, wenn die Ausdehnung der eigenen Glaubensauffassung auf andere Traditionen zum einen mit dem Versuch verbunden ist, diese auch in ihrem Selbstverständnis zu verstehen und dabei das eigene Vorverständnis der Korrektur auszusetzen, und wenn zum anderen den Vertretern anderer Traditionen das gleiche Recht zugestanden wird, den christlichen Glauben und die christliche Religion im Licht *ihrer* jeweiligen Glaubensperspektive(n) zu betrachten. In christlicher Perspektive kann auch der Muslim und die Muslima als «Ebenbild Gottes» bezeichnet werden, wie aus muslimischer Perspektive ein wahrhaft gläubiger Christ als «Muslim» gewürdigt werden kann. Beides sind Prädikationen die sich aus der jeweiligen Innenperspektive ergeben; man kann aber nicht erwarten, dass sie vom Gegenüber angeeignet werden. Die jeweiligen Perspektivierungen des religiös Anderen und seiner Religionstradition aus der je eigenen Glaubenssicht heraus beanspruchen also nicht, von diesen Anderen anerkannt oder gar übernommen zu werden.

Welchen Weg schlägt nun Danz seinerseits ein, um die religionstheologische Fragestellung zu bearbeiten und den vier von ihm genannten Problemanforderungen gerecht zu werden? Er geht religions*theoretisch* zu Werke, indem er zunächst den Religionsbegriff reflektiert. Die Mängel der von ihm kritisierten Programme sind nach seiner Auffassung nicht zuletzt darin begründet, dass diesen eine solche religionsphilosophische Grundlegung fehlt. Die Grundlegung arbeitet er im Durchgang durch die neuzeitliche Problemgeschichte des Religionsbegriffs heraus, wobei ihm vor allem Kant, Schelling, Troeltsch und Tillich wichtige Gesprächspartner sind. Besonders bei Troeltsch findet er die gesuchte «Unterscheidung und Verzahnung von kulturhermeneutischer Religionstheorie mit einem normativen Religionsbegriff»[611]. Anknüpfend daran will er einen Wesensbegriff der Religion und einen davon unterschiedenen Normbegriff entwickeln.

In der Durchführung dieses Programms gelangt Danz allerdings nicht über die Beschreibung von Rationalitätsstandards zur formalen Gewinnung des Religionsbegriffs hinaus. Der von ihm vorgeschlagene Wesensbegriff der Religion bleibt abstrakt und damit für eine Religionstheologie, die von den geschichtlichen Religionen ausgeht, unbrauchbar. Danz selbst fordert diese Abstraktion, weil auch er sich der Einsicht nicht verschließen kann, dass jeder Wesensbegriff der Religion aus einer bestimmten religiösen Tradition heraus gewonnen ist. Um ihn als Allgemeinbegriff zur Erschließung des religiösen Feldes verwenden zu können, müsse er zumindest von seinen normativen Bestandteilen gereinigt werden.[612]

In dieser nicht nur von aller Normativität, sondern auch von aller Inhaltlichkeit gereinigten Form verweist der *Wesens*begriff der Religion dann allerdings nur noch auf die menschliche Selbst- und Weltdeutung im Lichte des Unbedingten. Der religionsphilosophisch rekonstruierte Wesensbegriff der Religion besteht nach Danz (im Gefolge der Religionsphilosophie des Deutschen Idealismus) in der Vermittlung zwischen Bedingtem und dem Unbedingten. Erfahrung, Deutung und Unbedingtheit – diese drei Momente kennzeichnen Religion nach Danz. Von anderen kulturellen Deutungsvorgängen unterscheidet sich *diese* ihm zufolge darin, dass hier der kulturelle Deutungsvorgang selbst gedeutet wird.[613] Religion thematisiere Differenzerfahrungen wie Krankheit, Leiden, Fremdheit, sittliche Widersprüche, ordne sie in einen umfassenderen Sinnzusammenhang ein und mache sie dadurch ertragbar. Es ist dies eine sicher zutreffende, aber rein funktionale Beschreibung von Religion, die man mit

---

[611] Christian Danz: Die Deutung der Religion in der Kultur (siehe Anm. 604), 103.

[612] A. a. O., 106.124.

[613] A. a. O., 118.

«Kontingenzbewältigung» zusammenfassen kann. Damit bleibt Danz hinter seinem eigenen Anspruch zurück, eine substanzielle mit einer funktionalen Religionsbestimmung zu verbinden.

Zur Gewinnung des *Norm*begriffs von Religion will Danz auf das protestantische Religionsverständnis zurückgreifen, das durch ein Bewusstsein individueller endlicher Freiheit charakterisiert sei. Endliche Freiheit aber könne sich nur in der wechselseitigen Anerkennung der Freiheit des Anderen realisieren. Aus dem Selbstvollzug der Freiheit ergebe sich die Anerkennung von Alterität und Differenzen. «Das Andere ist Teil der eigenen Bestimmtheit. Denn nur im unterscheidenden Bezug auf Anderes kann etwas paradoxerweise es selbst sein. Bereits für die Bestimmtheit des Eigenen ist also Anderes in seiner Andersheit vorausgesetzt und in Anspruch genommen.»[614] Die für die interreligiöse Begegnung grundlegende Differenzerfahrung zwischen Selbst und Anderem kann nach Danz von daher nur auf der Grundlage einer Anerkennung des Anderen bearbeitet werden.

Diese am Selbstbewusstsein des Subjekts gewonnene Konstruktion überträgt Danz dann auf die protestantische Religion im Allgemeinen. So wie sich das *Subjekt* nur im unterscheidenden Bezug auf den Anderen seiner selbst bewusst werde, so könne auch die protestantische *Religion* ihrer Eigenart nur in der Erfahrung der Differenz gegenüber anderen Religionen ansichtig werden. Das Wechselverhältnis zwischen Selbst und Anderem kommt somit nach Danz auch im kollektiven Selbstverständnis von Religionsgemeinschaften zur Geltung.

Danz' Konstruktion besteht zunächst aus einer kühnen Reduktion: Aus der Vielfalt der Bestimmungsfaktoren, die evangelischen Glauben ausmachen, schneidet er das *eine* Moment des Freiheitsbewusstseins heraus. Er bindet sich an eine subjekttheoretische Bewusstseinsphilosophie idealistischer Prägung. Indem er die Unbedingtheitsdimension auf menschliches Sinnbewusstsein beschränkt, zieht er die «Real-Differenz» zwischen Mensch und Gott ein. Gott gibt es nur als menschliches Gottesbewusstsein.

Seine Konstruktion besteht sodann aus begründungslos eingeführten Postulaten. So unterstellt er erstens, dass mit dem Bewusstsein eigener endlicher Freiheit notwendig das Bewusstsein der Anerkennung der Freiheit des Anderen verbunden sein müsse. Es ist dies eine Behauptung, die

[614] A. a. O., 125.

zumindest empirisch höchst bestreitbar ist. Aus dem Bewusstsein eigener endlicher Freiheit kann sich ebenso das Streben nach Selbstdurchsetzung gegen Andere ergeben.

Zweitens geht er davon aus, dass sich die Selbstkonstitution nur durch Unterscheidung von Anderen vollzieht. Wie wir aus der Entwicklungspsychologie aber wissen, ereignet sie sich mindestens ebenso durch Identifikation mit Anderen. Empirische und psychologische Argumente wie diese würde Danz für die Entfaltung der Subjektphilosophie zurückweisen. Damit bleibt diese aber selbstreferenziell.

Drittens postuliert er, Glaube sei ein «Differenzbewusstsein, das sich in der Wahrnehmung von Differenzen realisiert»[615]. Warum ist Glaube aber nicht auch ein Gemeinschaftsbewusstsein, das sich in der Wahrnehmung von Einheit realisiert? Ein solches Verständnis von Glauben als Differenzbewusstsein führt zu dessen extremer Individualisierung, was auch innerchristlich ein erhebliches Problem darstellt, zum einen im Blick auf die Gemeinschaftsdimension innerhalb der eigenen Glaubensgemeinschaft, zum anderen in ökumenischer Hinsicht.

Viertens geht er davon aus, dass sich die Theorie der Selbstkonstitution durch Unterscheidung von Anderem auch auf ganze Religionstraditionen übertragen lässt und zu einem interreligiösen Zusammengehörigkeitsbewusstsein führt. Auch hier ließe sich mit gleichem Recht ebenso das Gegenteil behaupten. Warum soll ein Unterscheidungsbewusstsein ein Zugehörigkeitsbewusstsein begründen?

All diese Annahmen lassen sich bestreiten. Sie gewinnen ihre Plausibilität aus einem geschlossenen religionsphilosophischen Theoriemodell, das von empirischen Gegebenheiten absieht. Im Blick auf die real existierende Religion kommt man mit solchen geistigen Kathedralen nicht weit. Und für die Verarbeitung interreligiöser Begegnungserfahrungen tragen sie schon gar nichts aus; zumal der hier vorgelegte Entwurf (auf der Linie Ernst Troeltschs) auf die Behauptung der Höherwertigkeit des (protestantischen) Christentums gegenüber anderen Religionsformen hinausläuft. Denn in dieser Religionsform ist das von Danz geforderte aufgeklärte und reflektierte Religionsverständnis mit dem Freiheitsgedanken im Zentrum systembildend geworden, so seine Überzeugung.

Beim Ansatz von Danz handelt es sich um Religions*philosophie*. Diese könnte im weiten Rahmen der Religions*theologie* durchaus ihren Platz

---

[615] Ebd.

haben. Doch Danz stellt Religionsphilosophie und Religionstheologie einander gegenüber. So kommen auch andere Felder der Religionstheologie nicht in seinen Blick, wie etwa die theologische Auseinandersetzung mit den Religionen in ihrer geschichtlichen Spezifität. Auch die Situation des religiösen Pluralismus begegnet in diesem Ansatz nur als abstrakte Vorstellung, fernab von religionsphänomenologischen und -soziologischen Befunden. Um eine Theorie an der Wirklichkeit zu bewahrheiten (oder zu falsifizieren), braucht es ein (möglichst unverstellt wahrgenommenes) Bewährungsfeld. Bei Danz' Religionstheorie lässt sich ein solcher Bezug nicht erkennen. Sie kann bestenfalls auf ihre innere Kohärenz befragt werden. Diese Kohärenz bzw. Selbstreferenzialität wird bezahlt mit einem Verlust an Relevanz. Man müsste diese Theorie vom Kopf auf die Füße stellen, doch was bliebe dann noch von ihr übrig?

Dieser Entwurf führt zur für die Konstitution der Religionstheologie fundamentalen Frage, wie Theologie und Religionsphilosophie im Blick auf das Thema der «Religionen» einander zuzuordnen sind. Zudem brechen Grundsatzfragen nach dem Verständnis von «Theologie» und «Religion» auf: Ist mit «Religion» primär das anthropologische Phänomen der Religiosität gemeint oder ist an die in der Geschichte existierenden Religionen gedacht? – Ist mit «Theologie» eine konfessionsgebundene Binnenreflexion der christlichen Tradition gemeint, die vom Wahrheitsanspruch der Inhalte dieser Tradition ausgeht und alles, was sich außerhalb befindet, daran bemisst, oder ist Theologie als eine zwar standortgebundene, aber diesen Standort doch auch kritisch reflektierende, andersreligiöse und religionskritische Perspektiven einbeziehende und in diesem Sinn offene Denkbewegung zu verstehen?

Ich vertrete ein solches Verständnis. Die Wahrheitsgewissheit des christlichen Glaubens kann demnach nicht einfach als fixer Ausgangspunkt auf die zu deutenden «Gegenstände» – in diesem Falle auf andere religiöse Traditionen – angewendet werden. Das würde in der Tat zu deren Vereinnahmung führen. Sie wird vielmehr in der Begegnung mit diesem Gegenüber über sich hinausgeführt, immer neu angeeignet und dabei transformiert. Die Religionsphilosophie ist dann nicht ein von der Theologie kategorial zu unterscheidendes Unternehmen, sondern in diese einbezogen, ohne die Differenz der Perspektiven aufzuheben.

5.6.2. Religionstheologie im nach außen offenen hermeneutischen Zirkel der Theologie

Eine Religions*theologie*, die nicht primär auf den Religionsbegriff ausgerichtet ist, sondern die Vielfalt der Religionen theologisch zu deuten unternimmt, wird sich wie alle systematische Theologie aus der Reflexion der Binnenperspektive des christlichen Glaubens heraus entfalten müssen und die religionsphilosophischen und religionswissenschaftlichen Außenperspektiven in diese Reflexion einbeziehen.

Paul Tillich hatte sich für diesen Weg der Zuordnung von Theologie und Religionsphilosophie ausgesprochen. In den methodischen Prolegomena seiner «Systematischen Theologie» stellt er zwei Zuordnungsmöglichkeiten einander alternativ gegenüber. Im einen Fall wird die Religionsphilosophie der Theologie übergeordnet und die christliche Botschaft von einem allgemeinen Religionsbegriff her in den Blick genommen. Im anderen Fall versteht sich Theologie als Funktion der Kirche und der Theologe als Interpret der christlichen Tradition, der er sich verpflichtet weiß, weil er den Grund dieser Tradition als das anerkennt, was ihn unbedingt angeht. Religionsphilosophische Überlegungen können, dürfen und müssen in diesem Rahmen zur Geltung gebracht werden, bestimmen aber nicht das Paradigma der Zugangsweise.

Im hermeneutischen Zirkel der Theologie ist der Bezug auf Christus nach Tillich normativ. Es gibt viele authentische Manifestationen des göttlichen Geistes, aber nur eine, die Letztgültigkeit beanspruchen kann.[616] Diese Aussage ist zwar nur innerhalb des theologischen Zirkels gültig, dort kann sie aber einen Anspruch auf allgemeine Geltung erheben. Im hermeneutischen Zirkel der Religionsphilosophie hingegen erscheint das Christentum «als ein Beispiel religiösen Lebens neben anderen»[617].

Tillich oszilliert zwischen theologischer und religionsphilosophischer Sichtweise, bleibt dem Standpunkt des christlichen Glaubens mit seiner Ausrichtung auf die Christusbotschaft aber verhaftet.

John Hick nimmt die Zuordnung von Theologie und Religionsphilosophie dagegen in umgekehrter Richtung vor. Auch für ihn gehören beide Perspektiven – die theologische und die religionsphilosophische – zusammen. Armin Kreiner sieht Hicks Intention zu Recht in der Überwindung des Gegensatzes von religionstheologischen und religionsphilosophischen

---

616 Paul Tillich: Systematische Theologie III, Berlin/New York 1987, 175f.
617 A. a. O., 17.

Argumentationsweisen.[618] Doch wird bei Hick der hermeneutische Zirkel der Religionsphilosophie nicht (wie bei Tillich) in die Theologie eingeholt, sondern es dominiert umgekehrt die religionsphilosophische über die theologische Betrachtung. Für ihn ist «the pluralist hypothesis […] not itself a religious doctrine but a philosophical theory about the relation between the religions»[619].

Demgegenüber folge ich dem Weg Tillichs. Dieser Weg scheint mir für die Entfaltung der Religionstheologie richtungsweisend zu sein. Ich plädiere dafür, die religionsphilosophischen Erwägungen in die Theologie einzubeziehen und die Religionstheologie im nach außen offenen hermeneutischen Zirkel der Theologie anzusiedeln. Das Bewusstsein, dass der christliche Glaube immer auch die Gestalt der Religion annimmt, die im Kontext des weltanschaulichen Pluralismus der Spät- oder Postmoderne steht, gehört in diesen Zirkel hinein. Der christliche Glauben weiß sich dem vielfältigen Diskurs der differenten Deutungen ausgesetzt. Das Moment der Dialogizität ist damit bereits in das Selbstverständnis dieses Theologieverständnisses und dieses religionstheologischen Ansatzes integriert. Man könnte diesen Ansatz auch mit dem von Wilfried Härle geprägten Begriff als «positionellen Pluralismus»[620] bezeichnen. Schwöbel spricht von einem «Pluralismus aus Glauben».[621] Diese Begriffe kommen dem hier Intendierten nahe. In der Entfaltung gehe ich allerdings eigene Wege.

Aus diesen Überlegungen legt sich mir für die theologische Beziehungsbestimmung zwischen unterschiedlichen religiösen Traditionen das Modell einer *dialogischen* bzw. *dialektischen* Vermittlung der verschiedenen religiösen Perspektiven nahe, also nicht die Einnahme einer «kopernikanischen» Metaperspektive, sondern ein Dialog «ptolemäischer» Binnenperspektiven. Es muss sich dabei nicht um einen «wirklichen», mit Anhängern

[618] Armin Kreiner: Philosophische Probleme der pluralistischen Religionstheologie, in: Raymund Schwager: Christus allein? Der Streit um die pluralistische Religionstheologie (QD 160), Freiburg i. Br. u. a. 1996, 121.

[619] John Hick: The Fifth Dimension. An Exploration of the Spiritual Realm, Oxford 1999, 90.

[620] Wilfried Härle: Aus dem Heiligen Geist. Positioneller Pluralismus als christliche Konsequenz, in: LuM 37, 1998, 21–24.

[621] Religiöser Pluralismus im 21. Jahrhundert. Herausforderung für die Freiheit, in: Markus Mühling (Hg.): Gezwungene Freiheit? Personale Freiheit im pluralistischen Europa, Göttingen 2009, 39 u. ö.

anderer Religionen geführten Dialog handeln. Es kann sich auch um den *inneren* Dialog der Theologin oder des Theologen mit Erscheinungsformen anderer religiöser Traditionen handeln. Dabei müssen die sich begegnenden Religionsperspektiven nicht in einem Gemeinsamkeitspunkt zusammengeführt und es muss ihre Geltungsreichweite auch nicht begrenzt werden, um sie kompatibel zu machen. Sie bleiben letztlich inkompatibel. Sie werden möglichst unverkürzt – einschließlich ihrer Ansprüche auf Letzt- und Universalgeltung – zueinander in Beziehung gesetzt. Jede von ihnen nimmt die gesamte Wirklichkeit im Lichte der von ihr bezeugten Letztwirklichkeit in den Blick und deutet auch die anderen Religionen von ihrer Warte aus.

Deren genereller Wahrheitswert muss nicht beurteilt werden. Aus dem normativen Zentrum einer jeden Religion – im Falle des Christentums also der Christusbotschaft – ergeben sich aber doch auch religionskritische Impulse, die auf die eigene wie auf andere Religionen angewendet werden können. Auf diese Weise kommt es zu einem engagierten und kritischen theologischen Dialog auf der Ebene der Anerkennung der Alterität der anderen. An die Stelle der Gleichwertigkeitsbehauptung tritt das Dialogprinzip der Gegenseitigkeit. Es ermöglicht einen wechselseitigen Inklusivismus, dem eine Haltung des gegenseitigen Respekts vor der Wahrheitsgewissheit des religiös Anderen korreliert.

5.7. Das religionstheologische Grundproblem

Im vorigen Abschnitt ging es um die Frage, wie Religionstheologie zu betreiben ist. Jetzt gehe ich der Frage nach, worin ihr zentrales theologisches Problem besteht. Es besteht in der Spannung zwischen der Universalität der Schöpfungszuwendung Gottes und der christozentrischen Partikularität, in der diese Schöpfungszuwendung nach dem Verständnis des christlichen Glaubens erfolgt ist: In *einem* Ereignis in der Geschichte – im Christusereignis – hat sich diese Zuwendung maßgeblich vollzogen, was dieses Ereignis zum Grund und zur Norm der Gottesbeziehung für Christinnen und Christen macht. Wie steht es dann aber um die Menschen, die zeitlich *vor* diesem Ereignis gelebt haben und jenen, die *ausserhalb* seiner Wirkungsgeschichte leben?

Die Spannung von Universalität und Partikularität durchzieht schon die biblische Überlieferung. In den Urgeschichten der biblischen Überlieferung steht die Universaldimension im Vordergrund: die Erschaffung des Kosmos und der Lebewesen, die weltweite Ökumene, repräsentiert in Noah. Mit der Abrahamsüberlieferung tritt das geschichtliche Paradigma auf den Plan: die Vorstellung einer auf das Volk Israel bezogenen Erwählungs-, Führungs- und Bundesgeschichte. Noch nicht bei Jesus selbst, aber mit der Öffnung für die Völkermission verlagert sich der Akzent wieder auf den Universalhorizont – aber innerhalb des geschichtlichen Paradigmas: im Sinne einer sich ausbreitenden und letztlich allumfassenden Heilsgeschichte (Eph 1,10).

In der Theologiegeschichte ist diese Spannung immer wieder bearbeitet worden. Zu den zahlreichen Bearbeitungsversuchen zählt beispielsweise die Lehre von der *Begierdetaufe*, die annimmt, dass auch Menschen, die ohne eigene Schuld aus bestimmten äußeren Gründen die Taufe nicht empfangen konnten und können, diese aber begehrt haben oder auch nur begehrt haben könnten, an der durch die Taufe vermittelten Heilsgabe Anteil haben. Überlegungen dazu finden sich schon bei Ambrosius im 4. Jahrhundert und dann verstärkt zu Beginn der Neuzeit, als mit den Entdeckungsreisen und dem damit beginnenden Kolonialismus Völker in das Blickfeld Europas traten, die vom Christentum gänzlich unberührt waren. Die Linie dieser Lehre zieht sich in der katholischen Kirche bis die Gegenwart. Im Katholischen Erwachsenenkatechismus heißt es dazu: «Da Gott das Heil aller Menschen will (vgl. 1Tim 2,4–6), kann ein Mensch, der nach seinem Gewissen lebt und den Willen Gottes so tut, wie er ihn konkret erkennt, und der deshalb gewiss die Taufe begehrt hätte, wenn er um ihre Bedeutung gewusst hätte, aufgrund einer solchen ‹Begierdetaufe› das Heil erlangen.»[622] Auf diese Weise konnten und können Nichtchristen in eine heilshafte Beziehung zum christlichen Glauben und zur (katholischen) Kirche gesetzt werden. Karl Rahners Lehre vom «anonymen Christentum» konnte daran anknüpfen.[623]

[622] Deutsche Bischofskonferenz (Hg.): Katholischer Erwachsenenkatechismus, Bd. 1: Das Glaubensbekenntnis der Kirche, Kevelaer ^{4}1989, 332.

[623] Entfaltet vor allem, in: Karl Rahner: Die anonymen Christen, in: Schriften zur Theologie VI., Einsiedeln 1965, 545–554. Siehe dazu: Nikolaus Schwerdtfeger: Gnade und Welt. Zum Grundgefüge von Karl Rahners Theorie der «anonymen Christen» (FThSt 123), Freiburg i. Br. 1982; ders.: Der «anonyme Christ» in der Theologie Karl Rahners, in: Mariano Delgado / Matthias Lutz-Bachmann

Man kann in solchen Ansätzen einen problematischen Inklusivismus mit offensichtlichen Vereinnahmungstendenzen erkennen und sie ablehnen. Man kann aber darin auch den Versuch sehen, Andersglaubende mit Würdetiteln des christlichen Glaubens zu versehen. Solange den Adressaten solche Zuschreibungen nicht zugemutet werden oder ihnen gar auferlegt wird, sie zu übernehmen, ist ihre Integrität nicht verletzt – erst recht nicht, wenn ihnen zugestanden wird, die Würdetitel *ihres* Glaubens auch Christen beizulegen.

Ein weiteres aus dem Universalitätsanspruch der christlichen Evangeliumsverkündigung hervorgehendes Problem bestand und besteht in der Frage, wie die Menschen, die zeitlich vor Christus gelebt haben, am verkündeten Heil Anteil bekommen können. Schon in der Gemeinde zu Korinth wurde diese Frage aufgeworfen. Als Antwort darauf konnte man die Überlieferung vom Hinabstieg Jesu Christi in das Reich der Toten heranziehen, die auf Eph 4,9 und 1Petr 3,19 rekurriert, ins Apostolische Glaubensbekenntnis aufgenommen wurde und sich in der Tradition der Kirche mit dem Karsamstag verband. Nach seinem Tod am Karfreitag ist Jesus hinabgestiegen in das Reich des Todes, um die sich dort befindenden Gerechten von der Macht des Todes zu erlösen. So vollzieht sich auch an ihnen der universale Heilswille Gottes.

Auch auf evangelischer Seite gibt es zahlreiche theologische Versuche, Menschen ohne einen expliziten christlichen Glauben in Beziehung zu der in Christus vermittelten heilshaften Gottesgegenwart zu setzen.[624] So hatte der späte Karl Barth unterschieden zwischen den «aktiven Christen hier und den virtuellen und prospektiven Christen dort […]»[625]. Die christliche Gemeinde habe «es in allen, in jedem Menschen, an den sie gewiesen ist, gewiß noch nicht aktuell, wohl aber schon virtuell, potentiell mit einem Christen, mit einem *christianus designatus*, einem *christianus in spe* zu tun: mit einem zur Erkenntnis und Betätigung seiner Gliedschaft am Leib Christi bestimmten Geschöpf»[626]. Emil Brunner zeigte sich aufgeschlossen für den Gedanken eines «unbewussten Christentums», ja

---

(Hg.): Theologie aus Erfahrung der Gnade. Annäherungen an Karl Rahner, Berlin 1994, 72–94.

624 Siehe dazu: Reinhold Bernhardt: Christentum ohne Christusglaube. Die Rede von «unbewusstem Christentum» und «latenter Kirche» im 19. und 20. Jahrhundert, in: ThZ 66, 2/2010, 119–147.

625 Karl Barth: KD IV/2, 305.

626 Karl Barth: KD IV/3, 927.

sogar einer «unbewussten Kirche»[627]. Es sprach auch von «säkularer Kirche» bzw. «Profankirche»[628]. In einem Aufsatz aus dem Jahre 1930 entfaltete Paul Tillich die Unterscheidung zwischen «latenter» und «manifester» Kirche[629], um die «Existenz eines christlichen Humanismus außerhalb der Kirche»[630] theologisch zu verarbeiten. Es ging ihm dabei, wie er in einem autobiografischen Rückblick notiert, «nicht um die altprotestantische Unterscheidung von sichtbarer und unsichtbarer Kirche, sondern um eine Differenzierung innerhalb der sichtbaren Kirche»[631]. Die sichtbare Kirche darf nicht beschränkt werden auf die institutionelle Kirche. Sie ist auch – in latenter Gestalt – in Gruppen und Bewegungen präsent, die sich für «christliche» Anliegen einsetzen. Es war nicht zuletzt dieser Gedanke, der ihn am Ende seines Lebensweges dazu führte, den Provinzialismus der westlichen Theologie aufzubrechen und die Begegnung mit dem Buddhismus zu suchen.[632]

All diese unterschiedlichen Ansätze suchen der Überzeugung gerecht zu werden, dass die von Gott her gewährte Gottesbeziehung nicht an von Menschen gesetzten Grenzen endet und damit auch nicht an menschlichem Glauben und an Religionszugehörigkeit. Sie sind damit von unmittelbarer religionstheologischer Relevanz.

Es geht durchwegs, wie überhaupt in der Religionstheologie, um die Spannung von Partikularität und Universalität des christlichen Glaubens

---

[627] Emil Brunner: Das Gebot und die Ordnungen. Entwurf einer protestantisch-theologischen Ethik, Zürich 1932 (Nachdruck 1939), 505: «Es taucht hier die Möglichkeit auf, nicht bloss von, unbewusstem Christentum›, sondern von, unbewusster Kirche› zu sprechen.»

[628] A. a. O., 506.

[629] Paul Tillich: Kirche und humanistische Gesellschaft, in: GW IX, 47–61.

[630] GW XII, 41.

[631] Ebd.

[632] Reinhold Bernhardt: Den Provinzialismus abstreifen. Tillichs Theologie der Religion(en), in: IThE 15, Frankfurt a. M. 2010, 23–41; ders.: Paul Tillichs Rede von «Gott über Gott» im Blick auf seine Begegnung mit dem Buddhismus, in: Christoph Schwöbel (Hg.): Gott – Götter – Götzen (siehe Anm. 335), Leipzig 2013, 585–605; ders.: «One can distinguish two ways of approaching God: the way of overcoming estrangement and the way of meeting a stranger». Paul Tillich's engagement with Buddhism, in: Russell Re Manning / Samuel A. Shearn (Hg.): Returning to Tillich. Theology and Legacy in Transition (TillRes 13), Berlin/Boston 2018, 125–140.

und der von ihm bezeugten Gottesbeziehung. Diese Beziehung steht allen Menschen offen, ist aber konstitutiv mit einem einmaligen Geschichtsereignis verbunden. Der Inhalt der Selbstmitteilung Gottes ist universal, ihre Ereignungsgestalt und Gegebenheitsweise sind partikular. In der Adressierung des Evangeliums an «alle» liegt die Universaldimension, in der geschichtlichen Bedingtheit dieser Botschaft die Partikulardimension. Diese Spannung durchzieht das gesamte christliche Glaubensdenken wie das Selbstverständnis aller Offenbarungsreligionen mit universalem Anspruch.

Zu Recht konstatierte Jürgen Moltmann: «Jede Theologie der Gnade hat die Tendenz zum Universalismus, weil sie um Gottes willen auf den Triumph der Gnade hinausläuft. Jede Theologie des Glaubens hat die Tendenz zum Partikularismus, weil sie von der Entscheidung des Glaubenden ausgeht und darum auf die Scheidung der Glaubenden von den Ungläubigen hinausläuft.»[633] Damit sind die beiden Streberichtungen bezeichnet: Es geht um eine Botschaft mit universaler Geltungsreichweite und Relevanz, die sich aber immer nur im Bedingungsgefüge geschichtlicher Kontextualität und Zeitbedingtheit «im Glauben» artikulieren und realisieren kann. Der Schatz wird in «irdenen Gefäßen» (2Kor 4,7) transportiert und empfangen. Dabei kann die Partikularität zum Partikularismus und die Universalität zum Universalismus gesteigert werden.

Eine Religionstheologie, die mit der Möglichkeit rechnet, dass sich Gestalten der Gnade Gottes auch außerhalb der Erscheinungsformen des christlichen Glaubens finden können, wird die Universaldimension dieses Glaubens hervorheben und die Unbedingtheit und Universalität der Gnade in Jesus Christus repräsentiert sehen. Das ist der Weg, den ich in meinem Ansatz der Religionstheologie verfolge.

5.8. Systematiken der Beziehungsbestimmungen

In den religionstheologischen Diskussionen der letzten Jahrzehnte sind immer wieder Modellschemata vorgeschlagen wurden, die dazu dienen sollten, Grundoptionen (Modelle) der interreligiösen Beziehungsbestimmung zu unterscheiden und die religionstheologischen Entwürfe in diese

[633] Jürgen Moltmann: «Sein Name ist Gerechtigkeit». Neue Beiträge zur christlichen Gotteslehre, Gütersloh 2008, 136.

Modelle einzuordnen. Das bekannteste ist das Dreierschema von Exklusivismus, Inklusivismus und Pluralismus. Es ist so oft dargestellt und kritisch diskutiert worden, dass ich mich im Folgenden auf wenige Andeutungen dazu beschränken kann.

Bei aller Kritik an diesem Schema scheint es sich aber generell doch nahezulegen, Grundtypen der interreligiösen Beziehungsbestimmung zu unterscheiden. Denn auch die meisten Kritiker des Dreierschemas verzichten nicht gänzlich auf ein solches Schema, sondern schlagen eigene Schemata vor, die sich mehr oder weniger am Dreierschema orientieren. Dieses hat also offensichtlich doch einen heuristischen Wert.

Paul F. Knitter, der als Vertreter der Pluralistischen Religionstheologie in seinen früheren Schriften das Dreierschema propagiert und verwendet hatte, ist in seiner weit verbreiteten Einführung «Theologies of Religions» darüber hinaus gegangen, hat die drei Modelle zum Teil noch einmal intern differenziert und ein viertes Modell hinzugefügt. Henning Wrogemann verabschiedet demgegenüber das Dreierschema gänzlich und schlägt eine eigene Systematik vor. Zwischen diesen Polen der Modifikation und der Ersetzung des Dreierschemas bewegen sich auch andere Vorschläge in der Diskussion um religionstheologische Modelle.

Ich gehe im Folgenden zunächst auf das Dreierschema, dann auf Knitters Vorschlag zur Erweiterung dieses Schemas und auf Alternativvorschläge dazu ein. Schließlich präsentiere ich ein Schema, das nicht im Kontext der Religionstheologie, sondern der Interkulturellen Philosophie entwickelt wurde, dessen Anwendung auf die Religionstheologie mir aber fruchtbar zu sein scheint.

5.8.1. Das religionstheologische Dreierschema

Die Unterscheidung zwischen drei Grundtypen der interreligiösen Beziehungsbestimmung – Exklusivismus, Inklusivismus und Pluralismus[634] – geht von der Frage aus, ob es neben der eigenen Religion auch anderen

[634] Als «orthodoxer» Verfechter dieses Schemas kann Perry Schmidt-Leukel gelten: Gott ohne Grenzen. Eine christliche und pluralistische Theologie der Religionen, Gütersloh 2005, 62–87; Zur Diskussion dieses Schemas siehe u. a.: Reinhold Bernhardt: Ende des Dialogs? (siehe Anm. 518), 103–122; Christian Danz: Einführung in die Theologie der Religionen, Wien 2005, 51–117. Johannes Herzgsell, SJ: Das Christentum im Konzert der Weltreligionen. Ein Beitrag zum interreligiösen Vergleich und Dialog, Regensburg 2011, 450–568.

Religionstraditionen zugestanden wird, heilshafte Wahrheit zu vermitteln, die zur Erlösung bzw. Befreiung bzw. Erleuchtung – also zu einem wie auch immer verstandenen Heilszustand – führt. Positionen, die ein solches Zugeständnis ablehnen, werden als «exklusivistisch» bezeichnet, solche die davon ausgehen, dass es eine partielle bzw. graduelle Vermittlung von Heilswahrheit auch in anderen Religionen geben kann, als «inklusivistisch» und solche, die zugestehen, dass mindestens *eine* andere Religion ein dem Christentum ebenbürtiger Heilsweg ist, als «pluralistisch».

Die Haupteinwände gegen dieses Schema lassen sich folgendermaßen zusammenfassen:

(1) Bei der gestellten Grundfrage nach der Vermittlung heilshafter Wahrheit handelt es sich um eine aus der christlichen Theologie entnommene Frage, die das christliche Verständnis der Soteriologie auf andere Religionen überträgt. Auch die Zentralbegriffe «Heil» und «Offenbarung» sind christlich geprägt. Sie stimmen mit dem Selbstverständnis anderer Religionen nur bedingt überein. Das Judentum und der Islam etwa definieren sich nicht primär über die Vermittlung heilshafter Wahrheit, sondern über die Befolgung von Gott verordneter kultischer und ethischer Regeln. Die verschiedenen Spielarten des Buddhismus beanspruchen, zum Verlöschen des Daseinsdurstes zu führen; dieses Verständnis von Heil ist charakteristisch verschieden vom christlichen.[635] Das Schema folgt also hermeneutisch gesehen einem inklusivistischen Ansatz.

(2) Dem Schema gelingt es nicht, die Andersheit anderer Religionstraditionen angemessen zu würdigen. Der Position des Exklusivismus zufolge wird die Alterität a priori abgewertet und die interreligiöse Differenz überbetont; der Position des Inklusivismus zufolge wird Alterität lediglich nach dem Maß ihrer Kompatibilität mit dem religiös Eigenen gewürdigt; der Position des Pluralismus zufolge wird sie nur als andere Erscheinungsform des letzten metaphysischen Einheitsgrundes gesehen und dabei wird die letztliche Identität der Religionen unterstellt. Das Schema bietet also keine Position an, der es gelingt, die Andersheit einer anderen Religion wahrzunehmen und auszuloten, inwieweit ihr in dieser unverkürzten Alterität Wertschätzung entgegengebracht werden kann.

---

[635] Siehe dazu: Rudolf Kirchgrabner: Erlösung im Christentum und im Buddhismus der Jōdo-shinshū. Gibt es gleiche Gnadenvorstellungen im Christentum und Buddhismus? Beau Bassin (Mauritius) 2018.

(3) Die Fokussierung auf die Frage nach Vermittlung heilshafter Wahrheit stellt eine eklatante Reduktion dessen dar, was Religion ausmacht. Ninian Smart unterschied sieben Dimensionen der Religion: eine praktisch-rituelle, eine mythisch-narrative, eine doktinale-philosophische, eine ethisch-rechtliche, eine soziale-institutionelle, eine erfahrungshaft-emotionale und eine materielle (die sich in Manifestationen wie etwa Tempeln zum Ausdruck bringt).[636]

(4) Die Anwendung des Schemas setzt eine Urteilsperspektive voraus, die weder von den einzelnen Religionstraditionen aus erschwinglich ist, noch auch religionsphilosophisch begründet werden kann. Wie lässt sich dann aber das Globalurteil über den Wahrheits- und Heilswert anderer Religionen begründen? Es bleibt eine apriorische Setzung.

(5) Die Wahrheits- und die Heilsfrage, Offenbarung und Erlösung, werden ineinandergeschoben. Es ist aber wichtig, beide Fragen zu unterscheiden, denn ein Großteil der religiösen Wahrheitsansprüche ist nicht unmittelbar soteriologisch relevant.

(6) Das Schema ist abstrakt und lässt sich nur gebrochen auf die konkreten religionstheologischen Entwürfe anwenden. Viele dieser Entwürfe lassen sich nicht eindeutig in das Schema einordnen. So führt beispielsweise der Versuch, Karl Barths Religionstheologie als «exklusivistisch» zu etikettieren, zu einer verzerrten Interpretation dieses Entwurfs. Aus diesem Grund hat man weitere Differenzierungen in das Schema eingefügt, d. h. verschiedene Formen des Exklusivismus, des Inklusivismus und des Pluralismus unterschieden.[637] Doch selbst dann bereitet die Einordnung der Entwürfe Schwierigkeiten.

(7) Das Schema ist Teil der Pluralistischen Religionstheologie und hat ein Gefälle auf diese hin. Von den Vertretern dieses Modells werden die beiden anderen Modelle zur Abgrenzung von ihrem Programm benutzt. Sie erscheinen als überwindungsbedürftig. Damit aber zieht das Schema auch die Kritik auf sich, die gegen die Pluralistische Religionstheologie ins Feld geführt wird. Sie besteht u. a. darin, dass im religionstheologischen

[636] Ninian Smart: Dimensions of the Sacred. An Anatomy of the World's Beliefs, London 1996; ders: The Religious Experience of Mankind, New York 1969, London 1971; ders.: The World's Religions, Cambridge [2]1998.

[637] So fügt etwa Frans Wijsen noch ein «dialektisches» Modell in das Dreierschema ein: Frans Wijsen: Christianity and Other Cultures (siehe Anm. 90), 152 m. Anm. 42. Er betrachtet diese Modelle als heuristische Zugänge. Siehe A. a. O., 152–156.

Pluralismus mit seinem metaphysischen Einheitsprinzip die grundlegenden Unterschiede zwischen den Religionen nicht ernst genug genommen werden.

Diese Kritikpunkte müssen nun aber nicht dazu führen, das Dreierschema für erledigt zu erklären – und mit diesem Kind auch gleich das Bad der Religionstheologie insgesamt auszuschütten. Das Schema hat seine Berechtigung als Unterscheidung dreier Beziehungshaltungen, die auf religiöse, aber auch auf nichtreligiöse Phänomene (etwa ethische oder politische Einstellungen) bezogen sein können, die als «Anderes» in den Gesichtskreis eines Betrachters treten. Manche dieser Erscheinungen werden von ihm als unvereinbar mit seinem Wertesystem erachtet und damit aus dem Spektrum dessen, was er anerkennen kann, exkludiert. Anderes kann in einem gewissen Grad und in bestimmten Hinsichten anerkannt und damit in das eigene Wertsystem inkludiert werden. Wieder anderes wird von ihm in vollem Umfang anerkannt werden können und so als gleichwertige Alternative zum «Eigenen» gewürdigt werden. So verstanden handelt es sich beim Dreierschema nicht mehr um eine religionstheologische Rahmentheorie, sondern um drei Modi der Anerkennung. Man kann religionstheologische Entwürfe durchaus daraufhin befragen, in welchem Maß sie gewillt und fähig sind, der Religionsvielfalt insgesamt, bestimmten nichtchristlichen Religionstraditionen und einzelnen ihrer Erscheinungen Anerkennung entgegenzubringen. Aber man muss die Entwürfe nicht in das Korsett dieses Schemas pressen.

Es ist auch möglich, die drei Beziehungshaltungen in verschiedenen Hinsichten zugleich einzunehmen. Sie stellen dann drei Momente des religiösen Selbstverständnisses dar: Der Anhänger einer Religion kann die Haltung der Exklusivität innerhalb des eigenen religiösen Bezugsrahmens im Blick auf das, was ihm «heilig» ist» einnehmen, zugleich aber Erscheinungsformen anderer Religionen, die diesem Identitätszentrum nicht widersprechen, mit inklusiver Offenheit begegnen, und die Beziehung zwischen den religiösen Referenzrahmen im Sinne eines Pluralismus bestimmen. Anderen ist eben anderes heilig.

Ich deute die drei Beziehungshaltungen im Blick auf interreligiöse Beziehungsbestimmungen in folgendem Sinn:

Exklusivität ist auf der Ebene der Glaubensgewissheit – in der *Coram-Deo*-Relation – angesiedelt und als Ausdruck einer ausschließlichen Bindung und Loyalität zu verstehen. In Absolutheitsansprüchen artikuliert sich eine Ergriffenheitserfahrung. Problematisch für die Gestaltung interreligiöser Beziehungen werden solche Ansprüche erst dort, wo sie von der Person, die ihren Glauben artikuliert, gelöst (das heißt: ver-absolutiert) und zu allgemeingültigen Urteilen über den Wahrheitswert und die Heilsbedeutung anderer Religionen erklärt werden, wo sie sich also zu einem Exklusivismus verfestigen.

Das Moment der *Inklusivität* bringt demgegenüber die Universaldimension der im christlichen Glauben vergewisserten Gott-Welt-Beziehung zum Ausdruck: Wenn die ganze Schöpfung ein Tempel der machtvollen Gegenwart Gottes ist, dann legt sich die Vermutung nahe, Spuren dieser Gegenwart auch im Erfahrungsschatz nichtchristlicher Religionen zu finden und positiv dazu in Beziehung zu setzen.

Pluralität zeigt sich, wenn die eigene Religiosität gewissermaßen von außen im Gegenüber zu anderen Religionsformen betrachtet wird. Es ist charakteristisch für eine selbstreflexive Religiosität, das Drinstehen mit dem Heraustreten zu verbinden. Einerseits ist sie ganz bei sich und in sich bzw. ganz auf ihr exzentrisches Zentrum (im Falle des christlichen Glaubens: auf Christus) ausgerichtet. Andererseits tritt sie sich gegenüber und wird sich ihrer selbst als Religion unter Religionen ansichtig.

Wolfhart Pannenberg hat in ähnlicher Weise die «-ismen» des religionstheologischen Dreierschema, also Exklusiv*ismus*, Inklusiv*ismus* und Plural*ismus* auf die Beziehungshaltungen der Exklusiv*ität*, Inklusiv*ität* und Plural*ität* (bzw. faktischer, statt programmatischer Pluralismus) zurückgeführt, die drei Haltungen mit unterschiedlichen Perspektiven korreliert und diese miteinander verbunden: «Die Momente der Exklusivität des christlichen Wahrheitsanspruchs, der Inklusivität des Glaubens an die Offenbarung Gottes als des einen Gottes aller Menschen und der Anerkennung eines faktischen Pluralismus unterschiedlicher Glaubensformen und Wahrheitsansprüche gehören im christlichen Selbstverständnis zusammen.»[638]

---

[638] Wolfhart Pannenberg: Die Religionen in der Perspektive der christlichen Theologie (siehe Anm. 519), 133f. Siehe auch: Lesslie Newbigin: The Gospel in a Pluralist Society, Grand Rapids 1989, 182.

5.8.2. Erweiterungen des Dreierschemas

Selbst ehemalige Verfechter des Dreierschemas haben dieses als ungenügend empfunden und es differenziert und erweitert. So unterscheidet etwa Paul F. Knitter vier Modelle[639]:

(1) Das *replacement model* firmiert unter dem Titel «only one true religion» und ist weitgehend deckungsgleich mit dem Exklusivismus. Knitter unterscheidet zwischen zwei Varianten dieses Modells, wobei er nicht nur theologische Entwürfe, sondern auch die missionarische Praxis in Vergangenheit und Gegenwart im Auge hat: Die eine Variante («total replacement») bestreite den Wahrheitsanspruch aller anderen Religionen vollständig, versuche sie zu verdrängen und die ganze Menschheit zu christianisieren. Repräsentanten dieser Haltung findet er unter fundamentalistischen und evangelikalen Christen, aber auch bei Karl Barth. Er bezieht sich dabei auf Barths Behauptung, das Christentum sei die einzig wahre, weil von Gott wahrgemachte Religion. Die Dialektik in der Religionstheologie Barths wird dabei unterschlagen. Die andere Variante dieses Modells («partial replacement») geht nach Knitter davon aus, dass es einerseits eine universale Offenbarung Gottes gibt, die von allen Menschen erkannt werden kann, dass andererseits Gottes heilschaffendes Wirken aber allein durch Christus vermittelt ist. Dafür führt er unter anderem Emil Brunner, Paul Althaus, Paul Tillich und Wolfhart Pannenberg an.

(2) Das *fulfilment model* sieht im Christentum die Erfüllung aller anderen Religionen. Knitter bezieht sich in seiner Beschreibung auf das Zweite Vatikanische Konzil, Karl Rahners Lehre vom «anonymen Christsein» sowie auf römisch-katholische Ansätze aus der jüngeren Vergangenheit, die eine noch größere Offenheit für andere Religionen an den Tag legen, wie es in den religionstheologischen Ansätzen von Gavin D'Costa, Jacques Dupuis und einigen Theologen aus Asien der Fall ist.

(3) Das *mutuality model* geht davon aus, dass Gott auch in anderen Religionen heilshaft präsent ist. Knitter nennt es nicht «pluralistisch», sondern «mutual», also gegenseitig, weil es darin weniger um die Vielfalt der Religionen gehe und mehr um die Bereitschaft, einen echten interreligiösen Dialog zu führen. Nach der von mir in diesem Buch immer wieder gebrauchten Grundunterscheidung geht es hierbei also mehr um Bezie-

[639] Paul F. Knitter: Introducing Theologies of Religions, Maryknoll (NY) 2002, ^{4}2004.

hungsgestaltung als um Beziehungsbestimmung. Das Prinzip der Gegenseitigkeit ist grundlegend für einen Dialog. Um diesen zu ermöglichen, braucht es nach Knitter auch auf der Ebene der Religionstheologie eine gegenseitige Anerkennung. In der Untergliederung dieses Modells orientiert sich Knitter an der Unterscheidung der drei «Brücken» über den «religionstheologischen Rubikon», von denen in der Einleitung zu dem von ihm und John Hick herausgegebenen Band «The Myth of Christian Uniqueness» die Rede war. Es sind dies drei methodische Zugänge zur Pluralistischen Religionstheologie: erstens über die Philosophie und die Religionsgeschichte, zweitens über die spirituelle Erfahrung und drittens über die gemeinsame ethische Praxis.[640] Die erste dieser Brücken sieht er vor allem von John Hick begangen, die zweite von Raimondo Panikkar u. a., die dritte von ihm selbst.

(4) Das *acceptance model* umfasst differenztheologische Entwürfe, die nicht von einem Einheitspostulat ausgehen, die also nicht annehmen, dass sich die Religionen auf den gleichen göttlichen Grund beziehen, dass sich in ihnen der gleiche Grundvorgang vollzieht oder dass sie dem gleichen Heilsziel entgegengehen. Der Titel des Modells ist bezogen auf die Anerkennung der anderen Religionen in ihrer unaufhebbaren Verschiedenheit statt auf der Grundlage einer postulierten Gemeinsamkeit. Knitter sieht darin einen Reflex auf die postmoderne Betonung der Differenz und auf postliberale Ansätze in der Theologie, wie den von S. Mark Heim. Auch die Komparative Theologie ordnet er hier ein.

5.8.3. Abwendungen vom Dreierschema

Henning Wrogemann schlägt nicht den Weg ein, das religionstheologische Dreierschema zu modifizieren. Er lehnt es kategorisch ab, weil es ihm – zumindest in der Form, in der es von Perry Schmidt-Leukel vertreten wird – zu rationalistisch ist. Schmidt-Leukel versteht das Schema als logische Klassifikation, die durch Vollständigkeit und Einheitlichkeit gekennzeichnet ist; man müsse sich für eine der drei Optionen entscheiden; weitere Optionen gebe es nicht. Weiter kritisiert Wrogemann, dass mit der Fokussierung auf *das Christentum* und *die Religionen* eine Makroperspektive mit hohem Generalisierungsgrad eingenommen werde. Und diese Perspektive

---

[640] John Hick / Paul F. Knitter (Hg.): The Myth of Christian Uniqueness. Toward a Pluralistic Theology of Religions, Maryknoll (NY) 1987, ix–xii.

sei zudem auch noch durch die Pluralistische Religionstheologie imprägniert. Aus religionswissenschaftlicher Sicht würden solche Kategorisierungen den Blick für das verstellen, was Angehörige anderer Religionen als wesentlich erachteten.[641]

Die von Wrogemann vorgeschlagene Systematik zur Einordnung religionstheologischer Entwürfe bezieht sich nur auf die neuere Diskussion, während das Dreierschema die gesamte Christentumsgeschichte im Blick hat. Der Bildausschnitt der Betrachtung ist also viel kleiner, was dem Bild eine höhere Tiefenschärfe geben sollte. Es zeigt sich aber, dass die vorgeschlagene Klassifikation nicht einem schlüssigen Unterscheidungsprinzip folgt und zudem mit theologischen Werturteilen durchsetzt ist.

(1) Die *revisionistischen* Ansätze sind deckungsgleich mit der Pluralistischen Religionstheologie. Als Repräsentanten nennt Wrogemann John Hick und Paul Knitter. Schon in den Überschriften, mit denen er seine Darstellung dieser Positionen untergliedert, wird der Hauptvorwurf erkennbar, den er gegen diese Ansätze erhebt: Sie relativierten die Bedeutung Jesu Christi, indem sie auch andere Wege der Heilsvermittlung neben dem Christusweg anerkennen.

(2) Die *interpretativen* Ansätze operieren nach Wrogemann weniger auf einer rationalen Ebene als eher auf der Ebene der religiösen Erfahrung. Hierfür führt er Michael von Brück und S. Mark Heim an. Beide verbindet allerdings nicht *mehr*, als dass sie die Trinitätstheologie religionstheologisch fruchtbar zu machen suchen. Diese «Neuinterpretation der Trinitätslehre»[642] gibt dem Modell seinen wenig aussagekräftigen Titel. Wrogemanns Kritik an diesem Modell geht in die gleiche Richtung wie seine Kritik an den revisionistischen Ansätzen, weshalb er die kritische Auseinandersetzung mit beiden Modellen zusammennimmt. Der Vorwurf gegen sie lautet, dass hier «zentrale Lehren der christlichen Tradition entweder abgelehnt, ausgeblendet oder uminterpretiert»[643] werden.

(3) Die *selegierenden* Ansätze sind deckungsgleich mit der Komparativen Theologie. Dabei führt Wrogemann allerdings nur *einen* Entwurf – den von Francis X. Clooney – an. Er würdigt, dass hier auf religionstheologische Globalurteile verzichtet werde, sieht diesen Ansatz aber in

[641] Henning Wrogemann: Theologie interreligiöser Beziehungen (siehe Anm. 415), 29–33.

[642] A. a. O., 81.

[643] A. a. O., 111.

der Gefahr einer assimilativen Hermeneutik stehen: Bei einem theologischen Religionsvergleich werde der Vergleichsgegenstand aus einer anderen religiösen Tradition nicht in religionswissenschaftlicher Distanz, sondern nach Maßgabe der eigenen Tradition wahrgenommen und damit vereinnahmt.

(4) Auch die vermeintliche Gruppe der *interaktionistischen* Ansätze besteht nur aus *einem* Entwurf: der pfingstlerischen Theologie von Amos Yong, der sich Wrogemann verbunden fühlt. Hier würden keine rationalen Urteile über den Wahrheits- und Heilsgehalt anderer Religionen abgegeben und nicht eine vermeintlich religionsübergreifende spirituelle Erfahrung zur Grundlage interreligiöser Wertschätzung gemacht. Vielmehr fokussiere Yong auf die Praxis als Ort der interreligiösen Begegnungen. Über eine charismatische Theorie der Gabe gelinge es ihm, interreligiöse Interaktionen als geistlichen Austausch zu deuten.

Das von Wrogemann entworfene Modellschema ist stark an einzelnen Entwürfen orientiert. Es ist assoziativ und additiv. Eine innere Systemlogik ist nicht erkennbar. Man hätte die einzelnen Entwürfe ohne Verlust auch ohne diesen Überbau darstellen können. Einzelne, zumeist methodische Charakteristika (wie die Auswahl bestimmter Vergleichsgegenstände beim «selegierenden» Modell) werden herausgenommen und zum Titel des Modells erhoben (sinnvoller wäre hier die Bezeichnung «komparative Ansätze» gewesen).

Ich will nun nicht weiter auf dieses idiosynkratische Schema eingehen, sondern an ihm die grundlegende Problematik der Bildung solcher Schemata aufweisen: Sie stehen in der Spannung zwischen einem abstrakten Unterscheidungsprinzip und den konkreten religionstheologischen Entwürfen.

Orientiert sich ein Schema eher am zugrunde liegenden Unterscheidungsprinzip – wie es das religionstheologische Dreierschema tut, das drei Antworten auf die Grundfrage nach Heilsvermittlung außerhalb der Kirche bzw. des Glaubens an Jesus Christus einander gegenüberstellt –, dann ist das Schema theoretisch wohl konsistent, aber weit von den Entwürfen entfernt. Die Einordnung der einzelnen Entwürfe in dieses deduktiv gewonnene Schema bereitet Schwierigkeiten und führt zu immer neuen Versuchen, das Schema zu differenzieren. Der Schuh des Schemas ist zu eng für die Entwürfe und drückt an vielen Stellen.

Orientiert sich das Schema demgegenüber stark an den einzelnen Entwürfen, muss es versuchen, induktiv – von den Entwürfen ausgehend –

Gattungen zu bilden, in die diese Entwürfe dann sinnvoll eingeordnet werden können. Dazu muss es gattungsbildende Charakteristika in den Entwürfen indizieren. Je umfassender die Gattung zugeschnitten ist, umso mehr Entwürfe vermag sie in sich aufzunehmen, umso weniger wird sie dann aber den einzelnen Entwürfen gerecht.

5.8.4. Formen des Zentrismus

Am Ende dieses Kapitels über Systematiken der interreligiösen Beziehungsbestimmungen werfe ich einen Blick über den Tellerrand der religionstheologischen Diskussion hinaus. Die jetzt vorzustellende Unterscheidung ist nicht von theologischen bzw. religionsphilosophischen Interessen geleitet. Sie geht zurück auf den Kulturphilosophen Franz Martin Wimmer, der sie im Rahmen seiner interkulturellen Philosophie entwickelt hat.[644] Bis 2008 hat er am Institut für Philosophie der Universität Wien gelehrt und ist Mitbegründer der «Wiener Gesellschaft für interkulturelle Philosophie» (1994) und der Zeitschrift «Polylog» (1998).

Wimmer zufolge markiert jede Bestimmung des Selbstverständnisses im Denken und Handeln ein Zentrum und eine Peripherie. Für religiöse Individuen und Gemeinschaften besteht das Zentrum im identitätsstiftenden Kernbestand ihrer Religion: in den zentralen Glaubensinhalten und Lebensregeln. Wimmer unterscheidet nun vier Modi, in denen der Bezug auf das Zentrum vorgenommen werden kann[645]:

- *expansiv:* Das Zentrum wird auf alles andere ausgedehnt und für universal verbindlich erklärt. Personen und Gemeinschaften, die sich nicht in Bezug auf dieses Zentrum definieren, müssen darüber belehrt und aufgefordert werden, diesen Bezug herzustellen. Das kann nur in der Form eines Monologs geschehen, denn nur der Sprecher verfügt über die wahre Kenntnis des Zentrums.
- *integrativ:* Alles andere wird in das Zentrum einbezogen. Andersglaubende werden in das eigene Zentrum eingegliedert, etwa indem unterstellt wird, dass sie schon immer und auch ohne dass es ihnen bewusst war bzw. ist, zu diesem Zentrum in Beziehung stehen. Es wird

[644] Franz M. Wimmer: Interkulturelle Philosophie. Eine Einführung, Wien 2004.

[645] A. a. O., 15–20.

ihnen beispielsweise ein «impliziter Glauben» oder ein «Begehren» nach dem Zentrum zugesprochen. Weil dieses in der je eigenen Tradition zur vollen Entfaltung gekommen ist, müssen sie ihren Weg dorthin finden. Die Begegnung mit ihnen hat dementsprechend das Ziel, ihnen diese Ausrichtung ihrer selbst bewusst zu machen. Sie wird sich in Form eines integrativen Dialogs ereignen.
- *separativ:* Das eigene Zentrum wird von anderen Zentren getrennt. Es steht unverbunden neben ihnen. Die anderen Zentren können dabei unterschiedlich gewertet werden: als bedeutungslos, irrig, dämonisch usw. Diese Form des Zentrismus führt nicht zur Aufnahme von Beziehungen zu denen, die diesen anderen Zentren verpflichtet sind, sondern zum Rückzug von ihnen, also in die Beziehungslosigkeit. Es handelt sich dabei um eine Haltung der Selbstverabsolutierung, wobei dieser Begriff von seiner lateinischen Grund Bedeutung her zu verstehen ist: *absolvere* heißt «loslösen». Anders als beim expansiven und beim integrativen Zentrismus werden Universalansprüche vom separativen Zentrismus zurückgewiesen Die dementsprechende Kommunikationsform der Nicht-Kommunikation nennt Wimmer «Antholog».
- *tentativ:* Hier erfolgt die Bearbeitung philosophischer Fragen von verschiedenen Zentren aus. Stimmen unterschiedlicher kultureller Denktraditionen werden in eine Art Kolloquium einbezogen. Wimmer nennt es «Polylog». Der Überlegenheitsanspruch der europäischen Philosophietradition muss dabei aufgegeben werden. Es soll nach Überlappungen der philosophischen Diskurse in verschiedenen Kulturen gefragt werden.

Es geht in diesem Schema weniger um interkulturelle Kommunikation. Wimmers primäres Interesse besteht nicht in der Verbesserung zwischenmenschlicher (individueller und kollektiver) Beziehungen über Kulturgrenzen hinweg. Er will vielmehr Philosophie treiben und philosophische Themen erörtern. Dies soll aber nicht mehr nur in Referenz zu den Ressourcen einer bestimmten philosophischen Tradition geschehen, sondern in einem interkulturellen Symposion: im traditionsübergreifenden «Polylog» der Philosophen.

Wimmer verfolgt nicht das Ziel, das der späte Karl Jaspers verfolgt hat, der eine Weltgeschichte der Philosophie schreiben wollte.[646] Jaspers sah sich «auf dem Wege vom Abendrot der europäischen Philosophie zur Morgenröte der Weltphilosophie»[647]; er ahnte aber auch, dass für ein solches Projekt die Schaffenskraft eines einzelnen Philosophen nicht ausreichen würde: «Auf dem Wege werden wir, alle Einzelnen liegen bleiben.»[648] Auch bei Jaspers' Projekt handelte es sich um einen Monolog, wenn auch um einen solchen, der nicht nur aus den Quellen der eigenen Tradition schöpfte, sondern andere Traditionen als ebenso beachtenswerte Erkenntnisquellen anerkannte. Nach Wimmer sollen die Vertreter verschiedener Kulturen stattdessen ihre eigenen Traditionen selbst einbringen. Eine Philosophie wie diese ist also auf interkulturelle Kommunikation angewiesen und will daraus einen Mehrwert an philosophischer Erkenntnis ziehen.

Der Modus dieser Erkenntnis besteht nicht nur darin, möglichst viele philosophische Stimmen aus anderen kulturellen Kontexten zu hören und sie nebeneinanderstehen zu lassen. Es geht durchaus darum, zu universal gültigen Aussagen zu gelangen. Es kann aber nicht a priori bestimmt werden, was universal gültig ist. Das muss sich vielmehr in einem wechselseitigen, offenen und kritischen Verständigungsprozess erweisen. Ein Relativismus, der eine Beliebigkeit von Positionen vertritt, wird also ebenso vermieden wie ein Absolutismus, der die eigene Position monopolisiert.

Nach Wimmer ist das Modell des Polylogs auf interreligiöse Dialoge allerdings nicht anwendbar. Denn «Religion – in welcher konkreten Gestalt auch immer – verhindert jene nicht-zentristische, radikal wechselseitige und konsequent selbstkritische Form des Gesprächs, die Polyloge auszeichnet»[649]. Im Gegensatz zur Philosophie strebe Religion nicht danach,

---

[646] Karl Jaspers: Die großen Philosophen, 2 Bde., München 1981; ders.: Weltgeschichte der Philosophie. Einleitung, aus dem Nachlass hg. von Hans Saner, München/Zürich 1982; ders.: Gibt es eine Weltgeschichte der Philosophie?, in: ders.: Aneignung und Polemik. Gesammelte Reden und Aufsätze zur Geschichte der Philosophie, hg. von Hans Saner, München 1968, 9–12.

[647] Karl Jaspers: Philosophische Autobiografie, München 1977, 122.

[648] Ebd.

[649] Franz Gmainer-Pranzl: «Relativer Sinn» und «unbedingte Wahrheit». Die Methodik interkulturellen Philosophierens im Kontext interreligiöser Dialoge am Beispiel der religionskritischen Problemwahrnehmung bei Franz Martin Wimmer, in: Mariano Delgado / Guido Vergauwen (Hg.): Interkulturalität. Begegnung und Wandel in den Religionen, Stuttgart 2010, 129–160, Zitat: 143f. Siehe auch: ders.:

rational überzeugen zu wollen. Sie überrede und verführe. Gegenüber dem von ihr postulierten Glaubensinhalt fordere sie Gehorsam, entziehe diesen einer intersubjektiven Prüfung und immunisiere ihn damit gegen Kritik.[650]

«Die mir fremden, ‹anderen Wege zum Heil› können religiös nicht als gleichwertig mit dem von mir geglaubten gedacht werden.»[651] Vollständige Reziprozität wäre aber die Voraussetzung für einen Polylog. Dieser stößt somit an seine Grenze, wenn Religion ins Spiel kommt.

Offensichtlich geht Wimmer von einem dogmatistischen Religionsverständnis aus, dem zufolge die je eigene Glaubenswahrheit aus innerer Notwendigkeit verabsolutiert wird und damit jeglichem Dialog entzogen ist. Sicher gibt es solche Immunisierungsstrategien in religiösen Kommunikationsprozessen. Es hängt vom jeweiligen Religionsverständnis ab, ob man darin das Wesen oder das Unwesen der Religion zum Ausdruck kommen sieht. Das eigentliche Problem der Kritik Wimmers besteht aber darin, dass er *Religion* zu *Philosophie* in Beziehung setzt und damit einen Kategorienfehler begeht. Beides liegt auf verschiedenen Ebenen. Nicht Religion, sondern *Theologie* – also (nicht nur affirmative, sondern immer auch kritische) Reflexion religiöser Aussagen – wäre das entsprechende Gegenüber zur Philosophie. Religion wäre eher einer vorwissenschaftlichen nichtreligiösen Weltanschauung gegenüberzustellen. Wimmer setzt also religiöse *first-order-language* zur philosophischen *second-order-language* in Beziehung, vorwissenschaftliche Bekenntnissprache zur geisteswissenschaftlichen Reflexionssprache. Außerdem darf man darauf hinweisen, dass Dogmatismus nicht nur unter Theologinnen und Theologen anzutreffen ist, sondern durchaus auch unter Philosophen und Philosophinnen.

Subtrahiert man die vorurteilsvolle Religionskritik Wimmers von seinem Ansatz, so bietet dieser ein durchaus hilfreiches Unterscheidungsinstrumentarium für die Beurteilung unterschiedlicher interreligiöser Beziehungsbestimmungen. Dieses Schema scheint mir besser geeignet zu sein als das Dreierschema, das an den oben genannten Schwächen leidet. Auch Wimmers Schema gibt kein differenziertes Raster zur Einordnung

Welt-Theologie. Verantwortung des christlichen Glaubens in globaler Perspektive, in: IKTh 38, 2012, 408–432.

650 Franz M. Wimmer: Sind religiöse Dialoge mögliche Polyloge? In: ders.: Globalität und Philosophie. Studien zur Interkulturalität, Wien 2003, 89.

651 A. a. O., 91.

religionstheologischer Entwürfe an die Hand, aber doch eine Systematik von Grundhaltungen, die als solche einen heuristischen Wert hat.

Zusammenfassend sei am Ende dieses Kapitels noch einmal festgehalten, dass Religionstheologie nicht identisch ist mit der Entwicklung systematischer Modellschemata zur Unterscheidung von Grundpositionen, in die dann die einzelnen religionstheologischen Entwürfe eingeordnet werden. Schon gar nicht ist sie identisch oder notwendigerweise verbunden mit dem religionstheologischen Dreierschema. Die Systematisierung religionstheologischer Grundpositionen ist einer von vielen Reflexionsinhalten der Religionstheologie. Diese umfasst alle Reflexionen zur Beziehungsbestimmung des christlichen Glaubens, der Kirche und der christlichen Religion im Gegenüber zu den Zentralinhalten und den Erscheinungsformen nichtchristlicher Religionen.

6. Paradigmen der religionstheologischen Beziehungsbestimmung

Nach der Erörterung von Grundfragen zur Konzeption und Methode der Religionstheologie, die ich im letzten Kapitel vorgenommen habe, sollen nun die drei Paradigmen der religionstheologischen Beziehungsbestimmung vorgestellt werden, die in den diesbezüglichen Debatten der jüngeren Vergangenheit und Gegenwart im Vordergrund standen und stehen.

Paradigmen sind nicht identisch mit Entwürfen. Es sind Grundkonzepte, die sich in unterschiedlichen Entwürfen realisieren können. Sie sind getragen von jeweils *einem* systembildenden Zentralgedanken, der das Paradigma strukturiert. Im ersten Fall ist es der Gedanke, dass die Religionen auf einen Einheitsgrund bezogen sind, sodass ihre vielfältigen konkreten Erscheinungsformen als unterschiedliche Ausprägungen dieses einen Grundes interpretiert werden können. Im zweiten Fall ist es der Gedanke, dass sich die Beziehungen zwischen den Religionen genealogisch – durch theologisch postulierte Abstammungsverhältnisse – bestimmen lassen. Im dritten Fall besteht der zentrale Gedanke darin, dass es weder eine essenzielle Verbundenheit der Religionen noch eine theologische Herkunftsverwandtschaft gibt, wohl aber theologisch relevante Analogien zwischen einzelnen Erscheinungsformen der Religionen, die zueinander in Beziehung gesetzt werden können.

6.1. Einheit im Grund – Vielfalt in der Erscheinung

Dieses Paradigma hat eine weit zurückreichende Tradition in der abendländischen Geistesgeschichte. Es ist auch in der indischen Geisteswelt verbreitet anzutreffen, kann in der Vernunftreligion der Aufklärung entdeckt werden und begegnet in der Gegenwart in den Ansätzen der sogenannten Pluralistischen Religionstheologie.

6.1.1. Symmachus

Im Streit um die Wiederherstellung des Victoriakultes wurde diese Position im Jahre 384 von Quintus Aurelius Symmachus, dem nichtchristlichen Stadtpräfekten von Rom vertreten. Victoria war die Schutzgöttin der römischen Kaiser und verkörperte den Sieg über die Feinde des Reiches. Sie spielte im römischen Staatskult also eine wichtige Rolle. Ihr wurden Opfer dargebracht. Mit dem Aufstieg des Christentums wurde der 29 v. Chr. von Augustus aufgestellte und geweihte Altar der Victoria zu einem Streitobjekt. Kaiser Konstantin ließ ihn aus dem Senatsgebäude entfernen. Der dem Christentum ablehnend gegenüberstehende Kaiser Julian ließ ihn wieder aufstellen, Gratian entfernte ihn wieder im Jahre 382. Symmachus erhob Einspruch dagegen. Daraufhin wurde er zunächst verbannt, dann aber 384 n. Chr. zum Stadtpräfekten gewählt. In dieser Funktion wandte er sich an Valentinian II., den Nachfolger Gratians und bat um die Wiederaufstellung des Victoriaaltars. In diesem Streit ging es auch um die staatliche Subventionierung der heidnischen Tempel.

In der dritten *relatio* (Bericht) legte Symmachus sein Religionsverständnis dar. Er bekannte sich zu einer Kosmosfrömmigkeit und plädierte für die Annahme vieler Wege zu der einen Wahrheit: «Angemessenerweise wird das, was alle verehren, für Eines gehalten. Wir schauen auf zu denselben Sternen, der Himmel ist uns gemeinsam, dasselbe Weltall schließt uns ein. Was kommt es darauf an, nach welcher Lehre jeder das Wahre sucht? Auf einem einzigen Weg kann man nicht zu einem so erhabenen Geheimnis gelangen.»[652]

Der Kern dieses Arguments besteht in der Unterscheidung zwischen Gott bzw. der göttlichen Wahrheit auf der einen Seite und der Gotteserkenntnis und Gottesverehrung auf der anderen Seite. Die Gotteserkenntnis kann das unergründliche Geheimnis Gottes nicht vollständig erfassen, so wie der Höhlenbewohner in Platons Höhlengleichnis nur die Schatten der eigentlichen Wirklichkeit, nicht aber diese selbst sehen kann. Die Gotteserkenntnis bleibt gebrochen und fragmentarisch. Deshalb kann es neben der eigenen Gotteserkenntnis auch andere «wahre» Erkenntniswege geben. Die beiden Seiten der oben genannten Unterscheidung zwischen Gott und Gotteserkenntnis werden also nach dem Muster von Einheit und Vielheit, Ganzem und Fragment, wahrem Sein und (durch die jeweilige Erkenntnis konfigurierte) Erscheinungsgestalt des Seins einander zugeordnet. Im Hintergrund steht der platonisch-neuplatonische Idealismus. Die Idee als Inbegriff wahren Seins liegt der Erscheinungswirklichkeit voraus und manifestiert sich in ihr.

---

[652] rel. 3,10; zit. nach: Alfons Fürst Von Origenes und Hieronymus zu Augustinus. Studien zur antiken Theologiegeschichte (AKG 115), Berlin 2011, 187.

Dieser Position hielt Ambrosius von Mailand entgegen: «Anders nämlich kann dein Heil (bzw. deine Erlösung) nicht gesichert sein, wenn nicht ein jeder wahrhaft den wahren Gott verehrt, das ist der Gott der Christen, von dem alle Dinge beherrscht werden; denn Er allein ist der wahre Gott, der mit tiefstem Verstand zu verehren ist; denn ‹die Götter der Heiden sind Dämonen›, wie die Heilige Schrift sagt.»[653]

Während Symmachus die Entzogenheit Gottes betonte, legte Ambrosius den Akzent auf die Offenbarung Gottes in Christus. Am Ort der Selbstkundgabe ist wahre Gotteserkenntnis und Heilsvermittlung möglich – nur dort! Der philosophisch-neuplatonischen Gotteslehre steht hier die an der Bibel als Erkenntnisgrundlage orientierte Offenbarungstheologie gegenüber. Symmachus war zwar nicht (wie sein Freund Vettius Agorius Praetextatus) ein Verfechter der Neuplatonismus, nahm aber doch Anleihen an dieser Philosophie, wenn er die These vertrat, dass das göttliche Eine von den Menschen unter verschiedenen Namen, mit unterschiedlichen Riten und in vielfältigen Formen verehrt wird. Es hat die religiöse Pluralität selbst verordnet.[654] Für Symmachus ergab sich aus diesem Verständnis der Religionsvielfalt die Forderung nach Akzeptanz anderer Religionsformen.

6.1.2. Radhakrishnan

Im gänzlich anderen kulturellen und religiösen Bezugsrahmen des Neohinduismus begegnet ein ähnlicher Grundgedanke. 1939 hielt Sarvepalli Radhakrishnan (1888–1975) Vorlesungen an der Universität Oxford, wo er zu dieser Zeit Professor für östliche Religionen und Ethik war. Sie standen unter dem Thema «Eastern Religions and Western Thought»[655]. Darin finden sich auch Überlegungen zu interreligiösen Beziehungsbestimmungen aus der Sicht des Hinduismus. Radhakrishnans Position ist von der monistischen Philosophie des *advaita vedanta* (Nicht-Dualität) geprägt, die auf Shankara zurückgeht.

---

653 ep. 17,1 (CSEL 82,3) (Übersetzung Katharina Schäublin). Siehe auch die Briefe Nr. 18 und 57.

654 «uarios custodes urbibus cultus mens diuina distribuit; ut animae nascentibus, ita populis fatales genii diuiduntur.» (rel. 3,8)

655 Sarvepalli Radhakrishnans: Eastern Religions and Western Thought, Oxford 1939.

Dieser Philosophie zufolge besteht eine Wesensidentität («Nichtzweiheit») zwischen dem wahren (im Gegenüber zum empirischen) individuellen Selbst (*atman*) und der Weltseele (*brahman*). Diese Wahrheit ist aber dem von *maya* (Verblendung) befangenen Menschen nicht erkennbar. Er muss aus der Unwissenheit befreit werden, um durch die heilshafte Erkenntnis Erlösung zu erlangen.

Die Einsicht, dass Heil in der Erkenntnis der Verbundenheit der individuellen Seele mit der Weltseele besteht, hatte für Radhakrishnan eine universale, kultur- und religionsübergreifende Bedeutung. «There are no fundamental differences among the peoples of the world […]. They are working for a religion that teaches the possibility and the necessity of man's union with himself, with nature, with his fellow men, and with the Eternal Spirit of which the visible universe is but a manifestation.»[656]

Das eigentliche, wahre Sein besteht nicht in der Welt der vielfältigen Erscheinungen, sondern in deren göttlichem Grund: in *brahman*, dem Absoluten. Dieses eine und höchste Sein entzieht sich aller gegenständlichen Erkenntnis, aller begrifflichen Erfassung und aller sprachlichen Formulierung. Es ist nondual, frei von aller inneren Differenzierung, erhaben über die Spaltung von Subjekt und Objekt, gelöst von Raum und Zeit. Es ist das Sein selbst. Alle Formen der Vermittlung des Unendlichen mit dem Endlichen – den Gedanken der Schöpfung, den der Manifestation und den der Transformation – weist Radhakrishnan zurück. *Brahman* liegt unvermittelt der Erscheinungswelt zugrunde.

Weil die eigentliche Wirklichkeit eine Einheit darstellt, kann es keine sich widersprechenden Wahrheiten geben. Alle Wahrheiten müssen letztlich kompatibel sein. Das betrifft auch die Wahrheiten der Religionen.

Der Grundvorgang der Religion(en) ist die Vereinigung der einzelnen Seele mit dem Absoluten. Sie alle zielen auf *moksa* (Befreiung, Erlösung). Dies geschieht nach Radhakrishnan auf der Ebene der spirituellen Erfahrung durch die Verwandlung des Herzens und nicht durch den Glauben an Lehren oder durch religiös motiviertes Handeln. Während Riten, Glaubenslehren und Ethiken an bestimmte Religionen gebunden sind, ist Spiritualität für Radhakrishnan eine religionsübergreifende Dynamik. Er geht davon aus, dass diese mystische Transformationserfahrung den Kern aller

[656] Sarvepalli Radhakrishnans: The Religion of the Spirit and the World's Needs, in: Whit Burnett (Hg.): This is my Philosophy, London 1958, 366.

Religionen bildet und dass sie alle religiösen Traditionen und Interpretationen übersteigt. Damit folgt er der «perennialistischen» Mystikdeutung von Evelyn Underhill, Dean Inge und William James.

Radhakrishnan unterscheidet zwischen dem Absoluten «an sich» in seiner noumenalen Realität und den Erscheinungsformen des Absoluten, wie sie in den religiösen Traditionen bezeugt sind. «These different representations do not tell us about what God is in himself but only what he is to us.»[657] Shankara hatte zwischen *nirguna-brahman*, dem Absoluten ohne Form und Attribute, und *sanguna-brahman*, den religiösen Vorstellungsformen und philosophischen Konzeptualisierungen des *brahman* unterschieden. Diese Vorstellungsformen und Konzepte sind aber auf der Ebene der Dualität lokalisiert und erreichen nicht die eigentliche Wahrheit des *nirguna-brahman*. Diese ist mit den Mitteln der Vorstellungskraft und der Begriffsbildung nicht erreichbar. Es gibt aber die Möglichkeit, die Entzogenheit der Letztwirklichkeit durch die mystische Erfahrung des Einswerdens mit ihr zu überwinden. Die intuitive Wahrnehmung dieser Einheit schlägt die Brücke zwischen der noumenalen und der phänomenalen Ebene der Wirklichkeit.

Noch lange bevor das religionstheologische Dreierschema von Exklusivismus, Inklusivismus und Pluralismus zu Beginn der 1980er Jahre von Alan Race in die Diskussion eingeführt worden ist[658], ist es – ohne diese Etiketten zu gebrauchen[659] – von Radhakrishnan als Einteilungsschema missions- bzw. religionstheologischer Optionen verwendet worden.[660] In «Eastern Religions and Western Thought» exemplifiziert er die exklusivistische Haltung an Karl Barth.[661] In der inklusivistischen Position sieht er den Hauptstrom der christlichen Beziehungsbestimmung zu anderen Religionen. In Indien war sie im ersten Drittel des 20. Jahrhunderts vor allem

---

657 Sarvepalli Radhakrishnans: The Hindu View of Life (1926), London 1980, 23.

658 Alan Race: Christians and Religious Pluralism. Patterns in the Christian Theology of Religions, London 1983. Siehe auch: John Hick: On Conflicting Religious Truth Claims, in: RelSt 19, 485–491.

659 Er gebraucht die Bezeichnungen «right, centre and left» und korreliert diese Begriffe mit den Etikettierungen «reaktionär», «konservativ» und «liberal». (Sarvepalli Radhakrishnans: Eastern Religions [siehe Anm. 655], 347.

660 Gavin D'Costa vermutet darin eine Rezeption des Denkens von John N. Farquhar (Gavin D'Costa: Meeting of Religions and the Trinity, Maryknoll [NY] 2000, 56).

661 A. a. O., 341–343.

vom schottischen Missionar John N. Farquhar vertreten worden.[662] Ihr Grundgedanke ist nicht die *Bestreitung* der Geltung von Wahrheitsansprüchen anderer Religionen, sondern deren bedingte Anerkennung und *Unterordnung* unter die Wahrheit der eigenen Religion: «[…] it affirms that the light of its religion is to that of others as the sun is to the stars, and the minor lights may be tolerated so long as they accept their position of subordination.»[663] Doch auch diese Position führe letztlich, wenn es um das Identitätszentrum der eigenen Religion geht, vor die Entscheidung zwischen Wahrheit und Irrtum. Dieses Erfüllungsmodell erscheint ihm daher lediglich als mildere Variante des Exklusivismus.[664]

Diesen beiden Ansätzen stellt Radhakrishnan als drittes Modell einen religionstheologischen Pluralismus gegenüber, den er «the Hindu [attitude]» nennt. Diese Haltung sei nicht mit dem Proselytismus der missionarischen Religionen verbunden. Sie ermögliche die Anerkennung religiöser Vielfalt. Um das Modell zu beschreiben, zieht er Aussagen zeitgenössischer christlicher Quellen heran (deren Aussageabsicht allerdings kaum ein pluralistisches Modell stützen): aus der Weltmissionskonferenz 1928 in Jerusalem und aus dem Bericht der «American Commission of Laymen», der 1932 unter dem Titel «Rethinking Missions» erschien. Seine Überlegungen sind getragen von der Vision einer Weltgemeinschaft der Menschen mit einer universalen Religion, von der die historischen Religionstraditionen lediglich Zweige sind.[665]

Zur Begründung seiner Auffassung, dass es sich beim religionstheologischen Pluralismus um ein hinduistisches Modell handle, verweist Radhakrishnan auf Quellen indischer Religionstraditionen. Im Rigveda etwa findet sich die Aussage: «The real is one, the learned call it by various names, Agni, Yama, Mātariśvan.»[666] Auch in den Upanischaden werde die Einheit der göttlichen Wirklichkeit betont und zugleich eine Vielfalt der Beschreibung dieses Einen zugelassen. Zur Illustration verweist er auf Gleichnisse, wie sie etwa von Vivekananda tradiert wurden, von dem Radhakrishnan beeinflusst war. Das göttliche Eine verhält sich zum religiös

[662] Vor allem, in: John N. Farquhar: The Crown of Hinduism, London/Oxford 1913.

[663] A. a. O., 345.

[664] A. a. O., 343–345.

[665] A. a. O., 347.

[666] A. a. O., 308, mit Verweis auf Rigveda i.164.46.

Vielen demnach wie ein Lichtstrahl, der in einem Prisma in seine Farben gebrochen wird. In jedem der Strahlen ist das ganze Licht präsent, aber eben im Modus einer bestimmten Brechung.[667] Der Grund, das Wesen, der Ursprung und das Ziel sind gleich; mit dem Eintritt in die menschenweltliche Erfahrungswelt bricht diese Einheit jedoch in unterschiedliche Erscheinungsformen auf. Es gilt, durch diese Erscheinungsformen hindurch den Grund zu sehen. «The different deities are symbols of the fathomless.»[668] In diesem Zusammenhang bezieht sich Radhakrishnan auch auf das berühmte Elefantengleichnis und schildert es als eine historische Begebenheit im Leben Buddhas.[669]

Mit der Zusammenstellung dieser und vieler weiterer Belege aus den Quellen östlicher Religionstraditionen will Radhakrishnan seine Auffassung untermauern, dass der Hinduismus dazu disponiert ist, religiöse Vielfalt anzuerkennen und wertzuschätzen – anders als der Islam und das Christentum, die anderen Religionen mit einer militanten Haltung begegnen.[670] Auf diese Weise reklamiert er einen privilegierten Zugang des Hinduismus zu einer Haltung der interreligiösen Anerkennung. Die Behauptung der prinzipiellen Gleichwertigkeit aller religiöser Traditionen ist bei ihm verbunden mit der Überzeugung, dass die Religionen indischen Ursprung den Religionen semitischen Ursprung in dieser Hinsicht überlegen sind.[671]

6.1.3. Herbert von Cherbury

Eine weitere Ausprägung einer interreligiösen Beziehungsbestimmung, die vom Postulat einer wesenhaften Einheit der Religionen bzw. ihres transzendenten Bezugspunktes ausgeht und die religiösen Traditionen in ihrer Vielfalt daraufhin ausrichtet, ist die *deistische Religionsphilosophie* der

[667] Siehe dazu auch: Reinhold Bernhardt: Interreligiöse Bilder und Gleichnisse, in: DiRe 3, 1993, 64–79.

[668] A. a. O., 308.

[669] Ebd.

[670] A. a. O., 312.

[671] Siehe dazu auch: Arvind Sharma: The Concept of Universal Religion in Modern Hindu Thought, Basingstoke/New York 1998.

Aufklärungszeit.[672] Die geistes- und kulturgeschichtliche Einbettung dieser Bewegung ist wiederum sehr verschieden von den bisher vorgestellten Denkrichtungen und auch die Grundfigur der interreligiösen Beziehungsbestimmung – auf die es mir hier ankommt – ist nicht einfach die Gleiche wie dort. Doch lässt sich eine Analogie konstatieren. Sie besteht darin, dass den historischen Religionstraditionen ein Bezugspunkt vor- und übergeordnet wird, der sie miteinander verbindet, damit aber auch relativiert. In der neuplatonisch geprägten Religionsphilosophie des Symmachus bestand dieser Bezugspunkt im numinosen göttlichen Seinsgrund, in Radhakrishnans Interpretation des *advaita-vedanta* im Grundvorgang des Einswerdens mit dem Absoluten; im Deismus besteht sie in den universalen religiösen und ethischen Ideen der Vernunft. Von diesem normativen Bezugspunkt aus werden alle oder bestimmte historische Religionstraditionen einer philosophischen Religionskritik unterzogen.

Als Vorläufer des Konzepts einer allgemeinmenschlichen Vernunftreligion, die den historischen Religionen übergeordnet ist, kann man Nikolaus von Kues benennen. Auch der Kusaner hat in seinem Werk «De pace fidei»[673], das er 1453 unter dem Eindruck der Eroberung Konstantinopels durch die Türken verfasste, den Grundgedanken des hier vorzustellenden Paradigmas präsentiert, dass sich die *eine* Religion in verschiedenen Riten zum Ausdruck gebracht hat und bringt. In der Zeit der Aufklärung wird

---

[672] Eine ausgezeichnete Charakterisierung dieser Denkrichtung gibt Christoph Gestrich in seinem Artikel «Deismus» in TRE VIII, 392–406. Auf S. 394 benennt er 14 Kennzeichen, darunter: «Die Zurückweisung des Absolutheitsanspruchs einer Religion / Konfession / Denomination», «die Förderung und die Forderung der religiösen Toleranz / Gewissensfreiheit», «die Behauptung der Gleichwertigkeit *echter* Frömmigkeit in Judentum, Christentum und Islam», «das Gefühl, es existiere eine verborgene Gemeinschaft vernünftiger Gottesverehrer aller Zeiten und aller Länder», «die Annahme einer vermeintlich historisch sehr frühen, natürlich-vernünftigen und monotheistischen Ur-Religion […]», «die völlige Suffizienz dieser natürlich-vernünftigen Ur-Religion».

[673] Nicolai de Cusa: De pace fidei, cum epistula ad Ioannem de Segobia (Kritische Gesamtausgabe, Bd. 7), Hamburg 1959. Siehe dazu: Der Friede unter den Religionen nach Nikolaus von Kues, Akten des Symposions in Trier vom 13.–15. Oktober 1982, hg. von Rudolf Haubst, Mainz 1984; Ramon Llull und Nikolaus von Kues. Eine Begegnung im Zeichen der Toleranz, Akten des Internationalen Kongresses zu Ramon Llull und Nikolaus von Kues, 25.–27. November 2004 in Brixen und Bozen, Turnhout 2005.

dieser Gedanke auf die Grundlage einer naturrechtlichen Anthropologie und Erkenntnistheorie gestellt. Auch hier waren es religiöse Auseinandersetzungen, die den Problemdruck erzeugten. Es waren die konfessionellen Streitigkeiten innerhalb des Christentums, die einen religionstheologischen Proto-Pluralismus hervorbrachten.

So entwickelte Edward Herbert von Cherbury (1583–1648) seine Religionsphilosophie in einem Kontext, in dem man der konfessionellen Streitigkeiten überdrüssig war und nach einer Wahrheit suchte, die den sich widerstreitenden Religionswahrheiten übergeordnet war und die Menschen unabhängig von ihrer Religionszugehörigkeit miteinander verbinden konnte. Er erblickte diese Wahrheit in den Inhalten der *einen*, allen Menschen angeborenen (somit «natürlichen») Vernunftreligion.[674] Die historischen Religionen mit ihren Riten und Glaubensinhalten erscheinen demgegenüber als unterschiedliche Sedimentierungen dieser allgemeinmenschlichen Vernunftreligion.

Damit war die Spur gelegt, der auch spätere Vertreter der Aufklärungsphilosophie bis hin zu Immanuel Kant folgten. Die theoretischen und praktischen Erscheinungsformen der Religionen sind demnach Produkte der religiösen Vorstellungskraft, während sich das Wesen der Religion der philosophischen Reflexion erschließt. Auch das Konzept der Offenbarung, mit dem zumindest die theistischen Religionen ihre Geltung legitimieren, wird als Ausdruck dieser Vorstellungskraft angesehen.

Interessant ist die erkenntnistheoretische Grundlegung des religionsphilosophischen Ansatzes von Edward Herbert von Cherbury. Auf der Suche nach einer von den Offenbarungswahrheiten der Religionen unabhängigen Erkenntnisgrundlage geht er zurück auf die elementare Frage nach den Bedingungen von Wahrheitserkenntnis überhaupt. Es gibt offensichtlich eine Art natürliche Disposition im Menschen, die diesen nicht nur zu vereinzelten Sinneswahrnehmungen, sondern zu kohärenten und mit der empirischen Wirklichkeit in Einklang stehenden allgemeingültigen Erkenntnissen (*notitia communes*) führt. Diese Disposition kann aber nur göttlichen Ursprung sein. Der Geist Gottes, der sowohl im menschlichen Geist als auch in der außermenschlichen Schöpfung präsent ist, verbürgt die Möglichkeit, dass der menschliche Geist die von Gott geschaffene

[674] Edward Herbert von Cherbury: De veritate, prout distinguitur a revelatione, a verisimili, a possibili, et a falso [1624], Stuttgart/Bad Canstatt 1966.

Wirklichkeit erkennen kann. Mehr noch: Durch ihn sind im menschlichen Geist göttliche Wahrheiten (*ideae innatae*) angelegt.

Herbert von Cherbury geht also von einer schöpfungstheologisch begründeten Erkenntnistheorie aus, die das empirische, rationale, moralische und religiöse Erkennen umfasst. Es gibt keine eigene Quelle für religiöse Erkenntnis, wie sie die Religionen in der göttlichen Offenbarung lokalisieren. Alle Erkenntnis – einschließlich der religiösen – ist Vernunfterkenntnis. Dabei kann sich die Vernunft primär auf die äußere Wirklichkeit oder auf die in ihr angelegten Wahrheiten beziehen. Zumeist wird sie beides miteinander verbinden.

Aus diesem Ansatz folgt, dass das Kriterium der Wahrheit in deren Allgemeingültigkeit besteht. So wie Gottes Geist die gesamte Schöpfung umspannt, so muss die von diesem Geist im Menschen angelegte Wahrheit universal sein. Historisch-partikulare Offenbarungswahrheiten, die zu einer bestimmten Zeit an einem bestimmten Ort kundgetan wurden, können demgegenüber keine Allgemeingeltung beanspruchen. Das heißt nicht, dass es sie nicht geben könnte: Gott könnte sich in einer die allgemeinen Vernunftideen vertiefenden und spezifizierenden Weise kundtun. Die dabei einem Menschen mitgeteilten Inhalte und dessen Gewissheitserfahrungen lassen sich aber nicht verallgemeinern. Nur aufgrund der Bezeugung durch Gott können sie anderen Menschen zum Gegenstand des Glaubens werden, nicht aber aufgrund eigener Einsicht. Der wesenhafte Inhalt der «natürlichen» Religion besteht demgegenüber nicht aus historisch-kontingenten, auf die Autorität von Zeugen hin geglaubten Wahrscheinlichkeiten, sondern aus ewigen, notwendigen und allgemeingültigen Wahrheiten, die im Gewissen angelegt sind und durch vernünftige Reflexion erkannt werden. Diese zeigen sich wohl in der Geschichte im *consensus gentium*, also in dem, was von allen Menschen zu allen Zeiten für wahr gehalten wird[675], gehen aber nicht aus der Geschichte an sich hervor. Sie sind in der Vernunft angelegt.

Der Inhalt der Vernunftreligion lässt sich in fünf Grundwahrheiten zusammenfassen: Die Vernunftreligion beinhaltet den Glauben an ein göttliches Wesen, die Aufforderung zur Verehrung dieses Wesens, die Verpflichtung auf ein tugendhaftes Leben, das Streben nach Gerechtigkeit im

675 In seinem Buch «De religione gentium» [Amsterdam 1663] versucht Herbert von Cherbury zu belegen, dass sich die Vernunftwahrheiten in den antiken Religionen zeigen.

Diesseits (Vergehen müssen bereut und gesühnt werden) und den Glauben an eine jenseitige Vergeltung. Die sich aus diesen Grundwahrheiten ergebende Gottesverehrung ist nach Herbert von Cherbury zum Heil des Menschen ausreichend.[676]

In diesen fünf Ideen besteht der Einheitsgrund der Religionen. Dieser Grund kann nun auch normativ aufgefasst und kritisch gegen die historischen Religionen ins Feld geführt werden. Diese müssen sich daran messen lassen, ob und inwieweit sie die Vernunftideen zur Geltung bringen. Aus der Eigendynamik der geschichtlichen Religionen und aus dem Eigeninteresse ihrer Autoritäten («Priester») sind nach Herbert von Cherbury immer wieder Abweichungen von den Grundwahrheiten bis hin zum Götzendienst entstanden. Die Vernunftreligion wirkt hier als religionskritisches Prinzip. Sie befreit von Aberglauben und Autoritätshörigkeit. Sie macht aber auch den Religionsvergleich möglich. Dieser Vergleich zielt nicht darauf ab, Wahres von Falschem zu unterscheiden, sondern zu fragen, was den Vernunftwahrheiten mehr oder weniger entspricht. Damit ist ein Exklusivismus und Wahrheitsabsolutismus im Blick auf die geschichtlichen Religionen überwunden. Er ist jetzt auf die Vernunftreligion bezogen und grenzt diese von religiösen Vorstellungen ab, die nicht mit ihr in Einklang stehen.

Aus diesem Ansatz hat sich im 18. und 19. Jahrhundert ein Verfahren der Religionsbewertung entwickelt, das in zwei Schritten vorgeht: Zunächst wird das «Wesen der Religion» im Allgemeinen bestimmt. Dann wird danach gefragt, wie sich dieses Wesen in den einzelnen historischen Religionen realisiert, wie sich also deren Wesenskerne (als etwa das «Wesen des Judentums», «das Wesen des Christentums», das «Wesen des Islam») zum «Wesen der Religion» verhalten. In unterschiedlichen Ausprägungen findet sich dieses Verfahren etwa bei Schleiermacher, bei Hegel oder bei Troeltsch.[677] Bei ihnen allen – wie auch schon bei Herbert von

---

[676] Edward Herbert von Cherbury: De veritate (siehe Anm. 674), 224f.

[677] Siehe dazu: Reinhold Bernhardt: Schleiermachers christologische Fassung der ‹Absolutheit› des Christentums, in: Roderich Barth / Ulrich Barth / Claus-Dieter Osthövener (Hg.): Christentum und Judentum, Akten des Internationalen Kongresses der Schleiermacher-Gesellschaft in Halle, März 2009 (SchlA 24), Berlin/Boston 2012, 325–343; Reinhard Leuze: Die außerchristlichen Religionen bei Hegel (SThGG 14), Göttingen 1975; Walter Jaeschke: Die Religionsphilosophie Hegels (EdF 201), Darmstadt 1983; Reinhold Bernhardt: «Vor dem Richterstuhl

Cherbury – führt es dazu, das Christentum (bei Herbert von Cherbury: das Christentum in seiner *ursprünglichen* Form) als diejenige Religion herauszustellen, in der am ehesten und reinsten das «Wesen der Religion» realisiert ist. Es handelt sich dabei allerdings um einen Zirkelschluss: Die Inhalte der natürlichen Religion bzw. die Bestimmungsmerkmale des «Wesens der Religion» erweisen sich als ein Destillat aus der christlichen Glaubenslehre. Normativ auf den Vergleich der Religionen angewandt, erstaunt es daher nicht, dass das Christentum ihnen am ehesten entspricht.

6.1.4. Zwischenbilanz

Die bisher in diesem Kapitel vorgestellten Ansätze liegen weit auseinander und doch gibt es Ähnlichkeiten und Resonanzen zwischen ihnen. Diese Ansätze sind im Kontext religiöser Auseinandersetzungen und Kämpfe entstanden und darum bemüht, deren geistige Wurzeln zu bekämpfen. Sie alle wenden sich je auf ihre eigene Art gegen die Verabsolutierung einer bestimmten Religion auf Kosten anderer Religionen. Dazu gehen sie über die Selbstverständnisse und die Selbstlegitimationen der Religionen hinaus und nehmen eine gewissermaßen höhere, philosophische Erkenntnisposition ein. Von dort aus verweisen sie auf eine letzte Einheit der Religionen. Diese Einheit kann bestehen:

- in der Einheit Gottes als Grund allen Seins, wobei die Entzogenheit und die Universalität Gottes betont wird: Gott kann von keiner der Religionstraditionen erschöpfend erfasst werden;
- in einer «mystischen» Erfahrung des Einswerdens mit dem Absoluten. Diese Erfahrung gilt als universalreligiös, d. h. sie ist von unterschiedlichen religiösen Wegen aus erreichbar. Sie wird als religionstranszendierend aufgefasst, d. h. sie geht über alle diese Wege hinaus und lässt diese hinter sich zurück;
- in der Vernunft des Menschen, die eine göttliche Gabe darstellt und göttliche Grundwahrheiten enthält.

---

der Religionsgeschichte». Zur Problematik der Versuche, Religionen zu evaluieren, in: ders. / Georg Pfleiderer (Hg.): Christlicher Wahrheitsanspruch – historische Relativität. Auseinandersetzung mit Ernst Troeltschs Absolutheitsschrift im Kontext heutiger Religionstheologie, Zürich 2004, 209–232.

Die vorgestellten Ansätze bestimmen also die Beziehungen zwischen den Religionen, indem sie die einzelnen Religionen nicht direkt (gewissermaßen horizontal) zueinander in Beziehung setzen. Sie setzen sie vielmehr (gewissermaßen vertikal) zu dem postulierten Einheitsgrund in Beziehung und bestimmen diese «vertikale» Beziehung im Sinne einer Partizipation, Manifestation oder Repräsentation. Die einzelnen Religionen partizipieren am Einheitsgrund, der sich in ihnen manifestiert und repräsentiert. Sie stellen dessen mehr oder weniger gebrochenen Erscheinungsformen dar. Soweit die beschriebenen Beziehungsbestimmungen im Rahmen der westlichen Philosophiegeschichte entwickelt wurden, stehen sie in einer unübersehbaren Nähe zum Platonismus, was bei Symmachus offensichtlich ist; es trifft aber auch für Herbert von Cherbury zu, der ebenfalls vom Platonismus (wie er im 16. Jahrhundert in England an Einfluss gewann) geprägt war und der seinerseits zu dessen weiteren Ausbreitung beitrug.

Für die «horizontale» Beziehungsbestimmung zwischen den Religionen bedeutet das den Verzicht auf Exklusivansprüche. Die Religionen sind nicht berechtigt, ihre Geltung aus ihrer eigenen Tradition und deren Quellen abzuleiten, sondern einzig aus ihrem Bezogensein auf den Einheitsgrund und aus der Übereinstimmung mit ihm. Ausgehend vom Postulat, dass alle Religionen auf ihre je eigene Weise in einer Beziehung zu diesem Grund stehen, ergibt sich, dass keiner von ihnen die Anerkennung gänzlich entzogen werden kann. Es kann nur darum gehen, graduell abgestufte Anerkennungen auszusprechen oder sogar eine prinzipiell gleiche Geltung zu behaupten.

Für die Religionstraditionen – besonders für deren orthodoxe Flügel – bedeutet das eine enorme Herausforderung. Zur Begründung und Legitimation der Geltung ihrer Lehren und Praxisformen berufen sie sich auf die eigene Tradition und deren mit göttlicher Autorität ausgestattete Quellen. Sie wehren sich dagegen, das Identitätszentrum der je eigenen Religion einem postulierten Einheitsgrund aller Religionen unterzuordnen. Sie sehen in ihrem Proprium nicht nur eine Erscheinungsform eines davon zu unterscheidenden und darüberhinausgehenden Grundes, neben der es auch andere Erscheinungsformen in anderen Religionen geben kann, und weigern sich, eine philosophische oder mystische (Selbst-)Relativierung der eigenen Religion zu akzeptieren, die auf Exklusivansprüche verzichten muss.

Wenn sich die Vertreterinnen und Vertreter der Religionstraditionen überhaupt auf das Postulat eines religionstranszendenten Einheitsgrundes einlassen, dann oft nur in der Weise, dass sie das Identitätszentrum der je eigenen Religion diesem Einheitsgrund überordnen. Demnach kommt nicht ein religionstranszendenter Einheitsgrund im Proprium der eigenen Religion zur Erscheinung, sondern umgekehrt: es wird zugestanden, dass sich in den anderen Religiontraditionen ein mehr oder weniger dürftiges Sediment des Propriums der eigenen Religionen entdecken lässt. Dieses besteht beispielsweise in einem allgemeinen Gottesglauben, während für die eigene Religionstradition der Anspruch erhoben wird, das Wesen Gottes authentisch zu erfassen.

Vor diesem Hintergrund soll nun in aller Kürze das Projekt der Pluralistischen Religionstheologie vorgestellt werden.

6.1.5. Die Pluralistische Theologie der Religionen

Ein starker Impuls, der die religionstheologische Diskussion nachhaltig befeuert hat, ging in den 80er Jahren des 20. Jahrhunderts von der sogenannten Pluralistischen Religionstheologie aus. Es handelt sich dabei um die (Selbst-)Bezeichnung von Ansätzen, die auf unterschiedliche Weise die essenzielle Verbundenheit der Religionen miteinander betonen und damit den für die je eigene Religion (im Blick auf die Vermittlung von heilshafter Wahrheit) erhobenen Ansprüchen auf Exklusivgeltung oder Superiorität entgegentreten.[678]

Der religionstheologische Pluralismus besteht im Kern aus zwei Thesen: zum einen aus dem Postulat eines transzendenten Einheitsgrundes der gesamten Wirklichkeit von Natur und Geschichte und damit auch der Religionsgeschichte; zum anderen aus der Behauptung, die in den Religionen erschlossenen Beziehungen zu diesem Grund und die sich daraus

[678] Es gibt eine Fülle von Literatur zu diesem Thema, die hier nicht aufgelistet werden kann und soll. In keiner Darstellung zur Religionstheologie fehlt eine Auseinandersetzung damit. Exemplarisch seine genannt: John Hick / Paul F. Knitter: The Myth of Christian Uniqueness. Toward a Pluralistic Theology of Religions, Maryknoll (NY) 1987; Reinhold Bernhardt (Hg.): Horizontüberschreitung. Die pluralistische Theologie der Religionen, Gütersloh 1991; Raymund Schwager (Hg.): Christus allein? (siehe Anm. 618); Hans-Gerd Schwandt (Hg.): Pluralistische Theologie der Religionen. Eine kritische Sichtung, Frankfurt a. M. 1998; Perry Schmidt-Leukel: Gott ohne Grenzen (siehe Anm. 634); Reinhold Bernhardt: Ende des Dialogs? (siehe Anm. 518), 176–205; Klaus von Stosch: Komparative Theologie als Wegweiser (siehe Anm. 776), 22–55.

ergebenden heilshaften Transformationen der menschlichen Existenz seien im Prinzip gleichwertig. Die Religionen (wobei zunächst nur die traditionsreichen «Weltreligionen» im Blick sind) sollen als ebenbürtige menschliche Antworten auf den «ultimate point of reference»[679] anerkannt werden.

John Hick, der als Hauptvertreter dieser religionstheologischen Denkrichtung gelten kann[680], vertritt die Auffassung, «dass die großen Weltreligionen unterschiedliche Wahrnehmungen und Vorstellungen von und dementsprechend verschiedene Antworten auf das Reale oder das Unbedingte verkörpern und zwar aus den wichtigsten unterschiedlichen, kulturell geprägten Weisen des Menschseins heraus; dass sich offensichtlich in jeder von ihnen die Umwandlung der menschlichen Existenz von Selbst-Zentriertheit zur Realitäts-Zentriertheit ereignet – und, soweit dies menschliche Beobachtung zu sagen vermag, in weitgehend gleichem Ausmaß»[681].

In diesem Zitat sind die vier Punkte genannt, in denen man die Position Hicks zusammenfassen kann:

- In allen Weltreligionen – Hick spricht von den «nachaxialen» Religionen, die in und nach der (von Karl Jaspers sogenannten) «Achsenzeit der Menschheit» entstanden sind – vollzieht sich der gleiche soteriologische Grundvorgang. Dieser besteht in einer Transformation im Existenzverständnis des Menschen: von der «ego-centredness» zu «REALITY-centredness»; er besteht also in der Öffnung der Selbstzentriertheit des Menschen auf den göttlichen Grund hin. Für diese These trägt er umfangreiches Material aus der Phänomenologie der Religionen zusammen.

[679] Beleg siehe Anm. 96.

[680] Zu Person und Werk Hicks siehe: Bernd Elmar Koziel: Kritische Rekonstruktion der Pluralistischen Religionstheologie John Hicks vor dem Hintergrund seines Gesamtwerks, Frankfurt a. M. 2001; Reinhold Bernhardt: John Hick (1922–2012), in: Gregor Maria Hoff / Ulrich H. J. Körtner (Hg.): Arbeitsbuch Theologiegeschichte. Diskurse, Akteure, Wissensformen, Bd. 2: 16. Jahrhundert bis zur Gegenwart, Stuttgart 2013, 356–374.

[681] John Hick: Eine Philosophie des religiösen Pluralismus, in: MThZ 45, 1994, 311. Siehe auch Hicks Hauptwerk: An Interpretation of Religion. Human Responses to the Transcendent, Basingstoke/London 1989; dt.: Religion. Die menschlichen Antworten auf die Frage nach Leben und Tod, München 1996.

- Dass sich in allen diesen Religionen der gleiche Grundvorgang vollzieht, erklärt Hick damit, dass von der *einen* göttlichen Wirklichkeit (= the «REAL») ein «Ruf» zu dieser *metanoia* (Umkehr) ausgeht. Die Religionen stellen somit verschiedene «Antworten» auf diesen Transformationsimpuls dar.
- Die Verschiedenheit dieser Antworten ergibt sich aus den unterschiedlichen Kulturen der Menschheit. Die Kulturen bilden unterschiedliche Interpretationsrahmen für die Erschließung des göttlichen Wirklichkeitsgrundes. Dieser ist letztlich aller Erkenntnis entzogen und wird in den Religionen auf verschiedene – personale oder impersonale – Weise vorgestellt.
- Weil (und sofern) sich in den (nachaxialen) Religionen dieser Grundvorgang vollzieht, besteht zwischen ihnen eine prinzipielle soteriologische Gleichwertigkeit.

Mit dem vierten Punkt ist eine *wertende* Beziehungsbestimmung zwischen den religiösen Traditionen zum Ausdruck gebracht. Aufgrund der Behauptung einer soteriologischen *Gleichwertigkeit* der nachaxialen Religionen grenzt sich die Pluralistische Religionstheologie von zwei anderen möglichen Werthaltungen ab: der Behauptung der gänzlichen Wertlosigkeit und der Behauptung des geringeren Wertes anderer Religionstraditionen in Bezug auf die Vermittlung von Transzendenzerkenntnis und Heil. Daraus ergibt sich das in Kapitel 5.8.1. vorgestellte und diskutierte religionstheologische Dreierschema von Exklusivismus, Inklusivismus und Pluralismus.

Nach Perry Schmidt-Leukel, dem Hauptvertreter der Pluralistischen Religionstheologie im deutschsprachigen Raum, besagt «christlicher Pluralismus [...], dass sich heilshafte Offenbarung/Transzendenzerkenntnis innerhalb nichtchristlicher Religionen und innerhalb des Christentums findet, ohne dass hierbei eine der unterschiedlichen Formen, in denen sie bezeugt oder vermittelt wird, alle anderen überragt. Das heißt, aus christlicher Sicht werden andere Formen der Transzendenzerkenntnis beziehungsweise Offenbarung trotz ihrer Unterschiedenheit vom Christentum als der im Christentum bezeugten Offenbarung gleichwertig anerkannt.»[682]

---

[682] Perry Schmidt-Leukel: Gott ohne Grenzen (siehe Anm. 634), 70.

Die erkenntnistheoretische Begründung dieser Aussage besteht in der Verbindung einer (deduktiven) religionsphilosophischen Reflexion über den Gottesbegriff als das, «worüber hinaus Größeres nicht gedacht werden kann» (Anselm von Canterbury), mit dem (induktiven) Nachweis, dass sich dieser «Begriff» analog in allen großen religiösen Traditionen aufweisen lässt. Gott bzw. die göttliche Wirklichkeit werde selbst in den nichttheistischen Religionen als allumfassender Ganzheitshorizont der Wirklichkeit verstanden, der als solcher selbst nicht mehr begrifflich adäquat erfasst werden kann, weil es dafür eines noch umfassenderen Horizonts bedürfte. «Gott» könne also nur als Grenzbegriff gedacht werden. Dieses Bewusstsein von der uneinholbaren Transzendenz, der letztlichen Unerkennbarkeit und der daraus folgenden Unaussprechbarkeit findet sich nach Schmidt-Leukel in allen Weltreligionen. Daraus ergibt sich für ihn die Forderung, «nicht nur die religiöse Erfahrung eines kleinen Teils der Menschheit als authentisch zu betrachten, sondern vielmehr die Vielfalt der religiösen Erfahrung, wie sie sich in den großen religiösen Traditionen dieser Welt ausdrückt»[683].

Die Behauptung einer prinzipiellen Gleichwertigkeit der in den Religionen erschlossenen heilshaften Transzendenzbeziehungen löste heftige Abwehrreaktionen aus. Einer der schärfsten Kritiker von römisch-katholischer Seite war und ist Gerhard Ludwig Müller, der ehemalige Präfekt der vatikanischen Glaubenskongregation, vormals Bischof in Regensburg und davor Theologieprofessor an der Katholisch-Theologischen Fakultät der Universität München, zu der Zeit, als Perry Schmidt-Leukel seine Habilitationsschrift über die Pluralistische Religionstheologie dort einreichte. Diese sei «nichts anderes […] als die Zerstörung des Christentums von seinen Wurzeln her […]. Ihre Vertreter behaupten, dass Frieden zwischen den Religionen nur möglich sei, wenn sich alle als gleichberechtigter Ausdruck einer allgemeinen Erfahrung des göttlichen Weltgrundes anerkennen. Um dafür den Weg frei zu machen, müssten Christen nur aufgeben, was zum Wesen ihres Glaubens gehört: das Bekenntnis zur Selbstoffenbarung des dreifaltigen Gottes, den Glauben an die Fleischwerdung des ewigen Wortes Gottes in Jesus von Nazaret, und, daraus folgend, die Einzigkeit und Universalität der Heilsmittlerschaft Christi.»[684]

---

683 A. a. O., 211.

684 Gerhard Ludwig Müller: Gegen die Intoleranz der Relativisten. Zu der Empörung über die Erklärung der Glaubenskongregation «Dominus Jesus»

Zum Manifest dieser Auseinandersetzung auf römisch-katholischer Seite wurde die Erklärung «Dominus Iesus» (2000). Darin heißt es: «Die immerwährende missionarische Verkündigung der Kirche wird heute durch relativistische Theorien gefährdet, die den religiösen Pluralismus nicht nur *de facto*, sondern auch *de iure* (oder prinzipiell) rechtfertigen wollen.»[685]

Auch vonseiten der evangelischen Theologie wurde die Pluralistische Religionstheologie scharf kritisiert. Ein Kernpunkt der Kritik war dabei das Postulat einer essenziellen Gemeinsamkeit der Religionen: Die Pluralistische Religionstheologie nehme die Vielfalt der Religionen nicht ernst, sondern mache sie soteriologisch gleichnamig. Mit dem Postulat eines strukturanalogen Grundvorganges in den Religionen ist nach Danz zwar eine Vergleichbarkeit zwischen den Religionen hergestellt, dies jedoch auf Kosten ihrer Eigenständigkeit. Denn sie würden zu bloßen Erscheinungsformen eines überreligiösen gemeinsamen Kerns herabgestuft. Die Standortgebundenheit der eigenen Perspektive werde zugunsten einer überreligiösen Metaperspektive aufgehoben.[686] – Eine Kritik, der auch ich mich anschließen kann.

6.1.6. Interreligiöse Theologie

In jüngeren Veröffentlichungen hat Perry Schmidt-Leukel seinen religionstheologischen Entwurf in zwei Richtungen weiterentwickelt: zum einen im Blick auf das Verständnis und die Methode der Theologie hin zu einer «Interreligiösen Theologie» und zum anderen im Blick auf die Phänomenologie der Religionen hin zu einer «Fraktalen Interpretation religiöser Vielfalt».

Wie andere Vertreter der Pluralistischen Religionstheologie, so fordert auch Schmidt-Leukel eine neue, religionsübergreifende Theologie[687]: «Es

(www.mscperu.org/deutsch/Debatte/wider_die_intoleranz.htm [03.08.2018]). Siehe auch: Gerhard Gäde: Viele Religionen – ein Wort Gottes. Einspruch gegen John Hicks pluralistische Religionstheologie, Gütersloh 1998.

[685] Siehe Anm. 177 (03.08.2018), Punkt 4.

[686] Christian Danz: Die Deutung der Religion in der Kultur (siehe Anm. 604), 44–53.

[687] Perry Schmidt-Leukel: Interkulturelle Theologie als interreligiöse Theologie, in: EvTh 71, 2011, 4–16. ders.: Interreligiöse Theologie und die Theologie der Zukunft, in: Reinhold Bernhardt / Perry Schmidt-Leukel (Hg.): Interreligiöse

ist nicht mehr zeitgemäß, wenn Theologen nur die heiligen Schriften der eigenen Religion befragen und das breite Menschheitswissen in zentralen religiösen Fragen nicht einbeziehen.»[688] Dabei geht es nicht um ein *religionswissenschaftliches* Programm, auch nicht primär um ein Plädoyer für den *interreligiösen Dialog*, sondern um ein neues Verständnis und eine neue Praxis von *Theologie*: um eine globale, universale Welttheologie, die auf die Traditionsquellen potenziell aller religiösen Überlieferungen, zumindest aber der traditionsreichen sogenannten Weltreligionen zurückgreift.

Schon im Ablösungsprozess der Religionswissenschaft von der Theologie im 19. Jahrhundert (z. B. bei Max Müller) gab es Ansätze zu interreligiösen Theologien, die auf ihren spirituellen Wegen aus den geistlichen Quellen mehrerer Traditionen geschöpft haben. Allerdings ist daraus kein Theologieprogramm entstanden. Dieses wird erstmals durch den kanadischen Religions- und Islamwissenschaftler sowie Theologen Wilfred Cantwell Smith vorgelegt, der als Begründer des Programms der neueren interreligiösen Theologie gelten kann. Er hat dieses Theologieprogramm auch als «Transzendentologie» etikettiert[689], weil es nicht nur *theistische* Traditionen einbeziehen sollte, sondern auch solche, die personale Gottesvorstellungen gerade ablehnen, wie besonders der Theravada-Buddhismus. Im Begriff «Transzendentologie» wird der Wortteil *Theo* (griech. *theos* = «Gott») vermieden.

An Smiths Ansatz kann man erkennen, welche theologischen Grundlegungen eine interreligiöse Theologie prädisponieren. Smith, der presbyterianisch geprägt ist, knüpft an die Theologie Schleiermachers an, indem er das Moment einer im Glauben erfassten universalen Offenbarung betont (beim frühen Schleiermacher: Affiziertwerden durch das «Univer-

---

Theologie (siehe Anm. 492), 23–42; ders.: Wahrheit in Vielfalt. Vom religiösen Pluralismus zur interreligiösen Theologie, Gütersloh 2019. Siehe dazu auch das Interview mit Schmidt-Leukel, das in einer Pressemitteilung des Exzellenzclusters «Religion und Politik» der Universität Münster am 20.11.2013 unter dem Titel «Theologen sollten andere Religionen integrieren» veröffentlicht wurde: www.uni-muenster.de/Religion-und-Politik/aktuelles/2013/nov/PM_Eine_neue_Theologie.html (03.08.2018).

688 Perry Schmidt-Leukel: Interview «Theologen sollten andere Religionen integrieren» (siehe Anm. 687).

689 Wilfred C. Smith: The Meaning and the End of Religion. A New Approach to the Great Religious Traditions of Mankind, New York 1963, 183.

sum» als der Totalität der Wirklichkeit). Wenn aber Glaube (*faith* im Unterschied zu *belief*) so universal ist wie die Selbstvergegenwärtigung Gottes in der Geschichte und wenn Theologie – wie bei Schleiermacher – die wissenschaftliche Reflexion und Artikulation des Glaubens ist, dann liegt die methodische Folgerung nahe, auf Glaubensformen aller Religionen als Erkenntnisgrundlage der Theologie zurückzugreifen. In dieser Konsequenz führt die von Smith vorgenommene theologische Weichenstellung natürlich über Schleiermacher hinaus, ja widerspricht ihm sogar. Denn Schleiermacher nahm an, dass die Anschauungsformen des Universums qualitativ unterschieden sind, je nachdem in welcher Klarheit sie die Einheit der Wirklichkeit in ihrer Ganzheit erfassen.

Smith geht also von Schleiermachers universalem Offenbarungs- und Glaubensverständnis aus, folgt aber nicht dem damit verbundenen hierarchischen Konzept der geschichtlichen Religionen. Für ihn ist «[a]lle menschliche Geschichte […] Heilsgeschichte»[690]. Gottesbegegnung und damit Glaube (*personal faith*) sind prinzipiell überall möglich. Die Religionen (als *cumulative traditions*) stellen gewissermaßen unterschiedliche Gefäße dieses Glaubens dar. Die verschiedenen *beliefs* gründen im Ergriffensein von der religionstranszendenten göttlichen Wirklichkeit. Deshalb kann und muss man die Ressourcen der verschiedenen Religionen als Erkenntnisquellen einer Theologie nutzen, die auf diese religionstranszendente göttliche Wirklichkeit reflektiert.[691] Die gesamte Religionsgeschichte ist damit zur Basis der Theologie erklärt.

Andere Vertreter der Pluralistischen Religionstheologie sind dieser Linie gefolgt, so etwa Paul F. Knitter[692], John Hick[693] und Jose M. Vigil, der für eine «pluri-konfessionelle Theologie plädiert, die wir auch interreligiös, multi-religiös oder […] trans-religiös nennen könnten»[694]. Gefordert wird z. B. die Entkonfessionalisierung der Theologie; dies aber nicht nur im Sinne einer Überschreitung christlicher Konfessionsgrenzen, sondern auch der Religionsgrenzen.

---

[690] Wilfred C. Smith: Towards a World Theology. Faith and the Comparative History of Religion, Maryknoll (NY) 1989, 172.

[691] A. a. O., 124.

[692] Paul F. Knitter: No Other Name (siehe Anm. 47), 223–229.

[693] So etwa, in: Death and Eternal Life, New York 1976.

[694] Jose M. Vigil: Einleitung zu: ders. (Hg.): Toward a Planetary Theology, Montreal 2010, 8.

Anvisiert ist dabei weder eine theologische Verschmelzung der religiösen Traditionen auf eine weltweite Einheitsreligion hin noch eine Theologie, die sich im Sinne der aufklärerischen Vernunftreligion über die Religionen erhebt, sich also den historischen bzw. «positiven» Religionen überordnete, sondern ein «Kolloquium» der real existierenden Selbstreflexionen der religiösen Traditionen.[695] Es soll also nicht auf einen religionsphilosophischen Überbau rekurriert werden, der dem Selbstverständnis der Religionen vor- bzw. übergeordnet wird. Vielmehr soll aus diesen Selbstverständnissen heraus gezeigt werden, dass die Religionen von sich aus über sich hinausweisen – auf den von ihnen selbst verkündeten Grund allen Seins – und dass dieser Grund *einer* und der gleiche ist. Das erste lässt sich zeigen. Das zweite bleibt aber ein philosophisch-apriorisches Postulat.

Wie geht interreligiöse Theologie vor? Für die Entfaltung der Schöpfungslehre etwa müssen die Schöpfungsvorstellungen und -konzeptionen verschiedener Religionstraditionen herangezogen werden. Schmidt-Leukel selbst hat einen Entwurf zu einer christlich-buddhistischen Schöpfungstheologie vorgelegt.[696] John Hick hatte schon 1976 eine Eschatologie in interreligiöser Perspektive ausgearbeitet.[697] Keith Ward hat folgende Themenkomplexe zum Gegenstand interreligiös-theologischer Studien gemacht: Gottesvorstellungen, Offenbarung, Schöpfung, Anthropologie und Gemeinschaft sowie Eschatologie.[698]

Schmidt-Leukel gibt noch ein anderes Beispiel für den interreligiösen Umgang mit theologischen Grundsatzthemen: die Frage, ob Gott auf

---

[695] Perry Schmidt-Leukel: Interkulturelle Theologie als interreligiöse Theologie (siehe Anm. 687), 12; ders.: Interreligiöse Theologie und die Theologie der Zukunft (siehe Anm. 687), 13.

[696] Perry Schmidt-Leukel: The Unbridgeable Gulf? Towards a Buddhist-Christian Theology of Creation, in: ders. (Hg.): Buddhism, Christianity and the Question of Creation. Karmic or Divine? Aldershot (UK)/Burlington (VT), 109–178.

[697] John Hick: Death and Eternal Life (siehe Anm. 693).

[698] Keith Ward: Images of Eternity. Concepts of God in Five Religious Traditions, London 1987; ders.: Religion and Revelation. A Theology of Revelation in the World's Religions, Oxford 1994; ders.: Religion and Creation, Oxford 1996; ders.: Religion and Human Nature, Oxford 1998; ders.: Religion and Community, Oxford 2000; ders.: Religion and Human Fulfilment, London 2008.

personale oder impersonale Weise gedacht werden solle.[699] Die Aufgabe interreligiöser Theologie wäre es nun, diese verschiedenen Vorstellungen aufzuarbeiten und zu zeigen, dass sie sich nicht zwangsläufig gegenseitig ausschließen, sondern sich ergänzen.

Schmidt-Leukel nennt vier *Prinzipien* einer interreligiösen Theologie:

- Eine Hermeneutik des Vertrauensvorschusses, die von der Annahme ausgeht, «dass sich theologisch relevante Wahrheit nicht allein in der eigenen religiösen Tradition findet, sondern auch in den religiösen Traditionen der anderen».[700] Diese Annahme kann und muss dann wiederum aus den verschiedenen Traditionen heraus begründet werden.
- Die Grundüberzeugung von der Einheit der Wirklichkeit, der eine letztliche Einheit der Wahrheit entsprechen muss. Wenn der göttliche Grund der Wirklichkeit *einer* ist und wenn Wahrheit in der authentischen Referenz auf diesen Grund besteht, dann muss alle Wahrheit «letztendlich kompatibel sein».[701] Vermeintliche Widersprüche zwischen den Lehren verschiedener Religionen müssen sich auf einer höheren Ebene in einer Zusammenschau «aufheben» lassen, etwa indem sich zeigen lässt, dass sie sich auf verschiedene Aspekte *eines* Gesamtzusammenhangs beziehen. So erweisen sich die Unterschiede zwischen den Religionen nicht nur als kompatibel, sondern auch als komplementär.
- Methodisch muss interreligiöse Theologie interreligiös-dialogisch, also unter Beteiligung von Gelehrten anderer Religionen in Form eines Kolloquiums betrieben werden. Nur so kann es gelingen, die unterschiedlichen Religionsperspektiven *authentisch* in das Vermittlungs- und Integrationsgeschehen der interreligiösen Theologie einzubringen.
- Interreligiöse Theologie ist ein offener und grundsätzlich unabschließbarer Prozess, so offen und unabschließbar wie die Religionsgeschichte selbst, auf die sie bezogen ist.

---

699 Perry Schmidt-Leukel: Interview «Theologen sollten andere Religionen integrieren» (siehe Anm. 687).

700 Ebd.

701 Perry Schmidt-Leukel: Interreligiöse Theologie und die Theologie der Zukunft (siehe Anm. 687), 9–12.

Den *Nutzen* einer Interreligiösen Theologie sieht Schmidt-Leukel in folgenden vier Punkten:

- Sie entspricht der (durch globale Kommunikation zwischen Kulturen und Religionen immer weiter fortschreitenden) Vernetzung der Religionen. Diese begegnet nicht nur auf der religionssoziologischen Ebene (bezogen auf die Begegnung von Religionsformen in der Welt-Gesellschaft und in den einzelnen Länder-Gesellschaften), sondern schlägt sich auch religionspsychologisch (im Blick auf die individuellen Religiositätsformationen) nieder.[702]
- Sie trägt zum Verstehen anderer Religionen bei, hilft Vorurteile abzubauen und fördert damit das gesellschaftliche Zusammenleben der Religionsgemeinschaften. «Wer sich tiefgehend mit einer anderen Religion auseinandersetzt, wird ihren Reichtum entdecken und Respekt entwickeln.»[703]
- Sie verleiht der Theologie eine höhere Glaubwürdigkeit gegenüber religionskritischen Weltanschauungen wie Agnostizismus, Skeptizismus und Atheismus: «Bei der bisherigen Theologie entsteht im Unterschied zur interreligiösen Theologie der Eindruck, dass sich alle Religionen hoffnungslos widersprechen und es keinen vernünftigen Grund dafür gibt, die Position der einen [Religion, R. B.] denen aller anderen [Religionen, R. B.] vorzuziehen. Das leistet religionskritischen Anschauungen Vorschub.»[704]
- Sie erlaubt und strebt danach, sich über Religionsgrenzen hinweg «mit jenen großen Fragen auseinanderzusetzen, die die Menschheit seit jeher in allen Kulturen und Religionen bewegt haben».[705] Schmidt-Leukel erwartet, dass durch die enorm verbreiterte Materialgrundlage der Theologie auch eine Horizonterweiterung und Vertiefung in der Beschäftigung mit diesen Fragen erzielt werden kann.

---

702 Siehe dazu Kapitel 2.2.3.

703 Perry Schmidt-Leukel: Interview «Theologen sollten andere Religionen integrieren» (siehe Anm. 687).

704 Ebd.

705 Ebd.

Der in meinen Augen zentrale Diskussionspunkt betrifft den erkenntnistheoretischen Realismus und Rationalismus, der dieser Position zugrunde liegt. Schmidt-Leukel geht davon aus, dass sich die hinter allen Religionstraditionen liegende Wahrheit des göttlichen Seinsgrundes durch diese Traditionen hindurch authentisch erkennen lässt, dass die Religionen demnach auf ihren Grund hin durchdrungen und einer kritischen Zusammenschau unterzogen werden können und müssen. Sie sind wie verschiedene Perspektiven auf *einen* Gegenstand, der sich aber nicht gegenständlich erkennen lässt; es gibt nur Zeugnisse von ihm, die durch ihre verschiedenen kulturellen Entstehungsorte und ihr je eigene Entwicklungsgeschichte geprägt sind. Die göttliche Wirklichkeit wird wie ein Licht aufgefasst, das durch das Prisma der Religionskulturen gebrochen wird. Die Brechungen dieses Lichts müssen auf die Quelle hin gebündelt werden. Die Anklänge an das neohinduistische Denken Radhakrishnans sind offensichtlich.

Aufschlussreich ist Schmidt-Leukels Aussage, keine andere Wissenschaft könne es sich leisten, Datenmaterial zu ignorieren.[706] Demnach sind Religionstraditionen Datenträger von Informationen über den Einheitsgrund der Wirklichkeit. Diese Daten müssten ausgewertet und abgeglichen werden. Die theologische Arbeit besteht also in einer Kompatibilitätsprüfung und Defragmentierung der Offenbarungsdaten. Da sie auf *eine* und die gleiche Quelle zurückgehen, müssen sie letztlich kompatibel und komplementär sein. Unstimmigkeiten zwischen ihnen sind zu erklären durch die Beschaffenheit des jeweiligen Datenträgers und die ihm vorgeschalteten Aufnahmefilter. Die religionsübergreifende *world theology* ist auf diese Weise mit einem metaphysischen Monismus, einem informationellen Offenbarungsverständnis und einer korrespondenztheoretischen Wahrheitstheorie unterlegt und von einem erstaunlichen Vernunftoptimismus getragen.

Der Gewährsmann eines solchen philosophisch-theologischen Ansatzes ist hier nicht mehr Schleiermacher – wie bei Wilfred Cantwell Smith – sondern u. a. Thomas von Aquin, dessen Erkenntnistheorie (mit ihrem Grundsatz, dass das zu Erkennende im Modus des Erkennenden – *modus recipientis* – erkannt wird[707]). Ob Thomas damit einverstanden wäre, dass

---

[706] Ebd.

[707] «modus cognitionis sequitur modum naturae cognoscentis» (STh I, q 12, a.11).

seine erkenntnistheoretische Einsicht einem religionstheologischen Pluralismus dienstbar gemacht wird, darf man allerdings bezweifeln.

Im Blick auf die religionsgeschichtliche Materialgrundlage steht Schmidt-Leukel der Religionsphänomenologie mit ihrem theologischen Einschlag nahe. So hatte etwa auch Friedrich Heiler postuliert, dass sich die *eine* Religion (die für ihn mystisch geprägt war) in den Erscheinungsformen der geschichtlichen Religionen verschieden ausprägt: «Weil die in der Religion erfahrene göttliche Wirklichkeit nur *eine* ist, darum ist auch im Grunde nur eine Religion.»[708]

Die zweite Weiterentwicklung der Pluralistischen Religionstheologie, die Perry Schmidt-Leukel vornimmt, besteht in einer «fraktalen Interpretation religiöser Vielfalt». Lediglich der Grundgedanke dieses Ansatzes soll hier kurz referiert werden.[709]

Der von Benoît Mandelbaum eingeführte Begriff «fraktal» bezieht sich auf geometrische Strukturen, Muster oder Formen in der anorganischen und organischen Natur, die sich über verschiedene Größenordnungen hinweg replizieren. Sie werden also heruntergebrochen (*fractus*). So findet sich beispielsweise die Röschen-Struktur eines Blumenkohls in den einzelnen Röschen selbst wieder abgebildet. Wenn man also aus der Totalperspektive immer näher heranzoomt, findet man die gleiche Struktur im Kleineren und Kleinsten immer wieder neu.[710]

Schmidt-Leukel wendet diesen Ansatz auf die Deutung religiöser Vielfalt an. Seine Grundthese lautet, dass sich in dieser Vielfalt fraktale Muster erkennen liessen. Es gebe Strukturanalogien in den Erscheinungsformen unterschiedlicher Religionen. Die Vielfalt der religiösen Erscheinungsformen sei also nicht zufällig, sondern folge einer Regelmäßigkeit. Diese These erlaubt es Schmidt-Leukel, die beiden Extreme in der Deutung der religiösen Vielfalt zu vermeiden, deren eines besagt, Religionen seien radikal verschieden voneinander (inkommensurabel), und deren anderes gesagt, sie seien essenziell gleich. Stattdessen gibt es nach Schmidt-Leukel

---

[708] Friedrich Heiler: Die Religionen der Menschheit, Stuttgart [5]1991, 37; Siehe auch: ders.: Erscheinungsformen und Wesen der Religion, Stuttgart [2]1979, 2.

[709] Perry Schmidt-Leukel: Religious Pluralism and Interreligious Theology. The Gifford Lectures – An Extended Edition, Maryknoll (NY) 2017; ders: Eine fraktale Interpretation religiöser Vielfalt:, in: MThZ 69, 2018/2, 134–150. Ein Diskussionsband zu diesem Ansatz soll 2019 bei Orbis Books, Maryknoll (NY) erscheinen.

[710] Benoît Mandelbaum. Die fraktale Geometrie der Natur, Basel 1991.

Kontinuitäten und Korrespondenzen in den Strukturen der Phänomene (d. h. der Glaubensvorstellungen, der religiösen Praxisformen und sogar der religiösen Erfahrungen) bei gleichzeitiger Verschiedenheit in deren Gestalt. Die Religionen gleichen «einander gerade in ihrer internen Vielgestaltigkeit, auch wenn sich diese in jeder Religion in anderen Variationen darstellt»[711]. Das gilt im «horizontalen» Quervergleich der Religionen. Es gilt aber auch im «vertikalen» Vergleich zwischen der religiösen Vielfalt insgesamt und der Vielfalt der Erscheinungsformen innerhalb einer Religion und sogar innerhalb eines religiösen Subjekts.

Schmidt-Leukel greift zur Untermauerung seiner These auf zwei Argumentationslinien zurück:

Erstens rekurriert er auf die Annahme einer religiösen Anlage im Menschen. Demnach wurzeln «grundlegende Muster religiöser Vielfalt in gemeinsamen Eigenschaften und transzendentalen Strukturen des menschlichen Geistes»[712]. Zur Bekräftigung dieser Annahme beruft sich Schmidt-Leukel auf Rudolf Otto und William James.

Zweitens zieht er religionsphänomenologische Typologisierungen heran, vor allem die von Julia Ching und Hans Küng entwickelte dreiteilige Klassifikation der Religionen in einen prophetischen, einen mystischen und einen weisheitlichen Typus. Dieses Dreierschema stellt die Erweiterung der Unterscheidung zwischen einem prophetischen und einem mystischen Typus von Religion dar, wie sie vor allem von Friedrich Heiler vorgenommen worden ist.[713] Heiler hat dabei auf Nathan Söderblom, Reinhold Seeberg und Rudolf Otto zurückgegriffen. Später findet sich diese Unterscheidung auch bei Gustav Mensching.[714] Die Religionen semitischen Ursprung (vor allem Judentum, Christentum und Islam) ordnete Heiler dem prophetischen Typus zu, die Religionen indischen Ursprung (vor allem Hinduismus und Buddhismus) dem mystischen. In ihrer Erweiterung dieses Schemas ordnen Julia Ching und Hans Küng die

---

[711] Perry Schmidt-Leukel: Eine fraktale Interpretation religiöser Vielfalt (siehe Anm. 709), 142.

[712] Ebd.

[713] Friedrich Heiler: Das Gebet. Eine religionsgeschichtliche und religionspsychologische Untersuchung, München ^{4}1921, 248ff.

[714] Gustav Mensching: Die Religion. Erscheinungsformen, Strukturtypen und Lebensgesetze, Stuttgart 1959, 115–120.

Religionen chinesischen Ursprungs (vor allem Konfuzianismus und Daoismus) dem weisheitlichen Typus zu.[715]

Es soll hier nicht darum gehen, Sinn und Unsinn solcher Schemata zu diskutieren – offensichtlich gehen sie von den früher sogenannten «Hochreligionen» aus und nehmen etwa die schriftlosen Religionen und auch die meisten antiken Religionen nicht in den Blick. Die religionsphänomenologische Bildung von Religionstypen hatte und hat durchaus einen heuristischen Wert, sie führte aber auch immer wieder vor die Einsicht, dass keine der Religionen in dem ihr zugewiesenen Typus aufgeht. In den verschiedenen Religionen finden sich Elemente aller drei Typen in unterschiedlicher Gewichtung. Judentum, Christentum und Islam beispielsweise sind demnach primär prophetische Religionen; sie enthalten aber auch mystische und weisheitliche Elemente. Die Komplexität der Religionstraditionen sprengt jede typologische Festlegung.

Aus diesem Aspekt des religionsphänomenologischen Ansatzes gewinnt Schmidt-Leukel nun gerade ein zentrales Argument für seine fraktale Interpretation: Es gibt eine Verschränkung der Typen in den einzelnen Religionen. Damit kann er zum einen die religionsphänomenologische Typenbildung repristinieren und sie zum anderen in seine fraktale Deutung überführen.

Mindestens die folgenden drei Rückfragen bzw. Einwände lassen sich gegen diesen Ansatz erheben. Die ersten beiden beziehen sich auf die Methode, die bzw. der dritte zielt auf die grundlegende Voraussetzung des gesamten Projekts einer fraktalen Interpretation der religiösen Vielfalt.

(1) Die Feststellung von Strukturähnlichkeiten besteht darin, dass in einem ersten Schritt per Abstraktion von der religiösen Wirklichkeit Typen religiöser Erscheinungsformen gebildet werden. Die Typen sind aus großer Flughöhe und oft auch nur an Idealformen der Religionen gewonnen. In einem zweiten Schritt wird festgestellt, dass sich diese Typen in verschiedenen Religionstraditionen und auf verschiedenen Ebenen identifizieren lassen. Die gleiche Argumentationsfigur lässt sich überall anwenden, wo Idealtypen gebildet werden. Man wird immer feststellen, dass sich diese Typen in der komplexen Wirklichkeit nicht in Reinform finden

[715] Hans Küng / Julia Ching: Christentum und Weltreligionen. Chinesische Religion, Zürich 1999, 15f. In dem 1984 erschienenen Buch «Christentum und Weltreligionen» war Küng noch dem Zweierschema gefolgt (siehe Anm. 586), 260–265.

lassen, sondern stets auch Elemente anderer Typen neben ihnen erscheinen.[716] Dieses Resultat ist im Verfahren der Typologisierung angelegt. Es handelt sich also um einen Zirkelschluss.

(2) Weiter kann man fragen, ob es wirklich die Rezeption der fraktalen Geometrie von Mandelbaum braucht, um auszusagen, was Schmidt-Leukel aussagen will: dass es strukturelle Ähnlichkeiten in den Erscheinungsformen zwischen den Religionen, innerhalb der Religionen und innerhalb der religiösen Subjektivität gibt. Die Rede von «Ähnlichkeit» als Mittelbegriff zwischen Identität und Differenz würde vollauf genügen. Die Theorie Mandelbaums bietet bei Schmidt-Leukel lediglich eine Illustration dafür.

(3) Der dritte Einwand ist fundamentaler: Er geht aus von der Frage, wie sich die phänomenalen Analogien substanziell zueinander verhalten. Offensichtlich ist unterstellt, dass sie in einem gemeinsamen Ursprung gründen, als dessen unterschiedlichen Entfaltungsformen sie zu verstehen sind. Die fraktale Interpretation bezieht sich bei Mandelbaum auf jeweils *einen* Gegenstand: einen Blumenkohl oder eine Küstenlinie oder die Struktur von Wellen mit ihren Schaumkronen. Selbstähnlichkeit gibt es auf den verschiedenen Strukturebenen dieses einen Gegenstandes, aber nicht zwischen verschiedenen Gegenständen – etwa zwischen dem Blumenkohl und der Küstenlinie. Schmidt-Leukel muss also davon ausgehen, dass es sich bei «Religion» um einen einheitlichen Gegenstand handelt, der sich in den Erscheinungsformen der Religionen hypostasiert.[717] Nur dann können die Erscheinungsformen der verschiedenen Religionen als Selbstreplikation der Gesamtstruktur von Religion gedeutet werden. Und nur dann kann die religiöse Vielfalt auf der interreligiösen Makroebene auch auf der

---

[716] So hat man in der (Populär-)Psychologie immer wieder versucht, Persönlichkeitstypen zu unterscheiden. Die Zuordnung konkreter Persönlichkeitsprofile zu diesen Typen führt dann aber regelmäßig vor die Einsicht, dass die jeweilige Persönlichkeit auch Anteile der anderen Typen repräsentiert.

[717] Vgl. das von Schmidt-Leukel zur Unterstützung seiner Position herangezogene Zitat von Hiko Wiardo Schomerus: «Die Religion an sich hypostasiert sich in einigen wenigen Haupttypen, die immer wiederkehren und sich überall in ähnlicher Weise entfalten, überall verwandte Formen und Gebilde hervorrufen» (Hiko Wiardo Schomerus: Parallelen zum Christentum als religionsgeschichtliches und theologisches Problem, Gütersloh 1932, 26, zitiert, in: Perry Schmidt-Leukel: Eine fraktale Interpretation religiöser Vielfalt (siehe Anm. 709), 141.

Mesoebene der einzelnen Religionen und auf der Mikroebene des religiösen Subjekts gefunden werden.

Der ganze Ansatz hängt also vom Postulat ab, dass es sich bei Religion um einen zusammenhängenden Phänomenkomplex mit durchgehenden Strukturen handelt. Problematisiert man demgegenüber diesen Religionsbegriff, etwa indem man darin ein Konstrukt der abendländischen Geistesgeschichte sieht, das unterschiedliche – und eben letztlich nicht gleiche – Strömungen der Kulturgeschichte auf den gleichen Nenner «Religion» bringt, dann verliert dieser Ansatz seine Basis. Dessen Problematik besteht also in dem vorausgesetzten Postulat einer letztlichen (in ihrem Grund verwurzelten) Gleichheit der Religionen. Schmidt-Leukels Versuche, die Plausibilität seines Ansatzes an der Phänomenologie der Religionen aufzuweisen, vermögen nicht darüber hinwegzutäuschen, dass diese Interpretation auf dem Fundament eines streitbaren metaphysischen Postulats aufgebaut ist. Es ist dies das Postulat der Pluralistischen Religionstheologie insgesamt: dass es einen religionstranszendenten Einheitsgrund der Religionen gibt.

6.1.7. Schlussüberlegung

Die Hypothese einer letzten Einheit der Religionen kann *religiös* postuliert, aber auch religions*kritisch* gegen die Religion(en) ins Feld geführt werden. Die religiöse Begründung kann im Hinweis auf einen gemeinsamen transzendenten Bezugspunkt, auf eine religiöse Anlage des Menschen oder auf den gleichen Grundvorgang der De- und Rezentrierung bestehen. Die religionskritische Argumentation kann das aller Religion Gemeinsame etwa im Grundvorgang der Entfremdung des Menschen von seinem Wesen und/oder in gleichen repressiven Strukturen und inhumanen Funktionen erblicken. Solche Bestimmungen treten von der Komplexität konkreter religiöser Erscheinungsformen zurück, um das Gesamtphänomen «Religion» zu deuten. Das ist keineswegs illegitim, handelt es sich dabei doch wirklich um einen nach Deutung verlangenden Phänomenkomplex. Aber großkalibrige Deutungen dieser Art bestehen letztlich lediglich in der Entfaltung des vorausgesetzten Religionsbegriffs. Die fraktale Interpretation religiöser Vielfalt ist ein Konstrukt, das sich aus der religionsphänomenologischen Typologisierungsmethode ergibt. Der Gegenstand der Interpretation wird durch diese Methode allererst erzeugt.

Selbst wenn Religionstraditionen – wie die Religionen semitischen Ursprungs – davon ausgehen, dass der von ihnen verehrte Gott der Grund allen Seins ist, so bedeutet das noch nicht, dass sie in ihm auch den Einheitsgrund der Religionen sehen. Selbst wenn sie davon ausgehen, dass alle Menschen eine religiöse Anlage haben, so bedeutet das noch nicht, dass sie andere Religionen als authentische Entfaltungsformen dieser Anlage anerkennen. Selbst wenn sie davon ausgehen, dass sich in allen Religionen die gleiche Öffnungsbewegung auf den göttlichen Urgrund vollzieht, so bedeutet das noch nicht, dass diese Bewegung auch den in seiner Offenbarung entgegenkommenden Gott erreicht bzw. von ihm erreicht wird. Die Annahme, dass die religiöse Vielfalt letztlich *einen* Grund hat, ist ein Postulat, das über diese Begründungsansätze hinausgeht. Sie führt zudem mit einer gewissen Wahrscheinlichkeit dazu, die Verschiedenheit zwischen den Religionstraditionen unterzubestimmen. So bringt etwa Perry Schmidt-Leukel die Konzepte des Buddha, des inkarnierten Gottessohnes und des Propheten nach islamischem Verständnis auf den gleichen Nenner der Trias von «erwachen», «verkündigen» und «verkörpern».[718] Solche Versuche, das Verschiedene gleichnamig zu machen, haben durchaus einen heuristischen Wert, stehen aber in der Gefahr, die Propria der Konzepte hinter der abstrakten Verallgemeinerung zurückzustellen.

Mein Hauptkritikpunkt an diesen Ansätzen betrifft deren erkenntnistheoretische und hermeneutische Grundlegung, die dazu führt, dass die Religionstraditionen gewissermaßen hintergangen werden sollen, um so der *einen* Wahrheit Gottes näherzukommen. Das Selbstverständnis der Religionen wird dabei einer Generalperspektive untergeordnet. Die Anhänger der einzelnen Religionen sind wie die Blindgeborenen im Gleichnis vom Elefanten, dessen einzelne Körperteile sie betasten, um dann ihre partikulare Erkenntnis für das Ganze des Elefanten zu halten. Sie nesteln nur an ihren begrenzten Wahrheiten herum. Der Religionstheologe hingegen erscheint wie der erleuchtete Betrachter dieses für ihn vergnüglichen Schauspiels. Zwar erkennt er die göttliche Wahrheit auch nicht in

---

718 Perry Schmidt-Leukel: Eine fraktale Interpretation religiöser Vielfalt (siehe Anm. 709), 149.

ungebrochener Schau (hier verlasse ich das Gleichnis), ist aber doch auf dem Weg zu ihr weiter vorangekommen als die Blindgeborenen.[719]

Die Religionen haben ihr jeweiliges unhintergehbares Identitätszentrum in der Vergegenwärtigung eines sie konstituierenden Ursprungs, der in der Geschichte aufgetreten ist, aber übergeschichtliche Bedeutsamkeit zu haben beansprucht. Andere Religionen können *diesem* Ursprung zugeordnet werden, indem sie in das Licht der je eigenen Glaubensperspektive gestellt werden. Eine Theologie der Religionen, die sich auf der Grundlage eines solchen offenen und auf Gegenseitigkeit gestellten Inklusivismus formiert, gewinnt die Ressourcen für eine relative theologische Anerkennung anderer Religionstraditionen aus ihrer je eigenen Tradition, nicht aber aus einer Religionstheorie.

Das Postulat eines religionsübergreifenden Grundes, der sich in die Vielfalt religiöser Erscheinungsformen ausdifferenziert, ist Teil einer interreligiösen Theologie, die ihre Normativität nicht unmittelbar aus den Religionstraditionen gewinnen kann. Sie muss sich über diese erheben und ihre Geltung aus Setzungen ableiten. Ihre Normativität besteht in den subjektiven Präferenzen dessen, der interreligiöse Theologie treibt und dazu Kompositionen aus verschiedenen religiösen Traditionen herstellt. Interreligiöse Theologie wird damit zu einem selbstbezüglichen avantgardistischen Projekt freischwebender theologischer Kreativität einzelner Religionsintellektueller, die nicht auf die Anerkennung einer Religionsgemeinschaft angewiesen sind.[720]

Gegenüber dem Versuch, die Religionstraditionen zu *einer* über sie hinausführenden Globaltheologie zusammenzubinden, plädiere ich für eine auf die außerchristlichen Religionen hin geöffnete *christliche* Theologie. Ich bevorzuge dafür die Bezeichnung «Theologie interreligiös» gegenüber «interreligiöser Theologie». Denn dieser Ausdruck ist weniger programmatisch und mehr methodisch angelegt. Damit wird kein neues Konzept von Theologie in Konkurrenz zur konfessionsgebundenen Theologie

---

[719] Siehe dazu: Gebhard Löhr: Das indische Gleichnis vom Elephanten und den Blinden und seine verschiedenen Deutungen. Zum Problem interreligiöser Toleranz und des interreligiösen Dialogs, in: ZMR 79, 1995, 290–304.

[720] Siehe dazu: Reinhold Bernhardt: Theologie zwischen Bekenntnisbindung und universalem Horizont. Überlegungen zum Format einer «interreligiösen Theologie», in: Reinhold Bernhardt / Perry Schmidt-Leukel (Hg.): Interreligiöse Theologie (siehe Anm. 492), 43–66.

propagiert, sondern eine Art angezeigt, wie konfessionsgebundene Theologie im interreligiösen Kontext getrieben werden kann: in Offenheit für andere religiöse Traditionen und dabei doch mit der Zirkelspitze im Identitätszentrum des christlichen Glaubens verankert. *«Interreligiös»* ist dabei weniger adjektivisch (als eine Eigenschaft der Theologie) als eher adverbial (als eine Vorgehensweise) zu verstehen. In der Wortverbindung *Theologie interreligiös* wäre *interreligiös* damit ein Tätigkeits-Wort, eine Ermutigung, die Inhalte des christlichen Glaubens in Bezug auf theologische Alterität zur Sprache zu bringen. Eine *solche* Theologie würde sich in keiner Weise von der christlichen Glaubensgemeinschaft abkoppeln, sondern dieser Gemeinschaft in Zeiten des religiösen Pluralismus womöglich mehr dienen als eine ganz auf die Tradition des Christentums beschränkte auf der einen Seite und eine religionstheoretisch universalisierte auf der anderen Seite.

6.2. Genealogisch-traditionsgeschichtliche Beziehungsbestimmung: «Abrahamische Ökumene»

Das jetzt vorzustellende und zu diskutierende Paradigma interreligiöser Beziehungsbestimmungen setzt nicht bei einem metaphysisch, anthropologisch oder religionsphänomenologisch anvisierten Einheitsgrund der Religionen an, sondern postuliert eine geschichtliche Wurzelverwandtschaft zwischen Judentum, Christentum und Islam, die in der Figur des Abraham symbolisiert ist. Es (re-)konstruiert quasi-familiale Verwandtschaftsverhältnisse zwischen den Religionsgemeinschaften durch deren Rückbindung an den gemeinsamen Urahn, in dessen Sukzession diese zu stehen beanspruchen. Dabei bezieht sich dieses Modell weniger auf die Religionen als Systeme als eher auf deren Anhänger, ihren Glauben, dessen Wurzeln und Überlieferungsgeschichten. Die Vertreter dieses Modells argumentieren weniger religionsphilosophisch bzw. systematisch-theologisch als eher exegetisch-traditionsgeschichtlich. Auf dieser Argumentationslinie können sich offenbarungstheologische und religionsgeschichtliche Betrachtungen verbinden.

Zur Charakterisierung dieses Paradigmas wähle ich die neutrale Bezeichnung «traditionsgeschichtlich», weil der Begriff «heilsgeschichtlich», der an dieser Stelle auch eingesetzt werden könnte, zu sehr mit dem christlich geprägten Begriff «Heil» und mit theologischen Konzeptionen von

«Heilsgeschichte» gefüllt ist. Mit der Bezeichnung «genealogisch» ist eine Beziehungsbestimmung über den Aufweis von religiösen Abstammungsverhältnissen gemeint, wobei diese Abstammung physischer, aber auch geistlicher Art sein kann.

Die (Re-)Konstruktion von religiösen Abstammungsverhältnissen kann nur innerhalb einer Religionsfamilie funktionieren. Sie bewegt sich also im Rahmen eines Familienmodells der Religionen, geht also davon aus, dass sich Religionen im Blick auf ihren Ursprung und Herkunftskontext zu Religionsfamilien zusammenordnen lassen. Solche Zusammenordnungen zu Religionsfamilien wurden seit der Mitte des 19. Jahrhunderts von der sich zu dieser Zeit entwickelnden Vergleichenden Religionswissenschaft vorgenommen. Ausgehend von phänomenalen Ähnlichkeiten, die sich im Vergleich zwischen einzelnen Religionen zeigten, erforschte man die historischen Zusammenhänge innerhalb der jeweiligen Religionsgruppen. So ordnete man etwa die indoeuropäischen Religionen und die altorientalischen Religionen zu Religionsfamilien zusammen. Das jetzt vorzustellende und zu diskutierendende Modell der Abrahamischen Religionsfamilie ist auf die Religionen semitischen Ursprungs beschränkt. Die Mitglieder dieser «Familie» sind Judentum, Christentum und Islam.

Eine weitere Voraussetzung dieses Modells besteht darin, dass sich eine religiöse Tradition als *geschichtlicher* Ereigniszusammenhang versteht (wie es bei den genannten drei Religionen der Fall ist) und weniger als Innewerden der *kosmischen* Ganzheit (wie es bei den Religionen indischen Ursprungs der Fall ist). Abstammungs- und Verwandtschaftsbeziehungen können nur geschichtlich hergestellt werden, im Rückbezug auf die gemeinsamen Vorfahren und in der Vergegenwärtigung der Beziehungsgeschichte. Das Modell lässt sich also nur im Bezugsrahmen des Geschichtsdenkens entwickeln.

Religionstraditionen, die sich durch Abspaltung aus älteren Traditionslinien heraus entwickelt haben (wie das Christentum), sind in einer prekären Weise mit ihrer «Mutterreligion» verbunden. Zum einen teilen sie ein gemeinsames Erbe mit ihr und sind in einem gemeinsamen Stammbaum bleibend mit ihr verbunden; zum anderen definieren sie sich nicht selten über die Unterscheidung von dieser Mutterreligion. Sie haben die oft bitteren Ablösungs- und Trennungskonflikte in ihrem kollektiven Gedächtnis und können daraus jederzeit neue feindselige Formen der Beziehungsgestaltung aktivieren. Das gleiche trifft ja auch für die Verzweigungen *innerhalb* der Religionen zu, also etwa für das Verhältnis der christlichen Konfessionen und Denominationen zueinander.

Das Familien- bzw. Abstammungsmodell als solches erzeugt also nicht mit innerer Notwendigkeit konstruktive und freundschaftliche Beziehungen zwischen den Mitgliedern der Religionsfamilien. Im Gegenteil können die Konflikte innerhalb der Familie weitaus schärfer sein als die Konflikte zu Mitgliedern anderer Religionsfamilien. Die Beziehungsgeschichte zwischen Judentum, Christentum und Islam gibt beredtes Zeugnis davon. Dieses Modell führt nur dann zu einer konstruktiven Beziehungsgestaltung, wenn das Gemeinsame und Verbindende zwischen den Familienmitgliedern betont wird, wenn also ein ausgeprägter Beziehungswille vorhanden ist.

6.2.1. Abraham als Stammvater von Judentum, Christentum und Islam

Der Grundgedanke, dass sich die drei in ihrer Geschichte so zerstrittenen Geschwisterreligionen des Judentums, des Christentums und des Islam auf ihren gemeinsamen Stammvater Abraham zurückbesinnen und in ihm einen gemeinsamen Bezugspunkt finden können, ist alt. Schon bei Papst Gregor VII. schien er auf, als dieser den König von Mauretanien, Al-Nasir, in einem Brief aus dem Jahr 1076 mit «Bruder in Abraham» anredete.[721]

Als eigentlicher Begründer des Gedankens einer abrahamischen Stammverwandtschaft von Judentum, Christentum und Islam kann aber erst Louis Massignon (1883–1962) gelten, auf dessen bewegte Biografie hier (leider) nicht eingegangen werden kann.[722] 1908 hatte er im Kontext der islamischen Lebenswelt im Irak eine intensive Bekehrung vom Agnostizismus zum christlichen Glauben erlebt und fühlte sich als katholischer Christ zeitlebens intellektuell und spirituell zum (mystischen) Islam hingezogen. Sidney H. Griffith beschreibt diese Konversion als «an inter-

[721] Gregor VII., ep. 3,21 ad Anazir (Al-Nasir), hg. von E. Caspar in MGH, ep. sel. II, 1920, I, 288, 11–15; PL 148, 451 A. In «Nostra aetate» (siehe Anm. 151), § 3 wird auf diesen Brief verwiesen.

[722] Christian Destremau: Louis Massignon, Paris 1994; Mary Louise Gude: Louis Massignon. The Crucible of Compassion, Notre Dame (IN), 1996; Christian Krokus: The Theology of Louis Massignon. Islam, Christ, and the Church, Washington, D. C. 2017.

religious moment of grace»[723]. Als einer der profundesten Islamkenner des 20. Jahrhunderts hat Massignon wesentliche Impulse für die Neubestimmung der Beziehungen der römisch-katholischen Kirche zum Islam im Vorfeld des Zweiten Vatikanischen Konzils gegeben, die dort aufgenommen wurden.[724] Das verdankte sich auch seiner persönlichen Freundschaft mit Giovanni Battista Montini, dem späteren Papst Paul VI.

Besonders in seinem Aufsatz «Les trois prières d'Abraham»[725] hat Massignon sein Konzept einer auf Abraham zurückgehenden Verwandtschaftsbeziehung zwischen den deswegen so genannten «Abrahamischen Religionen» dargelegt.[726] Abraham wurde ihm auch persönlich zu einer Leitfigur. Er übernahm dem Namen «Ibrahim» und ließ sich sogar beschneiden.[727]

Die Materialgrundlage für dieses Konzept fand Massignon in den Traditionsquellen dieser Religionen, die Abraham in besonderer Nähe zu Gott stehen sehen. Von grosser Bedeutung war und ist dabei die Abrahamüberlieferung in Gen 12–25, vor allem die Segensverheissungen an die beiden Söhne Abrahams in Gen 16f: dem erstgeborenen Ismael, den Abraham mit seiner Magd Hagar gezeugt hatte, und dem eigentlich verheissenen, aber zweigeborenen Sohn Isaak, den seine Frau Sara gebar.

Schon seit den griechischen Kirchenvätern galt Ismael als Stammvater der Araber bzw. der Sarazenen. So schrieb Euseb in seinem «Chronicon» (vor 303): «Abraham zeugte aus der Magd Agar Ismael, von dem das Volk der Ismaeliten (stammt), das später Agarener und zuletzt Sarazenen

---

[723] Sidney H. Griffith: Sharing the Faith of Abraham. The «Credo» of Louis Massignon, in: ICMR 8/2, 1997, 194.

[724] So etwa in den Verweisen auf Abraham in «Lumen gentium» 16 und in «Nostra aetate» 3. In ersten Entwürfen war von den Muslimen als «Söhnen Ismaels» die Rede.

[725] Louis Massignon: Les Trois Prières d'Abraham, in: Dieu vivant XIII, 1949, 25–37; auch, in: ders.: Les trois prières d'Abraham, Paris 1997, 129–146; deutsch als: Die drei Gebete Abrahams, in: Com(D) 4, 1975, 19–28.

[726] Nazirudin Mohd Nasir: From Abraham to the ‹Abrahamic religions›. Louis Massignon and the invention of a religious category, Oxford 2015.

[727] Neal Robinson: Massignon, Vatican II and Islam as an Abrahamic Religion, in: ICMR 2, 1991, 199.

genannt wird.»[728] Dem schlossen sich Hieronymus und vor allem Sozomenos in seiner zwischen 443 und 450 verfassten Kirchengeschichte an. So konnte man Jahrhunderte später – nach der Ausbreitung des Islam in der arabischen Welt – Ismael als Stammvater der Muslime ansehen. Während die arabischen Quellen aus vorislamischer Zeit die Araber nicht auf Ismael zurückführten, sah sich Mohammed als Nachkomme Ismaels und Abrahams.

Die Erzählung von den beiden Abrahamsöhnen wurde in der Theologiegeschichte oft im Lichte von Gal 4,21–31 als typologische und wertende Gegenüberstellung der beiden gedeutet: Isaak als der legitime Sohn Abrahams steht für Freiheit, Ismael als Sohn der Sklavin für Knechtschaft. Als Beispiel dafür sei das islamkritische Buch «Mahometanism Unveiled» von Charles Forster aus dem Jahre 1829 angeführt. Darin ist diese antithetische Gegenüberstellung der beiden Söhne auf die Beziehung zwischen Christentum und Islam angewandt: «Isaac, the child of the Spirit, is here seen to give birth to a spiritual faith; Ishmael, the child of the flesh, to a carnal superstition. The son of the *free-woman*, rightfully and appropriately, introduces into the world a religion of liberty; the son of the *bond-woman*, not less appropriately and rightfully, establishes upon earth a religion of bondage. In a word, Isaac, the legitimate seed, becomes the father of true faith; Ishmael, the illegitimate, of a spurious imitation of it.»[729]

Massignon übernahm das Motiv der doppelten Abrahamnachkommenschaft, befreite aber Ismael aus der negativen Schematisierung. Beide waren für ihn legitime und von Abraham gesegnete Nachkommen. Auf diesem Grundgedanken entwickelte er dann die genealogische Beziehungsbestimmung der drei Religionen semitischen Ursprungs mit Abraham als zentraler Integrationsfigur. Aus dem Koran hörte er die Stimme Gottes ebenso sprechen wie aus der Bibel. Es sei dies die Offenbarung an die Muslime, die über Ismael an der heilsgeschichtlichen Abrahamkindschaft teilhaben. Dennoch hielt Massignon daran fest, dass der Islam seine Erfüllung erst im wiederkommenden Christus finde. Bei aller Anerkennung dieser Religion als einem authentischen Glauben, in dem der Geist

[728] CPG 3494 hg. von Rudolf Helm (GSC Eusebius Werke VII, 24), zitiert in der Übersetzung von Theresia Hainthaler: Christliche Araber vor dem Islam. Verbreitung und konfessionelle Zugehörigkeit. Eine Hinführung, Leuven 2007, 20.

[729] Charles Forster: Mahometanism Unveiled, London 1829, 160f (im Kontext von 113–161).

Gottes wirksam ist, vertrat er also doch ein Erfüllungsmodell. Der Hauptstrom der Offenbarungsgeschichte verläuft ihm zufolge von Abraham über *Isaak* zu den Juden und Christen.

In der jüngeren Vergangenheit ist das Konzept einer «Abrahamischen Religionstheologie» (bzw. «Abrahamischen Ökumene») katholischerseits vor allem von Karl-Josef Kuschel[730] und evangelischerseits von Bertold Klappert[731] vertreten worden.[732] Klappert, der von der Theologie Karl Barths geprägt ist, hat sich dabei um die Klärung der exegetischen Grundlagen bemüht. Kuschel war im jüdisch-christlichen Dialog engagiert und steht dem von Hans Küng initiierten «Projekt Weltethos» nahe. Während es zum Konzept dieses Programms gehörte, auf religionstheologische Beziehungsbestimmungen zwischen den Religionen zu verzichten und einzig ethische Überlappungen auszuweisen, hat Kuschel eine Religionstheologie entwickelt, die über das Motiv der Abrahamkindschaft Verwandtschaftsbeziehungen zwischen Judentum, Christentum und Islam herstellt.

Dazu zog er auch den Ökumenebegriff heran und sprach von «Abrahamischer Ökumene». Im Hintergrund steht die Ausweitung des Ökumenebegriffs im jüdisch-christlichen Dialog und in der darauf bezogenen Theologie. Seit den 1960er Jahren wurde die Vorstellung von der «Ökumene aus Juden und Christen» (Hans Hermann Henrix) ausgebildet. Henrix plädierte dafür, den Dialog mit dem Judentum als eine wesentliche Aufgabe der ökumenischen Theologie zu verstehen[733]; es gebe nur *ein Volk*

---

[730] Karl-Josef Kuschel: Streit um Abraham. Was Juden, Christen und Muslime trennt – und was sie eint, Düsseldorf ^{5}2006; ders: Juden – Christen – Muslime. Herkunft und Zukunft, Düsseldorf 2007; ders.: «Leitbild für die Menschen». Abraham als Herausforderung für Juden, Christen und Muslime, in: ders. / Jürgen Micksch: Abrahamische Ökumene. Dialog und Kooperation, Frankfurt a. M. 2011, 11–26.

[731] Bertold Klappert: Abraham eint und unterscheidet. Begründungen und Perspektiven eines nötigen ‹Trialogs› zwischen Juden, Christen und Muslimen, in: Rudolf Weth (Hg.): Bekenntnis zu dem einen Gott. Christen und Muslime zwischen Mission und Dialog, Neukirchen-Vluyn 2000, 98–112. Online unter: www.reformiert-info.de/side.php?news_id=1851&part_id=0&navi=3 (07.08.2018).

[732] Zur englischsprachigen Diskussiom siehe: Adam J. Silverstein u. a. (Hg.): The Oxford Handbook of the Abrahamic Religions, Oxford 2015.

[733] Hans Hermann Henrix / Martin Stöhr (Hg.): Exodus und Kreuz im ökumenischen Dialog zwischen Juden und Christen, Aachen 1978, 188–236.

Gottes – in der Zweigestalt von Israel und Kirche.[734] Zahlreiche katholische und evangelische Theologen und Theologinnen vertreten die gleiche Auffassung.[735] Die Beziehungsbestimmung zwischen Christentum und Judentum wurde genealogisch – im Bild familialer Beziehungen (Mutter-Tochter, jüngerer und älterer Bruder) – zum Ausdruck gebracht. Diese Ausdehnung des Ökumeneverständnisses drängte aber über die Gemeinschaft von Juden und Christen hinaus. Beim Konzept der Abrahamischen Ökumene handelt es sich um die Ausdehnung dieser Zweier- zu einer Dreiergemeinschaft.

Hans Küng etwa plädierte dafür, Ökumene nicht mehr verengt, ekklesiozentrisch zu verstehen, sondern die Gemeinschaft der großen Religionen einzubeziehen. Dazu verwies er auf das weitgefasste säkularökumenische Verständnis, das «Ökumene» auf den gesamten bewohnten Erdkreis bezog.[736] Karl-Josef Kuschel nahm diesen Impuls auf und wendete ihn auf die Beziehungsbestimmung von Judentum, Christentum und Islam an. In Küngs Buch zum Judentum sah er «eine erste theologische Grundlegung ‹abrahamischer Ökumene›»[737].

Aus den Quellen der Abrahamüberlieferung und deren neutestamentlicher Rezeption, aus den paulinischen Ansätzen zur Inklusion der Christusgläubigen in den Abrahambund sowie aus den koranischen Bezügen auf Abraham entwickeln die Vertreter einer Abrahamischen Religionstheologie die Vorstellung einer Verwandtschaftsbeziehung zwischen den drei Religionen. Ismael, der erstgeborene Sohn Abrahams, der nach koranischer Überlieferung zusammen mit seinem Vater die Kaaba erbaut hat (Q 2,127 vgl. Q 2,125) und als Gesandter Gottes gilt (Q 38,48; 6,86), ist nach alttestamentlicher Bezeugung von Gott gesegnet. Mit dem göttlichen Segen ist die Verheißung verbunden, ihn fruchtbar zu machen. Er werde zwölf Fürsten zeugen und ein großes Volk hervorbringen (Gen 17,20). Damit stehen die beiden Söhne Abrahams, Isaak und Ismael, die als Urrepräsentanten des Judentums und des Islam angesehen werden, unter der Segensverheißung Gottes. Beide gehören zum Bund Gottes, der mit der

---

[734] Hans Hermann Henrix: Gottes Ja zu Israel. Ökumenische Studien christlicher Theologie (SKI 23), Berlin/Aachen 2005, 18.

[735] Siehe dazu Kapitel 3.1.

[736] Hans Küng: Christentum und Weltreligionen (siehe Anm. 586), 16.

[737] Karl-Josef Kuschel: Streit um Abraham (siehe Anm. 730), 307.

Beschneidung besiegelt wurde. Nach Gen 17,23 ist Ismael der Erstbeschnittene.[738]

In Mt 1,1 wird Jesus als Sohn Abrahams bezeichnet. Paulus zufolge partizipieren die Christen über Jesus am Abrahamsegen. Abraham «ist unser aller Vater» (Röm 4,16 mit Verweis auf Gen 17,5: «Ich habe dich gesetzt zum Vater vieler Völker»). Nach Röm 15,8 bekräftigt Christus die Verheißungen, die an die Väter ergangen sind, wozu auch die Segensverheißung an Ismael gezählt werden kann. Der Gott Jesu Christi ist demnach der Gott Abrahams, Sarahs und Isaaks, aber auch Hagars und Ismaels. «Der Israel erwählende Gott ist zugleich der Parteigänger für Ismael und Hagar, auch wenn dies die bleibende Ersterwählung Israels nicht aufhebt.»[739] Daraus ergibt sich für Klappert, dass der Abrahamsegen nur gemeinsam von Juden, Christen und Muslimen ergriffen und in die Welt getragen werden kann. Ansonsten würde er verkürzt. Auch die Muslime gehören zur Bundesgemeinschaft Gottes.

Den Vertretern der Abrahamischen Religionstheologie ist dabei sehr bewusst, dass Abraham die sich auf ihn berufenden Religionstraditionen nicht nur verbindet, sondern auch trennt. Kuschel zeichnet genau nach, wie sich die Rezeptionen in Judentum, Christentum und Islam der Abrahamgestalt bemächtigt haben. In der Stilisierung dieser Figur haben sie sich einen jeweils ganz eigenen Selbstausdruck gegeben, in den sie ihr jeweiliges Identitätszentrum hineingelegt haben und mit dem sie sich von anderen Traditionen abgrenzen: Abraham als Ur-Jude, als Ur-Christ (oder gar: als Ur-Protestant), als Ur-Muslim.

- Im Judentum: Avraham (Avram) als Erzvater des erwählten Volkes Israel, als Träger der Segens- und Bundesverheißung, als Vorbild des vollkommenen, gesetzestreuen Gerechten.
- Im Christentum: Abraham als auf Christus verweisender (Joh 8,52ff) Inbegriff des glaubenden Vertrauens auf Gott, in dem Paulus den

[738] Siehe dazu die Interpretation der Hagar- und Ismael-Überlieferung in der Genesis: Thomas Naumann: Ismael. Studien zu einem biblischen Konzept der Selbstwahrnehmung Israels im Kreis der Völker aus der Nachkommenschaft Abrahams (WMANT 151), Göttingen 2018.

[739] Bertold Klappert: Abraham eint und unterscheidet (siehe Anm. 731), II.3.

Beleg für die Rechtfertigung aus Glauben sieht; oder auch als Gastgeber der drei Männer (aus Gen 18), die von den Theologen der Alten Kirche mit der Dreieinigkeit Gottes identifiziert wurden.

- Im Islam: Ibrahim als «hanif» (Q 6,161), als wahrer Verehrer des einen Gottes, der sich dessen Willen bedingungslos unterwirft (wie sich bei der von ihm geforderten Opferung seines Sohnes zeigt).[740]

Man kann sogar noch weitergehen und *innerhalb* der einzelnen Traditionen verschiedene Porträtierungen Abrahams herausschälen: den paulinischen Abraham etwa, der aufgrund seines Glaubens (und nicht aufgrund der Einhaltung des Ritualgesetzes) von Gott gerecht gesprochen wurde (Röm 4,1–25 mit Rückbezug auf Gen 15,6), im Gegenüber zum Abraham des Jakobusbriefs, für den ein Glaube ohne Werke der Liebe wertlos ist (Jak 2,14–26). Einerseits steht Abraham für die Zugehörigkeit zum Volk Israel, andererseits für eine universale, alle Völker einschließende Gottesgemeinschaft. Der Evangelist Lukas und der Verfasser des Hebräerbriefs blicken zurück und betonen Abrahams Rolle in der Heilsgeschichte Israels. Andererseits erscheint dieser als eschatologische Figur, die beim endzeitlichen Gastmahl die Gerechtfertigten erwartet (Mt 8,11 par). Können diese Bedeutungszuschreibungen als Aspekte *eines* Abrahambildes aufgefasst werden? Wenn Abraham nach islamischer Tradition mit der Verehrung der Kaaba, der Pilgerreise nach Mekka und den dabei zu vollziehenden Riten in Verbindung gebracht wird, handelt es sich dann um eine Erweiterung desselben Bildes oder um ein anderes Bild von ihm?

Ordnet man die Abrahamüberlieferungen des Koran in chronologischer Reihenfolge an, so zeigt sich eine «verblüffende Parallelität

[740] Aussagen des Koran zu Abraham finden sich in Q 2,124–135; 3,65–68.95–97; 4,125; 6,74–84; 11,69–83; 19,41–50; 21,51–73; 37,83–111; 87,18f. In seiner umfassenden Studie «Ibrahim, der Gottesfreund. Idee und Problem einer Abrahamischen Ökumene» (Tübingen 2016) hat Hanna Nouri Josua das islamische Verständnis Abrahams aus islamischen Quellen herausgearbeitet: Er kritisiert, dass die bisherige Debatte um die Abrahamische Ökumene nur einen Teil dieser Überlieferungen aufgenommen habe (599) und betont die Verschiedenheit der Abrahamüberlieferungen in Judentum, Christentum und Islam: «Wir haben es demnach bei Abraham / Ibrāhīm nicht mit synonymen oder analogen, sondern tendenziell mit homonymen Konzepten zu tun.» (622). Siehe auch: Reinhard G. Kratz / Tilman Nagel (Hg.): «Abraham, unser Vater». Die gemeinsamen Wurzeln von Judentum, Christentum und Islam, Göttingen 2003.

zwischen der Vita Muhammads und den jeweiligen Inhalten seiner Ibrahimtexte: Sie korrespondieren mit den Ereignissen in Muhammads Leben dergestalt, dass man von Ibrahim als einem in die Frühzeit menschlicher Glaubensgeschichte projizierten und gespiegelten Paradigma Mohammeds sprechen kann, ja: von einem Ibrahim, gestaltet nach dem Bilde Muhammads.»[741] Es lässt sich sogar innerhalb des Koran eine zunehmende «Islamisierung» der Verständnisses Abrahams rekonstruieren.[742] «Der koranische Ibrahim bedingt Abgrenzung und Ablösung und steht damit eher für Differenz als für Gemeinsamkeit. Zugleich ist er konstitutiv für islamische Identität.»[743]

In der Prägephase der Religionen haben sich die Abrahamrezeptionen also eher auseinanderentwickelt, als dass im Blick auf diese Symbolfigur die Gemeinsamkeit betont worden wäre.

6.2.2. Exegetische und systematische Probleme

Auch bei diesem Ansatz werden die Verschiedenheiten zwischen den Religionen letztlich hinter einer postulierten Gemeinsamkeit zurückgestellt und ihr Selbstverständnis auf einer höheren Ebene miteinander vermittelt. Die Einschätzung dieses religionstheologischen Projekts hängt davon ab, ob man die Differenzen zwischen den Abrahambildern für vermittelbar hält oder ob man sie – wie Friedmann Eißler – für so tief-

---

[741] Hanna Nouri Josua: «Ich bin derjenige, der Ibrahim am ähnlichsten ist». Abraham als Spiegelbild Muhammads und die Notwendigkeit einer interdependenten Koranlektüre, in: Friedmann Eißler (Hg.): Im Dialog mit Abraham (EZW-Texte 209), Stuttgart 2010, 63.

[742] A. a. O., 63–71. Siehe dazu auch: Angelika Neuwirth: Was trägt Abraham für den Dialog aus? Abraham im Koran und in der islamischen Tradition, in: Friedmann Eißler (Hg.): Im Dialog mit Abraham (siehe Anm. 741), 77–86. Neuwirths Résumé lautet: «Die drei Traditionen sind also nicht durch ähnliche Inhalte verwandt, sondern – was m. E. viel wichtiger ist – durch die gleiche exegetische Hermeneutik» (86). Die koranische Konstruktion von Heilsgeschichte vollziehe sich ähnlich wie die jüdische und die christliche. Dazu würden biblische Texte so ausgelegt, dass sie in ein neues Paradigma eingehen. Neuwirth zeigt das an der Erzählung von der Opferung Isaaks (Aqeda).

[743] Hanna Nouri Josua: «Ich bin derjenige, der Ibrahim am ähnlichsten ist» (siehe Anm. 741), 70.

greifend ansieht, «dass die Behauptung einer grundlegenden Gemeinsamkeit entweder nur Hülle ohne Inhalt ist oder aber im Namen einer gemeinsamen Symbolfigur einer eigenen, neuen Konstruktion jenseits dessen bedarf, was in der jeweiligen Glaubensgemeinschaft Geltung hat.»[744] Nur *die* Anhänger der abrahamischen Religionen, die zu einer Selbstrelativierung im Interesse interreligiöser Dialogoffenheit bereit sind, werden sich in einem solchen Konstrukt wiederfinden können. Doch dazu sind nicht unerhebliche Relektüren ihrer Tradition und der Auslegung ihrer Traditionsquellen erforderlich.

Das Konzept der Abrahamischen Religionsfamilie stößt schon exegetisch auf Probleme. In den neutestamentlichen Schriften wird erkennbar, dass es innerhalb des Judentums zu Auseinandersetzungen um die Legitimität der Berufung auf Abraham gekommen ist. Johannes der Täufer hatte die Pharisäer und Sadduzäer davor gewarnt, ihre geistliche Autorität durch Verweis auf ihre Herkunft von Abraham zu legitimieren und ihnen entgegengehalten, dass Gott auch aus Steinen Kinder Abrahams machen könne (Mt 3,9 par). Dem schließt sich Paulus an. Nach Röm 9,7 ist nicht die *leibliche* Zugehörigkeit zur abrahamischen Abstammungsgemeinschaft entscheidend, sondern die geistliche Erwählung, die sich im Glauben an Christus manifestiert. *Sie* verbürgt die Teilhabe an der Verheißung und die Zugehörigkeit zum wahren Volk Israel.

In Joh 8,31–59 streitet Jesus mit den Juden über die wahre Abrahamkindschaft. Sie erweist sich ihm zufolge nicht in der Berufung auf Abraham, sondern im Tun der Werke Abrahams. Damit aber, dass die Juden den Gesandten Gottes verfolgen, zeigen sie, dass sie nicht Kinder Abrahams, sondern Kinder des Teufels sind. Joh 8,44 wurde bekanntlich zu einem der *loci classici* des christlichen Antijudaismus. Es zeigt sich hier, dass die Berufung auf Abraham Juden und Christen nicht nur trennt, sondern zu Legitimationsinstanz der Judenfeindschaft werden konnte. Selbst wenn man diese massiven Auseinandersetzungen aus dem Kontext der damaligen Situation erklärt, stellt sich immer noch die Frage, ob die Berufung auf Abraham geeignet ist, Juden und Christen zu verbinden. Dazu muss von der Art und dem Inhalt der Berufung auf Abraham weitgehend abstrahiert werden. Es bleibt dann nur die formale Feststellung übrig, *dass* sich Juden und Christen auf Abraham berufen.

---

744 Friedmann Eißler: Abrahamische Ökumene: www.ezw-berlin.de/html/3_181.php (14.08.2018).

Eine weitere, noch gravierendere Schwierigkeit bereitet die schon genannte Stelle Gal 4,21–31. Hier wird Ismael als Inbegriff des Seins-unter-dem-Gesetz dem Isaak als Inbegriff der von Gott im Glauben an Christus gewährten Freiheit antithetisch gegenübergestellt. Ismael erscheint als der Verstoßene, Isaak als der Erwählte, dem allein das Erbe gehört. Ismael steht für den Sinaibund, für das irdische Jerusalem und für die fleischliche Abrahamkindschaft, Isaak für den Christusbund, für das himmlische Jerusalem und für die geistliche Abrahamkindschaft. Wie können solche schroffen Gegenüberstellungen mit dem Konzept einer durch Isaak und Ismael gemeinsam vermittelten Abrahamnachkommenschaft in Einklang gebracht werden?

Bertold Klappert bemüht sich darum, den in dieser Bibelstelle liegenden Sprengstoff für eine Abrahamische Religionstheologie zu entschärfen, indem er sie nicht auf das Judentum insgesamt, sondern auf eine spezifische Gruppe im Judentum bezieht: auf die nordwestarabischen Nabatäer. Nach Gal 1,18 war Paulus vor Beginn der Völkermission nach Arabien gegangen. In Gal 4,25 wird die Lokalisierung des Berges Sinai in Arabien ausdrücklich erwähnt. Paulus' Mission dort ist aber gescheitert. Sie endete mit der Gefangennahme und Flucht in Damaskus (2Kor 11,32f; Apg 9,24f). Unter Berufung auf Martin Hengel[745] schließt Klappert daraus, dass die Aussagen über Hagar und Ismael in Gal 4,21–31 eine Reaktion auf die negativen Erfahrungen des Paulus im nabatäischen Petra und in der arabischen Stadt Hegra sein müssen, die an der Grenze des Nabatäerreiches liegt.[746] So wie sich seine polemischen Aussagen über die Juden aus den Begegnungen mit den jüdischen Zeloten erklärten, so erkläre sich seine Verunglimpfung Ismaels und seiner Nachkommen aus dieser Verfolgungserfahrung. Und so wie die Polemik gegen die Zeloten die Verheißung für ganz Israel (Röm 9–11) nicht aufheben würde, so setze auch die Polemik gegen die Nabatäer die Abrahamverheißung für Hagar, Ismael

---

[745] Martin Hengel: Paulus in Arabien, in: ders: Paulus und Jakobus (Kleine Schriften III), Tübingen 2005, 193–212. Siehe auch: ders. / Anna Maria Schwemer: Paulus zwischen Damaskus und Antiochien. Die unbekannten Jahre des Apostels, Tübingen 1998.

[746] Bertold Klappert: Die Mehrdimensionalität der Abraham- und Sara-Verheißungen. Jesu Verheißung der Tischgemeinschaft mit Jakob-Israel, Hagar-Ismael und allen Völkern (Mt 8,11f), in: David Kannemann / Volker Stümke (Hg.): Wort und Weisheit (FS Johannes von Lüpke), Leipzig 2016, 120.

und deren Nachkommen (Gen 16,25) nicht außer Kraft. Die Abrahamverheißung bleibe für beide Söhne in Geltung.

Klappert geht sogar noch darüber hinaus und spricht von einer Dreidimensionalität der Abraham- und Sara-Verheißungen. Dazu bezieht er sich zum einen auf Mt 8,11, wo angekündigt wird, dass «viele kommen werden von Osten und von Westen und mit Abraham und Isaak und Jakob im Himmelreich zu Tisch sitzen»; diese Aussage bezieht er auf die im Osten siedelnden Nabatäer. Zum anderen bezieht er sich auf die Erzählung von der Begegnung Jesu mit der syrophönizischen Frau (Mt 15,21–27). Darin sieht er eine Hinwendung zur Völkerwelt, die dem Abrahamsegen an alle Geschlechter der Menschheit (Gen 12,3) verpflichtet ist. Die gleiche Schrittfolge habe Paulus in seiner Mission eingehalten: Zuerst sei er zu den Juden in die Synagogen, dann zu den Nabatäern in die Arabia und schließlich zu den Völkern gegangen. Daraus schließt Klappert: «Die Abraham- und Sara-Verheißung ist folglich dreifach: Sie meint die Verheißung einer Nachbarschaft verschiedener von JHWH-GOTT erwählter und gesegneter Religionen in versöhnter Verschiedenheit. Deshalb kann sie nur in diesen drei Dimensionen überhaupt verstanden werden: Sie umfasst ‹das Abraham-Sara-Isaak-Jakob-Zwölf-Stämmevolk› Israel-Judentum bis heute. Sie umfasst ebenso eindeutig und nicht weniger bedeutungsvoll ‹das Hagar-Ismael-Zwölf-Stämme-Volk der Muslime› bis heute. Und sie umfasst schließlich die Verheißung für das ‹Ökumenische Gottesvolk aus allen Völkern› und die Völker der Welt und ihre Religionen bis heute.»[747]

Mit dieser bibeltheologisch-verheißungsgeschichtlichen Konstruktion nimmt sich Klappert auch eines der Probleme an, vor dem das Konzept der Abrahamischen Ökumene immer steht: der Beschränkung auf das Dreigespann aus Judentum, Christentum und Islam. Es stellt sich dabei die Frage, wie andere Religionen zur Offenbarungs-, Verheißungs-, Bundes- und Segengeschichte Gottes in Beziehung gesetzt werden können. Klappert versucht dieses Problem durch die Rede von der Mehrdimensionalität des Segens zu lösen und bringt diese – wie gesehen – in Verbindung zur Verkündigung Jesu und zur Missionspraxis des Paulus.

Doch stellt sich die Frage nach der Überzeugungskraft einer solchen Konstruktion. Jesus wusste sich zu den Juden gesandt (Mt 15,24) und auch

[747] A. a. O., 116.

seine Jünger sandte er zu den Juden (Mt.10,5f). Die Hinwendung zur Völkerwelt hat er selbst demnach nicht intendiert. Sie hat sich erst im Zuge der nachjesuanischen Öffnung für die Völkermission ergeben, die mit Erzählungen wie der in Mt 15,21–27 überlieferten legitimiert wurden.

Dass mit der eschatologischen Vision der «vielen, die aus dem Osten kommen werden», die Nabatäer gemeint sind, ist eine Vermutung, die nur dadurch gestützt ist, dass die Nabatäer im Osten Israels siedelten. Mit großer Wahrscheinlichkeit ist die Aussage aus Matthäus 8,11 aber im Sinne der Parallelstelle Lk 13,29 zu verstehen, der zufolge Menschen aus allen Richtungen kommen und in das Reich Gottes eingehen werden.

Ein weiteres Problem besteht in der Ausdehnung dieser Interpretationslinie auf den Islam. Dazu muss man nicht nur die Deutung akzeptieren, dass Ismael der Stammvater der Araber ist, sondern auch deren spätere Religion (die zudem ja auch nicht die Religion aller Araber ist!) als in die Segensverheißung an Ismael eingeschlossen denken.

Berthold Klappert begründet das unter anderem mit der Pfingsterzählung von der Ausgießung des Geistes auf alles Fleisch, in die auch die «Kreter und Araber» ausdrücklich eingeschlossen sind (Apg 2,11). Daher müsse «die Entstehung des Islam im 7. Jh. als *ein* ‹Zeichen des Geistes› und Muhammad als *ein* Prophet verstanden werden»[748].

Die Blickrichtung dieses verheißungsgeschichtlichen Denkens geht dabei nicht wie bei einer heilsgeschichtlichen Betrachtung der Zeitlinie entlang, sondern läuft ihr entgegen. Sie geht nicht von der Segensverheißung an Abraham und seine Nachkommen aus und bezieht diese auf die Muslime. Vielmehr nimmt sie ihren Ausgang bei der Verkündigung der Offenbarungsmittler, -tradenten und -interpreten in Judentum, Christentum und Islam, die sich auf diese Verheißung *zurück*beziehen; in diesem Fall: beim Rückbezug Mohammeds auf Abraham und Ismael. In retrospektiver Blickrichtung erblickt Klappert in der Offenbarung des Koran die Erfüllung dieser Verheißung.

Damit wird die Anerkennung des islamischen Selbstverständnisses in die bibeltheologische Argumentation eingebaut. Die Frage, ob es sich dabei um einen *legitimen* Rückbezug handelt oder ob dieser Rückbezug nur

[748] A. a. O., 118: mit Verweis auf Karl-Josef Kuschel und Walther Zimmerli (Der Prophet im Alten Testament und im Islam, in: ders.: Studien zur alttestamentlichen Theologie und Prophetie, Gesammelte Aufsätze II [TB 51], München 1974, 284–310).

der Selbstlegitimation Mohammeds dient, wird dabei allerdings zurückgestellt. Darum geht aber gerade der Streit: *ob* es sich hier um die Erfüllung der Segensverheißung an Abraham, Hagar und Ismael handelt. Nur dann, wenn diese Frage vorgängig aufgrund einer Setzung bejaht wird, wird die Deutung des Islam im Sinne der Abrahamischen Ökumene plausibel erscheinen.

Bei der Diskussion dieses verheißungsgeschichtlichen Ansatzes darf man allerdings nicht vergessen, dass Paulus unter Berufung auf die spirituelle Abrahamkindschaft in ähnlicher Weise auch Nichtjuden – nämlich die Heidenchristen – in die Segensverheißung an Abraham und Isaak einbezogen hat. Von den Bestreitern des Anspruchs Mohammeds müssten also Gründe angegeben werden, die dessen Inanspruchnahme Abrahams für illegitim erklären, zugleich die den nichtjüdischen Christen zugesprochene geistliche Abstammung von Abraham aber rechtfertigen.[749]

Nicht zu vergessen ist, dass es auch andere Religionstraditionen gibt, die sich auf Abraham berufen und somit zu den Abrahamischen Religionen gezählt werden müssten, wie etwa die Zoroastrier. Deren Rückbezug auf Abraham erfolgte nicht zuletzt, um damit die religiöse, aber auch politische und soziale Anerkennung der Muslime zu gewinnen. Sie waren zunächst gegenüber den Juden und Christen diskriminiert. Als sie Zarathustra zu Abraham in Beziehung setzten, wurde ihnen der *Dhimmi*-Status der Schutzbefohlenen zuerkannt.

Gegen die These von der Teilhabe der Muslime an der Abrahamgemeinschaft lässt sich einwenden, dass es sich bei einem Großteil der Muslime nicht um Araber handelt. Klappert beantwortet diesen Einwand mit der Anwendung der paulinischen Unterscheidung zwischen einer genealogischen und einer spirituellen Abrahamkindschaft. Die Araber könnten genealogisch auf Abraham zurückgeführt werden; die nicht-arabischen Muslime gehörten demgegenüber zur spirituellen Abrahamgemeinschaft, vergleichbar den Christen, die zu den genealogisch von Abraham abstammenden Juden hinzuberufen seien.[750] Damit aber wird der Rückbezug auf Ismael überflüssig. Die spirituelle Abrahamkindschaft stellt eine nicht

[749] James R. Russell: Our Father Abraham and the Magi, in: JCOI 54, Bombay 1987, 56–73.

[750] Bertold Klappert: Die Mehrdimensionalität der Abraham- und Sara-Verheißungen (siehe Anm. 746), 121.

über die Abstammung vermittelte, sondern eine direkte Beziehung zu Abraham her. Die genealogische Beziehungsbestimmung zwischen Judentum, Christentum und Islam muss sich also auf eine spirituelle Beziehungsbestimmung hin überschreiten. Letztlich steht dann Abraham für die Gemeinschaft mit Gott.

Das Konzept einer Abrahamischen Ökumene ist bisher lediglich in liberalen Strömungen des Christentums rezipiert worden. Im Judentum und Islam ist es bisher nicht auf Resonanz gestoßen. Das liegt darin, dass sich der Abraham der Abrahamischen Ökumene nicht leicht vermitteln lässt mit den Abrahambildern der jeweiligen Religionstraditionen. Er bleibt ein Konstrukt, das sich ganz offensichtlich dem Interesse an dialogischen Beziehungen zwischen den Religionen verdankt. Die Spannung, in der dieses Konzept zum Verständnis Abrahams in den drei Religionstraditionen steht, lässt sich an folgenden Beobachtungen aufzeigen:

Im Johannesevangelium wird Christus Abraham *vor*geordnet. In Joh 8,58 erhebt der johanneische Jesus den Anspruch, er sei *mehr* als Abraham. Als das fleischgewordene Wort, das im Anfang bei Gott war (Joh 1,1f) erklärt er seine Präexistenz, was seine Gegner als unerträgliche Anmaßung göttlicher Autorität empfinden. Er stellt sich also nicht zusammen mit den Juden in die Gemeinschaft der Abrahamnachfolge, sondern *über* Abraham und bestreitet damit diese Legitimitätskonstruktion.

In ähnlicher Weise wird der Islam Abraham vorgeordnet. «Islam» ist dabei nicht als historisch partikulare Geschichtsreligion, sondern als überzeitliche Grundform der Verehrung des *einen* Gottes verstanden, als die mit der Schöpfung eingesetzte Urreligion. Als solche kann er nicht auf eine geschichtliche Figur als Stammvater zurückgeführt werden. Er *folgt* nicht auf Abraham, sondern geht ihm *voraus*. Muslime verstehen sich daher nicht als Erben Abrahams und Ismaels. Der Rückbezug auf Abraham ist kein genetischer oder genealogischer, sondern ein typologischer. Abraham gilt als der Urtypus des Muslim, der diese Urreligion paradigmatisch praktiziert hat.

Noch eklatanter wird die Spannung zum Selbstverständnis des Islam, wenn etwa Karl-Josef Kuschel schreibt, dass Abraham seinem Gott folgt, aber auch andere Götter gelten lässt.[751] In der Abrahamüberlieferung des *Alten Testaments* lassen sich durchaus Anhaltspunkte dafür finden. So wird in Jos 24,2 erzählt, dass Abrahams Vater anderen Göttern diente, woraus

---

[751] Karl-Josef Kuschel: Streit um Abraham (siehe Anm. 730), 278.281.

sich schließen lässt, dass er selbst zunächst auch diesen Göttern anhing. Es findet sich auch keine Aussage, die nahelegt, dass er später diese Verehrung verurteilt hätte. Gen 12,6 erwähnt, dass er bei der Eiche More, einem kanaanäischen Orakelbaum in der Nähe von Sichem, seinem Herrn einen Altar baute. Er hat weder dieses Heiligtum zerstört, noch den dort getriebenen Kult kritisiert, sondern seinen Altar daneben erbaut. Nach Gen 14,18–20 lässt sich Abraham von Melchisedek, dem Oberpriester des kanaanäischen Heiligtums in Jerusalem, segnen. Kuschel zitiert das Urteil Gerhard von Rads dazu: «Eine so positive, tolerante Einschätzung eines außerisraelitischen, kanaanäischen Kultus ist im Alten Testament sonst ohne Beispiel.»[752] Zum zentralen Glaubenssatz des *Islam*, dass Gott *einer* ist (Q 16,120f; 3,67), zum strengen Monotheismus also, steht diese Würdigung der Monolatrie Abrahams aber im Widerspruch. Sie ist nicht anwendbar auf den islamischen Ibrāhīm.

So fällt Hanna Nouri Josuas Urteil über die Abrahamische Religionstheologie im Blick auf den Islam pronociert kritisch aus: «Die literaturwissenschaftlich intertextuelle Lektüre der Korantexte gleichsam mit westlicher Brille, die muslimischerseits allenfalls liberale, reformerische Interpretationen einbezieht, jedoch die gesamte islamische Auslegungstradition (die eben jene Divergenzen bis heute bestimmt) als ‹Selbstimmunisierung› einer ‹traditionalistischen muslimischen Koranologie› beiseite schiebt und ignoriert, scheint eher das Gespräch mit einem idealen Islam oder dem schmalen Segment einer europäisierten Dialogelite zu führen als mit den Glaubens- und Lebensäußerungen, die die islamische Welt geformt haben und bis heute prägen.»[753]

Nicht nur die Divergenz zwischen dem «Abraham» der Abrahamischen Religionstheologie und den Abrahambildern in Judentum, Christentum und Islam bereitet Schwierigkeiten, sondern – damit eng zusammenhängend – auch die Frage, wie diese unterschiedlichen Rezeptionen bzw. Konstruktionen der Abrahamfigur zueinander in eine nicht-exklusive, sondern komplementär-inklusive Beziehung gesetzt werden können. Eine exklusive Beziehungsbestimmung führt zum «Streit um Abraham». Massignon betrachtete Abraham noch als eine historische Figur. Die Verschiedenheit der Abrahambilder war damit zurückzuführen auf verschiedene

---

[752] Gerhard von Rad: Das erste Buch Mose, Göttingen 1972, 181, zitiert in: Karl-Josef Kuschel: Streit um Abraham (siehe Anm. 730), 283.

[753] Hanna Nouri Josua: Ibrahim, der Gottesfreund (siehe Anm. 740), 91.

Wahrnehmungen dieser Figur. Es gab also einen Referenzpunkt hinter den Bildern.

Kuschel plädiert einerseits dafür, nicht zu einer ursprünglichen Abrahamgestalt zurückzukehren; der Blick müsse nach vorne gehen – hin zu einem religionsverbindenden Abrahamverständnis. Dazu seien die unterschiedlichen Abrahamtraditionen einer kritischen Relektüre zu unterziehen. Andererseits will er aber nun doch hinter die auseinanderlaufenden Rezeptionsgeschichten zurückgreifen auf die Vätergestalt Abrahams, wie sie sich exegetisch aus der Abrahamüberlieferung im Buch Genesis rekonstruieren lasse.[754] Selbst wenn Abraham also nur als literarische und nicht als historische Figur greifbar ist, so bietet diese Figur für Kuschel doch den Bezugspunkt für die kritische Sichtung der Abrahamrezeptionen. Die verschiedenen Bilder von dieser Figur können und müssen auf ihren gemeinsamen Kern hin durchdrungen und als komplementär zueinander ins Verhältnis gesetzt werden. Die von Kuschel unterstellte Verbundenheit der drei Religionstraditionen ist offenbarungs-, verheißungs-, bundes- und segensgeschichtlich konzipiert. Diese Traditionen gehören in einer von Abraham ausgehenden, von Mose und Jesus neu ausgerichteten und in Mohammed zu ihrem Abschluss gekommenen Glaubensgeschichte zusammen.[755]

Wenn Kuschel dann feststellt, dass es bei Abrahamfigur auf dessen unbedingtes Gottvertrauen ankomme und nicht auf die Zugehörigkeit zu einer Religionsgemeinschaft, die ihre Autorität durch Berufung auf ihn legitimiert[756], dann ist offensichtlich, dass diese Deutung dem *christlichen* Verständnis Abrahams näher steht als dem jüdischen und dem islamischen. Das islamische Verständnis ist nach Hanna Nouri Josua weniger von Vertrauen und mehr von Bewährung im Gehorsam gekennzeichnet.[757]

Daran zeigt sich, wie schwierig eine religionstranszendente bzw. religionsverbindende Vorstellung von Abraham zu generieren ist. Es gibt Abraham immer nur in Bildern und die Bilder sind letztlich in religiösen

---

[754] Siehe dazu auch: Anke Mühling: «Blickt auf Abraham, euren Vater». Abraham als Identifikationsfigur des Judentums in der Zeit des Exils und des Zweiten Tempels, Göttingen 2011.

[755] Karl-Josef Kuschel: Juden – Christen – Muslime (siehe Anm. 730), 110.

[756] Karl-Josef Kuschel: Streit um Abraham (siehe Anm. 730), 278–280.

[757] Hanna Nouri Josua: Ibrahim, der Gottesfreund (siehe Anm. 740), 602.

Traditionen oder auch in den Interessen derer verwurzelt, die ein religionsübergreifendes Bild von ihm präsentieren wollen. Die Bestimmung eines Ur-Abrahams ist nichts anderes als ein wiederum projiziertes Idealbild. Abraham ist eine Projektionsfläche. Die Abrahambilder sind Chiffren der je eigenen Selbstdefinition. Das betrifft auch die ethischen Qualitäten, die Abraham von einigen Vertretern der Abrahamische Ökumene zugeschrieben werden. Hanna Nouri Josua stellt einige dieser Beschreibungen zusammen und zieht das Fazit: «Zugespitzt ausgedrückt lässt sich aus Abraham in etwa ein Abbild des deutschen Grundgesetzes mit darüber hinausgehender Freundlichkeit gegenüber dem Nächsten ableiten.»[758]

6.2.3. Schlussüberlegung

Das Konzept einer Abrahamischen Ökumene nimmt die Zuordnung von Judentum, Christentum und Islam im Rahmen eines traditionsgeschichtlichen Paradigmas vor und unterscheidet sich darin von den religionstheologischen Konzepten, die von einem Einheitsgrund her argumentieren, sei dieser substanziell oder funktional bestimmt (beides wird sich letztlich nicht trennen lassen). Die Beziehungen zwischen diesen drei Religionen werden genealogisch-relational durch Rückbezug auf eine gemeinsame Symbol- bzw. Identifikationsfigur hergestellt, wobei die Abstammung physisch oder spirituell konzipiert sein kann. Das Modell erlaubt eine größere Nähe zu den beiden Testamenten der Bibel und zum Koran sowie zu den Traditionen der Abrahamischen Religionen, als es das Einheitsmodell vermochte. Es beansprucht, die interreligiösen Beziehungen zwischen den Abrahamischen Religionen aus deren eigenen Traditionen und Traditionsquellen zu bestimmen. Kuschel versteht diesen Ansatz als «biblische Theologie der Religionen»[759] bzw. als «umfassende Theologie des Anderen auf biblisch-koranischer Grundlage»[760]. Das Modell lässt sich eher narrativ darstellen und neigt weniger zu philosophischen bzw. systematisch-theologischen Abstraktionen. Zudem lässt es sich auch leichter mit den Konzepten der Beziehungs*gestaltung* in Verbindung bringen, vor allem mit dem

758 Hanna Nouri Josua: Ibrahim, der Gottesfreund (siehe Anm. 740), 77.

759 Karl-Josef Kuschel: Streit um Abraham (siehe Anm. 730), 282.

760 Karl-Josef Kuschel: Adams Kinder. Biblische und koranische Grundlagen für einen Trialog von Juden, Christen und Muslimen, Basel 2007, 10.

Modell der Gastfreundschaft. Besonders im Anschluss an die Erzählung vom Besuch der drei Männer in Gen 18 ist Abraham zum Inbegriff der Gastfreundschaft geworden.

Andererseits erfordert dieses Konzept eine Relektüre nicht nur der Abrahambilder, sondern darüber hinaus auch der offenbarungsgeschichtlichen Selbstverständnisse dieser drei Religionen. Diese Relektüre lässt sich nicht einfach aus den Quellen herauslesen. Sie wird ebenso sehr in sie hineingelesen, arbeitet mit Setzungen und (bestreitbaren) Folgerungen. Sie hat also einen eindeutig konstruktiven Charakter.

Wenn auch das Bemühen erkennbar ist, alle Völker im Sinne der Segensverheißung an Abraham in diesen Segen eingeschlossen zu denken, so gehen die Vertreter der Abrahamische Ökumene doch davon aus, dass die Anhänger der Abrahamischen Religionen die primären Adressaten dieser Verheißung sind. Die anderen *Religionen* werden nicht als solche namhaft gemacht; vielmehr wird (bei Klappert) von anderen *Völkern* gesprochen. Der Kreis der Traditionen, die in Gottes Offenbarung gründen und diese authentisch bewahrt haben, war in Zeiten des Konfessionalismus um die eigene Konfession, in Zeiten der Konfessionsökumene um das Christentum, in Zeiten der jüdisch-christlichen Ökumene um Judentum und Christentum gezogen worden; im Konzept der Abrahamischen Ökumene wurde er nun so weit ausgedehnt, dass auch der Islam darin Platz hat. Dafür gibt es gute theologische Gründe. Es gibt aber auch viele gewichtige Bedenken, die die Plausibilität dieses Modells infrage stellen. Sie entzünden sich vor allem daran, dass die Selbstverständnisse der drei Religionen in ein Harmonisierungsprogramm einbezogen werden, das man auch als Vereinnahmung deuten kann.

Abraham steht für den Glauben an den einen und einzigen Gott, der über die Geschichte regiert. Damit ist das Gottesbild auf einen klassischen metaphysischen Theismus festgelegt, der spätestens seit der «Theologie nach Auschwitz» erheblich unter Druck geraten ist. Dass Gott durch eine wesenhafte innere (trinitarische) Kommunikabilität charakterisiert ist, dass ein Grundzug seiner Selbstmitteilung in der Selbsterniedrigung liegt und dass er sogar am menschlichen Leiden – vor allem in der Passion Jesu Christi – partizipiert, muss dabei zurücktreten. Das ist allerdings auch im jüdischen Gottesverständnis der Fall. Insofern wiederholt sich hier eine Problematik, die auch im jüdisch-christlichen Dialog aufgetreten ist.

Dieses Modell eignet sich als theologische Begründung für einen Dialog zwischen Juden, Christen und Muslimen, wenn sich die am Dialog Beteiligten darauf verständigen können. In diesem Sinne wurde es vielfach rezipiert und zur Grundlage von «Trialog»-Projekten gemacht. Seine Bedeutung liegt aber insgesamt gesehen weniger auf der inhaltlichen Ebene als auf der Ebene, die man als «symbolische Religionspolitik» bezeichnen könnte. Abraham wird gerne in Erklärungen von mehr oder weniger offiziellen Vertretern der christlichen Kirchen, des Judentums und des Islam in Stellungnahmen zu ihrem gegenseitigen Verhältnis als gemeinsamer Bezugspunkt angegeben.

- So bezeichnete Papst Johannes Paul II. im Rahmen des interreligiösen Kolloquiums «Heiligkeit im Christentum und im Islam» am 9. Mai 1985 in Rom Juden und Muslime als «Brüder und Schwestern im Glauben Abrahams»[761]. Mehrmals betonte er, dass «Juden, Christen und Muslime geistlich von Abraham abstammen»[762].
- In der Migrationsdenkschrift der EKD und der Deutschen Bischofskonferenz «Und der Fremdling, der in deinen Toren ist»[763] wird den Muslimen bescheinigt, mit Juden und Christen «in einer gemeinsamen abrahamitischen Tradition» zu stehen[764]. Noch deutlicher hat sich die Rheinische Kirche der Konzeption der Abrahamischen Ökumene angeschlossen.[765]
- Von jüdischer und muslimischer Seite gibt es Hinweise auf die Bedeutung Abrahams, ohne dass das Konzept der Abrahamischen Ökumene rezipiert würde. «Dabru emet»[766] bezeichnet den Gott der

[761] Zitiert nach Ernst Fürlinger (Hg.): Der Dialog muss weitergehen (siehe Anm. 175), 215.

[762] Zitiert nach Ernst Fürlinger (Hg.): Der Dialog muss weitergehen (siehe Anm. 175), 194. Siehe auch A. a. O., 230f.242.

[763] https://www.ekd.de/migration_1997_fremd.html (11.08.2018).

[764] A. a. O., § 204.

[765] Die Arbeitshilfe «Abraham und der Glaube an den einen Gott. Zum Gespräch zwischen Christen und Muslimen» wurde von der Landessynode 2009 zustimmend zur Kenntnis genommen. Siehe auch die Arbeitshilfe «Weggemeinschaft und Zeugnis im Dialog mit Muslimen» (2015) und die Annahme der theologischen Positionsbestimmung «Für die Begegnung mit Muslimen» durch die Landessynode 2018.

[766] Siehe Anm. 267.

> Juden und Christen als «Gott Abrahams, Isaaks und Jakobs». «A Common Word»[767] zitiert Q 2,136–137: «Sprecht (O Muslime): «Wir glauben an Gott und an das, was uns herabgesandt worden ist, und was Abraham, Ismael, Isaak, Jakob und den Stämmen (Israels) herabgesandt wurde.»

In diesen und weiteren Stellungnahmen geht es nicht um eine inhaltlich-diskursive Erörterung des Rückbezugs auf Abraham, sondern um eine performative Proklamation dieses Bezugs, mit dem die Beziehungsbestimmung zwischen Juden, Christen und Muslimen aktuell vorgenommen wird.

Der Bezug auf Abraham vermag nicht das Dialoginteresse zu begründen, sondern setzt es voraus und bringt es zur Darstellung. Wo es vorhanden ist – aus welchen Motiven auch immer – kommt es dann auch ohne die Berufung auf Abraham aus. Es braucht keine gemeinsame Integrationsfigur, um eine tragfähige Basis des interreligiösen Miteinanders zu finden. Es braucht vor allem den Willen dazu.

6.3. Vergleich: «Komparative Theologie»

Zur Selbststilisierung des jetzt vorzustellenden Modells einer interreligiösen Beziehungsbestimmung gehört es, ein solches nicht sein zu wollen. Die Vertreter der Komparativen Theologie wollen dezidiert keine vorgängige (apriorische, also der Relationierung vorausliegende) theologische Beziehungsbestimmung zwischen den Religionen vornehmen. Damit wenden sie sich vor allem von den Konzepten ab, die einen Gemeinsamkeitsgrund der Religionen anvisieren, in erster Linie von der Pluralistischen Theologie der Religionen, wie sie von John Hick und Perry Schmidt-Leukel propagiert wurde und wird. In gleicher Weise – wenn auch nicht mit gleichem Nachdruck – verzichten sie auf eine Rezeption der Konzeption einer Abrahamischen Ökumene. Für einen der Hauptvertreter der Komparativen Theologie – Francis X. Clooney – käme eine solche Rezeption schon deshalb nicht infrage weil er sich in erster Linie mit Texten aus dem Hinduismus beschäftigt, die er zu christlichen Überlieferungen in Beziehung setzt.

---

[767] Siehe Anm. 327.

Dennoch nehmen die Vertreter dieses Modells permanent interreligiöse Beziehungsbestimmungen vor, betreiben also Religionstheologie. Dies allerdings nicht auf der Makroebene, auf der ganze Religionstraditionen zueinander in Beziehung gesetzt werden, sondern auf der Mikroebene, auf der einzelne Erscheinungsformen – heilige Texte, in Symbolen manifestierte Glaubensüberzeugungen, rituelle Vollzüge, Gebete, sonstige Praxisformen usw. – korreliert werden. In einer «mikrologischen» Sichtweise wollen sie das Einzelne und Spezifische anschauen, nicht das Große und Ganze.

Francis X. Clooney wehrt sich dagegen, aus der Komparativen Theologie ein religionstheologisches Programm zu machen. Von religionstheologischen Grundsatzdebatten will er sich ebenso fernhalten wie von methodischen Reflexionen.[768] Er will den Religionsvergleich praktisch betreiben, nicht programmatisch reflektieren.[769] Doch kommt er und kommen auch die anderen Vertreterinnen und Vertreter dieses Ansatzes nicht umhin, ihr Programm auch als solches zu durchdringen und darzustellen. Dabei zeigt sich dann doch sehr bald, dass interreligiöse Beziehungsbestimmungen auch auf der Makroebene implizit im Spiel sind. Denn nur dann, wenn man beispielsweise den Hinduismus als eine theologisch respektable Tradition anzusehen bereit ist, macht es auch Sinn, aus dem Vergleich mit hinduistischen Schriften einen Erkenntnisgewinn für die christliche Theologie ziehen zu wollen.

---

768 Francis X. Clooney: Comparative Theology. Deep Learning across Religious Borders, Chichester 2010, 41; dt.: Komparative Theologie. Eingehendes Lernen über religiöse Grenzen hinweg, Paderborn 2013.

769 Clooney sieht die Komparative Theologie «as a practice that can be understood primarily when we reflect on the doing of it» (Francis X. Clooney: Comparative Theology. Deep Learning [siehe Anm. 768], 53). So bringt es auch der Titel des Bandes zum Ausdruck, den Clooney zusammen mit Klaus von Stosch herausgegeben hat: How to do Comparative Theology, New York 2018. Darin zeigt sich allerdings eher die Heterogenität der methodischen Ansätze, die von den Komparativen Theologinnen und Theologen angewandt werden, und damit die sehr unterschiedlichen Auffassungen von Wesen, Aufgabe und Ziel dieses Projekts. Als gemeinsame Bestimmung bleibt nur: «Comparative Theology is what Comparative Theology does» (8) und was sie tut, ist recht divers. So empfehlen die Herausgeber dem Leser, für sich selbst zu bestimmen, wie Komparative Theologie verstanden und betrieben werden soll (14).

Im Folgenden soll das Programm einer vergleichenden Religionstheologie dargestellt und diskutiert werden. Die Wortführer der Komparativen Theologie sind der Jesuit Francis X. Clooney von der Harvard Divinity School[770], James L. Fredericks, der an der Loyola Marymount University in Los Angeles lehrte und sich vor allem mit dem Buddhismus auseinandersetzte[771], Robert C. Neville von der Boston University, der von 1995–1999 das «Cross-Cultural Comparative Religious Ideas Project» leitete[772] und Vergleiche mit chinesischem bzw. konfuzianischem Denken anstellte[773], und Keith Ward, emeritierter Professor of Divinity aus Oxford,

---

[770] Siehe Clooneys Übersichtsartikel «Comparative Theology», in: John Webster u. a. (Hg.): The Oxford Handbook to Systematic Theology, Oxford 2007, 653–669. Zudem: ders.: Comparative Theology (siehe Anm. 768); ders.: (Hg.): The New Comparative Theology. Interreligious Insights from the Next Generation, London/New York 2010; ders.: Comparative Theology and Inter-Religious Dialogue, in: Catherine Cornille (Hg.): The Wiley-Blackwell Companion to Inter-Religious Dialogue, Chichester 2013, 51–63; ders. / John Berthrong (Hg.): Special issue «European Perspectives on the New Comparative Theology» von: Religions 3–4, 2012f; (www.mdpi.com/2077–1444/3/4/964 (20.12.2018); gedruckte Version: Basel/Beijing 2014; ders.: Is Comparative Theology Catholic? Expectations regarding the Comparativist, in: Studies in Interreligious Dialogue 1, 2014, 18–26.37–39 («A reply to Ulrich Winkler»); ders. / Klaus von Stosch (Hg.): How to do Comparative Theology (siehe Anm. 769).

[771] James L. Fredericks: Buddhists and Christians. Through Comparative Theology to Solidarity, Maryknoll (NY) 2004; ders.: Das Selbst vergessen. Buddhistische Reflexionen zur Trinität, in: Reinhold Bernhardt / Klaus von Stosch (Hg.): Komparative Theologie. Interreligiöse Vergleiche als Weg der Religionstheologie, Zürich 2009, 203–223.

[772] Aus diesem Projekt gingen drei, von Neville hg. Bände hervor, die alle im Jahre 2001 in Albany (NY) erschienen sind: Religious Truth, Ultimate Realities, The Human Condition.

[773] Robert C. Neville: The Tao and the Daimon, Albany (NY) 1982, ^{2}2011; ders.: Behind the Masks of God. An Essay toward Comparative Theology, Albany (NY) 1991; ders.: Boston Confucianism. Portable Tradition in the late-modern World, Albany (NY) 2000; ders.: Ritual and Deference. Extending Chinese Philosophy in a Comparative Context, Albany (NY) 2008; ders.: Realism in Religion. A Pragmatist's Perspective, Albany (NY) 2009. – Siehe dazu auch: Amos Yong (Hg.): Theology in Global Context. Essays in Honor of Robert Cummings Neville, New York 2004; Ulrich Winkler: Grundlegungen Komparativer Theologie(n). Keith Ward und Robert C. Neville, in: Reinhold Bernhardt / Klaus von

der Themen der Systematischen Theologie religionsvergleichend entfaltet hat.[774] Im deutschsprachigen Raum wird diese Forschungsrichtung von Ulrich Winkler (Universität Salzburg)[775] und vor allem von Klaus von Stosch (Universität Paderborn)[776] profiliert vertreten.[777]

6.3.1. Komparative Theologie im Verhältnis zu konfessionsgebundener Theologie und vergleichender Religionswissenschaft

Schon die Bezeichnung «Komparative Theologie» zeigt an, dass sich dieses Modell der Religionstheologie nach zwei Seiten hin abgrenzt: als *Komparative* Theologie von einer konfessionsgebundenen Theologie und als Komparative *Theologie* von der vergleichenden Religionswissenschaft.

Stosch (Hg.): Komparative Theologie (siehe Anm. 771), 87–98. Seit 2013 sind von Neville drei Bände einer Philosophischen Theologie erschienen.

774 Siehe dazu Anm. 698. Keith Ward: The Idea of «God» in Global Theology, in: Norbert Hintersteiner (Hg.): Naming and Thinking God in Europe Today, Amsterdam/New York 2007, 377–388; ders.: Programm, Perspektiven und Ziele Komparativer Theologie, in: Reinhold Bernhardt / Klaus von Stosch (Hg.): Komparative Theologie (siehe Anm. 771), 55–68. – Zur Diskussion seines Ansatzes: Ulrich Winkler: Grundlegungen Komparativer Theologie(n) – Keith Ward und Robert C. Neville, in: Reinhold Bernhardt / Klaus von Stosch (Hg.): Komparative Theologie (a. a. O.), 70–86.

775 Ulrich Winkler: Wege der Religionstheologie. Von der Erwählung zur komparativen Theologie, Innsbruck 2013; siehe auch das von Ulrich Winkler und Judith Gruber hg. Heft der SaThZ 17, 2013/2 zur Komparativen Theologie, sowie: Ulrich Winkler (Hg.): Frankfurter Zeitschrift für islamisch-theologische Studien, Special Issue 1: Comparative Theology, Berlin 2017.

776 Von Stosch hat das «Zentrum für Komparative Theologie und Kulturwissenschaften» an der Universität Paderborn gegründet, einen Studiengang zur Komparativen Theologie aufgebaut und gibt die Reihe «Beiträge zur Komparativen Theologie» heraus. Vor seinen zahlreichen Publikationen zu diesem Thema ist vor allem zu nennen: Klaus von Stosch: Komparative Theologie als Wegweiser in der Welt der Religionen, Paderborn u. a. 2012.

777 Weitere Literatur: Mara Brecht / Reid Locklin (Hg.): Teaching Comparative Theology in the Millennial Classroom. Hybrid Identities, Negotiated Boundaries, New York 2015; Michelle Voss Roberts (Hg.): Comparing Faithfully. Insights for Systematic Theological Reflection, New York 2016.

Mit «konfessionsgebunden» ist dabei nicht eine Bekenntnistheologie bzw. predigende Theologie gemeint, die den Unterschied zwischen kirchlicher Verkündigung und akademischer Reflexion verwischt. Eine solche Theologie wäre im Grunde gar keine Theologie. Denn jede Theologie, die den Ansprüchen einer Geisteswissenschaft genügen will, ist dadurch gekennzeichnet, dass sie der kirchlichen Verkündigung und Praxis als (kritische) Reflexionsform gegenübersteht. Gleichwohl bleibt sie bezogen auf die Inhalte des christlichen Glaubens, wie sie in der biblischen Überlieferung grundgelegt sind und in der Kirchen- und Theologiegeschichte ausgelegt wurden. Sie steht diesen Inhalten in einer grundlegend affirmativen Haltung gegenüber, was deren kritische Reflexion aber nicht aus-, sondern gerade einschließt. Sie expliziert also gewissermaßen die Innenperspektive des christlichen Glaubens.

Zuweilen wird in der Diskussion dafür auch der Begriff «konfessionelle Theologie» gebraucht, der aber ebenso leicht missdeutet werden kann im Sinne einer spezifisch evangelischen, katholischen oder sonstigen konfessionsspezifischen Theologie. Dieser Bedeutungsaspekt ist nicht gänzlich verfehlt, weil sich Theologie natürlich immer auch im Rahmen solcher Konfessionstraditionen entfaltet und deren Gepräge trägt. Er steht aber bei der Gegenüberstellung zur Komparativen Theologie nicht im Vordergrund. Entscheidend ist in diesem Zusammenhang der Bedeutungsaspekt der Selbstreferenz bzw. der Referenz auf Bibel, Bekenntnis (*confessio*) und Tradition.

Während die konfessionsgebundene Theologie den Inhalt des christlichen Glaubens in Referenz zu ihren biblischen Grundlagen und zu deren Auslegungsgeschichte entfaltet, stellt Komparative Theologie Bezüge zu anderen Religionen her. Sie blickt also – im Bild gesprochen – nicht nach innen, sondern nach außen und fragt, wie sich das in seinen Erscheinungsformen manifestierte Selbstverständnis des christlichen Glaubens zum Selbstverständnis anderer Religionstraditionen verhält. Darin bildet sie also keine Alternative zur konfessionsgebundenen Theologie, sondern eine spezifische – nämlich interreligiöse – Form der Kontextualisierung dieser Theologie. Insofern ist auch die Komparative Theologie an die christliche Bekenntnistradition gebunden. Sie will diese nicht ersetzen. Sie will sich aber auf interreligiöse Exkursionen begeben. Im Unterschied zur vergleichenden Religionswissenschaft (*comparative study of religion*) soll das jedoch nicht in einer neutralen Beobachter-, sondern in der engagierten

Teilnehmerperspektive geschehen – engagiert in der eigenen wie auch (soweit möglich) in der anderen Religion.

Catherine Cornille unterscheidet zwischen «confessional theology» (als einer binnen-theologischen, der christlichen Tradition verpflichteten Perspektive), «meta-confessional theology» (der religionsphilosophischen, die Religionstraditionen überschreitenden und übergreifende Perspektive), «comparative study of religion» (dem deskriptiven Religionsvergleich ohne theologische Erkenntnisinteressen) und «inter-confessional theology» (der komparativ-religionsdialogischen Perspektive).[778] Sie versteht Komparative Theologie also als «inter-confessional theology».

Komparative Theologie steht also zunächst für ein methodisches Vorgehen und eine Haltung, nicht für ein *inhaltliches* Programm: Christliche Theologinnen und Theologen setzen sich bestimmten Phänomenen einer spezifischen Religionstradition aus, um diese Phänomene soweit wie möglich von innen heraus kennenzulernen. Dabei suspendieren sie ihre christliche Prägung nicht, sondern stellen diese in das Licht der interreligiösen Begegnung. Dadurch entstehen kreative Irritationen eingeschliffener Wahrnehmungsmuster und neue Verstehenszugänge zu Inhalten des eigenen Glaubens. Die tiefgreifenden Unterschiede zwischen den Religionen sollen nicht durch Postulate einer letzten Einheit aufgehoben werden[779], sondern als fruchtbare Fremdheitserfahrungen zu Klärungen und Vertiefungen des eigenen Glaubens und der Kenntnis der anderen Religion führen.

In der Frage, wie sich die Komparative zur konfessionsgebundenen Theologie verhält, gehen die Auffassungen der Komparativen Theologinnen und Theologen allerdings auseinander. Um diesen Unterschied zu beschreiben, wendet Catherine Cornille in jüngeren Publikationen die Unterscheidung zwischen «confessional» und «meta-confessional» auf unterschiedliche Ausprägungen der Komparativen Theologie selbst an. Es gibt eine konfessionsgebundene und eine meta-konfessionelle Kompara-

[778] Catherine Cornille: The Confessional Nature of Comparative Theology, in: Studies in Interreligious Dialogue 1, 2014, 9–17. Siehe auch das 2019 erscheinende Buch von Catherine Cornille: Meaning and Method in Comparative Theology, Malden (MA).

[779] So warnt etwa Ulrich Winkler: «I see a serious problem in the fact that theories that cover all religions tend to draw attention away from differences between religions.» (Ulrich Winkler: Reasons [siehe Anm. 839], 1187.)

tive Theologie. Als «confessional» sieht sie komparativ-theologische Ansätze an, die in einer bestimmten Religionstradition verankert sind und deren Selbstverständnis durch Religionsvergleich vertiefen wollen; als «meta-confessional» hingegen solche, die im Sinne einer interreligiösen Theologie religionsübergreifende Wahrheiten suchen wollen.[780] Francis X. Clooney steht für die erste Ausprägung[781], Keith Ward für die zweite.[782]

Vor allem die Komparativen Theologinnen und Theologen katholischer Provenienz wollen Komparative Theologie als konfessionsgebundene Theologie betreiben; so etwa Francis X. Clooney, der seine komparative Methode zwar als «interreligious theology» versteht[783], aber keinen Zweifel daran lässt, dass er vom Standpunkt der römisch-katholischen Theologie aus religionsvergleichend arbeitet und dem christlichen Glauben dienen will.[784] Gleiches gilt für Catherine Cornille[785],

---

[780] Catherine Cornille: The Problem of Choice in Comparative Theology, in: Francis X. Clooney /Klaus von Stosch (Hg.): How to do Comparative Theology (siehe Anm. 769), 21.

[781] Nach Francis X. Clooney besteht Komparative Theologie in «acts of faith seeking understanding which are rooted in a particular faith tradition but which, from that foundation, venture into learning from one or more faith traditions.» (Francis X. Clooney: Comparative Theology. Deep Learning [siehe Anm. 768], 10).

[782] Ward versteht Komparative Theologie «not as a form of apologetics for a particular faith but as an intellectual discipline which enquires into ideas of the ultimate value and goal of human life, as they have been perceived and expressed in a variety of religious traditions» (Keith Ward: Religion and Revelation, Oxford 1994, 40).

[783] Francis X. Clooney: Comparative Theology. Deep Learning (siehe Anm. 768), 19.

[784] «If my comparative theology leads anywhere, it should lead (back) to Christ» (Francis X. Clooney: Comparative Theology. Deep Learning [siehe Anm. 768], 107).

[785] «Zu den besonderen Merkmalen ‹komparativer Theologie› gehören der explizit konfessionelle Ausgangspunkt und eine dementsprechende Zielsetzung» (Catherine Cornille: Interreligiöse Theologie und die Bescheidenheit des Ortes, in: Reinhold Bernhardt / Perry Schmidt-Leukel [Hg.] Interreligiöse Theologie [siehe Anm. 492], 173). Siehe auch: dies.: The Confessional Nature of Comparative Theology (siehe Anm. 778).

James Fredericks[786], Klaus von Stosch[787] und Ulrich Winkler[788]. Auf diese Weise distanzieren sich die römisch-katholischen Vertreter der Komparativen Theologie auch vom religionstheologischen Pluralismus, der in der Erklärung der Glaubenskongregation «Dominus Iesus»[789] aus dem Jahre 2000 verurteilt worden ist, und schützen sich davon, ihrerseits verurteilt zu werden. Eine zu starke Neigung zur Pluralistischen Religionstheologie könnte den Entzug oder die Nichterteilung der Lehrerlaubnis zur Folge haben. Das zeigt, wie sehr es sich bei diesem Themenkomplex um ein (nicht nur theologisches, sondern auch kirchenpolitisches) Minenfeld handelt.

Andere Vertreterinnen und Vertreter einer Komparativen Theologie plädieren dafür, diese als Alternative zur konfessionsgebundenen Theologie zu profilieren, verstehen sie also im Sinne der Unterscheidung Cornilles als «meta-confessional theology». Dazu gehört Keith Ward, der auch ordinierter Priester der anglikanischen Kirche ist. Unter Berufung auf Schleiermacher spricht er sich dafür aus, den eigenen konfessionellen Standpunkt einschließlich des damit verbundenen Wahrheitsanspruches im Prinzip beizubehalten, ihn aber zeitweilig zu suspendieren, um ein möglichst wertungsfreies Verstehen anderer religiöser Perspektiven nach Maßgabe ihres eigenen Selbstverständnisses zu ermöglichen. Ward, der sich als «born-again Christian» bezeichnet und hinzufügt: «I have no difficulty in saying that I wholeheartedly accept Jesus as my personal Lord and

---

[786] Besonders deutlich, in: James L. Fredericks: Faith Among Faiths. Christian Theology and Non-Christian Religions, Mahwah (NJ) 1999.

[787] «I always understand Comparative Theology as a component of denominational theology» (Klaus von Stosch: Comparative Theology and Comparative Religion, in: Perry Schmidt-Leukel / Andreas Nehring [Hg.]: Interreligious Comparisons [siehe Anm. 833], 172. So auch: ders.: Komparative Theologie als Wegweiser [siehe Anm. 776], 157f u. ö.)

[788] Etwa, in: Ulrich Winkler: Einen subtilen Lernprozess wagen. Eine Antwort auf Francis Clooney's Plädoyer der Katholizität komparativer Theologie, in: SaThZ 17, 2013/2, 235–246. Die Beiträge zu diesem Themenheft unter dem Titel «Ist komparative Theologie katholisch?» dokumentieren insgesamt das Bemühen, Komparative Theologie als im Einklang mit der Lehre der römisch-katholischen Kirche zu erweisen.

[789] Siehe Anm. 177.

Saviour» [790], tendiert dabei eher zu einem pluralistischen Ansatz einer interreligiösen Theologie. Synonym für «comparative theology» verwendet er den Begriff «global theology».[791]

Noch deutlicher spricht sich der Methodist Neville für eine «globale Theologie» aus, die ihre Erkenntnisgrundlage über die Grundlagen der konfessionellen christlichen Theologie(n) hinaus auf die gesamte Religionsgeschichte ausdehnt. Er vertritt eine interreligiös orientierte philosophische Theologie[792], die nicht darauf zielt, den Wahrheitsanspruch des christlichen Glaubens zu bekräftigen, wie es vor allem bei den katholischen Vertretern dieses Ansatzes erklärtermaßen der Fall ist. Er betreibt den Religionsvergleich nicht aus einem apologetischen Interesse, sondern um Material für diese philsophische Theologie zu gewinnen.

In den unterschiedlichen Positionierungen der Vertreter der Komparativen Theologie zeigt sich ein Grundproblem dieses Ansatzes. Es besteht in der Zuordnung der normativen Wahrheitsfrage zur Methode des «fairen», das heißt, dem Selbstverständnis des Anderen gerecht werden wollenden Vergleichs. Einige Komparative Theologinnen und Theologen wollen nicht einfach nur religiöse Erscheinungen möglichst präzise miteinander vergleichen und sich dabei in Urteilsenthaltung (*epoché*) üben. Vielmehr geht es ihnen um theologische Urteilsbildung. Wie soll sich diese aber vollziehen? In keinem der materialen Beiträge zur Komparativen Theologie lässt sich ein überzeugendes Beispiel dafür finden.

Das spezifisch Theologische der Komparativen Theologie besteht zunächst schlicht in der Standortbezogenheit dieses Projekts: Es ist in der Theologie lokalisiert, wird von Theologinnen und Theologen betrieben und ist mit einem theologischen Erkenntnisinteresse verbunden. Daneben spielt auch das Interesse an der Förderung der interreligiösen Verständigung bei den meisten Vertretern der Komparativen Theologie eine nicht

---

[790] Keith Ward: What the Bible Really Teaches. A Challenge for Fundamentalists, London 2004, 1.

[791] Keith Ward: The Idea of ‹God› in Global Theology, in: Norbert Hintersteiner (Hg.): Naming and Thinking God in Europe Today. Theology in Global Dialogue, Amsterdam/New York 2007, 377–388.

[792] Siehe seine dreibändige Philosophische Theologie: Bd. 1: Ultimates (Albany [NY] 2013); Bd. 2: Existence (Albany [NY] 2014); Bd. 3: Religion (Albany [NY] 2015).

unerhebliche Rolle. Religionswissenschaftlerinnen und Religionswissenschaftler lehnen eine solche praktische Ausrichtung ihrer Disziplin in aller Regel ab.

Im Fächerkanon der Theologie kann der komparative Ansatz an verschiedenen Stellen zum Tragen kommen: In einer eher exegetisch-philologischen Ausrichtung kann er auf die Auslegung der heiligen Schriften bezogen sein; in einer eher historischen Auslegung auf Erscheinungsformen der Tradition anderer Religionen, in systematisch-theologischer Perspektive auf Glaubensinhalte und -lehren, in praktisch-theologischer Hinsicht auf deren gegenwärtige Praxisformen. Es handelt sich bei diesem Ansatz also nicht um eine eigene Disziplin neben anderen Disziplinen, sondern um eine Methode, die in allen Disziplinen angewandt werden kann. Das gilt auch für die Unterscheidung zwischen konfessionsgebundener und komparativer Theologie. Im Blick auf die Systematische Theologie kann man die konfessionsgebundene Theologie nicht einfachhin der Dogmatik und die Komparative Theologie nicht der Fundamentaltheologie zuweisen oder sie gar mit diesen Disziplinen identifizieren. Der komparative Ansatz soll in der Dogmatik selbst zur Anwendung kommen. Das gleiche gilt für die anderen Fächer der Theologie.

Das spezifisch Theologische der Komparativen Theologie erschöpft sich aber nicht nur in der Lokalisierung im Gesamtprojekt der Theologie. Es zeigt sich auch in der Methode des Religionsvergleichs, die wir im übernächsten Abschnitt betrachten wollen.

6.3.2. Die ältere, die neue und die neuste Komparative Theologie

Francis X. Clooney sieht die Entwicklung der Komparativen Theologie zu einer eigenen Disziplin im Jahre 1699 mit James Gardens Buch «Comparative Theology»[793] beginnen. Darin unterscheidet der Verfasser zwischen einer «absoluten Theologie» und der «komparativen Theologie». Die absolute Theologie beruft sich auf göttliche Offenbarung und entfaltet die darin gründenden Inhalte des christlichen Glaubens. Die komparative

[793] James Garden: Comparative Theology or, The true and solid Grounds of pure and peaceable Theology; a subject very necessary tho' hitherto almost wholly neglected. Proposed in an University Discourse and now translated from the printed Latin copy, with some few Enlargements by the Author, Edinburg 1707. 1699 war die lateinische Fassung unter dem Titel: «Discursus academicus de theologia comparativa» erschienen.

Theologie ist demgegenüber auf die Religion ausgerichtet, auf ihre Lehren und Erscheinungsformen. Der Vergleich bezieht sich dabei nicht auf andere Religionen, sondern auf eine Analytik der eigenen Religion, vor allem auf die Unterscheidung von Wesentlichem und Marginalem. Damit verbindet sich das Interesse, durch die Konzentration auf das Wesentliche religiösen Streit zu vermeiden.

Der eigentliche Aufschwung der Komparativen Theologie vollzog sich erst im letzten Drittel des 19. Jahrhunderts, als die Methode des Vergleichs auf die Religionen angewandt wurde. Vor allem an angloamerikanischen Universitäten kam es zur Einrichtung von Professuren für vergleichende Theologie, die zunächst noch nicht von der sich herausbildenden vergleichenden Religionswissenschaft unterschieden wurde. So entstand 1873 an der Boston University eine Professur für «Comparative History of Religion, Comparative Theology, and Philosophy of Religion». Princeton, Cornell und die Universität von Chicago folgten. Besonders die Harvard Divinity School profilierte sich mit ihrem Lehrangebot zu nichteuropäischen Religionen.[794] James Turner sieht apologetische Beweggründe hinter dieser Entwicklung: «[T]he discipline of religious studies was born from the felt need to measure Christianity against alternatives. Such comparisons aimed either to make Christianity more persuasive to the ‹heathens› or to perfect Christianity by locating the elements of a universal religion common to all peoples.»[795]

Einen wichtigen Protagonisten dieser älteren komparativen Theologie sieht Clooney in Friedrich Max Müller, der in Oxford einen Lehrstuhl für «Comparative Theology» innehatte und den Religionsvergleich mit theologischen Interessen betrieb: «Ich will gar kein Geheimnis daraus machen, dass mir persönlich das wahre Christenthum, worunter ich die Religion Christi verstehe, eine desto höhere Stellung einzunehmen scheint, je mehr wir den Schatz der Wahrheit, der in den verachteten Religionen der Heiden vergraben liegt, kennen und würdigen lernen.»[796]

[794] James Turner: Religion Enters the Academy. The Origins of the Scholarly Study of Religion in America, Athens (GA) 2011, 57–59.

[795] A. a. O., 56.

[796] Zitiert nach: Hans-Joachim Klimkeit: Friedrich Max Müller (1823–1900), in: Axel Michaels (Hg.): Klassiker der Religionswissenschaft. Von Friedrich Schleiermacher bis Mircea Eliade, München 1997, 36; als Belegstelle ist dort angegeben: Ramchandra Narayan Dandekar: Max Mueller – Comparative Religion

In seinen 1870 in London gehaltenen vier «Lectures on the Science of Religion» plädierte Müller für die Anwendung einer vergleichende Methode im Studium der Religionen – in Analogie zur vergleichenden Sprachwissenschaft –, um auf diese Weise zu einer «genealogische(n), mit den Sprachen parallel laufende(n) Classifikation der Religion» unter Einbezug des Christentums zu gelangen.[797] In diesem Zusammenhang unterschied Müller zwischen «theoretic theology» und «comparative theology». Den ersten der beiden Begriffe bezog er auf die (philosophische) Reflexion, ob und inwiefern es sich bei Religion um eine universalanthropologische Gegebenheit handelt; den zweiten auf die Erhebung, Katalogisierung und Analyse von konkreten Erscheinungsformen der Religion in der Geschichte.[798]

Für die deutschsprachige Theologie kann man Friedrich Schleiermacher als Begründer einer auf den Vergleich der Religionen rekurrierenden Theologie bezeichnen. In den religionsphilosophischen Prolegomena zu seiner Glaubenslehre entwickelte er eine wertende Typologie der Religionen, die das Christentum als die höchstentwickelte Religion erscheinen lässt.[799] Ernst Troeltsch versuchte in ähnlicher Weise, aber auf einer mittlerweile stark verbreiterten religionsgeschichtlichen Materialgrundlage die Vorrangstellung der christlichen Religion durch einen typologischen Religionsvergleich zu erweisen.[800]

Obwohl sich die neue, am Ende des 20. Jahrhunderts konzipierte und praktizierte Komparative Theologie sowohl von dieser apologetisch motivierten religionsvergleichenden Theologie als auch der theologieabstinenten vergleichenden Religionswissenschaft unterscheidet, so steht sie doch auch in Kontinuität zu diesen Vorläufern.[801] Sie hat sich aus der

---

and Mythology, in: Heimo Rau (Hg.): F. Max Müller – What He Can Teach Us, Bombay 1974, 34f.

[797] Friedrich M. Müller: Einleitung in die vergleichende Religionswissenschaft, Straßburg 1874 (Nachdruck: Saarbrücken 2010), III.

[798] A. a. O., 16f.

[799] Siehe dazu: Reinhold Bernhardt: Schleiermachers christologische Fassung der ‹Absolutheit› des Christentums (siehe Anm. 677).

[800] Reinhold Bernhardt: «Vor dem Richterstuhl der Religionsgeschichte» (siehe Anm. 677).

[801] Siehe dazu auch: Paul Hedges: The Old and New Comparative Theologies. Discourses on Religion, the Theology of Religions, Orientalism and the Boundaries of Traditions, in: Religions 3, 2012, 1120–1137.

religionstheologischen Diskussion der letzten zwei bis drei Jahrzehnte entwickelt. Der Überdruss an dem dort geführten Grundsatzstreit zwischen den Modellen des Exklusivismus, Inklusivismus und Pluralismus hat zum Plädoyer geführt, diese Metaebene des Diskurses zu verlassen und Theologie im Kontext spezifischer religionsvergleichender Studien zu betreiben.

Nach Clooney soll die Komparative Theologie nach Gemeinsamkeiten über Religionsgrenzen hinweg suchen und die darin liegenden intellektuellen und spirituellen Potenziale für die Verständigung zwischen den Religionen nutzen. Es sei «erforderlich zu verstehen, wie man aus interreligiösen Ähnlichkeiten und Gemeinsamkeiten lernt, ohne die Unterschiede zu ignorieren und ohne einen gemeinsamen und immerwährenden Ursprung zu postulieren, aus dem die verschiedenen Religionen mit ihren Lehren und Regeln erwachsen»[802].

Clooney betont dabei insbesondere die Chancen des interreligiösen Lernens. Auf Wertungen der Vergleichsgegenstände will er möglichst verzichten: «In some instances this comparison may involve evaluation, but ordinarily the priority is more simply the dynamics of a back-and-forth learning.»[803] Das Motiv des «learning-from» ist an die Stelle des «theologizing-about» getreten.[804] Darin liegt der entscheidende Unterschied zur älteren komparativen Theologie, bei der das «theologizing-about» zudem apologetisch ausgerichtet war. Christlicher Glaube und die Theologie als seine Reflexionsform sollen durch Vergleiche mit Erscheinungsformen anderer Religionen einen Lerngewinn erzielen. Darin liegt zur anderen Seite hin auch das Unterscheidungsmerkmal zur vergleichenden Religionswissenschaft: Komparative Theologie versteht sich als innertheologische Disziplin, die zu einer Horizonterweiterung der theologischen Reflexion führen soll. Ihr Ziel besteht darin, einen Erkenntnisgewinn nicht nur im Blick auf die eigene Religion, sondern auch im Blick auf das

---

[802] Francis X. Clooney: Komparative Theologie (siehe Anm. 768), 40.

[803] Francis X. Clooney: Comparative Theology. Deep Learning (siehe Anm. 768), 11.

[804] Francis X. Clooney: Response, in: ders. (Hg.): The New Comparative Theology. Interreligious Insights from the Next Generation, London 2010, 191–200.

Verständnis der transzendenten Wirklichkeit, auf die sich diese Religion bezieht, zu gewinnen.[805]

Der Übergang von der neuen zur neusten Komparativen Theologie hat seinen Niederschlag u. a. in dem Band «The New Comparative Theology» gefunden, in dem gewissenmaßen die zweite Generation der neuen Komparativen Theologinnen und Theologen zu Wort kommt. Er geht einher mit einer kritischen Auseinandersetzung mit den Ansätzen der ersten Generation, wobei sich die postkoloniale Kritik in besonderer Weise Gehör verschafft.[806]

Mit ihrer bewussten programmatischen Unterbestimmung der Komparativen Theologie hatten sich Clooney und Fredericks dem Vorwurf ausgesetzt, die geschichtliche Bedingtheit ihres Ansatzes, seine Einbettung in die westliche Wissenschaftskultur und die damit verbundene inhärente Normativität nicht ausreichend zu reflektieren. Den Kritikern zufolge fragten sie nicht, von wem, in welchem Setting und mit welchem Interesse Komparative Theologie betrieben wird? Wer wählt den Vergleichsgegenstand aus und wer bestimmt, unter welchen Gesichtspunkten der Vergleich vorgenommen wird? Wird der Vergleichsgegenstand etwa in einer Weise befragt, die in seinem Herkunftskontext gar nicht vorkommt? Dabei würde er dekontextualisiert. Wie kommt er – bzw. «das Andere» überhaupt – zu seinem Eigenrecht? Wird der Vergleich aus einer kulturell und religiös hegemonialen (euro-amerikanischen) Perspektive betrieben? Die postkoloniale Kritik findet hier eine breite Angriffsfläche.

Mit ihrer Ablehnung von großkalibrigen Theorien, universalistischen Geltungsansprüchen sowie essentialistischen Wirklichkeitsverständnissen und mit ihrer Hinwendung zum spezifischen Einzelnen in seiner Eigen- und Andersheit nimmt die Komparative Theologie eigentlich ein Anliegen postmoderner und postkolonialen Denkweisen auf. Deshalb sind diese Denkweisen in der beschriebenen Hinsicht umgekehrt an das Programm

---

805 So schreibt etwa Francis Clooney: «(T)he theological confidence that we can respect diversity and tradition, that we can study traditions in their particularity and receive truth in this way, *in order to know God better*, is at the core of comparative theology.» (Francis X. Clooney: Comparative Theology. Deep Learning [siehe Anm. 768], 9.) Ähnlich Klaus von Stosch: Komparative Theologie als Wegweiser (siehe Anm. 776), 148.

806 Das hat allerdings auch damit zu tun, dass dieser Band aus einem Panel zum Thema «Hegemonie» im Rahmen der Jahrestagung der AAR 2007 hervorgegangen ist.

der Komparative Theologie durchaus anschlussfähig. Doch hegt die postkoloniale Kritik den Verdacht, dass interkulturellen und -religiösen Vergleichen ein imperialistischer Grundzug eignet.

Generell – und unabhängig von der postkolonialen Kritik – kann man konstatieren, dass die Vertreterinnen und Vertreter der zweiten Generation – wozu auch von Stosch zu zählen ist – die programmatische Unterbestimmtheit der Komparativen Theologie, wie sie bei Clooney und Fredericks geradezu zum Programm erhoben worden ist, mit ihren je eigenen Programmen auffüllen. Sie tragen ihre jeweilige Agenda ein. Diese kann kulturanthropologisch, befreiungstheologisch, gendertheoretisch oder philosophisch ausgerichtet sein.

Letzteres ist bei von Stosch der Fall, der die komparative Methode mit einem Theologieverständnis verbindet, das auf die Philosophie Wittgensteins rekurriert und damit den Praxisbezug der religiösen Sprache betont. Religiöse Aussagen sind in Sprachspiele eingebunden, die wiederum in Handlungszusammenhänge eingebettet sind. Damit ist unausweichlich die Relativierung eines Allgemeingültigkeitsanspruchs für diese Aussagen verbunden. Andererseits (oder vielleicht gerade deshalb) wehrt sich von Stosch gegen die Relativierung religiöser Wahrheitsansprüche.[807]

Das strenge, kontemplative Studium klassischer Texte, wie Clooney es praktiziert, tritt dabei zurück. Wo es in der neusten Komparativen Theologie noch betrieben wird, hat es zuweilen (besonders wo es mit postkolonialen Ansätzen verbunden wird) eine weniger explorative als eher demonstrative Funktion. Es dient der materialen Anreicherung der jeweiligen Agenda, führt aber kaum zur Infragestellung der Vorverständnisse bestimmter Traditionsinhalte. Wenn aber der Religionsvergleich einem philosophischen oder theologischen Programm dienstbar gemacht wird, verliert er die ihm eigene Erkenntniskreativität und kann nicht mehr als Impulsgeber für die Theologie fungieren.

807 Klaus von Stosch: Comparative Theology and Comparative Religion, in: Perry Schmidt-Leukel / Andreas Nehring (Hg.): Interreligious Comparisons (siehe Anm. 833), 166f.

6.3.3. Die Methode des Vergleichs

Ein Vergleich[808] besteht in der Regel darin, zwei Vergleichsgegenstände (*comparata*) auf ein *tertium comparationis* zu beziehen und nach Maßgabe dieses Bezugspunkts Gemeinsamkeiten und Unterschiede zwischen ihnen herauszuarbeiten. Voraussetzung ist, dass die beiden Gegenstände als sich gleichend (*par*) angesehen werden können, wobei «gleich» nicht «identisch» bzw. «selbig» bedeutet. Sie müssen verschieden sein und doch mindestens *ein* gemeinsames Merkmal aufweisen, auf das hin sie dann verglichen werden: das *tertium comparationis*. Dieses eine gleiche Merkmal kann aber verschieden ausgeprägt sein. Es muss also eine Ähnlichkeit bzw. Analogie bestehen. Dann kann festgestellt werden, auf welche Weise und in welchem Grad das *tertium comparationis* den beiden *comparata* zukommt. Auf diese Weise werden die *comparata* in Beziehung zueinander gesetzt. Dabei kann es sich um einen quantitativ-messenden («mehr – weniger»), um einen qualitativ-wertenden (besser – schlechter) oder um einen differenzkonstativ-wertneutralen (so – anders) Vergleich handeln. In jedem Fall entscheidet sich an der «vertikalen» Beziehung, in der die *comparata* zum *tertium comparationis* stehen, die «horizontale» Beziehung, in der sie zueinanderstehen.

Vergleiche von kulturellen und religiösen Phänomenen sind deutlich komplexer als Vergleiche von Objektbeschreibungen.[809] Denn hier geht es nicht um klar definierbare Eigenschaften, sondern um Sinnstrukturen. Zudem sind religiöse und kulturelle Phänomene eingebunden in ihren jeweiligen Kontext. Es macht einen erheblichen Unterschied für den Vergleich, ob sie aus dem *gleichen* religiösen oder kulturellen Kontext stammen oder aus *verschiedenen* Kontexten. Und in diesem zweitgenannten Fall macht es wiederum einen Unterschied, ob die Kontexte *genealogisch* (religions- und kultur*geschichtlich*) miteinander verbunden (also herkunftsverwandt) sind oder ob zwischen ihnen lediglich eine *Analogie*beziehung hergestellt werden kann. In all diesen Fällen kann der Vergleich zudem synchron oder diachron angelegt sein oder beides miteinander verbinden.

---

808 Wie das griechische παραβάλλειν (Substantiv: παραβολή) bezeichnet das lat. *comparare* (Substantiv: *comparatio*) ein «Nebeneinander- (bzw. Zusammen-) Stellen».

809 Siehe dazu: Andreas Mauz / Hartmut von Sass (Hg.): Hermeneutik des Vergleichs. Strukturen, Anwendungen und Grenzen komparativer Verfahren, Würzburg 2011.

Das *tertium comparationis* kann bei interreligiösen Vergleichen in einer vergleichbaren Gestalt, einem ähnlichen Inhalt oder einer analogen Funktion der *comparata* liegen. Dass diese Vergleichbarkeit, Ähnlichkeit oder Analogie vorliegt, ist allerdings eine Setzung, die dem Vergleich vorausliegt und im Vergleich zu prüfen ist. Wer annimmt, dass die Religionstraditionen inkommensurabel sind, kann keinen Vergleich zwischen ihren Erscheinungsformen anstellen. Ähnlichkeiten wären dann nur scheinbar.

Vergleicht man beispielsweise die Prophetie Mohammeds mit den Prophetentraditionen des Alten Testaments, dann ist das Verständnis von «Prophetie» das *tertium comparationis*. Das setzt aber voraus, dass der Begriff «Prophetie» in analogem Sprachgebrauch sowohl auf die altisraelitischen Propheten als auch auf die Wirksamkeit Mohammeds angewendet werden kann. Wer hingegen davon ausgeht, dass es sich hier um eine Äquivokation handelt, entzieht dem Vergleich den Boden. *Ob* es sich aber um eine Analogie oder um eine Äquivokation handelt, hängt im Wesentlichen vom Vorverständnis ab.

Ein Vergleich kann in einer zweistelligen (dyadischen) oder in einer dreistelligen (triadischen) Relation erfolgen, je nach dem Standort des Subjekts, das den Vergleich durchführt. Ein Religionswissenschaftler etwa, der sich mit keiner der beiden Religionstraditionen identifiziert, deren Erscheinungsformen er vergleicht, der vielmehr Distanz zu ihnen hält und sich in eine neutrale «dritte» Beobachterposition begibt, vollzieht den Vergleich in einer dreistelligen Relation. Der Religionswissenschaftler strebt danach, «über» den Vergleichsgegenständen zu stehen und nimmt damit eine Art Vogelperspektive ein. Eine Theologin hingegen, die Phänomene der «eigenen» mit einer «anderen» Tradition vergleicht, bewegt sich dagegen im Rahmen einer zweistelligen Relation. Sie identifiziert sich (mehr oder weniger) mit einer der beiden Traditionen, aus denen die Vergleichsgegenstände entnommen sind. Das schließt die Einnahme einer kritisch-reflexive Distanz dazu nicht aus.

Diese zweistellige Konstellation ist für die meisten Vertreter und Vertreterinnenen der Komparativen Theologie charakteristisch[810]: Der Komparative Theologe ist Teil der *einen* Tradition, die zum Vergleich steht.

---

810 In Robert C. Nevilles «Cross-Cultural Comparative Religious Ideas Project» ist die dyadische mit der triadischen Perspektive verbunden – s. u. – Klaus von Stosch fordert die «Instanz des Dritten» (Klaus von Stosch: Komparative

Nach Möglichkeit kennt er auch die andere Tradition so gut, dass er sie von innen heraus verstehen kann. Es bleibt dabei aber immer eine Asymmetrie von Nähe und Distanz des vergleichenden Subjekts zu den beiden Religionstraditionen bestehen, die von ihm vergleichend zueinander in Beziehung gesetzt werden.

Das wirft dann allerdings auch die Frage auf, ob der (dyadische) Vergleich wirklich in einer «fairen»[811] Weise erfolgen kann, d. h. so, dass er dem Selbstverständnis beider Religionstraditionen in annähernd gleicher Weise gerecht wird. Ein Ausweg aus diesem Problem besteht darin, den Vergleich nicht von einer einzelnen Person durchführen zu lassen, sondern in einer Kooperation von Angehörigen der beteiligten Religionsgemeinschaften, also in der Form eines interreligiösen Dialogs. Das wiederum kann sich in der Praxis als schwierig erweisen, weil in diesem Fall verschiedene Verstehenskontexte zueinander in Beziehung treten. Schon um die Frage, was geeignete Vergleichsgegenstände sein könnten, worin ihre Vergleichbarkeit besteht, wie die Methode des Vergleichs durchzuführen ist und mit welchem Ziel sie angewendet werden soll, kann es Kontroversen geben. Es zeigt sich dabei auch, dass die Vergleichsgegenstände kaum lösbar sind aus den Klangkörpern ihrer jeweiligen Religion und dass sie nur in diesen Körpern ihren eigentlichen Klang entfalten können.[812] Selbst wenn dieses Kontextbewusstsein vorhanden ist, steht die Frage im Raum, ob man Texte aus den christlichen und den hinduistischen

---

Theologie als Wegweiser [siehe Anm. 776], 208–211). Dabei kann es sich um Religionswissenschaftler, Philosophen oder auch um Anhänger einer anderen (nicht am Vergleich beteiligten) Religion handeln (Klaus von Stosch: Comparative Theology and Comparative Religion, in: Perry Schmidt-Leukel / Andreas Nehring [Hg.]: Interreligious Comparisons [siehe Anm. 833], 171f.

[811] So fordert etwa Keith Ward mit Nachdruck von Komparativen Theologen und Theologinnen «to give a fair and accurate exposition of beliefs that differ from their own» (Keith Ward: The Idea of «God» in Global Theology [siehe Anm. 774], 379).

[812] Jeder religiöse Begriff und Name «schwingt und klingt im Klangkörper des Islam anders als in dem des Christentums und ruft bei muslimischen Gläubigen eine andere Resonanz hervor als bei uns» (Handreichung des Rates der EKD: «Zusammenleben mit Muslimen in Deutschland. Gestaltung der christlichen Begegnung mit Muslimen», hg. vom Kirchenamt der EKD, Gütersloh 2000 [siehe Anm. 308], 34).

Traditionen so unmittelbar in Beziehung zueinander setzen kann, wie Francis X. Clooney das tut.

Den unterschiedlichen Auffassungen von Konzeption und Aufgabe der Komparativen Theologie entsprechen verschiedene Methoden.[813] Die profundesten Reflexionen zur Methode des Religionsvergleichs finden sich im «Cross-Cultural Comparative Religious Ideas Project» Robert Nevilles.[814] Diesem methodischen Programm zufolge muss zunächst der Gesichtspunkt bestimmt werden, unter dem die Phänomene miteinander verglichen werden sollen, also das *tertium comparationis* bzw. die «komparative Kategorie».[815] Es handelt sich dabei nicht eigentlich um einen Maßstab, der an die *comparata* angelegt wird, um sie daraufhin zu vergleichen, d. h. zu befragen, inwieweit sie (bzw. ihre Eigenschaften) diesem Maßstab entsprechen (wie bei einem messenden Vergleich). Stattdessen handelt es sich um ein Thema bzw. einen Traditionsinhalt, auf den hin die verschiedenen Traditionen beleuchtet werden. Es wird gefragt, wie sich dieses Thema in ihnen darstellt. Nevilles Vergleichsverfahren besteht somit aus drei Schritten:

Der erste Schritt besteht in der Bestimmung der «komparativen Kategorie». Dabei wendet Neville das von Charles S. Peirce entwickelte Konzept der Unschärfe («vagueness»)[816] an. Es besagt, dass eine Bestimmung des Vergleichsgegenstandes, die bewusst unscharf bleibt (etwa «Prophetie» oder Konzepte des «Absoluten») es erlaubt, die *comparata* trotz tiefgreifender Unterschiede zueinander in Beziehung zu setzen (etwa sehr unterschiedliche Formen von Prophetie oder verschiedene Vorstellungen einer letzten Wirklichkeit). Es ist, als würde man mit der Beobachtungskamera von den *comparata* so weit wegzoomen, dass sie unscharf werden, d. h. dass ihre charakteristischen Eigenheiten zurücktreten. Je weiter der Betrachtungsabstand wird, je unschärfer also der Gegenstand in der Betrachtung

---

[813] John Renard unterscheidet sieben Modelle, die zum Teil eher historisch und zum Teil eher systematisch ausgerichtet sind. (John Renard: Comparative Theology. Definition and Method, in: RStT 17/1, 1998, 3–18).

[814] Siehe dazu: Robert C. Neville: Philosophische Grundlagen und Methoden der Komparativen Theologie, in: Reinhold Bernhardt / Klaus von Stosch (Hg.): Komparative Theologie (siehe Anm. 771), 35–54.

[815] Robert C. Neville: Philosophische Grundlagen (siehe Anm. 814), 37.

[816] Charles S. Peirce: Issues of Pragmaticism [1905], in: Collected Papers of Charles Sanders Peirce, hg von Charles Hartshorne / Paul Weiss, Bd. 5, Cambridge (MA) 1978, 438–463.

erscheint, umso größer die Vergleichbarkeit. Dem Konzept der «Logischen Unbestimmtheit» (Peirce) zufolge ist die Vergleichbarkeit somit nicht einfach gegeben. Sie hängt von der Art der Betrachtung ab. Die Vergleichsgegenstände müssen als solche erst präpariert werden. Dem Komparativen Theologen sind die Unterschiede zwischen ihnen durchaus bewusst, sie werden aber methodisch für den Zweck des Vergleichs zeitweilig minimiert oder suspendiert.

Der zweite Schritt des Vergleichsverfahrens besteht in der Erhebung der Materialgrundlage des Vergleichs. Dazu ist der Blick in die zu vergleichenden Religionstraditionen erforderlich. Die dabei zu stellende Frage lautet: Wie wird die komparative Kategorie in den verschiedenen Religionstraditionen konzeptualisiert? Das Absolute kann beispielsweise als personaler Gott, als *actus purus*, als Seinsgrund, als *dao*, *brahman*, Leere usw. aufgefasst sein.

Im dritten Schritt findet nun der eigentliche Vergleich dieser Konzepte statt. Übereinstimmungen, Differenzen und Überschneidungen zwischen ihnen werden herausgearbeitet. Dabei können komparative Unterkategorien gebildet werden.

Die drei Schritte – *Identifikation* der komparativen Kategorie, *Spezifikation* der *comparata* im Blick auf diese Kategorie und *Komparation* – werden nicht sequenziell nacheinander vollzogen, sondern spielen ineinander.

Diese Arbeit wurde in einem Team von sechs Historikern der verschiedenen Religionen sowie vier «Generalisten», die mit komparativer Methodik vertraut waren, vorgenommen. Die Vertreter der Religionen sollten mit je einer anderen Religion vertraut sein, wie etwa der Jesuit Francis X. Clooney mit dem Hinduismus. Sie sollten verschiedenen Richtungen der historischen Interpretation angehören und unterschiedliche methodische Zugänge mitbringen – vom mikrologischen Vergleich einzelner Texte bis hin zur Betrachtung ganzer Religionsuniversen wie der chinesischen Religion. Die «Generalisten» vertraten die Disziplinen der Religionssoziologie, der Religionsgeschichte, der Historischen und Systematischen Theologie sowie der Philosophie bzw. Philosophischen Theologie. «Mit dieser Auswahl sollte gewährleistet sein, dass das komparative Projekt nicht zum interreligiösen Dialog mit einer Apologetik der jeweiligen Religion, sondern zu einem möglichst objektiven Vergleich religiöser Vorstellungen führt.»[817] Neville grenzt Komparative Theologie sowohl

[817] Robert C. Neville: Philosophische Grundlagen (siehe Anm. 814), 43.

von religionstheologischen Grundsatzreflexionen als auch von der Praxis des interreligiösen Dialogs ab, wenn sie seinem methodischen Arrangement zufolge auch im Gespräch mit Anhängern verschiedener Religionstraditionen betrieben wird. Aber sie zielt nicht auf interreligiöse Verständigung.

Andere Vertreter der Komparativen Theologie schlagen – je nach ihrer akademischen Prägung und den Interessen, die sie mit diesem Projekt verfolgen – andere methodische Wege ein. In detailreichen Studien vergleicht Francis X. Clooney einzelne Texte besonders aus den theistischen Ausprägungen der hinduistischen Mimamsa- und Vedanta-Traditionen mit Texten aus der katholischen Tradition, die dadurch in ein kreatives Auslegungsfeld gestellt werden. Es geht ihm um «close religious reading», nicht um distanzierte «scholarly analysis», um genaues, empathisches Hinhören, nicht um Urteilen.[818]

Clooneys Komparative Theologie zielt auf ein Anders-, Neu- und Besser-*Verstehen* der Vergleichsgegenstände und weniger auf eine kritisch-konstruktive *Auseinandersetzung*.[819] Das kontemplative «Einwandern» in die andere Tradition (im Sinne der Diltheyschen «Anempfindung») führt eher zu spirituellen Beschauungen und weniger zu theologisch-rationalen Argumentationen. Die Gefahr der Ästhetisierung von Überlieferungen, d. h. der erbaulichen Betrachtung, schwebt über diesem Vorgehen. Diskursive Infragestellungen und Revisionen theologischer Auffassungen sind hingegen kaum zu erwarten und auch nicht intendiert. Andererseits warnt Clooney ausdrücklich davor, «to reduce the comparative project to an act of ecumenical or interreligious peacemaking»[820] und betont stattdessen die intellektuelle – auf die Lektüre von Texten konzentrierte – Dimension des Religionsvergleichs. Interreligiöser Dialog und Komparative Theologie sind ihm zufolge klar zu unterscheiden.

Klaus von Stosch verfolgt demgegenüber sehr wohl religionsdialogische Interessen, besonders in Beziehung auf den Islam. Auch seine Arbeitsweise unterscheidet sich in mehrfacher Hinsicht charakteristisch von

---

818 Francis X. Clooney: Comparative Theology. Deep Learning (siehe Anm. 768), 60ff.

819 Nach Clooney ist der interreligiöse Vergleich «a reflective and contemplative endeavor by which we see the other in light of our own, and our own in light of the other» (a. a. O., 11).

820 A. a. O., 35.

der Clooneys. Während von Stosch einen «echten» bi- oder multilateralen Dialog mit Angehörigen anderer Religionen anvisiert, betreibt Clooney Komparative Theologie in einem inneren Dialog, man kann sogar sagen: in einsamer Kontemplation: «[T]he comparative theologian will begin to theologize as it were from both sides of the table, reflecting personally on old and new truths in an interior dialogue.»[821] Dabei braucht es die Person des Andersglaubenden im Grunde nicht.

Von Stosch arbeitet nicht philologisch, sondern systematisch-theologisch und – anders als von ihm selbst deklariert[822] – auch nicht mikrologisch, sondern auf einer systematisch-theologischen Mesoebene. Er bearbeitet die großen Themen der christlichen Dogmatik – etwa die Lehre von der Offenbarung[823], die Trinitätslehre[824], die Frage nach dem Handeln Gottes[825], die Theodizeefrage[826], die Christologie[827] und Soteriologie[828] – in Bezug vor allem auf den Islam.

---

[821] A. a. O., 13.

[822] «Komparative Theologie ist […] erkennbar an ihrer Konzentration auf den interreligiösen und interkulturellen Vergleich genau spezifizierter theologischer, literarischer oder konfessorischer Texte, konkreter Rituale, klar umgrenzter Glaubensinhalte, bestimmter theologischer Konzeptionen jeweils in begrenzten Kontexten und historisch genau umgrenzten Zeiträumen.» (Klaus von Stosch: Komparative Theologie als Wegweiser [siehe Anm. 776], 194; in Anlehnung an eine Formulierung Paul F. Knitters: Introducing [siehe Anm. 639], 207).

[823] Klaus von Stosch: Offenbarung, Stuttgart 2010; ders.: Der muslimische Offenbarungsanspruch als Herausforderung Komparativer Theologie. Christlich-theologische Untersuchungen zur innerislamischen Debatte um Ungeschaffenheit und Präexistenz des Korans, in: ZKTh 128, 2007, 53–74.

[824] Klaus von Stosch u. a. (Hg.): Trinität. Anstoss für das islamisch-christliche Gespräch, Paderborn 2013; ders.: Trinität, Paderborn 2017.

[825] Klaus von Stosch u. a. (Hg.): Handeln Gottes, Antwort des Menschen, Paderborn 2014.

[826] Klaus von Stosch: Theodizee, Paderborn ²2018; ders.: Developing Christian Theodicy in Conversation with Navid Kermani, in: Michelle Voss Roberts (Hg.): Comparing Faithfully. Insights for Systematic Theological Reflection, New York 2016, 89–106.

[827] Klaus von Stosch / Mouhanad Khorchide (Hg.): Streit um Jesus. Muslimische und christliche Annäherungen, Paderborn 2016; dies.: Der andere Prophet. Jesus im Koran, Freiburg i. Br. u. a. 2018.

[828] Klaus von Stosch u. a. (Hg.): Streitfall Erlösung, Paderborn 2015.

Methodisch handelt es sich dabei genau genommen nicht um einen Vergleich, der ausgewiesenen Verfahrensregeln folgt und zu einem Vergleichsresultat führt, sondern um einen theologischen Religionsdialog[829], bei dem ein bestimmtes Thema im christlich-islamischen Dialog erörtert wird. Verglichen mit dem Programm Nevilles sind seine methodischen Reflexionen denn auch eher allgemein gehalten.[830] Zumindest müsste geklärt werden, worin das Festhalten am Wahrheitsanspruch des eigenen Glaubens besteht, wie es mit einem ergebnisoffenen Vergleichsverfahren vereinbar ist, was das anvisierte Resultat dieses Verfahrens ist und wie sich dieses wiederum zum Wahrheitsanspruch des christlichen Glaubens verhält. Ansonsten ist der Kritik kaum zu entgehen, dass das Vergleichsverfahren im Sinne einer *petitio principii* lediglich der Bekräftigung des vorausgesetzten Wahrheitsanspruchs dient. Zu Recht wendet Christian Danz gegen die Komparative Theologie ein, dass die Problematik einer normativen Beurteilung von religiösen Erscheinungen nicht oder nur ungenügend bedacht wird.[831]

Es stellt sich die Frage, wie der Wahrheitsanspruch des christlichen Glaubens einerseits als unbedingt normativ vorausgesetzt, andererseits aber für Lernprozesse, Transformationen und Vertiefungen offengehalten werden kann? Zur Lösung dieser Spannung führt von Stosch die Unterscheidung zwischen Christus und dem Christusglauben ein: Der unbedingte Wahrheitsanspruch bezieht sich auf Christus, nicht aber in gleicher Weise auf den christlichen Glauben und dessen religiöse Manifestationen im Christentum. Der Glaube ist auf Erkenntnisfortschritt angewiesen. Die Fülle der Christuswahrheit muss erst noch erschlossen werden. Der Dialog wird dabei zum Entdeckungszusammenhang dieser Wahrheit. Das Problem der Polarität zwischen dem Festhalten am unbedingten Wahrheitsanspruch des christlichen Glaubens einerseits und der Lernoffenheit gegenüber anderen Religionen andererseits besteht allerdings darin, dass

829 «Komparative Theologie ist keine Theologie für den interreligiösen Dialog, sondern aus dem Dialog heraus.» (Klaus von Stosch: Komparative Theologie als Wegweiser [siehe Anm. 776], 212.) Sie zielt auf eine «Aussöhnung der Religionen» (a. a. O., 157, vgl. 189 u. ö.).

830 Klaus von Stosch: Komparative Theologie als Wegweiser (siehe Anm. 776), 193–215.

831 Christian Danz: Die Deutung der Religion in der Kultur [siehe Anm. 604], 62–68.

es Christus für den Glaubenden nicht an sich, sondern immer nur im Modus des Christus*glaubens* gibt. Und so erstreckt sich der unbedingte Wahrheitsanspruch, der für Christus erhoben wird, notwendigerweise auch auf den christlichen Glauben. In der aufgewiesenen Polarität kann man nicht beiden Polen zugleich im vollen Umfang gerecht werden, wie es von Stosch in seiner Komparativen Theologie realisiert zu haben meint. Es bleibt letztlich zwischen diesen beiden Polen eine unaufhebbare Spannung bestehen. Man kann Religionstheologie nur im Rahmen dieser Polarität betreiben.

Ein Problem der Komparativen Theologie, wie sie von Stosch vorlegt, liegt in der Verschränkung von Ebenen, deren Unterscheidung sich in der religionstheologischen Debatte als wichtig erwiesen hat: der Ebene des (praktischen) interreligiösen Begegnungsgeschehens (Dialog, Kommunikation), der Ebene der interreligiösen Hermeneutik (Verstehen des Fremden), der Ebene des methodischen Vergleichs religiöser Erscheinungen und der Ebene der religionstheologischen Reflexion (die Religionen als Thema der Theologie). Interreligiöse Beziehungs*bestimmung* und Beziehungs*gestaltung* werden bei von Stosch aber ineinandergeschoben.

Wenn von Stosch als Leitfrage angibt, wie der Inhalt des christlichen Glaubens bei gleichzeitiger Anerkennung des nichtchristlichen Gesprächspartners zur Geltung gebracht werden kann, dann wird hier die Ebene des Dogmatischen mit der des Ethischen vermischt.[832] Der normativen Geltungsbehauptung für den Inhalt der je eigenen Wahrheitsgewissheit wird die ethisch-praktische Forderung gegenübergestellt, anderen Personen und Gemeinschaften in ihrem Selbstausdruck mit Anerkennung zu begegnen. Zwischen beidem besteht jedoch ein Unterschied. Andersglaubenden und ihrem Glauben in einer wertschätzenden Haltung zu begegnen, ist eine Haltung, die sich aus dem christlichen Ethos der unbedingten (das heisst auch: nicht durch Religionszugehörigkeit bedingten) Nächsten- bzw. Fremdenliebe ergibt. Das eigentliche Problem ist demgegenüber auf der dogmatischen Ebene angesiedelt: Wie kann die Wahrheitsgewissheit, die mit dem christlichen Glauben verbunden ist, in einer

[832] So etwa in von Stoschs Forderung, im Dialog mit dem Islam sei es die Aufgabe christlicher Theologie, «echte Gleichwertigkeit von Muslimen in ihrem religiösen Glauben denken zu können, ohne Abstriche beim christlichen Wahrheitsanspruch zu machen.» (Klaus von Stosch: Der muslimische Offenbarungsanspruch [siehe Anm. 823], 53f.)

theologisch verantwortbaren Weise mit der Achtung der Wahrheitsgewissheiten zusammengedacht werden, die mit anderen Glaubensweisen verbunden sind?

Komparative Theologinnen und Theologen nehmen nicht selten zwei Positionen zugleich ein: Zum einen stehen sie als konfessionsgebundene Theologinnen und Theologen in der Bekenntnistradition ihres Glaubens und blicken von dort aus in der Innenperspektive dieses Glaubens auf andere Religionstraditionen; zum anderen erheben sie sich über die Traditionen, um von dieser Warte aus einen Vergleich zwischen ihnen anzustellen. Die einzelnen Vertreter und Vertreterinnen der Komparativen Theologie tendieren jeweils eher zu der einen oder zu der anderen Position. Die Spannung bleibt aber immer bestehen.

Der «Inklusivismus auf Gegenseitigkeit», für den ich plädiere, bekennt sich ganz zu seiner Standortgebundenheit im christlichen Glauben und stellt von dort aus Bezüge zu anderen religiösen Traditionen her. Es handelt sich dabei nicht um eine vergleichende, sondern um eine dialogische Beziehungsbestimmung, die im Austausch von (theologisch reflektierten) Erste-Person-Perspektiven besteht. Das Relationsmodell des «Vergleichs» tendiert demgegenüber immer dazu, sich über die Vergleichsgegenstände zu erheben und die Perspektive der Dritten Person einzunehmen.

Weil Klaus von Stosch de facto auch eine solch dialogische Beziehungsbestimmung vornimmt, ist die Art, wie er Komparative Theologie praktiziert, mit dem Konzept des «Inklusivismus auf Gegenseitigkeit» gut vereinbar. Komparative Theologie müsste sich also nicht gegen andere religionstheologische Ansätze profilieren, sondern könnte sich als deren praktische Anwendungsgestalt präsentieren. Je mehr sie dabei ihr methodisches Problembewusstsein schärft, indem sie sich mit den religionswissenschaftlichen Methodenreflexionen des Religionsvergleichs beschäftigt[833], umso solider wird ihr wissenschaftstheoretisches

[833] Wiederum nur exemplarisch seien genannt: Jacques Waardenburg: Religionen und Religion. Systematische Einführung in die Religionswissenschaft, Berlin/New York 1986, 108–143; Christine Freitag (Hg.): Methoden des Vergleichs. Komparatistische Methodologie und Forschungsmethodik in interdisziplinärer Perspektive, Opladen 2014; Perry Schmidt-Leukel / Andreas Nehrig (Hg.): Interreligious Comparisons in Religious Studies and Theology. Comparison Revisited, London u. a. 2016.

Fundament sein.[834] Ein akademischer Tugendkatalog[835] wird diese Reflexionen nicht ersetzen können.

6.3.4. Komparative Theologie und Theologie der Religionen

James Fredericks[836], Klaus von Stosch[837] und Hugh Nicholson[838] und andere Vertreter der Komparative Theologie identifizieren Theologie der Religionen mit der Debatte um das religionstheologische Dreierschema, sehen darin eine Abstraktion von der Wirklichkeit der Religionen und einen nutzlosen Theoriestreit um den apriorisch behaupteten Wahrheitswert der Religionen. Dieses religionstheologische Programm lehnen sie ab und wollen es durch die Komparative Theologie ersetzen. Mit der Hinwendung zu konkreten interreligiösen Vergleichen soll die theologische Beschäftigung mit den Religionen vom Kopf auf die Füße gestellt werden. Ulrich Winkler teilt diese Beobachtung: «In most criticisms, theology of religions is confined to a model competition between exclusivism, inclusivism, and pluralism. This, however, is only one area of

[834] Zu hart, doch nicht ganz unberechtigt ist das Urteil von Perry Schmidt-Leukel und Andreas Nehring: «[...] when it comes to the more specific question of how to undertake comparison, comparative theologians have not developed anything that would even remotely look like an accepted standard practice» (Perry Schmidt-Leukel / Andreas Nehring [Hg.]: Interreligious Comparisons [siehe Anm. 833], 5f).

[835] In «How to do Comparative Theology» (siehe Anm. 769) werden als methodische Kriterien benannt: Verankertsein in der Glaubenstradition, Beachtung theologischer Gehalte, erkenntnistheoretische Bescheidenheit, Fokussierung auf das einzelne, Einbeziehung praktischer Konsequenzen für das Glaubensleben (2).

[836] Siehe etwa seine Einleitung zu: Francis X. Clooney (Hg.): The New Comparative Theology (siehe Anm. 770), ixff. Schon früh hatte James Fredericks in einem programmatischen Beitrag die Abwendung von der Religionstheologie signalisiert: James Fredericks: A Universal Religious Experience? Comparative Theology as an Alternative to a Theology of Religions, in: Horizons 22, 1995, 67–87.

[837] Klaus von Stosch: Komparative Theologie als Wegweiser (siehe Anm. 776), 216–230.

[838] Hugh Nicholson: Comparative Theology and the Problem of Religious Rivalry, Oxford 2011.

theology of religions that has in the meantime found sufficient treatment.»[839]

Die Bedeutung der Bezeichnung «Theologie der Religionen» ist dabei vom Deskriptiven zum Normativen verschoben und von einer offenen Feldbeschreibung zur Markierung einer bestimmten Position auf diesem Feld verengt worden. Mit dieser Verengung des Verständnisses büßt die «Komparative Theologie» aber die Möglichkeit ein, sich selbst konstruktiv in einem weiteren Diskurszusammenhang zu lokalisieren und sich anders als kritisch-abgrenzend zu anderen Ansätzen, die sich darin präsentieren, in Beziehung zu setzen.

Klaus von Stosch bezeichnet die Komparative Theologie zum einen als «zeitgemäße Gestalt einer Theologie der Religionen»[840], grenzt sie andererseits aber auch scharf von der Religionstheologie ab. Dahinter verbirgt sich ein verengtes und positionelles Verständnis von Religionstheologie, das diese identifiziert mit der Diskussion um das religionstheologische Dreierschema oder sogar mit der Pluralistischen Religionstheologie insgesamt. Die drei religionstheologischen Modelle seien nicht in der Lage, zwischen den beiden Anforderungen, die an eine Theologie der Religionen zu stellen seien, zu vermitteln: zum einen, der Vielfalt der Religionen eine positive oder zumindest nicht negative Bedeutung zuzuerkennen, und zum anderen, den Wahrheitsanspruch der eigenen christlichen Tradition nicht aufzugeben.[841] Sie fielen jeweils auf der einen oder auf der anderen Seite vom Pferd. Der Exklusivismus spreche der religiösen Pluralität eine positive Bedeutung ab. Dem Inklusivismus zufolge überbiete der Wahrheitsanspruch des christlichen Glaubens die Wahr-

---

[839] Ulrich Winkler: Reasons for and Contexts of Deep Theological Engagement with Other Religious Traditions in Europe. Toward a Comparative Theology, in: Religions 3, 2012 (www.mdpi.com/2077–1444/3/4/1180 [26.08.2018]), 1186. Siehe auch die weiteren Beiträge Ulrich Winklers zur Komparativen Theologie, in: ders.: Wege zur Religionstheologie. Von der Erwählung zur komparativen Theologie (siehe Anm. 775), 361–480.

[840] Klaus von Stosch: Komparative Theologie als Wegweiser (siehe Anm. 776), 133. Vgl. auch den Untertitel des von Klaus von Stosch mit-hg. Bandes: «Komparative Theologie. Interreligiöse Vergleiche als Weg der Religionstheologie» (siehe Anm. 771).

[841] Klaus von Stosch: Komparative Theologie als Wegweiser (siehe Anm. 776), 11.

heitsansprüche der Religionen. Der Pluralismus relativiere den mit Christus verbundenen Offenbarungs- und Heilsvermittlungsanspruch. Dabei sei es allen drei Modellen gemeinsam, in einer Vogelperspektive auf die Religionen herabzuschauen und apriorische Allgemeinurteile über deren Geltung abzugeben. Theologie der Religionen dieser Art wolle «Religionen als Ganze auf ihren Wahrheitswert befragen»[842]. Stattdessen komme es darauf an, die theologische Beziehungsbestimmung zwischen den Religionen nicht *vor* der wirklichen Auseinandersetzung mit ihnen vorzunehmen, sondern *in* dieser Auseinandersetzung.

Diese Argumentation dient von Stosch dazu, das gesamte Feld der religionstheologischen Ansätze zu planieren[843] und die Komparative Theologie als das einzige religionstheologische Modell herauszustellen, dem es gelinge, «die Geltungsansprüche des christlichen Glaubens, insbesondere im Blick auf die Christologie und die christlichen Vollendungshoffnungen, zu verteidigen, und zugleich Andersgläubige in ihrer Andersheit und damit auch in ihrem Glauben zu würdigen»[844].

Das gilt auch für die theologische Verhältnisbestimmung zum Islam. Von Stosch erklärt, seine Überlegungen zum muslimischen Offenbarungsanspruch zielten darauf, die «Gleichförmigkeit, Gleichwertigkeit und Andersartigkeit» dieses Anspruchs aufzeigen, «ohne Abstriche vom Geltungsanspruch christlicher Rede von der Selbstmitteilung Gottes in Jesus Christus zu machen»[845]. Der christliche Glaube könne «nicht darauf verzichten, die Heilsuniversalität Christi in dem Sinne zu behaupten, dass Je-

---

[842] Klaus von Stosch: Der muslimische Offenbarungsanspruch (siehe Anm. 823), 54.

[843] Nach der Darstellung der religionstheologischen Entwürfe bilanziert er, sie alle seien nicht in der Lage, «in überzeugender Weise die Geltungsansprüche des christlichen Glaubens […] zu verteidigen, und zugleich Andersgläubige in ihrer Andersheit und damit auch in ihrem Glauben zu würdigen» (Klaus von Stosch: Komparative Theologie als Wegweiser [siehe Anm. 776], 133. Gegenüber «Nostra aetate» und anderen vatikanischen Dokumenten, die Globalurteile über den Wahrheitsgehalt anderer Religionen abgeben, findet sich demgegenüber kaum ein kritisches Wort.

[844] Klaus von Stosch: Komparative Theologie als Wegweiser (siehe Anm. 776), 133.

[845] Klaus von Stosch: Der muslimische Offenbarungsanspruch (siehe Anm. 823), 54.

sus von Nazareth als normative, irreversible und unüberbietbare Gestaltwerdung der allen Menschen zu allen Zeiten geltenden bedingungslosen Selbstzusage (Gottes – R. B.) geglaubt wird»[846]. Damit beschreibt von Stosch ein Kernproblem der Religionstheologie, das die Komparative Theologie ebenso wenig gelöst hat und lösen kann wie andere Ansätze der Religionstheologie. Zwischen der Wertschätzung gegenüber den Überzeugungen und Praxisformen anderer Religionen und dem Wahrheitsanspruch, der mit dem Christusglauben verbunden ist, bleibt eine Spannung bestehen, die sich weder vor noch in der Auseinandersetzung mit anderen Religionen ausgleichen lässt. Diese Auseinandersetzung vollzieht sich in einem hermeneutischen Zirkel von Vorverständnissen und deren Korrektur durch interreligiöse Lernprozesse. Die Theologie der Religionen ist nicht nur auf der Ebene der Vorverständnisse (oder gar Vorfestlegungen) lokalisiert, sondern umfasst diesen ganzen Zirkel in seiner offenen Bewegung.[847] Der hohe Anspruch von Stoschs, die Komparative Theologie stelle ein neues Paradigma im Gegenüber zur Religionstheologie dar, erscheint kaum gerechtfertigt.

Wie sehr auch die Komparative Theologie religionstheologische Wertungen abgibt und wie wenig man dabei zwischen apriorischen und aposteriorischen Ureilen unterscheiden kann, zeigt sich an von Stoschs Deutung des Koran, den er als eine andere «Gegebenheitsweise der Offenbarung»[848] ansieht. Beim Koran handelt es sich also um eine echte Offenbarung, die von der Offenbarung in Christus deutlich verschieden ist. Damit gibt von Stosch doch offensichtlich ein religionstheologisches Urteil über den (zumindest potenziellen) «Wahrheitswert» des Koran ab, das sich kaum als aposteriorisch charakterisieren lässt. Es verdankt sich einer bestimmten (apriorischen) Urteilsperspektive. Schon in seiner Monografie «Komparative Theologie als Wegweiser in der Welt der Religionen» hatte er geschrieben: «Wird der Koran also von muslimischer Seite als […] Wort Gottes verstanden, […] gibt es vom christlichen Inkarnationsglauben her keinen apriorischen Grund, die Möglichkeit einer

[846] Klaus von Stosch: Offenbarung (siehe Anm. 823), 93f.

[847] Siehe dazu auch: Paul Hedges: Comparative Theology and Hermeneutics. A Gadamerian Approach to Religious Interpretation, in: Religions 7, 2016, 1–21.

[848] Klaus von Stosch: Der muslimische Offenbarungsanspruch (siehe Anm. 823), 70.72.

derartigen Gegebenheitsweise zu bestreiten.»[849] Die Annahme mehrerer Gegebenheitsweisen der Offenbarung nähert sich einem pluralistischen Verständnis von Religionstheologie an. Die Betonung der Letztgültigkeit der Christusoffenbarung bildet das Gegengewicht dazu und hält diese Position im Rahmen eines religionstheologischen Inklusivismus, der durchaus auch apologetische Spurenelemente enthält. Das zeigt sich etwa, wenn von Stosch im letzten Kapitel seines Buchs «Herausforderung Islam» im Koran Hinweise auf die Kirche und die Eucharistie zu entdecken glaubt.

Wenn er erklärt, die Aufgabe der Komparativen Theologie sei es, «rational standards for the evaluation of religions»[850] zu geben, dann geht es ihm doch offenbar um wertende Globalurteile – auch wenn diese nicht dem Vergleich vorausgehen, sondern (wie bei Ernst Troeltsch) aus dem Vergleich heraus gewonnen werden sollen? Dabei sollen philosophische-formale Kriterien zum Einsatz kommen[851], die durch den Anspruch auf Allgemeingültigkeit gekennzeichnet sind. Wie kann dann aber vermieden werden, dass bei ihrer Herausarbeitung und Anwendung eine religionsphilosophische Metaperspektive eingenommen wird? Christian Danz weist zudem zu Recht darauf hin, dass die von Stosch angebotenen Kriterien Strukturmerkmale von religiösen Überzeugungen, nicht aber geltungstheoretische Normen darstellen.[852] Mir ist auch kein Fall bekannt, an dem von Stosch dieses Prüfverfahren auf Glaubensinhalte bzw. -lehren anderer Religionen angewandt hätte. Müsste man nicht beispielsweise die für das islamische Selbstverständnis doch weitgehend charakteristische Fixierung auf eine jenseitige Vergeltungsgerechtigkeit im Licht des

---

[849] Klaus von Stosch: Komparative Theologie als Wegweiser (siehe Anm. 776), 268. Siehe ders.: Herausforderung Islam. Christliche Annäherungen, Paderborn 2016, 11–36, bes. 33–36.

[850] Klaus von Stosch: Comparative Theology and Comparative Religion, in: Perry Schmidt-Leukel / Andreas Nehring (Hg.): Interreligious Comparisons (siehe Anm. 833), 165.167.

[851] Klaus von Stosch: Komparative Theologie als Wegweiser (siehe Anm. 776), 293–316.

[852] Christian Danz: Die Deutung der Religion in der Kultur (siehe Anm. 604), 62–68.

christlichen Glaubens an die geschenkte Gerechtigkeit Gottes kritisch thematisieren, wie es einzelne islamische Theolgen selbst tun?[853]

Kristin Beise Kiblinger setzt sich kritisch mit der Distanzierung einiger Komparativer Theologinnen und Theologen von der Theologie der Religionen auseinander. Sie verweist darauf, dass sich diese Distanzierung auf einen Diskussionsstand bezieht, der längst überholt ist. Neue Konzepte haben das klassische Dreierschema von Exklusivismus, Inklusivismus und Pluralismus hinter sich gelassen und geben keineswegs schlichte apriorische Urteile über den Wahrheitswert anderer Religionen ab. Um unfruchtbare Fronstellungen aufzubrechen, sei es wichtig, dass Vertreter der «next generation» diese Entwicklungen aufnehmen.[854]

Clooney geht in seiner «Response» darauf ein: «(T)he theology of religion and comparative theology mirror and imply one another, and even help one another.»[855] Schon in früheren Veröffentlichungen war er deutlich zurückhaltender in der Zurückweisung der Religionstheologie als Fredericks und von Stosch. Zwar plädierte auch er für ein Moratorium dieser Diskussion, doch war und ist ihm auch bewusst, dass sich religionstheologische Erwägungen nicht ganz zugunsten einer als bloße Methode verstandenen und praktizierten Komparative Theologie verabschieden lassen. Diese Erwägungen sollen aber der Praxis des Vergleichs *nach*geordnet werden. Dabei übersieht er jedoch, wie sehr religionstheologische Dispositionen dem Religionsvergleich vorausliegen. Sie sind vor, in und nach dem Vergleich präsent, genauer gesagt: sie liegen ihm zugrunde. Es käme nicht darauf an, sie zu eliminieren, sondern sie bewusst zu machen. Es gilt, die *in praxi* in Anspruch genommenen Voraussetzungen offenzulegen. Die religionstheologischen Reflexionen sollten die Praxis der Komparativen Theologie begleiten (wie fundamentaltheologische Reflexionen die dogmatischen Erörterungen begleiten).

Wie schon in der Einleitung zu diesem Kapitel angesprochen, führt bereits die Beantwortung der grundlegenden Fragen, warum man sich

---

853 Mouhanad Khorchide: Islam ist Barmherzigkeit. Grundzüge einer modernen Religion, Freiburg i. Br. 2012, Kap. 2; ders.: Gott glaubt an den Menschen. Mit dem Islam zu einem neuen Humanismus, Freiburg i. Br. 2017.

854 Kristin Beise Kiblinger: Relating Theology of Religions and Comparative Theology, in: Francis X. Clooney (Hg.): The New Comparative Theology [siehe Anm. 804], 21–42.

855 Francis X. Clooney: Response, in: ders. (Hg.): The New Comparative Theology [siehe Anm. 804], 196.

überhaupt auf interreligiöse Vergleiche einlassen soll und ob diese Auseinandersetzung theologisch relevante Einsichten eröffnet, in religionstheologische Reflexionen. Es macht in dieser Hinsicht doch offensichtlich einen erheblichen Unterschied, ob der Vergleichsgegenstand in einer – wie auch immer gearteten – positiven Beziehung zum Wirken Gottes gesehen wird oder als bloßer Ausdruck menschlicher Heilssehnsucht, als Produkt religiöser Projektionen, als sündige Selbstüberhebung des Menschen oder als satanische Verführung. Je nach Ausprägung dieser Voreinstellungen wird der Vergleich anders motiviert sein, anders betrieben werden und anders ausfallen.

Selbst bei weitestgehendem Bemühen, sich in dieser Hinsicht des Urteils zu enthalten und im Sinne der von der philosophischen Phänomenologie geforderten *epoché* den Vergleichsgegenstand in seiner bloßen Erscheinungsform anzusehen, spielt doch die Voreinstellung des Komparativen Theologen gegenüber den Vergleichsgegenständen eine wichtige Rolle. Das von Francis X. Clooney angestrebte theologische «learning from» (other religions – R. B.) wurzelt in theologischen Voraussetzungen, die einer religionstheologischen Reflexion bedürfen. Warum sollte man etwa – wie Clooney es tut – einen Vers aus der hagiografischen Lebensdarstellung der indischen Heiligen Antal auf die ignatianische Spiritualität beziehen[856], wenn man in diesem Vers einen Ausdruck des Aberglaubens oder einer Wahnvorstellung sieht? Man könnte es dann bestenfalls in apologetischer Absicht tun. Das aber liegt der Komparativen Theologie fern.

Das Gleiche trifft auf die Beziehung zum Judentum und zu anderen Religionen zu. Geht man – wie der späte Luther – davon aus, dass der jüdische Glauben gänzlich in die Irre führt, dann wird man bei der Auslegung biblischer Schriften keine jüdischen Stimmen konsultieren. In seiner Schrift «Vom Schem Hamephorasch und vom Geschlecht Christi» (1543) hatte Luther geschrieben: «Wenn ein Christ […] [trotz] der Verdammnis der Juden bei den Juden [Rat für das] Verstehen der Schrift suchen will – was tut er anderes, als bei einem Blinden das Sehen, bei einem Rasenden

[856] Francis X. Clooney: Comparative Theology. Deep Learning [siehe Anm. 768], Kap. 8.

Klugheit, bei dem Tod das Leben, bei dem Teufel Gnade und Wahrheit zu suchen?»[857]

Ob es überhaupt zu einem Religionsvergleich in der Theologie kommt und mit welchem Ziel er durchgeführt wird, hängt zudem stark vom vorausgesetzten Theologieverständnis ab. Karl Barth hat die Ähnlichkeit der christlichen Gnadenreligion mit den Gnadenreligionen des Amida-Buddhismus und des Jōdo-Shinshū und damit die Möglichkeit des Vergleichs zwischen diesen Religionen eingeräumt. Einen Vergleich auf der Ebene der religiösen Phänomene hielt er *theologisch* aber für irrelevant.[858] Es geht in der Theologie nach Barth nicht um Erscheinungsformen der Religion, sondern um die Darstellung der Wahrheit Gottes. «[Ü]ber Wahrheit und Lüge der Religion entscheidet aber nur eines, nämlich *der Name Jesus Christus.*»[859] Wie dieses Beispiel zeigt, ist es eine Illusion, Komparative Theologie einfach nur praktisch betreiben zu wollen. Es braucht die religionstheologische Reflexion über die Bedingungen der Möglichkeit dieser Praxis.

Wer sich in einer intensiven Weise auf eine andere Religion einlässt und sich davon theologisch wertvolle Einsichten erhofft, der hat den Wert, die Würde und die Wahrheit dieser Religion als Verstehenszusammenhang christlicher Glaubensinhalte implizit schon anerkannt. Die theologische Würdigung des Vergleichsgegenstandes muss sich dabei keineswegs als Globalurteil auf die ganze Religion beziehen, aus der er stammt. Andere Vergleichsgegenstände aus dieser Religion können anders gesehen und beurteilt werden.

---

[857] Martin Luther und die Kabbala. Vom Schem Hamephorasch und vom Geschlecht Christi, hg. von Matthias Morgenstern, Wiesbaden 2017, 166.

[858] Karl Barth: KD I/2, 372–377. In seiner Darstellung des Reinen-Land-Buddhismus greift Barth zurück auf: Karl Florenz: Die Japaner, in: Pierre D. Chantepie de la Saussaye: Lehrbuch der Religionsgeschichte, Bd. 2, Tübingen ²1925, 262–244.385–400; sowie auf: Cornelis Petrus Tiele / Nathan Söderblom: Kompendium der Religionsgeschichte, Berlin ⁴1912. Zu Barths Rezeption des Amida Buddhismus siehe: Shojun Bando: Jesus Christus und Amida. Zu Karl Barths Verständnis des Buddhismus vom Reinen Land, in: Seiichi Yagi / Ulrich Luz (Hg.): Gott in Japan. Anstöße zum Gespräch mit japanischen Philosophen, Theologen, Schriftstellern, München 1973, 72–93.

[859] Karl Barth: KD I/2, 376 (Hervorhebung K. B.).

Vollkommen zu Recht konstatiert Rose Drew: «Comparative theology depends on a specific theology of religions, even if that theology of religions is not explicitly worked out but only implied by the comparative theologian's confessional starting point.»[860] Wo Komparative Theologie diese theologischen Implikationen aufgibt, wird sie zur vergleichenden Religionswissenschaft.

Es geht in der Theologie der Religionen um den theologischen Verstehensrahmen des interreligiösen Vergleichs mit seinen theologischen Prädispositionen. Diesen normativen Verstehensrahmen kann man nicht einfach als «apriorisch» abwerten. Als Vorverständnis konditioniert er das Verstehen der Vergleiche. Im Prozess des Vergleichens wird er sich aber auch verändern. Theologie der Religionen lässt sich verstehen als Arbeit an diesem Verstehensrahmen, ist aber nicht festgelegt auf eine bestimmte inhaltliche Füllung. Sie dekretiert keine Vor-Urteile über außerchristliche Religionen, sondern diagnostiziert bestehende Vorverständnisse, diskutiert sie, bringt die Präferenzen des jeweiligen Religionstheologen zur Darstellung und untermauert sie argumentativ. Sie ist transformationsoffen, nimmt interreligiöse Dialogerfahrungen und Denkimpulse auf und führt ihre eigenen Vorverständnisse damit über sich hinaus. In diesem Vorgehen unterscheidet sie sich nicht von der Behandlung anderer Themen der Theologie, sofern sich diese als offene Denkbewegung versteht.

Auch bei der Antwort auf die Frage, welche Vergleichsgegenstände auszuwählen sind, worin deren Vergleichbarkeit besteht und was das Ziel des Vergleichs ist, kommen nicht nur methodische Erwägungen, sondern immer auch theologische Präferenzen zum Tragen.

Es geht der Komparativen Theologie ja nicht einfach um den Religionsvergleich als solchen. Der Religionsvergleich ist in ein religionstheologisches Gesamtkonzept eingebunden und dieses kann verschieden profiliert sein. Ein Religionsvergleich kann auch in den Dienst einer Abwehrhaltung gegenüber einer anderen Religion gestellt werden und darauf zielen, diese als inferior zu erweisen. Er kann darauf ausgerichtet sein, das Gemeinsame hervorzuheben, oder umgekehrt darauf, die Differenzen zu markieren.

Als Martin Luther sich dafür aussprach, den Koran zu übersetzen, um dessen Lehren studieren und mit den christlichen Lehren vergleichen zu

---

[860] Rose Drew: Challenging Truths. Reflections on the Theological Dimension of Comparative Theology, in: Religions 3, 2012, 1043.

können, war das nicht Ausdruck eines positiven Interesses. Vielmehr sollte damit die Grundlage einer Widerlegung geschaffen werden und zwar in der Weise, dass jeder Leser sich selbst von der Falschheit dieser Schrift überzeugen konnte.[861] Komparative Theologie folgt einer anderen Zielsetzung. Sie stellt ein Stück theologische Gastfreundschaft dar; sie «involviert anderen Glauben in die Darstellung eigenen Glaubens»[862]. So verwundert es auch nicht, dass sich Theologen und Theologinnen wie Marianne Moyaert, die für interreligiöse Gastfreundschaft plädieren, auch der Komparativen Theologie zuwenden.[863] Diese Ausrichtung des Religionsvergleichs und die damit verbundene Zielsetzung aber sind Teil eines religionstheologischen Gesamtkonzepts.

Vor allem führen aber die Fragen, wie der Vergleich theologisch ausgewertet werden soll und wie etwa die Wahrheitsfrage ins Spiel kommt, unmittelbar in religionstheologischen Reflexionen. Catherine Cornille konstatiert: «What distinguishes comparative theology from the historical or phenomenological study of other religions […] is its commitment to and pursuit of truth.»[864] Ähnlich Klaus von Stosch: «The final aim of Comparative Theology […] is to work with questions of truth.» [865] Mehr noch: «[It] claims to provide people who seek religious orientation with rational standards for the evaluation of religions […]. [It] seeks to offer tools that can help to decide the question of truth […].»[866] Damit sind

---

[861] Hartmut Bobzin: «Aber itzt […] hab ich den Alcoran gesehen Lateinisch […]». Gedanken Martin Luthers zum Islam, in: Hans Medick / Peer Schmidt (Hg.): Luther zwischen den Kulturen. Zeitgenossenschaft – Weltwirkung, Göttingen 2004, 260–276;

[862] Ulrich Winkler: Grundlegungen Komparativer Theologie(n). Keith Ward und Robert C. Neville (siehe Anm. 773), 85.

[863] Marianne Moyaert: In Response to the Religious Other (siehe Anm. 487), 157–188.

[864] Catherine Cornille: Meaning and Truth in the Dialogue between Religions, in: Frederiek Depoortere / Magdalen Lambkin (Hg.): The Question of Theological Truth. Philosophical and Interreligious Perspectives, Amsterdam/New York 2012, 139.

[865] Klaus von Stosch: Comparative Theology and Comparative Religion, in: Perry Schmidt-Leukel / Andreas Nehring (Hg.): Interreligious Comparisons (siehe Anm. 833), 166.

[866] A. a. O., 165f.

klassische religionstheologische Fragen angesprochen: Was heißt «Wahrheit» im Kontext religiöser Überzeugungen und Praxisformen? Worin besteht das von Cornille angesprochene «commitment» zur Wahrheit? Wie ist Wahrheit in anderen religiösen Traditionen ausweisbar? Und wie kann sie zur Wahrheitsgewissheit des eigenen Glaubens in Beziehung gesetzt werden?

Eine der religionstheologischen Grundsatzfragen, die sich im Blick auf die Komparative Theologie in diesem Zusammenhang stellen, betrifft das Verhältnis der *Relativierung* der eigenen Position, die mit jedem Vergleich einhergeht, zum *Absolutheitsanspruch*, den einige Komparative Theologen und Theologinnen für den christlichen Glauben erheben. In dem Moment, wo Inhalte dieses Glaubens in einen Vergleich eingebracht werden, steht dieser Anspruch zur Disposition. Als absoluter Anspruch würde er die Unvergleichbarkeit der Phänomene, auf die er sich bezieht, behaupten. Wenn Gegenstände als nicht nur als quantitativ oder qualitativ, sondern als kategorial verschieden angesehen werden, kann es keinen Vergleich zwischen ihnen geben. Die Unterstellung der Vergleichbarkeit der Phänomene stellt diese dagegen auf *eine* Ebene mit den analogen Phänomenen anderer Religionstraditionen.

Das zeigt auch ein wissenschaftsgeschichtlicher Rückblick. Die Methode des Religionsvergleichs wurde einerseits erst möglich durch den Relativitätsschock, den die okzidentale Kultur und Religion durch die schnell wachsende Kenntnis anderer Religionstraditionen erlitten hatte. Andererseits stellt sie eine (apologetische) Reaktion darauf dar. Diese Methode, wie sie von der sich ausbildenden Religionswissenschaft in der Mitte des 19. Jahrhunderts entwickelt wurde, diente zum einen dazu, die enorme Materialvielfalt zu strukturieren; zum anderen konnte sie verwendet werden, um nicht nur die Besonderheit, sondern auch den Überlegenheitsanspruch der christlichen Religion zu erweisen. Dieser Anspruch konnte nicht mehr als unangefragt gerechtfertigt erhoben werden. Wollte die Theologie wissenschaftlich gesprächsfähig bleiben, so konnte sie sich nicht auf dogmatische Postulate zurückziehen, sondern musste ihre Spezifität im Religionsvergleich erweisen, wie es dann vor allem Ernst Troeltsch getan hat.

6.3.5. Schlussüberlegungen

Der Grundimpuls der Komparativen Theologie, die Makroebene der religionstheologischen Grundsatzdiskussionen zu verlassen und sich dem mikrologischen Vergleich zwischen konkreten Glaubensinhalten und Praxisformen zuzuwenden, stellt ohne Zweifel eine wichtige Kurskorrektur dar. Doch muss und darf dieser methodische Ansatz nicht ausgespielt werden gegen die Notwendigkeit, sich religionsphilosophisch und systematisch-theologisch Rechenschaft zu geben über die Bedingungen der Möglichkeit solcher Vergleiche. Wenn diese – wie es bei den meisten Komparativen Theologen und Theologinnen der Fall ist – als Erkenntnis- und Lernort der christlichen Theologie (*locus theologicus*) angesehen werden, dann sind dabei religionstheologische Voraussetzungen von enormer Reichweite in Anspruch genommen, etwa die Voraussetzung, dass sich Gottes Selbstmitteilung und sein heilsames Wirken – in welcher Form auch immer – auch in den Glaubens- und Lebensformen anderer Religionen niedergeschlagen habe oder dass diese zumindest als Manifestationen einer nicht vergeblichen menschlichen Suche nach dem göttlichen Sinngrund anerkannt werden können. Die Ebene solcher Reflexionen darf also nicht verlassen werden. Sie muss bei der theologischen Auseinandersetzung mit den konkreten Inhalten und Praxisformen anderer Religionstraditionen mitgeführt werden. Ob die Zuweisung dieser verschiedenen Aufgaben auf eine Makro-, Meso- und Mikroebene sinnvoll ist, kann bezweifelt werden. Zu sehr spielen die unterschiedlichen Dimensionen und Fragerichtungen ineinander.

Dass sich religionstheologische Überlegungen gegenüber der materialen Beschäftigung mit religiösen Glaubens- und Praxisformen nicht verselbstständigen dürfen, ist eine ernstzunehmende Mahnung, die aber auch umgekehrt gilt: Auch die komparative Methodik darf sich nicht verselbstständigen. Sie gehört in den «toolkit» der theologischen Religionsstudien[867], darf aber nicht beanspruchen, andere methodische Zugänge und Reflexionsebenen ersetzen zu wollen. Es braucht die konkrete Auseinandersetzung mit Lehr- und Praxisformen anderer Religionen unter

[867] Paul Hedges: Comparative Methodology and the Religious Studies Toolkit, in: Perry Schmidt-Leukel / Andreas Nehring (Hg.): Interreligious Comparisons (siehe Anm. 833), 17–33.

Anwendung verschiedener Methoden, die theologische Verarbeitung dieser Auseinandersetzung und die dabei ständig mitlaufende Grundsatzreflexion über diese Art des Theologietreibens.[868]

Verzichten die Komparativen Theologinnen und Theologen auf die hochtrabenden Ansprüche, mit denen sie zuweilen die Komparative Theologie anderen Ansätzen der Religionstheologie gegenüberstellen, so tritt deren Wert deutlicher heraus: Sie leitet dazu an, unter Bezugnahme auf andere religiöse Traditionen Theologie zu treiben und die Theologie damit aus ihrer Selbstbezüglichkeit zu lösen. Indem sie das tut, hat die Komparativen Theologie ihren Ort und ihre Funktion im weit gesteckten Rahmen der Religionstheologie. Sie braucht die religionstheologische Reflexion und gibt dieser durch spezifische interreligiöse Studien Bodenhaftung.

---

[868] Deutlich weist auch Perry Schmidt-Leukel auf die Bedeutsamkeit religionstheologischer Überlegungen für die Komparative Theologie hin: Perry Schmidt-Leukel: Scholars in Europe on the New Comparative Theology. A Pluralist's Rejoinder, in: Francis X. Clooney / John Berthrong (Hg.): European Perspectives (siehe Anm. 770, gedruckte Version), 163–177, Abschnitt 2.

7. Theologische Begründungen interreligiöser Offenheit

In den folgenden Schlussüberlegungen greife ich einige Fragen auf, die sich in der vorausgehenden Darstellung immer wieder gestellt haben. Es sind Grundfragen einer Theologie der Religionen.

In Geschichte und Gegenwart haben sich Religionen zumeist über Abgrenzungen definiert, besonders in den Fällen, in denen sie aus Abspaltungen von anderen Traditionen hervorgegangen sind. Das von Daniel Boyarin und anderen beschriebene «parting of the ways» zwischen Judentum und dem frühen Christentum bietet zahlreiche Belege dafür.[869] Ähnliches gilt für die Beziehung zwischen Christentum und Islam, Hinduismus und Buddhismus, aber auch für intrareligiöse Beziehungen zwischen Strömungen, Konfessionen und Denominationen innerhalb der Religionen, etwa zwischen Sunna und Shia.

Die Bereitschaft, abgrenzende Selbstdefinitionen zu öffnen und zu transformieren, ist den Religionstraditionen nicht in die Wiege gelegt. Sie sind – vor allem in ihrer «Jugend», also in den Formations- und Reformationsperioden ganz auf ihr je eigenes Identitätszentrum fokussiert. Interreligiöse Offenheit setzt dagegen eine «Reife», d. h. eine gelassene Verankertheit im eigenen Selbstverständnis voraus, die Abwesenheit von Bedrohungsgefühlen und die Einsicht in den Nutzen friedlich-kooperativer Beziehung zu anderen Religionstraditionen, besonders zu solchen, mit denen man den sozialen Lebensraum teilt. Begründungsmuster dafür finden sich in allen Religionstraditionen. Sie müssen aber aktiviert und immer wieder genährt werden.

Dazu gehört schon die Begründung der Möglichkeit einer relativen Anerkennung anderer religiöser Traditionen. Diese Anerkennung kann sich zunächst ganz formal auf die bloße Gegebenheit der anderen Religionsgemeinschaften und -traditionen beziehen, ohne deren Inhalte und Praxisformen zu bewerten. Im Sinne der positiven Religionsfreiheit wird diesen dann das gleiche Recht zur inneren Traditionspflege und zur äußeren Repräsentation in und Partizipation an der Gesellschaft eingeräumt, wie es für die eigene Religionsgemeinschaft in Anspruch genommen wird. Es

[869] Daniel Boyarin: Border Lines. The Partition of Judaeo-Christianity, Philadelphia 2004.

muss diese Anerkennung also nicht in dem Zugeständnis bestehen, dass es sich bei diesen Religionsgemeinschaften und -traditionen um theologisch gleichwertige Alternativen zur eigenen Gemeinschaft und Tradition handelt. Die Anerkennung *als Religion* ist noch nicht gleichbedeutend mit der Anerkennung des von dieser Religion erhobenen Wahrheitsanspruchs. Wenn aber jede Form der Anerkennung verweigert wird, wird es keine konstruktive Beziehungsbestimmung geben können – und im Gefolge davon auch keine konstruktive Beziehungsgestaltung. Der Entzug von Anerkennung führt zu Abgrenzung und Ausgrenzung. Die Gewährung von Anerkennung schließt umgekehrt einen kritischen Umgang mit den Erscheinungsformen einer anderen Religion nicht aus, sondern ein.

Es geht in der christlichen Theologie der Religionen zunächst darum, die Inhalte des christlichen Glaubens daraufhin auszuloten, inwiefern von dorther eine nicht primär abgrenzende und abwertende Beziehungsbestimmung, sondern eine Haltung des respektvollen Verstehens und der konstruktiven Auseinandersetzung möglich oder sogar gefordert ist.

Dazu gehört zunächst – und vor allem – die Auseinandersetzung mit den sogenannten Absolutheitsansprüchen.[870]

Es gibt vier Strategien für den Umgang mit ihnen:

(1) Die *Historisierung* durch den Verweis auf ihren Entstehungs- und Überlieferungszusammenhang. Wenn steile Geltungsansprüche an die Herausforderungen einer bestimmten historischen Situation gebunden sind und wenn diese Situation der Vergangenheit angehört, dann können die darin (oft in apologetischer oder polemischer Absicht) geprägten Aussagen nicht ungebrochen für allgemeingültig erklärt werden. Es handelt sich bei dieser Strategie also um eine Bestreitung des Allgemeingültigkeitsanspruchs durch Verweis auf die Kontextualität der scharfkantig geschliffenen Wahrheitsansprüche. In der Tat zeigt sich, dass Aussagen wie

[870] Siehe dazu Kapitel 5.3.1. und 7. Weitere Literatur: Reinhold Bernhardt: Der Absolutheitsanspruch des Christentums (siehe Anm. 558); ders.: Zwischen Größenwahn, Fanatismus und Bekennermut. Für ein Christentum ohne Absolutheitsanspruch, Stuttgart 1994; ders.: «Niemand kommt zum Vater, denn durch mich». Eine religionstheologische Annäherung an Johannes 14,6, in: Katrin Kusmierz u. a. (Hg.): Grenzen erkunden zwischen Kulturen, Kirchen, Religionen, Frankfurt a. M. 2007, 157–168; ders.: Absolutheitsanspruch und religiöser Pluralismus, in: Klaus Viertbauer / Florian Wegscheider (Hg.): Christliches Europa. Religiöser Pluralismus als theologische Herausforderung, Freiburg i. Br./Basel/Wien 2017, 152–167.

Joh 14,6 oder das Wort des Cyprian von Karthago, dass es kein Heil außerhalb der Kirche gibt, stark von konkreten Auseinandersetzungen im damaligen Kontext bestimmt sind. Man kann sie davon nicht ablösen (*ab-solvere*) und verallgemeinern.

(2) Die *Konterkarierung* der Absolutheitsansprüche durch Universalisierung des Religionsverständnisses, d. h. durch den Verweis auf einen gemeinsamen Kern der Religionen, wie es vor allem in der Pluralistischen Religionstheologie der Fall ist, und/oder durch Transzendierung des eigenen Glaubens auf einen göttlichen Grund hin, wie es etwa in den mystischen Bewegungen der Fall ist. Die Absolutheitsansprüche werden dabei relativiert. Sie erscheinen dann als Ausdruck einer religiösen Egozentrik, die auf eine höhere Ebene des Religionsverständnisses oder des Transzendenzbewusstseins aufgehoben werden muss.

(3) Das Gegenmodell zu einer solchen Universalisierung bildet die *Kulturalisierung* der Absolutheitsansprüche durch deren religionstheoretische Einbindung in eine bestimmte Religionstradition, neben der es andere mit anderen Absolutheitsansprüchen gibt, wie dies etwa von Ansätzen der postliberalen Theologie im Anschluss an George Lindbecks «cultural-linguistic approach» vorgenommen wird. Die Religionen werden dann wie nebeneinanderliegende Röhren gesehen, durch die hindurch die Anhänger der Religionen auf die normativen Ursprünge ihrer Religion, auf deren geschichtliche Erzählzusammenhänge und auf die für ihre Religionstraditionen maßgeblichen Erfüllungshoffnungen blicken. *Innerhalb* der Röhren gelten die Absolutheitsansprüche der Traditionen unverkürzt. Sie können aber nicht darüber hinausgehend geltend gemacht werden. Normativität ist nur traditionsintern zu bestimmen. Um dieses Zuordnungsschema der nebeneinanderliegenden Röhren zu konzipieren, braucht es eine Religionstheorie, die von den Binnenperspektiven (also den Blicken durch die Röhren) verschieden und ihnen übergeordnet ist.

(4) Die *Relationierung* (nicht Relativierung!) der Absolutheitsansprüche durch deren Rückbindung an den Glaubensvollzug der Glaubensgemeinschaft und ihrer Anhänger. Diese Strategie ist mit einer sprachanalytischen Reflexion verbunden: In welcher Sprachgestalt artikulieren sich solche Ansprüche? Ich plädiere dafür, sie weniger als metaphysische Behauptungen, sondern eher als Bekenntnisaussagen zu verstehen. Als solche gelten sie unbedingt und universal – für die Glaubenden. Damit verbindet sich die Zuordnung der Religionsgemeinschaften und -traditionen nach dem Modell kommunizierender Röhren: Die Röhren sind miteinander

verbunden und nach außen geöffnet, also porös, und stehen so in einem ständigen Austausch miteinander. Das unterscheidet diesen Ansatz von der in Punkt (3) beschriebenen postliberalen Kulturalisierung.

Meine eigenen Überlegungen gehen von diesem Ansatz aus, nehmen aber auch Motive der anderen Ansätze auf, wie aus der folgenden Darstellung ersichtlich sein sollte.

7.1. Gemeinsamkeit als Grundlage interreligiöser Verständigung?

Braucht es den Rekurs auf einen Gemeinsamkeitsgrund der Religionen, um sie auf konstruktive Weise zueinander in Beziehung zu setzen? Die beiden in Kapitel 6.1. und 6.2. vorgestellten Modelle gehen diesen Weg, wenn sie die Gemeinsamkeit auch methodisch und inhaltlich anders ausweisen: im ersten Fall (6.1.) primär religionsphilosophisch und -phänomenologisch, im zweiten Fall (6.2.) theologisch-traditionsgeschichtlich.

Die Versuche, die Beziehungen zwischen den Religionen durch Rekurs auf eine Gemeinsamkeit zu bestimmen, tendieren aus innerer Notwendigkeit dazu, deren jeweilige Eigenheiten und Verschiedenheiten zurückzustellen. Schließlich sind sie auf dem Wege der Abstraktion gebildet, d. h. des «Abzugs» von Bestimmungsmerkmalen, die für die jeweiligen Religionstraditionen charakteristisch sind. Um noch einmal die optische Metaphorik zu gebrauchen: In der Betrachtung der einzelnen Religionen «zoomen» sie immer weiter weg: vom einzelnen konkreten Phänomen, etwa dem muslimischen Verständnis der Herabsendung des Koran, auf den allgemeineren Begriff der «Offenbarung», unter den sich dann auch andere «Offenbarungen» (wie die Mitteilung der Thora oder die Verkörperung des Gotteswortes in Jesus Christus) subsumieren lassen. Am Ende dieser Abstraktionskette steht der Allgemeinbegriff «Religion», der seinerseits aber wieder einer höheren Kategorie wie «Transzendenzbewusstsein» untergeordnet werden kann.

Das ruft die Kritiker aus der je eigenen Religion auf den Plan, die in solchen Programmen eine Relativierungsstrategie sehen. Es ruft auch die Kritiker aus anderen Religionen auf den Plan, die in einseitig festgelegten Einheitspostulaten gerade *keinen* Ausdruck von Wertschätzung, sondern eine interreligiöse Übergriffigkeit sehen.

Abgesehen davon, ob diese Kritik zu Recht erhoben wird oder ob im Rahmen der Feststellung von Gemeinsamkeit sehr wohl auch die Eigenheit und Verschiedenheit der Religionen betont werden kann, soll hier zunächst danach gefragt werden, ob interreligiöse Beziehungsbestimmungen *ohne* eine solche Feststellung auskommen können. Damit müsste auch auf die Anwendung eines allgemeinen Religionsbegriffs verzichtet werden. Denn schon damit ist eine Gemeinsamkeit der verschiedenen Traditionen unterstellt.

Betrachten wir zunächst (a) die *Gestaltung* der Beziehungen zwischen den Religionen. Da es sich dabei immer um die Gestaltung der Beziehung zwischen *Anhängern* der verschiedenen Religionen handelt, also um die Gestaltung von *sozialen* Beziehungen, gelten hier die allgemeinen ethischen Regeln für die Gestaltung zwischenmenschlicher Beziehungen, vor allem die Grundregeln der Gegenseitigkeit, der Gleichberechtigung und – damit eng verbunden – der Anerkennung des Anderen in seiner Eigen- und Andersheit. Das interkulturelle und interreligiöse Spiel nach diesen Grundregeln ist idealerweise lediglich begrenzt durch die Respektierung der Grundrechte, der staatlichen Rechtsordnung und der Gebote des friedlichen Zusammenlebens in der Gesellschaft. In diesem Rahmen ist dem kulturell und religiös Anderen das gleiche Recht zur (individuellen und kollektiven) Repräsentation und Artikulation seiner Religiosität einzuräumen, wie es für die eigene Religiosität in Anspruch genommen wird. Eine inhaltliche Anerkennung seiner Überzeugungen muss damit nicht verbunden sein. Der Gemeinsamkeitsgrund besteht also auf dieser sozialen Ebene in der Einhaltung der formalen Spielregeln des kulturellen und religiösen Pluralismus in einer Gesellschaft und in der Orientierung an einem kommunikativen Ethos, das den Anderen als gleichberechtigten Kommunikationspartner anerkennt.

(b) Auf der hermeneutischen Ebene – im Blick auf das Verstehen des Anderen und seiner religiösen Haltung – kann die Suche nach einem Gemeinsamkeitsgrund sogar kontraproduktiv sein, wenn sie einseitig vorgenommen wird. Dann führt sie zu Vereinnahmungen des Anderen. Und selbst dann, wenn die Gemeinsamkeit übereinstimmend von beiden Kommunikationspartnern konstatiert wird, fragt sich, ob damit nicht lediglich ein harmonistisches Verstehen erreicht ist, das die Differenzen und die Irritationen zurückdrängt, die es in allen – und besonders in solchen – Kommunikationen unvermeidlich gibt. Die entscheidende Bedingung für interkulturelles und interreligiöses Verstehen besteht in der

Bereitschaft und in der Fähigkeit dazu. Die Fähigkeit dazu hängt ab von der Weite des je eigenen Horizonts und der davon ermöglichten Flexibilität, sich in andere geistige, kulturelle und religiöse Welten hineinzudenken.

(c) Ähnliches gilt auch für die Ebene der Beziehungs*bestimmung* zwischen Religionsformationen und -traditionen. Die Grundregel des «Inklusivismus auf Gegenseitigkeit», für den ich plädiere, lautet: Der Ausgangspunkt der Beziehungsbestimmung besteht nicht in einem vorausgesetzten überreligiösen Gemeinsamkeitsgrund, sondern in den unverwechselbaren konkreten Gestalten der religiösen Lehren und Praxisformen. Die Religionstraditionen sind aufgerufen, *von dort aus* Begründungen für konstruktive interreligiöse Beziehungsbestimmungen auszuweisen. Das muss jede Tradition für sich aus ihren Quellen und Traditionen tun. Sie muss gewissermaßen ihren Brückenkopf zu den anderen hin präparieren, statt einen Überbau über den Religionstraditionen zu konstruieren, in dem diese in einem Brennpunkt zusammengeführt werden.

Die Konstruktion eines solchen Überbaus wäre nur aus einer religionstranszendenten Zentral-, Meta- oder Vogelperspektive möglich, die de facto aber immer aus einer partikularen Religionsperspektive heraus entwickelt ist und deshalb von anderen Religionen als religionsimperialistisch empfunden wird. Stattdessen sollte die Beziehungsbestimmung zu anderen Religionen aus der eigenen Standortgebundenheit heraus erfolgen – im Sinne einer konfessions- bzw. traditionsgebundenen, aber interreligiös offenen Theologie. Inhalte anderer religiöser Traditionen können zu einer wertvollen Erkenntnisquelle für das eigene Glaubensdenken werden, ohne dass sie die Normativität überformen würden, die diesem Glaubensdenken eigen ist. Es kann zu «reciprocal illuminations» kommen.[871] Dabei ist es keineswegs nur das in anderen Religionstraditionen Wertgeschätzte, das zu solchen «Erleuchtungen» führen kann, sondern auch das Anstößige und Kritikwürdige. So ist mir (als evangelischem Theologen) die Lehre von der bedingungslosen Rechtfertigung des sündigen Menschen gerade im Umgang mit Religionsformen wichtig

[871] Arvind Sharma: Religious Studies and Comparative Methodology. The Case for Reciprocal Illumination, Albany (NY) 2005; ders.: Reciprocal Illumination, in: Perry Schmidt-Leukel / Andreas Nehrig (Hg.): Interreligious Comparisons (siehe Anm. 833), 178–190.

geworden, die ihren Anhängern ein Vollkommenheitsideal auferlegen und damit eine oppressive Gesetzlichkeit aufrichten.

Die interreligiöse Begegnung mit den sich darin begegnenden Religionstraditionen muss und sollte nicht in das Prokrustesbett einer Gemeinsamkeit gezwängt werden. Diese wäre nur durch Reduktionen und Abstraktionen zu erreichen, die den Reichtum der Vielfalt der sich begegnenden Glaubens- und Lebensweise beschneiden. Es gilt demgegenüber, möglichst ohne vorgefertigte Muster der Beziehungsbestimmung in die Begegnung zu gehen und sich der darin einstellenden Herausforderung auszusetzen.

Die Strittigkeit der religiösen Wahrheitsansprüche ist ernstzunehmen, ohne sie in einer höheren Einheit aufzuheben. Es muss darin nicht ein Hindernis für einen interreligiösen Dialog liegen. Die Strittigkeit kann vielmehr sogar zu einem Anstoß dafür werden. Den Gehalt dieser Ansprüche auf eine gemeinsame Grundsubstanz zu reduzieren, würde der interreligiösen Auseinandersetzung die Substanz nehmen. Es geht in solchen Auseinandersetzungen lediglich darum, sie möglichst konstruktiv zu gestalten. Nur in den Fällen, in denen religiöse Wahrheitsansprüche eine solche Form der Begegnung erschweren und verunmöglichen, muss geprüft werden, ob sie aus den Quellen der je eigenen Tradition «re-vidiert» werden können. «Revision» bedeutet dabei nicht die Preisgabe, sondern das Erwägen von Auslegungsmöglichkeiten, die weniger exklusive Konsequenzen haben. Das soll im folgenden Abschnitt geschehen.

7.2. Glaube als Gewissheit

Es macht für die Religionstheologie wie für das Verständnis des christlichen Glaubens überhaupt einen erheblichen Unterschied, ob man die Zentralüberzeugungen und -aussagen dieses Glaubens als Wahrheits*ansprüche* oder als Wahrheits*gewissheiten* qualifiziert. Im ersten Fall ist ihre Allgemeingültigkeit unterstellt und sie werden – Zustimmung fordernd – gegen andere erhoben. Im zweiten Fall sind sie an die Person bzw. an die Personengemeinschaft derer gebunden, die diese Überzeugung nicht nur intellektuell, sondern auch existentiell «bewohnen» und bringen diese Überzeugungen bezeugend zum Ausdruck. Solche «Wohnungen» können aber eher nebeneinander bestehen als konfligierenden Behauptungen. Sie sind also pluralismusfähiger und zugleich dem Wesen des Glaubens angemessener.

Glaubenswahrheit ist ausgespannt zwischen Glaubensgrund, Glaubensgewissheit und Glaubensausdruck.[872] Diese Unterscheidung ist religionstheologisch von eminenter Bedeutung, denn sie erlaubt und erfordert eine theologische Religionskritik, die alle Glaubensausdrücke auf den Glaubensgrund hin relativiert. Diese theologisch sachgemäße Relativierung ist von religiösem Relativismus klar zu unterscheiden. Ich komme in Kapitel 7.5 darauf zurück.

- Bezogen auf den *Grund* des Glaubens handelt es sich bei «Wahrheit» nicht um die Behauptung von metaphysischen Sachverhalten, sondern um die Verlässlichkeit einer existenztragenden Beziehung.
- Bezogen auf die *Gewissheit* steht nicht die intellektuelle *notitia* (die Kenntnisnahme) und der voluntative *assensus* (die Zustimmung im Sinne des Fürwahrhaltens) im Vordergrund, sondern vor allem die existentielle *fiducia* (das vertrauende Sicheinlassen auf die Zusage).
- Bezogen auf den *Ausdruck* handelt es sich nicht primär um deskriptive Aussagenwahrheit, sondern vor allem um ein personales Zeugnis: um konfessorisch-doxologische Sprechakte.

Man kann sich dieser Wahrheit nicht *vor* dem Vollzug des Glaubens, sondern nur *im* Glauben vergewissern. Man kann sie nicht *haben* oder für sich beanspruchen und gegen andere ins Feld führen. Man kann sie sich nur wie einen Beziehungsraum öffnen lassen und dann in ihr *sein*. Ihr Aneignungsmodus ist das Gehen des durch Christus erschlossenen Weges in die Gottesgemeinschaft. Wahrheit in diesem Sinn will *getan*, d. h. *gelebt* werden (Joh 3, 21). Erst als angeeignete und gelebte *erweist* sie sich als Wahrheit, d. h. im Vollzug zeigt sich, ob sie tragfähig und verlässlich ist.[873] Erfasst

---

872 Wilhelm Hermann hatte zwischen Glaubensgrund und Glaubensausdruck unterschieden: Wilhelm Herrmann: Der geschichtliche Christus als Grund unseres Glaubens, in: ZThK 2, 1892, 232–273; siehe auch ders.: Der Verkehr des Christen mit Gott im Anschluss an Luther dargestellt, Stuttgart/Berlin 1886, ^{5}1908.

873 Zum neutestamentlichen Verständnis von Wahrheit siehe: Christof Landmesser: Wahrheit als Grundbegriff neutestamentlicher Wissenschaft (WUNT 113), Tübingen 1999, bes. 207–253.

wird diese Wahrheit im Modus von Gewissheit und ausgedrückt wird sie im Modus des Zeugnisses.

Es ist eine personale, existenzielle, relationale und dynamische Wahrheit:

- Personal, weil sie den Charakter der Zusage hat; diese Zusage ist adressiert an eine Person oder Gemeinschaft.
- Existenziell, weil sie nicht nur rational akzeptiert, sondern zur Grundlage des Lebens gemacht werden will: «Vor der Wahrheitsfrage kommt das Leben, und vor allem im Bezug darauf wird Wahrheit relevant.»[874]
- Relational, weil sie sich auf die Tragfähigkeit der Gottesbeziehung bezieht, nicht auf einen objektiven Sachverhalt.
- Dynamisch, weil sie Ereignischarakter hat. Sie muss immer neu ergriffen werden und ihre Bewahrheitung liegt in ihrer Bewährung im Leben. Wahrheit in diesem Sinn lässt sich zutreffend in der Metapher des zu gehenden Weges beschreiben, eine Metapher, die unmittelbar anschlussfähig an die Bildwelten vieler religiöser Traditionen ist.

Als personale Wahrheit darf sie nicht essenzialisiert, als existenzielle nicht rationalisiert, als relationale nicht objektiviert und als dynamische nicht festgeschrieben werden. Das alles *kann* geschehen und geschieht nur allzu oft, aber damit wird religiöse Wahrheit letztlich zur Ideologie.

Die Rede von «Wahrheitsgewissheit» weist nicht auf eine Schwäche des Glaubensbewusstseins hin. Gewissheiten können unbedingt existenzbestimmend sein und eine starke Bindekraft entfalten. Sie werden als Ergriffenheit im Modus aktiver Passivität erfahren und vermögen enorme Energien freizusetzen.

Religiöse Wahrheitsgewissheiten sind dabei nicht irrational. Sie liegen der rationalen Durchdringung zwar voraus, sperren sich aber nicht notwendigerweise dagegen. Nach der Devise des *fides quaerens intellectum* drängt es den Glaubenden danach, das, was ihm existenziell wichtig ist, auch rational zu durchdenken, um es auf diese Weise verstehbar und kommunikabel zu machen. So setzt in der Glaubensgemeinschaft ein theologischer Reflexionsprozess ein, um sich über Grund und Inhalt dieser

[874] Ingolf U. Dalferth / Philipp Stoellger (Hg.): Wahrheit in Perspektiven. Probleme einer offenen Konstellation, Tübingen 2004, 1.

Wahrheit zu verständigen und auch um sie nach außen zu tragen. Die dabei entstehenden Glaubensaussagen dürfen aber nicht ausblenden, dass sie Gewissheiten zum Ausdruck bringen und daher nicht als sachbezogene konstative Rede zu verstehen sind.

So verstanden können Wahrheitsgewissheiten also durchaus exklusiv sein, ohne mit einer Verneinung oder gar Verurteilung anderslautender Wahrheitsgewissheiten einherzugehen. Sie können in vielen (nicht in allen) Fällen in versöhnter Verschiedenheit miteinander bestehen. Wenn es sich dabei nicht um religionsideologische Positionen handelt, sondern um lebenstragende Gewissheiten, dann kann und muss der Glaubende auch anderen das Recht zugestehen, im Wahrheitsraum *ihrer* jeweiligen Gewissheiten zu leben, *ihre* je eigenen Glaubensüberzeugungen zu «bewohnen», die *sie* als lebenstragend erachten und mit einem Exklusivanspruch verbinden. Auf diese Weise sind existentiell-relationale Wahrheiten prinzipiell pluralismusfähig.[875] Das schließt eine kritische Reflexion solcher Wahrheiten keineswegs aus.

Christliche Glaubensgewissheiten sind dann pluralismusfähig, wenn sie sich erstens in Gottes freimachendem Handeln gegründet wissen, wie es sich in Christus realisiert hat, und sich damit ihres Verdanktheitscharakters bewusst sind, wenn sie zweitens ihre Standortgebundenheit und ihre unhintergehbare Perspektivität in Rechnung stellen und sich damit ihrer Relativität bewusst sind und wenn sie drittens auf die Bedingungen ihres Gewordenseins, auf ihre Gebundenheit an Prägungen und Erfahrungen rekurrieren und sich damit ihrer Historizität bewusst sind. Nicht ein *Überstieg* über die eigene partikulare Glaubensgewissheit, sondern deren reflexive *Vertiefung* führt in die offene Begegnung mit anderen partikularen Glaubensgewissheiten.

Das skizzierte Verständnis von religiöser Wahrheit lässt sich biblisch und theologiegeschichtlich gut begründen. Das Wort Gottes ist nicht ein zeit- und geschichtsloses Dekret, das wie eine platonische Idee über der

[875] Siehe dazu: Reinhold Bernhardt: Die Wahrheitsfrage im Kontext religionspluraler Bildung, in: Ilona Nord / Thomas Schlag (Hg.): Renaissance religiöser Wahrheit. Thematisierungen und Deutungen in praktisch-theologischer Perspektive, Leipzig 2017, 55–68; ders.: Zwischen Absolutismus und Relativismus – Wahrheit, Wahrheitsanspruch und Wahrheitsgewissheit im Kontext der Religion(en), in: Polykarp Ulin Agan SVD (Hg.): «Die Menschen lügen. Alle!» (Ps 116,11). Das Leben mit alternativen Wahrheiten, Siegburg 2018, 49–70.

Welt des Werdens und Vergehens schwebt. Es ist eine Anrede, eine Zusage, ein adressiertes Wort mit *Pro-me-* bzw. P*ro-nobis-*Charakter.

Der Inbegriff des Evangeliums, ist von Paulus in Röm 8,38 zum Ausdruck gebracht mit der Zusage (die eingeleitet ist mit «Denn ich bin mir *gewiss*»!), dass weder Tod noch Leben […] *uns* zu scheiden vermögen von der Liebe Gottes. Es ist damit nicht gesagt, dass dieses Verheißungswort *nur* für uns gilt; es gilt für alle, die sich darauf einlassen. Es ist aber gesagt, dass es *uns gesagt* ist. Unter dieses «uns» darf sich jede/r stellen. Es ist auch für Juden, Muslime, Angehörige anderer Religionen und Nichtreligiösen von Bedeutung. Besonders für diejenigen, die ihre Religion als etwas Repressives erfahren haben, liegt darin eine wirkliche Befreiung.

Nach Hebr 1,1 hat Gott «vorzeiten vielfach und auf vielerlei Weise geredet […] zu den Vätern durch die Propheten», «zu *uns*» aber hat er jetzt geredet durch den Sohn. Dieses «zu uns» darf nicht überlesen werden. In 1Kor 8,5 wird zugestanden, dass es «viele Götter und viele Herren» gibt und dann heisst es im folgenden Vers: «So gibt es für *uns* doch nur einen Gott, den Vater, von dem her alles ist und *wir* auf ihn hin, und einen Herrn, Jesus Christus, durch den alles ist und *wir* durch ihn.»

Die Reformatoren haben dieses *pro me* bzw. *pro nobis* betont: dass dieses Wort an *uns* gerichtet ist, dass es ein gerichtetes Wort ist, das richtet, um aufzurichten. Für Luther ist der evangeliumsgemäße Glaube im Unterschied zur *fides historica* durch das *pro me* charakterisiert. In den Promotionsthesen, die er 1535 formuliert hat, heißt es: «Wenn jenes *pro me* oder *pro nobis* geglaubt wird, dann schafft es diesen wahren Glauben und trennt von jenem anderen Glauben, der nur auf die Ereignisse achtet.»[876]

In der Barmer Theologischen Erklärung findet sich die gleiche Formulierung. Es ist darin nicht vom Wort Gottes in ungerichteter Allgemeinheit die Rede, sondern davon, dass *uns* dieses Wort gesagt ist, so schon gleich in der ersten These: «Jesus Christus, wie er *uns* in der Heiligen Schrift bezeugt wird, ist das eine Wort Gottes, das *wir* zu hören, dem *wir* im Leben und im Sterben zu vertrauen und zu gehorchen haben.»[877] Das Wort «wir» begegnet elf Mal, die Worte «uns» bzw. «unser» tauchen sechs Mal in der Erklärung auf und zwei weitere Male in den zitierten Bibelstellen.

---

[876] WA 39/I, 46,7–9.

[877] https://www.ekd.de/Barmer-Theologische-Erklarung-Thesen-11296.htm (06.07.2018).

So sind alle Bekenntnistexte formuliert: in der Sprache der grammatischen ersten Person: Credo – «ich glaube», «wir glauben», «uns gilt» usw. und nicht in der Sprache der grammatischen dritten Person: «*Es* ist der Fall, dass» oder «*Es* ist (fest) zu glauben, dass [...]», wie es in «Dominus Iesus», der Erklärung der Vatikanischen Glaubenskongregation aus dem Jahre 2000, immer wieder heißt.[878]

Man darf aus dem «für uns» nicht ein «so und nicht anders» machen; aus der Beziehungswahrheit nicht eine Sachwahrheit, aus dem Evangelium nicht ein Gesetz. Glaubensausdrücke sind keine Lehrformulierungen, sondern Antworten auf eine Anrede, die ihren Adressaten kennt und benennt. Sie bringen keine Sachwahrheiten zum Ausdruck, sondern Beziehungswahrheiten. Gerade bei solchen Wahrheiten kommt es aber auf Verbindlichkeit an, denn es geht hier um eine lebenstragende Bindung.

Dass vor der Klammer der Glaubensaussage ein «Credo» steht, das diese Aussage an die Person dessen bindet, der das Glaubensbekenntnis spricht, heißt nicht, dass die Wahrheit, die darin ausgedrückt ist, von der Person abhängt. Umgekehrt bedeutet das: Die Person bindet sich an diese ihr vorausliegende Wahrheit, die *ihr* gilt.

Zu beachten ist übrigens auch, dass sich diese erste These der Barmer Theologischen Erklärung nicht *bedingungslos* dagegen ausspricht, «andere Ereignisse und Mächte, Gestalten und Wahrheiten» als Offenbarung Gottes gelten zu lassen. Vielmehr wird als Bedingung formuliert: sofern sie zur «Quelle der christlichen Verkündigung» werden sollen. Es kann also durchaus zugestanden werden, dass es Wahrheiten in anderen Religionen geben kann. Doch können diese nicht zur *normativen* Erkenntnisquelle der christlichen Verkündigung werden. Sie können auch für den christlichen Glauben Inspirationspotential enthalten, sofern sie dem Christuszeugnis nicht widersprechen. Dieses Zeugnis bleibt die *norma normans* des christlichen Glaubens und dessen Verkündigung. Auch Hans-Martin Barth hat die erste Barmer These in diesem Sinne gedeutet: «Die Kirche darf ‹als Quelle ihrer Verkündigung› zwar nicht ‹außer und neben diesem einen Wort Gottes›, wohl aber *unter* diesem einen Wort Gottes ‹auch noch

---

878 www.vatican.va/roman_curia/congregations/cfaith/documents/rc_con_cfaith_doc_20000806_dominus-iesus_ge.html (06.07.2018).

andere Ereignisse und Mächte, Gestalten und Wahrheiten als Gottes Offenbarung anerkennen›.»[879]

Die Wahrheit von Glaubensaussagen als eine personale, existenzielle und ereignishafte zu verstehen, bedeutet keineswegs, ihren *kognitiven* Wahrheitsgehalt, der sich propositional zum Ausdruck bringt, zu bestreiten oder zurückzunehmen. Es bedeutet, Glaubensausdrücke immer wieder zurückzubinden an das Geschehen des Glaubensgrundes, das sie in seiner Relevanz für den Glaubenden zur Sprache bringen. Die kognitive und die existenzielle Dimension der Wahrheit dürfen nicht gegeneinander ausgespielt werden.

Überlegungen wie diese erlauben es, auch die Glaubensgewissheiten wie überhaupt die Erscheinungsformen und Inhalte anderer Religionen in den Blick zu nehmen und theologisch in ihrer Eigenbedeutung zu würdigen, ohne dass dadurch das Selbstverständnis des christlichen Glaubens relativiert (im Sinne eines Relativismus) würde.

7.3. Universalitätspotentiale des christlichen Glaubens

Theologische Begründungsmuster für eine Haltung interreligiöser Offenheit liegen in den Universalitätspotentialen des christlichen Glaubens, wie man sie trinitätstheologisch zusammenfassen kann: im Glauben an die schöpfungsumspannende kreative, heilshafte und inspirierende Gegenwart Gottes. Sie liegen auch in der (vor allem in der reformierten Tradition betonten) theologischen Erinnerung an die Souveränität Gottes, der auch in einer Weise handeln kann, die alle Erwartungen sprengt und in dem damit verbundenen Theologoumenon von der Entzogenheit und Geheimnishaftigkeit Gottes.

Im Blick auf die unterschiedlichen *loci* der Dogmatik kann man Ansatzpunkte für eine theologische Begründung interreligiöser Offenheit in folgenden Überzeugungen finden, die den universalen Horizont des Schöpfungsbezuges Gottes zum Ausdruck bringen:

- *schöpfungstheologisch* als Bekenntnis zu Gott als dem Konstitutions- und Sinngrund der gesamten endlichen Wirklichkeit;

---

[879] Hans-Martin Barth: Dogmatik (siehe Anm. 594), 169 (Hervorhebung H.-M. B).

- *anthropologisch* als Verweis auf die Gottebenbildlichkeit eines jeden Menschen, unabhängig von seiner Religionszugehörigkeit;
- *offenbarungstheologisch* als Annahme einer allgemeinen Gottesoffenbarung, wie sie in Röm 1,18–20; 2,14f; Apg 14,15–17 oder auch in Joh 1,9 bekundet ist;
- *christologisch* im Blick auf Christus, dessen Botschaft nach urchristlichem Zeugnis an die Juden und die Völker gerichtet ist, der nach altkirchlicher Lehre in Jesus von Nazareth die Menschen*natur* angenommen hat, der «für alle» gelitten hat und starb und der – im Sinne einer «kosmischen Christologie» – zur Rechten Gottes sitzt und regiert bis in alle Ewigkeit;
- *soteriologisch* in der Überzeugung, dass das in Christus erworbene Heil allen zugutekommt;
- *pneumatologisch* unter Verweis auf den Geist Gottes, dessen belebende Kraft die ganze Schöpfung durchdringt;
- *weisheitstheologisch* als Lobpreis der Weisheit Gottes, die sich nach SapSal 8,1 kraftvoll von einem Ende zum andern erstreckt und das All vortrefflich regiert;
- *erwählungs- bzw. bundestheologisch* in Bezug auf den Noahbund, der sich in den Mose- und den Christusbund hinein fortsetzt, ohne von diesen aufgehoben zu werden;
- *ekklesiologisch* im Verständnis von Kirche im Sinne der *ecclesia universalis*;
- *eschatologisch* in der Ausrichtung auf das Ziel der Schöpfungsvollendung; nach 1Kor 15,28 wird sich auch der Sohn seinem göttlichen Vater unterwerfen, «damit Gott alles in allem sei».

Wenn aber gilt, dass sich Gottes schöpferisches und schöpfungserhaltendes Welthandeln, das in Christus zentrierte Heilshandeln und seine aktive Geistpräsenz auf *alle* Geschöpfe erstreckt, dann muss angenommen werden, dass alle Geschöpfe als solche in einer Beziehung zu Gott stehen, auch wenn sie diese Beziehung nicht realisieren und sie ihnen nicht einmal bewusst ist. Die von Gott her bestehende Beziehung kann letztlich nicht abhängig sein von der Erfüllung von Bedingungen durch die Menschen oder von Faktoren, die in deren Lebenssituation begründet liegen. So kann beispielsweise der Zufall des Geburtsorts in einem nichtchristlichen kulturellen und religiösen Kontext nicht entscheidend für die Gottesbeziehung sein. Die Rechtfertigung *sola gratia* gilt auch Menschen, die keine Kenntnis davon haben.

Damit sind die Religionen, in denen sie leben, nicht als «Heilswege» gewürdigt. Es kann aber auch nicht ausgeschlossen werden, dass sich Gestalten der heilshaften Vergegenwärtigung Gottes auch in den Überlieferungen und Erscheinungsformen dieser Religionen finden können. Die biblisch bezeugte *Universalität* des göttlichen Heilswillens und -wirkens legt die Offenheit für diese Möglichkeit zumindest nahe.

In einem Auslegungsparadigma, das dagegen stärker die *Partikularität* der Gottesoffenbarung in Christus und die Bindung des Geistes an die Verkündigung des Wortes betont, das annimmt, dass sich der Heilswille Gottes ausschließlich in der Wirkungsgeschichte der Christusoffenbarung realisiert, das davon ausgeht, dass die Heilszueignung exklusiv im Christusglauben geschieht und/oder dass die Zugehörigkeit zur Kirche heilsnotwendig sei, werden die universalisierenden Deutungen zurücktreten und damit auch die Möglichkeiten, die außerchristlichen Ströme der Religionsgeschichte zum Offenbarungs- und Heilshandeln Gottes in eine positive Beziehung zu setzen.

Die in der Theologiegeschichte entwickelten Ansätze, interreligiöse Offenheit aus den Universalitätspotenzialen des christlichen Glaubens zu begründen, sind zumeist auf andersgläubige Menschen und Völker, nicht aber auf religiöse Traditionen und Gemeinschaften bezogen. Die *Anhänger* dieser Traditionen und Gemeinschaften lassen sich eher zu dem im christlichen Glauben bezeugten Offenbarungs-, Welt- und Heilshandeln Gottes in Beziehung setzen als die Glaubensinhalte und -formen ihrer jeweiligen *Religion*. Eine Theologie der Religionen wird aber nicht umhinkommen, sich auch mit den Inhalten und Praxisformen anderer religiöser Traditionen auseinanderzusetzen, nicht primär um Gemeinsamkeiten und Differenzen auszuweisen oder gar um Werturteile zu fällen und auch nicht nur um diese Inhalte und Praxisformen besser zu verstehen (so wichtig das auch ist), sondern um den christlichen Glauben in eine theologisch verantwortete Beziehung dazu zu setzen. Es geht um die Bearbeitung einer Herausforderung, vor die sich der christliche Glauben gestellt sieht. Man kann sie vergleichen mit der Herausforderung, vor die sich der christliche Glaube angesichts anderer geistesgeschichtlicher, kultureller und wissenschaftlicher Umbrüche gestellt sah. So musste er sich zum Paradigma des historischen Denkens oder zur Entwicklung der Evolutionslehre verhalten, was zu erheblichen Transformationen zumindest der akademischen Theologie führte. So sehr sich der Paradigmenwechsel in der Wahrnehmung und Gestaltung der interreligiösen Beziehungen von solchen Herausforderungen unterscheidet und so groß die Schwierigkeiten auch sein mögen, die mit der Bearbeitung dieser Herausforderung verbunden sind, so unausweichlich ist es doch, dass sich die Theologie dieser Aufgabe stellt.

In der Geschichte der christlichen Theologie ist der Inhalt des christlichen Glaubens immer in unterschiedlichen Kontexten – in bestimmten Zeitsituationen, bezogen auf kulturelle Gegebenheiten, in Auseinandersetzung mit philosophischen Ansätzen und wissenschaftlichen Entwicklungen – ausgelegt worden. Dabei kam er jeweils neu zur Sprache und hat seine Deutekraft in diese Kontexte hinein wirksam werden lassen. Das gilt auch für den Kontext der Religionsbegegnung.

7.4. Religionstheologie als standortgebundene, aber offene Denkbewegung

Religionstheologie ist in der christlichen Theologie angesiedelt und damit standortgebunden. Standortgebundenheit bedeutet aber nicht Voreingenommenheit. Es geht nicht primär darum, apriorische Werturteile zu fällen, sondern um theologische Beziehungsbestimmungen. Dabei stellt sich dann allerdings auch die Frage, wie die in den Blick genommenen Inhalte und Erscheinungsformen vom christlichen Glauben aus zu beurteilen sind. Diese normative Sicht ist klar als solche zu markieren und von beschreibenden Erkenntnisbemühungen zu unterscheiden.

Eine wichtige Aufgabe der Religionstheologie ist die Arbeit am eigenen «Brückenkopf». Es gibt Selbstverständnisse des christlichen Glaubens, die eine Beziehung zu anderen Religionen nur im Sinne der Abgrenzung, der Konfrontation und der Bestreitung der Validität dieser Religionen zulassen. In dieser Hinsicht ist zunächst eine Selbstaufklärung des christlichen Glaubens vonnöten, die danach fragt, welche Motive in solchen abgrenzenden Formen der Beziehungsbestimmung am Werk sind. Worin besteht ihr Wahrheitsmoment? Lassen sich diese Wahrheitsmomente auch anders zur Geltung bringen? Wie lässt sich interreligiöse Beziehungsoffenheit theologisch begründen?

Wie deutlich geworden sein dürfte, lässt sich das Verständnis von Religionstheologie nicht darauf einschränken, dass *die Religionen* zusammengefasst als Gegenüber des christlichen Glaubens betrachtet werden. Wenn es um die grundsätzliche Beziehungsoffenheit des christlichen Glaubens geht, ist diese generalisierende Gegenüberstellung sinnvoll; auf anderen Frageebenen bedarf es aber der Unterscheidung zwischen den Beziehungsbestimmungen des christlichen Glaubens zu bestimmten Religionen, also etwa zwischen jüdisch-christlichen, islamisch-christlichen und buddhistisch-christlichen Beziehungen. Viele der Fragen, die sich in den Beziehungen zu einzelnen Religionen stellen, sind so verschieden, dass eine Pauschalsicht auf *die* Religionen nur zu oberflächlichen Allgemeinaussagen führen würde.

Der hier favorisierte «Inklusivismus auf Gegenseitigkeit» beansprucht nicht, eine allgemeingültige, den religiösen Traditionen vor- und übergeordnete Theorie des religiösen Pluralismus darzustellen. Er leitet vielmehr dazu an, den religiösen Pluralismus vom Standort des christlichen Glaubens aus in den Blick zu nehmen, und offen zu sein für Deutungen des religiösen Pluralismus von Standorten anderer religiöser Traditionen aus. Diese Deutungen bleiben nicht nebeneinanderstehen, sondern werden dialogisch in Beziehung zueinander gesetzt.

Dieser Ansatz ist kompatibel mit sozialwissenschaftlich und sozialethisch ansetzenden Pluralismustheorien[880], die davon ausgehen, dass pluralistische Gesellschaften durch eine Vielfalt religiöser, ideologischer und ethischer Positionen charakterisiert sind, die nicht auf eine gemeinsame Tradition zurückgeführt werden können und auch nicht durch einen miteinander geteilten zivilreligiösen Bezugsrahmen miteinander verbunden sind. Sie können nicht auf die Privatsphäre zurückgedrängt werden, sondern streben nach öffentlicher Artikulation. Im öffentlichen Raum stehen sie im Widerstreit zueinander. In dieser Situation kommt es zum einen

880 Wie etwa: Eilert Herms: Pluralismus aus Prinzip, in: Rainer Bookhagen u. a. (Hg.): Vor Ort. Praktische Theologie in der Erprobung (FS Peter C. Bloth), Nürnberg 1991, 77–95; abgedruckt in: ders.: Kirche für die Welt. Lage und Aufgabe der evangelischen Kirchen im vereinigten Deutschland, Tübingen 1995, 467–485. Siehe auch: ders.: Pluralismus aus christlicher Identität, in: ders.: Zusammenleben im Widerstreit der Weltanschauungen. Beiträge zur Sozialethik, Tübingen 2007, 336–341; ders.: Pluralismus und Positionalität, in: ders.: Politik und Recht im Pluralismus, Tübingen 2008, 317–344.

darauf an, ein formales Regelwerk für die friedliche Gestaltung dieses Widerstreits zu etablieren, zum anderen aber, die Vertreter der verschiedenen Religions- und Weltanschauungsgruppen zu motivieren, aus den Quellen ihrer jeweiligen Traditionen ein pluralismusfähiges und pluralismusförderndes Selbstverständnis zu entwickeln. Dazu müssen sie den anderen Gemeinschaften das gleiche Recht auf die Pflege und die öffentliche Artikulation ihres Glaubens oder Unglaubens zugestehen, das sie für sich selbst in Anspruch nehmen, auch wenn sie mit deren Glauben oder Unglauben inhaltlich nicht übereinstimmen. Dieses Zugeständnis aber – darin liegt die eigentliche Pointe – ist aus der je eigenen Tradition heraus zu begründen. Sonst bleibt es unverbindlich und ist möglicherweise bloß sozialem und politischem Opportunismus geschuldet. Die einzelnen Religions- und Weltanschauungsgemeinschaften bilden demnach ihre je eigenen Brückenköpfe zur Beziehungsbestimmung zum religiösen und weltanschaulichen Pluralismus aus. Zugespitzt gesagt: Es gibt eine Pluralität von Pluralismen.

Andeutungen zu einer Pluralismustheorie dieser Art finden sich auch im Grundlagentext der EKD «Christlicher Glaube und religiöse Vielfalt in evangelischer Perspektive», wo es heißt: «Da der christliche Glaube eine je eigene individuelle Gewissheit ist, kann er nicht verantwortlich vertreten werden, ohne das Recht divergierender religiöser Überzeugungen und damit das Recht des religiösen Pluralismus anzuerkennen und zu stärken.»[881] Dort wird allerdings darauf verzichtet, diesen Grundsatz selbst noch einmal theologisch zu begründen.[882]

Weiterführend sind in dieser Hinsicht die Überlegungen von Christoph Schwöbel zu einem «Pluralismus aus Glauben». Schwöbel begründet die Anerkennung des religiösen Pluralismus mit der Einsicht in die Unverfügbarkeit des Grundes des eigenen Glaubens und in den Gabecharakter des Glaubens selbst.[883] Der Glaubende ist demnach nicht Subjekt seines eigenen Glaubens. Dieser ist nicht *von* ihm, sondern für *ihn* konstituiert. Das gleiche gilt dann auch für den Glauben anderer. Aus dieser aus dem christ-

---

[881] EKD: Christlicher Glaube und religiöse Vielfalt (siehe Anm. 115), 21.

[882] Siehe dazu meine kritischen Anmerkungen, in: Die EKD und die Religionen (siehe Anm. 312).

[883] Christoph Schwöbel: Christlicher Glaube im Pluralismus: Studien zu einer Theologie der Kultur, Tübingen 2003, 128 u. ö.

lichen Glauben gewonnenen, aber auch für andere Glaubensweisen geltenden Einsicht in die Fremdkonstitution bzw. das Geschenktsein des Glaubens ergibt sich eine konstruktive Beziehungsbestimmung zu diesen Glaubensformen.

Ein philosophisches Korrelat zu dem von mir vertretenen Ansatz eines hermeneutischen Inklusivismus (auf Gegenseitigkeit) ist Hilary Putnams «internal realism». Auch Putnam geht davon aus, dass wir nicht anders können, als den Ausgangspunkt unserer Sicht auf Anderes in unserer je eigenen Perspektive zu suchen. Von dort aus lassen sich dann durchaus Aussagen von perspektivenübersteigender Geltungsreichweite machen. Auf diese Weise öffnet sich ein Mittelweg zwischen der Verabsolutierung der eigenen Position im Sinne eines «metaphysical realism» und deren Relativierung. Das Postulat eines von allen Perspektiven unabhängigen Ausganspunktes wird ebenso vermieden wie die Gefahr, in einen subjektivistischen Konstruktivismus und Perspektivismus zu verfallen. Es gibt eine standortgebundenen Allgemeingeltung («objectivity for us»), die anderen standortgebundenen Allgemeingeltungen gegenübersteht.[884]

7.5. Theologische Religionskritik

Ein wichtiger Teil der konstruktiven (im Unterschied zur bloß deskriptiven) Religionstheologie besteht in der theologischen Religionskritik, d. h. in der Selbstkritik der eigenen Religion im Licht des Gottesglaubens. Es handelt sich dabei nicht um eine externe, a-theologische oder anti-theologische, sondern um eine theologisch interne Kritik an Erscheinungsformen der christlichen Religion. Besonders die theologischen Entwürfe, die ihre Prägung durch die «Dialektische Theologie» bzw. die «Theologie der Krise» nach dem Ersten Weltkrieg bekommen haben, betonen dieses kritische Moment stark, hatten sie doch den Missbrauch der Religion zur Legitimation des Krieges noch unmittelbar vor Augen. Besonders in den theologischen Entwürfen von Paul Tillich und Karl Barth tritt dieser Zug deutlich hervor.

Auf die von der Zeitschrift «Christianity Today» gestellte Rundfrage, welches die einflussreichsten falschen Götter unserer Zeit seien und wie die Befragten deren Bedeutung einschätzten, antwortete Barth noch 1961:

---

[884] Hilary Putnam: Reason, Truth and History, Cambridge u. a. 1981, 49ff.

«Der Ort, wo die falschen Götter stehen und verehrt werden, ist heute wie zu allen Zeiten zuerst die Kirche selbst. […] Die Kirche hat zu beweisen, dass sie selbst an den Gott glaubt der die Menschen von allen falschen Göttern befreit hat.»[885] Nach Barth stehen Offenbarung und Glaube der Religion sogar antithetisch gegenüber. Religion gehört auf die Seite des Menschen, Offenbarung und Glaube kommen dem Menschen dagegen von Gott her zu.[886]

Religionsgemeinschaften und -traditionen entwickeln mit nahezu unausweichlich scheinender Notwendigkeit eine religiöse Egozentrik. Sie identifizieren sich mit dem transzendenten Grund, auf den sie ausgerichtet sind, und zentrieren ihre Anhänger auf sich als Religion, statt von sich weg- und auf diesen Grund hinzuweisen. Eine Religion, die um ihre Unterschiedenheit von ihrem Grund weiß, wird sich immer wieder auf diesen Grund hin relativieren und in einer permanenten Umkehrbewegung auf diesen Grund hin begriffen sein. «Buße» – in diesem Sinn der *metanoia* – sollte die Grundhaltung aller Religion sein. Alle Wahrheitsansprüche, die für religiöse Aussagen erhoben werden, stehen unter einer *theologisch geforderten* Relativierung. Sie haben Verweischarakter, bezeichnen einen «Schatz», der immer nur in «irdenen Gefäßen» gegeben ist (2Kor 4,7), und stehen unter eschatologischem Vorbehalt.

Die Unterscheidung zwischen Gotteswahrheit und Religionswahrheit ist ein entscheidender Fundamentalismusblocker. Sie verhindert die Identifikation der eigenen religiösen Wahrheitsgewissheit mit der immer vorausliegenden Wahrheit Gottes, die diesem Anspruch nicht nur Grund gibt, sondern immer auch deren kritische Prüfinstanz darstellt. Eine solche aus der Mitte der Theologie heraus vorgenommene Unterscheidung zwischen dem ihr uneinholbar vorausliegenden (und sich in ihr selbstmächtig manifestiert habenden) *Grund* und der historisch und kulturell bedingten und somit kontingenten *Gestalt* der Religion, ist als religionskritisches Prinzip im Christentum wie in allen Offenbarungsreligionen am Werk, auch wenn es von diesen immer wieder zurückgedrängt wird. Je mehr sich der christliche Glaube seines ex-zentrischen Fundaments bewusst wird, umso weniger kann er in religiösen Fundamentalismus verfallen. Zu Recht schreibt

[885] Karl Barth: Offene Briefe 1945–1968 (GA 15), hg. von Diether Koch, Zürich 1984, 501. Siehe dazu auch Hendrik M. Vroom: Karl Barth and the Nature of False and True Religion, in: SIRD 22, 2012, 74–86.

[886] S. o. S. 164.

Michael Weinrich: «Eine Theologie der Religionen ist essenziell auf dieses von der theologischen Religionskritik geforderte Selbstunterscheidungsvermögen zwischen dem unverfügbaren Grund und der historisch zu verantwortenden und als solcher prinzipiell unvollkommenen und somit stets verbesserungsbedürftigen Gestalt angewiesen.»[887]

Die Unterscheidung von Grund und Gestalt spielt in der Ökumenischen Theologie im Blick auf die Kirche eine wichtige Rolle: Die unterschiedlichen Gestalten von Kirche sollen sich auf Christus als ihren Grund hin orientieren und sich in diesem Grund verbunden wissen. So hat etwa die von der Leuenberger Kirchengemeinschaft 1994 herausgegebene Studie «Die Kirche Jesu Christi» zwischen Grund bzw. Ursprung, Gestalt und Bestimmung der Kirche unterschieden.[888] Die Übertragung dieser Unterscheidung auf die Religionstheologie kann allerdings nur in einer vorsichtig analogen Form vorgenommen werden. Sie ist nicht notwendigerweise im Sinne des religionstheologischen Pluralismus zu verstehen, der davon ausgeht, dass die Religionen ihren Grund in der einen und gleichen göttlichen Wirklichkeit haben, auf die sie sich in unterschiedlicher Weise beziehen. Sie ist vielmehr so zu verstehen, dass jede Religionstradition für sich die Unterscheidung zwischen ihrem Grund und ihrer Gestalt zu vollziehen hat.

Die Frage ist nun allerdings, worin der Grund einer Religion besteht: Besteht er primär in der *göttlichen Wirklichkeit*, die sich offenbart (also in der Gottheit Gottes), oder besteht er in der *Offenbarung* dieser göttlichen Wirklichkeit (also in der Thora, in Christus, im Koran usw.)? Diese scheinbar spitzfindige Unterscheidung ist religionstheologisch insofern bedeutsam, als sie die Polarität von Universalität und Partikularität der Offenbarung betrifft. Je stärker der Grund der jeweiligen Religion in der ihr zuteilgewordenen spezifischen Offenbarung gesehen wird, umso ausschließlicher wird sich die Religionstradition auf diese Offenbarung beziehen. Je stärker demgegenüber auf die in ihrer Offenbarung unergründliche Gottheit Gottes verwiesen wird, umso eher wird man geneigt

---

[887] Michael Weinrich: Theologische Religionskritik als Brücke zu einer Theologie der Religionen, in: Marco Hofheinz (Hg.): Theologische Religionskritik. Provokationen für Kirche und Gesellschaft, Neukirchen-Vluyn 2014, 16–33, 28; siehe auch ders.: Von der Humanität der Religion. Karl Barths Religionsverständnis und der interreligiöse Dialog, in: ZDT 19, 2003, 25–44.

[888] http://geke.eu.webs.jalb.de/sites/default/files/doc-190–1.pdf (15.11.2018), Kap. 1.

sein, es der Souveränität Gottes zu überlassen, seine Gottheit auch außerhalb der Offenbarung zu erkennen zu geben und Heil zu schaffen auf Wegen, die nur er kennt, wie es in «Ad gentes» 7 heißt.[889]

Auf diese Weise führt die Unterscheidung zwischen Offenbarung und Religion weiter zu der theologisch viel brisanteren Unterscheidung zwischen Gott und Offenbarung. Die erste der beiden Unterscheidungen hatte Karl Barth mit Nachdruck vollzogen, gegen die zweite hätte er sich mit gleichem Nachdruck gewehrt. Mit ihrer starken Betonung der Offenbarung Gottes in Christus war und blieb seine Theologie christozentrisch. Theologische Ansätze, die stärker theozentrisch oder pneumatozentrisch angelegt sind, bieten demgegenüber größere Potenziale für die theologische Würdigung anderer Religionstraditionen. Diese Würdigung muss keineswegs darin bestehen, die Gegebenheit mehrerer gleichberechtigter Offenbarungen anzunehmen. Die Möglichkeit dazu ist in der viel vorsichtigeren Annahme begründet, dass sich auch in diesen Religionen authentische Gestalten der Gnade Gottes finden lassen könnten.

So sehr die (von Karl Barth betonte) Offenbarung Gottes im *Namen* Jesu Christi das Identitätszentrum des christlichen Glaubens darstellt, so sehr gilt andererseits, dass die *Anonymität* Gottes der unerwartete Modus seiner heilvollen Gegenwart ist. Der unerwartete Gott kann sich an unerwarteten Orten in unerwarteten Sprachen zur Geltung bringen.[890]

Die Weltmissionskonferenz in San Antonio 1989 hatte erklärt: «Wir bekennen, dass es für uns keinen anderen Weg zur Erlösung gibt als den durch Jesus Christus eröffneten. Gleichzeitig können wir aber der rettenden und erlösenden Kraft Gottes keine Grenzen setzen.»[891] Es gilt, die Freiheit Gottes im Erweis seiner Selbstvergegenwärtigung zu respektieren und sensibel zu sein für die Entdeckung von Spuren dieser Repräsentation, wo man sie nicht erwartet.

Das reformatorische *solus Christus* ist demnach nicht so zu verstehen, dass Christus der einzige «Ort» der Offenbarung Gottes wäre. Christus ist das für den christlichen Glauben normative *Kriterium* zur Beurteilung von

[889] Siehe Anm. 222.

[890] Gregor Maria Hoff: Der unerwartete Gott. Die Bedeutung der religionstheologischen Differenzen im Anschluss an Nostra aetate, in: ders.: Stichproben: Theologische Inversionen. Salzburger Aufsätze, Innsbruck/Wien 2010, 64.

[891] Eigene Übersetzung aus: The San Antonio Conference: Reports of the sections: IV Witness among people of other living faiths, 25–29, in: IRM 78, Nr. 311f, 1989, 351f.

(nicht nur religiösen) Phänomenen der Wirklichkeit *coram Deo.* Wo Christus und der christliche Glaube *kriteriell* zu den Traditionsquellen und -strömen der nichtchristlichen Religionen in Beziehung gesetzt wird, kann religiöse Alterität theologisch gewürdigt werden. Man kann diese Position mit den Worten Hans Kesslers zusammenfassen: «Nach christlicher Sicht ist die Selbstoffenbarung Gottes *konzentriert* in der Person Jesu, aber nicht auf sie begrenzt.»[892] Demnach geht die Reichweite der Selbstmitteilung Gottes (in seinem Geist) über die Rezeptions- und Wirkungsgeschichte Jesu Christi und des christlichen Glaubens hinaus. Sie ist universal. Um eine Selbstmitteilung Gottes in seinem Geist aber aus der Perspektive des christlichen Glaubens als solche identifizieren und zum christlichen Glauben in Beziehung setzen zu können, muss sie sich an Christus als dem Kriterium ausweisen. Dies ist der Mittelpunkt, in dem der hermeneutische Zirkel ansetzt.

Dieser Position zufolge muss man nicht mehr davon ausgehen, dass alle Offenbarung Gottes, wo und wann auch immer sie sich ereignet, in und durch Christus vermittelt ist, sondern kann annehmen, dass es nichtchristliche Offenbarungserfahrungen gibt, die durchaus in unverkürzter Alterität nach dem Selbstverständnis der jeweils auf sie bezogenen Religionstradition gewürdigt werden können. Als solche bleiben sie dem christlichen Verstehen anders und fremd. Sie können aber darüber hinaus – gerade in ihrer Andersheit – auch für Christen zum Impuls für eine eigene theologische Erkenntnis und in diesem Sinn zum Anstoß für eine Offenbarungserfahrung werden. In der Israeltheologie ist das Zugeständnis, dass es Gestalten der Offenbarung neben der Christusoffenbarung gibt, längst gemacht worden. Es müssten zumindest triftige theologische Gründe angegeben werden, die es gebieten, dieses Zugeständnis auf die Thora zu beschränken und nicht auch die Möglichkeit(!) in Betracht zu ziehen, dass es Gottesoffenbarungen auch in den Traditionsquellen anderer Religionen geben kann.

Es gibt gute biblisch-theologische Gründe dafür, die Christozentrik des christlichen Glaubens in den weiten Raum einer Theozentrik zu stellen. Nicht nur, dass die gesamte alttestamentliche Überlieferung naturgemäß theozentrisch ist, auch der historische Jesus war – soweit sich das aus

---

[892] Hans Kessler: Pluralistische Religionstheologie und Christologie. Thesen und Fragen, in: Raymund Schwager (Hg.): Christus allein? (siehe Anm. 618), 166 (Hervorhebung H. K.).

den synoptischen Evangelien erkennen lässt – auf Gott und den Anbruch des Reiches Gottes hin ausgerichtet. Aussagen wie die in Mk 10,18 (Lk 18,19), Mk 13,32 oder in Mt 20,23 überlieferten können als Beleg dafür dienen. Auch die ersten drei Bitten des von Jesus gebeten «Vater unser» zeigen diese Ausrichtung auf Gott. In Jesus, dem Christus, *offenbarte* sich das Wesen Gottes, das aber dieser Offenbarungsgestalt vorausliegt. So sehr Jesus in intensivster Gottunmittelbarkeit lebte, so wenig identifizierte er sich doch mit Gott, was für einen Juden auch undenkbar gewesen wäre und ist.

Das gilt auch und gerade für das Verständnis der Aussagen des Johannesevangeliums, in denen die «Einheit» zwischen Christus und Gott bezeugt wird (Joh 10,30). Damit ist nicht eine wesenhafte Identität, sondern die Wesensgleichheit des «Wortes» (Logos) Gottes mit Gott, sowie das Einssein in der Sendung und im Tun der Werke Gottes gemeint (vgl. Joh 10,36–38). In Joh 5,18 werfen die Gegner Jesus vor, er mache sich Gott gleich. Jesus antwortet darauf mit dem Verweis auf seine Mittlerfunktion. Im Johannesevangelium ist die Unterschiedenheit zwischen Vater und Sohn durch das Motiv der Sendung und der Rückkehr zum Ausdruck gebracht (so etwa in Joh 5,30; 10,30; 12,44f.49; 16,5a; 17,3b.18a.21b.25; 20,17). Christus ist *im Namen Gottes* gekommen (Joh 5,43). Seine Beziehung zu Gott und zu den Menschen besteht in der Vermittlung, in der der Mittler nicht seine eigene Ehre sucht, sondern die Ehre dessen, der ihn gesandt hat (Joh 8,50) und von dem er abhängig ist (Joh 5,19ff; 10,29; 14,24b.28; 17,1ff.). Mit der Betonung der Unterschiedenheit zwischen Gott und dem «Sohn» Gottes treten die Verfasser des Johannesevangeliums den von jüdischer Seite erhobenen Vorwürfen entgegen, Jesus habe sich mit Gott gleichgesetzt (Joh 5,18; 10,33, 19,7).

Paulus kündigt die endzeitliche Unterwerfung des Sohnes unter den Vater an, «damit Gott sei alles in allem» (1Kor 15,28). Gott handelt *in* oder *durch* Christus, der sein Werk Gott unterstellt.

Jesus Christus wird als das «Ebenbild des unsichtbaren Gottes» (Kol 1,15, vgl. 2 Kor 4,4) und als «Abglanz seiner Herrlichkeit und Ebenbild seines Wesens» (Hebr 1,3a) bezeichnet. Doch ist diese «Offenbarung» nicht im Sinne einer Aufhebung der Verborgenheit Gottes zu deuten, sondern als Hinweis auf «das Geheimnis Gottes, in dem alle Schätze der Weisheit und Erkenntnis verborgen sind» (Kol 2,2f).

Dass Gottes Wort (d. h. seine Selbstmitteilung im Logos), dass auch Gottes *fleischgewordenes* Wort (d. h. seine Personifizierung in Jesus von Nazareth) «wesensgleich» mit Gott ist, wie es das Konzil von Nizäa 325 n. Chr. erklärt hat, bedeutet nicht, dass es differenzlos identisch mit Gott wäre. Es ist die Selbstmitteilung Gottes, für die eine Dialektik von Einheit und Differenz in Bezug auf den Sichmitteilenden gilt. So sehr sich Gott nach dem Verständnis des christlichen Glaubens ein für alle Mal und normativ in Christus mitgeteilt hat, so sehr steht es ihm doch frei, sich zu vergegenwärtigen, wann und wo er will.[893] Die Norm zur Erkenntnis solcher Vergegenwärtigungen besteht für den christlichen Glauben in der Kompatibilität mit der Christusbotschaft.

Für die Begegnung mit Anhängern anderer Religionen ergibt sich daraus, dass Christen mit einer Haltung der respektvollen Offenheit in diese Begegnung gehen können, indem sie damit rechnen, dort von Manifestationen der Gegenwart Gottes überrascht zu werden.

Karl Barth, der die Unverfügbarkeit der Selbstvergegenwärtigung Gottes stets mit großem Nachdruck betont hat, schreibt in den Prolegomena zur «Kirchlichen Dogmatik»: «Gott kann durch einen Heiden oder Atheisten zu uns reden und uns damit zu verstehen geben, daß die Grenze zwischen Kirche und Profanität immer noch und immer wieder ganz anders läuft, als wir bisher zu sehen meinten.»[894] Christian Link knüpft an Barths Lichterlehre[895] an und führt sie weiter, indem er aus ihr die Konsequenz zieht, «dass auch die außerchristlichen Religionen zum Darstellungsraum der Offenbarung werden» können[896]. Er denkt dabei nicht

---

[893] Zur Christologie im Kontext der Religionstheologie siehe: Reinhold Bernhardt: Extra Christum nulla salus. Blockiert der Christusglaube die Anerkennung anderer Religionen?, in: Walter Dietrich / Wolfgang Lienemann (Hg.): Religionen – Wahrheitsansprüche – Konflikte. Theologische Perspektiven, Zürich 2010, 117–145; ders.: Jesus Christ as a Stumbling Block in Interreligious Dialogue?, in: Wolfram Weiße u. a. (Hg.): Religions and Dialogue. International Approaches, Münster u. a. 2014, 139–150; ders.: Christologie im Kontext der Religionstheologie, in: Mouhanad Khorchide / Klaus von Stosch (Hg.): Streit um Jesus: Muslimische und christliche Annäherungen, Paderborn 2016, 177–194.

[894] Karl Barth: KD I/1, 56.

[895] Karl Barth: KD § 69.2. Siehe dazu: Hendrikus Berkhof / Hans-Joachim Kraus: Karl Barths Lichterlehre (ThSt 123), Zürich 1978.

[896] Christian Link: Das menschliche Gesicht der Offenbarung. Bemerkungen zum Religionsverständnis Karl Barths, in: KuD 26, 1980, 277–302, 295.

an eine Pluralität unterschiedlicher Offenbarungen, sondern an die eine Offenbarung, die sich unterschiedlich darstellt.

7.6. Interreligiöse Beziehungsbestimmung und -gestaltung

Am Ende der Darstellung komme ich noch einmal auf die Grundunterscheidung zurück, die diesem Band seine Struktur gegeben hat: die Unterscheidung zwischen interreligiöser Beziehungsbestimmung und Beziehungsgestaltung. Außer Frage steht zum einen, dass es zwischen beidem eine Wechselbeziehung gibt, und zum anderen, dass beides im Selbstverständnis der jeweiligen Religionsgestalt grundgelegt ist. Je steiler der Anspruch auf Exklusivität, Universalität und Finalität erhoben wird, umso weniger Raum bleibt für die theologische Anerkennung anderer Religionsgestalten. Und je weniger theologische Anerkennung gewährt wird, umso konfrontativer wird die Beziehungsgestaltung sein. Auch die umgekehrte Bewegungsrichtung lässt sich in der Geschichte und der Gegenwart der Religionsbeziehungen beobachten: Je schwieriger sich die interreligiöse Beziehungsgestaltung erweist, umso weniger ausgeprägt ist die Bereitschaft, theologische Anerkennung aufzubringen und umso steilere Geltungsansprüche werden aufgerichtet.

Demgegenüber ist allerdings ebenso zu konstatieren, dass es keinen *notwendigen* Zusammenhang zwischen den für die zentralen Inhalte einer Religion erhobenen Geltungsansprüchen an sich und der interreligiösen Beziehungspraxis gibt. Es sind nicht die Geltungsansprüche selbst, die interreligiöse Abgrenzungen und intolerante Haltungen hervortreiben. Es ist ihr *Gebrauch*, also der gesamte Interpretations- und Handlungszusammenhang, in dem sie aktualisiert werden. Es gilt, was Ludwig Wittgenstein für das Verstehen von Sprache herausgearbeitet hat: dass ihre Bedeutung in ihrer *Verwendungsweise* liegt. Religiöse Geltungsansprüche können geistige Schwerter sein, die Gewalt legitimieren, sie können aber auch unbedingte Nächstenliebe legitimieren und motivieren. Solche Ansprüche können zur Begründung interreligiöser Feindschaft ebenso herangezogen werden wie zur Begründung interreligiöser Dialogoffenheit. Das gilt auch für die steilen Exklusivansprüche. Ein Exklusivanspruch kann auch ganz oder primär auf die eigene Gottesbeziehung bezogen sein und deren Ernst und Tiefe zum Ausdruck bringen. Und gerade aus dieser Gottesbeziehung kann sich dann die unbedingte Annahme der Andersglaubenden ergeben.

Auch für die bedingungslose Nächstenliebe kann man einen Absolutheitsanspruch erheben.

Die Bestimmung und Gestaltung interreligiöser Beziehungen entscheidet sich also nicht an den formalen Geltungsbehauptungen an sich, sondern an der Art, wie sie gebraucht werden und an den Inhalten, auf die sie sich beziehen. Ein Absolutheitsanspruch, der für die kenotische Nächstenliebe erhoben wird, unterscheidet sich nicht formal, wohl aber inhaltlich gravierend von einem im Namen Christi erhobenen triumphalen Herrschaftsanspruch.

Je mehr sich christlicher Glaube in Gottes unbedingtem Heilswillen gegründet weiß und je mehr er sich selbst auf Gott hin transzendiert, umso weniger kann er in religiöse Selbstherrlichkeit verfallen. Je mehr sich die christliche Kirche und Religion als geschichtliche Manifestation einer Glaubensgemeinschaft versteht, die sich von der Selbstmitteilung Gottes in Anspruch genommen weiß, dadurch aber nicht selbst göttliche Qualität erlangt hat und beanspruchen darf, umso weniger kann sie sich über andere Religionen erheben.

Namensregister

Beiträge zu einer Theologie der Religionen

Herausgegeben von Reinhold Bernhardt

In der Reihe «Beiträge zu einer Theologie der Religionen» (BThR) bereits erschienen:

I. Reinhold Bernhardt / Perry Schmidt-Leukel (Hg.): Kriterien interreligiöser Urteilsbildung, 2005.

II. Reinhold Bernhardt: Ende des Dialogs? Die Begegnung der Religionen und ihre theologische Reflexion, 2006.

III. Reinhold Bernhardt / Thomas Kuhn (Hg.): Religionsfreiheit. Schweizerische Perspektiven, 2007.

IV. Uwe Gerber: Wie überlebt das Christentum? Religiöse Erfahrungen und Deutungen im 21. Jahrhundert, 2008.

V. Reinhold Bernhardt / Perry Schmidt-Leukel (Hg.): Multiple religiöse Identität. Aus verschiedenen religiösen Traditionen schöpfen, 2008.

VI. Bernhard Nitsche: Gott – Welt – Mensch. Raimon Panikkars Denken – Paradigma für eine Theologie in interreligiöser Perspektive? 2008.

VII. Reinhold Bernhardt / Klaus von Stosch (Hg.): Komparative Theologie. Interreligiöse Vergleiche als Weg der Religionstheologie, 2009.

VIII. Mathias Tanner / Felix Müller / Frank Mathwig / Wolfgang Lienemann (Hg.): Streit um das Minarett. Zusammenleben in der religiös pluralistischen Gesellschaft, 2009.

IX. Sung Ryul Kim: Gott in und über den Religionen. Auseinandersetzung mit der «pluralistischen Religionstheologie» und das Problem des Synkretismus, 2010.

X. Walter Dietrich / Wolfgang Lienemann (Hg.): Religionen, Wahrheitsansprüche, Konflikte. Theologische Perspektiven, 2010.

XI. Reinhold Bernhardt / Perry Schmidt-Leukel (Hg.): Interreligiöse Theologie. Chancen und Probleme, 2013.

XII. Reinhold Bernhardt / Ernst Fürlinger (Hg.): Öffentliches Ärgernis? Moscheebaukonflikte in Deutschland Österreich und der Schweiz, 2015.

XIII. Verena Grüter: Klang – Raum – Religion. Ästhetische Dimensionen interreligiöser Begegnung am Beispiel des Festivals Musica Sacra International, 2017.

XIV. Reinhold Bernhardt / Verena Grüter (Hg): Musik in interreligiösen Begegnungen, 2019

XV. Sigrid Rettenbacher: Außerhalb der Ekklesiologie keine Religionstheologie. Eine postkoloniale Theologie der Religionen, 2019.